CODE CIVIL

DES

FRANÇAIS.

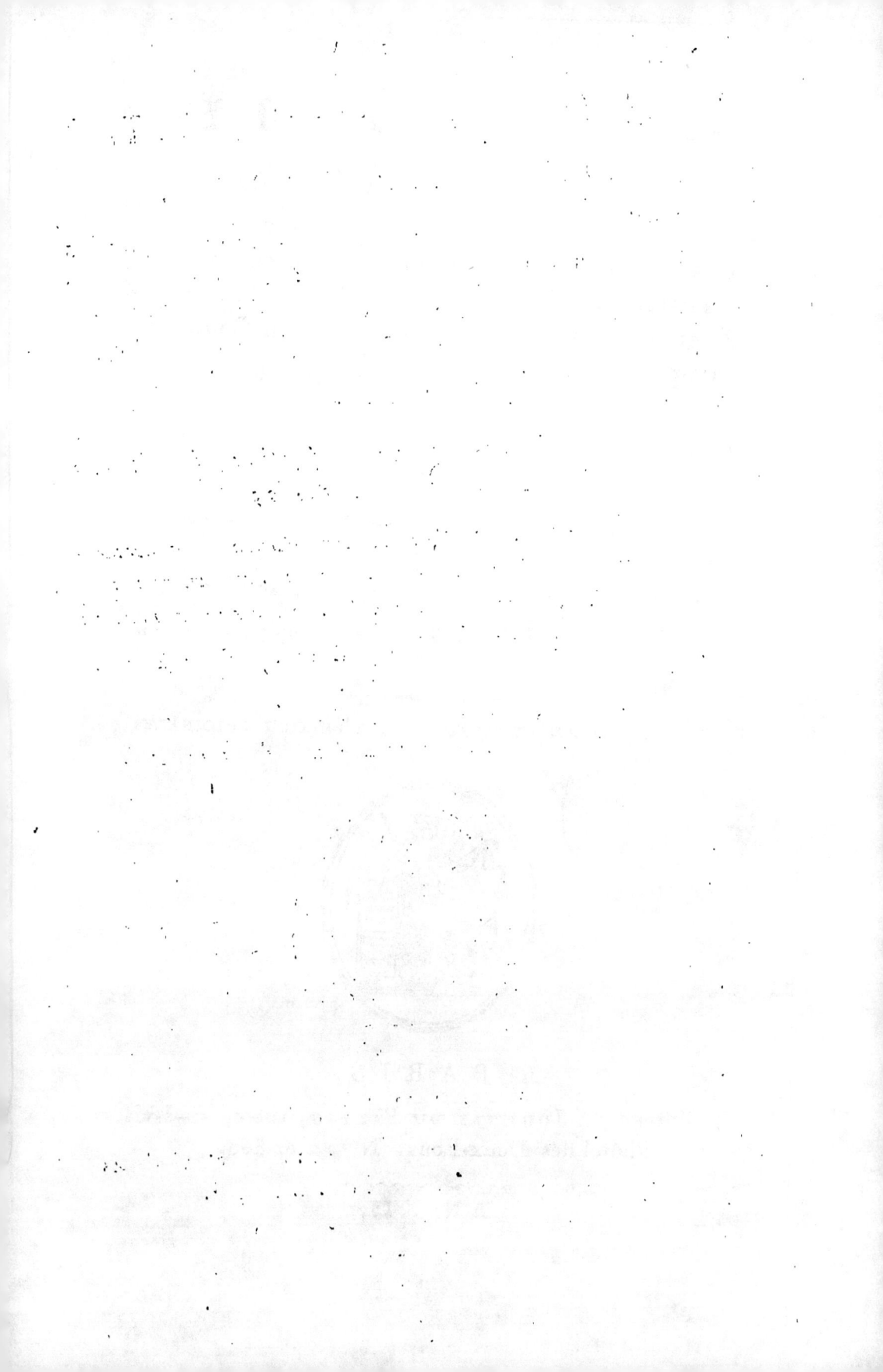

CODE CIVIL
DES FRANÇAIS,

Avec les Discours qui ont été prononcés par les Orateurs du Gouvernement, nommés par le PREMIER CONSUL pour exposer, devant le Corps Législatif, le motif des Lois dont ce Code est composé;

SUIVI

DES LOIS TRANSITOIRES sur *l'adoption*, *le divorce* et *les enfans naturels*;

DU TABLEAU DES DISTANCES DE PARIS AUX CHEFS-LIEUX DES DÉPARTEMENS, AVEC UNE TABLE DES TITRES ET CHAPITRES EN TÊTE DE CHAQUE LIVRE;

Et une TABLE ALPHABÉTIQUE et complette à la fin de l'Ouvrage.

ÉDITION NOUVELLE ET CONFORME A L'ÉDITION ORIGINALE.

A PARIS,

Au Bureau du JOURNAL DU PALAIS, rue et vis-à-vis l'hôtel des Deux-Ecus, Nos. 2 et 463.

AN XII.

TABLE DES TITRES

ET CHAPITRES DES MATIERES

CONTENUES DANS LE LIVRE TROIS DU CODE CIVIL.

LIVRE III.

DES DIFFÉRENTES MANIÈRES DONT ON ACQUIERT LA PROPRIÉTÉ.

a

Table des titres et chapitres

Table des titres et chapitres

des matières.

Table des titres et chapitres

des matières.

Table des titres et chapitres

des matières.

Table des titres et chapitres

des matières.

Fin de la Table des Titres et Chapitres des Matières.

CODE CIVIL.

LIVRE III.

TITRE PREMIER,

Des différentes manières dont on acquiert la propriété.

Le PREMIER CONSUL a nommé, pour présenter la loi formant le titre Ier. du Livre III du Code Civil, et pour en soutenir la discussion, les citoyens *Treilhard*, *Gally* et *Najac*, Conseillers d'État.

Introduits dans la salle du Corps Législatif, le 19 germinal, an 11; l'un d'eux, portant la parole, a prononcé le discours suivant :

CITOYENS LÉGISLATEURS,

Le Gouvernement vous présente, par notre organe, le projet de loi sur les successions, c'est-à-dire, le testament présumé de toute personne qui décéderait, sans avoir valablement exprimé une volonté différente.

Livre III. A

La société se perpétue par les mariages : son organisation serait imparfaite, s'il n'existait pas, aussi, un moyen de transmettre les propriétés de la génération présente à la génération future.

Chacun laisse en mourant une place vacante : nous avons des biens à régir, des droits à exercer, des charges à supporter : l'héritier est un autre nous-même, qui nous représente dans la société ; il y jouit de nos biens, il y remplit nos obligations.

Ce remplacement ne peut s'opérer que de deux manières, ou par la force de la loi qui nous donne un successeur, ou par la volonté de l'homme qui désigne, lui-même, la personne qui doit le remplacer.

Toutes les législations sur cette matière, sont nécessairement formées de la combinaison diverse de ces deux espèces de transmissions.

Il eût été dur, injuste, d'interdire des actes de confiance, de bienfaisance, j'aurais pu dire de justice, envers ceux dont nous aurions reçu des témoignages constans d'affection pendant tout le cours de notre vie. Il fallait aussi suppléer à l'oubli, à la négligence de l'homme que la mort aurait frappé avant qu'il eût disposé de ses propriétés. La transmission des droits et des biens doit donc s'opérer, soit par la loi, soit par la volonté de l'homme ; et nous distinguons les héritiers légitimes (ceux appellés par la loi), des héritiers institués (ceux appellés par des actes de dernière volonté).

Un projet vous sera présenté sur la faculté de disposer : il s'agit aujourd'hui des successions légitimes, de celles qui sont déférées par la force de la loi, quand elle supplée au silence de l'homme.

Déjà vous concevez, citoyens Législateurs, combien il importe de se pénétrer de toutes les affections naturelles et légitimes, lorsqu'on trace un ordre de successions. On dispose pour tous ceux qui meurent sans avoir disposé : la loi présume qu'ils n'ont eu d'autre volonté que la sienne. Elle doit donc prononcer comme eût prononcé le défunt lui-même, au dernier instant de sa vie, s'il eût pu, ou s'il eût voulu s'expliquer.

Tel est l'esprit dans lequel doit être méditée une bonne loi sur cette matière. Que chacun descende dans son propre cœur, il y trouvera gravé, en caractères ineffaçables, le véritable ordre de succéder.

Le bienfait de la vie que des enfans tiennent de leur père, est pour eux un titre sacré à la possession de ses biens. Voilà les premiers héritiers.

Il n'est pas dans l'ordre de la nature, qu'un père ferme les yeux de son fils ; mais lorsque l'ordre de la nature est interverti, quel Législateur pourrait enlever à un malheureux père la succession de ses enfans?

Enfin, s'il n'existe pas de parens dans la ligne directe, les collatéraux les plus proches sont présumés, de droit, les premiers dans l'ordre des affections : sans doute cette présomption n'a pas la même force que celle qui appelle respectivement les pères et les enfans. La nature avait, en quelque manière, établi entre eux une communauté de biens, et leur succession n'est, pour ainsi dire, qu'une jouissance continuée : il n'en est pas de même entre collatéraux ; mais, dans le silence de l'homme, la loi n'a pu adopter à leur égard, d'autre règle que la proximité.

Voilà, en général, l'ordre des successions, suivant le vœu de la nature. Malheur à ceux qui auraient besoin de raisonnement et de discussion pour reconnaître une vérité toute de sentiment !

Mais ce principe général peut éprouver, dans son application, de grandes difficultés qu'il a été nécessaire de prévoir et de résoudre.

Elles peuvent naître sur l'époque précise de l'ouverture d'une succession, sur les qualités et les droits de ceux qui se présentent comme héritiers, sur les obligations dont ils sont tenus, sur la nature des biens, sur leur partage.

A. 2

Je ramènerai toutes les questions à trois points fondamentaux : droits des héritiers légitimes, droits des appellés à défaut de parens, acceptation et partage des successions.

J'expliquerai les principes auxquels se rattachent les nombreuses dispositions de détail. Je ne pourrai peut-être pas donner sur chaque base, tout le développement dont elle serait susceptible ; mais je tâcherai, dans cette vaste matière, de saisir les motifs principaux. Votre sagacité suppléera facilement au reste.

La première question qui peut se présenter dans une succession, c'est celle de savoir à quelle époque elle est ouverte : on conçoit combien cette question est importante ; car les héritiers peuvent être différens, suivant que la succession est ouverte ou plus tôt ou plus tard.

La réponse paraît facile. C'est à l'instant du décès que s'ouvre une succession ; c'est dans cet instant physique que l'héritier est censé prendre la place du défunt ; c'est ce que nos coutumes avaient si énergiquement exprimé par ces mots : *Le mort saisit le vif.* Les biens, les droits d'un défunt ne peuvent pas rester en suspens ; il est remplacé au moment où il décède, et il a pour héritier celui qui, à ce même instant, se trouve appellé par la loi.

Nulle différence, sur ce point, entre la mort naturelle et la mort civile ; c'est toujours l'époque de la mort qui saisit l'héritier.

Mais il peut arriver que plusieurs personnes, dont les unes doivent succéder aux autres, décèdent dans un même évènement, et sans qu'on puisse connaître précisément laquelle est morte la dernière. C'est cependant celle-ci qui a hérité des autres, et dont la succession se trouve grossie des biens qui appartenaient aux premiers décédés.

Il a bien fallu recourir aux présomptions, à défaut de preuves, et donner des règles certaines, pour déterminer un ordre dans lequel on doit supposer que les trépas se sont suivis.

C'est d'abord par les circonstances du fait qu'il faut décider, s'il est possible, la question de la survie ; mais si l'on
ne peut tirer aucune lumière des circonstances du fait, c'est
dans la force de l'âge ou du sexe qu'il faut puiser, je ne
dirai pas des preuves, mais les conjectures les plus vraisemblables.

Dans l'âge où les forces humaines prennent de l'accroissement, le plus âgé sera présumé avoir survécu, comme étant le
plus fort ; par la même raison, dans l'âge du dépérissement, la
présomption sera pour le moins âgé : dans l'âge intermédiaire,
on supposera que c'est le mâle qui aura survécu, comme le plus
capable de résister ; et si les personnes sont du même sexe, la
présomption de survie, qui donnera ouverture à la succession
dans l'ordre de la nature, sera admise.

Voilà, citoyens Législateurs, les règles adoptées par le
projet. Elles ne sont pas nouvelles : elles avaient été sanctionnées par la jurisprudence, et je ne crois pas que, dans
la fatale obscurité qui enveloppe un évènement de cette nature,
on ait pu établir des règles sur des bases plus sages.

Au moment où la succession est ouverte, s'ouvre aussi le droit
de l'héritier. La place du défunt ne peut pas rester vacante, ni
le sort de ses propriétés incertain ; de-là il résulte que pour être
habile à succéder à une personne, il faut nécessairement exister
à l'instant de son décès ; et par conséquent, ni l'enfant qui
n'est pas encore conçu, ni l'enfant qui n'est pas né viable, ne
peuvent être héritiers : le néant ne peut pas occuper une place.

Celui qui est mort civilement n'est pas moins incapable de
succéder : c'est le néant dans la vie civile.

Mais celui qui se trouve, en effet, parent au degré que la loi appelle à la succession, héritera-t-il toujours et dans tous les cas ?
La capacité qu'il tient de la nature, ne pourra-t-elle pas être
effacée par quelque vice inhérent à sa personne ?

L'ordre de succéder établi par la loi, est fondé sur une présomption d'affection du défunt pour ses parens plus proches. Or

il est de la nature de toute présomption de céder à la vérité contraire, quand elle est démontrée ; ou même à des présomptions plus graves.

Si l'héritier de la loi avait été condamné pour avoir tué ou tenté de tuer le défunt ; s'il avait porté contre lui une accusation capitale qu'on aurait déclarée calomnieuse ; si étant majeur et instruit du meurtre du défunt, il ne l'avait pas dénoncé pour faire punir le meurtrier , la loi qui l'appelle à la succession pourrait-elle s'accorder avec la volonté présumée du défunt , et ce parent coupable ou lâche devrait-il hériter de celui qu'il aurait assassiné, ou dont il aurait laissé les mânes sans vengeance ?

Non certainement : et celui-là ne peut réclamer les droits de la nature , qui en a abjuré tous les sentimens. Cependant le défaut de dénonciation du meurtrier peut quelquefois n'être pas l'effet d'une indifférence coupable. Si le meurtrier était un père , un fils , un époux , le silence ne serait-il pas un premier devoir , et comment la loi pourrait-elle , dans ce cas , ordonner de le rompre ?

Nous avons donc pensé que le défaut de dénonciation ne pourrait être opposé à ceux qui , unis avec le meurtrier par les liens d'une parenté étroite , ne pourraient le dénoncer , sans blesser les règles de la morale et de l'honnêteté publique.

Nous n'avons pas jugé convenable d'étendre davantage les causes d'indignité : il ne faut pas , sous le prétexte spécieux de remplir la volonté présumée d'un défunt , autoriser des inquisitions qui pourraient être également injustes et odieuses. C'est par ce motif, que nous n'avons pas cru devoir admettre quelques causes reçues , cependant , dans le Droit romain , comme , par exemple, celles qui seraient fondées sur des habitudes criminelles entre le défunt et l'héritier, ou sur la disposition qu'on prétendrait avoir été faite par l'héritier d'un bien du défunt avant son décès , ou sur l'allégation , que l'héritier aurait empêché le défunt de faire son testament ou de le changer.

Ces causes ne présentent pas , comme celles que nous avons

admises, des points fixés sur lesquels l'indignité serait déclarée ; elles portent sur des faits équivoques, susceptibles d'interprétation, dont la preuve est bien difficile ; l'admission en serait par conséquent arbitraire.

Sans doute l'ennemi du défunt ne doit pas être son héritier ; mais les causes d'indignité doivent être tellement précises, qu'on ne puisse se méprendre dans leur application : autrement, pour venger un défunt, on jetterait, dans toute sa famille, des semences inépuisables de haine et de discorde.

Après avoir déterminé l'instant où les successions sont ouvertes, et déclaré les qualités nécessaires pour être habile à succéder, des difficultés nouvelles, et plus sérieuses peut-être, ont dû nous occuper. Fallait-il distinguer dans une succession les différentes espèces de biens dont elle est composée, et l'héritier le plus proche est-il si invinciblement saisi, que dans aucun cas il ne doive souffrir la concurrence d'un héritier plus éloigné ? aura-t-on égard, dans la transmission des biens, à leur nature et à leur origine ? admettra-t-on la représentation dans quelque cas ? quel sera l'effet du double lien ?

Il existait entre les dispositions du Droit romain et celles du Droit coutumier une première différence qui en entraînait beaucoup d'autres.

A *Rome*, un mourant ne laissait qu'une succession ; elle était déférée au degré le plus proche.

Dans nos usages, nous connaissions au contraire presque autant de successions que de natures de biens. Un mourant laissait un héritier des meubles et acquêts, un héritier des propres paternels, un héritier des propres maternels. La même personne pouvait quelquefois réunir toutes ces qualités, mais elles étaient souvent disséminées sur plusieurs têtes, qui pouvaient, même, n'être unies, entre elles, par aucun lien de parenté.

Le desir de conserver les biens dans les familles, desir louable quand il est contenu dans de justes bornes, avait fait admettre dans nos mœurs la distinction des biens propres, c'est-à-dire

des biens immeubles advenus par succession. Ce vœu de la conservation des biens ne se manifestait pas seulement dans les lois
sur les successions , il influait aussi dans les lois qui réglaient
la liberté de disposer. Un mourant ne pouvait pas transmettre
ses propres , ou ne pouvait en transmettre qu'une faible partie:
la loi lui assignait un héritier qu'il n'était pas en son pouvoir
d'écarter. Nous avions aussi des coutumes plus sévères et qui
interdisaient la disposition , même entre vifs ; des biens échus
par succession. Telle était enfin la tendance à conserver les propres dans les familles , que la disposition de ces biens, à titre
onéreux , n'était pas entièrement libre. Un parent pouvait exercer le retrait sur un acquéreur ; et cette faculté , qui ne se prescrivait que par le laps d'une année, laissait, pendant tout ce tems,
sur la personne du propriétaire , une incertitude également fâcheuse pour l'intérêt public et l'intérêt particulier.

On conçoit sans peine que cette distinction de plusieurs successions dans une seule , et le concours d'héritiers différens ,
suivant les diverses origines des biens, devait, presque toujours,
entraîner de nombreuses contestations.

Enfin comment pouvait-on supposer qu'un ordre de choses,
d'après lequel des héritiers très-éloignés , et même inconnus au
défunt, excluaient de proches parens qu'il avait affectionnés dans
le cours de sa vie ; comment , disons-nous , pouvait-on supposer que cet ordre se trouvait en accord avec la volonté présumée de l'homme dont la succession était ouverte ?

Nous n'avons pas cru convenable de conserver des distinctions
qui ne tirent pas leur source des principes du droit naturel, et dont
les effets nous ont paru beaucoup plus nuisibles qu'utiles. Nous
ne connaissons qu'une seule succession , et toute distinction résultante de la diverse origine des biens est abolie.

Mais en adoptant , sur cet article , les principes du Droit romain, nous n'avons pas dû rejetter ce qu'il pouvait y avoir de
bon dans les usages des pays coutumiers ; et sans condamner les
citoyens à des recherches longues et ruineuses sur l'origine des
biens qui composent une succession , nous avons cependant

pourvu à l'intérêt des familles. Toute succession déférée à des ascendans ou à des collatéraux, sera partagée en deux portions égales, l'une pour la branche paternelle, l'autre pour la branche maternelle : ce n'est pas seulement une espèce de biens, c'est la totalité de la succession qui sera ainsi divisée. Deux familles s'étaient unies par un mariage, elles resteront encore unies dans le malheur commun qui aura enlevé les fruits de cette union. C'est ainsi que se concilie le vœu de la nature, qui semble appeller les parens les plus proches, avec l'intérêt des deux familles dont le défunt tirait son origine.

Une autre distinction était admise dans notre Droit : c'est celle de la nature des biens. On connaissait des biens nobles et des biens roturiers. Cette distinction avait introduit dans les successions autant de règles diverses que de coutumes, et notre législation ne présentait, sur ce point, qu'un amas de ruines entassées au hasard.

Le vœu de tous les hommes éclairés appellait depuis long-tems une réforme ; on voulait, sur-tout, dans les lois cette unité qui semble être de leur essence, puisqu'elles sont l'image de l'ordre éternel.

Mais pour remplir ce vœu, il fallait un de ces grands évènemens qui déracinent les Empires et changent la face du monde. Il fallait qu'un grand peuple conspirât, tout entier, pour établir le règne de l'égalité sur la ruine des distinctions et des privilèges.

Je n'ai pas besoin de vous dire que le Code ne présente aucun vestige des dispositions écloses dans l'anarchie féodale. Vous ne voulez pas du privilège des terres plus que du privilège des races. Ce n'est pas, citoyens Législateurs, que les services des pères doivent être perdus pour les enfans : loin de nous ces maximes funestes et anti-sociales qui étoufferaient dans l'homme le principe le plus pur et le plus actif d'une louable émulation ! mais la gloire des aïeux ne tiendra pas lieu d'énergie, de talens et de vertus ; les enfans qui n'auront hérité que du nom, resteront accablés sous cet immense fardeau, et la naissance ne dispensera pas du mérite. Voilà l'égalité bien entendue ; voilà la véritable égalité.

En vous présentant le tableau de l'ordre dans lequel les successions sont déférées, j'ai annoncé que la loi appellait les parens
les plus proches : cette règle, généralement vraie, serait cependant quelquefois injuste, si elle recevait toujours une application rigoureuse. De petits-enfans qui auraient eu le malheur de
perdre leur père, seraient-ils encore exposés au malheur d'être
exclus, par un oncle, de la succession de leur aïeul ?

Des neveux seraient-ils exclus de la succession de leur oncle,
parce que celui-ci aurait survécu à leur père ? Ces exclusions
s'accorderaient-elles avec la volonté présumée du défunt, et la
loi qui les admettrait ne se trouverait-elle pas en contradiction
avec les affections naturelles ? N'est-il pas au contraire plus juste
de donner aux enfans, par une fiction favorable, le droit de
représenter leur père, et de prendre, comme s'il vivait encore, sa part dans la succession ?

A *Rome*, la représentation dans la ligne directe descendante
fut toujours admise. *Justinien* l'étendit à la ligne collatérale en
faveur des neveux qui, ayant perdu leur père, se trouvaient
exclus par un oncle de la succession d'un autre oncle.

Nos coutumes présentaient sur cette matière une diversité
affligeante.

Les unes rejettaient le droit de représentation, même en
directe ; d'autres l'admettaient en ligne directe seulement. A
Paris, la représentation en collatérale était reçue, suivant les
dispositions du Droit romain : quelques coutumes admettaient
la représentation à l'infini dans les deux lignes ; quelques autres
ne l'admettaient qu'en faveur de certaines personnes, et pour
certains biens. Enfin, il y avait encore une classe de coutumes,
qu'on appellait muettes, parce qu'elles ne s'expliquaient pas
sur cette matière.

Nous nous sommes rapprochés des dispositions du Droit romain, que nous avons cependant un peu étendues.

La loi qui exclurait la représentation en ligne directe descendante, serait une loi impie et contre nature.

Le besoin de la représentation ne se fait peut-être pas sentir aussi vivement en collatérale ; cependant la fiction qui donne aux neveux la place de leur père, est, pour le moins, très-favorable. Là se bornaient les dispositions du Droit romain. Nous avons cru que la même faveur était due aux petits-neveux, et que la représentation devait être toujours admise, dans la succession d'un oncle, en faveur des descendans de ses frères et sœurs : nous avons trouvé les mêmes motifs de convenance et d'affection pour les petits-neveux que pour les neveux ; mais la représentation ne peut pas s'étendre plus loin. Si l'on voulait admettre cette fiction dans la succession des cousins, il n'y aurait aucune raison pour s'arrêter, et nous aurions dans notre Code la représentation à l'infini, source intarissable de procès.

J'ai déjà dit que la représentation était une fiction qui donnait aux enfans la portion qu'aurait eue leur père, s'il était encore vivant. Ils ne peuvent pas prétendre plus que lui, en quelque nombre qu'ils se trouvent; ils ne doivent donc former qu'une tête dans la succession, autrement la fiction qui les rappelle serait très-préjudiciable à leurs co-héritiers. Mais comme le trépas de leur père ne doit pas leur nuire, il ne faut pas non plus qu'il leur profite. C'est par cette raison que les partages doivent s'opérer par souche, toutes les fois qu'il y a lieu à représentation.

La règle d'un partage égal entre les deux branches paternelle et maternelle, nous a fourni un moyen simple, mais efficace, de couper cours à toutes les contestations que faisait naître le privilège du double lien sur le lien simple, c'est-à-dire le privilège de ceux qui descendent du même père et de la même mère, sur ceux qui ne descendent que de l'un des deux.

Justinien avait d'abord introduit, dans les successions collatérales, une préférence en faveur des frères et sœurs conjoints des deux côtés avec le défunt, sur les frères et sœurs qui ne lui tenaient que d'un seul côté. Bientôt il accorda la même préférence aux neveux et nièces qui tenaient au défunt par le double lien.

Nos coutumes présentaient , sur ce point, la même diversité que sur le droit de représentation. Quelques-unes rejetaient la prérogative du double lien; d'autres l'admettaient selon la disposition du Droit romain : là , cette prérogative était étendue aux oncles; ici, elle n'était accordée qu'aux frères , et non aux neveux; ailleurs , elle n'était reçue que pour une certaine espèce de biens. Enfin venait encore la classe des coutumes muettes, et les auteurs et la jurisprudence se trouvaient partagés sur la règle qu'on devait y suivre.

Toutes ces variations vont heureusement disparaître. Les parens utérins ou consanguins (qui ne sont liés que d'un côté), ne seront pas exclus par les parens germains (ceux qui sont liés des deux côtés) ; mais ils ne prendront part que dans leur ligne; les germains prendront part dans les deux lignes : ainsi le parent du côté du père aura sa part dans la moitié affectée à la branche paternelle ; le parent du côté de la mère partagera la moitié échue à la branche maternelle; le parent des deux côtés sera admis aux partages des deux portions.

Vous connaissez actuellement , citoyens Législateurs , les bases fondamentales de la première partie du projet; je n'ai pas besoin d'entrer dans d'autres détails : les articles sur les successions déférées aux descendans, aux ascendans, aux collatéraux, sont le résultat fidèle de ce que vous venez d'entendre.

Je dois seulement , avant de passer à d'autres objets, vous dire un mot de quelques dispositions particulières qu'il suffira d'exposer pour en prouver la nécessité et la convenance :

1.° Les ascendans succéderont , à l'exclusion de tous autres , aux choses par eux données à leurs enfans , décédés sans postérité.

2°. Lorsqu'un fils mourra sans postérité, s'il laisse des frères et sœurs , la succession sera divisée , moitié pour les père et mère , moitié pour les frères et sœurs : si le père ou la mère sont morts , ceux-ci auront les trois quarts.

Nous avons encore , sur ce point , interrogé les affections de la nature. Sans doute des pères et mères doivent succéder de préférence à des collatéraux; mais lorsque perdant un de leurs enfans, il leur en reste d'autres encore, le partage de la suc-cession entre les pères et les enfans n'est-il pas dans l'ordre de la nature? Dans le Droit romain, les ascendans excluaient les frères utérins ou consanguins; ils concouraient avec les frères germains. Dans la plupart de nos coutumes, les père, mère, aïeul et aïeule, succédaient aux meubles et acquêts; ils ne suc-cédaient pas aux propres : dans quelques provinces, les aïeul et aïeule ne succédaient pas, mais seulement les père et mère. Nous avons substitué à ces dispositions diverses une règle juste, simple et d'une application facile. Les père et mère partageront avec leurs autres enfans la succession du fils décédé; ils auront chacun leur quart, et les enfans, l'autre moitié. Si l'un des père et mère était décédé, les enfans auraient les trois quarts, qu'ils partageraient entr'eux, par portions égales, s'ils étaient du même lit. S'ils sont de lits différens, il s'opère une division entre les deux lignes; chaque enfant prend sa part dans la sienne, et, s'il n'y a d'enfans que d'un côté, ils recueillent le tout.

Des dispositions, si conformes au vœu de la nature, n'ont pas besoin d'être expliquées.

Je passe à un autre article qui n'aura pas plus besoin d'apo-logie.

Lorsque le défunt laisse un père ou une mère, s'il ne laisse d'ailleurs ni descendans, ni frère, ni sœur, ni neveux, ni aucun ascendant dans l'autre ligne, nous avons conservé, dans ce cas, au père ou mère survivant, l'usufruit du tiers des biens dévolus aux collatéraux; faible consolation sans doute pour le père ou la mère, mais consolation qui pourra leur procurer du soulagement dans l'âge des infirmités et des besoins. Cette dis-position est encore fondée sur la volonté présumée du fils, qui certainement n'eût pas voulu, pour hâter la jouissance des col-latéraux, laisser dans la détresse les auteurs de ses jours.

Enfin, nous avons pensé que les parens, au-delà du dou-zième degré, ne devaient pas succéder. Les relations de famille sont effacées dans un si grand éloignement ; et une longue expérience nous a prouvé que des successions, dévolues à de telles distances, étaient toujours en proie à une foule de contestations qui concentraient, pour ainsi dire, toute l'hérédité dans la main des gens de justice : heureux encore, lorsque la cupidité enflammée ne soutenait pas ses prétentions par de fausses généalogies, si difficiles à reconnaître, quand il faut remonter à plusieurs siècles !

Voilà tout ce que j'avais à dire sur cette première partie.

Je passe à la seconde, celle des successions qu'on nomme irrégulières, parce qu'elles ne sont plus déférées dans l'ordre d'une parenté légitime.

Les anciennes lois appellaient, à défaut de parens, l'époux survivant, et, à son défaut, le domaine.

Nous avons admis ces dispositions ; mais n'y a-t-il pas des droits plus légitimes encore, et qui doivent précéder ceux du conjoint et de la République ? Je veux parler des droits des enfans naturels qui ont été reconnus.

Déjà vous avez sanctionné, par votre suffrage, une loi qui doit en même-tems préserver les familles de toute recherche, odieuse de la part d'enfans dont les pères ne sont pas connus, et laisser aux pères la faculté de constater, par leur reconnaissance, l'état des enfans.

Si la nature réclame pour ceux-ci une portion du patrimoine paternel, l'ordre social s'oppose à ce qu'ils le reçoivent dans les mêmes proportions et au même titre que les enfans légitimes.

Il faut en convenir, on ne s'est jamais tenu dans une juste mesure envers les enfans naturels. Un préjugé barbare les flétrissait, même avant leur naissance ; et, pendant que nous punissions ces infortunés pour la faute de leurs pères, les vrais, les seuls coupables, tranquilles et satisfaits, n'éprouvaient ni trouble dans leur jouissance, ni altération dans leur considération personnelle.

Ce renversement de tous les principes ne devait pas subsister ; et si nous ne sommes pas encore parvenus à imprimer au vice toute la flétrissure qu'il mérite, du moins nous avons effacé la tache du front de l'innocent. Nous avons aussi dû mettre un terme à une espèce de réaction qui tendait à couvrir les enfans naturels d'une faveur qui ne leur est pas due.

Ils ne partageront pas avec les enfans légitimes le titre d'héritier ; leurs droits sont réglés avec sagesse : plus étendus quand leur père ne laisse que des collatéraux ; plus restreints quand il laisse des enfans légitimes, des frères ou descendans.

Enfin, à défaut de parens, l'enfant reconnu succédera. Remarquez, je vous prie, que cet avantage n'est accordé qu'à l'enfant reconnu : or, la reconnaissance d'enfans adultérins ou incestueux, n'étant pas permise, suivant les dispositions de la loi sur la paternité et la filiation, ils ne pourront réclamer la portion des enfans naturels.

Cependant comme la recherche de la maternité, admise par la même loi, pourrait entraîner la preuve de commerces adultérins ou incestueux, il a bien fallu assurer des alimens aux fruits malheureux de ces désordres révoltans ; mais on n'a pas dû pousser plus loin l'indulgence : il serait inutile de justifier devant vous cet article ; et puisse notre siècle être assez heureux pour n'être jamais témoin de son application !

Après avoir fixé les droits des enfans naturels contre la succession de leur père, on a dû établir aussi quelques règles sur leur propre succession : elles sont en petit nombre. Les père ou mère qui auront reconnu un enfant naturel, lui succéderont, s'il n'a pas laissé de postérité. Si les père ou mère sont prédécédés, les biens seulement, que les enfans naturels en avaient reçus, passeront aux frères ou sœurs légitimes ; les autres biens seront recueillis par les frères ou sœurs naturels, et, au surplus, la loi générale sur les successions, sera exécutée.

Au défaut d'enfans naturels reconnus, s'ouvre le droit du conjoint survivant, et ensuite celui de la République.

Je ne ferai qu'une observation sur cette partie. Les successions irrégulières ne peuvent s'ouvrir que dans le cas où il ne se présente pas d'héritiers légitimes ; mais ceux-ci ont le droit de réclamer, tant que leur action n'est pas prescrite : il a donc fallu veiller à ce que les biens de la succession fussent conservés pour eux, s'ils paraissaient un jour et dans un tems utile. On a dû, par conséquent, faire constater, avec exactitude, la masse des biens, et obliger les prétendans à faire un inventaire ; on a dû pareillement les forcer à un emploi du mobilier, ou à donner une caution qui en réponde.

Mais il peut arriver qu'il ne se présente, pour recueillir une succession, ni parens, ni enfans naturels, ni époux survivant, ni même la République. La succession est alors vacante. Il faut cependant que les personnes qui ont des droits à exercer contre elle, trouvent un contradicteur légitime de leurs prétentions : la loi leur en donne un dans la personne d'un curateur à la succession vacante. Le projet explique, dans une section particulière, comment sera nommé ce curateur, les formalités qu'il doit remplir, les obligations dont il est tenu ; il indique la caisse dans laquelle on doit verser les fonds. Tout est prévu pour qu'aucune portion de l'actif ne soit soustraite, qu'aucun droit légitime ne soit éludé, et que le curateur, qui n'est qu'un agent de la succession, ne puisse, par sa négligence ou par ses infidélités, faire tort, soit aux créanciers, soit aux héritiers qui pourraient se présenter.

Me voici parvenu à la dernière partie du projet, à la manière d'accepter ou de répudier une succession, au mode du partage, à ses effets, et à l'acquit des dettes.

La loi serait imparfaite, si elle ne renfermait pas tout ce qui peut avoir trait à une succession ; si, après avoir commencé par fixer l'instant où elle est ouverte, elle ne parcourait pas tout l'espace qui se trouve entre cette première époque et le moment où toutes les difficultés sont applanies, toutes les opérations terminées par un partage définitif et irrévocable, qui, fixant la

part

part de chaque héritier, et dans les biens et dans les charges, fait disparaître entre eux toute indivision.

Les règles sur cette partie sont renfermées dans les deux derniers chapitres du projet. Ils contiennent un grand nombre d'articles qui présentent le développement de quelques principes, dont l'exposition ne peut être ni longue, ni difficile.

Deux intérêts opposés doivent toujours occuper le législateur en matière de successions, celui des héritiers, celui des créanciers.

L'héritier recueille les biens; mais la loi ne les lui transmet que sous l'obligation d'acquitter les charges.

Les créanciers peuvent exercer leurs droits contre l'héritier; mais la loi donne à celui-ci un délai suffisant pour connaître l'état de la succession, et pour réfléchir sur le parti qu'il doit prendre, d'accepter ou de refuser. Il n'est pas, dans cette partie du projet, une seule disposition qui ne tende à conserver un juste équilibre entre des intérêts également recommandables, pour ne jamais favoriser l'un au préjudice de l'autre.

Les précautions ordonnées ne permettront, ni de se soustraire à la qualité d'héritier, quand on l'aura prise, soit expressément dans un écrit authentique ou privé, soit tacitement en faisant des actes qui supposent nécessairement l'intention d'accepter, ni de charger de cette qualité celui qui n'aurait pas voulu la prendre, et qui ne l'aurait pas prise en effet, de manière à ne laisser aucun doute sur sa volonté.

Tant qu'un héritier n'a accepté, ni expressément, ni tacitement, il conserve, sans contredit, la faculté de renoncer; et comme son acceptation le rend héritier du moment de l'ouverture de la succession, l'effet de sa renonciation doit aussi remonter à la même époque, et il est réputé n'avoir jamais été héritier.

Une renonciation appelle d'autres héritiers, elle intéresse aussi les créanciers de la succession : un acte de cette nature doit être nécessairement public; il sera fait au greffe du tribunal d'arrondissement dans lequel la succession est ouverte.

Liv. III. B *

La clandestinité pourrait couvrir beaucoup de fraudes : il est inutile, sans doute, de dire que celui-là ne pourra pas exercer la faculté de renoncer à une succession, qui en aurait diverti ou recelé quelques effets. Il n'est pas moins superflu d'annoncer ici qu'un héritier appelé à une succession utile, ne saurait en frustrer ses créanciers par des renonciations dont il aurait peut-être touché secrètement le prix : la bonne foi doit être la base de tous les actes; et les créanciers ont toujours le droit d'accepter, du chef de leur débiteur, une succession qu'ils peuvent croire avantageuse.

Mais ne doit-il pas y avoir un terme moyen entre l'acceptation pure et simple, qui soumet l'héritier à toutes les charges sans exception, quoiqu'elles excèdent de beaucoup les bénéfices, et la renonciation qui le dépouille de tout sans retour, encore que par l'événement l'actif se trouve surpasser de beaucoup les dettes? Laissera-t-on, nécessairement, l'héritier entre la crainte d'une ruine totale par une acceptation hasardée, et la certitude d'un dépouillement absolu par une renonciation méticuleuse?

Ces inconvéniens n'avaient pas échappé à nos jurisconsultes; ils avaient dû se faire sentir plus vivement encore chez les Romains, qui attachaient une espèce de honte à mourir sans héritiers. Pour rassurer sur le danger des acceptations, on avait admis d'abord le droit de délibérer; qui donnait la possibilité de connaître l'état d'une succession : on accordait au moins un délai de cent jours à l'héritier qui le demandait, et, pendant ce temps, il pouvait prendre connaissance de tous les papiers et de tous les titres.

Cette précaution pouvait cependant se trouver encore insuffisante, et il arrivait qu'une succession, acceptée comme bonne, était mauvaise en effet, par les charges découvertes dans la suite et qu'on avait d'abord ignorées.

Justinien crut devoir rassurer entièrement les héritiers, en leur accordant la liberté d'accepter sous bénéfice d'inventaire : l'effet de cette acceptation était d'empêcher la confusion des biens d'une succession avec les biens personnels de l'héritier ; d'où il résultait, 1°. que celui-ci n'était tenu des dettes que jusqu'à due concurrence du bénéfice ; 2°. qu'il conservait l'exercice des actions personnelles qu'il pouvait avoir contre le défunt.

Une institution aussi sage a été admise dans les pays coutumiers. A la vérité, comme le droit romain n'y avait pas force de loi, celui qui voulait jouir du bénéfice d'inventaire était obligé d'obtenir des lettres du prince ; mais elles s'expédiaient sans difficulté à la grande chancellerie : c'était une affaire de pure forme ; il n'en est plus question depuis plusieurs années.

Nous n'avons pas dû repousser dans notre projet une faculté utile à l'héritier, et nullement préjudiciable aux créanciers.

L'héritier aura trois mois pour faire inventaire, et ensuite pour délibérer un délai de quarante jours, qui même pourra être prorogé par le juge, si des circonstances particulières lui en démontrent la nécessité. Pendant ce temps, l'héritier ne peut être contraint à prendre qualité, et il ne peut être exercé de poursuite contre lui.

D'un autre côté, il a été entièrement pourvu à l'intérêt des créanciers ;

1°. Par l'obligation imposée à l'héritier de déclarer au greffe qu'il entend jouir du bénéfice d'inventaire ;

2°. Par la nécessité de faire un inventaire fidèle qui constate le véritable état de la succession ;

3°. Par les précautions prises pour empêcher le dépérissement ou la soustraction du mobilier ;

4°. Par la déchéance prononcée contre l'héritier qui n'aurait pas compris tous les effets dans l'inventaire ;

5°. Par les formes prescrites pour la vente des meubles et des immeubles ;

6°. Par le compte rigoureux que l'héritier doit rendre de son administration.

C'est ainsi que les intérêts opposés de l'héritier et des créanciers ont été scrupuleusement respectés dans le projet, et il ne paraît pas que cette partie soit, plus que les autres, susceptible d'objections fondées.

B 2

Il ne me reste plus qu'à vous parler du partage des successions, c'est l'objet du dernier chapitre; il présente cinq sections : du partage et de sa forme, des rapports, du paiement des dettes, des effets du partage et de la garantie des lots, de la rescision en matière de partages.

C'est encore ici l'intérêt des héritiers et l'intérêt des créanciers qu'il s'agit de protéger et de maintenir : toutes les dispositions de ce chapitre, comme celles du chapitre précédent, ne sont que la conséquence de quelques principes dont la vérité ne peut être méconnue.

C'est d'abord un point constant, que personne ne peut être contraint de rester avec d'autres dans un état d'indivision. On peut donc toujours demander un partage, s'il est possible, ou la licitation, si le partage ne peut pas s'opérer. Cependant il peut exister quelques causes légitimes de différer, et il n'est pas défendu de suspendre l'exercice de cette action pendant un temps limité : une pareille convention doit être exécutée.

Lorsque le partage s'opère entre héritiers tous majeurs et présens, ils sont libres d'y procéder dans la forme qu'ils trouvent la plus convenable ; et s'il s'élève des difficultés, c'est au tribunal du lieu où la succession est ouverte qu'elles doivent être portées.

Mais dans le nombre des cohéritiers il peut se trouver des mineurs, des interdits, des absens, et il a fallu tracer des règles pour maintenir, dans leur intégrité, des intérêts qui furent toujours placés sous une surveillance spéciale de la loi.

Le Législateur doit éviter deux dangers avec le même soin, celui de ne pas pourvoir suffisamment à l'intérêt du plus faible, et celui de blesser les intérêts des majeurs, en les tenant dans une longue incertitude sur la solidité des actes : le projet a prévenu ces deux inconvéniens.

L'apposition des scellés, la nécessité d'un inventaire, les estimations par experts, la formation des masses devant un officier commis à cet effet, les ventes par autorité et sous les yeux de la justice, le tirage des lots au sort, tout garantit, autant que possible, la conservation rigoureuse de tous les droits, et

dans les opérations préliminaires du partage, et dans le partage
lui-même : l'on a , par conséquent, dû établir pour règle , que
les actes faits avec toutes ces formalités par les tuteurs , sous
l'autorisation d'un conseil de famille, ou par les mineurs émancipés assistés de leurs curateurs , seront définitifs. Ils ne pourront
être attaqués que pour des causes communes à toutes les parties,
telles que le dol , la violence , ou la lésion de plus du quart.

Pour faire un partage , il faut de toute nécessité former
avant tout la masse des biens à partager : cette masse se compose , et des biens existans actuellement dans la succession , et
de ceux que les héritiers peuvent avoir reçus du défunt pendant
sa vie.

Dans le droit romain , les enfans venant à la succession de
leur père , n'étaient pas tenus de rapporter les donations qu'ils
en avaient reçues , si elles leur avaient été faites en préciput et
avec dispense de rapport.

Nos coutumes inclinaient plus fortement à maintenir l'égalité
entre les héritiers ; quelques-unes ne permettaient même pas de
conserver , en renonçant , les avantages qu'on avait reçus ; mais
dans les autres, on avait senti qu'il eût été injuste d'interdire
la faculté de marquer une affection particulière à l'un de ses
héritiers présomptifs. Celui-ci pouvait retenir l'objet donné , en
renonçant à la succession du donateur ; et comme on distinguait
dans la même succession autant de successions différentes qu'il
y avait de natures de biens , ou de coutumes diverses dans lesquelles ces biens étaient situés , la même personne prenait la
qualité de donataire ou de légataire dans certains biens ou dans
certaines coutumes , et la qualité d'héritier dans les autres.

Ces distinctions subtiles font place à des règles plus simples ,
et plus conformes aux notions communes de la justice. Une loi
particulière renfermera , dans des bornes convenables , l'exercice de la faculté de disposer en faveur d'un héritier présomptif : le donateur ou le testateur seront libres de déclarer que
leurs libéralités sont faites par préciput , et leur volonté recevra son exécution jusqu'à concurrence de ce dont ils auront pu
disposer. S'ils n'ont pas affranchi l'héritier de l'obligation du

rapport, il ne pourra pas s'y soustraire ; ainsi la volonté du défunt sera toujours la règle qu'on devra suivre, tant qu'elle ne se trouvera pas contraire à la disposition de la loi.

De nombreuses difficultés s'élevaient autrefois, sur les questions, si un fils devait rapporter ce qui avait été donné à son père, un père ce qui avait été donné à son fils, un époux ce qui avait été donné à l'autre époux ; mais la source de toutes ces contestations est heureusement tarie. Les donations qui n'auront pas été faites à la personne même de l'héritier, seront toujours réputées faites par préciput, à moins que le donateur n'ait exprimé une volonté contraire.

Toutes les difficultés sur cette matière, se rapporteront toujours nécessairement à ces questions : par qui est dû le rapport ? à qui est-il dû ? de quoi est-il dû ? comment doit-il être fait ?

Elles sont résolues dans le projet, de manière à ne laisser aucun doute.

Le rapport est dû par les héritiers ; il est dû aux cohéritiers, et non pas aux créanciers ou aux légataires ; il est dû de tout avantage, mais on ne peut ranger dans la classe des avantages, ni les frais de nourriture, entretien, éducation, apprentissage, ni les frais ordinaires d'équipement ou de nôces, ni les présens d'usage : toutes ces dépenses étaient, de la part du père, une dette, et non pas une libéralité. En donnant le jour à ses enfans, il avait contracté l'obligation de les entretenir, de les élever et de les équiper.

Enfin, le rapport doit être fait en nature, s'il est possible, ou en moins prenant.

Chaque héritier doit avoir sa juste part dans la masse à diviser : la justice peut être violée, ou en donnant moins, ou en donnant des effets de moindre qualité et valeur.

Si, dans la succession, on trouve la possibilité de prélèvemens égaux aux objets donnés, le donataire sera dispensé de faire le rapport en nature. Dans le cas contraire, ce rapport sera exigé.

Vous sentez, citoyens Législateurs, combien toutes ces règles , minutieuses peut-être au premier coup-d'œil, sont cependant essentielles et nécessaires. Vous voyez aussi qu'elles sont fondées sur des principes de raison et de justice. Je ne m'étendrai pas davantage sur cet objet ; je m'en rapporte à l'impression que la simple lecture fera certainement sur vos esprits.

Le paiement des dettes est la première et la plus importante obligation des héritiers : les créanciers , dont l'intérêt ne peut être révoqué en doute, peuvent s'opposer , pour la conservation de leurs droits , à ce que le partage soit fait hors de leur présence ; mais ils ne peuvent pas attaquer un partage fait, *sans fraude* , en leur absence , à moins qu'il n'eût été procédé au préjudice d'une opposition qu'ils auraient formée : ils sont bien maîtres d'intervenir, mais on n'est pas obligé de les appeler.

Le projet règle la proportion dans laquelle les cohéritiers et les légataires universels contribuent entre eux au paiement des dettes ; il conserve, au surplus, les droits des créanciers sur tous les biens de la succession ; et les règles proposées , n'ayant d'ailleurs rien que de conforme à ce qui s'est pratiqué jusqu'à ce jour, je puis , je dois me dispenser d'entrer dans une plus longue explication.

Je crois , citoyens Législateurs , vous avoir fait connaître l'esprit qui a dirigé la préparation de la loi : la première intention du Gouvernement a dû être de régler l'ordre des successions , suivant le vœu de la nature ; sa sollicitude a dû s'occuper ensuite des héritiers et des créanciers , véritables parties dans toute succession , pour n'offenser les intérêts ni des uns ni des autres.

Nous avons tracé des règles claires et précises , et nous avons cherché à les disposer dans un ordre qui en facilitât l'étude et l'intelligence.

Trop long-temps la volonté publique fut, en quelque manière , étouffée sous une masse de dispositions éparses, souvent incohérentes, et même contradictoires : chacun pourra désormais, avec un peu d'application, acquérir du moins la connaissance générale des lois qui doivent régir sa personne et ses propriétés. Il n'en faut pas davantage dans le cours ordinaire de la vie.

Mais on tomberait dans une étrange et funeste erreur, si l'on pouvait supposer qu'une connaissance des lois, suffisante pour le commun des hommes, doit suffire également au magistrat chargé de les appliquer, ou au jurisconsulte qui exerce aussi une espèce de magistrature, bien flatteuse sans doute, puisqu'elle repose sur une confiance toute volontaire.

Ce n'est que par de longues veilles et par une profonde méditation sur les principes d'ordre naturel et de justice éternelle, auxquels doivent se rattacher toutes les bonnes lois, que l'on peut apprendre à en faire une juste et prompte application, dans cette variété infinie d'espèces que font éclore tous les jours mille circonstances imprévues, ou la malice inépuisable des plaideurs.

Malgré quelques dispositions bizarres qui ont échappé à d'utiles et successives réformes, il sera encore nécessaire d'étudier dans nos coutumes l'histoire de la législation française, et d'y chercher les premières traces des règles que nous avons dû en extraire, comme plus adaptées au génie français et à nos mœurs actuelles.

Mais c'est sur-tout dans les lois du peuple conquérant et législateur, qu'on puisera, pour me servir des expressions d'un auteur moderne, ces principes lumineux et féconds, ces grandes maximes qui renferment presque toutes les décisions ou qui les préparent : c'est-là qu'il faut chercher, pour se les rendre familières et propres, ces notions sûres et frappantes qu'on peut regarder comme autant d'oracles de la justice.

Les compilations du droit romain ne sont pas, j'en conviens, exemptes de quelques défauts, ni d'un désordre qui doit en rendre l'étude pénible ; mais quel courage ne serait pas soutenu par la perspective de cette riche et abondante moisson qui s'offre au bout de la carrière ? Les lois romaines, tirant d'elles-mêmes toute leur force, sans autre autorité que celle de leur sagesse, ont su commander à tous les peuples l'obéissance et le respect :

un consentement unanime les a honorées du titre de *raison écrite*, et elles devront toujours être l'objet principal des méditations d'un bon magistrat et d'un véritable jurisconsulte.

De tous les priviléges dont l'homme s'enorgueillit, je n'en connais qu'un de réel, c'est celui de pouvoir s'instruire et raisonner : sans doute l'exercice de cette faculté est utile dans tous les états; mais il est un besoin absolu pour ceux qui prétendent à l'honneur d'éclairer ou de juger leurs concitoyens.

Pardonnez, citoyens Législateurs, des réflexions qui ne tiennent peut-être pas directement à l'objet que j'ai dû me proposer; j'espère cependant que vous ne les jugerez pas déplacées, dans un siècle où l'on semble épuiser toutes les ressources de l'esprit, pour se dispenser d'acquérir de la science.

Je n'ajouterai qu'un mot : le projet que nous vous présentons, long-temps médité au Conseil d'Etat, a encore acquis un degré de perfection par les observations des commissaires du Tribunat. Vous allez en entendre la lecture.

Suit le texte de la loi.

LIVRE III.

DES DIFFÉRENTES MANIÈRES DONT ON ACQUIERT LA PROPRIÉTÉ.

DISPOSITIONS GÉNÉRALES.

Décrétées le 29 germinal an XI. Promulguées le 9 floréal suivant.

Article 711. — La propriété des biens s'acquiert et se transmet par succession, par donation entre-vifs ou testamentaire, et par l'effet des obligations.

Art. 712. — La propriété s'acquiert aussi par accession ou incorporation et par prescription.

Art. 713. Les biens qui n'ont pas de maître, appartiennent à la nation.

Art. 714. — Il est des choses qui n'appartiennent à personne et dont l'usage est commun à tous.

Des lois de police règlent la manière d'en jouir.

Art. 715. — La faculté de chasser ou de pêcher est également réglée par des lois particulières.

Art. 716. — La propriété d'un trésor appartient à celui qui le trouve dans son propre fonds : si le trésor est trouvé dans le fonds d'autrui, il appartient pour moitié à celui qui l'a découvert, et pour l'autre moitié au propriétaire du fonds.

Le trésor est toute chose cachée ou enfouie sur laquelle personne ne peut justifier sa propriété, et qui est découverte par le pur effet du hasard.

Art. 717. — Les droits sur les effets jetés à la mer, sur les objets que la mer rejette, de quelque nature qu'ils puissent être, sur les plantes et herbages qui croissent sur les rivages de la mer, sont aussi réglés par des lois particulières.

Il en est de même des choses perdues dont le maître ne se représente pas.

TITRE PREMIER.

Des Successions.

Décrété le 29 germinal an XI. Promulgué le 9 floréal suivant.

CHAPITRE PREMIER.

De l'ouverture des successions, et de la saisine des héritiers.

Article 718. — Les successions s'ouvrent par la mort naturelle et par la mort civile.

Art. 719. — La succession est ouverte par la mort civile, du moment où cette mort est encourue, conformément aux dispositions de la section II du chapitre II du titre *de la jouissance et de la privation des droits civils.*

Art. 720. — Si plusieurs personnes respectivement appelées à la succession l'une de l'autre, périssent dans un même événement, sans qu'on puisse reconnaître laquelle est décédée la première, la présomption de survie est déterminée par les circonstances du fait, et, à leur défaut, par la force de l'âge ou du sexe.

Art. 721. — Si ceux qui ont péri ensemble, avaient moins de quinze ans, le plus âgé sera présumé avoir survécu.

S'ils étaient tous au-dessus de soixante ans, le moins âgé sera présumé avoir survécu.

Si les uns avaient moins de quinze ans, et les autres plus de soixante, les premiers seront présumés avoir survécu.

Art. 722. — Si ceux qui ont péri ensemble, avaient quinze ans accomplis et moins de soixante, le mâle est toujours présumé avoir survécu, lorsqu'il y a égalité d'âge, ou si la différence qui existe n'excède pas une année.

S'ils étaient du même sexe, la présomption de survie qui donne ouverture à la succession dans l'ordre de la nature, doit être admise; ainsi le plus jeune est présumé avoir survécu au plus âgé.

Art. 723. — La loi règle l'ordre de succéder entre les héritiers légitimes : à leur défaut, les biens passent aux enfans naturels, ensuite à l'époux survivant; et s'il n'y en a pas, à la République.

Art. 724. — Les héritiers légitimes sont saisis de plein droit des biens, droits et actions du défunt, sous l'obligation d'acquitter toutes les charges de la succession : les enfans naturels, l'époux survivant et la République, doivent se faire envoyer en possession par justice dans les formes qui seront déterminées.

CHAPITRE II.

Des qualités requises pour succéder.

Article 725. — Pour succéder, il faut nécessairement exister à l'instant de l'ouverture de la succession.

Ainsi, sont incapables de succéder,

1°. Celui qui n'est pas encore conçu;

2°. L'enfant qui n'est pas né viable;

3°. Celui qui est mort civilement.

Art. 726. — Un étranger n'est admis à succéder aux

biens que son parent, étranger ou Français, possède
dans le territoire de la République, que dans les cas et
de la manière dont un Français succède à son parent
possédant des biens dans le pays de cet étranger, conformément aux dispositions de l'article 11, au titre *de la
Jouissance et de la Privation des droits civils.*

Art. 727. — Sont indignes de succéder, et comme tels
exclus des successions,

1°. Celui qui serait condamné pour avoir donné ou tenté
de donner la mort au défunt ;

2°. Celui qui a porté contre le défunt une accusation
capitale jugée calomnieuse ;

3°. L'héritier majeur qui, instruit du meurtre du défunt, ne l'aura pas dénoncé à la justice.

Art. 728. — Le défaut de dénonciation ne peut être
opposé aux ascendans et descendans du meurtrier, ni à
ses alliés au même degré, ni à son époux ou à son épouse,
ni à ses frères ou sœurs, ni à ses oncles et tantes, ni à ses
neveux et nièces.

Art. 729. — L'héritier exclu de la succession pour
cause d'indignité, est tenu de rendre tous les fruits et
les revenus dont il a eu la jouissance depuis l'ouverture
de la succession.

Art. 730. — Les enfans de l'indigne, venant à la
succession de leur chef, et sans le secours de la représentation, ne sont pas exclus pour la faute de leur père ;
mais celui-ci ne peut, en aucun cas, réclamer, sur les
biens de cette succession, l'usufruit que la loi accorde
aux pères et mères sur les biens de leurs enfans.

CHAPITRE III.

Des divers ordres de succession.

SECTION PREMIÈRE:

Dispositions générales.

Article 731. — Les successions sont déférées aux enfans et descendans du défunt, à ses ascendans et à ses parens collatéraux, dans l'ordre et suivant les règles ci-après déterminés.

Art. 732. — La loi ne considère ni la nature ni l'origine des biens pour en régler la succession.

Art. 733. — Toute succession échue à des ascendans ou à des collatéraux, se divise en deux parts égales : l'une pour les parens de la ligne paternelle, l'autre pour les parens de la ligne maternelle.

Les parens utérins ou consanguins ne sont pas exclus par les germains; mais ils ne prennent part que dans leur ligne, sauf ce qui sera dit à l'article 752. Les germains prennent part dans les deux lignes.

Il ne se fait aucune dévolution d'une ligne à l'autre, que lorsqu'il ne se trouve aucun ascendant ni collatéral de l'une des deux lignes.

Art. 734. — Cette première division opérée entre les lignes paternelle et maternelle, il ne se fait plus de division entre les diverses branches; mais la moitié dévolue à chaque ligne appartient à l'héritier ou aux héritiers les plus proches en degrés, sauf le cas de la représentation, ainsi qu'il sera dit ci-après.

Art. 735. — La proximité de parenté s'établit par

le nombre de générations ; chaque génération s'appelle un *degré*.

Art. 736. — La suite des degrés forme la ligne : on appelle *ligne directe* la suite des degrés entre personnes qui descendent l'une de l'autre ; *ligne collatérale*, la suite des degrés entre personnes qui ne descendent pas les unes des autres, mais qui descendent d'un auteur commun.

On distingue la ligne directe, en ligne directe descendante et ligne directe ascendante.

La première est celle qui lie le chef avec ceux qui descendent de lui ; la deuxième est celle qui lie une personne avec ceux dont elle descend.

Art. 737. — En ligne directe, on compte autant de degrés qu'il y a de générations entre les personnes : ainsi le fils est, à l'égard du père, au premier degré ; le petit-fils, au second ; et réciproquement du père et de l'aïeul à l'égard des fils et petits-fils.

Art. 738. — En ligne collatérale, les degrés se comptent par les générations, depuis l'un des parens jusques et non compris l'auteur commun, et depuis celui-ci jusqu'à l'autre parent.

Ainsi, deux frères sont au deuxième degré ; l'oncle et le neveu sont au troisième degré ; les cousins-germains au quatrième ; ainsi de suite.

S E C T I O N I I.

De la représentation.

Article 739. — La représentation est une fiction de la loi, dont l'effet est de faire entrer les représentans dans la place, dans le degré et dans les droits du représenté.

Art. 740. La représentation a lieu à l'infini dans la ligne directe descendante.

Elle est admise dans tous les cas, soit que les enfans du défunt concourent avec les descendans d'un enfant prédécédé, soit que tous les enfans du défunt étant morts avant lui, les descendans desdits enfans se trouvent entre eux en degrés égaux ou inégaux.

Art. 741. — La représentation n'a pas lieu en faveur des ascendans ; le plus proche, dans chacune des deux lignes, exclut toujours le plus éloigné.

Art. 742. En ligne collatérale, la représentation est admise en faveur des enfans et descendans de frères ou sœurs du défunt, soit qu'ils viennent à sa succession concurremment avec des oncles ou tantes, soit que tous les frères et sœurs du défunt étant prédécédés, la succession se trouve dévolue à leurs descendans en degrés égaux ou inégaux.

Art. 743. — Dans tous les cas où la représentation est admise, le partage s'opère par souche : si une même souche a produit plusieurs branches, la subdivision se fait aussi par souche dans chaque branche, et les membres de la même branche partagent entre eux par tête.

Art. 744. On ne représente pas les personnes vivantes, mais seulement celles qui sont mortes naturellement ou civilement.

On peut représenter celui à la succession duquel on a renoncé.

SECTION III.

Des successions déférées aux descendans.

Article 745. — Les enfans ou leurs descendans succèdent à leurs père et mère, aïeuls, aïeules, ou autres ascendans,

ascendans, sans distinction de sexe ni de primogéniture, et encore qu'ils soient issus de différens mariages.

Ils succèdent par égales portions et par tête, quand ils sont tous au premier degré et appelés de leur chef : ils succèdent par souche, lorsqu'ils viennent tous ou en partie par représentation.

SECTION IV.

Des successions déférées aux ascendans.

Article 746. Si le défunt n'a laissé ni postérité, ni frère, ni sœur, ni descendans d'eux, la succession se divise par moitié entre les ascendans de la ligne paternelle et les ascendans de la ligne maternelle.

L'ascendant qui se trouve au degré le plus proche, recueille la moitié affectée à sa ligne, à l'exclusion de tous autres.

Les ascendans au même degré succèdent par tête.

Art. 747. — Les ascendans succèdent, à l'exclusion de tous autres, aux choses par eux données à leurs enfans ou descendans décédés sans postérité, lorsque les objets donnés se retrouvent en nature dans la succession.

Si les objets ont été aliénés, les ascendans recueillent le prix qui peut en être dû. Ils succèdent aussi à l'action en reprise que pouvait avoir le donataire.

Art. 748. — Lorsque les père et mère d'une personne morte sans postérité lui ont survécu, si elle a laissé des frères, sœurs, ou des descendans d'eux, la succession se divise en deux portions égales, dont moitié seulement est déférée au père et à la mère, qui la partagent entre eux également.

L'autre moitié appartient aux frères, sœurs ou descen-

Liv. III. C *

dans d'eux, ainsi qu'il sera expliqué dans la section V
du présent chapitre.

Art. 749. — Dans le cas où la personne morte sans postérité laisse des frères, sœurs, ou des descendans d'eux,
si le père ou la mère est prédécédé, la portion qui lui
aurait été dévolue conformément au précédent article, se
réunit à la moitié déférée aux frères, sœurs ou à leurs
représentans, ainsi qu'il sera expliqué à la section V du
présent chapitre.

SECTION V.

Des successions collatérales.

Article 750. — En cas de prédécès des père et mère
d'une personne morte sans postérité, ses frères, sœurs ou
leurs descendans sont appelés à la succession, à l'exclusion
des ascendans et des autres collatéraux.

Ils succèdent, ou de leur chef, ou par représentation,
ainsi qu'il a été réglé dans la section II du présent chapitre.

Art. 751. — Si les père et mère de la personne morte
sans postérité lui ont survécu, ses frères, sœurs ou leurs
représentans ne sont appelés qu'à la moitié de la succession. Si le père ou la mère seulement a survécu, ils sont
appelés à recueillir les trois quarts.

Art. 752. — Le partage de la moitié ou des trois quarts
dévolus aux frères ou sœurs, aux termes de l'article précédent, s'opère entre eux par égales portions, s'ils sont
tous du même lit : s'ils sont de lits différens, la division
se fait par moitié entre les deux lignes paternelle et maternelle du défunt; les germains prennent part dans les deux
lignes, et les utérins et consanguins chacun dans leur

ligne seulement : s'il n'y a de frères ou sœurs que d'un côté, ils succèdent à la totalité, à l'exclusion de tous autres parens de l'autre ligne.

Art. 753. — A défaut de frères ou sœurs, ou de descendans d'eux, et à défaut d'ascendans dans l'une ou l'autre ligne, la succession est déférée pour moitié aux ascendans survivans ; et pour l'autre moitié, aux parens les plus proches de l'autre ligne.

S'il y a concours de parens collatéraux au même degré, ils partagent par tête.

Art. 754. — Dans le cas de l'article précédent, le père ou la mère survivant, a l'usufruit du tiers des biens auxquels il ne succède pas en propriété.

Art. 755. — Les parens au-delà du douzième degré ne succèdent pas.

A défaut de parens au degré successible dans une ligne, les parens de l'autre ligne succèdent pour le tout.

CHAPITRE IV.

Des successions irrégulières.

SECTION PREMIÈRE.

Des droits des enfans naturels sur les biens de leur père ou mère, et de la succession aux enfans naturels décédés sans postérité.

Article 756. — Les enfans naturels ne sont point héritiers ; la loi ne leur accorde de droits sur les biens de leur père ou mère décédés, que lorsqu'ils ont été légalement reconnus. Elle ne leur accorde aucun droit sur les biens des parens de leur père ou mère.

C 2

Art. 757. — Le droit de l'enfant naturel sur les biens de ses père ou mère décédés , est réglé ainsi qu'il suit :

Si le père ou la mère a laissé des descendans légitimes , ce droit est d'un tiers de la portion héréditaire que l'enfant naturel aurait eue s'il eût été légitime : il est de la moitié lorsque les père ou mère ne laissent pas de descendans , mais bien des ascendans ou des frères ou sœurs ; ils est des trois quarts lorsque les père ou mère ne laissent ni des- cendans, ni ascendans, ni frères ni sœurs.

Art. 758. — L'enfant naturel a droit à la totalité des biens , lorsque ses père ou mère ne laissent pas de parens au degré successible.

Art. 759. — En cas de prédécès de l'enfant naturel , ses enfans ou descendans peuvent réclamer les droits fixés par les articles précédens.

Art. 760. — L'enfant naturel ou ses descendans sont tenus d'imputer sur ce qu'ils ont droit de prétendre , tout ce qu'ils ont reçu du père ou de la mère dont la succession est ouverte , et qui serait sujet à rapport , d'après les règles établies à la section II du chapitre VI du présent titre.

Art. 761. — Toute réclamation leur est interdite , lors- qu'ils ont reçu , du vivant de leur père ou de leur mère , la moitié de ce qui leur est attribué par les articles pré- cédens , avec déclaration expresse , de la part de leur père ou mère , que leur intention est de réduire l'enfant naturel à la portion qu'ils lui ont assignée.

Dans le cas où cette portion serait inférieure à la moitié de ce qui devrait revenir à l'enfant naturel , il ne pourra réclamer que le supplément nécessaire pour parfaire cette moitié.

Art. 762. — Les dispositions des art. 757 et 758 ne sont pas applicables aux enfans adultérins ou incestueux.

La loi ne leur accorde que des alimens.

Art. 763. — Ces alimens sont réglés , eu égard aux facultés du père ou de la mère , au nombre et à la qualité des héritiers légitimes.

Art. 764. — Lorsque le père ou la mère de l'enfant adultérin ou incestueux lui auront fait apprendre un art mécanique , ou lorsque l'un d'eux lui aura assuré des alimens de son vivant , l'enfant ne pourra élever aucune réclamation contre leur succession.

Art. 765. — La succession de l'enfant naturel décédé sans postérité , est dévolue au père ou à la mère qui l'a reconnu ; ou par moitié à tous les deux , s'il a été reconnu par l'un et par l'autre.

Art. 766. En cas de prédécès des père et mère de l'enfant naturel , les biens qu'il en avait reçus passent aux frères ou sœurs légitimes , s'ils se retrouvent en nature dans la succession ; les actions en reprise , s'il en existe , ou le prix de ces biens aliénés , s'il est encore dû , retournent également aux frères et sœurs légitimes. Tous les autres biens passent aux frères et sœurs naturels , ou à leurs descendans.

SECTION II.

Des droits du conjoint survivant et de la République.

Article 767. — Lorsque le défunt ne laisse ni parens au degré successible , ni enfans naturels , les biens de sa succession appartiennent au conjoint non divorcé qui lui survit.

Art. 768. — A défaut de conjoint survivant , la succession est acquise à la République.

Art. 769. — Le conjoint survivant et l'administration des domaines qui prétendent droit à la succession, sont tenus de faire apposer les scellés, et de faire faire inventaire dans les formes prescrites pour l'acceptation des successions sous bénéfice d'inventaire.

Art. 770. — Ils doivent demander l'envoi en possession au tribunal de première instance dans le ressort duquel la succession est ouverte. Le tribunal ne peut statuer sur la demande qu'après trois publications et affiches dans les formes usitées, et après avoir entendu le commissaire du Gouvernement.

Art. 771. — L'époux survivant est encore tenu de faire emploi du mobilier, ou de donner caution suffisante pour en assurer la restitution, au cas où il se présenterait des héritiers du défunt, dans l'intervalle de trois ans : après ce délai, la caution est déchargée.

Art. 772. — L'époux survivant ou l'administration des domaines qui n'auraient pas rempli les formalités qui leur sont respectivement prescrites, pourront être condamnés aux dommages et intérêts envers les héritiers, s'il s'en représente.

Art. 773. — Les dispositions des articles 769, 770, 771 et 772, sont communes aux enfans naturels appelés à défaut de parens.

CHAPITRE V.

De l'acceptation et de la répudiation des successions.

SECTION PREMIÈRE.

De l'acceptation.

Article 774. — Une succession peut être acceptée purement et simplement, ou sous bénéfice d'inventaire.

Art. 775. — Nul n'est tenu d'accepter une succession qui lui est échue.

Art. 776. — Les femmes mariées ne peuvent pas valablement accepter une succession sans l'autorisation de leur mari ou de justice, conformément aux dispositions du chapitre VI du titre *du Mariage.*

Les successions échues aux mineurs et aux interdits, ne pourront être valablement acceptées que conformément aux dispositions du titre *de la Minorité, de la Tutelle et de l'Emancipation.*

Art. 777. — L'effet de l'acceptation remonte au jour de l'ouverture de la succession.

Art. 778. — L'acceptation peut être expresse ou tacite ; elle est expresse, quand on prend le titre ou la qualité d'héritier dans un acte authentique ou privé ; elle est tacite, quand l'héritier fait un acte qui suppose nécessairement son intention d'accepter, et qu'il n'aurait droit de faire qu'en sa qualité d'héritier.

Art. 779. — Les actes purement conservatoires, de surveillance et d'administration provisoire, ne sont pas des actes d'adition d'hérédité, si l'on n'y a pas pris le titre ou la qualité d'héritier.

Art. 780. — La donation, vente ou transport que fait de ses droits successifs un des cohéritiers, soit à un étranger, soit à tous ses cohéritiers, soit à quelques-uns d'eux, emporte de sa part acceptation de la succession.

Il en est de même, 1°. de la renonciation, même gratuite, que fait un des héritiers au profit d'un ou de plusieurs de ses cohéritiers ;

2°. De la renonciation qu'il fait même au profit de tous ses cohéritiers indistinctement, lorsqu'il reçoit le prix de sa renonciation.

Art. 781. — Lorsque celui à qui une succession est échue, est décédé sans l'avoir répudiée ou sans l'avoir acceptée expressément ou tacitement, ses héritiers peuvent l'accepter ou la répudier de son chef.

Art. 782. — Si ces héritiers ne sont pas d'accord pour accepter ou pour répudier la succession, elle doit être acceptée sous bénéfice d'inventaire.

Art. 783. — Le majeur ne peut attaquer l'acceptation expresse ou tacite qu'il a faite d'une succession, que dans le cas où cette acceptation aurait été la suite d'un dol pratiqué envers lui : il ne peut jamais réclamer sous prétexte de lésion, excepté seulement dans le cas où la succession se trouverait absorbée ou diminuée de plus de moitié, par la découverte d'un testament inconnu au moment de l'acceptation.

SECTION II.

De la renonciation aux successions.

Art. 784. — La renonciation à une succession ne se présume pas : elle ne peut plus être faite qu'au greffe du tribunal de première instance dans l'arrondissement

duquel la succession s'est ouverte , sur un registre particulier tenu à cet effet.

Art. 785. — L'héritier qui renonce , est censé n'avoir
jamais été héritier.

Art. 786. — La part du renonçant accroît à ses cohéritiers ; s'il est seul, elle est dévolue au degré subséquent.

Art. 787. — On ne vient jamais par représentation
d'un héritier qui a renoncé : si le renonçant est seul héritier de son degré , ou si tous ses cohéritiers renoncent ,
les enfans viennent de leur chef et succèdent par tête.

Art. 788. — Les créanciers de celui qui renonce au
préjudice de leurs droits , peuvent se faire autoriser en
justice à accepter la succession du chef de leur débiteur,
en son lieu et place.

Dans ce cas , la renonciation n'est annullée qu'en faveur des créanciers, et jusqu'à concurrence seulement de
leurs créances : elle ne l'est pas au profit de l'héritier qui
a renoncé.

Art. 789. — La faculté d'accepter ou de répudier une
succession, se prescrit par le laps de temps requis pour la
prescription la plus longue des droits immobiliers.

Art. 790. — Tant que la prescription du droit d'accepter n'est pas acquise contre les héritiers qui ont renoncé , ils ont la faculté d'accepter encore la succession ,
si elle n'a pas été déjà acceptée par d'autres héritiers; sans
préjudice néanmoins des droits qui peuvent être acquis à
des tiers sur les biens de la succession , soit par prescription , soit par actes valablement faits avec le curateur à
la succession vacante.

Art. 791. — On ne peut, même par contrat de mariage, renoncer à la succession d'un homme vivant, ni

aliéner les droits éventuels qu'on peut avoir à cette succession.

Art. 792. — Les héritiers qui auraient diverti ou recélé des effets d'une succession, sont déchus de la faculté d'y renoncer : ils demeurent héritiers purs et simples, nonobstant leur renonciation, sans pouvoir prétendre aucune part dans les objets divertis ou recélés.

SECTION III.

Du bénéfice d'inventaire, de ses effets, et des obligations de l'héritier bénéficiaire.

Article 793. — La déclaration d'un héritier, qu'il entend ne prendre cette qualité que sous bénéfice d'inventaire, doit être faite au greffe du tribunal civil de première instance dans l'arrondissement duquel la succession s'est ouverte : elle doit être inscrite sur le registre destiné à recevoir les actes de renonciation.

Art. 794. — Cette déclaration n'a d'effet qu'autant qu'elle est précédée ou suivie d'un inventaire fidèle et exact des biens de la succession, dans les formes réglées par les lois sur la procédure, et dans les délais qui seront ci-après déterminés.

Art. 795. — L'héritier a trois mois pour faire inventaire, à compter du jour de l'ouverture de la succession.

Il a de plus, pour délibérer sur son acceptation ou sur sa renonciation, un délai de quarante jours, qui commencent à courir du jour de l'expiration des trois mois donnés pour l'inventaire, ou du jour de la clôture de l'inventaire s'il a été terminé avant les trois mois.

Art. 796. — Si cependant il existe dans la succession, des objets susceptibles de dépérir ou dispendieux à conserver, l'héritier peut, en sa qualité d'habile à succéder, et sans qu'on puisse en induire de sa part une acceptation, se faire autoriser par justice à procéder à la vente de ces effets.

Cette vente doit être faite par officier public, après les affiches et publications réglées par les lois sur la procédure.

Art. 797. — Pendant la durée des délais pour faire inventaire et pour délibérer, l'héritier ne peut être contraint à prendre qualité, et il ne peut être obtenu contre lui de condamnation : s'il renonce lorsque les délais sont expirés ou avant, les frais par lui faits légitimement jusqu'à cette époque, sont à la charge de la succession.

Art. 798. — Après l'expiration des délais ci-dessus, l'héritier, en cas de poursuite dirigée contre lui, peut demander un nouveau délai, que le tribunal saisi de la contestation accorde ou refuse suivant les circonstances.

Art. 799. — Les frais de poursuite, dans le cas de l'article précédent, sont à la charge de la succession, si l'héritier justifie, ou qu'il n'avait pas eu connaissance du décès, ou que les délais ont été insuffisans, soit à raison de la situation des biens, soit à raison des contestations survenues : s'il n'en justifie pas, les frais restent à sa charge personnelle.

Art. 800. — L'héritier conserve néanmoins, après l'expiration des délais accordés par l'article 795, même de ceux donnés par le juge conformément à l'article 798, la faculté de faire encore inventaire et de se porter héritier bénéficiaire, s'il n'a pas fait d'ailleurs acte d'héritier, ou s'il n'existe pas contre lui de jugement passé en force de chose jugée, qui le condamne en qualité d'héritier pur et simple.

Art. 801. — L'héritier qui s'est rendu coupable de ré-célé, ou qui a omis, sciemment et de mauvaise foi, de comprendre dans l'inventaire, des effets de la succession, est déchu du bénéfice d'inventaire.

Art. 802. — L'effet du bénéfice d'inventaire est de donner à l'héritier l'avantage,

1°. De n'être tenu du paiement des dettes de la succession que jusqu'à concurrence de la valeur des biens qu'il a recueillis, même de pouvoir se décharger du paiement des dettes en abandonnant tous les biens de la succession aux créanciers et aux légataires;

2°. De ne pas confondre ses biens personnels avec ceux de la succession, et de conserver contre elle le droit de réclamer le paiement de ses créances.

Art. 803. — L'héritier bénéficiaire est chargé d'administrer les biens de la succession, et doit rendre compte de son administration aux créanciers et aux légataires.

Il ne peut être contraint sur ses biens personnels qu'après avoir été mis en demeure de présenter son compte, et faute d'avoir satisfait à cette obligation.

Après l'apurement du compte, il ne peut être contraint sur ses biens personnels que jusqu'à concurrence seulement des sommes dont il se trouve reliquataire.

Art. 804. — Il n'est tenu que des fautes graves dans l'administration dont il est chargé.

Art. 805. — Il ne peut vendre les meubles de la succession que par le ministère d'un officier public, aux enchères, et après les affiches et publications accoutumées.

S'il les représente en nature, il n'est tenu que de la dépréciation ou de la détérioration causée par sa négligence.

Art. 806. — Il ne peut vendre les immeubles que dans

les formes prescrites par les lois sur la procédure ; il est tenu d'en déléguer le prix aux créanciers hypothécaires qui se sont fait connaître.

Art. 807. — Il est tenu , si les créanciers ou autres personnes intéressées l'exigent , de donner caution bonne et solvable de la valeur du mobilier compris dans l'inventaire , et de la portion du prix des immeubles non déléguée aux créanciers hypothécaires.

Faute par lui de fournir cette caution , les meubles sont vendus , et leur prix est déposé , ainsi que la portion non déléguée du prix des immeubles , pour être employés à l'acquit des charges de la succession.

Art. 808. — S'il y a des créanciers opposans , l'héritier bénéficiaire ne peut payer que dans l'ordre et de la manière réglés par le juge.

S'il n'y a pas de créanciers opposans , il paie les créanciers et les légataires à mesure qu'ils se présentent.

Art. 809. — Les créanciers non opposans qui ne se présentent qu'après l'apurement du compte et le paiement du reliquat , n'ont de recours à exercer que contre les légataires.

Dans l'un et l'autre cas , le recours se prescrit par le laps de trois ans , à compter du jour de l'apurement du compte et du paiement du reliquat.

Art. 810. — Les frais de scellés , s'il en a été apposé , d'inventaire et de compte , sont à la charge de la succession.

SECTION IV.

Des successions vacantes.

Article 811. — Lorsqu'après l'expiration des délais
pour faire inventaire et pour délibérer , il ne se présente
personne qui réclame une succession , qu'il n'y a pas d'hé-
tier connu , ou que les héritiers connus y ont renoncé ,
cette succession est réputée vacante.

Art. 812. — Le tribunal de première instance dans
l'arrondissement duquel elle est ouverte , nomme un curateur sur la demande des personnes intéressées , ou sur
la réquisition du commissaire du Gouvernement.

Art. 813. — Le curateur à une succession vacante est
tenu , avant tout , d'en faire constater l'état par un inventaire : il en exerce et poursuit les droits ; il répond aux
demandes formées contre elle ; il administre , sous la charge
de faire verser le numéraire qui se trouve dans la succession , ainsi que les deniers provenant du prix des meubles
ou immeubles vendus , dans la caisse du receveur de la
régie nationale , pour la conservation des droits , et à la
charge de rendre compte à qui il appartiendra.

Art. 814. — Les dispositions de la section III du présent chapitre , sur les formes de l'inventaire , sur le mode
d'administration et sur les comptes à rendre de la part de
l'héritier bénéficiaire , sont au surplus communes aux curateurs à successions vacantes.

CHAPITRE VI.

Du partage et des rapports.

SECTION PREMIÈRE.

De l'action en partage, et de sa forme.

Article 815. — Nul ne peut être contraint à demeurer dans l'indivision ; et le partage peut être toujours provoqué , nonobstant prohibitions et conventions contraires.

On peut cependant convenir de suspendre le partage pendant un temps limité : cette convention ne peut être obligatoire au-delà de cinq ans ; mais elle peut être renouvelée.

Art. 816. — Le partage peut être demandé , même quand l'un des cohéritiers aurait joui séparément de partie des biens de la succession , s'il n'y a eu un acte de partage , ou possession suffisante pour acquérir la prescription.

Art. 817. — L'action en partage , à l'égard des cohéritiers mineurs ou interdits , peut être exercée par leurs tuteurs , spécialement autorisés par un conseil de famille.

A l'égard des cohéritiers absens , l'action appartient aux parens envoyés en possession.

Art. 818: — Le mari peut , sans le concours de sa femme , provoquer le partage des objets meubles ou immeubles à elle échus qui tombent dans la communauté : à l'égard des objets qui ne tombent pas en communauté , le mari ne peut en provoquer le partage sans le concours de sa femme ; il peut seulement , s'il a le droit de jouir de ses biens , demander un partage provisionnel.

Les cohéritiers de la femme ne peuvent provoquer le partage définitif qu'en mettant en cause le mari et la femme.

Art. 819. —. Si tous les héritiers sont présens et majeurs, l'apposition de scellés sur les effets de la succession n'est pas nécessaire, et le partage peut être fait dans la forme et par tel acte que les parties intéressées jugent convenable.

Si tous les héritiers ne sont pas présens, s'il y a parmi eux des mineurs ou des interdits, le scellé doit être apposé dans le plus bref délai, soit à la requête des héritiers, soit à la diligence du commissaire du Gouvernement près le tribunal de première instance, soit d'office par le juge de paix dans l'arrondissement duquel la succession est ouverte.

Art. 820. — Les créanciers peuvent aussi requérir l'apposition des scellés, en vertu d'un titre exécutoire ou d'une permission du juge.

Art. 821. — Lorsque le scellé a été apposé, tous créanciers peuvent y former opposition, encore qu'ils n'aient ni titre exécutoire ni permission du juge.

Les formalités pour la levée des scellés et la confection de l'inventaire, sont réglées par les lois sur la procédure.

Art. 822. — L'action en partage, et les contestations qui s'élèvent dans le cours des opérations, sont soumises au tribunal du lieu de l'ouverture de la succession.

C'est devant ce tribunal qu'il est procédé aux licitations, et que doivent être portées les demandes relatives à la garantie des lots entre copartageans et celles en rescision du partage.

Art. 823. — Si l'un des cohéritiers refuse de consentir au partage, ou s'il s'élève des contestations soit sur le

mode

mode d'y procéder, soit sur la manière de le terminer,
le tribunal prononce comme en matière sommaire, ou
commet, s'il y a lieu, pour les opérations du partage, un
des juges, sur le rapport duquel il décide les contestations.

Art. 824. — L'estimation des immeubles est faite par
experts choisis par les parties intéressées, ou, à leur refus, nommés d'office.

Le procès-verbal des experts doit présenter les bases de
l'estimation : il doit indiquer si l'objet estimé peut être
commodément partagé ; de quelle manière ; fixer enfin,
en cas de division, chacune des parts qu'on peut en former, et leur valeur.

Art. 825. — L'estimation des meubles, s'il n'y a pas
eu de prisée faite dans un inventaire régulier, doit être
faite par gens à ce connaissant, à juste prix et sans crüe.

Art. 826. — Chacun des cohéritiers peut demander sa
part en nature des meubles et immeubles de la succession :
néanmoins, s'il y a des créanciers saisissans ou opposans,
ou si la majorité des cohéritiers juge la vente nécessaire
pour l'acquit des dettes et charges de la succession, les
meubles sont vendus publiquement en la forme ordinaire.

Art. 827. Si les immeubles ne peuvent pas se partager
commodément, il doit être procédé à la vente par licitation devant le tribunal.

Cependant les parties, si elles sont toutes majeures,
peuvent consentir que la licitation soit faite devant un
notaire, sur le choix duquel elles s'accordent.

Art. 828. — Après que les meubles et immeubles ont
été estimés et vendus, s'il y a lieu, le juge commissaire
renvoie les parties devant un notaire dont elles conviennent, ou nommé d'office, si les parties ne s'accordent
pas sur le choix.

Liv. III. D *

On procède devant cet officier, aux comptes que les copartageans peuvent se devoir, à la formation de la masse générale, à la composition des lots, et aux fournissemens à faire à chacun des copartageans.

Art. 829. — Chaque cohéritier fait rapport à la masse, suivant les règles qui seront ci-après établies, des dons qui lui ont été faits, et des sommes dont il est débiteur.

Art. 830. — Si le rapport n'est pas fait en nature, les cohéritiers à qui il est dû, prélèvent une portion égale sur la masse de la succession.

Les prélèvemens se font, autant que possible, en objets de même nature, qualité et bonté que les objets non rapportés en nature.

Art. 831. — Après ces prélèvemens, il est procédé, sur ce qui reste dans la masse, à la composition d'autant de lots égaux qu'il y a d'héritiers copartageans, ou de souches copartageantes.

Art. 832. — Dans la formation et composition des lots, on doit éviter, autant que possible, de morceler les héritages et de diviser les exploitations ; et il convient de faire entrer dans chaque lot, s'il se peut, la même quantité de meubles, d'immeubles, de droits ou de créances de même nature et valeur.

Art. 833. — L'inégalité des lots en nature se compense par un retour, soit en rente, soit en argent.

Art. 834. — Les lots sont faits par l'un des cohéritiers, s'ils peuvent convenir entre eux sur le choix, et si celui qu'ils avaient choisi accepte la commission : dans le cas contraire, les lots sont faits par un expert que le juge commissaire désigne.

Ils sont ensuite tirés au sort.

Art. 835. — Avant de procéder au tirage des lots, chaque copartageant est admis à proposer ses réclamations contre leur formation.

Art. 836. — Les règles établies pour la division des masses à partager , sont également observées dans la sub-division à faire entre les souches copartageantes.

Art. 837. Si, dans les opérations renvoyées devant un notaire , il s'élève des contestations, le notaire dressera procès-verbal des difficultés et des dires respectifs des par-ties , les renverra devant le commissaire nommé pour le partage ; et , au surplus , il sera procédé, suivant les formes prescrites par les lois sur la procédure.

Art. 838. Si tous les cohéritiers ne sont pas présens , ou s'il y a parmi eux des interdits, ou des mineurs , même émancipés , le partage doit être fait en justice , conformé-ment aux règles prescrites par les articles 819 et suivans, jusques et compris l'article précédent. S'il y a plusieurs mineurs qui aient des intérêts opposés dans le partage , il doit leur être donné à chacun un tuteur spécial et par-ticulier.

Art. 839. — S'il y a lieu à licitation , dans le cas du précédent article , elle ne peut être faite qu'en justice avec les formalités prescrites pour l'aliénation des biens des mineurs. Les étrangers y sont toujours admis.

Art. 840. Les partages faits conformément aux règles ci-dessus prescrites, soit par les tuteurs , avec l'autorisa-tion d'un conseil de famille, soit par les mineurs émanci-pés, assistés de leurs curateurs, soit au nom des absens ou non présens, sont définitifs : ils ne sont que provision-nels, si les règles prescrites n'ont pas été observées.

Art. 841. — Toute personne , même parente du dé-funt, qui n'est pas son successible , et à laquelle un co-héritier aurait cédé son droit à la succession, peut être

D 2 *

écartée du partage, soit par tous les cohéritiers, soit par lui seul, en lui remboursant le prix de la cession.

Art. 842. Après le partage, remise doit être faite à chacun des copartageans, des titres particuliers aux objets qui lui seront échus.

Les titres d'une propriété divisée restent à celui qui a la plus grande part, à la charge d'en aider ceux de ses copartageans qui y auront intérêt, quand il en sera requis.

Les titres communs à toute l'hérédité sont remis à celui que tous les héritiers ont choisi pour en être le dépositaire, à la charge d'en aider les copartageans, à toute réquisition. S'il y a difficulté sur ce choix, il est réglé par le juge.

SECTION II.

Des rapports.

Article 843. — Tout héritier, même bénéficiaire, venant à une succession, doit rapporter à ses cohéritiers tout ce qu'il a reçu du défunt, par donation entre-vifs, directement ou indirectement : il ne peut retenir les dons ni réclamer les legs à lui faits par le défunt, à moins que les dons et legs ne lui aient été faits expressément par préciput et hors part, ou avec dispense du rapport.

Art. 844. Dans le cas même où les dons et legs auraient été faits par préciput ou avec dispense du rapport, l'héritier venant à partage ne peut les retenir que jusqu'à concurrence de la quotité disponible : l'excédant est sujet à rapport.

Art. 845. — L'héritier qui renonce à la succession, peut cependant retenir le don entre-vifs, ou réclamer le legs à lui fait, jusqu'à concurrence de la portion disponible.

Art. 846. — Le donataire qui n'était pas héritier présomptif lors de la donation, mais qui se trouve successible au jour de l'ouverture de la succession, doit également le rapport, à moins que le donateur ne l'en ait dispensé.

Art. 847. — Les dons et legs faits au fils de celui qui se trouve successible à l'époque de l'ouverture de la succession, sont toujours réputés faits avec dispense du rapport.

Le père venant à la succession du donateur, n'est pas tenu de les rapporter.

Art. 848. — Pareillement, le fils venant de son chef à la succession du donateur, n'est pas tenu de rapporter le don fait à son père, même quand il aurait accepté la succession de celui-ci : mais si le fils ne vient que par représentation, il doit rapporter ce qui avait été donné à son père, même dans le cas où il aurait répudié sa succession.

Art. 849. — Les dons et legs faits au conjoint d'un époux successible, sont réputés faits avec dispense du rapport.

Si les dons et legs sont faits conjointement à deux époux, dont l'un seulement est successible, celui-ci en rapporte la moitié; si les dons sont faits à l'époux successible, il les rapporte en entier.

Art. 850. — Le rapport ne se fait qu'à la succession du donateur.

Art. 851. — Le rapport est dû de ce qui a été employé pour l'établissement d'un des cohéritiers, ou pour le paiement de ses dettes.

Art. 852. — Les frais de nourriture, d'entretien, d'éducation, d'apprentissage, les frais ordinaires d'équipement, ceux de noces et présens d'usage, ne doivent pas être rapportés.

Art. 853. — Il en est de même des profits que l'héritier a pu retirer de conventions passées avec le défunt, si ces conventions ne présentaient aucun avantage indirect, lorsqu'elles ont été faites.

Art. 854. — Pareillement, il n'est pas dû de rapport pour les associations faites sans fraude entre le défunt et l'un de ses héritiers, lorsque les conditions en ont été réglées par un acte authentique.

Art. 855. — L'immeuble qui a péri par cas fortuit et sans la faute du donataire, n'est pas sujet à rapport.

Art. 856. — Les fruits et les intérêts des choses sujettes à rapport, ne sont dus qu'à compter du jour de l'ouverture de la succession.

Art. 857. — Le rapport n'est dû que par le cohéritier à son cohéritier; il n'est pas dû aux légataires ni aux créanciers de la succession.

Art. 858. — Le rapport se fait en nature ou en moins prenant.

Art. 859. — Il peut être exigé en nature, à l'égard des immeubles, toutes les fois que l'immeuble donné n'a pas été aliéné par le donataire, et qu'il n'y a pas, dans la succession, d'immeubles de même nature, valeur et bonté, dont on puisse former des lots à-peu-près égaux pour les autres cohéritiers.

Art. 860. — Le rapport n'a lieu qu'en moins prenant, quand le donataire a aliéné l'immeuble avant l'ouverture de la succession; il est dû de la valeur de l'immeuble à l'époque de l'ouverture.

Art 861. — Dans tous les cas, il doit être tenu compte au donataire, des impenses qui ont amélioré la chose, eu égard à ce dont sa valeur se trouve augmentée au temps du partage.

Art. 862. — Il doit être pareillement tenu compte au donataire, des impenses nécessaires qu'il a faites pour la conservation de la chose, encore qu'elles n'aient point amélioré le fonds.

Art. 863. — Le donataire, de son côté, doit tenir compte des dégradations et détériorations qui ont diminué la valeur de l'immeuble, par son fait ou par sa faute et négligence.

Art. 864. — Dans le cas où l'immeuble a été aliéné par le donataire, les améliorations ou dégradations faites par l'acquéreur doivent être imputées conformément aux trois articles précédens.

Art. 865. — Lorsque le rapport se fait en nature, les biens se réunissent à la masse de la succession, francs et quittes de toutes charges créées par le donataire; mais les créanciers ayant hypothèque peuvent intervenir au partage, pour s'opposer à ce que le rapport se fasse en fraude de leurs droits.

Art. 866. — Lorsque le don d'un immeuble fait à un successible avec dispense du rapport, excède la portion disponible, le rapport de l'excédant se fait en nature, si le retranchement de cet excédant peut s'opérer commodément.

Dans le cas contraire, si l'excédant est de plus de moitié de la valeur de l'immeuble, le donataire doit rapporter l'immeuble en totalité, sauf à prélever sur la masse la valeur de la portion disponible : si cette portion excède la moitié de la valeur de l'immeuble, le donataire peut retenir l'immeuble en totalité, sauf à moins prendre, et à récompenser ses cohéritiers en argent ou autrement.

Art. 867. — Le cohéritier qui fait le rapport en nature

d'un immeuble, peut en retenir la possession jusqu'au remboursement effectif des sommes qui lui sont dues pour impenses ou améliorations.

Art. 868. — Le rapport du mobilier ne se fait qu'en moins prenant. Il se fait sur le pied de la valeur du mobilier lors de la donation, d'après l'état estimatif annexé à l'acte; et, à défaut de cet état, d'après une estimation par experts, à juste prix et sans crue.

Art. 869. — Le rapport de l'argent donné se fait en moins prenant dans le numéraire de la succession.

En cas d'insuffisance, le donataire peut se dispenser de rapporter du numéraire, en abandonnant, jusqu'à due concurrence, du mobilier, et à défaut de mobilier, des immeubles de la succession.

SECTION III.

Du paiment des dettes.

Article 870. — Les cohéritiers contribuent entre eux au paiement des dettes et charges de la succession, chacun dans la proportion de ce qu'il y prend.

Art. 871. — Le légataire à titre universel contribue avec les héritiers, au prorata de son émolument; mais le légataire particulier n'est pas tenu des dettes et charges, sauf toutefois l'action hypothécaire sur l'immeuble légué.

Art. 872. — Lorsque des immeubles d'une succession sont grevés de rentes par hypothèque spéciale, chacun des cohéritiers peut exiger que les rentes soient remboursées et les immeubles rendus libres avant qu'il soit procédé à la formation des lots. Si les cohéritiers partagent la succession dans l'état où elle se trouve, l'immeuble grevé doit être estimé au même taux que les autres immeubles; il est fait déduction du capital de la rente sur le prix total ; l'héritier dans le lot duquel tombe cet immeuble , demeure seul chargé du service de la rente , et il doit en garantir ses cohéritiers.

Art. 873. — Les héritiers sont tenus des dettes et charges de la succession , personnellement pour leur part et portion virile , et hypothécairement pour le tout ; sauf leur recours, soit contre leurs cohéritiers , soit contre les légataires universels , à raison de la part pour laquelle ils doivent y contribuer.

Art. 874. — Le légataire particulier qui a acquitté la dette dont l'immeuble légué était grevé, demeure subrogé aux droits du créancier contre les héritiers et successeurs à titre universel.

Art. 875. — Le cohéritier ou successeur à titre universel, qui, par l'effet de l'hypothèque , a payé au-delà de sa part de la dette commune, n'a de recours contre les autres cohéritiers ou successeurs à titre universel, que pour la part que chacun d'eux doit personnellement en supporter, même dans le cas où le cohéritier qui a payé la dette se serait fait subroger aux droits des créanciers , sans préjudice néanmoins des droits d'un cohéritier qui, par l'effet du bénéfice d'inventaire, aurait conservé la faculté de réclamer le paiement de sa créance personnelle, comme tout autre créancier.

Art. 876. — En cas d'insolvabilité d'un des cohéritiers ou successeurs à titre universel, sa part dans la dette hypothécaire est répartie sur tous les autres , au marc le franc.

Art. 877. Les titres exécutoires contre le défunt sont pareillement exécutoires contre l'héritier personnellement ; et néanmoins les créanciers ne pourront en poursuivre l'exécution que huit jours après la signification de ces titres à la personne ou au domicile de l'héritier.

Art. 878. — Ils peuvent demander , dans tous les cas, et contre tout créancier , la séparation du patrimoine du défunt d'avec le patrimoine de l'héritier.

Art. 879. Ce droit ne peut cependant plus être exercé , lorsqu'il y a novation dans la créance contre le défunt, par l'acceptation de l'héritier pour débiteur.

Art. 880. Il se prescrit , relativement aux meubles , par le laps de trois ans.

A l'égard des immeubles , l'action peut être exercée tant qu'ils existent dans la main de l'héritier.

Art. 881. — Les créanciers de l'héritier ne sont point admis à demander la séparation des patrimoines contre les créanciers de la succession.

Art. 882. — Les créanciers d'un copartageant , pour éviter que le partage ne soit fait en fraude de leurs droits , peuvent s'opposer à ce qu'il y soit procédé hors de leur présence : ils ont le droit d'y intervenir à leurs frais ; mais ils ne peuvent attaquer un partage consommé , à moins toutefois qu'il n'y ait été procédé sans eux et au préjudice d'une opposition qu'ils auraient formée.

SECTION IV.

Des effets du partage , et de la garantie des lots.

Article 883. — Chaque cohéritier est censé avoir succédé seul et immédiatement à tous les effets compris dans son lot, ou à lui échus sur licitation , et n'avoir jamais eu la propriété des autres effets de la succession.

Art. 884. — Les cohéritiers demeurent respectivement garans les uns envers les autres , des troubles et évictions seulement qui procèdent d'une cause antérieure au partage.

La garantie n'a pas lieu, si l'espèce d'éviction soufferte

a été exceptée par une clause particulière et expresse de l'acte de partage ; elle cesse , si c'est par sa faute que le cohéritier souffre l'éviction.

Art. 885. — Chacun des cohéritiers est personnellement obligé , en proportion de sa part héréditaire , d'indemniser son cohéritier de la perte que lui a causée l'éviction.

Si l'un des cohéritiers se trouve insolvable, la portion dont il est tenu doit être également répartie entre le garanti et tous les cohéritiers solvables.

Art. 886. — La garantie de la solvabilité du débiteur d'une rente ne peut être exercée que dans les cinq ans qui suivent le partage. Il n'y a pas lieu à garantie à raison de l'insolvabilité du débiteur , quand elle n'est survenue que depuis le partage consommé.

SECTION V.

De la rescision en matière de partage.

Article 887. — Les partages peuvent être rescindés pour cause de violence ou de dol.

Il peut aussi y avoir lieu à rescision , lorsqu'un des cohéritiers établit , à son préjudice , une lésion de plus du quart. La simple omission d'un objet de la succession ne donne pas ouverture à l'action en rescision , mais seulement à un supplément à l'acte de partage.

Art. 888. — L'action en rescision est admise contre tout acte qui a pour objet de faire cesser l'indivision entre cohéritiers , encore qu'il fût qualifié de vente, d'échange et de transaction , ou de toute autre manière.

Mais après le partage , ou l'acte qui en tient lieu , l'action en rescision n'est plus admissible contre la transaction faite sur les difficultés réelles que présentait le prémier acte, même quand il n'y aurait pas eu à ce sujet de procès commencé.

Art. 889. — L'action n'est pas admise contre une vente de droit successif faite sans fraude à l'un des cohéritiers, à ses risques et périls, par ses autres cohéritiers, ou par l'un d'eux.

Art. 890. — Pour juger s'il y a eu lésion, on estime les objets suivant leur valeur à l'époque du partage.

Art. 891. — Le défendeur à la demande en rescision peut en arrêter le cours et empêcher un nouveau partage, en offrant et en fournissant au demandeur le supplément de sa portion héréditaire, soit en numéraire, soit en nature.

Art. 892. — Le cohéritier qui a aliéné son lot en tout ou partie, n'est plus recevable à intenter l'action en rescision pour dol ou violence, si l'aliénation qu'il a faite est postérieure à la découverte du dol, ou à la cessation de la violence.

TITRE II.

Des Donations entre-vifs et des Testamens.

Le PREMIER CONSUL a nommé, pour présenter la loi formant le Titre II du Livre III du CODE CIVIL, et pour en soutenir la discussion, les citoyens *Bigot-Préameneu*, *Thibaudeau* et *Duchatel*, Conseillers d'État.

Introduits dans la salle du Corps Législatif, le 2 floréal an 11; l'un d'eux, portant la parole, a prononcé le discours suivant.

CITOYENS LÉGISLATEURS,

Le titre du Code civil qui a pour objet les donations entre-vifs et les testamens, rappelle tout ce qui peut intéresser l'homme le plus vivement, tout ce qui peut captiver ses affections. Vous allez prononcer sur son droit de propriété, sur les bornes de son indépendance dans l'exercice de ce droit. Vous allez poser la principale base de l'autorité des pères et mères sur leurs enfans, et fixer les rapports de fortune qui doivent unir entre eux tous les autres parens. Vous allez régler quelle est dans les actes de bienfaisance, et dans les témoignages d'amitié ou de reconnaissance, la liberté compatible avec les devoirs de famille.

Il est difficile de convaincre celui qui est habitué à se regarder comme maître absolu de sa fortune, qu'il n'est pas dépouillé d'une partie de son droit de propriété, lorsqu'on veut l'assujettir à des règles, soit sur la quantité des biens dont il entend disposer, soit sur les personnes qui sont l'objet de son affection, soit sur les formes avec lesquelles il manifeste sa volonté.

Ce sentiment d'indépendance dans l'exercice du droit de propriété, acquiert une nouvelle force, à mesure que l'homme avance dans sa carrière.

Lorsque la nature et la loi l'ont établi le chef et le magistrat de sa famille, il ne peut exercer ses droits et ses devoirs, s'il n'a pas les moyens de récompenser les uns, de punir les autres, d'encourager ceux qui se portent au bien, de donner des consolations à ceux qui éprouvent les disgraces de la nature ou les revers de la fortune. Ces moyens sont principalement dans le meilleur emploi de son patrimoine, et dans la distribution que sa justice et sa sagesse lui indiquent.

Celui qui a perdu les auteurs de ses jours, et qui n'a pas le bonheur d'être père, croit encore avoir droit à une plus grande indépendance dans ses dispositions : il n'a de penchant à suivre que celui de ses affections ou de la reconnaissance. Si ses parens ont rompu ou n'ont point entretenu les liens qui les ont unis, il ne croit avoir à remplir envers eux aucun devoir.

C'est sur-tout lorsque l'homme voit approcher le terme de sa vie, qu'il s'occupe le plus du sort de ceux qui doivent, après sa mort, le représenter. C'est alors qu'il prévoit l'époque où il ne pourra plus, en tenant une balance juste, rendre heureux tous les membres de sa famille, et où les bons parens envers lesquels il avait réellement des devoirs à remplir, ne se distingueront plus de ceux qui n'aspiraient qu'à la possession de ses biens.

C'est dans le temps où la Parque fatale commence à être menaçante, que l'homme cherche sa consolation, et le moyen de se résigner, avec moins de peine, à la mort, en faisant à son gré la disposition de sa fortune.

Quelques jurisconsultes opposent à ces idées d'indépendance dans l'exercice du droit de propriété, que celui qui dispose pour le temps où il n'existera plus, n'exerce point un droit naturel; qu'il n'y a de propriété que dans la possession qui finit avec la vie; que la transmission des biens, après la mort du possesseur, appartient à la loi civile, dont l'objet est de prévenir le désordre auquel la société serait exposée, si ses biens étaient alors la proie du premier occupant, ou s'il fallait les partager, entre tous les membres de la société, comme une chose devenue commune à tous.

Ces jurisconsultes prétendent que l'ordre primitif et fondamental de la transmission des biens après la mort, est celui des successions *ab intestat*, et que si l'homme a quelque pouvoir de disposer pour le temps où il n'existera plus, c'est un bienfait de la loi; c'est une portion de son pouvoir qu'elle lui cède, en posant les bornes qu'il ne peut excéder, et les formes auxquelles il est assujetti; que la transmission successive des propriétés n'aurait pu être abandonnée à la volonté de l'homme, volonté qui n'eût pas toujours été manifestée, qui souvent est le jouet des passions, qui, trop variable, n'eût point suffi pour établir l'ordre général que le maintien de la société exige, et que la loi seule peut calculer sur des règles équitables et fixes.

Ce système est combattu par d'autres publicistes, qui le regardent comme pouvant ébranler les fondemens de l'ordre social, en altérant les principes sur le droit de propriété. Ils pensent que ce droit consiste essentiellement dans l'usage que chacun peut faire de ce qui lui appartient; que si sa disposition ne doit avoir lieu qu'après sa mort, elle n'en est pas moins faite pendant sa vie, et qu'en lui contestant la liberté de disposer, c'est réduire sa propriété à un simple usufruit.

Au milieu de ces discussions, il est un guide que l'on peut suivre avec sûreté: c'est la voix que la nature a fait entendre à tous les peuples, et qui a dicté presque toutes les législations.

Les liens du sang, qui unissent et qui constituent les familles, sont formés par les sentimens d'affection que la nature a mis dans le cœur des parens les uns pour les autres. L'énergie de ces sentimens augmente en raison de la proximité de parenté, et elle est portée au plus haut degré entre les pères et mères et leurs enfans.

Il n'est aucun législateur sage, qui n'ait considéré ces diffé-rens degrés d'affection, comme lui présentant le meilleur ordre pour la transmission des biens.

Ainsi la loi civile, pour être parfaite à cet égard, n'a rien à créer, et les législateurs ne s'en sont écartés que quand ils ont sacrifié à l'intérêt de leur puissance, le plus grand avantage et la meilleure organisation des familles.

Lorsque la loi ne doit suivre que les mouvemens même de la nature, lorsque pour la transmission des biens, c'est le cœur de chaque membre de la famille qu'elle doit consulter, on pourrait regarder comme indifférent, que la transmission des biens se fît par la volonté de l'homme, ou que ce fût par l'auto-rité de la loi.

Il est cependant, en partant de ces premières idées, un avan-tage certain à laisser agir, jusqu'à un certain degré, la volonté de l'homme.

La loi ne saurait avoir pour objet que l'ordre général des fa-milles. Ses regards ne peuvent se fixer sur chacune d'elles, ni pénétrer dans son intérieur pour calculer les ressources, la con-duite, les besoins de chacun de ses membres, et pour régler ce qui conviendrait le mieux à sa prospérité.

Ce sont des moyens de conservation que le père de famille peut seul avoir. Sa volonté sera donc mieux adaptée aux besoins et aux avantages particuliers de sa famille.

L'avantage que la loi peut retirer, en laissant agir la volonté de l'homme, est trop précieux pour qu'elle le néglige, et dès-lors elle n'a plus à prévoir que les inconvéniens qui pourraient résulter de ce qu'on aurait entièrement livré le sort des familles à cette volonté.

Elle peut n'avoir pas été manifestée, soit par négligence, soit par l'incertitude du dernier moment : elle peut aussi être dégra-dée par des passions injustes ; mais soit que le chef de famille n'ait pas rempli sa mission, soit qu'il ait violé les devoirs et les sentimens naturels, la loi ne devra se mettre à sa place que pour réparer ses omissions ou ses torts.

Si

Si la volonté n'a pas été manifestée, la loi n'a point à établir une règle nouvelle : elle se conforme, dans l'ordre des successions, à ce que font les parens lorsqu'ils suivent les degrés naturels de leur affection. Si ce n'est pas la volonté déclarée de celui qui est mort, c'est sa volonté présumée qui exerce son empire.

Lorsqu'elle est démentie par la raison; lorsqu'au lieu de l'exercice du plus beau droit de la nature, c'est un outrage qui lui est fait ; lorsqu'au lieu du sentiment qui porte à conserver, c'est un sentiment de destruction et de désorganisation qui a dicté cette volonté, la loi ne fait encore que la dégager des passions nuisibles, pour lui conserver ce qu'elle a de raisonnable. Elle n'anéantit point les libéralités excessives, elle ne fait que les réduire. La volonté reste entière, dans tout ce qu'elle a de compatible, avec l'ordre public.

Ainsi les propriétaires les plus jaloux de leur indépendance n'ont rien à regretter : ils ne peuvent la regarder comme altérée par la loi civile, soit que cette loi supplée à leur volonté non manifestée, en établissant l'ordre des successions, soit que par des règles sur les donations et les testamens, elle contienne cette volonté dans des bornes raisonnables.

Que la faculté de disposer de ses biens soit un bienfait de la loi, ou que ce soit l'exercice du droit de propriété, rien n'est plus indifférent, pourvu que la loi ne soit pas contraire aux principes qui viennent d'être exposés. S'il en était autrement, si le Législateur, dirigé par des vues politiques, avait rejetté le plan tracé par la nature pour la transmission des biens ; si la faculté de disposer était resserrée dans des limites trop étroites, il serait dérisoire de soutenir que cette faculté, ainsi réduite, fût encore un bienfait, et que, sous l'empire d'une pareille loi, il y eût un libre exercice du droit de propriété.

Mais heureusement le système, dans lequel la faculté de disposer a toute l'étendue que comportent les sentimens et les devoirs de famille, est celui qui s'adapte le mieux à toutes les formes de Gouvérnemens, à moins qu'ils ne soient absolument despotiques.

Livre III. E

En effet, lorsque les familles auront un intérêt politique à ce que la distribution des biens reçoive des modifications, d'une part cet intérêt entrera dans les calculs du père de famille, et de l'autre son ambition ou sa vanité seront contenues par les devoirs que la loi ne lui permettra pas de transgresser. La loi qui donnerait à l'ambition la facilité de sacrifier ces devoirs, serait destructive des familles, et sous aucun rapport, elle ne pourrait être bonne.

Il faut encore observer que la loi civile, qui s'écarte le moins de la loi naturelle, par cela même qu'elle est susceptible de se plier aux différentes formes de Gouvernemens, est aussi celle qui peut le mieux fixer le droit de propriété, et le préserver d'être ébranlé par les révolutions.

Lorsque la faculté de disposer, renfermée dans de justes bornes, présente de si grands avantages, il n'est point surprenant qu'elle se trouve consacrée dans presque toutes les législations.

Les plus anciens monumens de l'histoire fournissent les preuves de l'usage des testamens, sans que l'on puisse y découvrir l'époque où cet usage a commencé.

Il eut lieu chez les Egyptiens.

On le retrouve dans les villes de Lacédémone, d'Athènes, et dans toutes les contrées de la Grèce.

Lorsqu'environ trois cents ans après la fondation de Rome, ses députés revinrent d'Athènes avec le recueil des lois qu'ils adoptèrent, celle qui concerne les testamens est exprimée en ces termes : *Paterfamilias, uti legassit super familiâ pecuniâque suâ itâ jus esto.*

Ainsi les Romains, pénétrés alors, plus que jamais, du sentiment de la liberté publique, ne lui trouvèrent pas de fondement plus solide, qu'en donnant au père de famille une autorité absolue. Ils craignirent sans doute que la loi ne s'égarât plutôt que l'affection des pères, et cette grande mesure fut une des bases de leur gouvernement.

Les testamens étaient connus dans les Gaules avant que le

Droit romain y fût introduit. *Marculfe*, dans son recueil de formules, nous a conservé celles qu'on employait pour transmettre ainsi ses biens.

La faculté de disposer, soit par donation, soit par testament, fait partie de la législation de tous les peuples de l'Europe.

Chez les uns, et c'est, comme on l'a déjà observé, le plus grand nombre, les législateurs ont pris pour base de tout leur système, la présomption des différens degrés d'affection des parens entre eux, et leur confiance dans cette affection les a déterminés à laisser aux parens eux-mêmes toute la liberté qui est compatible avec les devoirs que la nature ne permet pas de transgresser.

D'autres législateurs ont aussi établi l'ordre de succéder sur les présomptions d'affection, suivant les degrés de parenté ; mais par une sorte de contradiction, n'ayant aucune confiance dans les parens, ils ont mis des bornes étroites à la faculté de disposer envers leurs parens. Cette volonté a même été, dans quelques pays, entièrement enchaînée.

D'autres enfin se sont écartés de ces principes ; ils ont cru qu'ils pouvaient mettre au nombre des ressorts de leur autorité le mode de transmission et de répartition des biens. Il ne se sont pas bornés à donner une impulsion à la volonté de l'homme, ils l'ont rendue presque nulle en ne lui confiant qu'une petite partie de biens.

On n'a point hésité, dans la loi qui vous est proposée, à donner la préférence au système fondé sur les degrés d'affection entre parens, et sur la confiance à laquelle cette affection leur donne droit.

Après avoir posé ce principe fondamental sur la transmission des biens, il a fallu en déduire les conséquences.

Déjà celles qui sont relatives aux biens des personnes qui meurent sans en avoir disposé, vous ont été présentées dans le titre *des successions.*

Il reste à régler ce qui concerne les donations entre-vifs et les testamens.

Il faut d'abord établir les principes généraux; fixer ensuite la quotité des biens dont on pourra disposer, et enfin prescrire des formes suffisantes pour constater la volonté de celui qui dispose, et pour en assurer l'exécution. Tel est le plan général et simple de cette importante loi.

Parmi les règles communes à tous les genres de dispositions, et que l'on a placées en tête de la loi, la plus importante est celle qui confirme l'abolition des substitutions fidéi-commissaires.

Cette manière de disposer dont on trouve les premières traces dans la législation romaine, n'entra point dans son système primitif de transmission des biens. Le père de famille put, avec une entière indépendance, distribuer sa fortune entre ceux qui existaient pour la recueillir. Ils n'eurent point l'autorité de créer à leur gré un ordre de successions, et d'enlever ainsi la prérogative de ceux qui, dans chaque génération, devaient aussi être investis de la même magistrature.

L'esprit de fraude introduisit les substitutions : l'ambition se saisit de ce moyen et l'a perpétué.

On avait réussi à éluder la loi pour avantager des personnes incapables de recevoir ; on essaya le même moyen pour opérer une transmission successive, au profit même de ceux qui ne seraient point sous le coup des lois exclusives.

Ce ne fut que sous *Auguste*, dans le huitième siècle depuis la fondation de Rome, que les fidéi-commis, au profit de personnes capables, furent autorisés par les lois.

En France on comptait dix coutumes qui formaient environ le cinquième de son territoire, où la liberté de substituer avait été défendue ou au moins resserrée dans des bornes très-étroites.

Dans le reste de la France, les substitutions furent d'abord admises d'une manière aussi indéfinie que chez les Romains, qui n'avaient point mis de bornes à leur durée.

Il était impossible de concilier avec l'intérêt général de la société, cette faculté d'établir un ordre de succession perpétuel et particulier à chaque famille, et même un ordre particulier à chaque propriété qui était l'objet des substitutions. L'ordonnance d'Orléans de 1560 régla que celles qui seraient faites à l'avenir ne pourraient excéder deux degrés ; mais ce remède n'a point fait cesser les maux qu'entraîne cette manière de disposer.

L'expérience a prouvé que , dans les familles opulentes, cette institution n'ayant pour but que d'enrichir l'un de ses membres en dépouillant les autres , était un germe toujours renaissant de discorde et de procès. Les parens nombreux qui étaient sacrifiés et que le besoin pressait, n'avaient de ressource que dans les contestations qu'ils élevaient soit sur l'interprétation de la volonté, soit sur la composition du patrimoine, soit sur la part qu'ils pouvaient distraire des biens substitués , soit enfin sur l'omission ou l'irrégularité des formes exigées.

Chaque grevé de substitution n'étant qu'un simple usufruitier, avait un intérêt contraire à celui de toute amélioration : ses efforts tendaient à multiplier et à anticiper les produits qu'il pourrait retirer des biens substitués , au préjudice de ceux qui seraient appellés après lui , et qui chercheraient , à leur tour , une indemnité dans de nouvelles dégradations.

Une très-grande masse de propriétés se trouvait perpétuellement hors du commerce : les lois qui avaient borné les substitutions à deux degrés , n'avaient point paré à cet inconvénient ; celui qui , aux dépens de sa famille entière, avait joui de toutes les prérogatives attachées à un nom distingué et à un grand patrimoine , ne manquait pas de renouveler la même disposition ; et si , par le droit , chacune d'elles était limitée à un certain tems, elles devenaient , par le fait de leur renouvellement , des substitutions perpétuelles.

Ceux qui déjà étaient chargés des dépouilles de leurs familles, avaient la mauvaise foi d'abuser des substitutions pour dépouiller aussi leurs créanciers. Une grande dépense faisait présumer de grandes richesses : le créancier qui n'était pas à portée de vérifier les titres de propriété de son débiteur , ou qui négligeait de faire cette perquisition, était victime de sa confiance ; et dans les familles auxquelles les substitutions conservaient les plus grandes masses de fortune ; chaque génération était le plus souvent marquée par une honteuse faillite.

Les substitutions ne conservaient des biens dans une famille qu'en sacrifiant tous ses membres pour réserver à un seul l'éclat de la fortune. Une pareille répartition ne pouvait être établie qu'en étouffant tous les sentimens de cette affection qui est la première base d'une juste transmission des biens entre les parens. Il ne saurait y avoir un plus grand vice dans l'organisation d'une famille, que celui de tenir, dans le néant, tous ses membres, pour donner, à un seul, une grande existence ; de réduire, ceux que la nature a faits égaux, à implorer les secours et la bienfaisance du possesseur d'un patrimoine qui devrait être commun ; et rarement l'opulence , sur-tout lorsque son origine n'est pas pure , inspire des sentimens de bienfaisance et d'équité.

Enfin , si les substitutions peuvent être mises au nombre des institutions politiques , on y supplée d'une manière suffisante et propre à prévenir les abus , en donnant, pour disposer, toute la liberté compatible avec les devoirs de famille.

Ce sont tous ces motifs qui ont déterminé à confirmer l'abolition des substitutions , déjà prononcée par la loi d'octobre 1792.

Les règles sur la capacité de donner ou de recevoir par donations entre-vifs ou par testament , font la matière du premier chapitre.

Il résulte des principes déjà exposés sur le droit de propriété, que toute personne peut donner ou recevoir de l'une et de l'autre manière, à moins que la loi ne l'en déclare incapable.

La volonté de celui qui dispose doit être certaine.

Cette volonté ne peut même pas exister, s'il n'est pas sain d'esprit.

Il a suffi d'énoncer ainsi ce principe général, afin de laisser aux juges la plus grande liberté dans son application.

Celui qui dispose de sa fortune, doit aussi être parvenu à l'âge où il peut avoir la réflexion et les connaissances propres à le diriger.

La loi ne peut, à cet égard, être établie que sur des présomptions.

Il fallait choisir entre celle qui résulte de l'émancipation, et celle que l'on peut induire d'un nombre fixe d'années.

Plusieurs motifs s'opposaient à ce qu'on prît pour règle l'émancipation.

Les père et mère peuvent émanciper leur enfant lorsqu'il a quinze ans révolus. On leur a donné ce droit, en comptant que leur affection continuerait à guider l'enfant qui n'aurait pas encore, dans un âge aussi tendre, les connaissances suffisantes pour diriger sa conduite : c'est aussi par ce motif que le mineur qui a perdu ses père et mère, ne peut être émancipé avant dix-huit ans.

Cependant la faculté de disposer doit être exercée par un acte de volonté propre, et indépendante des père et mère ou des tuteurs. La volonté ne pouvait pas être présumée raisonnable à l'égard de certains mineurs à quinze ans, à l'égard des autres à dix-huit seulement.

Cette volonté n'eût pas été indépendante, si les mineurs n'avaient pu l'exercer que dans le cas où ils auraient été émancipés, soit par leurs pères ou mères, soit à la demande de leurs parens. La crainte que le mineur ne fît des dispositions contraires à leurs intérêts, eût pu quelquefois être un obstacle à l'émancipation.

D'ailleurs, dans l'état actuel de la civilisation, un mineur a reçu, avant l'âge de 16 ans, une instruction suffisante pour être attaché à ses devoirs envers ses parens. La volonté du mineur parvenu à la seizième année, peut avoir acquis une maturité suffisante pour qu'il soit, à cet égard, le maître, non de la totalité de sa fortune, mais seulement de la moitié des biens dont la loi permet au majeur de disposer.

Cependant on a fait une distinction juste entre les donations entre-vifs et celles par testament. La présomption que la disposition faite par le mineur, pour le tems où il n'existerait plus, serait raisonnable, ne pouvait s'appliquer aux donations entre-vifs , par lesquelles le mineur se dépouillerait irrévocablement de sa propriété. Cela serait contraire au principe, suivant lequel il ne peut faire ; même à titre onéreux , l'aliénation de la moindre partie de ses biens. Dans les donations entre-vifs , la loi présume que le mineur serait la victime de ses passions. Dans les dispositions testamentaires , l'approche ou la perspective de la mort ne lui permettra plus de s'occuper que des devoirs de famille ou de reconnaissance.

Il ne suffit pas que la volonté soit certaine , il faut encore qu'elle n'ait pas été contrainte ou extorquée par l'empire qu'aurait eu sur l'esprit du donateur , celui au profit duquel est la disposition.

Cet empire est tel de la part d'un tuteur sur son mineur , et les abus seraient à cet égard si multipliés , qu'il a été nécessaire d'interdire au mineur émancipé la faculté de disposer , même par testament , au profit de son tuteur.

On n'a pas voulu que les tuteurs pussent concevoir l'espérance qu'au moyen des dispositions qu'ils obtiendraient de leurs mineurs parvenus à la majorité , ils pourraient se dispenser du compte définitif de tutelle. Tous les droits de la minorité continuent même au profit du majeur contre celui qui a été son tuteur , jusqu'à ce que les comptes soient rendus et apurés ; et l'expérience a prouvé qu'il était nécessaire d'interdire au mineur , devenu majeur , la faculté de renoncer à ce compte. Cette règle serait facilement éludée, si des donations entre-vifs ou testamentaires acquittaient le tuteur et rendaient ses comptes inutiles.

On a seulement excepté les pères et mères , ou autres ascendans ; et , quoiqu'ils soient tuteurs , la piété filiale doit se présumer plutôt que la violence ou l'autorité.

La loi regarde encore comme ayant trop d'empire sur l'esprit de celui qui dispose et qui est atteint de la maladie dont il meurt , les médecins , les chirurgiens , les officiers de santé ou les pharmaciens qui le traitent. On n'a cependant point voulu que ce malade fût privé de la satisfaction de leur donner quel-

ques témoignages de reconnaissance, eu égard à sa fortune
et aux services qui lui auraient été rendus.

Il eût aussi été injuste d'interdire les dispositions , celles
mêmes qui seraient universelles, faites dans ce cas par un malade
au profit de ceux qui le traiteraient et qui seraient ses parens.
S'il y avait des héritiers en ligne directe , du nombre desquels
ils ne seraient pas , la présomption , qui est la cause de leur incapacité , reprendrait toute sa force.

Ce serait en vain que la loi aurait , par ces motifs, déclaré les
personnes qui viennent d'être désignées, incapables de recevoir,
si on pouvait déguiser la donation entre-vifs sous le titre de
contrat onéreux , ou si on pouvait disposer sous le nom de personnes interposées.

C'est à la prudence des juges, lorsque le voile qui cache la
fraude est soulevé, à ne se déterminer que sur des preuves, ou
au moins sur des présomptions assez fortes pour que les actes
dont la fraude s'est enveloppée ne méritent plus aucune confiance. Si c'est un acte déguisé sous un titre onéreux, il doit être
annullé lorsqu'il est prouvé que celui qui l'a passé n'a pas voulu
faire un contrat onéreux qui lui était permis, mais que son intention a été d'éluder la loi, en disposant au profit d'une personne incapable.

On a désigné les personnes que les juges pourront toujours
regarder comme interposées : ce sont les père et mère , les descendans , et l'époux de là personne incapable.

La loi garde le silence sur le défaut de liberté qui peut résulter de la suggestion et de la captation , et sur le vice d'une volonté déterminée par la colère ou par la haine. Ceux qui ont
entrepris de faire annuller des dispositions , par de semblables
motifs, n'ont presque jamais réussi à trouver des preuves suffisantes pour faire rejetter des titres positifs ; et peut-être vaudrait-
il mieux , pour l'intérêt général , que cette source de procès
ruineux et scandaleux fût tarie , en déclarant que ces causes
de nullité ne seraient pas admises ; mais alors la fraude et les
passions auraient cru avoir, dans la loi même, un titre d'impu-

nité. Les circonstances peuvent être telles que la volonté de celui qui a disposé n'ait pas été libre , ou qu'il ait été entièrement dominé par une passion injuste. C'est la sagesse des tribunaux qui pourra seule apprécier ces faits , et tenir la balance entre la foi due aux actes et l'intérêt des familles. Ils empêcheront qu'elles ne soient dépouillées par les gens avides qui subjuguent les mourans , ou par l'effet d'une haine que la raison et la nature condamnent.

On ne met pas au nombre des incapables de recevoir , les hospices, les pauvres d'une commune et les établissemens d'utilité publique. Il est , au contraire, à desirer que l'esprit de bienfaisance qui caractérise les Français , répare les pertes que ces établissemens ont faites pendant la révolution ; mais il faut que le Gouvernement les autorise. Ces dispositions sont sujettes à des règles dont il doit maintenir l'exécution. Il doit connaître la nature et la quantité des biens qu'il met ainsi hors du commerce ; il doit même empêcher qu'il n'y ait, dans ces dispositions , un excès condamnable.

Une dernière règle à rappeller sur la capacité de disposer , est celle qui établit la réciprocité entre les Français et les Étrangers. On ne pourra disposer au profit d'un Étranger que dans le cas où un Étranger pourrait disposer au profit d'un Français.

Après avoir établi ces principes préliminaires sur les caractères d'une volonté certaine et raisonnable , sans laquelle on est incapable de disposer , la loi pose les règles qui sont le principal objet de ce titre du Code ; règles qui doivent avoir une si grande influence sur les mœurs de la nation et sur le bonheur des familles. Elle fixe quelle sera la portion de biens disponible.

Il est sans doute à présumer que chacun, en suivant son affection , ferait de sa fortune la répartition la plus convenable au bonheur de sa famille et aux droits naturels de ses héritiers les plus proches , et que cette affection serait encore moins sujette à s'égarer dans le cœur de celui qui laisserait une postérité.

Mais lors même que la loi a cette confiance , elle doit prévoir qu'il est des abus inséparables de la faiblesse et des passions humaines, et qu'il est des devoirs dont elle ne peut, en aucun cas, autoriser la violation.

Les pères et mères qui ont donné l'existence naturelle ne doivent point avoir la liberté de faire arbitrairement perdre, sous un rapport aussi essentiel, l'existence civile; et, s'ils doivent rester libres dans l'exercice de leur droit de propriété, ils doivent aussi remplir les devoirs que la paternité leur a imposés envers leurs enfans et envers la société.

C'est pour faire connaître aux pères de famille les bornes au-delà desquelles ils seraient présumés abuser de leur droit de propriété, en manquant à leurs devoirs de pères et de citoyens, que, dans tous les tems, et chez presque tous les peuples policés, la loi a réservé aux enfans, sous le titre de légitime, une certaine quotité des biens de leurs ascendans.

Chez les Romains, le droit du Digeste et du Code avait réduit au quart des biens la légitime des enfans.

Elle fut augmentée par la 18e. novelle qui la fixa au tiers, s'il y avait quatre enfans ou moins, et à la moitié, s'ils étaient cinq ou plus.

On distinguait en France les pays de droit écrit et ceux de coutumes.

Dans presque tous les pays de droit écrit, la légitime, en ligne directe et descendante, était la même que celle établie par la novelle.

Les coutumes étaient, à cet égard, distinguées en plusieurs classes.

Les unes adoptaient ou modifiaient les règles du droit écrit.

D'autres, et de ce nombre était la coutume de Paris, établissaient spécialement une légitime.

Quant aux coutumes où elle n'était pas fixée, l'usage ou la jurisprudence y avaient admis les règles du droit romain ou celles de la coutume de Paris, à l'exception de quelques modifications que l'on trouve dans un petit nombre de ces coutumes.

Celle de Paris a fixé la légitime à la moitié de la part que chaque enfant aurait eue dans la succession de ses père et mère et des autres ascendans , s'ils n'avaient fait aucune disposition entre-vifs ou testamentaire.

Pendant la révolution , la loi du 17 nivôse an 2 (art. 16) avait limité au dixième du bien, la faculté de disposer, si on avait des héritiers en ligne directe.

La loi du 4 germinal an 8 a rendu aux pères et mères une partie de leur ancienne liberté : elle a permis les libéralités qui n'excéderaient pas le quart des biens, s'ils laissaient moins de quatre enfans ; le cinquième, s'ils en laissaient quatre ; le sixième , s'ils étaient au nombre de cinq , et ainsi de suite.

En faisant le projet de loi qui vous est présenté , on avait à examiner les avantages et les inconvéniens de chacune de ces règles, afin de reconnaître celle qui serait fondée sur la combinaison la plus juste du droit de disposer et des devoirs de la paternité.

A Rome, il entrait dans le système du gouvernement d'un peuple guerrier, que les chefs de famille eussent une autorité absolue, sans craindre que la nature en fût outragée. Lorsque sa civilisation se perfectionna, et que l'on voulut modifier des mœurs antiques , il aurait été impossible de les régler comme si c'eût été une institution nouvelle. Non-seulement chaque père entendait jouir sans restriction de son droit de propriété , mais encore il avait été constitué le législateur de sa famille. Mettre des bornes au droit de disposer , c'était dégrader cette magistrature suprême. Aussi pendant plus de douze siècles , la légitime des enfans, quel que fût leur nombre, ne fut-elle pas portée au-delà du quart des biens. Ce ne fut qu'au déclin de ce grand Empire que les enfans obtinrent , à ce titre , le tiers des biens , s'ils étaient au nombre de quatre ou au-dessus, ce qui était le cas le plus ordinaire , et la moitié s'ils étaient en plus grand nombre.

Cette division avait l'inconvénient de donner des résultats incohérens.

S'il y avait quatre enfans, la légitime était d'un douzième pour chacun, tandis que s'il y en avait cinq, chaque part légitimaire était du dixième. Ainsi la part qui doit être plus grande quand il y a moins d'enfans, se trouvait plus petite. Ce renversement de l'ordre naturel n'était justifié par aucun motif.

La coutume de Paris a mis une balance égale entre le droit de propriété et les devoirs de famille. Les auteurs de cette loi ont pensé que les droits et les devoirs des pères et mères sont également sacrés, qu'ils sont également fondamentaux de l'ordre social, qu'ils forment entre eux un équilibre parfait, et que si l'un ne doit pas l'emporter sur l'autre, le cours des libéralités doit s'arrêter quand la moitié des biens est absorbée.

Le système de la loi parisienne est d'une exécution simple. On y trouve toujours une proportion juste dans le traitement des enfans, eu égard à leur nombre et à leur droit héréditaire.

Mais elle peut souvent donner des résultats contraires à ceux que l'on se propose.

On veut que chaque enfant ait une quotité de biens suffisante pour qu'il ne perde pas l'état dans lequel l'ont placé les auteurs de ses jours. On ne doit donc pas laisser la liberté de disposer d'une moitié, dans le cas où les enfans se trouveraient, par leur nombre, à être réduits à une trop petite portion.

Le meilleur système est celui dans lequel on a égard au nombre des enfans, en même tems qu'on laisse aux pères et mères toute la liberté compatible avec la nécessité d'assurer le sort des enfans.

La législation romaine a eu égard à leur nombre, mais elle est susceptible de rectification dans les proportions qu'elle établit.

Ainsi lorsqu'elle donne au père le droit de disposer des deux tiers, si ses enfans ne sont pas au-dessus du nombre de quatre, elle n'a point fait entrer en considération que la liberté de celui qui n'est obligé de pourvoir qu'un seul enfant, ne doit pas être autant limitée que lorsqu'il en a plusieurs.

La liberté de disposer des deux tiers des biens, lors même que les enfans étaient au nombre de quatre, était trop considérable ; comme celle qui est donnée par la loi du 4 germinal an 8, et qui ne comprend que le quart, s'il y a moins de quatre enfans, et une portion virile seulement, s'il y en a un plus grand nombre, est trop bornée.

La coutume de Paris était fondée sur un principe plus juste, lorsque, balançant le droit de la propriété et les devoirs de la paternité, elle avait établi que, dans aucun cas, il ne serait permis au père de disposer de plus de la moitié de ses biens.

C'était une raison décisive pour partir de ce point, en restreignant ensuite cette liberté dans la proportion qu'exigerait le nombre des enfans.

On n'a pas cru devoir admettre la gradation qui se trouve dans la loi du 4 germinal an 8, et suivant laquelle la faculté donnée au père, et réduite à une portion virile, devient presque nulle lorsqu'il a un grand nombre d'enfans.

Il faut, en effet, considérer que l'ordre conforme à la nature est celui dans lequel les père et mère ne voudront disposer de leur propriété qu'au profit de leurs enfans, et pour réparer les irrégularités naturelles ou accidentelles.

Lorsque le nombre des enfans est considérable, la loi doit réserver à chacun d'eux une quotité suffisante, sans trop diminuer, dans la main du père, les moyens de fournir à des besoins particuliers, qui sont alors plus multipliés.

Ce sont toutes ces considérations qui ont déterminé à adopter la proportion dans laquelle les libéralités, soit par actes entre-vifs, soit par testament, ne pourront excéder la moitié des biens, s'il n'y a qu'un enfant légitime ; le tiers, s'il en laisse deux; et le quart, s'il en laisse trois ou un plus grand nombre.

La loi devait-elle faire une réserve au profit des ascendans ?

Les Romains reconnaissaient que si les pères doivent une légitime à leurs enfans, c'est un devoir dont les enfans sont également tenus envers leurs pères.

*Quemadmodùm à patribus liberis, ita à liberis patribus de-
beri legitimam.*

En France, d'après le systême de la division des biens en
propres et acquêts, le sort des ascendans n'était pas le même
dans les pays de coutume et dans ceux de droit écrit.

Un très-petit nombre de coutumes leur donnait une légitime :
dans d'autres, elle leur avait été accordée par une jurisprudence
à laquelle avait succédé celle qui la refusait d'une manière
absolue.

Les enfans étaient obligés de conserver à leurs collatéraux
presque tous les biens propres dont ces ascendans étaient exclus.

Si on n'avait pas laissé à ces enfans la disposition des meubles et des acquêts, à la succession desquels les ascendans
étaient appellés par la loi, ils eussent été presque entièrement
privés de la liberté de disposer.

Dans les pays de droit écrit, et dans quelques coutumes qui
s'y conformaient, les ascendans avaient une légitime. Elle con-
sistait dans le tiers des biens. Le partage de ce tiers se faisait
également entr'eux. Il n'y avait point de légitime pour les
aïeuls, quand les père et mère, ou l'un d'eux, survivaient,
parce qu'en ligne ascendante il n'y a point de représentation.

La comparaison du droit écrit avec celui des coutumes, respectivement aux ascendans, ne pouvait laisser aucun doute sur
la préférence due au droit écrit.

Le droit coutumier, en donnant les propres aux collatéraux, et
en laissant aux enfans la libre disposition des meubles et acquêts, ne prenait point assez en considération les devoirs et les
droits qui résultent des rapports intimes entre les père et mère
et leurs enfans.

Les devoirs des enfans ne sont pas, sous le rapport de l'ordre
social, aussi étendus que ceux des pères et mères, parce que le
sort des ascendans est plus indépendant de la portion des biens
qui leur est assurée dans la fortune de leurs descendans, que
l'état des enfans ne dépend de la part qu'ils obtiennent dans les
biens de leurs pères et mères.

La réserve ne sera, par ce motif, que de moitié des biens au profit des ascendans, et sans égard à leur nombre, lorsqu'il y en aura dans chacune des lignes paternelle ou maternelle.

S'il n'y a d'ascendant que dans l'une des lignes, cette réserve ne sera que du quart.

Déjà on a établi, dans le titre des successions, une règle que l'on doit regarder comme une des bases principales de tout le système de la transmission des biens par mort.

C'est leur division égale entre les deux lignes paternelle et maternelle, lorsque celui qui meurt ne laisse ni postérité, ni frères, ni sœurs. Cette division remplira, sans inconvénient, le vœu généralement exprimé pour la conservation des biens dans les familles.

Le sort des ascendans n'était point assez dépendant d'une réserve légale, pour qu'on pût, en l'établissant, s'écarter d'une règle aussi essentielle; et puisque, suivant cette règle, les biens affectés à la ligne dans laquelle l'ascendant ne se trouve pas, lui sont absolument étrangers, la réserve ne peut pas porter sur la portion à laquelle il ne pourrait avoir aucun droit par succession.

Devait-on limiter la faculté de disposer en collatérale, ou ne fallait-il pas au moins établir une réserve en faveur des frères et des sœurs ?

Toutes les voix se sont réunies pour que les collatéraux, en général, ne fussent point un obstacle à l'entière liberté de disposer.

Il en avait toujours été ainsi dans les pays de droit écrit.

Dans ceux des coutumes, les biens étaient distingués en propres et acquêts, et la majeure partie des propres était réservée aux collatéraux, sans que l'on pût en disposer gratuitement.

Ce système de la distinction des biens en propres et acquêts, avait principalement pour objet de conserver les mêmes biens dans chaque famille.

On

On voulait maintenir et multiplier les rapports propres à entretenir, même entre les parens d'un degré éloigné, les sentimens de bienveillance et cette responsabilité morale qui suppléent si efficacement à la surveillance des lois. Resserrer et multiplier les liens des familles, tel fut, et tel sera toujours le ressort le plus utile dans toutes les formes de gouvernement, et la plus sûre garantie du bonheur public. Les auteurs du régime des propres et de réserves pensaient que la transmission des mêmes biens, d'un parent à l'autre, était un moyen de resserrer leurs liens, et que les degrés par lesquels on tenait à un auteur commun, semblaient se rapprocher, lorsque les parens se rapprochaient réellement pour partager les biens que ses travaux avaient le plus souvent mis dans la famille, et qui en perpétuaient la prospérité.

La conservation des mêmes biens dans les familles, sous le nom de propres, a pu s'établir et avoir de bons effets dans le tems où les ventes des immeubles étaient très-rares, et où l'industrie n'avait aucun ressort.

Mais depuis que la rapidité du mouvement commercial s'est appliquée aux biens immobiliers, comme à tous les autres ; depuis que les propriétaires, habitués à dénaturer leurs biens, ont pu facilement secouer le joug d'une loi qui les privait de la faculté de disposer des propres, il a été aussi facile que fréquent de s'y soustraire. Elle est devenue impuissante pour atteindre à son but ; et lorsqu'elle eût dû être le lien des familles, elle les troublait par des procès sans nombre.

Déjà la loi des propres avait été abolie pendant la révolution ; on ne devait plus songer à la rétablir. C'est ainsi que certaines lois dépendent des mœurs et des usages existans au tems où elles s'établissent, et ne sont que transitoires.

C'est encore ainsi qu'il est facile d'expliquer pourquoi tout le régime des propres et acquêts, et de perpétuité des mêmes biens dans les familles, était inconnu aux Romains, et à ceux qui ont conservé leur législation.

L'ordre public et l'intérêt des familles s'accordent pour que

Livre III. F

chacun soit maintenu dans le droit de propriété, dont résulte la liberté de disposer, à moins qu'il n'y ait des considérations assez puissantes et assez positives pour exiger, à cet égard, un sacrifice.

C'est ce sentiment d'une pleine liberté, qui fait prendre à l'industrie tout son essor, et braver tous les périls. Celui-là croit ne travailler que pour soi, et ne voit point de terme à ses jouissances, quand il est assuré que les produits de son travail ne seront transmis qu'à ceux qu'il déclarera être les objets de son affection. L'intérêt général des familles, dans un siècle où l'industrie met en mouvement le plus grand nombre des hommes, est bien différent de l'intérêt de ces familles casanières, au milieu desquelles les coutumes se formèrent il y a plusieurs siècles : il est évident que ce qui maintenant leur importe le plus, est que les moyens de prospérité s'y multiplient ; et lorsque, dans le cours naturel des affections, les parens les plus proches seront préférés, ils entendraient mal leurs intérêts, s'ils les regardaient comme étant lésés par cette liberté dont ils doivent profiter.

Mais d'ailleurs, quel moyen pourrait-on trouver de s'opposer à cet exercice du droit de propriété ? Il n'est, en ce genre, aucune prohibition qui ne soit susceptible d'être éludée.

Lorsqu'il s'agit d'un droit aussi précieux, et qui est exercé depuis tant de siècles par la plus grande partie de la nation, la loi qui l'abolirait serait au nombre de celles qui ne pourraient long-tems résister à l'opinion publique. Nul ne se ferait le moindre scrupule de la violer ; l'esprit de mensonge et de fraude dans les actes, se propagerait ; le règne de la loi cesserait, et la corruption continuerait ses progrès.

On respectera la réserve faite au profit des ascendans et des descendans, parce qu'elle a pour base, non-seulement les sentimens présumés, mais encore des devoirs si sacrés, que ce serait une sorte de délit de les enfreindre : ni ces sentimens, ni ces devoirs, ne peuvent être les mêmes pour les collatéraux ; il n'y a vis-à-vis d'eux que les devoirs qui sont à la fois ceux du sang et de l'amitié.

La loi de réserve pour les collatéraux n'aurait pour objet que les parens qui se seraient exposés à l'oubli ou à l'animadversion, et par cela même, ils ne sont pas favorables.

Enfin, les habitans des pays de droit écrit opposent aux usages introduits dans les pays de coutumes pendant quelques siècles, une expérience qui remonte à l'antiquité la plus reculée.

Ils citent l'exemple, toujours mémorable, de ce peuple qui, de tous ceux de la terre, est celui qui a le plus étudié et perfectionné la législation civile. Jamais il ne fut question d'y établir une légitime en collatérale.

Enfin, ils donnent pour modèle cette harmonie qui, dans les pays de droit écrit, rend les familles si respectables : là, bien plus fréquemment que dans les pays de coutume, se présente le tableau de ces races patriarcales, dans lesquelles ceux à qui la providence a donné la fortune, n'en jouissent que pour le bonheur de tous ceux qui se rendent dignes, par leurs sentimens, d'être admis dans le sein de la famille.

C'est dans la maison de ce bienfaiteur, que le parent infortuné trouve des consolations et des secours; que l'autre y reçoit des encouragemens; que l'on y économise des dots pour les filles. Quelle énorme différence entre les avantages que les parens peuvent ainsi, pendant la vie du bienfaiteur, retirer de ses libéralités, entièrement indépendantes de la loi, et le produit d'une modique réserve, dont ils seraient même encore le plus souvent frustrés !

On ne peut espérer, sur-tout en collatérale, de créer ou de conserver cet esprit de famille, qui tend à en soutenir tous les membres, à n'en former qu'un corps, à en rapprocher les degrés, qu'en provoquant la bienfaisance des parens entre eux, pendant qu'ils vivent. Le seul moyen de la provoquer, est de lui laisser son indépendance : il est dans le cœur humain, que le sentiment de bienfaisance s'amortisse aussitôt qu'il s'y joint la

moindre idée de contrainte : cette idée ne s'accorde plus avec
cette noblesse, avec cette délicatesse et cette pureté de sentimens, qui animaient l'homme bienfaisant ; il cesse de l'être,
parce qu'il ne croit plus pouvoir l'être; il n'a plus rien à donner
à ceux qui ont le droit d'exiger.

Puisque la France est assez heureuse pour avoir conservé
dans une grande partie de son territoire, cet esprit de famille
nécessaire à la prospérité commune ; gardons-nous de rejetter un
aussi grand moyen de régénération des mœurs : c'est un feu
sacré qu'il faut entretenir où il existe, qu'il faut allumer dans
les autres pays qui ont un aussi grand besoin de son influence,
et qu'il peut seul vivifier.

Cependant ne devait-on point faire une exception en faveur
des frères et sœurs de celui qui meurt, ne laissant ni ascendans, ni postérité ?

Ne doit-on pas distinguer dans la famille ceux qui la constituent le plus intimement, ceux qui sont présumés avoir vécu
sous le même toit, avoir été soumis à l'autorité du même père
de famille, tenir de lui un patrimoine qu'il était dans son cœur
de voir réparti entre eux, et que le plus souvent ils doivent à
ses économies et à ses travaux ?

Quel serait le frère qui pourrait regarder, comme un sacrifice
à sa liberté, la réserve d'une quotité modique, telle que serait
un quart de ses biens à ses frères et sœurs, en quelque nombre
qu'ils fussent ?

Peut-il y avoir quelque avantage à lui attribuer le droit de
transmettre tout son patrimoine à une famille étrangère, en nui-
sant à la sienne propre, autant qu'il est en son pouvoir, ou
de préférer l'un de ses frères ou sœurs à tous les autres, ce qui
serait une cause éternelle de discorde entre celui qui aurait la
préférence, et ceux qui se regarderaient comme déshérités ?

Si on est forcé de convenir que le Législateur doit employer
tous ses efforts pour resserrer les liens de famille, doit-il laisser la liberté à ceux que la nature avait autant rapprochés, de
les rompre entièrement ?

Dans plusieurs autres parties du Code civil, les frères et sœurs sont, à cause des rapports intimes qui les unissent, mis dans une classe à part. Dans l'ordre des successions, on les fait concourir avec les ascendans. Les frères et sœurs auront, pour assurer à leurs neveux et nièces, la portion de biens dont ils peuvent disposer, le même droit que les père et mère à l'égard de leurs petits-enfans.

Enfin, il sera contraire aux usages reçus dans une grande partie de la France, depuis plusieurs siècles, qu'aucune quotité du patrimoine ne soit assurée même aux frères et sœurs.

Quelque puissans que paraissent ces motifs, pour établir une réserve au profit des frères et sœurs, des considérations plus fortes s'y opposent et ont dû prévaloir.

Le guide le plus sûr des Législateurs est l'expérience. L'on n'a jamais admis, ni à Rome, ni en France, dans les pays de droit écrit, de légitime en faveur des frères : le frère ne pouvait se plaindre de la disposition dans laquelle il avait été oublié, que dans un seul cas, celui où une personne mal famée, *turpis persona*, avait été instituée héritière. La réclamation que le frère pouvait alors faire d'une portion des biens, n'était, sous le nom de légitime, qu'une vengeance due à la famille qui avait éprouvé du testateur une aussi grande injure.

Cependant le tableau de l'amitié fraternelle n'a jamais été plus touchant, que dans les pays où la liberté de disposer est entière.

Si, comme on l'a prouvé, celui qui ne doit éprouver aucune contrainte dans ses dispositions de dernière volonté, est beaucoup plus porté aux actes de bienfaisance pendant sa vie, c'est sur-tout entre frères que cette assistance mutuelle est vraisemblable, et qu'elle peut influer sur leur prospérité.

Plus la réserve que l'on croirait pouvoir faire au profit des frères et sœurs serait modique, et moins elle pourrait être d'une utilité réelle ; moins on doit la préférer aux grands avantages que l'on peut se promettre d'une pleine liberté de disposer.

Si on imposait, en collatérale, des devoirs rigoureux de famille, ce devrait aussi être au profit des neveux dont les père et mère sont décédés. Ce sont ces neveux qui ont le plus besoin d'appui : c'est à leur égard que les oncles tiennent lieu d'ascendans ; c'est aux soins et à l'autorité des oncles qu'est entièrement confié le sort de cette partie de la famille.

On ne pourrait donc pas se borner au seul degré de frères et de sœurs, si on voulait, en collatérale, établir une réserve légale ; et cependant ceux mêmes qui ont été d'avis de cette réserve, n'ont pas pensé qu'on pût l'étendre au-delà de ce degré, sans porter injustement atteinte au droit de propriété.

Il est, sans doute, dans le cours de la nature, que les frères et sœurs soient unis par les liens intimes qu'ont formés une éducation et une naissance commune ; mais l'ordre social, qui exige une réserve en ligne directe, n'est point également inté-ressé à ce qu'il y en ait au profit des frères et sœurs.

Le père a contracté, non-seulement envers ses enfans, mais encore envers la société, l'obligation de leur conserver des moyens d'existence proportionnés à sa fortune ; ce devoir se trouve rempli à l'égard des frères ou sœurs, puisque chacun a sa portion des biens des père et mère communs.

Les enfans qui n'ont point de postérité ont, envers ceux qui leur ont donné le jour, des devoirs à remplir, qui ne sauraient être exigés par des frères ou sœurs, les uns envers les autres.

C'est après avoir long-tems balancé tous ces motifs pour et contre la réserve légale au profit des frères et sœurs, qu'il a été décidé de n'en établir qu'en ligne directe, et que toutes les fois que celui qui meurt ne laissera ni ascendans, ni descendans, les libéralités, par actes entre-vifs, pourront épuiser la totalité des biens.

Après avoir ainsi déterminé la quotité disponible, il fallait régler un point sur lequel il y a eu jusqu'ici diversité de législa-tion ; il fallait décider si la quotité disponible pourrait être donnée, en tout ou en partie, soit par actes entre-vifs, soit par testament, aux enfans ou autres héritiers de celui qui a

disposé, sans que le donataire venant à sa succession fût obligé
au rapport.

Chez les Romains, et dans les pays de droit écrit, il n'y a
jamais eu de variation à cet égard ; toujours on a eu le droit de
choisir, entre les héritiers, ceux que l'on voulait avantager, soit
par l'institution d'héritiers, soit autrement.

Les coutumes étaient, sur cette matière, très-différentes les
unes des autres.

Les unes permettaient à un des enfans d'être, en même-tems,
donataire, légataire et héritier, et n'assuraient aux autres que
leur légitime.

D'autres distinguaient la ligne directe d'avec la collatérale,
et la qualité de donataire entre-vifs d'avec celle de légataire.
Dans ces dernières coutumes, du nombre desquelles se trouve
celle de Paris, la même personne ne pouvait être ni donataire,
ni légataire, ni héritière en ligne directe : elle pouvait, en collatérale, être donataire et héritière, mais non légataire et héritière.

Dans d'autres, on ne pouvait être donataire et héritier, soit
en ligne directe, soit en ligne collatérale.

D'autres portaient la défense absolue d'avantager l'héritier
présomptif, et ordonnaient le rapport, tant en directe que collatérale, même en renonçant.

Il n'y avait de système complet d'égalité entre les héritiers,
que celui des coutumes qui les obligeaient au rapport des donations, lors même qu'ils renonçaient à la succession, et qui ne
permettaient en leur faveur aucun legs.

Dans l'opinion exclusive de la faculté de faire des dispositions au profit des héritiers, on les regarde comme ayant un
droit égal, et la loi se met entièrement à la place de la personne qui meurt, non pour contrarier sa volonté présumée,
mais pour la remplir de la manière la plus juste.

Cependant, quoique l'intention parût être de suivre la
marche de la nature, combien ne s'en écartait-on pas ? . . . . .

Comment la nature aurait-elle donné des droits égaux à ceux qu'elle traite si diversement ? Où sont les familles dont tous les membres ont eu une part égale à la force physique, à l'intelligence, aux talens; dont aucun n'a, malgré la meilleure conduite, éprouvé des revers; dont aucun n'a été exposé à des infirmités ou à d'autres malheurs de tous genres ?

Ce tableau de l'humanité, quelque affligeant qu'il soit, est malheureusement celui qui se réalise le plus souvent; il faut l'avoir perdu de vue, quand on calcule froidement et arithmétiquement une division égale entre tous ceux qui ont des besoins si différens.

Leur droit naturel est d'obtenir de celui à qui la providence a confié les biens, une part proportionnée aux besoins, et qui établisse entre eux, autant qu'il est possible, la balance du bonheur. C'est en s'occupant sans cesse de maintenir cette balance, que le chef de famille se livre aux sentimens les plus équitables d'une affection égale envers tous ses héritiers. Mais s'il lui est défendu, par la loi, de venir au secours de l'un, s'il ne peut encourager l'autre, s'il a les mains liées pour soulager les maux dont il est témoin, et pour faire cesser des inégalités affligeantes entre ceux qu'il voudrait rendre également heureux, c'est alors qu'il sent tout le poids de ses chaînes, c'est alors qu'il maudit l'erreur de la loi, qui s'est mise à sa place pour ne remplir aucun de ses devoirs, et qui se trompant sur le vœu de la nature, n'a établi ses présomptions que sur une égalité chimérique ; c'est alors qu'il est affligé de sa nullité dans sa propre famille, où le sort de chacun a été réglé d'avance par l'interdiction prononcée contre lui, où il est dépouillé du principal moyen de faire respecter une autorité dont le seul but est de rétablir ou de maintenir l'ordre, où il n'a ni la puissance de faire le bien, ni celle de prévenir le mal.

Peut-on mettre en comparaison tous ces inconvéniens avec celui qui paraît avoir fait le plus d'impression sur l'esprit des personnes qui voudraient interdire le droit de disposer au profit des héritiers présomptifs ? Ils craignent la vanité des chefs de famille, qui, favorisés de la fortune, voudraient la transmettre à celui qu'ils choisiraient, pour les représenter avec distinction, en sacrifiant les autres.

On n'a pas songé que le nombre des riches est infiniment petit, si on le compare à la masse presque générale de ceux qui, vivant avec des facultés très-bornées, sont le plus exposés à toutes les inégalités et à tous les besoins.

On a perdu de vue le père de famille, qui, sous un humble toît, n'a pour patrimoine qu'un sol, à peine suffisant, pour la nourriture et l'éducation de sa famille. Déjà courbé sous le poids des années, il ne pourrait suffire à un travail devenu trop pénible, s'il n'employait les bras du plus âgé de ses enfans aussitôt qu'ils ont quelque force. Cet enfant laborieux commence dès-lors à être l'appui de sa famille. C'est à la sueur de son front, que ses frères devront les premiers secours avec lesquels ils apprendront des professions industrielles, et que ses sœurs devront les petits capitaux, fruit de l'économie, qui leur auront procuré des établissemens utiles.

Croira-t-on que ce serait la vanité qui détermine ce père de famille à donner quelque récompense à celui de ses enfans qui s'est sacrifié pour le bonheur de tous, et à conserver dans ses mains, autant que la loi le lui permet, un héritage sur lequel une nouvelle famille ne pourrait s'élever et prospérer, s'il était divisé en trop petites portions ?

L'intention de ceux qui ont interdit les dispositions au profit des héritiers, est sans doute estimable, mais il est impossible de méconnaître leur erreur.

Déjà même la loi du 4 germinal an 8 autorisa les libéralités au profit des enfans ou autres successibles du disposant, sans qu'elles soient sujettes à rapport, pourvu qu'elles n'excèdent pas les bornes prescrites.

Cette règle a été maintenue.

Pour bien connaître la quotité disponible, et celle qui est réservée aux enfans ou aux ascendans, il était nécessaire, d'une part, de désigner les biens auxquels s'applique la faculté de disposer, et, de l'autre, de régler le mode de réduction qui doit avoir lieu, si les dispositions excèdent la quotité fixée.

La faculté de disposer ne se calcule pas seulement sur les biens qui restent dans la succession après les dettes payées, il faut ajouter à ces biens ceux que la personne décédée a donnés entre-vifs. On n'aurait pas mis de bornes fixes aux libéralités de disposer, si on n'avait pas eu égard à toute espèce de dispositions.

Il est sans doute du plus grand intérêt, pour la société, que les propriétés ne restent pas incertaines. C'est de leur stabilité que dépendent et la bonne culture et toutes ses améliorations.

Mais déjà il a été prouvé que la transmission d'une partie des biens aux héritiers en ligne directe, est une des bases de l'ordre social. Les pères et mères et les enfans, ont, entre eux, des devoirs qui doivent être remplis de préférence à de simples libéralités : l'accomplissement de ces devoirs est la condition tacite sous laquelle ces libéralités ont pu être faites ou acceptées ; et dans le cas même où les donations n'auraient pas, lorsqu'elles ont été faites, excédé la quotité disponible, les donataires ne seraient point, par ce motif, préférables à des héritiers directs, s'il s'agit pour les premiers, d'un pur bénéfice, et pour les autres, d'un patrimoine nécessaire. La diminution survenue dans la fortune du donateur, ne saurait même être présumée l'effet de sa malveillance envers le donataire.

Ce sont ces motifs qui ont fait regarder comme indispensable, de faire comprendre dans la masse des biens sur lesquels se calcule la quotité réservée par la loi, ceux qui auraient été donnés entre-vifs.

On doit même y comprendre les biens dont la propriété aurait été transmise aux enfans dans le cas du divorce : il ne peut jamais en résulter pour eux, un avantage tel que les autres enfans soient privés de la réserve légale.

Il ne doit être fait aucune déduction à raison du droit des enfans naturels : ce droit n'est point acquis avant la mort, et c'est, sous le titre de créance, une participation à la succession.

Les biens sur lesquels les enfans ou les ascendans doivent prendre la portion que la loi leur réserve, étant ainsi déterminés, on avait à régler comment ces héritiers exerceront cette reprise, lorsque les biens, libres de dettes, et déduction faite des dons et des legs, ne suffiront pas pour remplir la quotité réservée.

Il est évident que ce retour sur les legs ou donations n'est admissible que de la part de ceux au profit desquels la loi a restreint la faculté de disposer, proportionnellement au droit qu'ils auraient dans la succession.

Si maintenant on examine quelles sont, dans le cas d'insuffisance des biens libres de la succession, les dispositions qui doivent être, en premier lieu, annullées ou réduites, pour que la quotité réservée soit remplie, il ne peut y avoir de doute sur ce que la réduction ou l'annullation doit d'abord porter sur les legs.

Les biens légués font partie de la succession; les héritiers, au profit desquels est la réserve, sont saisis par la loi dès l'instant où cette succession est ouverte. Les legs ne doivent être payés qu'après l'acquit des dettes et des charges; la quotité réservée par la loi est au nombre de ces charges.

Chaque légataire ayant un même droit aux biens qui lui sont légués, l'équité veut que cette sorte de contribution soit faite entre eux au marc le franc.

Si néanmoins le testateur avait déclaré qu'il entendait que certains legs fussent acquittés de préférence aux autres, les légataires, ainsi préférés, auraient un droit de plus que les autres, et la volonté du testateur ne serait pas exécutée, si les autres legs n'étaient pas entièrement épuisés pour remplir la réserve légale, avant qu'on pût réduire ou annuller les legs préférés. On exige seulement, pour prévenir toute contestation sur cette volonté du testateur, qu'elle soit déclarée en termes exprès.

Il restait à prévoir le cas où tous les biens de la succession, libres de dettes , et tous les biens légués , auraient été épuisés sans que la réserve légale fût encore remplie.

Les donations entre-vifs doivent-elles alors , comme les legs, être réduites au marc le franc?

On peut dire que , pour fixer la quotité réservée , on fait entrer dans le calcul des biens qui y sont sujets , la valeur de tous ceux qui ont été donnés , sans égard aux diverses époques des donations , parce que chacune d'elles , et toutes ensemble , ont contribué à épuiser le patrimoine.

Mais il est plus conforme aux principes que les donations soient réduites, en commençant par la plus récente , et en remontant successivement aux plus anciennes.

. En effet, on n'a pas, dans les premières donations , excédé la mesure prescrite, si les biens donnés postérieurement suffisent pour remplir la réserve légale. Si la réduction portait sur toutes les donations , le donateur aurait un moyen de révoquer en tout , ou par de nouvelles donations , celles qu'il aurait d'abord faites.

D'ailleurs , lorsqu'il s'agit d'attaquer des propriétés qui remontent à des tems plus ou moins éloignés , l'ordre public est intéressé à ce que la plus ancienne propriété soit maintenue de préférence. C'est le fondement de cette maxime : *Qui prior est tempore potior est jure.*

Ces principes, déjà consacrés par l'ordonnance de 1731 (article XXXIV) , ont été maintenus.

On a aussi conservé cette autre disposition de la même loi, suivant laquelle, lorsque la donation entre-vifs réductible a été faite à l'un des héritiers ayant une réserve légale, il peut retenir sur les biens donnés la valeur de la portion qui lui appartiendrait, comme héritier, dans les biens non disponibles , s'ils sont de la même nature. Dans ce cas , il était possible de maintenir ainsi la propriété de l'héritier donataire , sans causer de préjudice à ses co-héritiers.

La règle suivant laquelle la réduction doit se faire , des donations les plus récentes, serait illusoire, si le donataire évincé pouvait se regarder comme subrogé, contre le donataire antérieur, dans les droits de celui qui l'a évincé.

D'ailleurs la réduction est un privilége personnel, et dès-lors elle ne peut être l'objet d'une subrogation, soit tacite, soit même conventionnelle.

Quant aux créanciers de celui dont la succession s'ouvre, ils n'ont de droit que sur les biens qu'ils y trouvent : ces biens doivent toujours, et nonobstant toute réserve légale, être épuisés pour leur paiement ; mais ils ne peuvent avoir aucune prétention à des biens dont leur débiteur n'était plus propriétaire. Si les titres de leurs créances sont antérieurs à la donation, ils ont pu conserver leurs droits en remplissant les formalités prescrites.

Si ces titres sont postérieurs, les biens qui dès-lors étaient, par la donation, hors des mains de leur débiteur, n'ont jamais pu être leur gage.

Il paraît contraire aux principes de morale que l'on puisse recueillir, même à titre de réserve, des biens provenant d'une personne dont toutes les dettes ne sont pas acquittées; et la conséquence semble être que si le créancier ne peut pas, à cause du droit de propriété du donataire, avoir action contre lui, au moins doit-il exercer ses droits, contre l'héritier, sur les biens recouvrés par l'effet de la réduction.

Si on s'attachait à l'idée que celui qui a le droit de réduction ne doit pas avoir de recours contre les donataires, à moins que les biens, dont ceux-ci auraient été évincés, ne deviennent le gage des créanciers du défunt, il vaudrait autant donner à ces créanciers, contre les donataires, une action directe, que de l'accorder aux héritiers pour que les créanciers en profitent ; ou plutôt alors, comme il ne s'agirait réellement que de l'intérêt des créanciers, on ne devrait pas faire intervenir les héritiers pour dépouiller les donataires au profit des créanciers. Ceux-ci d'ailleurs pourraient-ils espérer que les héritiers se porteraient à exercer un pareil recours ? Leur délicatesse ne serait-elle pas autant engagée à ne pas détruire le droit de propriété des donataires, qu'à payer les créanciers ? Et si les héritiers manquaient de délicatesse, ne leur serait-il pas facile de traiter, à l'insu des créanciers, avec des donataires qui ne chercheraient qu'à se maintenir dans leur propriété ?

L'action de l'héritier contre le donataire, et les biens donnés qui sont l'objet de ce recours, sont également étrangers à la succession. Le titre auquel l'héritier exerce ce recours remonte au tems même de la donation. Elle est présumée n'avoir été faite que sous la condition de ce retour à l'héritier, dans le cas où la réserve ne serait pas remplie.

C'est en conséquence de cette condition primitive de retour, que l'héritier reprend les biens sans charge de dettes ou hypothèques créées par le donataire. C'est, par le même motif, que l'action en réduction ou revendication peut être exercée par l'héritier, contre les tiers détenteurs des immeubles faisant partie de la donation et aliénés par le donataire, de la même manière et dans le même ordre que contre le donataire lui-même.

Il faut donc considérer l'héritier qui évince un donataire entre-vifs, comme s'il eût recueilli les biens au tems même de la donation.

S'il fallait admettre, d'une manière absolue, qu'un héritier ne peut recueillir, à titre gratuit, des biens de celui qui a des créanciers, sans en faire l'emploi au paiement des dettes, il faudrait dire que toutes donations entre-vifs sont susceptibles d'être révoquées par des dettes que le donateur aurait depuis contractées. C'est ce qui n'a été admis dans aucune législation. Il est sans doute à regretter que des idées morales se trouvent ici en opposition avec des principes qu'il serait bien plus dangereux de violer : ce sont ceux sur le droit de propriété, non-seulement de l'enfant ou de l'ascendant, mais encore des autres intéressés. En voulant perfectionner la morale sous un rapport, on ferait naître la corruption sous plusieurs autres.

Après avoir ainsi réglé les qualités requises pour donner et recevoir, après avoir fixé la quotité disponible, et avoir indiqué le mode à suivre pour les réductions, la loi s'occupe plus parti-

-culièrement d'abord des donations entre-vifs , et ensuite des testamens. Elle prescrit les formes de chacun de ces actes ; elle établit les principes sur leur nature et sur leurs effets.

C'est ici que tous les regards se fixent sur ces lois célèbres qui contribueront à rendre immortelle la mémoire du Chancelier d'*Aguesseau*. Les ordonnances sur les donations et sur les testamens ont été , comme le nouveau Code , le fruit de longues méditations. Elles n'ont également été adoptées qu'après avoir consulté le vœu de la nation par le seul moyen qui fût alors possible , celui de prendre l'avis des magistrats et des jurisconsultes. Les rédacteurs du Code ont eu recours aux dispositions de ces lois avec le respect qu'inspirent leur profonde sagesse et le succès dont elles ont été couronnées.

Dans les donations entre-vifs , on distingue les formalités à observer dans les actes qui les contiennent , et celles que l'on peut nommer extérieures.

Les formalités à observer dans ces actes ont un double objet , celui de les constater , et celui d'en fixer la nature.

On n'admet comme légalement constatés les actes portant donations entre-vifs , que quand ils sont passés devant notaires , dans la forme ordinaire des contrats.

La minute doit rester entre les mains du notaire ; elle ne doit être délivrée ni au donateur , ni au donataire. La donation entre-vifs est un acte par lequel celui qui l'accepte s'engage à en remplir les conditions. Il ne doit être au pouvoir ni de l'une ni de l'autre des parties de l'anéantir , en supprimant l'acte qui en contient la preuve.

C'est encore parce que toute donation entre-vifs est considérée comme un engagement réciproque , qu'il est indispensable que les deux parties y interviennent , celle qui donne , et celle qui accepte. Cela est conforme au droit romain , qui ne regardait point comme encore existante une libéralité , lorsque celui pour qui elle était destinée l'ignorait ou n'y avait pas consenti.

L'acceptation étant une condition essentielle de toute donation, on a dû exiger qu'elle fût en termes exprès. Il en résultera , sans qu'il ait été besoin d'en faire une disposition , que les juges ne pourront avoir aucun égard aux circonstances dont on préten- drait induire une acceptation tacite et sans qu'on puisse la pré- sumer , lors même que le donataire aurait été présent à l'acte de donation et qu'il l'aurait signé , ou quand il serait entré en possession des choses données.

Il était seulement une facilité qui n'avait rien de contraire à ces principes, et qu'on ne pouvait refuser , sans mettre , le plus souvent , un obstacle insurmontable à la faculté de disposer. C'est sur-tout au milieu des mouvemens du commerce, et lorsque les voyages sont devenus si communs , que les parens les plus proches et les amis les plus intimes sont exposés à vivre dans un grand éloignement.

On a voulu prévenir cet inconvénient, en permettant l'accep- tation par un acte postérieur ou par une personne fondée de la procuration du donataire, en regardant cette procuration comme suffisante , soit qu'elle porte le pouvoir d'accepter la donation faite , soit qu'elle contienne un pouvoir général d'accepter les donations qui auraient été ou qui pourraient être faites

De longues controverses avaient eu lieu entre les auteurs , sur le point de savoir si le donateur doit avoir la liberté de ré- voquer la donation qui n'est point encore acceptée.

Les uns soutenaient que si on ne fixe point au donataire un délai dans lequel il ne soit plus admis à l'acceptation , le dona- teur ne peut point lui ôter cette faculté , en revenant contre son propre fait.

Les autres pensaient que, jusqu'à l'acceptation , l'acte est im- parfait et ne saurait lier le donateur.

Cette dernière opinion est la plus juste ; elle avait été con- firmée par l'ordonnance de 1731 ; et elle est maintenue.

Quoiqu'une donation soit toujours, indépendamment des con- ditions qui peuvent y être mises , regardée comme un avantage au profit du donataire , il suffit cependant que ce soit, de la part de ce dernier , un engagement ; pour que la capacité de contracter, ou les formalités qui y suppléent , soient exigées.

Si

Si le donataire est majeur, l'acceptation doit être faite par lui, ou en son nom par la personne fondée de sa procuration.

S'il est mineur non émancipé, ou s'il est interdit, elle sera faite par son tuteur, conformément à ce qui est prescrit au titre de la *minorité*.

Si le mineur est émancipé, son curateur l'assistera.

On a même voulu éviter que pour des actes toujours présumés avantageux, les mineurs fussent victimes des intérêts personnels ou de la négligence de ceux que la loi charge d'accepter. Les liens du sang et de l'affection ont été considérés comme étant, à cet égard, un mandat suffisant; et sans porter atteinte, soit à la puissance paternelle, soit à l'administration des tuteurs, tous les ascendans de l'un et de l'autre sexe, et à quelque degré qu'ils soient, auront le pouvoir d'accepter pour leurs descendans, même du vivant des père et mère, et quoiqu'ils ne soient ni tuteurs ni curateurs du mineur, sans qu'il soit besoin d'aucun avis de parens.

Les bonnes mœurs et l'autorité du mari ont toujours exigé que la femme mariée ne pût accepter une donation sans le consentement de son mari, ou, en cas de refus de son mari, sans autorisation de la justice. En imposant cette condition aux femmes mariées en général, on n'admet d'exception ni pour celles qui ne seraient point en communauté avec leurs maris, ni pour celles qui en seraient séparées par jugement.

Depuis que, par les heureux efforts de la bienfaisance et du génie, les sourds et muets ont été rendus à la société, ils sont devenus capables d'en remplir les devoirs et d'en exercer les droits. Le sourd et muet qui saura, par l'écriture, manifester sa volonté, pourra lui-même, ou par une personne ayant sa procuration, accepter une donation. S'il ne sait pas écrire, l'acceptation devra être faite en son nom par un curateur qui lui sera nommé pour remplir cette formalité.

Quant aux donations qui seront faites aux hospices, aux pauvres des communes, ou aux établissemens d'utilité publique, elles seront acceptées par leurs administrateurs, lorsque le

Livre III. G

Gouvernement, qui veille aux droits des familles comme à l'intérêt des pauvres, les y aura autorisés.

Après avoir ainsi prescrit les formalités de l'acte même de donation, la loi règle celles qui sont extérieures.

Plusieurs dispositions de l'ordonnance de 1731 sont relatives à la tradition de fait des biens donnés. Cette formalité avait été établie dans plusieurs coutumes, mais elle n'était point en usage dans les pays de droit écrit ; elle n'ajoute rien ni à la certitude ni à l'irrévocabilité des donations entre-vifs. La règle du Droit romain, qui regarde les donations comme de simples pactes, est préférable ; elle écarte des difficultés nombreuses et sans objet. La donation duement acceptée, sera parfaite par le seul consentement des parties, et la propriété des objets donnés sera transférée au donataire, sans qu'il soit besoin d'autre tradition.

Une autre formalité extrinsèque avait été introduite par le Droit romain : c'est celle connue sous le nom d'*insinuation*. On avait ainsi rendu publiques les donations pour éviter les fraudes, soit par la supposition de pareils actes, sur-tout entre les proches parens, soit par la facilité de tromper des créanciers qui ignoreraient ces aliénations.

En France, la formalité de l'insinuation a été admise et ordonnée par une longue suite de lois ; elles n'ont point applani toutes les difficultés que leur exécution a fait naître. L'ordonnance de 1731 avait levé plusieurs doutes sur l'application de la peine de nullité des donations pour lesquelles cette formalité n'avait pas été exécutée, sur la nécessité de la remplir dans les divers lieux du domicile et de la situation des biens, sur le mode d'insinuation, sur les délais prescrits, et sur les effets de l'inexécution dans ces délais. Des lois interprétatives de l'ordonnance de 1731 ont encore été nécessaires, et une simple formalité d'enregistrement était devenue la matière d'un recueil volumineux de lois compliquées.

Toute cette législation relative à la publicité des actes de donations entre-vifs, est devenue inutile depuis que, par la loi qui s'exécute maintenant dans toute la France, non-seulement ces actes, mais encore toutes les autres aliénations d'immeubles, doivent être rendus publics par la transcription sur des registres ouverts à quiconque veut les consulter. L'objet de toutes les lois sur les insinuations sera donc entièrement rempli, en ordonnant que lorsqu'il y aura donation de biens susceptibles d'hypothèques, la transcription des actes contenant la donation devra être faite aux bureaux des hypothèques dans l'arrondissement desquels les biens seront situés.

Quant aux meubles qui seraient l'objet des donations, ils ne sauraient être mis au nombre des gages que les créanciers puissent suivre; il n'est aucun des différens actes par lesquels on peut aliéner des meubles, qui soit assujéti à de semblables formalités.

L'insinuation se faisait, non-seulement au lieu de la situation des biens, mais encore à celui du domicile : cette dernière formalité n'ayant point été jugée nécessaire dans le système général de la conservation des droits des créanciers, il n'y avait pas de motif particulier pour l'employer dans le cas de la transmission des biens par donations entre-vifs ; on peut s'en reposer sur l'activité de ceux qui auront intérêt de connaître le gage de leurs créances ou de leurs droits. Quant aux héritiers, l'inventaire leur fera connaître, par les titres de propriété, quels sont les biens ; et dans l'état actuel des choses, il n'est aucun héritier qui, ayant le moindre doute sur le bon état d'une succession, ne commence par vérifier sur les registres du lieu de la situation des biens, quelles sont les aliénations.

Les personnes qui sont chargées de faire faire la transcription, et qui, par ce motif, ne pourront opposer le défaut de cette formalité, sont les maris, lorsque les biens auront été donnés à leurs femmes; les tuteurs ou curateurs, quand les donations auront été faites à des mineurs ou à des interdits ; les administrateurs, quand elles auront été faites à des établissemens publics.

Les femmes ont dû, pour la conservation de leurs droits, être autorisées par la loi à faire procéder seules à la formalité de l'inscription, quand elle n'aura pas été remplie par les maris.

La question de savoir si les mineurs et ceux qui jouissent du même privilége peuvent être restitués, contre le défaut d'insinuation des donations entre-vifs, n'était clairement décidée ni par le Droit romain, ni par les anciennes ordonnances. Il y avait à cet égard une diversité de jurisprudence, et l'ordonnance de 1731, conformément à une déclaration du 19 janvier 1712, avait prononcé que la restitution n'aurait pas lieu, lors même que les tuteurs ou autres administrateurs seraient insolvables.

Cette règle a été confirmée : elle est fondée sur le principe que si les mineurs ont des priviléges pour la conservation de leur patrimoine, et pour qu'ils ne soient pas surpris par les embûches tendues à la fragilité de leur âge, ils ne doivent pas être dispensés du droit commun, lorsqu'il s'agit seulement de rendre, par des donations, leur condition meilleure.

On a examiné la question de savoir si les donations entre-vifs, qui n'auraient point été acceptées pendant la vie du donateur, et qu'il n'aurait pas révoquées, peuvent valoir comme dispositions testamentaires.

On peut dire que la volonté de donner est consignée dans l'acte de donation ; que si le donataire n'a été, par aucune révocation, dépouillé du droit d'accepter, le donateur est mort sans avoir varié dans son intention de lui faire une libéralité ; que la volonté de l'homme qui se renferme dans les bornes légales doit être respectée.

Mais cette opinion n'est pas admissible, lorsque, pour les testamens, la loi exige une plus grande solennité que pour les donations entre-vifs. Le donateur, par acte entre-vifs, ne peut dès-lors être présumé avoir entendu faire une disposition testamentaire, pour laquelle cet acte serait insuffisant ; et dans aucun cas il ne doit lui être permis de se dispenser ainsi de remplir les formalités prescrites pour les testamens.

Il n'existe point de donations entre-vifs, à moins que le donateur ne se dépouille actuellement et irrévocablement de la chose donnée, en faveur du donataire qui l'accepte. De-là ces maximes, *que donner et retenir ne vaut,* et que *c'est donner et retenir, quand le donateur s'est réservé la puissance de disposer librement de la chose donnée.*

On en fait l'application, en décidant que la donation entre-vifs ne peut comprendre que les biens présens du donateur.

On avait, dans l'ordonnance de 1731, déclaré nulle, même pour les biens présens, la donation qui comprenait les biens présens et à venir, parce qu'on regardait ses dispositions comme indivisibles, à moins que l'intention contraire du donateur ne fût reconnue.

Il est plus naturel de présumer que le donateur de biens présens et à venir, n'a point eu intention de disposer d'une manière indivisible; la donation ne sera nulle qu'à l'égard des biens à venir.

Les conséquences des maximes précédemment énoncées, sont encore que toute donation entre-vifs, faite sous des conditions dont l'exécution dépend de la seule volonté du donateur, est nulle; qu'elle est également nulle, si elle a été faite sous la condition d'acquitter d'autres dettes ou charges que celles qui existaient à l'époque de la donation, ou qui étaient exprimées dans les actes; que si le donateur n'a pas usé de la faculté de disposer, qu'il s'était réservée à l'égard d'une partie des objets compris dans la donation, ces objets n'appartiendront point au donataire, et que toute donation d'effets mobiliers doit être rendue certaine, par un état estimatif annexé à la minute de la donation.

La réserve d'usufruit et le retour au profit du donateur, n'ont rien de contraire à ces principes.

Il n'y a d'exception à l'irrévocabilité, que dans les cas où le donateur aurait manqué à des conditions formellement exprimées, ou que la loi présume avoir été dans l'intention du donateur.

La révocation pour cause d'inexécution des conditions exprimées, est commune à toutes les conventions. Mais il est deux autres conditions que la loi a présumées; la première, que le donataire ne se rendrait pas coupable d'actes d'ingratitude, tels que si le donateur avait pu les prévoir, il n'eût point fait la donation ; et la seconde, qu'il ne lui surviendrait point d'enfans.

On a déterminé les cas dans lesquels les donations pourront être révoquées pour cause d'ingratitude : ce sera lorsque le donataire aura attenté à la vie du donateur, lorsqu'il se sera rendu coupable envers lui de sévices, délits ou injures graves, lorsqu'il lui aura refusé des alimens.

Les donations en faveur de mariage sont exceptées, parce qu'elles ont aussi pour objet les enfans à naître, et qui ne doivent pas être victimes de l'ingratitude du donataire.

Quant à la révocation par survenance d'enfans, on la trouve établie dans le Droit romain par une loi célèbre (*si unquam*, *cod. de revoc. donat.*) Elle est fondée sur ce qu'il est à présumer que le donateur n'a point voulu préférer des étrangers à ses propres enfans.

En vain oppose-t-on à un motif aussi puissant, qu'il en résulte une grande incertitude dans les propriétés ; que les enfans peuvent ne survenir qu'un grand nombre d'années après la donation ; que celui qui donne est présumé avoir mesuré ses libéralités sur la possibilité où il était d'avoir des enfans ; que des mariages ont pu être contractés en considération de ces libéralités.

Ces considérations ne sauraient l'emporter sur la loi naturelle, qui subordonne toutes les affections à celles qu'un père a pour ses enfans.

Il n'est point à présumer qu'il ait entendu, en donnant, violer des devoirs de tout tems contractés envers les descendans qu'il pourrait avoir, et envers la société. Si une volonté pareille pouvait être présumée, l'ordre public s'opposerait à ce qu'elle fût accueillie. Ce sont des principes que le donataire ne saurait méconnaître. Il n'a donc pu recevoir que sous la condition de la préférence due aux enfans qui naîtraient.

La règle de la révocation des donations par survenance d'enfans, a été maintenue telle que dans l'ordonnance de 1731 on la trouve expliquée et dégagée des difficultés qu'elle avait fait naître.

Les règles particulières aux donations entre-vifs, sont suivies de celles qui concernent spécialement la forme et l'exécution des dispositions testamentaires.

L'institution d'héritier était, dans les pays de droit écrit, l'objet principal des testamens. Dans l'autre partie de la France, la loi seule faisait l'héritier; l'institution n'y était permise qu'en considération des mariages.

Plusieurs coutumes n'avaient même pas admis cette exception.

Elles avaient toutes réservé aux parens, les unes sous le titre de propres, et les autres sous ce titre et même sous celui d'acquêts ou de meubles, une partie des biens. Cet ordre n'était point en harmonie avec celui des affections naturelles. Il eût donc été inutile et même contraire au maintien de la loi, d'admettre pour l'institution d'héritier, la volonté de l'homme qui eût toujours cherché à faire prévaloir le vœu de la nature.

Ces différences, entre les pays de droit écrit et ceux de coutumes, doivent disparaître lorsqu'une loi commune à toute la France donne, sans aucune distinction de biens, la même liberté de disposer. L'institution d'héritier y sera également permise.

Le plus grand défaut que la législation sur les testamens ait eu chez les Romains, et depuis en France, a été celui d'être trop compliquée. On a cherché les moyens de la simplifier.

On a donc commencé par écarter toute difficulté sur le titre donné à la disposition. Le testament vaudra, sous quelque titre qu'il ait été fait, soit sous celui d'institution d'héritier, soit sous le titre de legs universel ou particulier, soit sous toute autre dénomination propre à manifester la volonté.

On a seulement maintenu et expliqué une règle établie par l'ordonnance de 1735 (art. 77). Un testament ne pourra être fait conjointement, et dans le même acte, par deux ou plusieurs personnes, soit au profit d'un tiers, soit à titre de donation réciproque et mutuelle. Il fallait éviter de faire renaître la diversité de jurisprudence qui avait eu lieu sur la question de savoir si, après le décès de l'un des testateurs, le testament pouvait être révoqué par le survivant. Permettre de le révoquer, c'est violer la foi de la réciprocité : le déclarer irrévocable, c'est changer la nature du testament, qui, dans ce cas, n'est plus réellement un acte de dernière volonté. Il fallait interdire une forme incompatible, soit avec la bonne foi, soit avec la nature des testamens.

Au surplus, on a choisi dans le Droit romain et dans les coutumes, les formes d'actes qui ont à-la-fois paru les plus simples et les plus sûres.

Elles seront au nombre de trois ; le testament olographe, celui fait par acte public, et le testament mystique.

Ainsi les autres formes de testamens, et à plus forte raison les dispositions qui seraient faites verbalement, par signes ou par lettres missives, ne seront point admises.

Le testament olographe, ou sous signature privée, doit être écrit en entier, daté et signé de la main du testateur.

Cette forme de testament n'était admise dans les pays de droit écrit qu'en faveur des enfans. Au milieu de toutes les solennités dont les Romains environnaient leurs testamens, un écrit privé ne leur paraissait pas mériter assez de confiance ; et s'ils avaient, par respect pour la volonté des pères, soumis leurs descendans à l'exécuter, lorsqu'elle serait ainsi manifestée, ils avaient même encore exigé la présence de deux témoins.

Devait-on rejetter entièrement les testamens olographes ? Cette forme est la plus commode, et l'expérience n'a point appris qu'il en ait résulté des abus qui puissent déterminer à la faire supprimer.

Il valait donc mieux rendre cette manière de disposer par testament, commune à toute la France.

On a seulement pris une précaution pour que l'état de ces actes soit constaté.

Tout testament olographe doit, avant qu'on l'exécute, être présenté au juge désigné, qui dressera un procès-verbal de l'état où il se trouvera, et en ordonnera le dépôt chez un notaire.

Quant aux testamens par actes publics, on a pris un terme moyen entre les solennités prescrites par le droit écrit et celles usitées dans les pays de coutumes.

Il suffisait dans ce pays qu'il y eût deux notaires, ou un notaire et deux témoins ; on avait même attribué, dans plusieurs coutumes, ces fonctions à d'autres personnes publiques ou à des ministres du culte.

Dans les pays de droit écrit, les testamens nuncupatifs écrits, devaient être faits en présence de sept témoins au moins, y compris le notaire.

La liberté de disposer ayant été en général beaucoup augmentée dans les pays de coutumes, il était convenable d'ajouter aux précautions prises pour constater la volonté des testateurs; mais en exigeant un nombre de témoins plus considérable que celui qui est nécessaire pour atteindre à ce but, on eût assujetti ceux qui disposent à une grande gêne, et peut-être les eût-on exposés à se trouver souvent dans l'impossibilité de faire ainsi dresser leurs testamens.

Ces motifs ont déterminé à régler que le testament, par acte public, sera reçu par deux notaires, en présence de deux témoins, ou par un notaire en présence de quatre témoins.

L'usage des testamens mystiques ou secrets, était inconnu dans les pays de coutumes : c'était une institution à propager en faveur de ceux qui ne savent pas écrire, ou qui, par des motifs souvent plausibles, ne veulent ni faire leur testament par écrit privé, ni confier le secret de leurs dispositions. Elle devenait encore plus nécessaire quand, pour les testamens par acte public, on exige, dans tous les cas, la présence de deux témoins, et qu'il doit même s'en trouver quatre, s'il n'y a qu'un notaire.

Mais en admettant la forme des testamens mystiques, on ne pouvait négliger aucune des formalités requises dans les pays de droit écrit.

On doit craindre dans ces actes les substitutions de personnes ou de pièces : il faut que les formalités soient telles, que les manœuvres les plus subtiles de la cupidité soient déjouées, et c'est sur-tout le nombre des témoins qui peut garantir que tous ne sauraient entrer dans un complot criminel. On a donc cru devoir adopter les formalités des testamens mystiques ou secrets, telles qu'on les trouve énoncées dans l'ordonnance de 1735.

On a voulu rendre uniformes les formalités relatives à l'ouverture des testamens mystiques. Leur présentation au juge, leur ouverture, leur dépôt, seront faits de la même manière que pour les testamens olographes. On exige, de plus, que les notaires et les témoins, par qui l'acte de suscription aura été signé, et qui se trouveront sur les lieux, soient présens ou appellés.

Telles seront en général les formalités des testamens. Mais il est possible que le service militaire, que des maladies contagieuses, ou des voyages maritimes, mettent les testateurs dans l'impossibilité d'exécuter, à cet égard, la loi ; cependant, c'est dans ces circonstances où la vie est souvent exposée, qu'il devient plus pressant et plus utile de manifester ses dernières volontés. La loi serait donc incomplète, si elle privait une partie nombreuse des citoyens, et ceux sur-tout qui ne sont loin de leurs foyers que pour le service de la patrie, d'un droit aussi naturel et aussi précieux que celui de disposer par testament.

Aussi, dans toutes les législations, a-t-on prescrit, pour ces différens cas, des formes particulières, qui donnent autant de sûreté que le permet la possibilité d'exécution. Celles qui déjà ont été établies par l'ordonnance de 1735, ont été maintenues, avec quelques modifications qui n'exigent pas un examen particulier.

Après avoir prescrit les formalités des testamens, on avait à régler quels seraient leurs effets , et comment ils seraient exécutés.

Il n'y aura plus à cet égard aucune diversité.

L'héritier institué et le légataire universel auront les mêmes droits , et seront sujets aux mêmes charges.

Dans les coutumes où l'institution d'héritier était absolument défendue , ou n'était admise que dans les contrats de mariage , il n'y avait de titre d'héritier que dans la loi même ; ce qu'on exprimait par ces mots : *le mort saisit le vif.* Les légataires universels étaient tenus , lors même qu'ils recueillaient tous les biens , d'en demander la délivrance.

Dans les pays de droit écrit , presque tous les héritiers avaient leur titre dans un testament ; ils étaient saisis de plein droit de la succession , lors même qu'il y avait des légitimaires.

On peut dire , pour le système du droit écrit , que l'institution d'héritier étant autorisée par la loi , celui qui est institué par un testament a son titre dans la loi même , comme celui qui est appellé directement par elle ; que dès-lors qu'il existe un héritier par l'institution , il est sans objet , et même contradictoire , qu'il y ait un parent ayant cette qualité , sans aucun avantage à en tirer ; que le testament , revêtu des formes suffisantes , est un titre qui ne doit pas moins que les autres avoir son exécution provisoire ; que la demande en délivrance et la main-mise par le parent qui est dépouillé de la qualité d'héritier , ne peuvent qu'occasionner des frais et des contestations que l'on doit éviter.

Ceux qui prétendent que l'ancien usage des pays de coutumes est préférable , lors même que la faculté d'instituer les héritiers y est admise , regardaient le principe , suivant lequel le parent appellé par la loi à la succession , doit toujours être réputé saisi à l'instant de la mort , comme la sauve-garde des familles. Le testament ne doit avoir d'effet qu'après la mort , et , en le produisant , le titre du parent appellé par la loi est certain ; l'autre peut n'être pas valable , et il est au moins toujours susceptible d'examen. Le tems de produire un testament , pendant que se remplissent les premières formalités pour constater l'état d'une succession, n'est jamais assez long pour que la saisie du parent appellé par la loi, puisse être préjudiciable à l'héritier institué.

Ni l'une ni l'autre de ces deux opinions n'a été entièrement adoptée : on a pris, dans chacune d'elles, ce qui a paru le plus propre à concilier les droits de ceux que la loi appelle à la succession, et de ceux qui doivent la recueillir par la volonté de l'homme.

Lorsqu'au décès du testateur, il y aura des héritiers auxquels une quotité de biens sera réservée par la loi, ces héritiers seront saisis de plein droit, par sa mort, de toute la succession ; et l'héritier institué ou le légataire universel sera tenu de leur demander la délivrance des biens compris dans le testament.

Lorsque l'héritier institué ou le légataire universel se trouve ainsi en concurrence avec l'héritier de la loi, ce dernier mérite la préférence. Il est difficile que, dans l'exécution, cela puisse être autrement. Ne serait-il pas contre l'honnêteté publique, contre l'humanité, contre l'intention présumée du testateur, que l'un de ses enfans, ou que l'un des auteurs de sa vie, fût à l'instant de sa mort expulsé de sa maison, sans qu'il eût même le droit de vérifier auparavant le titre de celui qui se présente ? Ce dernier aura d'autant moins droit de se plaindre de cette saisie momentanée, qu'il recueillera les fruits à compter du jour du décès, si la demande en délivrance a été formée dans l'année.

Si l'héritier institué ou le légataire universel ne se trouve point en concurrence avec des héritiers ayant une quotité de biens réservée par la loi, les autres parens ne pourront empêcher que ce titre n'ait toute sa force et son exécution provisoire, dès l'instant même de la mort du testateur.

Il suffit qu'ils soient mis à portée de vérifier l'acte qui les dépouille.

Si cet acte a été fait devant notaires, c'est celui qui, par ses formes, rend les surprises moins possibles, et il se trouve d'avance dans un dépôt où les personnes intéressées peuvent le vérifier.

S'il a été fait olographé ou dans la forme mystique, des mesures ont été prises pour que les parens appellés par la loi aient toute la facilité de les vérifier, avant que l'héritier institué ou le légataire universel puisse se mettre en possession.

Les testamens faits, sous l'une et l'autre forme, devront être déposés chez un notaire commis par le juge : on assujettit l'héritier institué ou le légataire universel à obtenir une ordonnance d'envoi en possession, et cette ordonnance ne sera délivrée que sur la production de l'acte du dépôt.

Quant aux charges dont l'héritier institué et le légataire universel sont tenus, les dettes sont d'abord prélevées, et conséquemment, s'il est en concurrence avec un héritier auquel la loi réserve une quotité de biens, il y contribuera pour sa part et portion, et hypothécairement pour le tout.

Il est une autre charge qui n'était pas toujours aussi onéreuse pour l'héritier institué que pour le légataire universel.

Dans les pays de droit écrit, l'héritier institué était autorisé à retenir, sous le nom de *falcidie*, le quart de la succession par retranchement sur les legs, s'ils excédaient la valeur des trois quarts.

Les testamens avaient toujours été considérés chez les Romains comme étant de droit politique plutôt que de droit civil ; et la loi prenait toutes les mesures, pour que cet acte de magistrature suprême reçût son exécution. Elle présumait toujours la volonté de ne pas mourir *ab intestat.*

Cependant, lorsque le testateur avait épuisé, en legs, la valeur de sa succession, les héritiers institués n'avaient plus d'intérêt d'accepter ; l'institution devenait caduque, et avec elle tombait tout le testament.

On présuma que celui qui instituait un héritier, le préférait à de simples légataires, et l'héritier surchargé de legs fut autorisé, par la loi qu'obtint le tribun *Falcidius*, sous le règne d'*Auguste*, à retenir le quart des biens.

Cette mesure fut ensuite rendue commune à l'héritier *ab*

intestat, et à ceux même qui avaient une légitime. Ce droit a été consacré par l'ordonnance de 1735.

Dans les pays de coutumes, il n'y avait point de pareille retenue au profit des légataires universels, lors même que les biens laissés par le testateur étaient tous de nature à être compris dans le legs. La présomption légale dans ces pays, était que les legs particuliers contenaient l'expression plus positive de la volonté du testateur, que le titre de légataires universels : ceux-ci étaient tenus d'acquitter tous les legs.

Cette dernière législation a paru préférable ; les causes qui ont fait introduire la quarte *falcidie* n'existent plus. La loi, en déclarant que les legs particuliers seront tous acquittés par les héritiers institués, ou les légataires universels, ne laissera plus de doute sur l'intention qu'auront eue les testateurs de donner la préférence aux legs particuliers. S'il arrive que des testateurs ignorent assez l'état de leur fortune pour l'épuiser en legs particuliers, lors même qu'ils institueraient un héritier, ou qu'ils nommeraient un légataire universel, la loi ne doit point être faite pour des cas aussi extraordinaires.

Il est une autre classe de legs connus sous le nom de *legs à titre universel,* non qu'ils comprennent, comme le legs dont on vient de parler, l'universalité des biens, mais seulement, soit une quote-part de ceux dont la loi permet de disposer, telle qu'une moitié, un tiers, ou tous les immeubles, ou tout le mobilier, ou une quotité des immeubles, ou une quotité du mobilier.

Ces légataires, comme ceux à titre particulier, sont tenus de demander la délivrance ; mais il fallait les distinguer, parce qu'il est juste que ceux qui recueillent ainsi, à titre universel, une quote-part des biens de la succession, soient assujettis à des charges qui ne sauraient être imposées sur les legs particuliers. Telle est la contribution aux dettes et charges de la succession, et l'acquit des legs particuliers par contribution, avec ceux qui recueillent, sous quelque titre que ce soit, l'universalité des biens.

Lorsqu'il y aura un légataire à titre universel d'une quotité quelconque de tous les biens, on devra mettre dans cette classe celui qui serait porté dans le même testament pour le surplus des biens, sous le titre de légataire universel.

Quant aux legs particuliers, on s'est conformé aux règles de droit commun, et on a cherché à prévenir les difficultés indiquées par l'expérience; il suffit de lire ces dispositions pour en connaître les motifs.

Il en est ainsi, et de celles qui concernent les exécuteurs testamentaires, et de la révocation des testamens ou de leur caducité.

La loi établit des règles particulières à certaines dispositions entre-vifs ou de dernière volonté, qui exigent des mesures qui leur sont propres.

Telles sont les dispositions permises aux pères et mères et aux frères ou sœurs, dont la sollicitude, se prolongeant dans l'avenir, leur aurait fait craindre que des petits-enfans ou des neveux ne fussent exposés à l'infortune par l'inconduite ou par les revers de ceux qui leur ont donné le jour.

Dans la plupart des législations, et dans la nôtre jusqu'aux derniers tems, la puissance paternelle a eu dans l'exhérédation un des plus grands moyens de prévenir et de punir les fautes des enfans. Mais en remettant cette arme terrible dans la main des pères et mères, on n'a songé qu'à venger leur autorité outragée, et on s'est écarté des principes sur la transmission des biens.

Un des motifs qui a fait supprimer le droit d'exhérédation, est que l'application de la peine à l'enfant coupable, s'étendait à sa postérité innocente. Cependant cette postérité ne devait pas être moins chère au père équitable dans sa vengeance; elle n'en était pas moins une partie essentielle de la famille, et devait y trouver la même faveur et les mêmes droits.

Or, il n'y avait qu'un petit nombre de cas dans lesquels les enfans de l'exhérédé fussent admis à la succession de celui qui avait prononcé la fatale condamnation.

Ainsi, sous le rapport de la transmission des biens dans la

famille, l'exhérédation n'avait que des effets funestes : la postérité la plus nombreuse d'un seul coupable était enveloppée dans sa proscription ; et combien n'étaient-ils pas scandaleux dans les tribunaux, ces combats où pour des intérêts pécuniaires, la mémoire du père était déchirée par ceux qui s'opposaient à l'exhérédation, et la conduite de l'enfant exhérédé, présentée sous les traits que la cupidité cherchait encore à rendre plus odieux !

Cependant il fallait trouver un moyen de conserver à la puissance des pères et mères la force nécessaire, sans blesser la justice.

On avait d'abord cru que l'on pourrait atteindre à ce but, si on donnait aux père et mère le droit de réduire l'enfant qui se rendrait coupable d'une dissipation notoire, au simple usufruit de sa portion héréditaire, ce qui eût assuré la propriété aux descendans nés et à naître de cet enfant.

On avait trouvé les traces de cette disposition officieuse dans les lois romaines ; mais après un examen plus approfondi, on y a découvert la plupart des inconvéniens de l'exhérédation.

La plus grande puissance des pères et mères, c'est de la nature, et non des lois qu'ils la tiendront. Les efforts des législateurs doivent tendre à seconder la nature et à maintenir le respect qu'elle a inspiré aux enfans. La loi qui donnerait au fils le droit d'attaquer la mémoire de son père, et de le présenter aux tribunaux comme coupable d'avoir violé ses devoirs par une proscription injuste et barbare, serait elle-même une sorte d'attentat à la puissance paternelle ; elle tendrait à la dégrader dans l'opinion des enfans. Le premier principe dans cette partie de la législation est d'éviter, autant qu'il est possible, de faire intervenir les tribunaux entre les pères et mères et leurs enfans. Il est le plus souvent inutile, et toujours dangereux, de remettre entre les mains des pères et des mères des armes que les enfans puissent combattre et rendre impuissantes.

C'eût été une erreur de croire que l'enfant réduit à l'usufruit de sa portion héréditaire, ne verrait lui-même que l'avantage de sa postérité, et qu'il ne se plaindrait pas d'une disposition

qui

qui lui laisserait la jouissance entière des revenus. Cette disposition officieuse pour les petits-enfans, eût été, contre le père ainsi grevé, une véritable interdiction qui eût pu avoir sur son sort, pendant le reste de sa vie, une influence funeste. Comment celui qui aurait été proclamé dissipateur par son père même, pourrait-il se présenter pour des emplois publics ? Comment obtiendrait-il de la confiance dans tous les genres de professions ?

N'était-il pas trop rigoureux de rendre perpétuels les effets d'une peine aussi grave, quand la cause pouvait n'être que passagère ?

Il a donc été facile de prévoir que tous les enfans, ainsi condamnés par l'autorité des pères et mères, se pourvoiraient devant les tribunaux ; et avec quel avantage n'y paraîtraient-ils pas ?

La dissipation se compose d'une suite de faits que la loi ne peut pas déterminer : ce qui est dissipation dans une circonstance, ne l'est pas dans une autre. Le premier juge, celui dont la voix serait si nécessaire à entendre pour connaître les motifs de sa décision, n'existerait plus.

Serait-il possible d'imaginer une scène plus contraire aux bonnes mœurs, que celle d'un aïeul dont la mémoire serait déchirée par son fils réduit à l'usufruit, en même temps que la conduite de ce fils serait dévoilée par ses propres enfans ? Cette famille ne deviendrait-elle pas le scandale et la honte de la société ? et à quelle époque pourrait-on espérer que le respect des enfans pour les pères s'y rétablirait ? Il aurait donc bien mal rempli ses vues, le père de famille qui, en réduisant son fils à l'usufruit, n'aurait eu qu'une intention bienfaisante envers ses petits-enfans ; et s'il eût prévu les conséquences funestes que sa disposition pouvait avoir, n'eût-il pas dû s'en abstenir ?

La loi qui eût admis cette disposition, eût encore été vicieuse, en ce que la réduction à l'usufruit pouvait s'appliquer à la portion héréditaire en entier. C'était porter atteinte au droit de légitime qui a été jusqu'ici regardé comme ne pouvant pas être réduit par les pères et mères eux-mêmes, si ce n'est dans le cas de l'exhérédation. Or, la dissipation notoire n'a jamais été une cause d'exhérédation, mais seulement d'une interdiction susceptible d'être levée, quand sa cause n'existait plus.

Quoique la disposition officieuse, telle qu'on l'avait d'abord conçue, fût exposée à des inconvéniens qui ont empêché de l'admettre, l'idée n'en était pas moins en elle-même juste et utile. L'erreur n'eût pas été moins grande, si on ne l'eût pas conservée, en la modifiant.

Il fallait éviter, d'une part, que la disposition ne fût un germe de discorde et d'accusations respectives, et, de l'autre, que la loi qui soustrait une certaine quotité de biens aux volontés du père, ne fût violée.

Ces conditions se trouvent remplies, en donnant aux pères et mères la faculté d'assurer à leurs petits-enfans la portion de biens dont la loi leur laisse la libre disposition. Ils pourront l'assurer en la donnant à un ou à plusieurs de leurs enfans, et ceux-ci seront chargés de la rendre à leurs enfans. Vous avez vu que la portion disponible laissée au père, suffira pour atteindre au but proposé : elle sera, eu égard à la fortune de chacun, assez considérable pour qu'elle puisse préserver les petits-enfans de la misère à laquelle l'inconduite ou les malheurs du père les exposeraient.

L'aïeul ne peut pas espérer de la loi une faculté plus étendue que celle dont il a besoin, en n'écoutant que des sentimens d'une affection pure envers sa postérité ; et d'une autre part, la quotité réservée aux enfans est de droit public : sa volonté, quoique raisonnable, ne peut y déroger.

Lorsque la charge de rendre les biens est imposée, ce doit être en faveur de toute la postérité de l'enfant ainsi grevé, sans aucune préférence à raison de l'âge ou du sexe, et non-seulement au profit des enfans nés lors de la disposition, mais encore de tous ceux à naître.

Ce moyen est préférable à celui de la disposition officieuse : la réserve légale reste intacte ; la volonté du père ne s'applique qu'à des biens dont il est absolument le maître de disposer ; elle ne peut être contestée ni compromise ; elle ne porte plus les caractères d'une peine contre l'enfant grevé de restitution ; elle pourra s'appliquer à l'enfant dissipateur , comme à celui qui déjà aura eu des revers de fortune , ou qui , par son état , y serait exposé.

Il est possible que les pères et mères qui sont seuls juges des motifs qui les portent à disposer ainsi d'une partie de leur fortune , avec la charge de la rendre , aient seulement la volonté de préférer , à-la-fois , l'enfant auquel ils donnent l'usufruit , et sa postérité. Mais la loi les laisse maîtres de disposer au profit de celui de leurs enfans qu'il leur plait , et on a beaucoup moins à craindre une préférence aveugle , lorsque les biens doivent passer de l'enfant grevé de restitution à tous les petits-enfans sans distinction , et au premier degré seulement.

C'est dans cet esprit de conservation de la famille , que la loi proposée a étendu à celui qui meurt , ne laissant que des frères ou sœurs , la faculté de les grever de restitution jusqu'à concurrence de la portion disponible au profit de tous les enfans de chacun des grevés.

On voit que la faculté accordée aux pères et mères de donner à un ou plusieurs de leurs enfans tout ou partie des biens disponibles , à la charge de les rendre aux petits-enfans , a si peu de rapports avec l'ancien régime des substitutions , qu'on ne lui en a même pas donné le nom.

C'est une substitution , en ce qu'il y a une transmission successive de l'enfant donataire aux petits-enfans.

Mais cela est contraire aux anciennes substitutions, en ce que l'objet de la faculté donnée aux pères et mères et aux frères n'est point de créer un ordre de succession , et d'intervertir les droits naturels de ceux que la loi eût appelés , mais plutôt de maintenir cet ordre et ces droits , en faveur d'une génération qui en eût été privée.

Dans les anciennes substitutions , c'était une branche qui

était préférée à l'autre : dans la disposition nouvelle, c'est une branche menacée et que l'on veut conserver.

En autorisant cette espèce de disposition officieuse, il a fallu établir les règles nécessaires pour son exécution.

On a d'abord déterminé la forme de ces actes. Elle sera la même que pour les donations entre-vifs ou les testamens.

Celui qui aura donné des biens sans charge de restitution, pourra l'imposer par une nouvelle libéralité.

Il ne pourra s'élever aucun doute sur l'ouverture des droits des appelés. Ils seront ouverts à l'époque où, par quelque cause que ce soit, la jouissance du grevé cessera. Cependant s'il y avait un abandon en fraude des créanciers, il serait juste que leurs droits fussent conservés.

La faveur des mariages ne peut, dans ce cas, être un motif pour que les femmes exercent des recours subsidiaires sur les biens ainsi donnés ; elles n'en auront que pour leurs deniers dotaux, et dans le cas seulement où cela aura été formellement exprimé dans la donation entre-vifs ou dans le testament.

La loi devait ensuite prévoir les difficultés qui pourraient s'élever sur l'exécution de ces actes. Il fallait éviter qu'à l'occasion d'une charge imposée à un père au profit de ses enfans, il pût s'élever entre eux des contestations. On reconnaîtra dans toutes les parties du Code civil, qu'on a pris tous les moyens de prévenir ce malheur.

Si le père ne remplit pas les obligations qu'entraîne la charge de restitution, il faut qu'il y ait entre eux une personne dont la conduite, tracée par la loi, ne puisse provoquer le ressentiment du père contre les enfans.

Cette tierce personne sera un tuteur nommé pour faire exécuter, après la mort du donateur ou du testateur, sa volonté.

Il vaudrait mieux, pour assurer l'exécution, que ce tuteur fût nommé par celui même qui fait la disposition. Ce choix donnerait au tuteur, ainsi nommé, un titre de plus à la confiance et à la déférence de l'enfant grevé.

Si cette nomination n'a pas été faite , ou si le tuteur nommé est décédé , la loi prend toutes les précautions pour qu'il ne puisse jamais arriver qu'il n'y ait pas de tuteur chargé de l'exécution.

Le grevé sera tenu de provoquer cette nomination , sous peine d'être déchu du bénéfice de la disposition ; et s'il y manque, il y sera suppléé , soit par les appellés , s'ils sont majeurs, soit par leurs tuteurs ou curateurs , s'ils sont mineurs ou interdits , soit par tout parent des appellés majeurs , mineurs ou interdits , ou même d'office , à la diligence du commissaire du Gouvernement près le tribunal de première instance du lieu où la succession est ouverte.

Des règles sont ensuite établies pour constater les biens , pour la vente du mobilier , pour l'emploi des deniers , pour la transcription des actes contenant les dispositions , ou pour l'inscription sur les biens affectés au paiement des sommes collo-quées avec privilège.

Il est encore un autre genre de dispositions qui doit avoir , sur le sort des familles , une grande influence : ce sont les partages faits par le père , la mère , ou les autres ascendans , entre leurs descendans; c'est le dernier et l'un des actes les plus importans de la puissance et de l'affection des pères et mères. Ils s'en rap-porteront le plus souvent à cette sage répartition que la loi elle-même a faite entre leurs enfans. Mais il restera souvent , et sur-tout à ceux qui ont peu de fortune , comme à ceux qui ont des biens dont le partage ne sera pas facile , ou sera susceptible d'inconvéniens , de grandes inquiétudes sur les dissensions qui peuvent s'élever entre leurs enfans. Combien serait douloureuse pour un bon père l'idée que , des travaux dont le produit devait rendre sa famille heureuse , seront l'occasion de haines et de discordes ! A qui donc pourrait-on confier , avec plus d'assurance, la répartition des biens entre les enfans , qu'à des pères et mères , qui mieux que tous autres en connaissent la valeur , les avan-tages et les inconvéniens ; à des pères et mères , qui rempliront cette magistrature , non-seulement avec l'impartialité de juges , mais encore avec ce soin , cet intérêt , cette prévoyance que l'af-fection paternelle peut seule inspirer ?

Cette présomption, quelque forte qu'elle soit en faveur des pères et mères, a cependant encore laissé des inquiétudes sur l'abus que pourraient faire de ce pouvoir ceux qui, par une préférence aveugle, par l'orgueil, ou par d'autres passions, voudraient réunir la majeure partie de leurs biens sur la tête d'un seul de leurs enfans. Il a été calculé que plus les enfans seraient nombreux, et plus il serait facile au père d'accumuler les biens au profit de l'enfant préféré.

Il eût été injuste et même contraire au but que l'on se proposait, de refuser au père qui, lors du partage entre ses enfans, pouvait disposer librement d'une partie de ses biens, l'exercice de cette faculté dans le partage même. C'est ainsi qu'il peut éviter des démembremens, conserver à l'un de ses enfans l'habitation qui pourra continuer d'être l'asile commun, réparer les inégalités naturelles ou accidentelles : en un mot, c'est dans l'acte de partage qu'il pourra le mieux combiner, et en même tems réaliser la répartition la plus équitable et la plus propre à rendre heureux chacun de ses enfans.

Mais si l'un des enfans était lésé de plus du quart, ou s'il résultait du partage et des dispositions faites, par préciput, que l'un des enfans aurait un avantage plus grand que la loi ne le permet, l'opération pourra être attaquée par les autres intéressés.

Les démissions de biens étaient usitées dans une grande partie de la France. Il y avait, sur la nature de ces actes, des règles très-différentes.

Dans certains pays, on ne leur donnait pas la force des donations entre-vifs, elles étaient révocables. Ce n'était point aussi un acte testamentaire, puisqu'il avait un effet présent. On avait dans ces pays, conservé la règle de droit, suivant laquelle on ne peut pas se faire d'héritier irrévocable : il n'y avait d'exception que pour les institutions par contrat de mariage. On craignait que les parens n'eussent à se repentir de s'être trop abandonnés à des sentimens d'affection, et d'avoir eu trop de confiance en ceux auxquels ils avaient livré leur fortune.

Mais, d'un autre côté, c'était laisser dans les pactes de famille une incertitude qui causait les plus graves inconvéniens. Le démissionnaire qui avait la propriété sous la condition de la révocation, se flattait toujours qu'elle n'aurait pas lieu. Il traitait avec des tiers, il s'engageait, il aliénait, et la révocation n'avait presque jamais lieu sans des procès qui empoisonnaient le reste de la vie de celui qui s'était démis, et qui rendaient sa condition pire que s'il eût laissé subsister sa démission.

On a supprimé cette espèce de disposition ; elle est devenue inutile. Les pères et mères pourront dans les donations entre-vifs imposer les conditions qu'ils voudront ; ils auront la même liberté dans les actes de partage, pourvu qu'il n'y ait rien de contraire aux règles qui viennent d'être exposées, et suivant lesquelles les démissions des biens, si elles avaient été autorisées, eussent été déclarées irrévocables.

Il est deux autres genres de donations qui toujours ont été mises dans une classe à part, et pour lesquelles les règles générales doivent être modifiées.

Ce sont les donations faites, par contrat de mariage, aux époux et aux enfans à naître de cette union, et les donations entre époux.

Toute loi dans laquelle on ne chercherait pas à encourager les mariages, serait contraire à la politique et à l'humanité. Loin de les encourager, ce serait y mettre obstacle, si on ne donnait pas le plus libre cours aux donations, sans lesquelles ces liens ne se formeraient pas. Il serait même injuste d'assujettir les parens donateurs aux règles qui distinguent, d'une manière absolue, les donations entre-vifs des testamens. Le père qui marie ses enfans s'occupe de leur postérité ; la dotation actuelle doit donc être presque toujours subordonnée à des dispositions sur la succession future. Non-seulement les contrats de mariage participent de la nature des actes entre-vifs et des testamens, mais encore on doit les considérer comme des traités entre les deux familles, traités pour lesquels on doit jouir de la plus grande liberté.

Ces principes sont immuables, et leurs effets ont dû être maintenus dans la loi proposée.

Ainsi les ascendans, les parens collatéraux des époux, et même les étrangers pourront, par contrat de mariage, donner tout ou partie des biens qu'ils laisseront au jour de leur décès.

Ces donateurs pourront prévoir le cas où l'époux donataire mourrait avant eux, et dans ce cas, étendre leur disposition au profit des enfans à naître de leur mariage. Dans le cas même où les donateurs n'auront pas prévu le cas de leur survie, il sera présumé de droit que leur intention a été de disposer, non-seulement au profit de l'époux, mais encore en faveur des enfans et descendans à naître du mariage.

Ces donations pourront comprendre, à la fois, les biens présens et ceux à venir. On a seulement pris, à cet égard, une précaution dont l'expérience a fait connaître la nécessité.

L'époux auquel avaient été donnés les biens présens et à venir avait, à la mort du donateur, le droit de prendre les biens existans à l'époque de la donation, en renonçant aux biens à venir, ou de recueillir les biens tels qu'ils se trouvaient au tems du décès. Lorsque le donataire préférait les biens qui existaient dans le tems de la donation, des procès sans nombre, et qu'un long intervalle de tems rendait le plus souvent inextricables, s'élevaient sur la fixation de l'état de la fortune à cette même époque. C'était aussi un moyen de fraude envers des créanciers dont les titres n'avaient pas une date certaine. La faveur des mariages ne doit rien avoir d'incompatible avec le repos des familles et avec la bonne foi. Il est donc nécessaire que le donateur qui veut donner le choix des biens présens ou de ceux à venir, annexe à l'acte un état des dettes et des charges alors existantes, et que le donataire devra supporter; sinon le donataire ne pourra, dans le cas où il acceptera la donation, réclamer que les biens qui se trouveront à l'époque du décès.

Les donations, par contrat de mariage, pourront être faites sous des conditions dont l'exécution dépendra de la volonté du donateur. L'époux donataire est, presque toujours, l'enfant ou l'héritier du donateur. Il est donc dans l'ordre naturel, qu'il se soumette aux volontés de celui qui a autant d'influence sur son sort ; et si c'est un étranger dont il éprouve la bienfaisance , la condition qui lui est imposée n'empêche pas qu'il ne soit pour lui d'un grand intérêt de l'accepter.

Enfin, un grand moyen d'encourager les donations par contrat de mariage, était de déclarer qu'à l'exception de celles des biens présens , elles deviendraient caduques , si le donateur survit au donataire décédé sans postérité.

Toutes les lois qui ont précédé celle du 17 nivose an 2 , ont toujours distingué les donations que les époux peuvent se faire entre eux par leur contrat de mariage, de celles qui auraient eu lieu pendant le mariage.

Le mariage est un traité dans lequel les mineurs assistés de leurs parens , ou les majeurs , doivent être libres de stipuler leurs droits et de régler les avantages qu'ils veulent se faire. Les sentimens réciproques sont alors dans toute leur énergie, et l'un n'a point encore pris sur l'autre cet empire que donne l'autorité maritale , ou qui est le résultat de la vie commune. La faveur des mariages exige que les époux ayent , au moment où ils forment leurs liens , la liberté de se faire réciproquement ; ou l'un des deux à l'autre , les donations qu'ils jugeront à propos.

Il en est autrement des donations que les époux voudraient se faire pendant le mariage.

Les lois romaines défendirent d'abord les donations entre époux d'une manière absolue. On craignait de les voir se dépouiller mutuellement de leur patrimoine par les effets inconsidérés de leur tendresse réciproque , de rendre le mariage vénal , et de laisser l'époux honnête exposé à ce que l'autre le contraignît d'acheter la paix par des sacrifices sous le titre de donations.

Cette défense absolue fut modifiée sous le règne d'*Antonin* , qui crut prévenir tous les inconvéniens, en donnant aux époux la faculté de révoquer les donations qu'ils se feraient pendant le mariage.

Cette doctrine a été suivie, en France, dans la plupart des pays de droit écrit.

Dans les pays de coutumes, on a conservé l'ancien principe de la défense absolue de toute donation entre mari et femme pendant le mariage , à moins que la donation ne fût mutuelle au profit du survivant : et encore cette espèce de donation était-elle, quant aux espèces et à la quantité de biens qu'elle pouvait comprendre , plus ou moins limitée.

Ces bornes ont été , dans la plupart des coutumes , plus resserrées dans le cas où , à l'époque de la dissolution du mariage, il existait des enfans , que dans le cas où il n'y en avait point.

En modifiant ainsi la défense absolue , il résultait que la condition de réciprocité ou de survie écartait toute intention odieuse de l'un des époux de s'enrichir aux dépens de l'autre , et que les bornes dans lesquelles ces donations étaient resserrées , conservaient les biens de chaque famille.

On a pris , dans ces deux systêmes , ce qui est le plus convenable à la dignité des mariages , à l'intérêt réciproque des époux , à celui des enfans.

Il sera permis à l'époux de donner à l'autre époux , soit par le contrat de mariage , soit pendant le mariage , dans le cas où il ne laisserait point de postérité , tout ce qu'il pourrait donner à un étranger , et en outre l'usufruit de la totalité de la portion dont la loi défend de disposer au préjudice des héritiers directs.

S'il laisse des enfans , ces donations ne pourront comprendre que le quart de tous les biens en propriété , et l'autre quart en usufruit , ou la moitié de tous les biens en usufruit seulement.

Toutes donations faites , entre époux , pendant le mariage , quoique qualifiées entre-vifs , seront toujours révocables , et la femme n'aura pas besoin , pour exercer ce droit , de l'autorisation de son mari , ni de la justice.

Cette loi donnant la faculté de disposer , même au profit

d'un étranger, de tous les biens qui ne sont pas réservés aux héritiers en ligne directe, il n'eût pas été conséquent qu'un époux fût privé de la même liberté vis-à-vis de l'autre époux pendant le mariage. Tel est même l'effet de l'union intime des époux, que, sans rompre les liens du sang, leur inquiétude et leur affection se portent plutôt sur celui des deux qui survivra, que sur les parens qui doivent lui succéder. On a donc encore suivi le cours des affections, en décidant que les époux ne laissant point d'enfans, pourraient se donner l'usufruit de la totalité de la portion de biens disponible.

Si l'époux laisse des enfans, son affection se partage entre eux et son époux, et lors même qu'il se croit le plus assuré que l'autre époux survivant ferait de la totalité de sa fortune l'emploi le plus utile aux enfans : les devoirs de paternité sont personnels, et l'époux donateur y manquerait, s'il les confiait à un autre ; il ne pourra donc être autorisé à laisser à l'autre époux qu'une partie de sa fortune, et cette quotité est fixée à un quart de tous les biens en propriété, et un autre quart en usufruit, ou la moitié de la totalité en usufruit.

Après avoir borné ainsi la faculté de disposer, il ne restait plus qu'à prévenir les inconvéniens qui peuvent résulter des donations faites entre époux pendant le mariage.

La mesure adoptée dans la législation romaine a paru préférable. On ne pourra plus douter que les donations ne soient l'effet d'un consentement libre, et qu'il ne faut les attribuer ni à la subordination, ni à une affection momentanée ou inconsidérée, quand l'époux, libre de les révoquer, y aura persisté jusqu'à sa mort ; quand la femme n'aura besoin, pour cette révocation, d'aucune autorisation ; quand, pour rendre cette révocation plus libre encore, et pour qu'on ne puisse argumenter de l'indivisibilité des dispositions d'un même acte, il est réglé que les époux ne pourront, pendant le mariage, se faire, par un seul et même acte, aucune donation mutuelle et réciproque.

Au surplus, on a maintenu cette sage disposition, que l'on

doit encore moins attribuer à la défaveur des seconds mariages, qu'à l'obligation où sont les pères ou mères qui ont des enfans, de ne pas manquer à leur égard, lorsqu'ils forment de nouveaux liens, aux devoirs de la paternité. Il a été réglé que, dans ce cas, les donations au profit du nouvel époux, ne pourront excéder une part d'enfant légitime le moins prenant, et que, dans aucun cas, ces donations ne pourront excéder le quart des biens; il n'a pas été jugé nécessaire de porter plus loin ces précautions.

Tels sont, citoyens Législateurs, les motifs de ce titre important du Code civil. Vous avez vu avec quel soin on a toujours cherché à y maintenir cette liberté si chère, sur-tout dans l'exercice du droit de propriété, que si une partie des biens est réservée par la loi, c'est en faveur de parens unis par des liens si intimes et dans des proportions telles, qu'il est impossible de présumer que la volonté des chefs de famille en soit contrariée; qu'ils seront d'ailleurs les arbitres suprêmes du sort de leurs héritiers; que leur puissance sera respectée, et leur affection recherchée; qu'ils jouiront de la plus douce consolation, en distribuant à leurs enfans, de la manière qu'ils jugeront la plus convenable au bonheur de chacun d'eux, des biens qui sont le plus souvent le produit de leurs travaux; qu'ils pourront même étendre cette autorité bienfaisante et conservatrice jusqu'à une génération future, en transmettant à leurs petits-enfans ou à des enfans de frères ou de sœurs, une partie suffisante de biens, et les préserver ainsi de la ruine à laquelle les exposerait la conduite ou le genre de profession des pères et mères. Vous avez vu avec quel soin on a conservé la faveur due aux contrats de mariage, et que la liberté des époux de disposer entre eux sera plus entière; qu'ils seront, sur ce point, plus indépendans l'un de l'autre, ce qui doit contribuer à maintenir entre eux l'harmonie et les égards.

Enfin, vous avez vu que par-tout on a cherché à rendre les formes simples et sûres, et à faire cesser cette foule de controverses qui ruinaient les familles, et laissaient presque toujours les testateurs dans une incertitude affligeante sur l'exécution de leur volonté.

C'est le dernier titre qui soit prêt à vous être présenté dans cette session. Puisse l'opinion publique sanctionner ces premiers efforts du Gouvernement, pour procurer à la France un Code propre à régénérer les mœurs, à fixer les propriétés, à rétablir l'ordre, à faire le bonheur de chaque famille, et dans chaque famille le bonheur de tous ceux qui la composent !

Suit le texte de la loi.

TITRE II.

Des Donations entre-vifs et des Testamens.

Décrété le 13 Floréal an XI. Promulgué le 23 du même mois.

CHAPITRE PREMIER.

Dispositions générales.

Article 893. — On ne poura disposer de ses biens, à titre gratuit, que par donation entre-vifs ou par testament, dans les formes ci-après établies.

Art. 894. — La donation entre-vifs est un acte par lequel le donateur se dépouille actuellement et irrévocablement de la chose donnée, en faveur du donataire qui l'accepte.

Art. 895. — Le testament est un acte par lequel le testateur dispose, pour le temps où il n'existera plus, de tout ou partie de ses biens, et qu'il peut révoquer.

Art. 896. — Les substitutions sont prohibées.

Toute disposition par laquelle le donataire, l'héritier

institué , ou le légataire , sera chargé de conserver et de rendre à un tiers , sera nulle , même à l'égard du donataire , de l'héritier institué , ou du légataire.

Art. 897. — Sont exceptées de l'article précédent les dispositions permises aux pères et mères et aux frères et sœurs , au chapitre VI du présent titre.

Art. 898. — La disposition par laquelle un tiers serait appelé à recueillir le don , l'hérédité ou le legs , dans le cas où le donataire , l'héritier institué ou le légataire , ne le recueillerait pas , ne sera pas regardée comme une substitution , et sera valable.

Art. 899. — Il en sera de même de la disposition entre-vifs ou testamentaire par laquelle l'usufruit sera donné à l'un , et la nue propriété à l'autre.

Art. 900. — Dans toute disposition entre-vifs ou testamentaires , les conditions impossibles , celles qui seront contraires aux lois ou aux mœurs , seront réputées non écrites.

CHAPITRE II.

De la capacité de disposer ou de recevoir par donation entre-vifs ou par testament.

Article 901. — Pour faire une donation entre-vifs ou un testament, il faut être sain d'esprit.

Art. 902. — Toutes personnes peuvent disposer et recevoir , soit par donation entre-vifs , soit par testament, excepté celles que la loi en déclare incapables.

Art. 903. Le mineur âgé de moins de seize ans ne pourra aucunement disposer , sauf ce qui est réglé au chapitre IX du présent titre.

Art. 904. — Le mineur parvenu à l'âge de seize ans ne pourra disposer que par testament, et jusqu'à concurrence seulement de la moitié des biens dont la loi permet au majeur de disposer.

Art. 905. — La femme mariée ne pourra donner entre-vifs sans l'assistance ou le consentement spécial de son mari, ou sans y être autorisée par la justice, conformément à ce qui est prescrit par les articles 217 et 219, au titre *du Mariage.*

Elle n'aura besoin ni de consentement du mari, ni d'autorisation de la justice, pour disposer par testament.

Art. 906. — Pour être capable de recevoir entre-vifs, il suffit d'être conçu au moment de la donation.

Pour être capable de recevoir par testament, il suffit d'être conçu à l'époque du décès du testateur.

Néanmoins la donation ou le testament n'auront leur effet qu'autant que l'enfant sera né viable.

Art. 907. — Le mineur, quoique parvenu à l'âge de seize ans, ne pourra, même par testament, disposer au profit de son tuteur.

Le mineur, devenu majeur, ne pourra disposer, soit par donation entre-vifs, soit par testament, au profit de celui qui aura été son tuteur, si le compte définitif de la tutelle n'a été préalablement rendu et apuré.

Sont exceptés, dans les deux cas ci-dessus, les ascendans des mineurs, qui sont ou qui ont été leurs tuteurs.

Art. 908. — Les enfans naturels ne pourront, par donation entre-vifs ou par testament, rien recevoir au-delà de ce qui leur est accordé au titre *des Successions.*

Art. 909. — Les docteurs en médecine ou en chirurgie, les officiers de santé et les pharmaciens qui auront traité une personne pendant la maladie dont elle meurt, ne pourront profiter des dispositions entre-vifs ou testamentaires qu'elle aurait faites en leur faveur pendant le cours de cette maladie.

Sont exceptées, 1°. les dispositions rémunératoires faites à titre particulier, eu égard aux facultés du disposant et aux services rendus ;

2°. Les dispositions universelles, dans le cas de parenté jusqu'au quatrième degré inclusivement, pourvu toutefois que le décédé n'ait pas d'héritiers en ligne directe ; à moins que celui au profit de qui la disposition a été faite, ne soit lui-même du nombre de ces héritiers.

Les mêmes règles seront observées à l'égard du ministre du culte.

Art. 910. — Les dispositions entre-vifs ou par testament, au profit des hospices, des pauvres d'une commune, ou d'établissemens d'utilité publique, n'auront leur effet qu'autant qu'elles seront autorisées par un arrêté du Gouvernement.

Art. 911. — Toute disposition au profit d'un incapable sera nulle, soit qu'on la déguise sous la forme d'un contrat onéreux, soit qu'on la fasse sous le nom de personnes interposées.

Seront réputées personnes interposées les pères et mères, les enfans et descendans, et l'époux de la personne incapable.

Art. 912. — On ne pourra disposer au profit d'un étranger, que dans le cas où cet étranger pourrait disposer au profit d'un Français.

CHAPITRE

CHAPITRE III.

De la portion de biens disponible, et de la réduction.

SECTION PREMIÈRE.

De la portion de biens disponible.

Article 913. Les libéralités, soit par acte entre-vifs, soit par testament, ne pourront excéder la moitié des biens du disposant, s'il ne laisse à son décès qu'un enfant légitime ; le tiers, s'il laisse deux enfans ; le quart, s'il en laisse trois ou un plus grand nombre.

Art. 914. — Sont compris dans l'article précédent, sous le nom *d'enfans*, les descendans en quelque degré que ce soit ; néanmoins ils ne sont comptés que pour l'enfant qu'ils représentent dans la succession du disposant.

Art. 915. — Les libéralités, par actes entre-vifs ou par testament, ne pourront excéder la moitié des biens, si, à défaut d'enfant, le défunt laisse un ou plusieurs ascendans dans chacune des lignes paternelle et maternelle ; et les trois quarts, s'il ne laisse d'ascendans que dans une ligne.

Les biens ainsi réservés au profit des ascendans, seront par eux recueillis dans l'ordre où la loi les appelle à succéder : ils auront seuls droit à cette réserve, dans tous les cas où un partage en concurrence avec des collatéraux ne leur donnerait pas la quotité de biens à laquelle elle est fixée.

Art. 916. — A défaut d'ascendans et de descendans, les libéralités par actes entre-vifs ou testamentaires pourront épuiser la totalité des biens.

Liv. III. * I

Art. 917. — Si la disposition par acte entre-vifs ou par testament est d'un usufruit ou d'une rente viagère dont la valeur excède la quotité disponible, les héritiers au profit desquels la loi fait une réserve, auront l'option, ou d'exécuter cette disposition, ou de faire l'abandon de la propriété de la quotité disponible.

Art. 918. — La valeur en pleine propriété des biens aliénés, soit à charge de rente viagère, soit à fonds perdu, ou avec réserve d'usufruit, à l'un des successibles en ligne directe, sera imputée sur la portion disponible ; et l'excédant, s'il y en a, sera rapporté à la masse. Cette imputation et ce rapport ne pourront être demandés par ceux des autres successibles en ligne directe qui auraient consenti à ces aliénations, ni, dans aucun cas, par les successibles en ligne collatérale.

Art. 919. — La quotité disponible pourra être donnée en tout ou en partie, soit par acte entre-vifs, soit par testament, aux enfans ou autres successibles du donateur, sans être sujette au rapport par le donataire ou le légataire venant à la succession, pourvu que la disposition ait été faite expressément à titre de préciput ou hors part.

La déclaration que le don ou le legs est à titre de préciput ou hors part, pourra être faite, soit par l'acte qui contiendra la disposition, soit postérieurement dans la forme des dispositions entre-vifs ou testamentaires.

SECTION II.

De la réduction des donations et legs.

Article 920. — Les dispositions, soit entre-vifs, soit à cause de mort, qui excéderont la quotité disponible, seront réductibles à cette quotité lors de l'ouverture de la succession.

Art. 921. — La réduction des dispositions entre-vifs ne pourra être demandée que par ceux au profit desquels la loi fait la réserve, par leurs héritiers ou ayant-cause : les donataires, les légataires, ni les créanciers du défunt, ne pourront demander cette réduction, ni en profiter.

Art. 922. — La réduction se détermine en formant une masse de tous les biens existans au décès du donateur ou testateur. On y réunit fictivement ceux dont il a été disposé par donations entre-vifs, d'après leur état à l'époque des donations, et leur valeur au temps du décès du donateur. On calcule sur tous ces biens, après en avoir déduit les dettes, quelle est, eu égard à la qualité des héritiers qu'il laisse, la quotité dont il a pu disposer.

Art. 923. — Il n'y aura jamais lieu à réduire les donations entre-vifs, qu'après avoir épuisé la valeur de tous les biens compris dans les dispositions testamentaires ; et lorsqu'il y aura lieu à cette réduction, elle se fera en commençant par la dernière donation, et ainsi de suite en remontant des dernières aux plus anciennes.

Art. 924. — Si la donation entre-vifs réductible a été faite à l'un des successibles, il pourra retenir, sur les biens donnés, la valeur de la portion qui lui appartiendrait, comme héritier, dans les biens non disponibles, s'ils sont de la même nature.

Art. 925. — Lorsque la valeur des donations entre-vifs excédera ou égalera la quotité disponible, toutes les dispositions testamentaires seront caduques.

Art. 926. — Lorsque les dispositions testamentaires excéderont, soit la quotité disponible, soit la portion de cette quotité qui resterait après avoir déduit la valeur des donations entre-vifs, la réduction sera faite au marc le franc, sans aucune distinction entre les legs universels et les legs particuliers.

Art. 927. — Néanmoins, dans tous les cas où le testateur aura expressément déclaré qu'il entend que tel legs soit acquitté de préférence aux autres, cette préférence aura lieu ; et le legs qui en sera l'objet, ne sera réduit qu'autant que la valeur des autres ne remplirait pas la réserve légale.

Art. 928. — Le donataire restituera les fruits de ce qui excédera la portion disponible, à compter du jour du décès du donateur, si la demande en réduction a été faite dans l'année ; sinon, du jour de la demande.

Art. 929. — Les immeubles à recouvrer par l'effet de la réduction, le seront sans charge de dettes ou hypothèques créées par le donataire.

Art. 930. — L'action en réduction ou revendication pourra être exercée par les héritiers contre les tiers détenteurs des immeubles faisant partie des donations, et aliénés par les donataires, de la même manière et dans le même ordre que contre les donataires eux-mêmes, et discussion préalablement faite de leurs biens. Cette action devra être exercée suivant l'ordre des dates des aliénations, en commençant par la plus récente.

CHAPITRE IV.

Des donations entre-vifs.

SECTION PREMIÈRE.

De la forme des donations entre-vifs.

Article 931. — Tous actes portant donation entre-vifs seront passés devant notaires, dans la forme ordinaire des contrats ; et il en restera minute, sous peine de nullité.

Art. 932. — La donation entre-vifs n'engagera le donateur, et ne produira aucun effet, que du jour qu'elle aura été acceptée en termes exprès.

L'acceptation pourra être faite du vivant du donateur, par un acte postérieur et authentique, dont il restera minute ; mais alors la donation n'aura d'effet, à l'égard du donateur, que du jour où l'acte qui constatera cette acceptation lui aura été notifié.

Art. 933. — Si le donataire est majeur, l'acceptation doit être faite par lui, ou, en son nom, par la personne fondée de sa procuration, portant pouvoir d'accepter la donation faite, ou un pouvoir général d'accepter les donations qui auraient été ou qui pourraient être faites.

Cette procuration devra être passée devant notaires ; et une expédition devra en être annexée à la minute de la donation, ou à la minute de l'acceptation qui serait faite par acte séparé.

Art. 934. — La femme mariée ne pourra accepter une donation sans le consentement de son mari, ou , en cas de refus du mari, sans autorisation de la justice, conformément à ce qui est prescrit par les articles 217 et 219, au titre *du Mariage.*

Art. 935. — La donation faite à un mineur non émancipé ou à un interdit, devra être acceptée par son tuteur, conformément à l'article 463, au titre *de la Minorité* , *de la Tutelle et de l'Émancipation*.

Le mineur émancipé pourra accepter avec l'assistance de son curateur.

Néanmoins les père et mère du mineur émancipé ou non émancipé, ou les autres ascendans, même du vivant des père et mère, quoiqu'ils ne soient ni tuteurs ni curateurs du mineur, pourront accepter pour lui.

Art. 936. — Le sourd-muet qui saura écrire, pourra accepter lui-même ou par un fondé de pouvoir.

S'il ne sait pas écrire, l'acceptation doit être faite par un curateur nommé à cet effet, suivant les règles établies au titre *de la Minorité* , *de la Tutelle et de l'Émancipation*.

Art. 937. — Les donations faites au profit d'hospices, des pauvres d'une commune, ou d'établissemens d'utilité publique, seront acceptées par les administrateurs de ces communes ou établissemens, après y avoir été dûment autorisés.

Art. 938. — La donation dûment acceptée sera parfaite par le seul consentement des parties ; et la propriété des objets donnés sera transférée au donataire, sans qu'il soit besoin d'autre tradition.

Art. 939. — Lorsqu'il y aura donation de biens susceptibles d'hypothèques, la transcription des actes contenant la donation et l'acceptation, ainsi que la notification de l'acceptation qui aurait eu lieu par acte séparé, devra être faite aux bureaux des hypothèques dans l'arrondissement desquels les biens sont situés.

Art. 940. — Cette transcription sera faite à la diligence du mari, lorsque les biens auront été donnés à sa femme ;

et si le mari ne remplit pas cette formalité, la femme pourra y faire procéder sans autorisation.

Lorsque la donation sera faite à des mineurs, à des interdits, ou à des établissemens publics, la transcription sera faite à la diligence des tuteurs, curateurs ou administrateurs.

Art. 941. — Le défaut de transcription pourra être opposé par toutes personnes ayant intérêt, excepté toutefois celles qui sont chargées de faire faire la transcription, ou leurs ayant-cause, et le donateur.

Art. 942. — Les mineurs, les interdits, les femmes mariées, ne seront point restitués contre le défaut d'acceptation ou de transcription des donations; sauf leur recours contre leurs tuteurs ou maris, s'il y échet, et sans que la restitution puisse avoir lieu, dans le cas même où lesdits tuteurs et maris se trouveraient insolvables.

Art. 943. — La donation entre-vifs ne pourra comprendre que les biens présens du donateur; si elle comprend des biens à venir, elle sera nulle à cet égard.

Art. 944. — Toute donation entre-vifs faite sous des conditions dont l'exécution dépend de la seule volonté du donateur, sera nulle.

Art. 945. — Elle sera pareillement nulle, si elle a été faite sous la condition d'acquitter d'autres dettes ou charges que celles qui existaient à l'époque de la donation, ou qui seraient exprimées, soit dans l'acte de donation, soit dans l'état qui devrait y être annexé.

Art. 946. — En cas que le donateur se soit réservé la liberté de disposer d'un effet compris dans la donation, ou d'une somme fixe sur les biens donnés, s'il meurt sans en avoir disposé, ledit effet ou ladite somme appartiendra aux héritiers du donateur, nonobstant toutes clauses et stipulations à ce contraires.

Art. 947. — Les quatre articles précédens ne s'appliquent point aux donations dont est mention aux chapitres VIII et IX du présent titre.

Art. 948. — Tout acte de donation d'effets mobiliers ne sera valable que pour les effets dont un état estimatif, signé du donateur et du donataire, ou de ceux qui acceptent pour lui, aura été annexé à la minute de la donation.

Art. 949. — Il est permis au donateur de faire la réserve à son profit, ou de disposer au profit d'un autre, de la jouissance ou de l'usufruit des biens meubles ou immeubles donnés.

Art. 950. — Lorsque la donation d'effets mobiliers aura été faite avec réserve d'usufruit, le donataire sera tenu, à l'expiration de l'usufruit, de prendre les effets donnés qui se trouveront en nature, dans l'état où ils seront; et il aura action contre le donateur ou ses héritiers, pour raison des objets non existans, jusqu'à concurrence de la valeur qui leur aura été donnée dans l'état estimatif.

Art. 951. — Le donateur pourra stipuler le droit de retour des objets donnés, soit pour le cas du prédécès du donataire seul, soit pour le cas du prédécès du donataire et de ses descendans.

Ce droit ne pourra être stipulé qu'au profit du donateur seul.

Art. 952. — L'effet du droit de retour sera de résoudre toutes les aliénations des biens donnés, et de faire revenir ces biens au donateur, francs et quittes de toutes charges et hypothèques, sauf néanmoins l'hypothèque de la dot et des conventions matrimoniales , si les autres biens de l'époux donataire ne suffisent pas , et dans le cas seulement où la donation lui aura été faite par le même contrat de mariage duquel résultent ces droits et hypothèques.

SECTION II.

Des exceptions à la règle de l'irrévocabilité des donations entre-vifs.

Article 953. — La donation entre-vifs ne pourra être révoquée que pour cause d'inexécution des conditions sous lesquelles elle aura été faite, pour cause d'ingratitude, et pour cause de survenance d'enfans.

Art. 954. — Dans le cas de la révocation pour cause d'inexécution des conditions , les biens rentreront dans les mains du donateur , libres de toutes charges et hypothèques du chef du donataire ; et le donateur aura , contre les tiers détenteurs des immeubles donnés , tous les droits qu'il aurait contre le donataire lui-même.

Art. 955. — La donation entre-vifs ne pourra être révoquée pour cause d'ingratitude que dans les cas suivans :

1°. Si le donataire a attenté à la vie du donateur ;

2°. S'il s'est rendu coupable envers lui de sévices, délits ou injures graves ;

3°. S'il lui refuse des alimens.

Art. 956. — La révocation pour cause d'inexécution des conditions ou pour cause d'ingratitude , n'aura jamais lieu de plein droit.

Art. 957. — La demande en révocation pour cause

d'ingratitude, devra être formée dans l'année, à compter du jour du délit imputé par le donateur au donataire, ou du jour que le délit aura pu être connu par le donateur.

Cette révocation ne pourra être demandée par le donateur contre les héritiers du donataire, ni par les héritiers du donateur contre le donataire, à moins que, dans ce dernier cas, l'action n'ait été intentée par le donateur, ou qu'il ne soit décédé dans l'année du délit.

Art. 958. — La révocation pour cause d'ingratitude ne préjudiciera ni aux aliénations faites par le donataire, ni aux hypothèques et autres charges réelles qu'il aura pu imposer sur l'objet de la donation, pourvu que le tout soit antérieur à l'inscription qui aurait été faite de l'extrait de la demande en révocation, en marge de la transcription prescrite par l'article 939.

Dans le cas de révocation, le donataire sera condamné à restituer la valeur des objets aliénés, eu égard au temps de la demande, et les fruits, à compter du jour de cette demande.

Art. 959. — Les donations en faveur de mariage ne seront pas révocables pour cause d'ingratitude.

Art. 960. — Toutes donations entre-vifs faites par personnes qui n'avaient point d'enfans ou de descendans actuellement vivans dans le temps de la donation, de quelque valeur que ces donations puissent être, et à quelque titre qu'elles aient été faites, et encore qu'elles fussent mutuelles ou rémunératoires, même celles qui auraient été faites en faveur de mariage par autres que par les ascendans aux conjoints, ou par les conjoints l'un à l'autre, demeureront révoquées de plein droit par la survenance d'un enfant légitime du donateur, même d'un posthume, ou par la légitimation d'un enfant naturel par mariage subséquent, s'il est né depuis la donation.

Art. 961. — Cette révocation aura lieu, encore que l'enfant du donateur ou de la donatrice fût conçu au temps de la donation.

Art. 962. — La donation demeurera pareillement révoquée, lors même que le donataire serait entré en possession des biens donnés, et qu'il y aurait été laissé par le donateur depuis la survenance de l'enfant; sans néanmoins que le donataire soit tenu de restituer les fruits par lui perçus, de quelque nature qu'ils soient, si ce n'est du jour que la naissance de l'enfant ou sa légitimation par mariage subséquent lui aura été notifiée par exploit ou autre acte en bonne forme; et ce, quand même la demande pour rentrer dans les biens donnés, n'aurait été formée que postérieurement à cette notification.

Art. 963. — Les biens compris dans la donation révoquée de plein droit, rentreront dans le patrimoine du donateur, libres de toutes charges et hypothèques du chef du donataire, sans qu'ils puissent demeurer affectés, même subsidiairement, à la restitution de la dot de la femme de ce donataire, de ses reprises ou autres conventions matrimoniales; ce qui aura lieu quand même la donation aurait été faite en faveur du mariage du donataire et insérée dans le contrat, et que le donateur se serait obligé comme caution, par la donation, à l'exécution du contrat de mariage.

Art. 964. — Les donations ainsi révoquées ne pourront revivre ou avoir de nouveau leur effet, ni par la mort de l'enfant du donateur, ni par aucun acte confirmatif; et si le donateur veut donner les mêmes biens au même donataire, soit avant ou après la mort de l'enfant par la naissance duquel la donation avait été révoquée, il ne le pourra faire que par une nouvelle disposition.

Art. 965. — Toute clause ou convention par laquelle le donateur aurait renoncé à la révocation de la donation pour survenance d'enfant, sera regardée comme nulle, et ne pourra produire aucun effet.

Art. 966. — Le donataire, ses héritiers ou ayant-cause, ou autres détenteurs des choses données, ne pourront opposer la prescription pour faire valoir la donation révoquée par la survenance d'enfant, qu'après une possession de trente années, qui ne pourront commencer à courir que du jour de la naissance du dernier enfant du donateur, même posthume ; et ce, sans préjudice des interruptions, telles que de droit.

CHAPITRE V.

Des dispositions testamentaires.

SECTION PREMIÈRE.

Des régles générales sur la forme des testamens.

Article 967. — Toute personne pourra disposer par testament, soit sous le titre d'institution d'hérilier, soit sous le titre de legs, soit sous toute autre dénomination propre à manifester sa volonté.

Art. 968. — Un testament ne pourra être fait dans le même acte par deux ou plusieurs personnes, soit au profit d'un tiers, soit à titre de disposition réciproque et mutuelle.

Art. 969. — Un testament pourra être olographe, ou fait par acte public ou dans la forme mystique.

Art. 970. — Le testament olographe ne sera point valable, s'il n'est écrit en entier, daté et signé de la main du testateur : il n'est assujetti à aucune autre forme.

Art. 971. — Le testament par acte public est celui qui est reçu par deux notaires, en présence de deux témoins, ou par un notaire, en présence de quatre témoins.

Art. 972. — Si le testament est reçu par deux notaires, il leur est dicté par le testateur, et il doit être écrit par l'un de ces notaires, tel qu'il est dicté.

S'il n'y a qu'un notaire, il doit également être dicté par le testateur, et écrit par ce notaire.

Dans l'un et l'autre cas, il doit en être donné lecture au testateur, en présence des témoins.

Il est fait du tout mention expresse.

Art. 973. — Ce testament doit être signé par le testateur : s'il déclare qu'il ne sait ou ne peut signer, il sera fait dans l'acte mention expresse de sa déclaration, ainsi que de la cause qui l'empêche de signer.

Art. 974. — Le testament devra être signé par les témoins ; et néanmoins, dans les campagnes, il suffira qu'un des deux témoins signe, si le testament est reçu par deux notaires, et que deux des quatre témoins signent, s'il est reçu par un notaire.

Art. 975. — Ne pourront être pris pour témoins du testament par acte public, ni les légataires, à quelque titre qu'ils soient, ni leurs parens ou alliés jusqu'au quatrième degré inclusivement, ni les clercs des notaires par lesquels les actes seront reçus.

Art. 976. — Lorsque le testateur voudra faire un testament mystique ou secret, il sera tenu de signer ses dispositions, soit qu'il les ait écrites lui-même, ou qu'il les ait fait écrire par un autre. Sera le papier qui contiendra ses dispositions, ou le papier qui servira d'enveloppe s'il y en a une, clos et scellé. Le testateur le présentera ainsi clos et scellé au notaire , et à six témoins au moins , ou il le fera clorre et sceller en leur présence ; et il déclarera que le contenu en ce papier est son testament écrit et signé de lui , ou écrit par un autre et signé de lui : le notaire en dressera l'acte de suscription , qui sera écrit sur ce papier ou sur la feuille qui servira d'enveloppe ; cet acte sera signé tant par le testateur que par le notaire, ensemble par les témoins. Tout ce que dessus sera fait de suite et sans divertir à autres actes ; et en cas que le testateur , par un empêchement survenu depuis la signature du testament, ne puisse signer l'acte de suscription , il sera fait mention de la déclaration qu'il en aura faite , sans qu'il soit besoin, en ce cas , d'augmenter le nombre des témoins.

Art. 977. — Si le testateur ne sait signer , ou s'il n'a pu le faire lorsqu'il a fait écrire ses dispositions , il sera appelé à l'acte de suscription un témoin, outre le nombre porté par l'article précédent, lequel signera l'acte avec les autres témoins ; et il y sera fait mention de la cause pour laquelle ce témoin aura été appelé.

Art. 978. — Ceux qui ne savent ou ne peuvent lire , ne pourront faire de dispositions dans la forme du testament mystique.

Art. 979. — En cas que le testateur ne puisse parler, mais qu'il puisse écrire , il pourra faire un testament mystique, à la charge que le testament sera entièrement écrit , daté et signé de sa main , qu'il le présentera au notaire et aux témoins , et qu'au haut de l'acte de suscription , il écrira , en leur présence , que le papier qu'il présente est son testament : après quoi le notaire écrira l'acte de suscription , dans lequel il sera fait mention que le testateur a écrit ces mots en présence du notaire et des té-

moins ; et sera , au surplus, observé tout ce qui est prescrit par l'article 976.

Art. 980. — Les témoins appelés pour être présens
aux testamens, devront être mâles , majeurs , républi-
coles , jouissant des droits civils.

SECTION II.

Des règles particulières sur la forme de certains testamens.

Art. 981. — Les testamens des militaires et des individus employés dans les armées, pourront, en quelque
pays que ce soit, être reçus par un chef de bataillon ou
d'escadron, ou par tout autre officier d'un grade supérieur, en présence de deux témoins, ou par deux commissaires des guerres, ou par un de ces commissaires en
présence de deux témoins.

Art. 982. — Ils pourront encore, si le testateur est
malade ou blessé, être reçus par l'officier de santé en
chef , assisté du commandant militaire chargé de la
police de l'hospice.

Art. 983. — Les dispositions des articles ci-dessus
n'auront lieu qu'en faveur de ceux qui seront en expédition militaire , ou en quartier, ou en garnison hors du
territoire de la République, ou prisonniers chez l'ennemi ;
sans que ceux qui seront en quartier ou en garnison dans
l'intérieur puissent en profiter, à moins qu'ils ne se trouvent dans une place assiégée ou dans une citadelle et autres lieux dont les portes soient fermées et les communi-
nications interrompues à cause de la guerre.

Art. 984. — Le testament fait dans la forme ci-dessus
établie, sera nul six mois après que le testateur sera re-

venu dans un lieu où il aura la liberté d'employer les formes ordinaires.

Art. 985. — Les testamens faits dans un lieu avec lequel toute communication sera interceptée à cause de la peste ou autre maladie contagieuse, pourront être faits devant le juge de paix, ou devant l'un des officiers municipaux de la commune, en présence de deux témoins.

Art. 986. — Cette disposition aura lieu, tant à l'égard de ceux qui seraient attaqués de ces maladies, que de ceux qui seraient dans les lieux qui en sont infectés, encore qu'ils ne fussent pas actuellement malades.

Art. 987. — Les testamens mentionnés aux deux précédens articles, deviendront nuls six mois après que les communications auront été rétablies dans le lieu où le testateur se trouve, ou six mois après qu'il aura passé dans un lieu où elles ne seront point interrompues.

Art. 988. — Les testamens faits sur mer, dans le cours d'un voyage, pourront être reçus, savoir :

A bord des vaisseaux et autres bâtimens de l'Etat, par l'officier commandant le bâtiment, ou, à son défaut, par celui qui le supplée dans l'ordre du service, l'un ou l'autre conjointement avec l'officier d'administration ou avec celui qui en remplit les fonctions ;

Et à bord des bâtimens de commerce, par l'écrivain du navire ou celui qui en fait les fonctions, l'un ou l'autre conjointement avec le capitaine, le maître ou le patron, ou, à leur défaut, par ceux qui les remplacent.

Dans tous les cas, ces testamens devront être reçus en présence de deux témoins.

Art. 989. — Sur les bâtimens de l'État, le testament du capitaine ou celui de l'officier d'administration, et, sur les bâtimens de commerce, celui du capitaine, du

maître

maître ou patron, ou celui de l'écrivain, pourront être reçus par ceux qui viennent après eux dans l'ordre du service, en se conformant pour le surplus aux dispositions de l'article précédent.

Art. 990. — Dans tous les cas, il sera fait un double original des testamens mentionnés aux deux articles précédens.

Art. 991. — Si le bâtiment aborde dans un port étranger dans lequel se trouve un commissaire des relations commerciales de France, ceux qui auront reçu le testament seront tenus de déposer l'un des originaux, clos ou cacheté, entre les mains de ce commissaire, qui le fera parvenir au ministre de la marine; et celui-ci en fera faire le dépôt au greffe de la justice de paix du lieu du domicile du testateur.

Art. 992. — Au retour du bâtiment en France, soit dans le port de l'armement, soit dans un port autre que celui de l'armement, les deux originaux du testament, également clos et cachetés, ou l'original qui resterait, si, conformément à l'article précédent, l'autre avait été déposé pendant le cours du voyage, seront remis au bureau du préposé de l'inscription maritime ; ce préposé les fera passer sans délai au ministre de la marine, qui en ordonnera le dépôt, ainsi qu'il est dit au même article.

Art. 993. — Il sera fait mention sur le rôle du bâtiment, à la marge, du nom du testateur, de la remise qui aura été faite des originaux du testament, soit entre les mains d'un commisssaire des relations commerciales, soit au bureau d'un préposé de l'inscription maritime.

Art. 994. — Le testament ne sera point réputé fait en mer, quoiqu'il l'ait été dans le cours du voyage, si, au tems où il a été fait, le navire avait abordé une terre,

Liv. III.   *K

soit étrangère, soit de la domination française, où il y aurait un officier public français; auquel cas, il ne sera valable qu'autant qu'il aura été dressé suivant les formes prescrites en France, ou suivant celles usitées dans les pays où il aura été fait.

Art. 995. — Les dispositions ci-dessus seront communes aux testamens faits par les simples passagers qui ne feront point partie de l'équipage. —

Art. 996. — Le testament fait sur mer, en la forme prescrite par l'article 988, ne sera valable qu'autant que le testateur mourra en mer, ou dans les trois mois après qu'il sera descendu à terre, et dans un lieu où il aura pu le refaire dans les formes ordinaires.

Art. 997. — Le testament fait sur mer ne pourra contenir aucune disposition au profit des officiers du vaisseau, s'ils ne sont parens du testateur.

Art. 998. — Les testamens compris dans les articles ci-dessus de la présente section, seront signés par les testateurs et par ceux qui les auront reçus.

Si le testateur déclare qu'il ne sait ou ne peut signer, il sera fait mention de sa déclaration, ainsi que de la cause qui l'empêche de signer.

Dans les cas où la présence de deux témoins est requise, le testament sera signé au moins par l'un d'eux, et il sera fait mention de la cause pour laquelle l'autre n'aura pas signé.

Art. 999. — Un Français qui se trouvera en pays étranger, pourra faire ses dispositions testamentaires par acte sous signature privée, ainsi qu'il est prescrit en l'article 970, ou par acte authentique, avec les formes usitées dans le lieu où cet acte sera passé.

Art. 1000. — Les testamens faits en pays étranger ne

pourront être exécutés sur les biens situés en France, qu'après avoir été enregistrés au bureau du domicile du testateur, s'il en a conservé un, sinon au bureau de son dernier domicile connu en France; et dans le cas où le testament contiendrait des dispositions d'immeubles qui y seraient situés, il devra être, en outre, enregistré au bureau de la situation de ces immeubles, sans qu'il puisse être exigé un double droit.

Art. 1001. — Les formalités auxquelles les divers testamens sont assujettis par les dispositions de la présente section et de la précédente, doivent être observées à peine de nullité.

SECTION III.

Des institutions d'héritier, et des legs en général.

Article 1002. — Les dispositions testamentaires sont ou universelles, ou à titre universel, ou à titre particulier.

Chacune de ces dispositions, soit qu'elle ait été faite sous la dénomination d'institution d'héritier, soit qu'elle ait été faite sous la dénomination de legs, produira son effet suivant les règles ci-après établies pour les legs universels, pour les legs à titre universel, et pour les legs particuliers.

SECTION IV.

Du legs universel.

Article 1003. — Le legs universel est la disposition testamentaire par laquelle le testateur donne à une ou plusieurs personnes l'universalité des biens qu'il laissera à son décès.

*K 2

Art. 1004. — Lorsqu'au décès du testateur il y a des héritiers auxquels une quotité de ses biens est réservée par la loi, ces héritiers sont saisis de plein droit, par sa mort, de tous les biens de la succession ; et le légataire universel est tenu de leur demander la délivrance des biens compris dans le testament.

Art. 1005. — Néanmoins, dans les mêmes cas, le légataire universel aura la jouissance des biens compris dans le testament, à compter du jour du décès, si la demande en délivrance a été faite dans l'année, depuis cette époque; sinon, cette jouissance ne commencera que du jour de la demande formée en justice, ou du jour que la délivrance aurait été volontairement consentie.

Art. 1006. — Lorsqu'au décès du testateur il n'y aura pas d'héritiers auxquels une quotité de ses biens soit réservée par la loi, le légataire universel sera saisi de plein droit par la mort du testateur, sans être tenu de demander la délivrance.

Art. 1007. — Tout testament olographe sera, avant d'être mis à exécution, présenté au président du tribunal de première instance de l'arrondissement dans lequel la succession est ouverte. Ce testament sera ouvert, s'il est cacheté. Le président dressera procès-verbal de la présentation, de l'ouverture et de l'état du testament, dont il ordonnera le dépôt entre les mains du notaire par lui commis.

Si le testament est dans la forme mystique, sa présentation, son ouverture, sa description et son dépôt, seront faits de la même manière; mais l'ouverture ne pourra se faire qu'en présence de ceux des notaires et des témoins, signataires de l'acte de suscription, qui se trouveront sur les lieux, ou eux appelés.

Art. 1008. — Dans le cas de l'article 1006, si le testament est olographe ou mystique, le légataire universel sera tenu de se faire envoyer en possession, par une ordonnance du président, mise au bas d'une requête, à laquelle sera joint l'acte de dépôt.

Art. 1009. — Le légataire universel qui sera en concours avec un héritier auquel la loi réserve une quotité des biens, sera tenu des dettes et charges de la succession du testateur, personnellement pour sa part et portion, et hypothécairement pour le tout, et il sera tenu d'acquitter tous les legs, sauf le cas de réduction, ainsi qu'il est expliqué aux articles 926 et 927.

SECTION V.

Du legs à titre universel.

Article 1010. — Le legs à titre universel est celui par lequel le testateur lègue une quote-part des biens dont la loi lui permet de disposer, telle qu'une moitié, un tiers, ou tous ses immeubles, ou tout son mobilier, ou une quotité fixe de tous ses immeubles ou de tout son mobilier.

Tout autre legs ne forme qu'une disposition à titre particulier.

Art. 1011. — Les légataires à titre universel seront tenus de demander la délivrance aux héritiers auxquels une quotité des biens est réservée par la loi ; à leur défaut, aux légataires universels ; et à défaut de ceux-ci, aux héritiers appelés dans l'ordre établi au titre *des Successions.*

Art. 1012. — Le légataire à titre universel sera tenu, comme le légataire universel, des dettes et charges de la succession du testateur, personnellement pour sa part et portion, et hypothécairement pour le tout.

Art. 1013. — Lorsque le testateur n'aura disposé que d'une quotité de la portion disponible, et qu'il l'aura fait à titre universel, ce légataire sera tenu d'acquitter les legs particuliers par contribution avec les héritiers naturels.

SECTION VI.

Des legs particuliers.

Article 1014. — Tout legs pur et simple donnera au légataire, du jour du décès du testateur, un droit à la chose léguée, droit transmissible à ses héritiers ou ayant-cause.

Néanmoins le légataire particulier ne pourra se mettre en possession de la chose léguée, ni en prétendre les fruits ou intérêts, qu'à compter du jour de sa demande en délivrance, formée suivant l'ordre établi par l'article 1011, ou du jour auquel cette délivrance lui aurait été volontairement consentie.

Art. 1015. — Les intérêts ou fruits de la chose léguée courront au profit du légataire, dès le jour du décès, et sans qu'il ait formé sa demande en justice,

1°. Lorsque le testateur aura expressément déclaré sa volonté, à cet égard, dans le testament;

2°. Lorsqu'une rente viagère ou une pension aura été léguée à titre d'alimens.

Art. 1016. — Les frais de la demande en délivrance seront à la charge de la succession, sans néanmoins qu'il puisse en résulter de réduction de la réserve légale.

Les droits d'enregistrement seront dus par le légataire.

Le tout s'il n'en a été autrement ordonné par le testament.

Chaque legs pourra être enregistré séparément, sans que cet enregistrement puisse profiter à aucun autre qu'au légataire ou à ses ayant-cause.

Art. 1017. — Les héritiers du testateur, ou autres débiteurs d'un legs, seront personnellement tenus de l'acquitter, chacun au prorata de la part et portion dont ils profiteront dans la succession.

Ils en seront tenus hypothécairement pour le tout, jusqu'à concurrence de la valeur des immeubles de la succession dont ils seront détenteurs.

Art. 1018. — La chose léguée sera délivrée avec les accessoires nécessaires, et dans l'état où elle se trouvera au jour du décès du donateur.

Art. 1019. — Lorsque celui qui a légué la propriété d'un immeuble, l'a ensuite augmentée par des acquisitions, ces acquisitions, fussent-elles contiguës, ne seront pas censées, sans une nouvelle disposition, faire partie du legs.

Il en sera autrement des embellissemens, ou des constructions nouvelles faites sur le fonds légué, ou d'un enclos dont le testateur aurait augmenté l'enceinte.

Art. 1020. — Si, avant le testament ou depuis, la chose léguée a été hypothéquée pour une dette de la succession, ou même pour la dette d'un tiers, ou si elle est grevée d'un usufruit, celui qui doit acquitter le legs n'est point tenu de la dégager, à moins qu'il n'ait été chargé de le faire par une disposition expresse du testateur.

Art. 1021. — Lorsque le testateur aura légué la chose d'autrui, le legs sera nul, soit que le testateur ait connu ou non qu'elle ne lui appartenait pas.

Art. 1022. — Lorsque le legs sera d'une chose indéterminée, l'héritier ne sera pas obligé de la donner de la meilleure qualité ; et il ne pourra l'offrir de la plus mauvaise.

Art. 1023. — Le legs fait au créancier ne sera pas censé en compensation de sa créance , ni le legs fait au domestique en compensation de ses gages.

Art. 1024. — Le légataire à titre particulier ne sera point tenu des dettes de la succession , sauf la réduction du legs ainsi qu'il est dit ci-dessus , et sauf l'action hypothécaire des créanciers.

SECTION VII.

Des exécuteurs testamentaires.

Article 1025. — Le testateur pourra nommer un ou plusieurs exécuteurs testamentaires.

Art. 1026. — Il pourra leur donner la saisine du tout ou seulement d'une partie de son mobilier ; mais elle ne pourra durer au-delà de l'an et jour à compter de son décès.

S'il ne la leur a pas donnée , ils ne pourront l'exiger.

Art. 1027. — L'héritier pourra faire cesser la saisine, en offrant de remettre aux exécuteurs testamentaires somme suffisante pour le paiement des legs mobiliers , ou en justifiant de ce paiement.

Art. 1028. — Celui qui ne peut s'obliger , ne peut pas être exécuteur testamentaire.

Art. 1029. — La femme mariée ne pourra accepter l'exécution testamentaire, qu'avec le consentement de son mari.

Si elle est séparée de biens , soit par contrat de mariage , soit par jugement , elle le pourra avec le consentement de son mari , ou , à son refus , autorisée par la
justice, conformément à ce qui est prescrit par les articles
217 et 219 , au titre *du Mariage.*

Art. 1030. — Le mineur ne pourra être exécuteur
testamentaire , même avec l'autorisation de son tuteur
ou curateur.

Art. 1031. — Les exécuteurs testamentaires feront
apposer les scellés, s'il y a des héritiers mineurs, interdits
ou absens.

Ils feront faire , en présence de l'héritier présomptif ,
ou lui dûment appelé , l'inventaire des biens de la succession.

Ils provoqueront la vente du mobilier , à défaut de
deniers suffisans pour acquitter les legs.

Ils veilleront à ce que le testament soit exécuté ; et ils
pourront , en cas de contestation sur son exécution , intervenir pour en soutenir la validité.

Ils devront , à l'expiration de l'année du décès du testateur , rendre compte de leur gestion.

Art. 1032. — Les pouvoirs de l'exécuteur testamentaire ne passeront point à ses héritiers.

Art. 1033. S'il y a plusieurs exécuteurs testamentaires
qui aient accepté , un seul pourra agir au défaut des
autres; et ils seront solidairement responsables du compte
du mobilier qui leur a été confié , à moins que le testateur n'ait divisé leurs fonctions , et que chacun d'eux ne
se soit renfermé dans celle qui lui était attribuée.

Art. 1034. — Les frais faits par l'exécuteur testamentaire pour l'apposition des scellés, l'inventaire, le compte

et les autres frais relatifs à ses fonctions, seront à la charge de la succession.

SECTION VIII.

De la révocation des testamens, et de leur caducité.

Article 1035. — Les testamens ne pourront être révoqués, en tout ou en partie, que par un testament postérieur, ou par un acte devant notaires, portant déclaration du changement de volonté.

Art. 1036. — Les testamens postérieurs qui ne révoqueront pas d'une manière expresse les précédens, n'annulleront, dans ceux-ci, que celles des dispositions y contenues qui se trouveront incompatibles avec les nouvelles, ou qui seront contraires.

Art. 1037. — La révocation faite dans un testament postérieur aura tout son effet, quoique ce nouvel acte reste sans exécution par l'incapacité de l'héritier institué, ou du légataire, ou par leur refus de recueillir.

Art. 1038. — Toute aliénation, celle même par vente avec faculté de rachat ou par échange, que fera le testateur de tout ou de partie de la chose léguée, emportera la révocation du legs pour tout ce qui a été aliéné, encore que l'aliénation postérieure soit nulle, et que l'objet soit rentré dans la main du testateur.

Art. 1039. — Toute disposition testamentaire sera caduque, si celui en faveur de qui elle est faite n'a pas survécu au testateur.

Art. 1040. — Toute disposition testamentaire faite sous une condition dépendante d'un événement incertain, et telle que, dans l'intention du testateur, cette disposition ne doive être exécutée qu'autant que l'événement arrivera ou n'arrivera pas, sera caduque, si l'héritier institué ou le légataire décède avant l'accomplissement de la condition.

Art. 1041. — La condition qui, dans l'intention du testateur, ne fait que suspendre l'exécution de la disposition, n'empêchera pas l'héritier institué, ou le légataire, d'avoir un droit acquis et transmissible à ses héritiers.

Art. 1042. — Le legs sera caduc, si la chose léguée a totalement péri pendant la vie du testateur.

Il en sera de même, si elle a péri depuis sa mort, sans le fait et la faute de l'héritier, quoique celui-ci ait été mis en retard de la délivrer, lorsqu'elle eût également dû périr entre les mains du légataire.

Art. 1043. — La disposition testamentaire sera caduque, lorsque l'héritier institué ou le légataire la répudiera, ou se trouvera incapable de la recueillir.

Art. 1044. — Il y aura lieu à accroissement au profit des légataires, dans le cas où le legs sera fait à plusieurs conjointement.

Le legs sera réputé fait conjointement, lorsqu'il le sera par une seule et même disposition, et que le testateur n'aura pas assigné la part de chacun des colégataires dans la chose léguée.

Art. 1045. — Il sera encore réputé fait conjointement, quand une chose qui n'est pas susceptible d'être divisée sans détérioration, aura été donnée par le même acte à plusieurs personnes, même séparément.

Art. 1046. — Les mêmes causes qui, suivant l'article 954 et les deux premières dispositions de l'article 955, autoriseront la demande en révocation de la donation entre-vifs , seront admises pour la demande en révocation des dispositions testamentaires.

Art. 1047. — Si cette demande est fondée sur une injure grave faite à la mémoire du testateur , elle doit être intentée dans l'année , à compter du jour du délit.

CHAPITRE VI.

Des dispositions permises en faveur des petits-enfans du donateur ou testateur, ou des enfans de ses frères et sœurs.

Article 1048. — Les biens dont les pères et mères ont la faculté de disposer , pourront être par eux donnés , en tout ou en partie, à un ou plusieurs de leurs enfans, par actes entre-vifs ou testamentaires , avec la charge de rendre ces biens aux enfans nés et à naître , au premier degré seulement , desdits donataires.

Art. 1049. — Sera valable , en cas de mort sans enfans , la disposition que le défunt aura faite par acte entre-vifs ou testamentaire , au profit d'un ou plusieurs de ses frères ou sœurs , de tout ou partie des biens qui ne sont point réservés par la loi dans sa succession , avec la charge de rendre ces biens aux enfans nés et à naître , au premier degré seulement , desdits frères ou sœurs , donataires.

Art. 1050. — Les dispositions permises par les deux articles précédens , ne seront valables qu'autant que la charge de restitution sera au profit de tous les enfans nés et à naître du grevé , sans exception ni préférence d'âge ou de sexe.

Art. 1051. — Si , dans les cas ci-dessus , le grevé de

restitution au profit de ses enfans, meurt, laissant des enfans au premier degré et des descendans d'un enfant prédécédé, ces derniers recueilleront, par représentation, la
portion de l'enfant prédécédé.

Art. 1052. — Si l'enfant, le frère ou la sœur auxquels
des biens auraient été donnés par actes entre-vifs, sans
charge de restitution, acceptent une nouvelle libéralité
faite par acte entre-vifs ou testamentaire, sous la condition que les biens précédemment donnés demeureront
grevés de cette charge, il ne leur est plus permis de diviser les deux dispositions faites à leur profit, et de renoncer à la seconde pour s'en tenir à la première, quand
même ils offriraient de rendre les biens compris dans la
seconde disposition.

Art. 1053. — Les droits des appelés seront ouverts à
l'époque où, par quelque cause que ce soit, la jouissance
de l'enfant, du frère ou de la sœur grevés de restitution,
cessera : l'abandon anticipé de la jouissance au profit des
appelés, ne pourra préjudicier aux créanciers du grevé
antérieurs à l'abandon.

Art. 1054. — Les femmes des grevés ne pourront avoir
sur les biens à rendre, de recours subsidiaire, en cas d'insuffisance des biens libres, que pour le capital des deniers
dotaux, et dans le cas seulement où le testateur l'aurait
expressément ordonné.

Art. 1055. — Celui qui fera les dispositions autorisées
par les articles précédens, pourra, par le même acte, ou
par un acte postérieur, en forme authentique, nommer
un tuteur chargé de l'exécution de ces dispositions : ce
tuteur ne pourra être dispensé que pour une des causes
exprimées à la section VI du chapitre II, du titre *de la
Minorité, de la Tutelle et de l'Émancipation.*

Art. 1056. — A défaut de ce tuteur, il en sera nommé un à la diligence du grevé, ou de son tuteur s'il est mineur, dans le délai d'un mois, à compter du jour du décès du donateur ou testateur, ou du jour que, depuis cette mort, l'acte contenant la disposition aura été connu.

Art. 1057. — Le grevé qui n'aura pas satisfait à l'article précédent, sera déchu du bénéfice de la disposition; et dans ce cas, le droit pourra être déclaré ouvert au profit des appelés, à la diligence, soit des appelés s'ils sont majeurs, soit de leur tuteur ou curateur s'ils sont mineurs ou interdits, soit de tout parent des appelés majeurs, mineurs ou interdits, ou même d'office, à la diligence du commissaire du Gouvernement près le tribunal de première instance du lieu où la succession est ouverte.

Art. 1058. — Après le décès de celui qui aura disposé à la charge de restitution, il sera procédé, dans les formes ordinaires, à l'inventaire de tous les biens et effets qui composeront sa succession, excepté néanmoins le cas où il ne s'agirait que d'un legs particulier. Cet inventaire contiendra la prisée à juste prix des meubles et effets mobiliers.

Art. 1059. — Il sera fait à la requête du grevé de restitution, et dans le délai fixé au titre *des Successions*, en présence du tuteur nommé pour l'exécution. Les frais seront pris sur les biens compris dans la disposition.

Art. 1060. — Si l'inventaire n'a pas été fait à la requête du grevé dans le délai ci-dessus, il y sera procédé dans le mois suivant, à la diligence du tuteur nommé pour l'exécution, en présence du grevé ou de son tuteur.

Art. 1061. — S'il n'a point été satisfait aux deux articles précédens, il sera procédé au même inventaire, à la diligence des personnes désignées en l'article 1057, en y appelant le grevé ou son tuteur, et le tuteur nommé pour l'exécution.

Art. 1062. — Le grevé de restitution sera tenu de faire procéder à la vente par affiches et enchères, de tous les meubles et effets compris dans la disposition, à l'exception néanmoins de ceux dont il est mention dans les deux articles suivans.

Art. 1063. — Les meubles meublans et autres choses mobilières qui auraient été compris dans la disposition, à la condition expresse de les conserver en nature, seront rendus dans l'état où ils se trouveront lors de la restitution.

Art. 1064. — Les bestiaux et ustensiles servant à faire valoir les terres, seront censés compris dans les donations entre-vifs ou testamentaires desdites terres ; et le grevé sera seulement tenu de les faire priser et estimer, pour en rendre une égale valeur lors de la restitution.

Art. 1065. — Il sera fait par le grevé, dans le délai de six mois, à compter du jour de la clôture de l'inventaire, un emploi des deniers comptans, de ceux provenant du prix des meubles et effets qui auront été vendus, et de ce qui aura été reçu des effets actifs.

Ce délai pourra être prolongé, s'il y a lieu.

Art. 1066. — Le grevé sera pareillement tenu de faire emploi des deniers provenant des effets actifs qui seront recouvrés et des remboursemens de rentes, et ce, dans trois mois au plus tard après qu'il aura reçu ces deniers.

Art. 1067. — Cet emploi sera fait conformément à ce qui aura été ordonné par l'auteur de la disposition, s'il a désigné la nature des effets dans lesquels l'emploi doit être fait; sinon, il ne pourra l'être qu'en immeubles, ou avec privilége sur des immeubles.

Art. 1068. — L'emploi ordonné par les articles précédens sera fait en présence et à la diligence du tuteur nommé pour l'exécution.

Art. 1069. — Les dispositions par actes entre-vifs ou testamentaires, à charge de restitution, seront, à la diligence, soit du grevé, soit du tuteur nommé pour l'exécution, rendues publiques ; savoir, quant aux immeubles, par la transcription des actes sur les registres du bureau des hypothèques du lieu de la situation ; et quant aux sommes colloquées avec privilége sur des immeubles, par l'inscription sur les biens affectés au privilége.

Art. 1070. — Le défaut de transcription de l'acte contenant la disposition, pourra être opposé par les créanciers et tiers acquéreurs, même aux mineurs ou interdits : sauf le recours contre le grevé et contre le tuteur à l'exécution, et sans que les mineurs ou interdits puissent être restitués contre ce défaut de transcription, quand même le grevé et le tuteur se trouveraient insolvables.

Art. 1071. — Le défaut de transcription ne pourra être suppléé ni regardé comme couvert par la connaissance que les créanciers ou les tiers acquéreurs pourraient avoir eue de la disposition par d'autres voies que celle de la transcription.

Art. 1072. — Les donataires, les légataires, ni même les héritiers légitimes de celui qui aura fait la disposition, ni pareillement leurs donataires, légataires ou héritiers, ne pourront, en aucun cas, opposer aux appelés le défaut de transcription ou inscription.

Art. 1073. — Le tuteur nommé pour l'exécution sera
personnellement

personnellement responsable, s'il ne s'est pas, en tout point, conformé aux règles ci-dessus établies pour constater les biens, pour la vente du mobilier, pour l'emploi des deniers, pour la transcription et l'inscription, et en général s'il n'a pas fait toutes les diligences nécessaires pour que la charge de restitution soit bien et fidèlement acquittée.

Art. 1074. — Si le grevé est mineur, il ne pourra, dans le cas même de l'insolvabilité de son tuteur, être restitué contre l'inexécution des règles qui lui sont prescrites par les articles du présent chapitre.

CHAPITRE VII.

Des partages faits par père, mère ou autres ascendans, entre leurs descendans.

Article 1075. — Les père et mère et autres ascendans pourront faire, entre leurs enfans et descendans, la distribution et le partage de leurs biens.

Art. 1076. — Ces partages pourront être faits par actes entre-vifs ou testamentaires, avec les formalités, conditions et règles prescrites pour les donations entre-vifs et testamens.

Les partages faits par actes entre-vifs ne pourront avoir pour objet que les biens présens.

Art. 1077. — Si tous les biens que l'ascendant laissera au jour de son décès n'ont pas été compris dans le partage, ceux de ces biens qui n'y auront pas été compris seront partagés conformément à la loi.

Art. 1078. — Si le partage n'est pas fait entre tous les enfans qui existeront à l'époque du décès et les descendans de ceux prédécédés , le partage sera nul pour le tout. Il en pourra être provoqué un nouveau dans la forme légale ; soit par les enfans ou descendans qui n'y auront reçu aucune part, soit même par ceux entre qui le partage aurait été fait.

Art. 1079. — Le partage fait par l'ascendant pourra être attaqué pour cause de lésion de plus du quart ; il pourra l'être aussi dans le cas où il résulterait du partage et des dispositions faites par préciput, que l'un des copartagés aurait un avantage plus grand que la loi ne le permet.

Art. 1080. — L'enfant qui , pour une des causes exprimées en l'article précédent, attaquera le partage fait par l'ascendant, devra faire l'avance des frais de l'estimation ; et il les supportera en définitif, ainsi que les dépens de la contestation, si la réclamation n'est pas fondée.

CHAPITRE VIII.

Des donations faites par contrat de mariage aux époux et aux enfans à naître du mariage.

Article 1081. — Toute donation entre-vifs de biens présens , quoique faite par contrat de mariage aux époux, ou à l'un d'eux , sera soumise aux règles générales prescrites pour les donations faites à ce titre.

Elle ne pourra avoir lieu au profit des enfans à naître, si ce n'est dans les cas énoncés au chapitre VI du présent titre.

Art. 1082. — Les pères et mères, les autres ascendans, les parens collatéraux des époux , et même les étrangers, pourront, par contrat de mariage, disposer de tout ou partie des biens qu'ils laisseront au jour de leur décès, tant au profit desdits époux, qu'au profit des enfans à naître de leur mariage, dans le cas où le donateur survivrait à l'époux donataire.

Pareille donation, quoique faite au profit seulement des époux ou de l'un d'eux, sera toujours, dans ledit cas de survie du donateur, présumée faite au profit des enfans et descendans à naître du mariage.

Art. 1083. — La donation, dans la forme portée au précédent article, sera irrévocable, en ce sens seulement que le donateur ne pourra plus disposer, à titre gratuit, des objets compris dans la donation, si ce n'est pour sommes modiques, à titre de récompense ou autrement.

Art. 1084. — La donation par contrat de mariage pourra être faite cumulativement des biens présens et à venir, en tout ou en partie, à la charge qu'il sera annexé à l'acte un état des dettes et charges du donateur existantes au jour de la donation; auquel cas, il sera libre au donataire, lors du décès du donateur, de s'en tenir aux biens présens, en renonçant au surplus des biens du donateur.

Art. 1085. — Si l'état dont est mention au précédent article n'a point été annexé à l'acte contenant donation des biens présens et à venir, le donataire sera obligé d'accepter ou de répudier cette donation pour le tout. En cas d'acceptation, il ne pourra réclamer que les biens qui se trouveront existans au jour du décès du donateur, et il sera soumis au paiement de toutes les dettes et charges de la succession.

Art. 1086. — La donation par contrat de mariage en faveur des époux et des enfans à naître de leur mariage, pourra encore être faite, à condition de payer indistinctement toutes les dettes et charges de la succession du donateur, ou sous d'autres conditions dont l'exécution dépendrait de sa volonté, par quelque personne que la donation soit faite : le donataire sera tenu d'accomplir ces conditions, s'il n'aime mieux renoncer à la donation ; et en cas que le donateur, par contrat de mariage, se soit réservé la liberté de disposer d'un effet compris dans la donation de ses biens présens, ou d'une somme fixe à prendre sur ces mêmes biens, l'effet ou la somme, s'il meurt sans en avoir disposé, seront censés compris dans la donation, et appartiendront au donataire ou à ses héritiers.

Art. 1087. — Les donations faites par contrat de mariage ne pourront être attaquées, ni déclarées nulles, sous prétexte de défaut d'acceptation.

Art. 1088. — Toute donation faite en faveur du mariage sera caduque, si le mariage ne s'ensuit pas.

Art. 1089. — Les donations faites à l'un des époux, dans les termes des articles 1082, 1084, et 1086 ci-dessus, deviendront caduques, si le donateur survit à l'époux donataire et à sa postérité.

Art. 1090. — Toutes donations faites aux époux par leur contrat de mariage, seront, lors de l'ouverture de la succession du donateur, réductibles à la portion dont la loi lui permettait de disposer.

CHAPITRE IX.

Des dispositions entre époux, soit par contrat de mariage, soit pendant le mariage.

Article 1091. — Les époux pourront, par contrat de mariage, se faire réciproquement, ou l'un des deux à l'autre, telle donation qu'ils jugeront à propos, sous les modifications ci-après exprimées.

Art. 1092. — Toute donation entre-vifs de biens présens, faite entre époux par contrat de mariage, ne sera point censée faite sous la condition de survie du donataire, si cette condition n'est formellement exprimée ; et elle sera soumise à toutes les règles et formes ci-dessus prescrites pour ces sortes de donations.

Art. 1093. — La donation de biens à venir, ou de biens présens et à venir, faite entre époux par contrat de mariage, soit simple, soit réciproque, sera soumise aux règles établies par le chapitre précédent, à l'égard des donations pareilles qui leur seront faites par un tiers ; sauf qu'elle ne sera point transmissible aux enfans issus du mariage, en cas de décès de l'époux donataire avant l'époux donateur.

Art. 1094. — L'époux pourra, soit par contrat de mariage, soit pendant le mariage, pour le cas où il ne laisserait point d'enfans ni descendans, disposer en faveur de l'autre époux, en propriété, de tout ce dout il pourrait disposer en faveur d'un étranger, et, en outre, de l'usufruit de la totalité de la portion dont la loi prohibe la disposition au préjudice des héritiers.

Et pour le cas où l'époux donateur laisserait des enfans ou descendans, il pourra donner à l'autre époux, ou un quart en propriété et un autre quart en usufruit, ou la moitié de tous ses biens en usufruit seulement.

Art. 1095. — Le mineur ne pourra, par contrat de mariage, donner à l'autre époux, soit par donation simple, soit par donation réciproque, qu'avec le consentement et l'assistance de ceux dont le consentement est requis pour la validité de son mariage ; et, avec ce consentement, il pourra donner tout ce que la loi permet à l'époux majeur de donner à l'autre conjoint.

Art. 1096. — Toutes donations faites entre époux pendant le mariage, quoique qualifiées entre-vifs, seront toujours révocables.

La révocation pourra être faite par la femme, sans y être autorisée par le mari ni par justice.

Ces donations ne seront point révoquées par la survenance d'enfans.

Art. 1097. — Les époux ne pourront, pendant le mariage, se faire, ni par acte entre-vifs, ni par testament, aucune donation mutuelle et réciproque par un seul et même acte.

Art. 1098. — L'homme ou la femme qui, ayant des enfans d'un autre lit, contractera un second ou subséquent mariage, ne pourra donner à son nouvel époux qu'une part d'enfant légitime le moins prenant, et sans que, dans aucun cas, ces donations puissent excéder le quart des biens.

Art. 1099. — Les époux ne pourront se donner indirectement au-delà de ce qui leur est permis par les dispositions ci-dessus.

Toute donation, ou déguisée, ou faite à personnes interposées, sera nulle.

Art. 1100. — Seront réputées faites à personnes interposées, les donations de l'un des époux aux enfans ou à l'un des enfans de l'autre époux issus d'un autre mariage, et celles faites par le donateur aux parens dont l'autre époux sera héritier présomptif au jour de la donation, encore que ce dernier n'ait point survécu à son parent donataire.

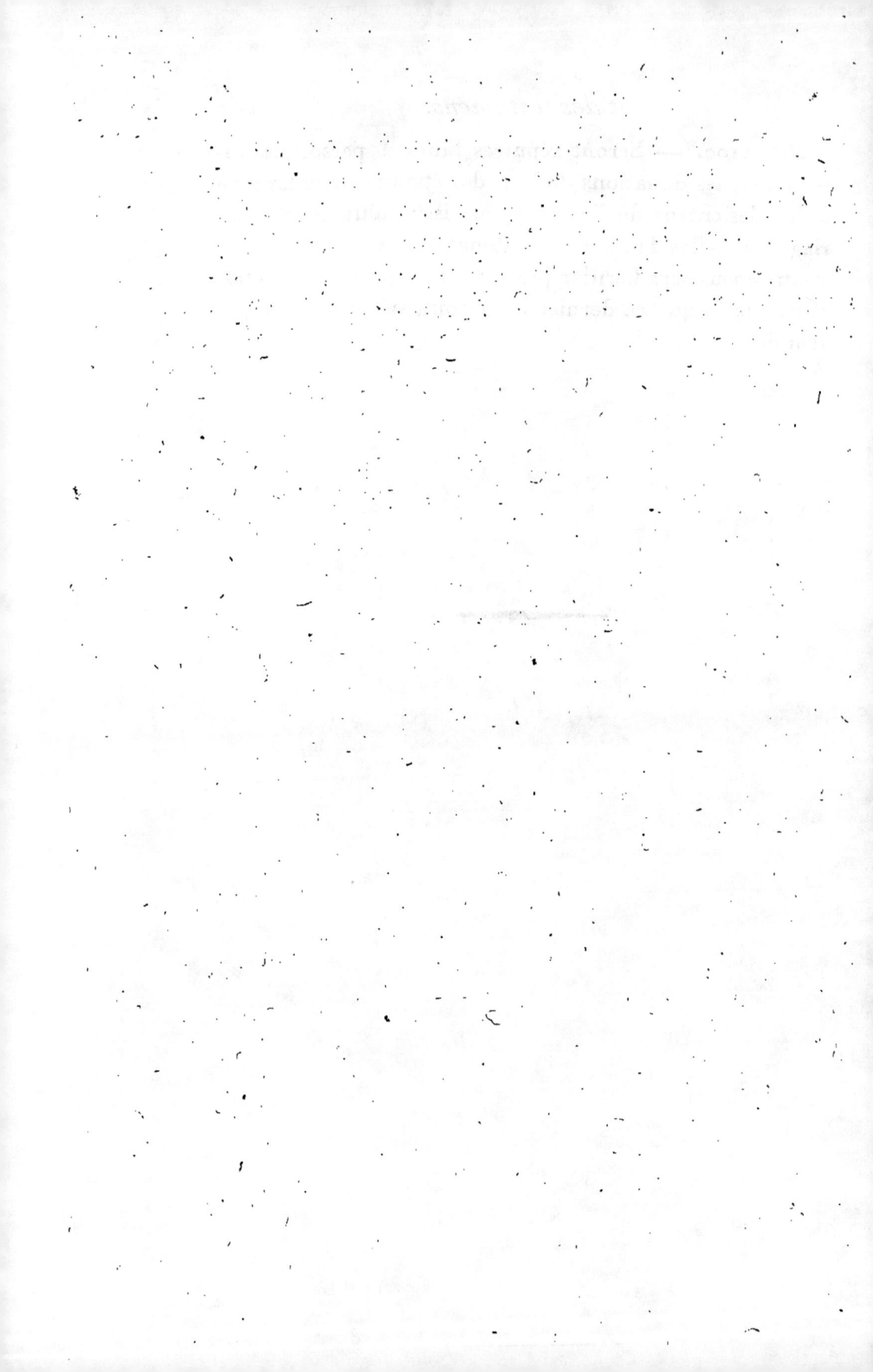

TITRE III.

Des contrats, ou des obligations conventionnelles en général.

LE PREMIER CONSUL a nommé, pour présenter la loi formant le Titre III du Livre III du Code Civil, et pour en soutenir la discussion, les Cit. *Bigot-Préameneu*, *Réal* et *Miot*, Conseillers d'Etat.

Introduits dans la salle du Corps Législatif, le 6 ventose an 12, l'un d'eux portant la parole, a prononcé le discours suivant.

CITOYENS LÉGISLATEURS,

LE titre du Code civil ayant pour objet les contrats ou les obligations conventionnelles en général, offre le tableau des rapports les plus multipliés des hommes en société. Les obligations conventionnelles se répètent chaque jour, à chaque instant. Mais tel est l'ordre admirable de la providence, qu'il n'est besoin pour régler tous ces rapports, que de se conformer aux principes qui sont dans la raison et dans le cœur de tous les hommes. C'est-là, c'est dans l'équité ; c'est dans la conscience, que les Romains ont trouvé ce corps de doctrine qui rendra immortelle leur législation.

Avoir prévu le plus grand nombre de conventions auxquelles l'état des hommes en société donne naissance, avoir balancé tous les motifs de décision entre les intérêts les plus opposés et les plus compliqués, avoir dissipé la plupart des nuages dont souvent l'équité se trouve enveloppée, avoir rassemblé tout ce que la morale et la philosophie ont de plus sublime et de plus sacré ; tels sont les travaux réunis dans cet immense et précieux dépôt qui ne cessera de mériter le respect des hommes ; dépôt qui contribuera à la civilisation du globe entier ; dépôt dans lequel toutes les nations policées se félicitent de reconnaître LA RAISON ÉCRITE.

Il serait difficile d'espérer que l'on pût encore faire des progrès dans cette partie de la science législative. Si elle est susceptible de quelque perfectionnement, c'est en lui appliquant une méthode qui la rende plus facile à ceux qui se livrent à cette étude, et avec laquelle l'usage puisse en devenir familier à ceux qui, pour diriger leur conduite, voudraient en connnaître les principales règles.

Les jurisconsultes qui, sous *Justinien*, recueillirent le *Digeste* et rédigèrent les *Instituts*, reconnurent combien il serait utile de rassembler les principes qui avaient dicté le nombre infini de décisions dont le *Digeste* se compose.

Ils réunirent à la fin de cette grande collection, et sous les deux titres *de verborum significatione* et *de regulis juris*, un assez grand nombre de propositions qui, par leur précision et par leur fréquente application, sont de la plus grande utilité : mais elles ne sont point classées par ordre de matières ; elles ne présentent point, sur chaque partie du droit, des notions suffisantes ; il en est même plusieurs qu'il est difficile de concilier ou d'expliquer.

Les *Instituts* sont, comme les précédens ouvrages, dignes des plus grands éloges : mais on regrette, et sur-tout dans la matière des obligations et des contrats, de ne pas trouver des élémens assez complets. L'objet d'utilité qu'on se proposait, n'a pas été entièrement rempli.

Le *Digeste* a d'ailleurs un inconvénient, en ce que des réponses données par les jurisconsultes, ou par les Empereurs, sur des faits particuliers, ont été mises au nombre des règles générales ; tandis que les solutions ont pu souvent dépendre de circonstances particulières ; tandis qu'il était connu que, pendant un long tems, les jurisconsultes ont été divisés dans le système de leur doctrine, dont les résultats ne pouvaient se concilier.

Les auteurs du projet actuel du Code, ont cru que ce serait rendre service à la société, si on retirait du dépôt des lois romaines une suite de règles qui, réunies, formassent un corps de doctrine élémentaire, ayant à-la-fois la précision et l'autorité de la loi.

C'est un ouvrage que, dans le siècle dernier, les jurisconsultes les plus célèbres des diverses parties de l'Europe ont désiré, qu'ils ont préparé par de grands travaux. Déjà ce vœu a été réalisé par plusieurs gouvernemens. La France met sous ce rapport au nombre des ouvrages les plus parfaits, ceux de *Domat* et de *Pothier*.

Mais il était encore nécessaire de choisir dans ces vastes compilations, les principes les plus féconds en conséquences. Il fallait aussi faire cesser les doutes qui, sur plusieurs points importans, n'avaient point encore été levés, et ceux qui, ayant donné occasion à diverses jurisprudences, faisaient regretter qu'il n'y eût pas d'uniformité dans la partie de la législation qui en est le plus susceptible.

Mais ici on doit déclarer qu'en cherchant à remplir cet objet, on n'a point entendu arrêter ou détourner la source abondante de richesses que l'on doit toujours aller puiser dans le droit romain. Il n'aura pas l'autorité de la loi civile de France, il aura l'empire que donne la raison sur tous les peuples. La raison est leur loi commune. C'est un flambeau dont on suit spontanément la lumière. Elles seraient bien mal entendues les dispositions du Code civil relatives aux contrats, si on les envisageait autrement que

M 2

comme des règles élémentaires d'équité, dont toutes les ramifications se trouvent dans les lois romaines. C'est-là que sont les développemens de la science du juste et de l'injuste ; c'est-là que doivent s'instruire ceux qui voudront y faire quelques progrès, et en général tous ceux qui seront chargés de la défense ou de l'exécution des lois consignées dans le Code français.

Le plan général de la division de ses titres, relativement aux contrats, est celui qui, déjà tracé depuis long-tems, est à-la-fois le plus simple et le plus méthodique.

Les contrats, soit qu'ils aient une dénomination propre, soit qu'ils n'en aient pas, sont soumis à des règles générales : elles sont l'objet du titre dont je vais, citoyens Législateurs, vous exposer les motifs.

On a compris sous les titres relatifs à certains contrats, les règles qui leur sont particulières ; et on a réservé pour les lois commerciales, celles qui concernent spécialement ce genre de transaction.

On a cherché à resserrer dans un cadre étroit, et en évitant l'obscurité ou la confusion, les règles qui sont communes aux contrats et aux obligations conventionnelles en général. Ce sont les bases de l'édifice entier. Il fallait que, malgré son immensité, l'ensemble fût facile à saisir.

Diviser les obligations dans leurs différentes classes, déclarer quelles sont les conditions essentielles pour leur validité, quels doivent en être les effets, quelles sont leurs principales modifications, de combien de manières elles s'éteignent, comment on peut prouver qu'elles ont été formées ou acquittées ; tel est l'ordre dans lequel viennent naturellement se placer les principes qui, dans leur application aux divers contrats, sont le moins susceptibles d'exceptions.

Division des obligations.

La division des obligations, telle qu'on la présente, diffère en plusieurs points de celle qui s'était introduite dans le droit romain. Cette différence exige quelque explication.

Les conventions, qui peuvent être multipliées et variées à l'infini, ne sauraient par ce motif être toutes prévues et réglées par la loi; cependant la loi seule avait chez les Romains une autorité coërcitive. Aussi définissent-ils l'obligation, Juris *vinculum quo necessitate astringimur alicujus rei solvendæ* SECUNDUM NOSTRÆ CIVITATIS JURA.

Les auteurs de la loi des Douze Tables craignirent de multiplier les procès, et de troubler la tranquillité publique, si l'exécution de toutes les conventions était rigoureusement exigée. Ils eurent encore assez de confiance dans la bonne foi des citoyens, pour que chacun restât son juge : ils exceptèrent seulement les contrats qui, plus fréquens, plus importans, plus nécessaires à l'ordre social, ne devaient pas être impunément violés. Ils furent spécifiés dans la loi, et on les distingua sous les titres de *contrats nommés. Est contractuum nominatorum origo quibus legum romanarum conditores vim astringendi dederunt sub certo nomine, quo veluti signo secernerentur ab aliis quibus eadem vis tributa non est.*

Bientôt l'inévitable et le plus fâcheux inconvénient de la civilisation se fit ressentir; les rapports des citoyens entre eux se multiplièrent. En vain *Numa Pompilius* avait-il consacré à la Fidélité sur le Capitole, un temple auprès de celui de Jupiter : ce culte religieux ne put subjuguer la mauvaise foi, et le silence des lois lui laissa prendre un libre et funeste essor.

D'abord la voix des jurisconsultes, soutenue par l'opinion publique, s'éleva pour que l'exécution des conventions pût être exigée, lorsqu'elles auraient été accomplies par l'une des parties: *Ne alias contingeret, contra naturalem æquitatem, unum cum alterius jacturâ et detrimento locupletiorem fieri.*

Ce fut alors que l'on voulut comprendre, sous des expressions générales, et régler par des principes communs, les obligations qui, n'étant point désignées spécialement dans les lois, étaient en général appellées contrats innommés. On trouva que tous les genres de contrats se réduisaient à ces formules : *Do ut des, do ut facias; facio ut des, facio ut facias.*

Cependant l'intervention de la loi, pour contraindre l'une des parties à remplir son engagement, n'ayant lieu que quand l'autre partie l'avait exécuté, cela ne suffisait point encore pour faire triompher la bonne foi. Il n'y avait qu'un seul moyen de la maintenir, celui de rendre obligatoires les contrats du moment qu'ils auraient été formés, et avant même qu'ils fussent exécutés par l'une ou l'autre des parties. Les principes de la législation romaine n'atteignirent à la perfection, que quand il fut établi que les contrats auraient entre les parties la force de la loi.

Mais, dans les passages de cette législation d'un état à l'autre, il n'y a point eu d'abolition assez générale ou assez précise des anciens usages, et c'est la principale cause des difficultés que présente l'étude des lois romaines.

Dans les premiers tems, des formules avaient été prescrites pour distinguer les contrats : sans ces formules, l'acte était nul, et l'action judiciaire n'était point admise.

Elles furent pour les gens de loi une science aussi utile qu'elle était obscure.

Appius-Claudius, consul en 446, crut prévenir ces abus, en faisant publier les formules sous le titre de *Code Flavien*, du nom de *Flavius* son secrétaire, par qui elles furent rédigées. Il paraît que cette mesure ne servit qu'à perpétuer leur usage. Il ne fut aboli que sous le règne de *Constantin*. Ce sont autant de subtilités fatigantes, et dont le droit romain fourmille.

L'autorité des premiers magistrats, et l'organisation des tribunaux, furent aussi des obstacles à ce que la marche de la justice, relativement aux contrats, devînt uniforme. Le juge qui interprétait les conventions, suppléait à la loi, et cette prérogative ne pouvait, dans la constitution romaine, appartenir qu'au premier magistrat. Ce fut une des causes qui fit, en l'an 387, créer un préteur, pour le charger du département de la justice exercée jusqu'alors par les consuls. Il était obligé de se conformer aux lois; mais dans tout ce qu'elles n'avaient pas réglé, il avait un pouvoir absolu. Il exerçait sa jurisdiction, soit en rendant seul ou avec des assesseurs, ses jugemens sous le nom de *décrets*, soit en renvoyant les parties devant les juges qui, dans certains cas, étaient tenus de se conformer aux formules qu'il prescrivait, et alors les actions étaient appelées *stricti juris*; et qui dans d'autres pouvaient juger suivant l'équité : c'étaient les actions dites *bonæ fidei*.

Chaque préteur faisait, à son entrée en charge, afficher l'édit par lequel il déclarait la manière dont il rendrait la justice. Sous le règne et par les ordres d'*Adrien*, le jurisconsulte *Julien* fit de tous ces édits l'extrait dont fut composé celui qui, sous le nom d'*édit perpétuel*, servit de règle.

Cette autorité des préteurs, égale à l'autorité de la loi dans tout ce qui n'y était pas réglé, le renouvellement annuel de ces magistrats, la différence dans leurs lumières et dans leurs principes, avaient été autant de causes qui s'étaient opposées à ce que les décisions fussent uniformes.

Ainsi les lois romaines relatives aux contrats, nous sont parvenues embarrassées de formules et de distinctions sans nombre. Les simples pactes, les stipulations, les contrats y forment autant de classes séparées. Les obligations sont ou civiles ou prétoriennes : les obligations prétoriennes se subdivisent encore.

Les causes qui ont introduit à Rome, et qui y ont maintenu ces formules et ces distinctions, n'existant point en France, les contrats n'ont été considérés, dans ce dernier pays, que sous les rapports qui naissent de leur nature, et dès-lors on a pu les diviser en un petit nombre de classes.

Les parties s'obligent mutuellement, et alors le contrat est *synallagmatique* ou *bilatéral*.

Si entre les contractans, il n'y a d'engagement que d'un côté, il est *unilatéral*.

Si l'engagement de l'un est regardé comme l'équivalent de l'engagement de l'autre, le contrat est *commutatif*.

Il est *aléatoire*, si l'équivalent consiste dans la chance de gain ou de perte.

Le contrat est de *bienfaisance*, si l'une des parties procure à l'autre un avantage gratuit.

Il est à *titre onéreux*, si chacune des parties est assujettie à donner ou à faire quelque chose.

Cette division, facile à saisir et qui renferme tous les genres de contrats, était nécessaire à placer à la tête de ce Titre, pour faire connaître que le Code rejette ou regarde comme inutiles toutes les autres distinctions et divisions établies par les lois romaines; c'est à-la-fois un point de doctrine et de législation.

Conditions pour la validité des obligations.

Après avoir ainsi distingué les divers genres de contrats, les premières règles à établir sont celles qui fixent les conditions essentielles pour leur validité. Ces règles, comme toutes celles qui concernent les conventions, ont été prises dans la nature même des choses, c'est-à-dire dans l'inspiration de l'équité, si on peut s'exprimer ainsi.

L'équité ne peut reconnaître comme obligatoire une convention, si la partie qui s'engage n'y a pas consenti, si elle est incapable de contracter, s'il n'y a pas un objet certain qui forme la matière de l'engagement, si cet engagement n'a pas une cause, et si cette cause n'est pas licite.

Du consentement.

Le consentement n'est pas valable, s'il n'a été donné que par erreur; il ne doit pas l'être davantage, s'il a été extorqué par violence ou surpris par dol.

Pour que l'erreur soit une cause de nullité de la convention, il faut qu'elle tombe, non sur une qualité accidentelle, mais sur la substance même de la chose qui en est l'objet. Il faut, s'il y a erreur sur la personne, que la considération de cette personne ait été la cause principale de la convention : en un mot, il faut que le juge puisse être convaincu que la partie ne se serait point obligée, si elle n'avait pas été dans cette erreur.

C'est en suivant cette règle que l'on doit décider avec *Barbeyrac* et *Pothier*, que l'erreur dans les motifs d'une convention, n'est une cause de nullité, que dans le cas où la vérité de ces motifs peut être regardée comme une condition dont il soit clair que les parties ont voulu faire dépendre leur engagement.

Celui qui consent doit être libre ; il n'y a point de liberté pour celui qui est forcé d'agir, soit par violence de la personne même avec laquelle il contracte, soit par la violence d'une tierce personne.

La violence qui prive de la liberté de contracter, est caractérisée par la loi romaine, *metus non vani hominis, sed qui in homine constantissimo cadat, metus majoris malitatis, metus præsens, metus in se aut in liberis suis.* Leg. V, VI, VIII, IX, ff. *quod metûs causâ.*

Ces expressions *in homine constantissimo* ont été rendues dans leur véritable sens, en déclarant qu'il y a violence, lorsqu'elle est de nature à faire impression sur une personne raisonnable, et en donnant aux juges pour instruction qu'ils doivent avoir égard à l'âge, au sexe et à la condition des personnes.

Il faut, comme dans la loi romaine, que ce soit une violence qui puisse inspirer la crainte d'exposer sa personne ou sa fortune à un mal considérable et présent.

La loi romaine n'avait égard qu'à la crainte du père pour ses enfans ; la crainte des enfans pour leurs ascendans, et des époux l'un pour l'autre, est aussi un sentiment trop vif, pour qu'on puisse le présumer compatible avec une liberté suffisante.

Mais ce serait en quelque sorte interdire les contrats entre les ascendans et les descendans, si la seule crainte révérentielle des descendans envers les ascendans, était une cause suffisante de nullité.

Le dol se compose de toutes les espèces d'artifices qui sont employées pour tromper : Labeo *definit dolum omnem calliditatem,* *fallaciam , machinationem , ad circumveniendum , fallendum ,* *accipiendum alterum, adhibitam.* L. I, § II, ff. *de Dolo.* Celui qui a ainsi extorqué le consentement ne doit pas en profiter ; mais il faut que les manœuvres pratiquées par l'une des parties soient telles, qu'il y ait évidence que, sans ces manœuvres, l'autre partie n'eût pas contracté.

Quoique dans le consentement il y ait eu erreur, violence ou dol, il n'en est pas moins vrai que le contrat existe avec un consentement apparent, et que dès-lors ce contrat conserve la même force que s'il était légitime, jusqu'à ce que ces exceptions aient été prouvées par celui qui les oppose. Ainsi le contrat n'est pas nul de plein droit; il faut que l'acte soit *rescindé*, c'est-à-dire déclaré nul par le juge.

Il résulte de la nécessité du consentement de la personne qui s'oblige, que nul ne peut, sans un pouvoir exprès, en obliger un autre, et que celui auquel on aurait promis le fait d'un tiers, n'aurait qu'une action en indemnité contre la personne ayant donné cette promesse, si le tiers refusait d'y accéder.

Mais celui qui consent à s'engager, peut contracter l'obligation non-seulement envers l'autre partie, mais encore envers une tierce personne. Il suffit que ce soit la condition d'une stipulation que l'un des contractans fait pour lui-même ; telle est l'obligation contractée au profit d'un tiers par une donation : alors l'équité ne permet point que la personne ainsi obligée, ne remplisse pas la condition de son contrat.

Si la tierce personne a déclaré qu'elle entend profiter de la stipulation, l'engagement devient réciproque, et dès-lors il ne peut plus être révoqué.

De la capacité des parties contractantes.

Ce serait en vain qu'une personne aurait donné son consentement à un contrat, si elle n'avait pas la capacité de s'obliger.

La règle générale à cet égard, est que toute personne à qui la loi ne l'interdit pas, est capable de contracter.

Les causes d'incapacité sont ou dans la présomption que ceux qui contractent n'ont pas un discernement suffisant, ou dans des considérations d'ordre public.

Ainsi les mineurs sont regardés, à cause de la faiblesse de leur raison et à cause de leur inexpérience, comme incapables de connaître l'étendue de leurs engagemens : on peut contracter avec eux; mais, s'ils sont lésés, on est censé avoir abusé de leur âge; leur capacité cesse pour tout acte qui leur est préjudiciable.

L'incapacité du mineur n'étant relative qu'à son intérêt, on n'a pas cru nécessaire d'employer la distinction entre les mineurs impubères et ceux qui ont passé l'âge de la puberté.

C'est à raison du mariage que l'âge de la puberté a été fixé. Suivant la loi romaine, l'homme était regardé comme impubère jusqu'à l'âge de 14 ans accomplis, et les filles jusqu'à douze. On distinguait même cette puberté, qui suffisait pour rendre le mariage licite, de la pleine puberté qui le rendait plus conforme à l'honnêteté publique, et qui était pour les hommes de 18 ans accomplis et pour les femmes de 14. Le mariage n'est pas permis en France aux hommes avant 18 ans révolus, aux femmes avant 15.

Malgré l'incertitude du cours de la nature, il fallait pour le mariage une règle fixe; mais est-il nécessaire, est-il même convenable que cette incapacité résultant de l'âge, soit appliquée d'une manière absolue aux obligations ?

La loi elle-même reconnaît qu'un mineur peut, avant l'âge de 18 ans révolus, avoir un discernement suffisant pour contracter tous les engagemens que comportent l'administration de sa fortune et la libre disposition de ses revenus, puisqu'elle autorise l'émancipation du mineur qui a perdu ses père et mère lorsqu'il est parvenu à cet âge, et puisqu'il peut même être émancipé par son père, ou, au défaut du père, par sa mère, quoiqu'il n'ait encore que 15 ans révolus.

La loi présume aussi dans le mineur âgé de 16 ans assez d'intelligence pour disposer par testament de la moitié des biens dont peuvent disposer les majeurs.

Il faudrait donc , si l'on voulait prononcer à raison de l'âge ; une incapacité absolue de contracter , il faudrait fixer une époque de la vie ; et comment discerner celle où on devrait présumer un défaut total d'intelligence ? Ne faudrait-il point distinguer les classes de la société où il y a moins d'instruction ? Le résultat d'une opération aussi compliquée et aussi arbitraire , ne serait-il pas de compromettre l'intérêt des impubères , au lieu de le pro-téger ? Dans leur qualité de mineurs , la moindre lésion suffit pour qu'ils se fassent restituer : ils n'ont pas besoin de recevoir de la loi d'autre secours , et , dans aucun cas , des gens capables de con-tracter ne doivent être admis à faire prononcer la nullité d'un acte qui serait avantageux à des mineurs , même impubères.

Supposera-t-on qu'une personne ayant la capacité de s'obli-ger , contracte avec un enfant qui n'ait point encore l'usage de la raison , lorsqu'elle ne pourra en tirer aucun avantage ? On n'a point à prévoir dans la loi ce qui est contre l'ordre naturel , et presque sans exemple.

La loi n'admettant l'interdiction que pour cause de démence , il est évident que les interdits sont incapables de s'obliger.

Au nombre des droits et des devoirs respectifs des époux se trouve l'inhibition à la femme , à celle même qui est non com-mune ou séparée de biens , de donner , d'aliéner , d'hypothéquer ou d'acquérir , soit à titre gratuit , soit à titre onéreux , sans le concours du mari dans l'acte , ou sans son consentement par écrit , et , en cas de refus du mari , sans l'autorisation de la justice. Cette incapacité civile ne s'étend point au-delà de ce qui est exprimé par la loi.

Enfin , on a compris dans une expression générale l'incapacité de tous ceux auxquels la loi interdit certains contrats ; tels sont ceux qui peuvent être défendus aux administrateurs des com-munes , des hospices , etc. C'est l'objet de lois particulières , sus-ceptibles de variations , et qui par ce motif ne doivent point faire partie du Code civil.

Au surplus , l'incapacité du mineur , de l'interdit et de la femme mariée , n'a été prononcée que pour protéger et conserver leurs droits : elle ne peut pas leur être opposée par les personnes qui se sont obligées envers eux.

De l'objet et de la matière des contrats.

Il ne peut y avoir d'obligation, sans qu'une chose ou un fait en soit l'objet ou la matière.

Si c'est une chose, elle doit être dans le commerce.

Il faut aussi qu'il soit possible de la distinguer, et pour cela il suffit qu'elle soit au moins déterminée quant à son espèce, et que sa quotité puisse, d'après l'obligation, être fixée. Un meuble, en général, ne pourrait être l'objet d'une obligation, lorsqu'on ne pourrait savoir quelle en est l'espèce; il en serait de même, si l'obligation avait pour objet du blé ou du vin, sans que l'intention des parties sur la quantité pût être connue.

Mais si on vend un cheval, l'objet est déterminé quant à l'espèce et quant à la quantité : il est vrai que ce n'est encore qu'un être intellectuel; le créancier ne peut demander que d'une manière indéterminée la chose vendue, et le débiteur a le choix parmi toutes celles du même genre, pourvu qu'elles soient loyales et marchandes.

Les choses qui n'existent point encore, peuvent être l'objet de l'obligation, qui alors dépend de la condition de leur future existence. Il faut seulement excepter les conventions incompatibles avec l'honnêteté publique, telle serait la renonciation à une succession non ouverte, ou toute autre stipulation, sur une pareille succession. Le consentement de celui sur la fortune duquel on stipulerait, ne couvrirait pas un pareil vice.

Il faut encore excepter les ventes sur lesquelles il y a des règlemens de police rurale.

Quant aux faits qui peuvent être l'objet d'une obligation ; il faut qu'ils soient possibles, qu'ils puissent être déterminés, et que les personnes envers qui l'obligation est contractée, aient, à ce que les faits s'accomplissent, un intérêt appréciable.

De la cause.

Il n'y a point d'obligation sans cause : elle est dans l'intérêt réciproque des parties, ou dans la bienfaisance de l'une d'elles.

On ne peut pas présumer qu'une obligation soit sans cause, parce qu'elle n'y est pas exprimée. Ainsi, lorsque par un billet, une personne déclare qu'elle doit, elle reconnaît par cela même qu'il y a une cause légitime de la dette, quoique cette cause ne soit pas énoncée. Mais la cause que l'acte exprime ou fait présumer, peut ne pas exister ou être fausse; et si ce fait est constaté par des preuves que la loi autorise, l'équité ne permet pas que l'engagement subsiste.

Toute obligation doit être proscrite, si elle a été contractée malgré la défense de la loi, ou si elle est contraire aux bonnes mœurs ou à l'ordre public.

De l'effet des obligations.

Après avoir rassemblé les élémens nécessaires pour former une obligation valable, le consentement des parties, leur capacité, une chose ou un fait qui soit l'objet et la matière de l'engagement, une cause légitime, on a eu à régler quels sont les effets des obligations.

C'est ici que se présente d'abord le principe qui sert de base à cette partie du Code civil, et qui s'y trouve exprimé en ces termes clairs et simples :

« Les conventions légalement formées tiennent lieu de loi à » ceux qui les ont faites.

» Elles ne peuvent être révoquées que de leur consentement, » ou pour les causes autorisées par la loi.

» Elles doivent être contractées et exécutées de bonne foi.

» Elles obligent non-seulement à ce qui y est exprimé, mais » encore à toutes les suites que l'équité, l'usage ou la loi donnent » à l'obligation d'après sa nature.

Il n'est aucune espèce d'obligations , soit de donner, soit de faire ou de ne pas faire , qui ne repose sur ces règles fondamentales : c'est à ces règles qu'on a recours pour les interpréter , pour les exécuter, pour en déterminer tous les effets.

De l'obligation de donner.

L'obligation de donner emporte celle de livrer la chose , et de la conserver jusqu'à la livraison.

Les soins que le débiteur doit apporter à la conservation de la chose, sont plus ou moins rigoureusement exigés , suivant la nature des contrats.

Les Romains avaient cru pouvoir distinguer les différens degrés de fautes qui se commettent dans l'exécution des conventions. La faute la plus grave était nommée *lata culpa et dolo proxima.* Ils distinguaient les autres fautes sous ces noms, *culpa levis, culpa levissima.* Dans les contrats qui ne concernaient que l'utilité des créanciers, tels que le dépôt, le dépositaire était seulement tenu *latâ culpâ.* Si le contrat, tel que la vente, avait été formé pour l'utilité des deux parties , le vendeur était tenu *levi culpâ* : si, comme dans le prêt, l'avantage du débiteur avait été seul considéré, il etait tenu *culpâ levissimâ.*

Cette division des fautes est plus ingénieuse qu'utile dans la pratique : il n'en faut pas moins sur chaque faute, vérifier si l'obligation du débiteur est plus ou moins stricte; quel est l'intérêt des parties ; comment elles ont entendu s'obliger ; quelles sont les circonstances. Lorsque la conscience du juge a été ainsi éclairée , il n'a pas besoin de règles générales pour prononcer suivant l'équité. La théorie dans laquelle on divise les fautes en plusieurs classes, sans pouvoir les déterminer , ne peut que répandre une fausse lueur , et devenir la matière de contestations plus nombreuses. L'équité elle-même répugne à des idées subtiles. On ne la reconnaît qu'à cette simplicité qui frappe à-la-fois l'esprit et le cœur.

C'est ainsi qu'on a décidé que celui qui est obligé de veiller à la conservation d'une chose, doit apporter tous les soins d'un bon père de famille, soit que la convention n'ait pour objet que l'utilité d'une des parties, soit qu'elle ait pour objet leur utilité commune, mais que cette obligation est plus ou moins étendue à l'égard de certains contrats, dont les effets sont expliqués sous les titres qui les concernent.

C'est le consentement des contractans qui rend parfaite l'obligation de livrer la chose. Il n'est donc pas besoin de tradition réelle, pour que le créancier doive être considéré comme propriétaire, aussitôt que l'instant où la livraison doit se faire est arrivé. Ce n'est plus alors un simple droit à la chose qu'a le créancier, c'est un droit de propriété (*jus in re*) : si donc elle périt par force majeure ou par cas fortuit, depuis l'époque où elle a dû être livrée, la perte est pour le créancier, suivant la règle *res perit domino.*

Mais si le débiteur manque à son engagement, la juste peine est que la chose qu'il n'a pas livrée au terme convenu, reste à ses risques. Il faut seulement qu'il soit certain que le débiteur est en faute de ne pas l'avoir livrée ; il faut qu'il ait été constitué en demeure.

Lorsqu'à l'époque convenue pour la livraison, le créancier reste dans l'inaction, lorsqu'il ne fait pas au débiteur, pour le provoquer au paiement, une sommation où un autre acte équivalent, on présume qu'il n'avait pas été dans son intention d'exiger cette livraison au terme ; il est considéré comme ayant suivi la foi du débiteur, et la chose doit rester aux risques de ce créancier.

Il avait été établi par la jurisprudence que cette présomption ne doit pas cesser dans le cas même où la convention porte non-seulement le terme de la livraison, mais encore que sans qu'il soit besoin d'acte, et par la seule échéance du terme, le débiteur sera en demeure. Le créancier qui, dans ce cas, ne remplit à l'échéance aucune formalité pour constituer en demeure celui qui doit, ne fait que se conformer à sa convention. On ne peut donc pas présumer qu'il y ait renoncé. Cette convention doit donc être exécutée.

Les

Les effets de l'obligation de donner ou livrer un immeuble, sont réglés aux titres du *contrat de vente* et *des privilèges et hypothèques*.

A l'égard des choses mobilières, quoique respectivement aux parties, le transport de la propriété s'opère à l'époque où la livraison doit se faire; cependant on a dû considérer l'intérêt d'un tiers dont le titre serait postérieur en date, mais qui, ayant acquis de bonne foi, aurait été mis en possession réelle. La bonne foi de cet acquéreur, la nécessité de maintenir la circulation libre des objets mobiliers, la difficulté de les suivre et de les reconnaître dans la main de tierces personnes, ont dû faire donner la préférence à celui qui est en possession, quoiqu'il y ait un titre antérieur au sien.

Il ne faut pas perdre de vue que ces règles du Code civil ne dérogent point à celles du commerce.

Obligation de faire ou de ne pas faire.

L'obligation de faire ou de ne pas faire, se résout en dommages et intérêts en cas d'inexécution de la part du débiteur.

Le motif est que nul ne peut être contraint, dans sa personne, à faire ou à ne pas faire une chose, et que, si cela était possible, ce serait une violence qui ne peut pas être un mode d'exécution des contrats.

Mais si ce qui a été fait en contravention de l'engagement est susceptible d'être détruit, et si on peut faire faire par un tiers ce que le débiteur aurait dû faire lui-même, il suffit que ce soient des moyens possibles d'exécution de l'engagement, pour qu'il soit juste de les autoriser, et le débiteur devra, outre la dépense, les dommages et intérêts qui pourront avoir lieu.

Les dommages et intérêts peuvent être dus, non-seulement à raison de l'inexécution, mais encore à raison du simple retard. Il faut, dans ce dernier cas, que le débiteur soit en demeure, et il y est constitué, non-seulement par une sommation, par un acte équivalent ou par une stipulation formelle, mais encore par l'objet de l'obligation , lorsque la chose que le débiteur devait faire , ne pourrait l'être utilement que dans un certain tems qu'il a laissé passer. On ne saurait douter que le débiteur ne soit en faute , lorsque le fait n'a pas été accompli en tems utile.

Règlement des dommages et intérêts.

On entend par ces expressions *dommages et intérêts* , la perte que le créancier a faite , et le gain dont il a été privé par l'inexé-cution de l'obligation ; ils ne doivent pas en excéder les bornes.

De-là plusieurs conséquences.

Les dommages et intérêts ne doivent pas s'étendre au-delà de ce qui a été prévu , ou de ce qu'on a pu prévoir lors du contrat.

Si néanmoins le débiteur s'était rendu coupable de dol en man-quant à son obligation , il devrait indemniser ; non-seulement à raison de ce qu'on eût prévu ou pu prévoir en contractant , mais encore à raison des conséquences particulières que le dol peut avoir entraînées. Le dol établit contre celui qui le commet, une nouvelle obligation différente de celle qui résulte du con-trat ; cette nouvelle obligation n'est remplie qu'en réparant tout le tort que le dol a causé.

Mais dans ce cas-là même, les dommages et intérêts n'en ont pas moins leur cause dans l'inexécution de la convention ; il ne serait donc pas juste de les étendre à des pertes ou à des gains qui ne seraient pas une suite immédiate et directe de cette inexé-cution. Ainsi on ne doit avoir égard qu'au dommage souffert par rapport à la chose ou au fait qui était l'objet de l'obligation , et non à ceux que l'inexécution de cette obligation aurait d'ailleurs occasionnés au créancier dans ses autres affaires ou dans ses autres biens.

Ces règles suffisent pour guider le juge : il y eût eu de l'incon-vénient à dire que les dommages et intérêts doivent, lorsqu'il n'y a point de dol, être taxés avec modération. La modération est un des caractères de l'équité ; mais lorsqu'il est réellement dû des dommages et intérêts au créancier, il ne fallait pas que, contre l'équité, on pût induire de la loi, que sa cause est défavorable.

On a prévu le cas où la somme à payer à titre de dommages et intérêts, en cas d'inexécution, aurait été fixée par la convention même. On avait d'abord craint que cette fixation ne fût pas toujours équitable ; on avait craint trop de rigueur de la part du créancier, trop de facilité ou d'imprudence de la part du débiteur, qui, ne prévoyant point d'obstacles à l'exécution de sa convention, n'aurait pas imaginé qu'il eût sérieusement à craindre de payer la somme à laquelle il se serait soumis. Il avait paru prudent de faire intervenir le juge pour réduire la somme qui excéderait évidemment le dommage effectif.

Mais cette évidence, comment la caractériser ? il faut supposer des conventions déraisonnables. Si on eût donné aux juges le droit de réduire la somme convenue, il eût aussi fallu leur donner celui de l'augmenter en cas d'insuffisance : ce serait troubler la foi due aux contrats. La loi est faite pour les cas ordinaires, et ce n'est pas pour quelques exceptions que l'on devrait ici déroger à cette règle fondamentale, que les conventions sont la loi des parties.

Il est néanmoins un cas où la loi générale a pu fixer les dommages et intérêts, et les parties sont obligées de s'y conformer ; c'est lorsque l'obligation a pour objet le paiement d'une somme. Dans ce cas, on présume toujours que la perte essuyée par le créancier, et le bénéfice dont il est privé, sont compensés par les intérêts tels que les tribunaux les adjugent conformément à la loi.

Il suffit que le capital n'ait pas été payé, pour que le créancier soit privé de ses intérêts : c'est une perte évidente, il n'a point à la justifier.

Les intérêts ne sont dus que du jour de la demande, si ce n'est dans le cas où la loi les fait courir de plein droit : si néanmoins il a été convenu qu'à défaut de paiement à l'échéance, le débiteur devrait les intérêts, celui-ci sera tenu, par la force de la convention, de les payer.

N

On ne peut nier que la faculté de stipuler l'intérêt, ne soit par elle juste et avantageuse à la société. On a seulement à craindre l'abus que l'on peut faire de cette faculté.

A Rome, l'intérêt, sous le nom de *fœnus* ou *usura*, fut toujours permis ; on chercha seulement à en réprimer l'excès par des lois qui en fixaient le taux.

En France, une interprétation trop rigoureuse de textes religieux, et une fausse conséquence de ce que les métaux ne peuvent par eux-mêmes produire aucuns fruits naturels, avaient conduit à une autre extrémité : le créancier ne pouvait stipuler l'intérêt d'une somme, à moins qu'il ne renonçât à exiger son capital ; et pourvu que sa sûreté lui fût conservée, il ne devait être remboursé que quand il plaisait au débiteur. Il est vrai que cette doctrine n'avait pas été appliquée au commerce, et qu'elle avait pu y faire refluer des capitaux. Mais elle nuisait à la circulation générale ; on ne pouvait, par aucun motif d'ordre social, la légitimer : le nombre toujours croissant des transactions de tous genres, avait rendu, malgré les lois, le prêt à intérêt d'un usage général, et ces lois n'avaient d'effet que de rendre le débiteur victime de la prohibition, en lui faisant payer un plus fort intérêt. Ainsi, loin de préserver la société des usures excessives, elles en étaient devenues le prétexte.

Il était d'ailleurs facile d'éluder l'autorité du juge en confondant dans le titre le principal et l'intérêt.

Il y avait même en France, à cet égard, diversité de jurisprudence. Le prêt à intérêt avait été autorisé dans le ressort de quelques parlemens.

Dans tous il était permis, en certain cas, de stipuler l'intérêt ; ainsi on pouvait en tirer des sommes qui étaient considérées comme représentatives de fruits : telles étaient les sommes dues pour aliénation d'immeubles, pour revenus. On pouvait aussi stipuler les intérêts au profit des mineurs.

Dans d'autres cas l'intérêt des sommes dues courait de plein droit, quoiqu'elles ne fussent pas représentatives de fruits : tels étaient l'intérêt des sommes dues aux femmes ou à leurs héritiers, pour leurs dots, et leurs droits nuptiaux; aux cohéritiers, pour les légitimes, pour les rapports, pour les soultes de partage, etc.

Il était d'ailleurs bizarre que l'intérêt de l'argent fût, dans le cas de retard de paiement, considéré comme des-dommages et intérêts, et que cette indemnité ne dût avoir lieu que par jugement, sans que les parties pussent éviter ces frais par une convention.

On demandait encore pourquoi, lorsque le débiteur avait laissé accumuler des intérêts, il n'était pas regardé comme faisant au créancier, par le défaut de paiement, un tort également susceptible d'être réparé par une indemnité, comme il y était condamné pour le retard dans le paiement des sommes principales.

Ces règles, quelque diverses et incohérentes qu'elles soient, offrent cependant un résultat; c'est que l'intérêt de l'argent y est considéré comme une chose en soi légitime, puisqu'en cas de retard de paiement, les tribunaux ne pouvaient pas se dispenser de l'adjuger; puisque dans plusieurs cas, on pouvait le stipuler, et que dans d'autres il courait de plein droit.

Ces motifs qui déterminèrent, en 1789, l'Assemblée constituante à autoriser la stipulation d'intérêt, ont aussi dû faire consacrer cette règle dans le Code civil.

Il n'en est point qui ne soit susceptible d'abus; mais les mesures qui pourraient être prises, soit pour fixer l'intérêt, soit pour réprimer l'usure, sont susceptibles de varier, et dès-lors elles ne peuvent ni ne doivent trouver place dans ce Code.

On a regardé comme une conséquence de la faculté généralement accordée de stipuler les intérêts, la faculté de les stipuler, ou le droit de les demander en justice, même pour les sommes provenant d'intérêts échus; mais en même tems on a prévenu l'abus dont se rendent coupables les usuriers, par des accumulations trop fréquentes des intérêts avec les capitaux, pour faire produire aux sommes provenant de ces intérêts de nouveaux intérêts. On a statué que les intérêts échus des capitaux ne pourraient en produire, soit par convention, soit en justice, à moins qu'il ne fût question d'intérêts dus au moins pour une année entière.

Les revenus, tels que fermages, loyers, arrérages de rentes perpétuelles ou viagères et les fruits à restituer, ne doivent point être assimilés aux intérêts ordinaires de capitaux. Ces revenus peuvent produire intérêt du jour de la demande, quoiqu'ils ne soient pas dus pour une année entière : il suffit qu'ils soient échus.

Quant aux intérêts payés par un tiers en acquit du débiteur, la somme ainsi payée ne peut être considérée, relativement à ce tiers, que comme un capital qui peut, par demande ou par convention, produire intérêt.

De l'interprétation des conventions.

La convention sert de loi aux parties ; il faut donc, pour interpréter cette loi, rechercher quelle a été l'intention de ceux qui l'ont faite.

Si elle est mal rendue par les termes qu'ils ont employés, il faut plutôt considérer la volonté que le sens littéral des expressions grammaticales : *In conventionibus contrahentium voluntatem potiùs quàm verba, spectari placuit.* L. 219. ff. de verb. signif.

Si la clause est susceptible de deux sens, on doit plutôt l'entendre dans celui avec lequel elle peut avoir quelqu'effet, que dans le sens avec lequel elle n'en pourrait produire aucun. *Quotiès in stipulationibus consuetudinis, ambigua oratio est, commodissimum est id accipi quo res de quâ agitur in tuto sit.* L. 80. ff. de verb. oblig.

Si les termes sont susceptibles de deux sens, ils doivent être pris dans le sens qui convient le mieux à la matière du contrat.

Ce qui est ambigu, s'interprète par ce qui est d'usage dans le pays où le contrat est passé.

Toutes les clauses des conventions s'interprètent les unes par

les autres, en donnant à chacune le sens qui résulte de l'acte
entier.

*Semper in stipulationibus et in cœteris contractibus id sequimur
quod actum est, aut si non appareat quod actum est, erit con-
sequens ut id sequamur quod in regione in quâ actum est fre-
quentatur.* Leg. 34, ff. de reg. jur.

On doit suppléer dans le contrat les clauses qui sont d'usage,
quoiqu'elles n'y soient pas exprimées. *In contractibus tacitè ve-
niunt ea quæ sunt moris et consuetudinis.*

Dans le doute, la convention s'interprète contre celui qui a
stipulé, et en faveur de celui qui a contracté l'obligation. *In stipulationibus cùm quæritur quid actum sit ; verba contra stipula-
torem interpretanda sunt.* L. 38, §. 18, ff. de verb. obligat.

Quelque généraux que soient les termes dans lesquels une
convention est conçue, elle ne comprend que les choses sur lesquelles il paraît que les parties se sont proposé de contracter.
Iniquum est perimi pacto id de quo cogitatum non docetur. L. 9,
ff. de trans.

Lorsque dans un contrat on a exprimé un cas pour l'explication de l'obligation, on n'est pas censé avoir voulu par-là restreindre l'étendue que l'engagement reçoit de droit aux cas non
exprimés. *Quæ dubitationis tollendæ causâ contractibus inse-
runtur, jus commune non lædunt.* L. 81, ff. de reg. jur.

Ces axiomes doivent être invariables comme l'équité qui les a
dictés. Ils furent à-la-fois l'ornement et le fondement de la législation romaine : ils ont dû être consignés dans le Code civil.

De l'effet des conventions à l'égard des tiers.

Après avoir vu comment les conventions doivent s'interpréter,
il faut en suivre les conséquences et les effets.

Chacun ne pouvant contracter que pour soi, les obligations ne
doivent avoir d'effet qu'entre les parties contractantes et ceux
qui les représentent. Il serait injuste qu'un acte auquel une tierce

personne n'a point concouru, pût lui être opposé. *Non debet aliis nocere, quod inter alios actum est.* Leg. 10, ff. de jur.

Mais celui qui contracte des dettes, engage tous ses biens. Ce gage serait illusoire, si, au préjudice de ses créanciers, il négligeait d'exercer ses droits. Ils doivent donc être admis à agir directement. Leur intérêt et la crainte des fraudes, établissent leur qualité.

Si le débiteur négligeait de faire valoir une exception qui fût exclusivement attachée à sa personne, ils ne pourraient pas la faire valoir. C'est leur action directe que les créanciers intentent : ils ne représentent pas la personne du débiteur.

Il faut encore, pour que les contrats ne puissent nuire aux tierces personnes, que les créanciers aient le droit d'attaquer, en leur nom, les actes faits en fraude de leurs droits.

On n'a cependant pas voulu que des créanciers pussent troubler le repos des familles, en attaquant comme frauduleux certains actes qui sont nécessaires, actes qu'ils ne sont pas censés avoir ignorés, et dans lesquels on leur donne seulement le droit d'intervenir, pour y défendre leurs droits. Ces cas sont prévus dans le Code civil. Tel est celui d'un cohéritier dont les créanciers peuvent s'opposer à ce qu'il soit procédé, hors leur présence, au partage des biens de la succession qu'il recueille, et y intervenir à leurs frais, mais sans avoir le droit d'attaquer ce partage lorsqu'il est consommé, à moins qu'on eût procédé sans égard à une opposition qu'il aurait formée.

Des diverses espèces d'obligations.

Après avoir établi les conditions essentielles pour la validité des obligations, après avoir déclaré leurs effets généraux, il faut, en entrant dans un examen plus détaillé, considérer les principales modifications sous lesquelles on peut les former.

Il ne s'agit point ici de ces modifications qui, dans le droit romain, dépendaient des formules d'actions, ou qui étaient nécessaires pour le lien civil ; les modifications à examiner sont celles qui sont inhérentes à la convention, qui en diversifient la nature et les effets ; et quoiqu'elles semblent se multiplier et varier comme les conventions elles-mêmes, il en est cependant plusieurs principales dont les règles doivent être posées.

Ainsi, dans la même obligation on peut trouver les modifications suivantes : elle peut être pure et simple ou conditionnelle, à terme, alternative, solidaire, divisible ou indivisible, sanctionnée par une clause pénale.

Des obligations conditionnelles.

Il y a des conditions de diverses espèces. En effet, on peut faire dépendre une obligation d'un évènement futur et incertain, soit en la suspendant jusqu'à ce que l'évènement arrive, et alors elle est nommée *condition suspensive*; soit en la résiliant selon que l'évènement arrivera ou qu'il n'arrivera pas, et c'est alors une *condition résolutoire.*

Il est des règles communes à ces deux espèces de conditions.

Et d'abord on prévoit le cas où il serait au pouvoir de l'une ou de l'autre des parties contractantes de faire arriver ou d'empêcher l'évènement dont on aurait fait dépendre l'obligation. Cette condition est nommée *potestative.*

Si elle ne dépend que du hazard, elle est désignée sous le nom de *casuelle.*

On l'appelle *mixte*, si elle dépend tout-à-la-fois de la volonté de l'une des parties contractantes et de la volonté d'un tiers.

Si la condition dépend de l'une des parties contractantes, si elle est la maîtresse de rompre ou de maintenir le lien que l'acte semble former, il n'y a point réellement d'obligation, elle est nulle.

Si la condition est impossible, si elle est contraire aux bonnes mœurs, si elle est défendue par la loi, elle est nulle ; et une convention faite sous une condition nulle, ne peut elle-même avoir aucun effet.

Cette règle n'a rien de contraire à celle qui a été établie pour les conditions apposées à un testament. La clause par laquelle le testateur dispose, est aux yeux de la loi sa principale volonté; elle ne présume point qu'il ait réellement voulu la faire dépendre d'une condition impossible, contraire aux bonnes mœurs ou défendue par la loi : la condition n'est alors considérée que comme une simple erreur.

Dans toutes les conventions, si la condition était de ne pas faire une chose impossible, cette condition serait extravagante, mais non pas impossible, puisque c'est l'évènement contraire qui serait hors de la possibilité. C'est encore un cas où on ne peut pas présumer que la volonté des parties ait été de faire dépendre la convention d'une pareille condition.

Les autres règles communes aux différentes espèces de conditions, sont celles qui sont relatives à leur accomplissement.

On a fait à cet égard dans le droit romain une subdivision des conditions en *négatives* et *positives* : elles sont dites *positives*, si la condition est qu'un évènement arrive ; *négatives*, si la condition est qu'un évènement n'arrive pas : mais cette distinction et les décisions nombreuses qui y sont relatives, peuvent se simplifier en les réduisant aux propositions suivantes :

« Lorsqu'une obligation est contractée sous la condition qu'un » évènement arrivera dans un tems fixe, cette condition est » censée défaillie, lorsque le tems est expiré sans que l'évène- » ment soit arrivé. S'il n'y a point de tems fixe, la condition » peut toujours être accomplie; et elle n'est censée défaillie, que » lorsqu'il est devenu certain que l'évènement n'arrivera pas.

» Lorsqu'une obligation est contractée sous la condition qu'un » évènement n'arrivera pas dans un tems fixe, cette condition » est accomplie, lorsque le tems est expiré sans que l'évènement » soit arrivé ; elle l'est également si, avant le terme, il est cer- » tain que l'évènement n'arrivera pas; et s'il n'y a pas de tems » déterminé, la condition n'est censée accomplie que lorsqu'il » est certain que l'évènement n'arrivera pas ».

Si c'est le débiteur, obligé sous une condition, qui en a empêché l'accomplissement, il doit une indemnité dont l'effet est le même que si la condition avait été accomplie.

On a aussi écarté les subtilités de l'école sur la manière dont les conditions doivent être accomplies.

Doivent-elles l'être suivant la lettre de l'obligation *in formâ specificâ* ? Peuvent-elles l'être *per œquipollens et pro subjectâ materiâ* ? Il ne peut y avoir à cet égard d'autre règle générale que la recherche de l'intention des parties : il faut que toute condition s'accomplisse de la manière que les parties ont vraisemblablement voulu et entendu qu'elle le fût.

Il résulte aussi de la règle suivant laquelle on contracte pour soi et pour ses héritiers, que les conditions des actes entrevifs peuvent s'accomplir après la mort de celui au profit duquel est l'obligation. Il en est autrement de celui qui lègue, il n'a en vue que la personne du légataire : d'où il suit que si, avant l'accomplissement de la condition, le testateur décède, le légataire n'a pas encore de droit : si, dans ce cas, c'est le légataire qui meurt, son héritier n'a rien à prétendre, parce que le legs étant personnel, ne peut lui être transmis qu'autant qu'il aurait été acquis au légataire.

Un contrat, pour être à subordonner une condition, n'en est pas moins un engagement dont la condition n'est qu'une modification. Il est donc juste que son effet remonte au jour où il a été contracté, lorsque la condition a été accomplie : *in stipulationibus id tempus spectatur quo contrahimus.* L. 18, ff. de reg. jur. Cette règle devient un motif pour que celui au profit duquel est l'engagement conditionnel, puisse, avant que la condition soit accomplie, faire tous les actes conservatoires de son droit.

De la condition suspensive.

Les règles particulières aux conditions suspensives et aux conditions résolutoires, ne sont que des déductions de ces principes généraux.

Ainsi, à l'égard de la condition que les parties ont entendu faire dépendre d'un évènement futur et incertain, elle ne pro-

duit d'effet qu'après l'évènement ; mais l'effet qu'elle produit
alors remonte au tems de l'engagement.

Si, par erreur, les contractans avaient cru futur et incertain un
évènement déjà existant, mais qui n'était point à leur connaissance, la modification qu'ils auraient eu l'intention de faire à leur
engagement, se trouverait remplie ; conséquemment il serait valable, et il devrait avoir sur-le-champ son exécution.

L'obligation sous une condition suspensive, n'étant parfaite
que par l'accomplissement de cette condition, il en résulte
qu'avant l'accomplissement, la propriété de la chose, qui est la
matière de l'engagement, n'est point transportée, et qu'ainsi elle
demeure aux risques du débiteur.

Si donc cette chose est entièrement périe sans sa faute, il ne
peut plus y avoir d'obligation, lors même que la condition s'accomplirait, puisqu'il ne peut y avoir d'obligation sans une chose
qui en soit le sujet.

La loi romaine (VIII. ff. *de peric. et com. rei vend.*) décidait,
que si, avant la condition accomplie, il y avait diminution ou
détérioration de la chose sans la faute du débiteur, le créancier
devait en souffrir, de même qu'il profitait de l'augmentation
qui serait survenue.

Cette décision ne s'accorde pas avec le principe, suivant lequel,
dans le cas de la condition suspensive, il n'y a pas de transport
de propriété. Ce doit être aux risques du débiteur, encore propriétaire, que la chose diminue ou se détériore, par la même
raison que ce serait à ses risques qu'elle périrait. Voici seulement la distinction à laquelle conduit l'équité.

Si le débiteur n'est pas en faute, le créancier doit avoir le
choix, ou de résoudre l'obligation, ou d'exiger la chose dans
l'état où elle se trouve, mais sans pouvoir demander une diminution de prix : il en doit être autrement si le débiteur est en
faute ; alors le créancier doit être autorisé à résoudre l'obligation, ou à exiger la chose dans l'état où elle se trouve, avec des
dommages et intérêts.

On ne peut pas argumenter contre cette décision de ce que le créancier profiterait des augmentations qui surviendraient. Le débiteur qui, même sous une condition suspensive, s'est obligé à donner une chose, est, par cela même, présumé avoir renoncé aux augmentations accessoires pour le cas où la condition s'accomplirait.

De la condition résolutoire.

L'intention des contractans, lorsqu'ils stipulent une condition résolutoire, est que cette condition, lorsqu'elle s'accomplit, opère la révocation de l'engagement, et qu'elle remette les choses au même état que s'il n'avait pas été contracté.

L'exécution de l'obligation n'est point suspendue par cette condition; il en résulte seulement que le créancier est tenu de rendre ce qu'il a reçu, lorsqu'ensuite la condition résolutoire s'accomplit.

Dans les contrats synallagmatiques, chaque partie n'est présumée s'être engagée que sous une condition résolutoire, dans le cas où l'autre partie ne satisferait point à cet engagement.

Mais la partie qui peut réclamer l'effet de cette condition, doit être en même tems autorisée à contraindre, par les moyens de droit, l'autre partie d'exécuter la convention : il est alors nécessaire qu'elle ait recours aux tribunaux ; et lors même que la condition résolutoire serait formellement stipulée, il faudrait toujours constater l'inexécution, en vérifier les causes, les distinguer de celles d'un simple retard ; et dans l'examen de ces causes, il peut en être de si favorables, que le juge se trouve forcé par l'équité à accorder un délai.

Des obligations à terme.

Dans une obligation, le terme diffère de la condition, en ce qu'il ne suspend point l'engagement dont il retarde seulement l'exécution.

Lorsqu'on dit que *celui qui a terme ne doit rien*, c'est en ce sens seulement que ce débiteur ne peut être poursuivi avant le terme : mais l'obligation n'en existe pas moins ; et si elle a été acquittée avant l'échéance du terme, le débiteur a librement, et d'avance, satisfait à son engagement ; il ne serait pas juste de l'autoriser à en demander la répétition pour ne le payer qu'à l'échéance.

Le créancier ne peut pas même refuser le paiement offert avant le terme : en effet, on présume que c'est une facilité accordée au débiteur. Mais cette présomption doit cesser lorsqu'il résulte de la stipulation ou des circonstances, que le terme a aussi été convenu en faveur du débiteur. Cette règle, que le cours variable du papier-monnaie a souvent fait appliquer, est une de celles consacrées dans le droit romain. (L. XVII, ff. *de Reg. jur.*)

On ne peut pas induire de la stipulation d'un terme, que le débiteur puisse altérer son obligation, et elle serait altérée, s'il avait diminué les sûretés qu'il a données par le contrat. Sur ce fait, comme sur toutes les clauses des contrats, l'équité guidera le juge : mais il est évident qu'en cas de faillite ou de déconfiture, le débiteur ne doit plus être autorisé à réclamer le bénéfice du terme.

Des obligations alternatives.

Une obligation peut être alternative ; et cette modification est du nombre de celles qui sont susceptibles de règles particulières.

Une obligation est alternative lorsque quelqu'un s'oblige à donner ou à faire une chose ou une autre, de manière qu'en s'acquittant d'une des choses, il soit entièrement libéré.

Si le choix d'une des choses promises n'a pas été expressément réservé au créancier, on présume que le choix a été laissé au débiteur ; celui-ci peut alors invoquer la règle suivant laquelle ce qui, dans un contrat, est certain, doit s'interpréter en faveur de celui qui doit ; mais il ne peut pas y avoir de doute sur ce que le débiteur qui a promis l'une des choses, ne serait pas libéré en offrant partie de l'une et partie de l'autre. Ce ne serait pas interpréter la convention, ce serait la changer.

Si l'une des deux choses promises n'était pas susceptible d'être l'objet de l'obligation contractée, il ne resterait à cette obligation qu'un seul objet ; et dès-lors elle serait pure et simple. Le débiteur ne pourrait pas exciper de ce qu'il comptait sur un choix qui n'existait pas. S'il a regardé comme pouvant être l'un des objets de l'obligation, ce qui n'en était pas susceptible, c'est un fait qu'il ne peut imputer au créancier, à moins qu'il n'y ait fraude de la part de ce dernier.

Lorsque l'une ou l'autre de deux choses a été promise, il y a incertitude sur celle des choses qui sera délivrée au créancier ; et de cette incertitude, il résulte qu'une propriété n'est transmise au créancier que par le paiement de l'une des choses. Jusqu'alors cette propriété reste sur la tête et conséquemment aux risques du débiteur.

Si l'une des choses ou si les deux périssent, il faut distinguer le cas où, soit par le silence de l'acte, soit par convention, le débiteur a le choix, et le cas où ce choix a été réservé au créancier.

Dans la première hypothèse, celle où le débiteur a le choix, si l'une des deux choses périt ou ne peut plus être livrée, l'obligation devient pure et simple, et n'a plus pour objet que la chose existante. Il en résulte que, dans ce cas, il ne doit pas offrir le prix de la chose périe, au lieu de celle qui existe ; et réciproquement le créancier ne pourrait pas exiger qu'au lieu de la chose existante, on lui donnât le prix de celle qui est périe : cette prétention ne serait pas fondée, lors même que la perte de l'une de ces choses serait arrivée par la faute du débiteur, parce que celui-ci ayant le choix, le créancier ne peut, même dans ce cas, se plaindre de ce que l'obligation, d'alternative qu'elle était, soit devenue pure et simple.

Si, lorsque le débiteur a le choix, les deux choses sont péries, il est indifférent que ce débiteur soit en faute à l'égard de l'une d'elles, ou même à l'égard des deux ; puisqu'il résulte également de ce que l'obligation était devenue pure et simple par la perte de la première chose, que c'est le prix de la chose qui est périe la dernière que le débiteur doit payer, comme il eût dû cette chose si elle n'était pas périe.

Le débiteur doit alors payer le prix de la chose qui est périe la dernière, dans le cas même où il ne serait pas en faute à l'égard de cette chose, mais seulement à l'égard de celle qui est périe la première, parce que cette faute causerait un préjudice évident au créancier, si cette seconde chose étant périe, il n'avait aucun recours. En donnant à celui-ci le prix de la dernière chose périe, on maintient à-la-fois la règle suivant laquelle la convention, d'alternative qu'elle était, est devenue pure et simple, et la règle qui rend chacun responsable de sa faute.

Lorsque le créancier, s'étant réservé le choix, se trouve dans le cas où l'une des choses seulement est périe, il faut examiner si c'est par la faute ou sans la faute du débiteur.

Si le débiteur n'est pas en faute, et il serait en faute s'il était en demeure, le créancier doit avoir la chose qui reste. Il ne peut pas réclamer le prix de celle qui est périe, parce qu'elle a cessé d'être l'objet de l'obligation, sans que le débiteur ait manqué à la bonne foi.

Si celui-ci est en faute, le créancier est fondé à demander, soit la chose qui reste, comme étant l'objet direct de l'obligation, soit le prix de la chose périe, comme étant la juste indemnité de la faute du débiteur.

Lorsque les deux choses sont péries, et que le débiteur est en faute, soit à l'égard des deux, soit à l'égard de l'une d'elles, le créancier peut demander le prix de l'une ou de l'autre, à son choix. Le motif est que, dans le cas même où le débiteur n'est en faute qu'à l'égard de l'une des choses, il doit répondre de ce que cette faute a privé le créancier du choix entre les deux choses, et cette indemnité doit être dans le choix laissé au créancier de demander le prix de l'une ou de l'autre des choses péries.

Dans tous les cas, soit que le débiteur ait le choix, soit qu'il ait été réservé au créancier, si les deux choses sont péries sans

la

la faute du débiteur, l'obligation est éteinte, suivant les principes qui seront ci-après expliqués.

Les mêmes principes s'appliquent aux cas où il y a plus de deux choses comprises dans l'obligation alternative.

Des obligations solidaires.

Une quatrième modification des obligations est la solidarité, soit à l'égard des créanciers, soit de la part des débiteurs.

De la solidarité entre les créanciers.

Lorsque quelqu'un est obligé à une même chose envers plusieurs personnes, chacune d'elles n'est créancière que pour sa part; tel est l'effet ordinaire d'une pareille obligation. Mais si, par une clause particulière, le titre donne à chacun de ces co-créanciers le droit de demander le paiement du total de la créance, de manière que par le paiement entier fait à l'un d'eux, le débiteur soit libéré envers les autres, il y a solidarité d'obligation. Ces créanciers sont nommés en droit *correi stipulandi.*

Cette faculté donnée à chacun des créanciers de demander le paiement total, et la convention qu'ils auraient faite en même tems de diviser entre eux le bénéfice de l'obligation, n'ont rien d'incompatible.

Si le débiteur était poursuivi par l'un des créanciers, il perdrait la faculté de payer à l'autre. Ce débiteur ne pourrait pas, par sa faute, intervertir le droit du créancier qui a poursuivi; et le créancier qui aurait formé sa demande le second, ne pourrait pas se prévaloir d'un droit dont l'autre serait déjà dans une sorte de possession par ses poursuites.

Il semble que chacun des créanciers pouvant exiger toute la dette, on doive conclure de ce droit, qu'il a aussi celui de faire la remise au débiteur. On dit, pour cette opinion, que la remise de la dette est au nombre des moyens de libération; que chacun des créanciers paraît être, relativement au débiteur, comme s'il était l'unique créancier; qu'il faudrait, pour qu'il

Liv. III.   O ne pût pas user du droit de faire remise, que ce droit fût excepté dans l'obligation ; et que d'ailleurs le créancier solidaire pouvant recevoir le paiement, il lui est toujours facile de donner la quittance d'un paiement qui ne serait pas réel ; en un mot, que les cocréanciers suivent respectivement leur foi.

Ces raisons avaient été adoptées par la loi romaine. (Leg. 2, ff. *de duobus reis.*)

Mais cette décision a paru peu conforme à l'équité et trop favorable à la mauvaise foi.

On doit suivre l'intention présumée des parties. Chaque créancier solidaire a droit d'exécuter le contrat. La remise de la dette est autre chose que l'exécution : c'est faire un contrat de bienfaisance, d'un contrat intéressé. C'est un acte de libéralité, personnel à celui qui fait la remise ; il ne peut être libéral que de ce qui lui appartient. S'il est bienfaisant envers le débiteur, il ne doit pas être malfaisant envers ses créanciers qui, sans la remise entière, auraient eu action contre ce débiteur. Une volonté n'est généreuse que quand elle n'est pas nuisible ; et lorsqu'elle a ce dernier caractère, l'équité la repousse : elle en conçoit des soupçons de fraude.

Si le cocréancier donne une quittance, le contrat lui a donné le droit de recevoir et conséquemment celui de donner quittance. C'est l'exécution directe et naturelle du contrat, et c'est à cet égard seulement, que ses cocréanciers ont suivi sa foi. Ce serait à eux à prouver que la quittance n'est qu'un acte simulé, et que le cocréancier a fait, contre son droit, la remise de la dette.

Quant à tous les actes conservatoires, celui qui peut recevoir le paiement entier de la dette, peut, par la même raison, faire les actes propres à la conserver. Ainsi, tout acte qui interrompt la prescription à l'égard de l'un des cocréanciers, profite aux autres.

De la solidarité de la part des débiteurs.

L'espèce de solidarité la plus ordinaire, est celle de plusieurs codébiteurs envers leur créancier commun. Il y a solidarité de la part des codébiteurs lorsqu'ils sont obligés à une même chose, de manière que chacun puisse être contraint pour la totalité comme s'il était seul débiteur, et que le paiement fait par un seul, libère les autres envers le créancier. Ces codébiteurs sont appelés en droit *correi debendi*.

Il ne suffit pas que l'obligation soit contractée envers le même créancier ; il faut qu'elle ait pour objet une même chose : si plusieurs étaient obligés à des choses différentes envers la même personne, chacun de ces débiteurs serait séparément tenu de la chose qui serait l'objet de son obligation ; ils ne seraient pas codébiteurs.

Mais lorsque plusieurs débiteurs doivent une même chose, ils n'en sont pas moins codébiteurs, quoique l'obligation de chacun d'eux ait été contractée avec des modifications différentes ; tel serait le cas où l'un d'eux ne serait obligé que conditionnellement ou à terme, tandis que l'engagement de l'autre serait pur et simple et sans terme. Il suffit que, d'une ou d'autre manière, le créancier ait le droit d'exiger d'un seul des débiteurs la totalité de la dette, pour qu'il y ait solidarité ; mais il ne peut exiger que chaque codébiteur acquitte la dette autrement qu'elle n'a été convenue avec lui.

Les exceptions qui résultent de la nature même de l'obligation, sont communes à tous les codébiteurs ; mais les exceptions personnelles à l'un d'eux ne peuvent être opposées par les autres. C'est encore une des conséquences de ce que chacun d'eux est tenu de la manière dont il s'est obligé.

L'obligation solidaire ne doit pas se présumer : lorsque plusieurs débiteurs s'obligent à une même chose envers la même personne, sans exprimer la solidarité, l'obligation se trouve remplie par le paiement que chacun fait de sa portion : exiger d'un seul la totalité, c'est supposer une obligation de plus ; et lors même qu'à cet égard il y aurait du doute, on a vu que l'interprétation doit être en faveur du débiteur.

Il en serait autrement, s'il s'agissait d'obligations pour lesquelles la solidarité serait prononcée par la loi. C'est ainsi qu'elle a été prononcée par l'ordonnance de 1673, titre 6, art. 7,) entre associés en fait de commerce, et, par les lois criminelles, contre ceux qui sont condamnés pour le même délit, etc.

Chacun des codébiteurs étant tenu de la totalité de la dette comme s'il se fût obligé seul, il en résulte que le créancier peut s'adresser à celui des débiteurs qu'il veut choisir, sans que celui-ci puisse, en offrant sa part, demander que le créancier soit tenu d'exercer son action contre les autres, chacun pour leur part. La clause de renonciation au bénéfice de division, qui est de style dans les actes des notaires, suppose un droit qui n'existe pas.

Non-seulement le créancier n'est point tenu d'accéder à la demande de division ; mais encore, dans le cas même où il aurait fait des poursuites contre un ou plusieurs des codébiteurs, il n'est point présumé avoir renoncé à son droit d'en exercer de pareilles, et pour la totalité, contre les autres, jusqu'à ce qu'il soit entièrement payé.

Le créancier qui interrompt la prescription à l'égard de l'un des codébiteurs, conserve son droit, non-seulement à la totalité de la dette, mais encore à la solidarité. Il n'a point alors d'acte conservatoire à faire contre les autres débiteurs. En agissant contre un d'eux, il a usé de son droit contre tous : aucun ne peut plus se prévaloir de la prescription.

C'est par le même motif que, quand le créancier forme une demande d'intérêts contre l'un des débiteurs solidaires, ces intérêts lui sont adjugés pour la totalité de la dette, et dès-lors c'est comme si la demande avait été formée contre tous.

Le créancier ayant le droit d'exiger la totalité de chaque codébiteur comme si celui-ci était seul obligé, on doit encore en conclure que si la chose due a péri par la faute ou pendant la demeure de l'un des débiteurs solidaires, les codébiteurs ne sont point déchargés de l'obligation de payer le prix de la chose. La faute du codébiteur ne peut être pour les autres un moyen de libération.

Mais aussi de ce que chacun d'eux est tenu comme s'il se fût seul obligé pour le tout, on ne peut pas en induire qu'il se soit engagé à répondre des dommages et intérêts auxquels donnerait lieu la faute ou la demeure de l'un des codébiteurs. Ces dommages et intérêts sont la peine d'une faute qui est personnelle. Si la faute de l'un des débiteurs ne peut pas libérer les autres, il ne peut pas, par la même raison d'équité, aggraver leur sort.

Des difficultés assez fréquentes se sont jusqu'ici élevées sur les différens cas où le créancier doit être présumé avoir renoncé à son droit de solidarité.

On doit admettre, comme règle générale, que cette renonciation doit être prouvée, ou littéralement, ou au moins par un fait assez positif, pour qu'on ne puisse pas élever un doute raisonnable sur l'intention du créancier.

L'un des débiteurs devient-il l'héritier unique du créancier, ou le créancier devient-il l'unique héritier de l'un des débiteurs ; la confusion des droits qui s'opère par leur réunion sur la même tête, ne doit s'appliquer, dans ces deux cas, qu'à la part du débiteur. On doit dire de cette confusion, avec la loi romaine : *Magis personam debitoris eximit ab obligatione, quàm extinguit obligationem.*

Si le créancier consent à la division de la dette à l'égard de l'un des débiteurs, doit-on présumer qu'il ait renoncé à la solidarité à l'égard des autres ?

Il ne peut pas y avoir de doute, si, dans la quittance, le créancier a fait la réserve de la solidarité, ou si même il y a réservé ses droits en général, puisque, dans ce dernier cas, le droit de solidarité s'y trouve compris.

Mais s'il n'y a pas de réserve, la question peut se présenter sous deux rapports, dont l'un est entre le créancier et le codébiteur, et l'autre entre le créancier et les autres codébiteurs.

Le créancier est-il présumé avoir renoncé à son action solidaire à l'égard du codébiteur, dont il a reçu une somme égale à la portion dont il était tenu, lorsque la quittance ne porte point que c'est *pour la part* de ce codébiteur ? Il y avait à cet égard diversité d'opinions : on a préféré celle qui maintient la solidarité. Le créancier avait droit au paiement entier. Il résulte sans doute une présomption contre lui , de ce que la part reçue est égale à celle du codébiteur ; mais une autre présomption résulte aussi en sa faveur , de ce qu'aucune expression du créancier ne porte son intention de déroger à son droit, et alors la règle que personne n'est facilement présumé renoncer à son droit, doit l'emporter.

Mais de ces expressions, *pour sa part*, employées dans la quittance , on avait conclu , avec raison , dans la loi romaine , que le codébiteur avait été reconnu comme étant débiteur d'une part , et dès-lors comme n'étant plus débiteur solidaire.

On a vu , dans une quittance ainsi motivée , une nouvelle convention que rend parfaite le concours du créancier qui donne la quittance , et du débiteur qui la reçoit.

C'est par cette dernière considération que l'on ne regarde point le créancier comme étant lié par la demande qu'il aurait formée contre l'un des codébiteurs pour sa part, si celui-ci n'a pas acquiescé à la demande , ou s'il n'est pas intervenu un jugement de condamnation.

Lorsqu'il y a plus de deux codébiteurs solidaires, le créancier qui , à l'égard de l'un d'eux , a consenti à la division de la dette , soit en recevant avec la déclaration *pour sa part*, soit autrement, est-il présumé avoir renoncé à la solidarité contre les autres ? Il y avait aussi sur ce point partage d'opinions.

On dit , pour les codébiteurs , que la division de la dette sans réserve est un fait positif, et que la renonciation à la solidarité se trouve prouvée tant par ce fait en lui-même, que par ses conséquences.

Par le fait , puisqu'il est directement contraire à l'exercice du droit de solidarité. Si, quand on agit contre un des codébiteurs, leur sort est commun , l'équité ne demande-t-elle pas que réciproquement ils profitent de la décharge donnée à l'un d'eux ?

Par les circonstances de ce fait, qui seraient de changer le contrat, ce qui n'est pas permis au créancier.

En effet, si parmi les codébiteurs il y en a d'insolvables, les autres paient par contribution entre eux la part des insolvables. Si nonobstant la division de la dette à l'égard de l'un d'eux, on voulait encore faire peser sur les autres la solidarité, au moins ce recours respectif devra-t-il leur être conservé.

Il faut donc, où que le créancier lui-même reste responsable des insolvabilités à raison de la part du débiteur acquitté ; mais on ne peut pas présumer qu'il ait entendu, en divisant sa dette, s'exposer à ces risques.

Où la contribution aux parts des insolvables doit continuer à peser sur le codébiteur à l'égard duquel la dette a été divisée : cependant ce codébiteur a une décharge pure et simple. Comment ne pas admettre l'exception qu'il fonderait sur ce qu'il n'y a contre lui aucune réserve ?

Les auteurs qui soutiennent l'opinion favorable au créancier, partent de deux principes qui sont justes.

Le premier est que la renonciation à un droit ne peut s'établir par présomption.

Ils soutiennent que, du fait de la division de la dette, il ne résulte point de renonciation expresse ; que ce n'est point un acte qui détruise le droit de solidarité, puisque le créancier qui pouvait exiger du débiteur la totalité, pouvait à plus forte raison n'exiger que la part du codébiteur ; que les conventions ne peuvent faire acquérir de droit qu'aux parties entre lesquelles ces conventions interviennent ; que la bonté d'un créancier pour l'un de ses codébiteurs, ne doit pas lui préjudicier à l'égard des autres ; et que, s'il n'en était pas ainsi, aucun créancier ne voudrait être victime de sa complaisance ; que l'on ne verrait plus d'exemples de codébiteurs déchargés de la solidarité.

Le second principe dont on part en faveur du créancier, est que l'obligation contractée solidairement envers lui, se divise de plein droit entre les débiteurs, qui ne sont tenus, entre eux, que chacun pour sa part et portion.

Soit que des codébiteurs aient contracté l'obligation solidaire par le même contrat, où que ce soit par des actes différens, l'équité veut que le codébiteur qui paie la part entière ait son recours contre ses codébiteurs. Chacun s'est obligé à payer la totalité au créancier ; aucun ne s'est obligé à payer pour les autres. C'est entre tous les codébiteurs un lien de droit que le créancier n'est pas le maître de rompre ; et s'il divise la dette à l'égard des codébiteurs, on ne doit pas en conclure qu'il ait interverti les recours respectifs des codébiteurs entre eux. La division de la dette n'a pu être consentie ni acceptée que sauf le droit d'autrui ; ainsi le codébiteur déchargé de la solidarité envers le créancier, a dû compter qu'il lui restait encore une obligation à remplir à l'égard de ses codébiteurs, en cas d'insolvabilité de quelques-uns d'entre eux.

Les codébiteurs contre lesquels le créancier veut, après cette division de la dette, exercer la solidarité, n'ont point à se plaindre, puisque ce droit, au lieu d'être exercé pour la totalité, comme il l'aurait été s'il n'y avait pas un codébiteur déchargé, ne pourrait plus l'être que déduction faite de la portion de ce codébiteur, dont ils n'ont plus d'ailleurs à craindre l'insolvabilité.

Ces considérations en faveur du créancier ont prévalu, et par leur justesse au fond, et parce que les créanciers se porteront plus facilement à diviser les obligations solidaires ; ce qui peut avoir une heureuse influence sur des établissemens de tout genre, auxquels la dette solidaire de celui qui voudrait les former pourrait mettre obstacle.

Il est réglé que, nonobstant la division de la dette, faite sans réserve à l'égard de l'un des codébiteurs, le créancier conservera l'action solidaire contre les autres, et que, dans le cas d'insolvabilité d'un ou plusieurs des codébiteurs non déchargés, la part des insolvables sera contributoirement répartie entre tous les débiteurs, même entre ceux précédemment déchargés de la solidarité.

Le recours des codébiteurs entre eux, soit lorsque l'un d'eux a payé la totalité, soit lorsqu'il y en a d'insolvables, ne peut être par action solidaire. La solidarité ne doit pas s'étendre au-delà de ce qui est exprimé par la convention ; et lors même que le débiteur qui a payé la totalité est subrogé dans tous les droits du créancier, il ne doit pas être admis à exercer celui de la solidarité, parce qu'alors il y aurait un circuit d'actions réciproques, dont le résultat serait que chacun ne paierait qu'à raison de ce qu'il aurait participé à la cause de la dette.

Lorsque le créancier a reçu divisément et sans réserve la portion de l'un des codébiteurs dans les arrérages ou intérêts de la dette, la solidarité n'est éteinte à l'égard de ce débiteur que pour les arrérages ou intérêts échus, et non pour ceux à échoir, ni pour le capital. Une convention ne doit pas être étendue au-delà de son objet.

Si néanmoins, le paiement divisé des arrérages et intérêts avait été continué pendant dix ans consécutifs, cette dérogation à l'exercice de cette partie du droit de solidarité, doit faire présumer que le créancier y a renoncé pour l'avenir ; et on en doit aussi conclure que la dette est divisée même pour le capital : en effet, les intérêts sont représentatifs du capital dû. Il ne serait pas conséquent de supposer que le créancier eût renoncé à n'exiger que les intérêts représentatifs d'une partie du capital, et qu'il eût entendu conserver, contre ce débiteur, son action pour le capital entier.

Des obligations divisibles et indivisibles.

On donne à une obligation le nom de *divisible*, lorsqu'elle a pour objet une chose qui, dans sa livraison, ou un fait qui, dans l'exécution, est susceptible de division. L'obligation est appelée *indivisible*, si son objet ne peut se diviser.

La division dont une chose est susceptible, est réelle ou intellectuelle.

Elle est réelle, s'il s'agit d'une chose qui, comme un arpent de terre, peut se diviser réellement en plusieurs parties.

Elle est intellectuelle, s'il s'agit d'un simple droit ; tel serait le droit indivis qu'aurait un cohéritier dans un effet quelconque d'une succession : un pareil droit est mis au nombre des choses divisibles , parce qu'il consiste dans une quotité susceptible de subdivision. Il faut même observer qu'un droit indivis peut également se subdiviser , soit qu'il s'applique à une chose divisible réellement , soit même qu'il s'applique à une chose qui en soi est indivisible.

Il y a des droits qui ne sont même pas susceptibles de division intellectuelle ; telles sont plusieurs espèces de servitudes.

Mais lors même qu'une chose ou un fait serait susceptible de division , si , dans l'intention des parties , son exécution ne doit pas être partielle , l'obligation doit être regardée comme indivisible : telle serait l'obligation de construire une maison ; telle serait l'obligation de donner une chose qui , divisée , ne serait plus propre à sa destination.

Des effets de l'obligation divisible.

Les questions qui peuvent naître de ce qu'une obligation est divisible ou indivisible , ne peuvent s'élever entre les personnes même qui ont contracté. Toute obligation , celle même qui serait susceptible de division , doit s'exécuter entre le créancier et le débiteur , comme si elle était indivisible.

Les effets de la divisibilité ou de l'indivisibilité qui exigent des règles spéciales , ne concernent que les héritiers du débiteur ou ceux du créancier.

Si l'obligation est divisible , les héritiers du créancier ne peuvent demander la dette que pour les parts et portions dont ils en sont saisis comme représentant le créancier ; et réciproquement les héritiers du débiteur ne sont tenus de la payer qu'à raison de leurs parts ou portions comme représentant le débiteur.

Mais il peut y avoir d'ailleurs des causes particulières qui empêchent que les héritiers du débiteur ne puissent opposer au créancier la règle générale de la division de la dette entre eux , quoique l'obligation soit divisible.

Ainsi, lorsque la dette est hypothécaire, il résulte de cette obligation une double action : l'action personnelle , qui se divise entre les héritiers ; et l'action fondée sur l'hypothèque , par laquelle l'immeuble est devenu le gage indivisible, dans quelque main qu'il se trouve.

Si la dette est d'un corps certain qui ait été compris dans le lot de l'un des héritiers, le créancier a le droit de l'exiger de lui en entier ; s'il s'adressait aux autres héritiers, il faudrait que ceux-ci revinssent vers le cohéritier qui en serait possesseur. Ce serait un circuit vicieux d'actions.

S'il s'agit de la dette alternative de choses au choix du créancier, et dont l'une soit indivisible, les héritiers ne sauraient réclamer une division qui serait contraire au droit que le créancier a de choisir ou au choix qu'il aurait fait.

Si l'un des héritiers est chargé seul de l'exécution par le titre de l'obligation ou par un titre postérieur, la volonté qu'a eue le débiteur de dispenser son créancier d'une division incommode, doit être remplie.

Enfin, s'il résulte, soit de la nature de l'engagement, soit de la chose qui en fait l'objet, soit de la fin qu'on s'est proposée dans le contrat, que l'intention des parties ait été que la dette ne pût s'acquitter partiellement, les héritiers du débiteur ne peuvent se soustraire à cette obligation en demandant la division.

Celui des héritiers qui, dans ces divers cas, a payé plus qu'il n'eût dû en cette qualité, a son recours, ainsi que de droit, vers ses cohéritiers, parce que ce n'est pas l'obligation, mais seulement le paiement qui a été à sa charge.

Lorsque la chose divisible périt par la faute de l'un des héritiers, il est tenu de l'entière indemnité envers le créancier, sans recours contre ses cohéritiers. Ceux-ci sont libérés, comme l'eût été le défunt lui-même, par la perte de la chose arrivée sans sa faute. Chaque héritier est tenu des faits du défunt ; il ne l'est point des faits de ses cohéritiers.

Les effets de la division de la dette entre les cohéritiers, deviendront de plus en plus sensibles, en observant que la réunion des portions, soit des héritiers du créancier, soit des héritiers du débiteur, en une seule personne, fait cesser la faculté de payer la dette par partie. Le motif est que, nonobstant la division entre les héritiers, il n'y a cependant qu'une obligation ; conséquemment, si, avant le paiement, il ne se trouve plus qu'un seul débiteur ou un seul créancier de la dette, la cause de la division n'existe plus.

Des effets de l'obligation indivisible.

Une obligation indivisible étant celle d'une chose ou d'un fait qui n'est susceptible de division ni réelle ni intellectuelle, une pareille obligation ne peut être remplie partiellement ; ainsi, quiconque en est tenu, l'est pour la totalité. Lorsqu'elle a été contractée par plusieurs, aucun ne peut opposer qu'il n'y a point eu de solidarité stipulée ; les héritiers du débiteur ne peuvent se prévaloir de ce qu'ils ne lui succèdent que pour une portion ; les héritiers de chaque héritier ne pourraient même point, dans ce cas, opposer cette qualité, comme ils pourraient le faire, si l'obligation était solidaire sans être indivisible.

Par la même raison, que quiconque est tenu de l'obligation indivisible, doit la remplir entièrement, quiconque aussi a droit à une chose indivisible, peut l'exiger en totalité. Ainsi chacun des héritiers du créancier a ce droit contre le débiteur.

Mais il faut observer que si, par la nature de l'objet indivisible, l'un des héritiers du créancier peut l'exiger en entier, il n'a pas seul droit à la propriété. Ainsi, en cas d'inexécution, les dommages et intérêts qui sont indivisibles ne lui seraient pas dus en entier.

Il résulte encore de ce que le cohéritier n'a pas seul droit à la propriété, qu'il ne peut seul ni faire remise de la dette, ni recevoir le prix au lieu de la chose ; et que, dans ces deux cas, l'autre cohéritier qui n'a pu être dépouillé de son droit, peut l'exercer en demandant la chose entière au débiteur, pourvu qu'il tienne compte à ce débiteur de la valeur ou du prix de la chose, jusqu'à concurrence de la portion du cohéritier qui en a fait la remise ou qui en a reçu le prix. C'est ainsi que tous les droits, tant ceux des cohéritiers du créancier que ceux du débiteur, peuvent se concilier avec équité.

De même que chaque cohéritier du créancier n'est pas propriétaire de la totalité, de même aussi chaque cohéritier ne doit pas la totalité, quoiqu'il ne puisse point payer partiellement. Les droits du créancier et ceux du cohéritier assigné, seront encore conciliés, en accordant à celui-ci, lorsqu'il le demandera, un délai pour mettre en cause ses cohéritiers. Si la dette est de nature à ne pouvoir être acquittée que par l'héritier assigné, la condamnation contre lui seul ne sera point ainsi différée. Il aura seulement son recours en indemnité contre ses cohéritiers.

Si l'obligation était de nature à ne pouvoir être acquittée que par tous conjointement, il est hors de doute que l'action ne pourrait être dirigée contre un seul.

Des obligations avec clause pénale.

Il nous reste à considérer dans les obligations une dernière espèce de modification, qui est la clause pénale.

On nomme ainsi la clause par laquelle une personne, pour assurer que son obligation sera exécutée, s'engage à quelque chose en cas d'inexécution.

La clause pénale n'est donc qu'un accessoire de l'obligation principale.

Ainsi la nullité de l'obligation principale doit entraîner celle de la clause pénale; au lieu que la nullité de la clause pénale, n'entraîne point celle de l'obligation principale.

La fin qu'on se propose par une clause pénale, est d'assurer l'exécution de l'obligation principale. Le créancier doit donc avoir le droit ou de demander la peine stipulée contre le débiteur qui est en demeure, ou de poursuivre l'exécution de l'obligation principale.

La peine stipulée est la compensation des dommages et intérêts résultant de l'inexécution de l'obligation principale. Ainsi le créancier ne peut demander et l'exécution de l'obligation principale , et la peine.

Si la peine n'avait été stipulée qu'à raison du retard , elle serart l'évaluation des dommages et intérêts résultant de ce retard : le créancier pourrait demander et le principal et la peine.

Suivant les lois romaines, la peine était toujours encourue par l'échéance du terme. Nos usages avaient modéré cette rigueur : ils ont été en partie maintenus. Ainsi, dans les obligations à terme comme dans celles qui sont sans terme , la peine n'est encourue que lorsque celui qui s'est obligé est en demeure. C'est alors seulement que la faute dont il doit subir la peine est constante. Mais il sera considéré comme étant en demeure par la seule échéance du terme , si telle est la stipulation.

Lorsque la clause pénale est ajoutée à l'obligation de ne pas faire une chose, la peine est due aussitôt que, contre la stipulation, la chose a été faite. La preuve de la faute est alors dans la chose même.

La peine stipulée par les contractans, fait la loi entre eux. Le créancier ne doit pas être admis à dire que cette peine est insuffisante , ni le débiteur à prétendre qu'elle est excessive. Quel serait le juge qui, mieux que les parties, pourrait connaître les circonstances et les intérêts respectifs qui ont déterminé la fixation de la peine? On doit appliquer ici les raisonnemens faits sur la fixation d'une somme stipulée pour dommages et intérêts.

L'intervention des juges est nécessaire, lorsque l'obligation principale a été exécutée en partie : c'est alors un cas différent de celui qu'elles ont prévu , et auquel la peine a été attachée. Le créancier ne peut pas avoir une partie de la chose, et exiger la peine entière. C'est une évaluation nouvelle pour laquelle le défaut de convention rend indispensable d'avoir recours aux tribunaux.

Les règles établies pour les effets d'une obligation divisible ou indivisible, reçoivent leur application à la cause pénale.

Si l'obligation est d'une chose indivisible , la peine entière est encourue par la contravention d'un seul des héritiers du débi-

teur, puisque seul il empêche l'exécution entière ; mais la peine
n'étant pas indivisible, c'est seulement à raison de la faute que
ce cohéritier peut être poursuivi pour la totalité. A l'égard des
cohéritiers qui ne sont point en faute, ils ne peuvent être inquiétés que pour leur portion, ou hypothécairement pour le
tout, et ils ont leur recours contre celui qui a fait encourir la
peine.

Si l'obligation principale est divisible, chacun des héritiers,
celui même qui contreviendrait à l'obligation, n'est tenu de la
peine que jusqu'à concurrence de sa part dans l'obligation ; et
conséquemment, il ne doit y avoir aucune action contre les héritiers qui l'ont exécutée en ce qui les concerne.

Il en serait autrement, si la clause pénale ayant été ajoutée
dans l'intention que le paiement ne puisse se faire partiellement, un cohéritier a empêché l'exécution de l'obligation pour
la totalité. En ce cas, l'obligation est considérée comme indivisible, et conséquemment la peine entière peut être exigée de
lui ; elle ne peut l'être des autres cohéritiers que pour leur portion seulement et sauf leur recours.

De l'extinction des obligations.

Après avoir établi quelles sont les conditions essentielles des
obligations, quelles sont leurs diverses espèces, et quels liens
se forment, soit entre les contractans ou leurs héritiers, soit
vis-à-vis des tiers, on a posé les principes sur les diverses manières dont s'éteignent les obligations.

Elles s'éteignent par le paiement, par la novation, par la remise volontaire, par la compensation, par la confusion, par la
perte de la chose, par la nullité ou la rescision, par l'effet de la
condition résolutoire, qui a déjà été expliquée ; et par la prescription, qui fera l'objet d'un titre particulier.

Du paiement en général.

Le paiement est réel, lorsque le débiteur accomplit réellement
ce qu'il s'est obligé de donner ou de faire.

Tout paiement suppose une dette, et conséquemment ce qui aurait été payé pour une dette qui n'existerait pas, pourrait être répété.

Mais cette répétition doit-elle avoir lieu lorsqu'une obligation naturelle a été volontairement acquittée? La loi qui n'eût point admis l'action contre le débiteur, doit-elle le regarder comme étant lié civilement lorsqu'il a payé?

Il ne s'agit point ici de ces obligations qui, dans la législation romaine, avaient été mises au nombre des obligations naturelles, parce que n'ayant ni la qualité du contrat, ni la forme des stipulations, elles étaient regardées comme de simples conventions dont une action civile ne pouvait naître. Ces conventions sont, dans notre législation, au rang des obligations civiles, et on ne regarde comme obligations purement naturelles, que celles qui, par des motifs particuliers, sont considérées comme nulles par la loi civile.

Telles sont les obligations dont la cause est trop défavorable pour que l'action soit admise, et les obligations qui ont été formées par des personnes auxquelles la loi ne permet pas de contracter. Telles sont même les obligations civiles, lorsque l'autorité de la chose jugée, le serment décisoire, la prescription ou toute autre exception péremptoire, rendraient sans effet l'action du créancier.

Le débiteur qui a la capacité requise pour faire un paiement valable, et qui, au lieu d'opposer ces divers moyens, se porte de lui-même et sans surprise à remplir son engagement, ne peut pas ensuite dire qu'il ait fait un paiement sans cause. Ce paiement est une renonciation de fait aux exceptions sans lesquelles l'action eût été admise; renonciation que la bonne foi seule et le cri de la conscience sont présumés avoir provoquée; renonciation qui forme un lien civil que le débiteur ne doit plus être le maître de rompre.

L'obligation naturelle ne devenant un lien civil que par induction tirée du paiement, cette obligation ne peut avoir d'autre effet que celui d'empêcher la répétition de ce qui a été payé.

Mais

Mais elle ne peut faire la matière d'une compensation, ni avoir les autres effets que leur donnait la loi romaine par suite de cette distinction que nous n'avons point admise entre les pactes et les contrats.

Il n'est pas nécessaire, pour qu'un paiement soit valable, qu'il soit fait par ceux qui y sont intéressés. L'obligation peut être acquittée par un tiers qui n'y a aucun intérêt, lorsqu'il agit au nom et en acquit du débiteur. Si, agissant en son nom propre, il se fait subroger au droit du créancier, ce n'est plus un paiement, c'est un transport de l'obligation.

Le créancier ne pourrait se refuser à recevoir le paiement de ce tiers, à moins qu'il n'eût un intérêt à ce que l'obligation fût acquittée par le débiteur lui-même. C'est ainsi que l'obligation contractée pour un ouvrage d'art, est déterminée par le talent personnel de l'artiste ; un tiers ne doit pas être admis à le suppléer.

Le paiement est un transport de propriété : pour payer valablement, il faut donc être à-la-fois propriétaire et capable d'aliéner.

Cette règle souffre une exception dans le cas où, soit une somme d'argent, soit une autre chose qui se consomme par l'usage, aurait été donnée en paiement par celui qui n'en était pas propriétaire ou qui n'était pas capable de l'aliéner. L'équité ne permet pas que le créancier, qui de bonne foi l'a consommée, puisse être inquiété. Ce serait une revendication, et il ne peut y en avoir que contre le possesseur de mauvaise foi, ou contre celui qui, par fraude, a cessé de posséder.

Un paiement ne serait pas valable, s'il n'était pas fait, soit au créancier, soit à quelqu'un ayant pouvoir de lui, ou autorisé par justice ou par la loi à recevoir pour lui.

La ratification du paiement, donnée par le créancier, équivaut à un pouvoir, et il serait injuste qu'il pût contester le paiement lorsqu'il a tourné à son profit.

L'équité veut encore que le paiement soit valable, lorsqu'ayant été fait de bonne foi devant le débiteur, à celui qui était en pos-

Liv. III.   P

session de la créance , ce débiteur avait un juste sujet de le regarder comme le véritable créancier ; tel serait un héritier qui , d'abord possesseur légitime de la succession , recevrait le paiement des sommes dues , et serait ensuite évincé par un héritier plus proche.

Le débiteur serait en faute, s'il faisait un paiement à celui qui, par son âge ou par un autre motif , n'aurait pas la capacité de recevoir. La seule ressource de ce débiteur serait de prouver que la chose payée a tourné au profit du créancier. La protection que la loi accorde à ce créancier, ne saurait être pour lui un moyen de s'enrichir aux dépens d'autrui.

Si des tierces personnes envers lesquelles le créancier est lui-même obligé , ont formé entre les mains des débiteurs une saisie ou une opposition , le débiteur n'est plus , à l'égard des créanciers saisissans ou opposans, libre de payer. Si dans ce cas il paye à son créancier, le paiement est valable à l'égard de ce créancier ; il est nul à l'égard des saisissans ou opposans , qui peuvent exiger de ce débiteur un second paiement, sauf son recours contre le créancier.

Un créancier ne peut être contraint de recevoir en paiement une autre chose que celle qui lui est due ; et, s'il l'avait reçue par erreur , il pourrait, en offrant de la rendre , exiger celle qui a été stipulée.

On n'avait admis que dans une très-petite partie de la France la *Nov.* 4 , chap. III, qui permet au débiteur n'ayant pas d'argent ou de mobilier, de donner en paiement son héritage sur le pied de l'estimation , à moins que le créancier n'aimât mieux lui trouver un acheteur. C'est soumettre celui-ci à des charges qui ne sont point dans son contrat ; et cette mesure n'est ni nécessaire ni juste dans un pays où , par la publicité des ventes d'héritages, on se procure facilement des acheteurs. Il ne peut y avoir aucune bonne raison pour contraindre le créancier de recevoir autre chose que celle due ; et lorsqu'on lui en offrirait une autre d'une valeur égale ou plus grande , il doit même , en ce cas, puisque ce n'est plus l'exécution de son contrat, rester le maître de refuser.

Par les mêmes motifs, il ne peut être forcé à recevoir partiellement le paiement d'une dette, lors même qu'elle est susceptible de division. Ainsi on ne pourrait pas lui offrir le capital entier, sans payer en même tems les intérêts.

Si néanmoins le débiteur se trouvait dans des circonstances telles, que par des motifs d'humanité, ou peut-être pour l'intérêt même du créancier, les juges fussent convaincus que, sans porter préjudice à ce créancier, ils feraient un acte d'humanité en accordant des délais modérés pour le paiement, la loi les y autorise, mais en leur rappelant le respect qu'ils doivent aux contrats, et en les avertissant de n'user de ce pouvoir qu'avec la plus grande réserve. Lorsqu'ils prennent sur eux de surseoir ainsi l'exécution des poursuites, ils doivent toujours conserver et les droits et l'effet des procédures du créancier, en ordonnant que toutes choses demeureront en état.

Le débiteur d'un corps certain et déterminé, est libéré en livrant la chose au terme convenu, dans l'état où elle se trouve. Il ne répondrait pas de la perte même de la chose, à moins que cette perte ne fût survenue par sa faute ou par la faute de ceux dont il répond, ou à moins qu'il ne fût en demeure. Ainsi, hors ces cas, et par les mêmes motifs, il n'est pas responsable des détériorations.

Si la dette est d'une chose qui ne soit déterminée que par son espèce, l'équité n'autorise point le créancier à l'exiger de la meilleure qualité; mais aussi elle ne permet pas au débiteur de l'offrir de la plus mauvaise.

Le contrat fait la loi pour le lieu du paiement, comme sur le reste : lorsque le lieu n'a pas été désigné, le créancier est présumé avoir voulu, s'il s'agit d'un corps certain et déterminé, qu'il lui fût livré dans le lieu où il était lors de l'obligation; ou si l'objet de la dette est indéterminé, le débiteur peut invoquer la règle suivant laquelle, dans le silence du contrat ou dans le doute qu'il fait naître, il doit être interprété de la manière la moins onéreuse pour lui. Le paiement doit donc alors être fait à son domicile.

On n'a point admis l'exception du cas où la demeure du débiteur et celle du créancier sont peu éloignées, et où le transport de la chose à livrer est facile; ce serait une source de procès, et l'hypothèse même dans laquelle on place les contractans, prouve que le créancier n'aurait pas un intérêt réel à ce que cette distinction fût faite.

C'est le débiteur qui doit remplir son obligation, et qui a besoin d'avoir la preuve qu'il s'est libéré : les frais du paiement doivent donc être à sa charge.

Du paiement avec subrogation.

L'obligation est éteinte, à l'égard du créancier, par le paiement que lui fait une tierce personne subrogée dans ses droits, sans que cette obligation soit éteinte à l'égard du débiteur.

La subrogation est conventionnelle ou légale.

Elle peut s'opérer par convention, de deux manières.

La première est lorsque le créancier, recevant son paiement d'une tierce personne, la subroge dans ses droits, actions, privilége ou hypothèque contre le débiteur.

C'es une convention qui diffère du contrat de transport de la créance.

Le transport est une aliénation qui, de droit, emporte la garantie à laquelle le créancier reste obligé.

Par le paiement avec subrogation, toute obligation est éteinte vis-à-vis du créancier, et conséquemment il n'en contracte aucune à l'égard du subrogé.

De ce que l'obligation s'éteint à l'égard du créancier par le paiement, on doit tirer les conséquences suivantes :

La première, que la subrogation doit être faite en même tems que le paiement; le créancier ne pourrait postérieurement exercer aucun droit résultant d'une obligation éteinte à son égard.

La seconde, que la personne qui a payé ne peut se prévaloir du privilége ou de l'hypothèque dont il n'y aurait pas une réserve expresse à son profit; autrement le paiement fait au créancier aurait opéré l'extinction des droits qu'il avait, tant au fonds, que pour sa sûreté.

Il peut encore y avoir subrogation par convention, lorsque le débiteur emprunte une somme pour payer sa dette, et subroger le prêteur dans ses droits. Cette subrogation s'opère sans le concours de la volonté du créancier, qui, obtenant, par ce moyen, le paiement de la dette, n'a point d'intérêt à s'y opposer.

Mais la subrogation dans les hypothèques ou priviléges du créancier, étant un moyen qu'on donne au débiteur pour trouver un créancier moins rigoureux, au moins faut-il, pour que des tiers ayant des hypothèques ou des priviléges postérieurs, ne puissent pas se plaindre, qu'il soit certain que la somme a été empruntée pour le paiement, et qu'elle y a été employée. Ainsi on exige que l'acte d'emprunt et la quittance soient passés devant notaires; que dans l'acte d'emprunt il soit déclaré que la somme a été empruntée pour faire le paiement; ce qui suppose que l'emprunt précède le paiement de l'ancien créancier, ou au moins que cet emprunt est de même date; enfin, on exige que dans la quittance il soit déclaré que le paiement a été fait des deniers fournis à cet effet par le nouveau créancier. Ce mode de subrogation est celui qui avait été consacré par un arrêt de règlement du parlement de Paris, du 6 juillet 1690.

Quant à la subrogation de plein droit, elle a lieu dans tous les cas où un codébiteur, une caution, et en général tous ceux qui étaient tenus avec d'autres ou pour d'autres, au paiement de la dette, avaient intérêt de l'acquitter. L'équité ne permettrait pas de se prévaloir de ce qu'ils n'ont pas requis la subrogation, ils en avaient le droit; il ne peut être présumé ni que le créancier qui eût dû consentir à la subrogation, s'il en eût été requis, ait eu l'intention de ne pas mettre celui qui paie en état d'exercer ses recours, ni que le débiteur ait renoncé à un droit aussi important. Cette interprétation doit donc avoir son effet à l'égard des tiers créanciers. Tel avait été le sentiment de *Dumoulin*; et quoiqu'il fût difficile à concilier avec les textes des lois romaines, il a dû être préféré à l'opinion suivant laquelle la subrogation ne devait être accordée par la loi, que dans le cas de refus du créancier, sur la réquisition qui lui en aurait été faite.

Les mêmes motifs ont déterminé à regarder également comme subrogé de droit, celui qui étant lui-même créancier, paie un autre créancier qui lui est préférable à raison de ses priviléges ou hypothèque. Il n'y avait pas de doute à cet égard. La loi romaine était expresse. (Leg. IV, Cod. *de his qui in prior. cred.*) Le créancier qui a ainsi payé, n'a pu avoir d'autre intérêt ni d'autre objet que celui de jouir des avantages de la subrogation.

L'acquéreur d'un immeuble qui emploie le prix de son acquisition au paiement des créanciers auxquels cet héritage était hypothéqué, n'était point subrogé par les lois romaines, ou du moins elles offraient encore à cet égard de l'obscurité. Cependant l'acquéreur ne peut avoir d'autre but, lorsqu'il paie des créanciers ayant hypothèque sur l'héritage acquis, que celui d'éviter les poursuites en délaissement; et sur ce point, la justice est si évidente, que nonobstant le défaut de loi expresse, la jurisprudence accordait, dans ce cas, à l'acquéreur, les droits de la subrogation, sinon sur tous les biens du vendeur, du moins sur l'héritage vendu que l'acquéreur avait eu intérêt de libérer de l'hypothèque. On avait reconnu que les créanciers postérieurs ne pourraient, sans se rendre coupables de mauvaise foi, prétendre que ce paiement tournât à leur profit.

Enfin, la subrogation s'opère de droit au profit de l'héritier bénéficiaire qui a payé de ses deniers les dettes de la succession. Il n'est jamais présumé avoir voulu, en cette qualité, confondre ses droits personnels avec ceux de la succession.

Lorsqu'un créancier n'a été payé qu'en partie, les personnes qui lui ont fait des paiemens partiels, et qui ont été à cet égard subrogées, ne peuvent venir en concurrence avec ce créancier pour ce qui lui reste dû. La personne qui l'a payé ne doit être, à son égard, considérée que comme ayant voulu acquitter la dette, et non comme ayant entendu acquérir un droit contre lui ou en concurrence avec lui.

De l'imputation des paiemens.

Lorsqu'il se fait un paiement par un débiteur ayant plusieurs dettes, ou ce paiement est imputé sur l'une des dettes, soit par le débiteur, soit par le créancier, ou il n'y a point d'imputation.

Le débiteur a le droit de déclarer, lorsqu'il paie, quelle dette il entend acquitter.

Mais lorsque la loi romaine en donne ce motif, *possumus certam legem dicere ei quod solvimus*, (Leg. 1. ff. *de solut.*), l'expression *certam legem* explique que le débiteur ne doit pas, en usant de ce droit, causer un préjudice au créancier.

Si le débiteur d'une dette qui porte intérêt ou produit des arrérages, pouvait, sans le consentement du créancier, imputer le paiement qu'il fait sur le capital, par préférence aux arrérages ou intérêts, il nuirait au créancier, qui a dû compter que ces arrérages ou intérêts lui seraient payés avant qu'on pût lui rembourser le capital.

C'est par ce motif que, dans le cas même où le débiteur voudrait payer le capital entier, sans comprendre dans le paiement les intérêts ou arrérages dus, le créancier pourrait exiger que l'imputation se fît d'abord sur ces intérêts ou arrérages.

Lorsque dans la quittance acceptée par le débiteur, l'imputation a été faite sur l'une des dettes spécialement, il ne doit plus être admis à revenir contre son acquiescement, à moins qu'il y ait eu dol ou surprise de la part du créancier.

Lorsqu'aucune imputation n'a été faite, le débiteur peut invoquer la règle suivant laquelle on doit, dans le doute, prononcer ce qui lui est le plus favorable. Ainsi le paiement doit être imputé sur la dette que le débiteur avait le plus intérêt d'acquitter. On exige néanmoins que les dettes entre lesquelles il faut choisir pour l'imputation, soient toutes échues. Celles non échues ne seraient point présumées avoir été l'objet du paiement, lors même qu'elles seraient plus onéreuses.

Si les dettes étaient d'égale nature, la présomption serait que le débiteur a voulu acquitter la plus ancienne.

Si toutes choses étaient égales, l'imputation se ferait sur chacune d'elles proportionnellement au paiement : ni le créancier ni le débiteur n'auraient intérêt qu'elle se fît autrement.

Des offres de paiement et de la consignation.

Le débiteur qui veut s'acquitter, doit d'abord offrir le paiement; il ne serait pas juste que, par le refus de recevoir, le créancier pût priver le débiteur de l'avantage de se libérer. En ce cas, la loi l'autorise à consigner la somme ou la chose offerte, c'est-à-dire, à la remettre dans le dépôt qu'elle lui indique.

Cette consignation n'est pas un paiement proprement dit, en ce que le transport de propriété de la chose payée n'est pas accepté par le créancier : mais elle équivaut au paiement; elle met la chose consignée aux risques du créancier, et elle éteint également la dette. Le consignataire est comme un mandataire que la loi donne au créancier, lorsqu'il a fait un refus abusif d'offres légitimes.

Mais elle n'intervient ainsi entre le créancier et le débiteur, qu'en prenant toutes les précautions pour qu'il soit certain que le créancier est en faute d'avoir refusé les offres réelles qui lui ont été faites.

Pour que ces offres soient valables, il faut qu'elles soient faites au créancier ayant la capacité de recevoir, ou à celui qui a pouvoir de recevoir pour lui; il faut qu'elles soient faites par une personne capable de payer; il faut que ce ne soient pas des offres partielles, et on les considère comme telles si elles ne sont pas à-la-fois et de la totalité de la somme exigible, et des arrérages ou intérêts dus, et des frais liquidés, et d'une somme pour les frais non liquidés, sauf à la parfaire. Il faut que le terme soit échu, s'il a été stipulé en faveur du créancier; il faut que la condition sous laquelle la dette a été contractée soit arrivée; il faut que les offres soient faites au lieu dont on est convenu pour le paiement. Toutes ces règles sont celles précédemment établies pour les paiemens ordinaires.

S'il n'y a pas de convention spéciale sur le lieu du paiement, le débiteur ayant à procéder contre le créancier, est tenu, suivant la règle *actor sequitur forum rei*, de faire les offres, soit à la personne, soit au domicile du créancier, soit au domicile élu pour l'exécution de la convention.

Il ne faut pas qu'il puisse y avoir sur le fait même des offres aucun doute, et en conséquence on exige qu'elles soient faites par un officier ministériel ayant caractère pour ces sortes d'actes.

Quant aux formes de la consignation, on les a bornées à celles qui suffisent pour que le créancier, même après son refus de recevoir les offres, soit encore mis à portée d'éviter une consignation, par laquelle la chose déposée est mise à ses risques.

Suivant un usage presque général, la consignation devait être autorisée par le juge : cette procédure n'a point été regardée comme nécessaire. Le débiteur ne doit pas souffrir des délais qu'elle entraînerait, et le créancier averti par les offres réelles, et ensuite par une sommation qui lui indiquera le jour, l'heure et le lieu où la chose offerte sera déposée, est mis à l'abri des surprises. Il peut prévenir la consignation, en demandant la nullité des offres réelles. C'est alors seulement qu'un jugement est nécessaire pour autoriser la consignation, s'il est décidé que les offres sont valables.

Telles sont les formes qui précèdent la consignation. Celles qui doivent l'accompagner et la suivre sont, que le versement dans le dépôt indiqué par la loi soit effectif; qu'il y ait un procès-verbal dressé par l'officier ministériel, de la nature des espèces offertes, du refus qu'a fait le créancier de les recevoir, ou de sa non-comparution; et enfin, qu'en cas de non-comparution de la part du créancier, le procès-verbal du dépôt lui ait été signifié avec sommation de le retirer.

C'est par cette longue suite de précautions, que les droits du créancier sont garantis, sans qu'il puisse se plaindre, si la loi ne permet pas qu'un refus arbitraire et injuste nuise au débiteur.

Quoiqu'après la consignation, la chose déposée soit, quant aux risques, considérée comme la propriété du créancier, cependant il ne peut pas se plaindre, si, avant qu'il ait acquiescé à la consignation, le débiteur retire la chose déposée. Il doit avoir cette liberté même à l'égard des codébiteurs ou des cautions. Ils ne peuvent pas prétendre que la consignation ait plus de force à leur égard, qu'elle n'en a respectivement au créancier lui-même.

Il en est autrement, si le débiteur a fait juger définitivement que ses offres et la consignation sont valables. Ce jugement équivaut à l'acceptation du créancier; la dette est entièrement éteinte: dès-lors le débiteur ne peut plus, même du consentement du créancier, retirer la consignation au préjudice de ses codébiteurs ou de ses cautions.

Il résulte même encore de cette extinction de la dette que si, depuis le jugement définitif, le créancier a consenti que la chose consignée fût retirée, il perd les droits de privilège ou d'hypothèque qui étaient attachés au titre primitif de la dette. Il n'a plus d'hypothèque que du jour où l'acte par lequel il a consenti que la consignation fût retirée, aura été revêtu des formes requises pour emporter hypothèque.

Si la chose due n'est pas une somme d'argent, et que ce soit un corps certain qui doit être livré au lieu où il se trouve, le débiteur qui a fait sommation de l'enlever, doit, dans le cas où elle ne serait pas enlevée, être autorisé par la justice à la mettre en dépôt dans quelqu'autre lieu.

De la cession de biens.

La cession de biens a été placée au nombre des divers modes de paiement.

C'est l'abandon qu'un débiteur fait de tous ses biens à ses créanciers, lorsqu'il se trouve hors d'état de payer ses dettes.

Si les créanciers acceptent volontairement cette cession, elle n'a d'autre effet que celui résultant des stipulations mêmes du contrat passé entre eux et le débiteur.

Mais si les créanciers refusent la cession, la loi intervient : elle fait examiner si les malheurs du débiteur sont réels, si sa bonne foi est sans reproche ; et lorsqu'il paraît que les créanciers n'ont aucun motif raisonnable pour refuser qu'on remette dans leur main le gage entier des créances, la loi regarde comme étant à-la-fois un acte d'humanité et d'utilité générale d'obliger ces créanciers à recevoir la cession, et de leur interdire les poursuites contre la personne du débiteur.

La cession ainsi autorisée par les juges, n'est point un paiement réel : elle ne transporte point la propriété des biens aux créanciers ; elle leur donne seulement le droit de les faire vendre à leur profit, et d'en percevoir jusqu'alors les revenus. Elle ne libère le débiteur que jusqu'à concurrence de la valeur des biens abandonnés ; et, s'ils sont insuffisans, il est obligé de faire un abandon semblable, et jusqu'à parfait paiement, des biens qui lui surviendraient ensuite.

De la novation.

La deuxième manière dont les obligations peuvent s'éteindre, est la novation.

On donne le nom de novation à la substitution d'une nouvelle dette à l'ancienne : l'ancienne est éteinte au moyen de ce qu'il y en a une autre contractée à sa place.

Cette novation ou substitution d'une dette à l'autre, peut s'opérer de trois manières.

La première est lorsque le débiteur fait lui-même avec son créancier cette substitution d'une dette à l'autre. C'est ce qu'on appelait en droit simplement *novation*.

La deuxième manière est lorsqu'un débiteur est substitué à l'ancien, qui est déchargé par le créancier. Cette deuxième espèce de novation se nommait *ex-promission*.

Enfin, la troisième est lorsqu'un nouveau créancier est substitué à l'ancien, envers lequel le débiteur se trouve déchargé.

Toute novation étant un nouveau contrat substitué à l'ancien, il faut que la volonté de former ce contrat, résulte clairement de l'acte. La renonciation aux droits que donnait la première obligation, ne doit pas dépendre d'une présomption ; et si on n'exige pas une déclaration en termes précis et formels, il faut au moins que l'intention ne puisse être révoquée en doute. Ainsi, lorsque la novation s'opère entre le créancier et le débiteur, il faut que l'acte présente des différences suffisantes pour caractériser cette intention.

Dans le cas où la novation se fait par la substitution d'un débiteur à l'autre, ce nouveau contrat peut se former sans le concours du premier débiteur : alors la novation n'est autre chose que l'acquittement de la première dette par la nouvelle que le tiers contracte ; et ce tiers n'a point eu, pour payer en acquit du débiteur, besoin de son intervention.

La délégation ne doit pas être confondue avec la simple novation.

La délégation se fait entre trois personnes au moins : l'ancien débiteur qui donne à son créancier un autre débiteur en sa place ; la personne déléguée, qui s'oblige envers le créancier à la place de l'ancien débiteur ou envers la personne indiquée par le créancier, et le créancier qui accepte l'obligation de la personne déléguée ou indiquée.

Pour que la délégation opère une novation, il faut que le créancier qui accepte la délégation de la personne déléguée ou indiquée, décharge le premier débiteur : autrement son obligation ne serait point éteinte.

Mais lorsqu'une fois le créancier a consenti à cette décharge, il ne peut plus avoir de recours contre le débiteur, dont l'obligation est éteinte lors même que la personne déléguée deviendrait insolvable.

S'il avait mis dans l'acte de décharge une réserve en cas d'insolvabilité, ce serait une obligation que le premier débiteur serait tenu de remplir. Cette clause de réserve est considérée dans la loi romaine comme un mandat d'après lequel le créancier aurait, aux risques de son premier débiteur, pris un autre débiteur à sa place.

Le créancier pourrait aussi être admis à revenir contre la décharge donnée, si elle avait été surprise; et on le présumerait, si la personne déléguée était déjà en faillite ouverte ou tombée en déconfiture au moment de la délégation. L'équité a dû faire consacrer cette opinion. La délégation est un contrat commutatif, dans lequel le créancier qui doit recevoir un équivalent de la décharge qu'il consent au profit du premier débiteur, n'en recevrait cependant aucun, si le débiteur substitué était dès-lors notoirement insolvable.

La simple indication faite ou par le débiteur d'une personne qui doit payer à sa place, ou par le créancier d'une personne qui doit recevoir pour lui, n'opère point de novation. Le créancier, le débiteur et l'obligation restent toujours les mêmes. L'indication est un simple mandat donné par le débiteur à la personne indiquée pour payer à sa place, ou par le créancier à la personne indiquée pour recevoir.

L'effet de la novation étant d'éteindre l'ancienne dette, cette extinction entraîne celle des hypothèques qui en étaient l'accessoire. Mais il a toujours été permis au créancier de transporter sur la seconde dette et par l'acte même qui contient la novation, les hypothèques sous lesquelles la première avait été stipulée; la position des autres créanciers hypothécaires reste la même; ils n'ont pas de droit, parce qu'ils n'ont pas d'intérêt de s'y opposer. Mais pour que l'ancienne hypothèque soit ainsi transférée, il faut que le débiteur reste le même; on ne pourrait pas faire remonter l'hypothèque sur les biens d'un nouveau débiteur à une date antérieure à la novation, sans s'exposer à nuire aux autres créanciers de ce nouveau débiteur.

On ne peut aussi dans l'acte de novation, transporter l'hypothèque sur les biens d'un tiers, lors même que ce tiers aurait été un des codébiteurs solidaires de la première dette.

Et en effet c'est encore une des conséquences de l'extinction de la première dette par la novation, que si cette novation s'opère entre le créancier et l'un des débiteurs solidaires, les codébiteurs sont libérés; si elle s'opère à l'égard d'un débiteur qui ait donné des cautions, le cautionnement cesse avec l'obligation principale.

Si le créancier avait exigé que les codébiteurs ou les cautions accédassent au nouvel arrangement, cette condition devrait être remplie, sinon l'ancienne créance subsisterait.

De la remise de la dette.

Les obligations s'éteignent encore par la remise que le créancier fait de la dette.

Dans la législation romaine, la remise pouvait, à l'égard des obligations civiles contractées par le seul consentement des parties, se faire par simple convention ; mais à l'égard des autres obligations civiles, il fallait remplir les formalités de *l'acceptation simple*, si l'obligation résultait d'une stipulation ; et celle de *l'acceptation aquilienne*, si elle résultait d'un contrat réel. Une simple convention n'eût pas éteint, de plein droit, ces obligations, et n'eût pu servir que d'exception, ou de fin de non-recevoir au débiteur.

Déjà on a vu que ces distinctions et ces subtilités n'ont point été admises en France : une simple convention entre le débiteur et le créancier suffit pour éteindre, de plein droit, une dette de quelque nature qu'elle soit.

Cette convention peut être expresse ou tacite.

Elle est tacite, si elle résulte de certains faits dont les uns suffisent pour la prouver et les autres la font seulement présumer.

Ainsi la remise volontaire du titre original sous signature privée, par le créancier au débiteur, fait preuve de la libération. Cette remise du titre équivaut à une quittance. Le créancier s'est lui-même mis hors d'état d'intenter aucune action.

Il faut que la remise ait été volontaire. Il est possible que le titre ait tombé dans les mains du débiteur à l'insu ou contre le gré du créancier, et qu'il y ait eu surprise ou abus de confiance.

La preuve de ces faits est admissible, lors même qu'il s'agit d'une somme de plus de cent cinquante francs. Ce n'est pas une obligation que l'on veuille établir, c'est l'allégation du fait d'une remise volontaire du titre, qui est contestée.

Cette preuve ne doit pas être à la charge du débiteur, parce que la remise du titre étant un moyen naturel et usité de se libérer, il faut, pour écarter ce moyen, prouver qu'il n'existe pas réellement, et que la remise n'est pas volontaire.

S'il s'agit d'une obligation passée devant notaires, la grosse du titre est, sous plusieurs rapports, considérée dans la main du créancier, comme le titre original ; cependant lors même qu'il serait certain que la grosse aurait été volontairement remise au débiteur, sa libération n'en serait pas une conséquence nécessaire.

Le créancier a pu avoir plus de facilité à se désaisir de la grosse et à la remettre au débiteur, en se reposant sur la minute existante, sans quittance. Ainsi, quoique la grosse du titre ait été volontairement remise au débiteur, cette remise n'est considérée que comme une présomption, qui peut être écartée par une preuve contraire.

La remise ou décharge conventionnelle de la dette au profit de l'un des codébiteurs solidaires, libère tous les autres, à moins que le créancier n'ait expressément réservé ses droits contre ces derniers.

La remise d'une dette à un des débiteurs solidaires, ne doit pas être confondue avec la division de la dette, que le créancier consentirait à l'égard de ce débiteur, ou avec le paiement qu'il en recevrait pour sa part.

Lorsque, comme dans ces deux derniers cas, il y a une division certaine de la dette, on a décidé que l'on ne devait pas en conclure l'extinction de la solidarité. Mais dans le cas de la remise ou décharge de la dette au profit de l'un des débiteurs solidaires, la question est de savoir s'il y a division de la dette ; et il ne s'agit pas seulement de l'extinction de la solidarité, mais de l'extinction de la dette même. Or, la loi décide que la division n'est point à présumer dans ce cas, et que la dette est entièrement éteinte, s'il n'y a une réserve expresse. Le créancier pouvait remettre la dette totale au codébiteur, comme il pouvait l'exiger de lui; et dans le doute, la faveur de la libération doit l'emporter.

Lorsque le créancier rend au débiteur le gage donné en nantissement, il est plutôt à présumer qu'il a consenti à se désister du gage, qu'il n'est à présumer qu'il ait voulu remettre la dette.

La dette étant éteinte par la remise qu'en fait le créancier, le cautionnement qui en était l'accessoire, cesse également. Mais aussi, par la raison que le cautionnement n'est qu'un accessoire de l'obligation, la remise peut être faite du cautionnement, sans qu'elle serve au débiteur principal; et s'il y a plusieurs cautions, la remise peut être faite à l'une d'elles, sans que les autres puissent s'en prévaloir.

Les jurisconsultes étaient partagés sur la question de savoir si ce que le créancier a reçu d'une caution pour le décharger de son cautionnement, doit être imputé sur la dette, et tourner à la décharge du débiteur principal et des autres cautions.

On dit en faveur du créancier que ce qu'il a reçu, est le prix du risque auquel la caution était exposée; et que s'il a bien voulu prendre sur lui ce risque, on ne doit pas en induire qu'il ait donné décharge d'une partie de la dette.

Cette opinion n'est spécieuse que dans le cas où l'insolvabilité du débiteur principal était à craindre. Mais comment prouver qu'il y avait des risques d'insolvabilité, et ne doit-on pas aussi craindre que ce ne soit un moyen de fraude à l'égard des autres cautions, si le créancier et la caution s'entendent pour que la somme payée ne soit pas imputée sur la dette?

Cette imputation a été ordonnée.

De la compensation.

Les obligations s'éteignent aussi par la compensation. C'est la libération respective des deux personnes qui se trouvent débitrices l'une envers l'autre.

Cet

Cette libération est de plein droit. Elle s'opère par la seule force de la loi, sans qu'il soit besoin de jugement, et même à l'insu des débiteurs. Ils n'ont pas d'autre intérêt que celui d'être respectivement quittes, et d'être dispensés d'un circuit de procédures long, inutile et dispendieux. C'est pour atteindre à ce but, qu'il est établi que les deux dettes s'éteignent réciproquement à l'instant même où elles existent à-la-fois.

Ces motifs de la loi seraient mal appliqués si toutes choses n'étaient pas égales entre les deux débiteurs, si l'un d'eux pouvait avoir, par son action, des droits différens.

Ainsi, la compensation n'a lieu qu'entre deux dettes qui ont également pour objet une somme d'argent, ou une certaine quantité de choses *fungibles* de la même espèce.

Il faut que les deux dettes soient exigibles. Celui des débiteurs qui a un terme, n'est point, jusqu'à l'échéance, réputé devoir. Un terme de grace qui serait accordé par le juge ou par le créancier, ne serait pas un obstacle à la compensation.

Il faut que les dettes soient liquides. Celle qui est liquide peut être exigée, tandis que la dette non liquide n'est pas encore susceptible de paiement.

Dans plusieurs tribunaux, le desir de prévenir les actions judiciaires avait introduit l'usage de regarder comme liquides des dettes susceptibles d'une facile liquidation; mais il était impossible qu'il n'y eût pas de l'arbitraire, et l'on a fait, pour prévenir l'inconvénient des procédures, ce que permet le maintien des droits respectifs des deux débiteurs, en décidant que des prestations en grains ou denrées, non contestées, et dont le prix serait réglé par les mercuriales, peuvent se compenser avec des sommes liquides et exigibles.

On a encore eu le même but, en admettant la compensation dans le cas où deux dettes ne sont pas payables au même lieu. Quoiqu'alors toutes choses ne soient pas égales quant au paiement dans lequel les frais de transport peuvent occasionner des différences, et quoique ces frais ne soient pas encore liquides,

Liv. III.   Q

la compensation ne s'en opère pas moins ; il suffit de faire raison des frais de la remise.

Il n'est pas nécessaire que les deux dettes aient une cause semblable , et qu'elles soient de la même somme ou de la même quantité.

Ce n'est point la cause de la dette que l'on considère ; on n'a égard qu'au paiement réciproque qui en est la fin , et pour lequel il y a un droit égal.

Il n'est pas nécessaire qu'elles soient de la même somme ou de la même quantité. On ne peut être réellement créancier d'une personne que sous la déduction de ce qu'on lui doit. Ainsi, la compensation s'opère jusqu'à concurrence de ce qui est respectivement dû.

Ces règles générales souffrent peu d'exceptions.

La compensation ne peut être opposée par celui qui est spoliateur d'une chose , à la demande de restitution qui lui en est faite. Le spoliateur ne peut , sous quelque prétexte que ce soit, être autorisé à retenir ce qu'il a volé : l'ordre public l'exige. De-là cette maxime : *Spoliatus ante omnia restituendus.*

La demande en restitution d'un dépôt ou d'un prêt à usage , ne saurait aussi être repoussée par la compensation. La chose déposée ou prêtée , est considérée dans les mains du dépositaire ou de l'emprunteur, comme si elle était dans celles du propriétaire. Vouloir la retenir , même sous prétexte de compensation, c'est faire un acte de spoliation.

Le débiteur d'une somme pour alimens , qui , par le titre, sont déclarés insaisissables , ne peut en refuser le paiement par motif de compensation. Une tierce personne ne pourrait saisir cette somme entre les mains du débiteur : ce serait une sorte de saisie, s'il voulait retenir cette somme en la compensant.

La compensation a pour but d'éviter le circuit d'actions entre deux personnes qui se doivent. Chacune d'elles n'ayant, pour sa dette, d'action que contre l'autre, il en résulte que l'une ne peut pas opposer à l'autre la compensation avec ce qu'un tiers lui devrait.

Ainsi, le débiteur principal ne peut opposer la compensation de ce que le créancier doit à la caution. L'action relative à ce que le créancier doit à la caution, ne peut appartenir qu'à la caution elle-même, et la circonstance du cautionnement ne donne à cet égard aucun droit au débiteur principal contre le créancier.

Par le même motif, le débiteur solidaire ne peut opposer la compensation de ce que le créancier doit à son codébiteur.

Mais la caution peut opposer la compensation qui s'est opérée de plein droit entre le créancier et le débiteur principal ; l'extinction de l'obligation principale a, dans ce cas, entraîné celle de l'obligation accessoire de la caution.

La compensation ne s'opérant qu'entre deux personnes qui se trouvent redevables l'une envers l'autre, elle ne pourrait pas avoir lieu, si la créance de l'une d'elles avait été transportée à une tierce personne ; mais lorsqu'il s'agit de transport ou de cession de droit, certaines formalités ont été établies pour fixer à quelle époque le débiteur est considéré comme ayant un nouveau créancier. Ainsi, on exige que le créancier notifie la cession au débiteur, ou la lui fasse agréer.

Si le débiteur a accepté la cession qu'un créancier a faite de ses droits à un tiers, ce créancier ne peut plus opposer au cessionnaire la compensation qu'il eût pu, avant l'acceptation, opposer au cédant. Il y a, dans ce cas, renonciation de la part de ce débiteur, à proposer l'exception de compensation.

S'il s'agit d'une cession qui n'ait point été acceptée par le débiteur, mais qui lui ait été signifiée, le débiteur ne peut plus compenser avec la créance cédée celle qui lui surviendrait contre le cédant depuis la signification, parce qu'au moyen de cette formalité le cédant a cessé d'être créancier. Mais si le débiteur avait des créances antérieures à la signification, ni la cession faite, ni cette formalité, n'ont pu priver le débiteur d'opposer une compensation qui s'était opérée, de plein droit, avant la cession.

Si l'une des personnes entre lesquelles se fait la compensation, était obligée envers l'autre pour plusieurs dettes plus ou moins onéreuses, quelle est entre ces dettes celle que cette compensa-

Q 2

tion doit éteindre ? Si de ces dettes, il n'y en avait qu'une existante au moment où le débiteur est devenu créancier, il n'y aurait pas de question : cette dette aurait été, dès-lors, éteinte de
plein droit, et la compensation ne pourrait plus s'appliquer à
une dette postérieure. Mais si l'une des deux personnes était
obligée pour plusieurs dettes au moment où elle est devenue
créancière, la compensation doit être considérée comme un paiement respectif; et ce paiement se trouvant opéré de plein droit,
il n'y a pas eu de convention sur l'imputation. Il faut donc alors
appliquer les règles établies sur l'imputation, dans le cas où il n'y
a point eu de convention.

Lorsqu'une saisie-arrêt a été faite entre les mains d'un débiteur, il est devenu, quant à la somme due, dépositaire : il ne
peut plus payer au préjudice du saisissant. La compensation ne
peut donc plus avoir lieu depuis la saisie-arrêt, puisqu'elle
équivaudrait à un paiement que ce débiteur se ferait à lui-même.

La compensation s'opérant de plein droit et éteignant l'obligation, le privilége ou l'hypothèque qui en étaient l'accessoire,
sont aussi anéantis. Ce serait donc en vain que le créancier voudrait faire revivre l'obligation, en alléguant qu'il n'a point opposé la compensation. Il ne pourrait plus se prévaloir de son
privilége ou de son hypothèque au préjudice des autres créanciers.

Cependant si le débiteur, ayant une juste cause d'ignorer la
créance qui devait compenser sa dette, ne s'était point prévalu
de la compensation, l'équité ne permettrait pas qu'il fût dépouillé de l'avantage du privilége ou de l'hypothèque attaché à
son ancienne créance.

De la confusion.

Lorsque les deux qualités de débiteur et de créancier se réunissent dans la même personne, l'une de ces qualités détruit
l'autre : elles se confondent et ne peuvent plus se distinguer.
Cette confusion de droits est encore une des manières dont s'éteignent les obligations.

Si les deux qualités de caution et de débiteur principal se

trouvaient confondues, l'obligation accessoire du cautionnement serait éteinte ; mais les qualités de créancier et de débiteur resteraient distinctes, et dès-lors l'obligation principale subsisterait.

Si l'un des codébiteurs solidaires devenait créancier, cette confusion de droits ne profite à ses codébiteurs solidaires que pour la portion dont il était débiteur. C'est l'application des principes déjà expliqués.

De la perte de la chose due.

On a vu que l'obligation de livrer, mettait la chose aux risques du créancier devenu propriétaire dès l'instant où elle aurait dû être livrée, lors même que la tradition n'en aurait point été faite, et que cette chose ne restait aux risques du débiteur, que dans le cas où il n'aurait pas apporté les soins d'un bon père de famille pour la conserver, et dans le cas où il serait en demeure.

Plusieurs conséquences naissent de ce principe.

La première, est que si la chose périt, si elle est mise hors du commerce, ou si elle se perd sans la faute du débiteur et avant qu'il soit en demeure, l'obligation est éteinte.

Si le débiteur est en faute ou en demeure, l'obligation n'est pas éteinte. Ce n'est plus la chose même qui en est l'objet, mais le prix de cette chose. Il faut néanmoins, lorsque le débiteur est en demeure, excepter le cas où la chose fût également périe chez le créancier, si elle lui eût été livrée. En effet, malgré le défaut de livraison, le créancier n'en est pas moins propriétaire ; si le débiteur est responsable de la perte, c'est à titre de dommages-intérêts : mais on ne peut plus lui imputer la perte, ni le condamner aux dommages-intérêts qui seraient la suite de cette faute, lorsque ne s'étant pas chargé des cas fortuits, il prouve que la chose fût également périe, si elle eût été livrée au créancier.

Si la cause de la dette était un vol, l'ordre public s'opposerait à ce que le débiteur fût admis à proposer contre la demande de restitution aucune exception, pas même celle de la perte de la chose sans sa faute.

Lorsque la chose est périe, lorsqu'elle est mise hors du commerce ou perdue sans la faute du débiteur, il n'en répond pas, et à cet égard l'obligation est éteinte ; mais il serait injuste que ces évènemens lui profitassent. Si donc il en résulte quelques droits ou actions en indemnité par rapport à cette chose, il ne peut se dispenser d'en faire la cession au créancier. Ainsi, l'arpent de terre qu'on devait livrer, et qui a été pris pour un grand chemin, a été mis hors du commerce ; il ne peut plus être l'objet de l'obligation, qui conséquemment est éteinte : mais cet arpent n'ayant pu être pris pour le service public sans une indemnité, celui auquel il devait être livré, doit profiter de cette indemnité.

Action en nullité ou en rescision des conventions.

Au nombre des manières dont les conventions s'éteignent, est leur annullation.

Elle se fait toujours par l'autorité du juge, qui prononce sur l'action en nullité ou en rescision.

Un changement important a été fait à l'ancien ordre de choses, quant au délai pendant lequel cette action peut être intentée.

Lorsqu'il s'agissait d'annuller un contrat, ce délai comprenait tout le tems pendant lequel le contrat pouvait être opposé, c'est-à-dire le long espace de trente années, à moins que la loi n'eût fixé un terme moindre.

Il est vrai que dans la plupart des cas où il pouvait y avoir lieu à de pareilles actions, on avait senti la nécessité de ne pas laisser dans une aussi longue incertitude le sort des contractans, et le délai avait été limité à dix ans.

Le tems de dix années a été regardé comme le plus long délai dont une partie puisse avoir besoin pour recourir à la justice. Ainsi, dans tous les cas où l'action en rescision ou en nullité n'est pas limitée à un moindre tems par une loi particulière, cette action ne durera que dix ans.

On a maintenu les anciennes règles, qui fixent de quelles époques ce tems doit commencer.

Il ne commencera, s'il s'agit de violence, que du jour où elle aura cessé. Pendant tout le tems qu'elle dure, elle renouvelle et confirme le droit de se pourvoir, et le délai ne serait plus de dix ans s'il commençait plutôt.

Il faut, pour que le délai dans lequel l'action doit être formée commence, qu'il ait été possible de l'intenter : ainsi, dans le cas d'erreur ou dol, ce ne peut être que du jour où ils ont été découverts.

On regarde comme étant dans l'impossibilité d'agir, les personnes qui n'ont pas l'exercice de leurs droits ou la capacité.

Ainsi le tems ne commencera que du jour de la dissolution du mariage, à l'égard des femmes qui reviendront contre les actes passés par elles, sans autorisation, pendant leur mariage.

Ainsi le tems ne doit courir, à l'égard des actes faits par les interdits, que du jour où l'interdiction est levée ; et à l'égard de ceux faits par les mineurs, que du jour de leur majorité.

Il résulte de l'incapacité du mineur non émancipé, qu'il suffit qu'il éprouve une lésion pour que son action en rescision soit fondée. S'il n'était pas lésé, il n'aurait pas d'intérêt à se pourvoir ; et la loi lui serait même préjudiciable, si, sous prétexte de l'incapacité, un contrat qui lui est avantageux pouvait être annullé. Le résultat de son incapacité est de ne pouvoir être lésé, et non de ne pouvoir contracter. *Restituitur tanquam læsus, non tanquam minor.*

Lorsque le mineur est émancipé, la loi l'assimile au majeur pour un certain nombre d'actes, à l'égard desquels il ne doit plus être admissible à réclamer le privilége de minorité.

Le mineur est encore assimilé au majeur, lorsqu'étant commerçant, banquier ou artisan, il prend des engagemens à raison de son commerce et de son art. Il ne peut pas faire le commerce, sans avoir la capacité de contracter, avec toute garantie, les engagemens qui en sont la conséquence nécessaire. L'intérêt général du commerce exige que cela soit ainsi.

Le mineur non émancipé ne serait pas admis à se plaindre de lésion, si elle ne pouvait aucunement être attribuée à la personne qui a traité avec lui ; tel serait le cas d'un évènement casuel et imprévu. On ne l'admet à la restitution contre ses actes, que pour empêcher ceux qui traitent avec lui, d'abuser de l'inexpérience de son âge.

On a voulu proscrire un moyen souvent employé pour mettre obstacle à la restitution des mineurs ; on leur opposait la déclaration de majorité qu'ils avaient faite dans l'acte. La loi présume que cette déclaration, dont la fausseté pouvait facilement être vérifiée sur les registres des actes de l'état civil, a été demandée par le créancier pour exclure l'action en restitution, et elle ne veut pas qu'une pareille déclaration puisse être opposée. Si néanmoins celui qui veut s'en prévaloir prouvait que le mineur l'a trompé, s'il prouvait, par exemple, que ce mineur a représenté des actes faux, ce ne serait plus cette simple déclaration dont il s'agit dans la loi.

Déjà il a été réglé au titre des *donations et testamens* (art. 384), que le mineur pourrait, avec le consentement et l'assistance de ceux dont le consentement est requis pour la validité de son mariage, donner tout ce que la loi permet à l'époux majeur de donner à l'autre époux. Le motif de cette disposition s'applique aux autres conventions portées dans le contrat de mariage du mineur, et pour lesquelles la même formalité se trouve remplie.

Les obligations qui naissent d'un délit ou d'un quasi-délit, ne sont point au nombre de celles dans lesquelles le mineur puisse se plaindre de lésion ; c'est la réparation d'un tort qu'il a lui-même fait. Ce n'est point une convention dans laquelle la personne qui aurait traité avec lui aurait eu un profit à son préjudice : elle ne profite point, elle ne fait que recevoir l'indemnité, et quiconque peut se rendre coupable d'une faute, doit en en subir la peine.

Celui qui, devenu majeur, ratifie l'engagement qu'il avait sous-

crit en minorité , n'est plus recevable à revenir contre cet engagement , soit qu'il y eût nullité dans sa forme , soit qu'il y
eût seulement lieu à restitution. Lorsque la ratification est donnée
en majorité , elle ne fait plus qu'un acte avec l'engagement ; qui
rentre dans la classe des actes faits par le majeur.

Ce serait en vain que les mineurs , les interdits ou les femmes
mariées seraient admis à se faire restituer contre leurs engagemens, si le remboursement de ce qui aurait été, en conséquence
de ces engagemens , payé pendant la minorité, l'interdiction ou
le mariage , ne pouvait pas être exigé. Mais en même tems la
bonne foi ne leur permettrait pas de répéter ce qui aurait tourné
à leur profit ; si la loi ne veut pas qu'ils soient lésés , elle ne
veut pas aussi qu'ils s'enrichissent aux dépens d'autrui.

Il est certains cas dans lesquels les majeurs eux-mêmes sont
restitués pour cause de lésion : ce sont ceux prévus et expliqués
aux titres de *la vente et des successions.*

Lorsque les formalités requises à l'égard des mineurs ou interdits , soit pour aliénation d'immeubles , soit dans un partage , ont été remplies, ils doivent, relativement à ces actes, être
considérés comme s'ils les avaient faits en majorité : ils peuvent
conséquemment se faire restituer dans les mêmes cas où la loi
donne ce droit aux majeurs. On a voulu par ces formalités mettre
le mineur dans la possibilité de contracter , et non le placer
dans une position moins favorable que le majeur.

P R E U V E S.

Titre authentique.

Après avoir ainsi fixé les règles sur la nature des obligations ,
sur leurs effets , sur leurs diverses espèces, sur leur extinction ,
il ne reste plus qu'à déterminer par quelles preuves l'obligation
dont on réclame l'exécution , et le paiement que la personne
obligée prétendrait avoir fait , doivent être justifiés.

Les obligations et leurs paiemens sont des faits sur lesquels ,
comme sur tous les autres , il peut y avoir ou une preuve litté-

rale, ou une preuve testimoniale, ou des présomptions, ou l'aveu de la personne obligée, ou son serment.

La preuve littérale est celle qui, comme le nom l'indique, est fondée sur un écrit. Cet écrit est ou authentique, ou sous signature privée.

Les actes authentiques sont ceux qui ont été reçus par des officiers publics ayant le droit d'instrumenter dans le lieu où ils ont été rédigés, et avec les solennités requises.

Si l'officier public qui a reçu l'acte n'était pas compétent, s'il n'a pas rempli les formes prescrites, l'acte n'est pas authentique ; mais ce défaut d'authenticité n'entraîne pas la nullité, à moins qu'elle ne soit prononcée par la loi. On ne doit pas présumer que l'intention des parties ait été de regarder l'authenticité de l'acte comme une condition essentielle de l'engagement; et dès-lors que la volonté des parties est constatée par leur signature, l'acte est une preuve de la seconde classe, celle des écrits privés.

L'acte authentique fait une pleine foi, et nulle cause ne peut en suspendre l'exécution, à moins qu'il n'y ait inscription de faux.

Dans ce cas-là même, la loi romaine voulait que l'acte fût provisoirement exécuté, parce que le crime ne se présume pas. Leg. II, Cod. *ad leg. corn. de fal.*

Sans doute, il ne doit pas dépendre de la personne obligée de suspendre son engagement par une plainte en faux : mais si lorsqu'il s'agit d'un faux principal, le prévenu a été mis en accusation, et si, lorsqu'il s'agit d'une inscription de faux, faite incidemment, les juges sont frappés des apparences de fausseté, n'y a-t-il pas trop d'inconvéniens à une exécution provisoire, dont l'effet peut être irréparable? Le prévenu doit subir dans le tribunal criminel, sur la vérité de cet acte, un examen dont dépende son honneur, et une peine corporelle très-grave ; on ne peut donc plus dire que l'acte ait une foi entière. La suspension de l'exécution provisoire des actes étant limitée à ces cas, on n'a point à craindre que la foi due aux contrats soit troublée.

Un acte authentique ou sous seing privé, a pour objet les obligations qui y sont contenues ; il les constate ; mais il peut y avoir dans cet acte des faits énoncés de manière qu'il y ait du doute si les parties ont entendu que par cette énonciation ils fussent constatés.

La règle pour lever ce doute est d'examiner si l'énonciation a un rapport direct avec la disposition , c'est-à-dire avec les obligations qui sont l'objet de l'acte. Alors l'énonciation fait foi comme le reste de l'acte. Ainsi ; dans le cas où il s'agirait d'un prêt à intérêt, s'il était dit que les intérêts en ont été payés , sans qu'il y ait aveu de la partie qui doit les avoir reçus , ce serait une simple énonciation ; mais comme elle aurait un rapport direct avec le prêt qui est l'objet de l'acte , elle ferait preuve du paiement.

Si au contraire le fait énoncé n'a point de rapport avec les obligations qui sont l'objet de l'acte , les parties ne sont point présumées avoir fixé leur attention sur un pareil fait , ni conséquemment avoir entendu qu'il dût être regardé comme reconnu par elles. Une pareille énonciation ne peut alors servir que d'un *commencement de preuves* , et dans la suite on verra ce qu'on entend par ces expressions.

Les contractans peuvent révoquer ou modifier à leur gré leurs obligations : mais le plus souvent, lorsqu'ils reviennent ainsi sur leurs engagemens , et sur-tout lorsque c'est dans le même tems où ils ont été formés , il y a une intention coupable , celle de tromper des tierces personnes par un acte qui est , en apparence, sérieux. Ce n'est pas un motif pour défendre en général et sans distinction les contre-lettres : les contractans peuvent résoudre ou révoquer leurs engagemens , comme ils peuvent les former. Le droit naturel des contractans et celui des tierces personnes , sont maintenus en déclarant que les contre-lettres n'ont d'effet qu'entre les parties , et ne peuvent être opposées aux tierces personnes. Il n'y a d'exception que pour les cas exprimés au titre du *Contrat de mariage.*

De l'acte sous seing privé.

Il y a plusieurs espèces d'écritures privées : ce sont, ou des actes ordinaires sous seing privé, ou des livres de marchands, ou des registres et des papiers domestiques signés ou non signés.

L'acte sous signature privée ne peut pas avoir, aux yeux du juge, la même foi que l'acte authentique. Il n'est point intervenu entre les parties un officier public n'ayant d'autre intérêt que celui de la vérité. Le crime ne se présume pas ; mais aussi l'obligation n'est point prouvée aux yeux du juge par une signature qu'il ne connaît pas ; il doit donc, avant tout, appeler la partie qu'on lui présente comme obligée, pour qu'elle reconnaisse ou qu'elle conteste la vérité de l'acte.

Si elle ne comparaît pas, elle est présumée reconnaître son obligation.

Dans le cas où elle la reconnaît, et dans celui où elle est présumée la reconnaître, l'acte sous seing privé a entre ceux qui l'ont souscrit, leurs héritiers ou ayans-cause, la même foi que s'il était authentique. Si la partie que l'on présente comme obligée désavoue l'écriture ou la signature, si les héritiers ou ayans-cause déclarent qu'ils ne connaissent point l'écriture ou la signature de leur auteur, la foi que l'on doit donner à l'acte est en suspens jusqu'à ce que la vérification en ait été faite.

Pour qu'un acte sous signature privée puisse former un engagement réciproque, il faut que chacun de ceux qui l'ont contracté, puisse en demander l'exécution. S'il n'y a qu'une copie de l'acte, elle ne peut servir de titre qu'à la partie qui en est saisie. Les autres parties sont comme si elles n'avaient pas de droit, puisqu'elles n'ont aucun titre pour l'exercer ; mais lorsqu'elles n'ont pas un droit qu'elles puissent réaliser, l'engagement doit être considéré comme s'il n'était pas réciproque, et dès-lors il est nul. Il faut donc pour la validité des actes sous seing privé qui contiennent des conventions synallagmatiques, qu'ils soient faits en autant d'originaux qu'il y a de parties ayant un intérêt distinct.

Il faut aussi que, dans chaque original, il soit énoncé en

combien de doubles il a été fait, afin que chaque partie ne puisse pas nier qu'elle ait eu le sien.

Celui qui aurait exécuté l'obligation ne pourrait plus opposer que, dans l'acte sur lequel on intente l'action contre lui, il ne soit pas fait mention du nombre des originaux. On n'a pas besoin contre lui de cette preuve, lorsqu'il en est une qui résulte de son propre fait.

Les billets ou promesses sous seing privé pour valeur en argent, ont toujours été une occasion d'escroquerie. Des signatures sont données à des actes dont on croit connaître le contenu au moment où on les signe : on abuse d'une signature au-dessus de laquelle se trouve quelque blanc, ou même on parvient à supprimer l'écriture qui est au-dessus du nom. La crainte des peines ne suffisant point pour empêcher un genre de crime qui compromet la foi publique, on a cru pouvoir en France arrêter ce mal à sa source : il a été réglé par une déclaration du roi du 22 septembre 1733, que le paiement de ces billets ou promesses ne pourrait être ordonné en justice, si le corps du billet n'est écrit de la main de celui qui l'aura signé, ou du moins si la somme portée au billet n'est reconnue par une approbation écrite, en toutes lettres, de sa main. On a excepté les marchands, les artisans, les laboureurs, les vignerons, les gens de journée et de service. Il était sage de ne pas entraver par des peines de nullité, la marche simple et rapide du commerce, et de ne pas priver de la facilité de traiter, sans avoir recours aux notaires, un grand nombre de personnes qui ne savent pas suffisamment écrire.

Ces dispositions ont été maintenues, et on a levé les doutes qu'elles avaient fait naître. Ainsi, on a prévu le cas où la somme portée au corps de l'acte est différente de celle exprimée au *bon*. On a décidé qu'il n'y a point à distinguer si la somme plus forte se trouve dans le corps de l'acte, ou seulement dans le *bon*, et que dans ces deux cas, et lors même que l'acte, ainsi que le *bon*, seraient écrits en entier de la main de celui qui se serait obligé, on ne peut exiger que la somme moindre. Il n'y a pas de motif pour supposer que celui qui s'oblige ait son attention plus fixée, et qu'il soit moins capable d'erreur, quand il écrit le corps du billet, que quand il met le *bon*. Il reste, dans ce cas, comme dans les autres, un doute suffisant pour que la faveur de la libération doive prévaloir, à moins que ce doute ne soit levé par d'autres circonstances : telle serait l'énonciation faite dans l'acte de la cause de l'obligation, cause qui découvrirait de quel côté est l'erreur.

Il est souvent du plus grand intérêt, soit pour les parties, soit pour des tierces personnes, que la date des actes sous seing privé soit prouvée. Ceux qui les ont écrits ont la facilité de les écrire une seconde fois sous une autre date. La date portée dans un écrit sous seing privé, ne fait donc foi qu'à l'égard de ceux qui ont signé ; il faut qu'à l'égard des autres la date soit d'ailleurs assurée. Ainsi, les écrits sous seing privé n'ont, à l'égard des tierces personnes, de date certaine que du jour où ils ont été enregistrés, du jour de la mort de celui, ou de l'un de ceux qui l'ont souscrit, du jour où ils sont énoncés en substance dans des actes dressés par des officiers publics.

La foi due aux livres des marchands, doit être considérée respectivement à eux-mêmes, et respectivement aux autres citoyens.

Il ne s'agit point dans le Code civil des règles ou des usages particuliers aux marchands entre eux.

Quant aux personnes qui ne sont pas dans le commerce, on a dû maintenir la règle suivant laquelle nul ne peut se faire de titre à lui-même, et l'ordre que les marchands sont tenus de tenir dans leurs registres, ne saurait garantir que les fournitures qui y sont portées soient réelles. Ils n'ont, à cet égard, d'autre droit que celui d'exiger le serment des personnes qui contesteraient leurs demandes.

D'un autre côté, il résulte de ce que la tenue des livres est leur propre fait, et de ce qu'ils sont obligés de les tenir régulièrement, qu'ils ne sont point recevables à contester ce qui s'y trouve porté : mais aussi celui qui demande la représentation des livres d'un marchand pour en tirer avantage, ne doit pas être admis à nier ce qui lui serait contraire, en ne prenant droit que de ce qui lui serait favorable.

Quant aux registres et papiers domestiques, il est sans difficulté qu'ils ne peuvent faire un titre pour celui qui les a écrits. Mais dans quel cas font-ils foi contre lui ? C'était la matière de nombreuses controverses. Elles seront au moins en grande partie terminées par les règles suivantes.

Si les registres et papiers domestiques énoncent formellement un paiement reçu, on doit présumer qu'il y a eu une quittance donnée, ou que le débiteur s'est contenté de la mention faite par le créancier : elle fait foi au profit du débiteur.

La mention sur les registres ou papiers domestiques devra encore être un titre contre celui qui l'aura faite, lorsqu'il y sera expressément déclaré que c'est pour suppléer au défaut de titre en faveur de celui au profit de qui est cette mention expresse de l'obligation : on n'a point admis l'opinion des auteurs qui regardaient comme suffisante la mention sur le journal ou sur les tablettes, lorsqu'elle était signée. On ne doit pas accorder, quand il s'agit d'établir un titre, la même faveur qu'on donne à la libération.

L'écriture qu'un créancier met à la suite, en marge, ou au dos d'un titre qui est toujours resté en sa possession, fait foi contre lui, quoiqu'elle ne soit ni datée ni signée par lui, lorsqu'elle tend à établir la libération du débiteur.

Il en est de même, et à plus forte raison, de l'écriture qui est mise par le créancier, au dos, en marge, ou à la suite d'un titre ou d'une quittance, lorsque ce double est entre les mains du débiteur.

Avoir mis cette écriture sur le titre même, c'est lui en avoir donné la force : c'est une sorte de déclaration faite à la justice, sous les yeux de laquelle ce qui a été ainsi écrit sur le titre, ne peut plus en être divisé.

Tailles.

Lorsque deux personnes se servent des deux parties d'un morceau de bois pour marquer, par des coches correspondantes, la fourniture que l'une fait à l'autre, celle des deux parties qui est aux mains du marchand, se nomme *taille*, et celle qui est aux mains du consommateur, se nomme *échantillon* : ces tailles tiennent lieu d'écritures, et font foi entre les personnes qui sont dans l'usage de constater ainsi les fournitures qu'elles font et reçoivent en détail.

Copies de titres.

On vient de voir quelle est la foi due aux titres, soit authentiques, soit privés : mais si on produit seulement des copies de ces titres, quelle confiance mériteront-elles, et comment sera-t-on assuré de leur exactitude ?

Il ne peut y avoir de difficulté lorsque l'acte original subsiste : on peut toujours exiger qu'il soit représenté.

Mais, si le titre original n'existe plus, on doit suivre les règles suivantes.

On ne peut révoquer en doute que les grosses ou premières expéditions n'aient été prises sur la minute même ; elles sont en quelque sorte considérées dans les mains des contractans comme le titre original, et déjà on a vu que la remise volontaire qui en est faite au débiteur, fait présumer le paiement.

On doit encore donner une pleine foi aux copies qui ont été tirées par l'autorité du magistrat, en présence des parties, ou après les avoir appelées, et aux copies qui ont été tirées en présence des parties, ou de leur consentement. Dans ces cas, les copies tirées sous les yeux des parties, sont en quelque sorte leur propre fait ; ou si, ayant été appelées, elles ont cru inutile d'être présentes, on peut en induire qu'elles ont regardé comme certaine l'exactitude avec laquelle ces copies seraient faites.

Mais, si les copies ont été tirées sans l'autorité du magistrat, ou sans le consentement des parties, si elles l'ont été depuis la délivrance des grosses ou premières expéditions, il faut distinguer le cas où ces copies auraient été tirées sur la minute de l'acte, soit par le notaire qui l'a reçu, soit par l'un de ses successeurs, soit par l'officier public dépositaire des minutes, et le le cas où elles auraient été tirées sur la minute par d'autres no-taires ou officiers publics.

Dans le premier de ces deux cas, on a égard à l'ancienneté de la copie. Si le temps où elle a été faite n'était pas fort éloigné de celui où on s'en sert, l'impossibilité de la vérifier sur une minute qui n'existerait plus, laisserait des inquiétudes, et met-trait en action toutes les ruses des faussaires. Il n'y aurait pas de certitude lors même que la copie aurait été tirée par le notaire qui aurait reçu la minute. En effet, lorsque, sur la demande des contractans, un notaire atteste un fait, il mérite une foi entière ; mais quand il déclare qu'une copie a été tirée sur la minute, c'est un fait qui lui est personnel ; et quand il ne peut plus le justifier par la présentation de la minute, il ne peut plus, même comme officier public, mériter le même degré de foi. Mais si la copie tirée sur la minute par le notaire qui l'a reçue ou par ceux qui lui ont succédé, est ancienne, toute idée de fraude est hors de vraisemblance, et la vérité d'une pareille copie peut faire foi. C'est alors que s'applique la règle, *in anti-quis enunciativa probant.*

On doit regarder comme ancienne une copie qui a plus de trente ans de date. C'est le plus long délai pendant lequel on puisse, en vertu d'un contrat, intenter une action. Quand ce délai s'est écoulé depuis que la copie a été tirée, on doit en conclure que l'on n'avait point alors en vue l'affaire qui a donné occasion de la produire. Si ces copies ont moins de trente ans, elles ne pourront servir que de commencement de preuve par écrit.

Mais si la copie n'avait pas été tirée sur la minute par le no-taire, ou par ses successeurs, ou par les officiers publics dépo-sitaires des minutes, l'ancienneté de cette copie, à quelque époque que remonte sa date, ne lui donne point la force d'une preuve complète : le notaire qui l'a tirée est sans caractère pour attester la vérité de minutes qui ne sont pas les siennes ou celles de ses prédécesseurs. Il n'a point alors de garantie de n'être point trompé par celui qui lui produit la minute sur laquelle il donne la copie ; il excède les bornes de son ministère, et c'est encore

Liv. III. R

conserver à sa qualité d'officier public une grande confiance que de considérer cette copie comme un commencement de preuve par écrit ; c'est supposer non-seulement qu'il a été de bonne foi quand il a délivré cette copie, mais encore qu'il a pris alors les informations et les mesures qui dépendaient de lui pour n'être pas trompé.

Quant aux copies de copies, la qualité de la personne qui les délivre ne saurait leur donner un caractère de vérité ; et lors même que leur conformité au titre original serait vraisemblable, elles ne peuvent servir que de simples renseignemens, auxquels les juges ont tel égard que de raison.

La transcription d'un acte sur les registres publics ne peut pas suppléer à l'acte même. Cette transcription ne se fait que sur une copie, et il pourrait arriver que l'on ferait transcrire une copie infidèle, mais qui passerait pour vraie en supprimant l'original.

Cependant s'il est constant que toutes les minutes de l'année dans laquelle l'acte paraît avoir été fait soient perdues, ou que la minute de cet acte ait été perdue par un accident particulier, et si en même temps il existe un répertoire en règle du notaire, ces circonstances donnent à la vérité de l'acte transcrit un tel dégré de vraisemblance, que l'on doit regarder cette transcription comme un commencement de preuve par écrit, dont l'effet est de rendre admissible la preuve par témoins. Mais, dans ce cas-là même, si les personnes qui ont été témoins de l'acte existent encore, ils ont une connaissance directe des faits : la loi exige qu'ils soient entendus.

Des actes récognitifs et confirmatifs.

On vient d'exposer les règles sur les titres originaux et sur les copies ; il est une troisième classe de titres ; ce sont ceux qui n'ont point été faits pour établir une obligation, mais seulement pour reconnaître ou confirmer une obligation déjà existante.

Ces actes ne doivent point être assimilés au titre primordial ; ils en supposent la vérité ; ils ne sont obligatoires qu'autant qu'ils y sont conformes , et conséquemment ils ne dispensent point de le représenter.

Si néanmoins il était expressément déclaré dans l'acte récognitif ou confirmatif que la teneur du titre primordial y est relatée , celui qui aurait souscrit cet acte ne pourrait plus démentir son propre témoignage.

Quoiqu'en général les parties ne soient pas liées par les actes récognitifs ou confirmatifs dans tout ce qui diffère du titre primordial, cependant lorsqu'il y a plusieurs reconnaissances conformes soutenues de la possession , et dont l'une a trente ans de date, le créancier peut être dispensé de représenter le titre primordial. Leur date , qui remonte à des temps plus rapprochés du titre primordial , et l'exécution donnée à ces actes pendant le temps nécessaire pour la plus longue prescription, sont des moyens que le juge appréciera ; car alors même le créancier n'est pas de plein droit dispensé de la représentation du titre.

Lorsqu'on veut confirmer ou ratifier un acte dont la nullité pourrait être prononcée , il faut que l'acte par lequel on confirme ou on ratifie, fasse connaître d'une manière certaine celui qui est confirmé ou ratifié , en même temps que la volonté de faire disparaître le vice de nullité. Cette preuve ne peut être complète qu'autant qu'on trouvera dans l'acte de confirmation ou de ratification, la substance de l'acte primitif , la mention de la nullité et l'intention de la réparer. La distinction que l'on faisait entre la confirmation et la ratification a paru inutile. Leur effet est le même , celui d'emporter la renonciation aux moyens et exceptions que l'on pouvait opposer contre l'acte confirmé ou ratifié.

Il est dans certains actes des vices qui ne peuvent être réparés par ce moyen : ce sont les vices de forme qui dans un acte de donation entre-vifs entraînent la nullité aux termes de la loi. Ces vices n'existeraient pas moins, quoique l'acte fût confirmé. D'ailleurs ces formes ont été prescrites pour l'intérêt des tiers ; elles ne peuvent être suppléées : il est donc indispensable que l'acte de donation soit refait dans la forme légale.

Au nombre des tierces personnes que ces formes intéressent,

R 2

sont les héritiers ou ayant-cause du donateur : ils ne peuvent pendant sa vie renoncer à opposer les vices de forme de la donation ; ils n'ont aucun droit ouvert, et ce serait une convention sur une succession non échue : ce qui est défendu. Mais si après la mort du donateur, ses héritiers ou ayant-cause confirment ou ratifient la donation, ou s'ils l'exécutent volontairement, il en résulte, comme dans tous actes de confirmation ou de ratification, qu'ils renoncent à opposer soit les vices de forme, soit toute autre exception.

De la preuve testimoniale.

Les actes écrits sont le premier genre de preuves et le plus certain. Le second genre est celui de la preuve testimoniale.

Une première règle depuis long-temps consacrée en France, est qu'il doit être passé acte devant notaire, ou sous seing privé, de toutes choses excédant une somme de cent livres. Cette règle s'applique même aux dépôts volontaires.

Une seconde règle, qui est la suite de la précédente, est que la foi due aux contrats ne peut être détruite par de simples témoignages, quelque modique que soit la somme dont il s'agit, et qu'aucune preuve par témoins n'est admissible, ni contre ce qui est contenu dans les actes, ni pour constater ce qu'on prétendrait y avoir été omis, ni sur ce qui serait allégué avoir été dit avant, lors, ou depuis les actes.

On avait pris toutes les précautions pour que cette règle ne fût point éludée.

En vain celui qui aurait formé une demande excédant cent liv., eût ensuite voulu la réduire au-dessous de cette somme pour être admis à la preuve testimoniale, on n'aurait point eu d'égard à cette réduction : il suffisait qu'il fût connu que l'obligation avait pour objet une somme ou une valeur de plus de cent liv., pour qu'il fût certain que la loi avait été violée.

C'est par ce même motif que la preuve testimoniale n'était point admise sur la demande d'une somme moindre de cent liv., lorsqu'on avait déclaré que cette somme était le restant d'une créance plus forte qui n'était point prouvée par écrit.

Si dans la même instance une partie faisait plusieurs demandes dont il n'y avait point de preuve par écrit, et qui jointes ensemble excédaient la somme de cent livres, en vain alléguait-elle que ces créances provenaient de différentes causes, et qu'elles s'étaient formées en différens temps ; on n'admettait point la preuve de ce fait ; les témoins ne méritent pas plus de foi sur la cause ou sur l'époque de la dette que sur la dette elle-même, et c'eût été un moyen facile d'éluder la loi.

Si néanmoins il s'agissait de droits procédant par succession, donation ou autrement, de personnes différentes, ces faits, qui étaient autres que ceux de la dette, pouvaient être constatés par le genre de preuve dont ils étaient susceptibles.

Enfin il avait été prévu que pour ne pas se présenter à la justice, comme formant à-la-fois plusieurs demandes excédant la somme pour laquelle il doit y avoir preuve par écrit, on parviendrait à diviser la dette en faisant les demandes successivement et par instances séparées. La loi a encore prévenu ce subterfuge, en déclarant que toutes les demandes, à quelque titre que ce soit, qui ne seraient pas entièrement justifiées par écrit, seraient formées par un même exploit, après lequel les autres demandes, dont il n'y aurait point de preuve par écrit, ne seraient pas reçues.

On doit observer que cette exclusion de la preuve testimoniale ne s'étend aux cas de fraude.

Telles sont les règles dont les bases avaient été consignées dans l'ordonnance de Moulins, en 1566, et qui ont été développées dans l'ordonnance rendue en 1667, sur la *procédure civile.*

Il eût été imprudent de ne pas maintenir aujourd'hui des mesures, que la mauvaise foi des hommes a depuis si long-temps fait regarder comme indispensables.

On n'a même pas cru devoir, en fixant à cent cinquante francs au lieu de cent livres la somme que l'on ne pourrait excéder sans une preuve écrite, avoir égard à toute la différence qui existe entre la valeur de l'argent à l'époque de ces lois, et sa valeur actuelle.

Cependant on peut demander pourquoi la loi a pris tant de précautions pour garantir de l'infidélité des témoignages pour des intérêts pécuniaires peu considérables, tandis que pour l'honneur et la vie, elle s'en rapporte à ces mêmes témoignages.

On n'admet en justice criminelle les preuves vocales, que parce qu'il y a nécessité. Les crimes se commettent dans les ténèbres; il n'y a le plus souvent d'autres preuves possibles que celles qui sont données par les témoins : le faux témoignage contre un accusé, est un forfait si atroce que la loi a moins à craindre ce dernier degré de la perversité. Si l'humanité gémit dès exemples fort rares des victimes de faux témoignages, l'humanité souffrirait bien davantage si, par l'impunité des crimes, nul n'était assuré de sa fortune ni de son existence.

La preuve testimoniale est même admise en matière civile, lorsque celui qui fait une demande n'a pu se procurer un titre pour la justifier. Dans ces cas, on a encore moins à craindre l'infidélité des témoins qui n'ont pas un intérêt personnel, que l'infidélité du débiteur lui-même, s'il lui était loisible de nier sa dette.

C'est ainsi que la preuve testimoniale est admise, lorsqu'il s'agit d'obligations qui se sont formées sans convention, comme celles qui résultent de quasi-contrats, de délits et de quasi-délits.

Elle est admise pour les dépôts faits en cas d'incendie, de ruine, de tumulte, de naufrage; pour ceux faits par les voyageurs, en logeant dans une hôtellerie.

Dans ces cas, deux faits sont à prouver, celui du dépôt et celui de la quantité de la chose déposée. Il fallait mettre les dépositaires à l'abri des déclarations fausses ou exagérées, en recommandant aux juges d'avoir égard à la qualité des personnes et aux circonstances du fait.

Il peut encore arriver que le créancier ait perdu le titre qui lui servait de preuve littérale : mais la loi qui l'exige serait facilement éludée , si cette perte pouvait être autrement constatée que par un fait susceptible d'une preuve positive : tels sont les cas fortuits, imprévus et résultant d'une force majeure , comme l'incendie , le naufrage , le pillage.

Il est enfin une modification importante , qui a toujours été faite à la règle exclusive de la preuve testimoniale en matière civile.

Lorsque celui qui n'a point pour établir sa demande un titre formel , représente néanmoins un écrit émané de la personne contre laquelle cette demande est formée , ou de celui que cette personne représente , lorsque cet écrit rend vraisemblable le fait allégué , les témoins sont admis pour completter cette preuve. Alors un premier pas est fait vers la vérité : elle n'est plus entièrement dépendante de simples témoignages.

Des présomptions.

Au nombre des moyens qui peuvent servir à découvrir la vérité , sont les présomptions , c'est-à-dire les conséquences que la loi elle-même ou le magistrat tirent d'un fait connu à un fait inconnu.

Dans la législation romaine , on avait distingué trois espèces de présomptions :

La présomption dite *juris et de jure* , parce qu'elle était introduite par le droit , et parce que la preuve contraire n'étant pas admissible , elle établissait le droit ;

La présomption de droit , qui est aussi établie par la loi , qui dispense de la preuve , mais qui n'exclut pas la preuve contraire ;

Et enfin, la présomption qui , sans être établie par une loi , se présente à la conscience des juges , et à laquelle ils doivent avoir égard.

Cette distinction , fondée sur une analyse exacte des présomptions , est maintenue dans le Code.

On y pose la règle commune à toutes les présomptions établies par la loi, règle suivant laquelle celui au profit duquel une présomption légale existe, est dispensé de toute preuve.

On y rappelle les principaux exemples de présomptions légales.

Telle est, à l'égard de certains actes, la nullité que la loi prononce, en présumant, d'après leur seule qualité, qu'ils ont été faits en fraude de ces dispositions.

Tels sont les cas dans lesquels la loi déclare que la propriété ou la libération résulte de certaines circonstances déterminées.

Telle est encore la présomption qui donne à la chose jugée une autorité irrévocable : s'il était permis de remettre en question ce qui aurait déjà été jugé, les contestations seraient interminables.

Le Code judiciaire détermine les jugemens qui ne sont plus susceptibles d'être attaqués : on a posé dans le Code civil la règle suivant laquelle l'autorité de la chose jugée ne doit avoir lieu qu'à l'égard de ce qui a fait l'objet du jugement. Il faut que la chose demandée soit la même, que la demande soit fondée sur la même cause, que cette demande soit entre les mêmes parties et fondée par elles ou contre elles en la même qualité. Si toutes ces circonstances ne se rencontrent pas, on ne peut pas dire que le second jugement qui serait rendu fût le même que le premier, et la loi n'aurait plus un motif suffisant pour présumer que le premier jugement suffit.

Un quatrième exemple des présomptions de la loi, est celui qui résulte de l'aveu de la partie ou de son serment.

Après avoir donné les exemples des présomptions légales, on a posé une règle générale pour reconnaître entre ces présomptions celles nommées en droit *juris et de jure*, contre lesquelles nulle preuve n'est admise. Ce sont les présomptions sur le fondement desquelles la loi annulle certains actes, ou dénie l'action en justice. Lorsque la loi elle-même tire du fait connu une telle conséquence qu'elle prononce la nullité, ou qu'elle dénie l'action, le juge ne doit pas tirer une conséquence différente en admettant une preuve contraire. On ne doit excepter que le cas où la loi n'ayant pas cru la présomption assez forte pour prononcer d'une manière absolue la nullité de l'acte où la dénégation de l'action, a réservé la preuve contraire.

On fait cesser, par une règle aussi simple et aussi juste, de longues controverses sur les caractères distinctifs de présomptions de droit.

A l'égard des présomptions qui ne sont point établies par la loi, elle les abandonne aux lumières et à la prudence du magistrat, en l'avertissant que sa religion ne peut être réellement éclairée que par des présomptions graves, précises et concordantes, et en lui rappelant que de pareilles présomptions ne sont admissibles que dans les cas où la preuve par témoins est permise, à moins que l'acte ne soit attaqué pour cause de fraude ou de dol.

De l'aveu de la partie.

Lorsqu'un fait opposé à une partie a été ou est avoué par elle, la présomption qui résulte de cet aveu est si forte et si directe, qu'il ne doit pas être admis à le rétracter.

Cet aveu est extrajudiciaire ou judiciaire.

S'il est extrajudiciaire, il faut absolument qu'il soit par écrit. Il vaudrait autant admettre directement la preuve par témoins pour sommes et valeurs excédant 150 fr., que d'autoriser à prouver ainsi l'allégation d'un aveu verbal de la dette.

Quant à l'aveu judiciaire que fait en justice la partie ou celui qui est fondé d'une procuration spéciale, cet aveu est consigné dans des écrits signifiés, ou il est fait en présence du juge. Il fait pleine foi contre celui qui l'a fait, et s'il l'a été par procuration, il faut que la partie ait pour le désaveu des moyens valables.

Il ne serait pas juste que l'adversaire de celui qui fait l'aveu profitât de la déclaration en ce qu'elle lui est favorable, sans accorder la même foi à ce qui serait défavorable. L'aveu ne peut pas être divisé contre celui qui le fait.

Cependant la preuve qui résulte de l'aveu n'est pas telle qu'il ne puisse être révoqué dans le cas où il serait prouvé qu'il y a erreur , et conséquemment cette présomption n'a pas tout l'effet de celle *juris et de jure* , qui n'admet aucune espèce de preuve contraire. Mais par la même raison que celui qui est dans l'erreur ne donne pas un consentement valable , de même aussi l'aveu de celui qui est dans l'erreur ne doit point être regardé comme réel : *Non fatetur qui errat.* L. II. de *Conf.*

Il n'est ici question que d'erreur de fait : l'erreur de droit n'est autre chose que l'ignorance de la loi , ignorance qui ne doit être ni présumée ni excusée.

Du serment.

Au nombre des présomptions légales , est encore celle qui résulte du serment fait en justice.

On distingue les différens cas dans lesquels le serment est fait.

Ou c'est une partie qui le défère à l'autre pour en faire dépendre le jugement de la cause , et alors il est appelé *décisoire.*

Ou il est déféré d'office par le juge à l'une ou à l'autre des parties.

Lorsqu'une partie se repose sur la probité de l'autre au point de prendre droit par son serment, ou lorsqu'une partie est dénuée de preuves suffisantes pour établir sa demande, il est juste de l'admettre à déférer le serment, quel que soit l'objet de la contestation.

On n'a point suivi l'opinion des jurisconsultes qui pensent que le serment ne peut être déféré par celui qui n'a pas au moins un commencement de preuve par écrit ; et quoique l'on n'ait pas établi en France comme à Rome l'usage de faire prêter au demandeur le serment qu'il agit de bonne foi, *juramentum de calumniâ*, on a cru devoir également décider que celui auquel on défère le serment ne peut s'y refuser, parce qu'il n'est censé souffrir aucun préjudice de ce qu'on lui demande la déclaration de la vérité : on a donc admis sans restriction ce principe de morale et d'équité , consacré dans la loi romaine , qui met au nombre des actions les plus honteuses le refus du serment, et qui assimile ce refus à un aveu : *Manifestæ turpitudinis et confessionis est nolle jurare nec juramentum referre.* Leg. XXXVIII, ff. *de Jur. jur.*

Il résulte encore de ce principe qu'il peut être déféré en tout état de cause : il faut seulement que ce soit sur un fait personnel à la partie à laquelle on le défère. On ne peut plus présumer que le fait soit à sa connaissance, ni qu'elle fasse à la justice une dissimulation coupable, quand ce n'est pas son propre fait.

Si la partie à laquelle on défère le serment croit avoir quelque intérêt de le référer à son adversaire, c'est-à-dire de prendre elle-même droit par la déclaration de cet adversaire, celui-ci ne peut se refuser de rendre à la justice le même témoignage qu'il voulait exiger de l'autre partie.

Il faut seulement, pour que le serment puisse être ainsi référé, que le fait qui en est l'objet soit le fait des deux parties, et qu'il ne soit pas purement personnel à celui auquel il avait été déféré. C'est une conséquence de la règle qui n'assujettit au serment la partie à laquelle on le défère que sur les faits qui lui sont propres.

Ce serment déféré par une partie à l'autre est décisoire : c'est la condition sous laquelle la loi donne le droit de l'exiger. Ainsi, de l'exercice de ce droit résulte le consentement de se soumettre à la condition, et dès-lors celui qui a déféré le serment ou qui l'a référé, n'est plus recevable, lorsqu'il a été fait, à en prouver la fausseté; et même avant le serment prêté, le consentement qui résulte de ce qu'on l'a déféré ou référé, ne peut plus être révoqué, si l'adversaire a déclaré qu'il est prêt à le faire.

Ce sont ces motifs qui ont fait donner au serment décisoire respectivement à celui qui l'a déféré ou référé, et respectivement à ses héritiers ou ayant-cause, toute la force d'une présomption *juris et de jure*, contre laquelle aucune preuve, pas même celle de pièces nouvellement recouvrées, n'est admissible. *Adversùs exceptionem jurisjurandi replicatio doli mali non debet dari, cùm prætor id agere debet, ne de jurejurando quæratur. L. 15 ff. de Except.*

Le serment décisoire étant regardé comme une convention entre celui qui prête le serment et celui qui le défère, il en résulte que, comme toute autre convention, il n'a d'effet qu'entre les parties, leurs héritiers ou ayant-cause, et à l'égard de la chose qui en a fait l'objet.

Si le débiteur principal est libéré par le serment, ses cautions le sont également. L'obligation principale cessant, celle des cautions, qui n'est qu'accessoire, doit aussi cesser, puisqu'autrement les cautions qui seraient forcés de payer auraient leurs recours contre le débiteur; et ce serait de la part du créancier éluder l'effet du serment.

Si c'est à la caution que l'on défère le serment sur l'obligation principale, et si elle fait le serment qu'il n'est rien dû, le débiteur principal est libéré, parce que ce serment équivaut à un paiement, et que le paiement fait par la caution libère le débiteur principal.

Par le même motif, le serment déféré à l'un des débiteurs solidaires profite aux codébiteurs.

Il n'en est pas ainsi du serment déféré par l'un des créanciers solidaires au débiteur : chaque créancier solidaire peut exiger l'exécution entière de l'obligation ; mais il n'a pas seul le droit de changer ou d'anéantir cette obligation : ainsi on a déjà vu que le débiteur n'est libéré par la remise de la dette que lui fait un des créanciers solidaires, que jusqu'à concurrence de la part de ce créancier. Lorsqu'un cocréancier défère le serment au débiteur, c'est également une convention particulière entre eux; elle ne doit pas lier les autres créanciers. Ce serait une occasion de fraudes.

Le serment est au nombre des moyens par lesquels la loi espère que la vérité sera découverte. Ce moyen, comme tous les autres, a dû être confié à la prudence du juge, soit qu'en le déférant il en fasse dépendre la décision de la cause, soit qu'il le défère seulement pour déterminer le montant de la condamnation.

Le juge ne peut pas avoir assez de confiance dans la probité des plaideurs pour regarder le serment comme une preuve suffisante de la demande : il ne doit donc pas le déférer lorsqu'elle est totalement dénuée de preuve.

Il ne peut également exiger le serment lorsqu'il est inutile, et il l'est à son égard lorsque la preuve de la demande est complette.

Lorsque le juge défère le serment à l'une des parties, c'est un choix dans lequel on a présumé qu'il a été déterminé par des motifs qui doivent influer sur la découverte de la vérité. Il ne doit pas dépendre de la partie à laquelle il a été déféré de se soustraire à ce jugement en référant ce serment à son adversaire.

Le droit de déférer le serment n'étant confié au juge que comme une dernière ressource à défaut d'autres moyens d'éclairer sa religion, il en résulte encore qu'il ne doit déférer le serment sur la valeur de la chose demandée, que lorsqu'il est d'ailleurs impossible de constater autrement cette valeur. Il ne doit pas même dans ce cas avoir une confiance illimitée dans celui auquel il défère le serment : il doit déterminer la somme jusqu'à concurrence de laquelle ce serment fera foi.

Telles sont, citoyens Législateurs, les différentes espèces de preuves qu'il est possible d'employer pour constater qu'une obligation existe ou qu'elle a été acquittée.

C'est ici que se termine la série des principes dont se compose le titre *des Contrats ou des obligations conventionnelles en général.* Ces principes sont susceptibles de modifications et exceptions relativement à plusieurs contrats qui, par ce motif et par le développement qu'exige leur importance, seront la matière des titres qui vous seront successivement présentés et qui termineront le Code civil.

Suit le texte de la loi.

TITRE III.

Des contrats, ou des obligations conventionnelles en général.

Décrété le 17 Pluviose an XII. Promulgué le 27 du même mois.

CHAPITRE PREMIER.

DISPOSITIONS PRÉLIMINAIRES.

Article 1101. — Le contrat est une convention par laquelle une ou plusieurs personnes s'obligent, envers une ou plusieurs autres, à donner, à faire ou à ne pas faire quelque chose.

Art. 1102. — Le contrat est synallagmatique ou bilatéral lorsque les contractans s'obligent réciproquement les uns envers les autres.

Art. 1103. — Il est unilatéral lorsqu'une ou plusieurs personnes sont obligées envers une ou plusieurs autres, sans que de la part de ces dernières il y ait d'engagement.

Art. 1104. — Il est commutatif, lorsque chacune des parties s'engage à donner, ou à faire une chose qui est regardée comme l'équivalent de ce qu'on lui donne, ou de ce qu'on fait pour elle.

Lorsque l'équivalent consiste dans la chance de gain ou de perte pour chacune des parties, d'après un événement incertain, le contrat est *aléatoire.*

Art. 1105. — Le contrat de bienfaisance est celui dans lequel l'une des parties procure à l'autre un avantage purement gratuit.

Art. 1106. — Le contrat à titre onéreux est celui qui as-sujétit chacune des parties à donner, ou à faire quelque chose.

Art. 1107. — Les contrats, soient qu'ils aient une déno-mination propre, soit qu'ils n'en aient pas, sont soumis à des règles générales, qui sont l'objet du présent titre.

Les règles particulières à certains contrats, sont éta-blies sous les titres relatifs à chacun d'eux; et les règles particulières aux transactions commerciales, sont établies par les lois relatives au commerce.

CHAPITRE II.

Des conditions essentielles pour la validité des conventions.

Article 1108. — Quatre conditions sont essentielles pour la validité d'une convention.

Le consentement de la partie qui s'oblige;

Sa capacité de contracter;

Un objet certain qui forme la matière de l'engagement;

Une cause licite dans l'obligation.

SECTION PREMIÈRE.

Du consentement.

Article 1109. — Il n'y a point de consentement valable, si le consentement n'a été donné que par erreur, ou s'il a été extorqué par violence ou surpris par dol.

Art. 1110. — L'erreur n'est une cause de nullité de la convention, que lorsqu'elle tombe sur la substance même de la chose qui en est l'objet.

Elle n'est point une cause de nullité, lorsqu'elle ne tombe que sur la personne avec laquelle on a intention de contracter, à moins que la considération de cette personne ne soit la cause principale de la convention.

Art. 1111. — La violence exercée contre celui qui a contracté l'obligation, est une cause de nullité, encore qu'elle ait été exercée par un tiers, autre que celui au profit duquel la convention a été faite.

Art. 1112. — Il y a violence, lorsqu'elle est de nature à faire impression sur une personne raisonnable, et qu'elle peut lui inspirer la crainte d'exposer sa personne ou sa fortune, à un mal considérable et présent.

On a égard, en cette matière, à l'âge, au sexe et à la condition des personnes.

Art. 1113. — La violence est une cause de nullité du contrat, non-seulement lorsqu'elle a été exercée sur la partie contractante, mais encore lorsqu'elle l'a été sur son époux ou sur son épouse, sur ses descendans ou ses ascendans.

Art. 1114. — La seule crainte révérentielle envers le père, la mère, ou autre ascendant, sans qu'il y ait eu de violence exercée, ne suffit point pour annuller le contrat.

Art. 1115. — Un contrat ne peut plus être attaqué pour cause de violence, si, depuis que la violence a cessé, ce contrat a été approuvé, soit expressément, soit tacitement, soit en laissant passer le temps de la restitution fixé par la loi.

Art. 1116. — Le dol est une cause de nullité de la convention, lorsque les manœuvres pratiquées par l'une des parties sont telles, qu'il est évident que, sans ses manœuvres, l'autre partie n'aurait pas contracté.

Il ne se présume pas, et doit être prouvé.

Art. 1117. — La convention contractée par erreur, violence ou dol, n'est point nulle de plein droit ; elle donne seulement lieu à une action en nullité ou en rescision, dans les cas et de la manière expliqués à la section VII du chapitre V du présent titre.

Art. 1118. — La lésion ne vicie les conventions que dans certains contrats, ou à l'égard de certaines personnes, ainsi qu'il sera expliqué en la même section.

Art. 1119. — On ne peut, en général, s'engager ni stipuler en son propre nom, que pour soi-même.

Art. 1120. — Néanmoins on peut se porter fort pour un tiers en promettant le fait de celui-ci ; sauf l'indemnité contre celui qui s'est porté fort ou qui a promis de faire ratifier, si le tiers refuse de tenir l'engagement.

Art. 1121. — On peut pareillement stipuler au profit d'un tiers, lorsque telle est la condition d'une stipulation que l'on fait pour soi-même, ou d'une donation que l'on fait à un autre. Celui qui a fait cette stipulation, ne peut plus la révoquer, si le tiers a déclaré vouloir en profiter.

Art. 1122. — On est censé avoir stipulé pour soi et pour ses héritiers et ayant-cause, à moins que le contraire ne soit exprimé ou ne résulte de la nature de la convention.

SECTION II.

De la capacité des parties contractantes.

Article 1123. — Toute personne peut contracter, si elle n'en est pas déclarée incapable par la loi.

Art. 1124. — Les incapables de contracter sont :

Les mineurs ;

Les interdits ;

Liv. III.   S

Les femmes mariées , dans les cas exprimés par la loi ;

Et généralement tous ceux auxquels la loi a interdit certains contrats.

Art. 1125. — Le mineur , l'interdit et la femme mariée , ne peuvent attaquer , pour cause d'incapacité , leurs engagemens , que dans les cas prévus par la loi.

Les personnes capables de s'engager, ne peuvent opposer l'incapacité du mineur , de l'interdit ou de la femme mariée , avec qui elles ont contracté.

SECTION III.

De l'objet et de la matière des contrats.

Article 1126. — Tout contrat a pour objet une chose qu'une partie s'oblige à donner , ou qu'une partie s'oblige à faire ou à ne pas faire.

Art. 1127. — Le simple usage ou la simple possession d'une chose , peut être , comme la chose même , l'objet du contrat.

Art. 1128. — Il n'y a que les choses qui sont dans le commerce , qui puissent être l'objet des conventions.

Art. 1129. — Il faut que l'obligation ait pour objet une chose au moins déterminée , quant à son espèce.

La quotité de la chose peut être incertaine , pourvu qu'elle puisse être déterminée.

Art. 1130. — Les choses futures peuvent être l'objet d'une obligation.

On ne peut cependant renoncer à une succession non ouverte , ni faire aucune stipulation sur une pareille succession , même avec le consentement de celui de la succession duquel il s'agit.

SECTION IV.

De la cause.

Article 1131. — L'obligation sans cause, ou sur une fause cause, ou sur une cause illicite., ne peut avoir aucun effet.

Art. 1132. — La convention n'est pas moins valable, quoique la cause n'en soit pas exprimée.

Art. 1133. — La cause est illicite, quand elle est prohibée par la loi, quand elle est contraire aux bonnes mœurs ou à l'ordre public.

CHAPITRE III.

De l'effet des obligations.

SECTION PREMIÈRE.

Dispositions générales.

Article 1134. — Les conventions légalement formées, tiennent lieu de loi à ceux qui les ont faites.

Elles ne peuvent être révoquées que de leur consentement mutuelle, ou pour les causes que la loi autorise.

Elles doivent être exécutées de bonne foi.

Art. 1135. — Les conventions obligent, non-seulement à ce qui y est exprimé, mais encore à toutes les suites que l'équité, l'usage ou la loi donnent à l'obligation d'après sa nature.

SECTION II.

De l'obligation de donner.

Article 1136. — L'obligation de donner, emporte celle de livrer la chose et de la conserver jusqu'à la livraison, à peine de dommages et intérêts envers le créancier.

Art. 1137. — L'obligation de veiller à la conservation de la chose, soit que la convention n'ait pour objet que l'utilité de l'une des parties, soit qu'elle ait pour objet leur utilité commune, soumet celui qui en est chargé à y apporter tous les soins d'un bon père de famille.

Cette obligation est plus ou moins étendue, relativement à certains contrats, dont les effets, à cet égard, sont expliqués sous les titres qui les concernent.

Art. 1138. — L'obligation de livrer la chose, est parfaite par le seul consentement des parties contractantes.

Elle rend le créancier propriétaire, et met la chose à ses risques, dès l'instant où elle a dû être livrée, encore que la tradition n'en ait point été faite, à moins que le débiteur ne soit en demeure de la livrer; auquel cas la chose reste aux risques de ce dernier.

Art. 1139. — Le débiteur est constitué en demeure, soit par une sommation ou par autre acte équivalent, soit par l'effet de la convention, lorsqu'elle porte que, sans qu'il soit besoin d'acte, et par la seule échéance du terme, le débiteur sera en demeure.

Art. 1140. — Les effets de l'obligation de donner ou de livrer un immeuble, sont réglés au titre *de la vente* et au titre des *priviléges et hypothèques.*

Art. 1141. — Si la chose qu'on s'est obligé de donner ou de livrer à deux personnes successivement, est purement mobilière, celle des deux qui en a été mise en possession réelle, est préférée et en demeure propriétaire, encore que son titre soit postérieur en date, pourvu toutefois que la possession soit de bonne foi.

SECTION III.

De l'obligation de faire ou de ne pas faire.

Article 1142. — Toute obligation de faire ou de ne pas faire, se résout en dommages et intérêts en cas d'inexécution de la part du débiteur.

Art. — 1143. — Néanmoins le créancier a le droit de demander que ce qui aurait été fait par contravention à l'engagement, soit détruit; et il peut se faire autoriser à le détruire aux dépens du débiteur, sans préjudice des dommages et intérêts, s'il y a lieu.

Art. 1144. — Le créancier peut aussi, en cas d'inexécution, être autorisé à faire exécuter lui-même l'obligation aux dépens du débiteur.

Art. 1145. — Si l'obligation est de ne pas faire, celui qui y contrevient doit les dommages et intérêts par le seul fait de la contravention.

SECTION IV.

Des dommages et intérêts résultant de l'inexécution de l'obligation.

Article 1146. — Les dommages et intérêts ne sont dus que lorsque le débiteur est en demeure de remplir son obligation, excepté néanmoins lorsque la chose que le débiteur s'était obligé de donner ou de faire, ne pouvait être donnée ou faite que dans un certain temps qu'il a laissé passer.

Art. 1147. — Le débiteur est condamné, s'il y a lieu, au paiement de dommages et intérêts, soit à raison de l'inexécution de l'obligation, soit à raison du retard dans l'exécution, toutes les fois qu'il ne justifie pas que l'inexécution provient d'une cause étrangère qui ne peut lui être imputée, encore qu'il n'y ait aucune mauvaise foi de sa part.

Art. 1148. — Il n'y a lieu à aucuns dommages et intérêts lorsque, par suite d'une force majeure ou d'un cas fortuit, le débiteur a été empêché de donner ou de faire ce à quoi il était obligé, ou a fait ce qui lui était interdit.

Art. 1149. — Les dommages et intérêts dus au créancier sont, en général, de la perte qu'il a faite et du gain dont il a été privé; sauf les exceptions et modifications ci-après.

Art. 1150. — Le débiteur n'est tenu que des dommages et intérêts qui ont été prévus ou qu'on a pu prévoir lors du contrat, lorsque ce n'est point par son dol que l'obligation n'est point exécutée.

Art. 1151. — Dans le cas même où l'inexécution de la convention résulte du dol du débiteur, les dommages et intérêts ne doivent comprendre, à l'égard de la perte éprouvée par le créancier et du gain dont il a été privé, que ce qui est une suite immédiate et directe de l'inexécution de la convention.

Art. 1152. — Lorsque la convention porte que celui qui manquera de l'exécuter paiera une certaine somme à titre de dommages-intérêts, il ne peut être alloué à l'autre partie une somme plus forte ni moindre.

Art. 1153. — Dans les obligations qui se bornent au paiement d'une certaine somme, les dommages et intérêts résultant du retard dans l'exécution, ne consistent jamais que dans la condamnation aux intérêts fixés par la loi; sauf les règles particulières au commerce et au cautionnement.

Ces dommages et intérêts sont dus sans que le créancier soit tenu de justifier d'aucune perte.

Ils ne sont dus que du jour de la demande, excepté dans les cas où la loi les fait courir de plein droit.

Art. 1154. — Les intérêts échus des capitaux, peuvent produire des intérêts, ou par une demande judiciaire, ou par une convention spéciale, pourvu que, soit dans la demande, soit dans la convention, il s'agisse d'intérêts dus au moins pour une année entière.

Art. 1155. — Néanmoins les revenus échus, tels que fermages, loyers, arrérages de rentes perpétuelles ou viagères, produisent intérêt du jour de la demande ou de la convention.

La même règle s'applique aux restitutions de fruits, et aux intérêts payés par un tiers au créancier en acquit du débiteur.

SECTION V.

De l'interprétation des conventions.

Article 1156. — On doit, dans les conventions, rechercher quelle a été la commune intention des parties contractantes, plutôt que de s'arrêter au sens littéral des termes.

Art. 1157. — Lorsqu'une clause est susceptible de deux sens, on doit plutôt l'entendre dans celui avec lequel elle peut avoir quelque effet, que dans le sens avec lequel elle n'en pourrait produire aucun.

Art. 1158. — Les termes susceptibles de deux sens, doivent être pris dans le sens qui convient le plus à la matière du contrat.

Art. 1159. — Ce qui est ambigu, s'interprète par ce qui est d'usage dans le pays où le contrat est passé.

Art. 1160. — On doit suppléer dans le contrat les clauses qui y sont d'usage, quoiqu'elles n'y soient pas exprimées.

Art. 1161. — Toutes les clauses des conventions s'interprètent les unes par les autres, en donnant à chacune le sens qui résulte de l'acte entier.

Art. 1162. — Dans le doute, la convention s'interprète contre celui qui a stipulé, et en faveur de celui qui a contracté l'obligation.

Art. 1163. — Quelque généraux que soient les termes dans lesquels une convention est conçue, elle ne comprend que les choses sur lesquelles il paraît que les parties se sont proposé de contracter.

Art. 1164. — Lorsque dans un contrat, on a exprimé un cas pour l'explication de l'obligation, on n'est pas censé avoir voulu par-là restreindre l'étendue que l'engagement reçoit de droit aux cas non exprimés.

SECTION VI.

De l'effet des conventions à l'égard des tiers.

Article 1165. — Les conventions n'ont d'effet qu'entre les parties contractantes ; elles ne nuisent point au tiers, et elles ne lui profitent que dans le cas prévu par l'article 1121.

Art. 1166. — Néanmoins les créanciers peuvent exercer tous les droits et actions de leur débiteur, à l'exception de ceux qui sont exclusivement attachés à la personne.

Art. 1167. — Ils peuvent aussi, en leur nom personnel, attaquer les actes faits par le débiteur en fraude de leurs droits.

Ils doivent néanmoins, quant à leurs droits énoncés au titre des *successions et* au titre *du contrat de mariage et des* droits respectifs des époux, se conformer aux règles qui y sont prescrites.

CHAPITRE IV.

Des diverses espèces d'obligations.

SECTION PREMIÈRE.

Des obligations conditionnelles.

§ PREMIER.

De la condition en général, et de ses diverses espèces.

Article 1168. — L'obligation est conditionnelle, lorsqu'on la fait dépendre d'un événement futur et incertain, soit en la suspendant jusqu'à ce que l'événement arrive, soit en la résiliant, selon que l'événement arrivera ou n'arrivera pas.

Art. 1169. — La condition *casuelle* est celle qui dépend du hasard, et qui n'est nullement au pouvoir du créancier ni du débiteur.

Art. 1170. — La condition *potestative* est celle qui fait dépendre l'exécution de la convention, d'un événement qu'il est au pouvoir de l'une ou de l'autre des parties contractantes de faire arriver ou d'empêcher.

Art. 1171. — La condition *mixte* est celle qui dépend tout-à-la-fois de la volonté d'une des parties contractantes et de la volonté d'un tiers.

Art. 1172. — Toute condition d'une chose impossible ou contraire aux bonnes mœurs, ou prohibée par la loi, est nulle, et rend nulle la convention qui en dépend.

Art. 1173. — La condition de ne pas faire une chose

impossible., ne rend pas nulle l'obligation contractée sous cette condition.

Art. 1174. — Toute obligation est nulle ,, lorsqu'elle a été contractée sous une condition potestative de la part de celui qui s'oblige.

Art. 1175. — Toute condition doit être accomplie de la manière que les parties ont vraisemblablement voulu et entendu qu'elle le fût.

Art. 1176. — Lorsqu'une obligation est contractée sous la condition qu'un événement arrivera dans un temps fixe , cette condition est censée défaillie lorsque le temps est expiré sans que l'événement soit arrivé. S'il n'y a point de temps fixe, la condition peut toujours être accomplie; et elle n'est censée défaillie que lorsqu'il est devenu certain que l'événement n'arrivera pas.

Art. 1177. — Lorsqu'une obligation est contractée sous la condition qu'un événement n'arrivera pas dans un temps fixe , cette condition est accomplie lorsque ce temps est expiré sans que l'événement soit arrivé : elle l'est également, si avant le terme il est certain que l'événement n'arrivera pas ; et s'il n'y a pas de temps déterminé , elle n'est accomplie que lorsqu'il est certain que l'événement n'arrivera pas.

Art. 1178. — La condition est réputée accomplie lorsque c'est le débiteur , obligé sous cette condition, qui en a empêché l'accomplissement.

Art. 1179. — La condition accomplie a un effet rétroactif au jour auquel l'engagement a été contracté. Si le créancier est mort avant l'accomplissement de la condition, ses droits passent à son héritier.

Art. 1180. — Le créancier peut, avant que la condition soit accomplie, exercer tous les actes conservatoires de son droit.

§. I I.

De la condition suspensive.

Article 1181. — L'obligation contractée sous une condition suspensive, est celle qui dépend ou d'un événement futur et incertain, ou d'un événement actuellement arrivé, mais encore inconnu des parties.

Dans le premier cas, l'obligation ne peut être exécutée qu'après l'événement.

Dans le second cas, l'obligation a son effet du jour où elle a été contractée.

Art. 1182. — Lorsque l'obligation a été contractée sous une condition suspensive, la chose qui fait la matière de la convention demeure aux risques du débiteur qui ne s'est obligé de la livrer que dans le cas de l'événement de la condition.

Si la chose est entièrement périe sans la faute du débiteur, l'obligation est éteinte.

Si la chose s'est détériorée sans la faute du débiteur, le créancier a le choix ou de résoudre l'obligation, ou d'exiger la chose dans l'état où elle se trouve, sans diminution du prix.

Si la chose s'est détériorée par la faute du débiteur, le créancier a le droit ou de résoudre l'obligation, ou d'exiger la chose dans l'état où elle se trouve, avec des dommages et intérêts.

§. I I I.

De la condition résolutoire.

Article 1183. — La condition résolutoire est celle qui, lorsqu'elle s'accomplit, opère la révocation de l'obligation, et qui remet les choses au même état que si l'obligation n'avait pas existé.

Elle ne suspend point l'exécution de l'obligation : elle oblige seulement le créancier à restituer ce qu'il a reçu, dans le cas où l'événement prévu par la condition arrive.

Art. 1184. — La condition résolutoire est toujours sous-entendue dans les contrats synallagmatiques, pour le cas où l'une des deux parties ne satisfera point à son engagement.

Dans ce cas, le contrat n'est point résolu de plein droit. La partie envers laquelle l'engagement n'a point été exécuté, a le choix ou de forcer l'autre à l'exécution de la convention, lorsqu'elle est possible, ou d'en demander la résolution avec dommages et intérêts.

La résolution doit être demandée en justice, et il peut être accordé au défendeur un délai selon les circonstances.

SECTION II.

Des obligations à terme.

Article 1185. — Le terme diffère de la condition, en ce qu'il ne suspend point l'engagement, dont il retarde seulement l'exécution.

Art. 1186. — Ce qui n'est dû qu'à terme, ne peut être exigé avant l'échéance du terme ; mais ce qui a été payé d'avance, ne peut être répété.

Art. 1187. — Le terme est toujours présumé stipulé en faveur du débiteur, à moins qu'il ne résulte de la stipulation, ou des circonstances, qu'il a été aussi convenu en faveur du créancier.

Art. 1188. — Le débiteur ne peut plus réclamer le bénéfice du terme lorsqu'il a fait faillite, ou lorsque par son fait, il a diminué les sûretés qu'il avait données par le contrat à son créancier.

SECTION III.

Des obligations alternatives.

Article 1189. — Le débiteur d'une obligation alternative est libéré par la délivrance de l'une des deux choses qui étaient comprises dans l'obligation.

Art. 1190. — Le choix appartient au débiteur, s'il n'a pas été expressément accordé au créancier.

Art. 1191. — Le débiteur peut se libérer en délivrant l'une des deux choses promises ; mais il ne peut pas forcer le créancier à recevoir une partie de l'une et une partie de l'autre.

Art. 1192. — L'obligation est pure et simple, quoique contractée d'une manière alternative, si l'une des deux choses promises ne pouvait être le sujet de l'obligation.

Art. 1193. — L'obligation alternative devient pure et simple, si l'une des choses promises périt, et ne peut plus être livrée, même par la faute du débiteur. Le prix de cette chose ne peut pas être offert à sa place.

Si toutes deux sont péries, et que le débiteur soit en faute à l'égard de l'une d'elles, il doit payer le prix de celle qui a péri la dernière.

Art. 1194. — Lorsque, dans les cas prévus par l'article précédent, le choix avait été déféré, par la convention, au créancier,

Ou l'une des choses seulement est périe ; et alors, si c'est sans la faute du débiteur, le créancier doit avoir celle qui reste ; si le débiteur est en faute, le créancier peut demander la chose qui reste, ou le prix de celle qui est périe ;

Ou les deux choses sont péries ; et alors, si le débiteur est en faute à l'égard des deux, ou même à l'égard de l'une d'elles seulement ; le créancier peut demander le prix de l'une ou de l'autre à son choix.

Art. 1195. — Si les deux choses sont péries sans la faute du débiteur , et avant qu'il soit en demeure, l'obligation est éteinte, conformément à l'article 1302 du présent titre.

Art. 1196. — Les mêmes principes s'appliquent aux cas où il y a plus de deux choses comprises dans l'obligation alternative.

SECTION IV.

Des obligations solidaires.

§ PREMIER.

De la solidarité entre les créanciers.

Article 1197. — L'obligation est solidaire entre plusieurs créanciers, lorsque le titre donne expressément à chacun d'eux le droit de demander le paiement du total de la créance, et que le paiement fait à l'un d'eux libère le débiteur, encore que le bénéfice de l'obligation soit partageable et divisible entre les divers créanciers.

Art. 1198. — Il est au choix du débiteur de payer à l'un ou à l'autre des créanciers solidaires, tant qu'il n'a pas été prévenu par les poursuites de l'un d'eux.

Néanmoins la remise qui n'est faite que par l'un des créanciers solidaires , ne libère le débiteur que pour la part de ce créancier.

Art. 1199 — Tout acte qui interrompt la prescription à l'égard de l'un des créanciers solidaires , profite aux autres créanciers.

§. I I.

De la solidarité de la part des débiteurs.

Article 1200. Il y a solidarité de la part des débiteurs, lorsqu'ils sont obligés à une même chose, de manière que chacun puisse être contraint pour la totalité, et que le paiement fait par un seul libère les autres envers le créancier.

Art. 1201. — L'obligation peut être solidaire, quoique l'un des débiteurs soit obligé différemment de l'autre au paiement de la même chose; par exemple, si l'un n'est obligé que conditionnellement, tandis que l'engagement de l'autre est pur et simple, ou si l'un a pris un terme qui n'est point accordé à l'autre.

Art. 1202. — La solidarité ne se présume point; il faut qu'elle soit expressément stipulée.

Cette règle ne cesse que dans les cas où la solidarité a lieu de plein droit, en vertu d'une disposition de la loi.

Art. 1203. — Le créancier d'une obligation contractée solidairement, peut s'adresser à celui des débiteurs qu'il veut choisir, sans que celui-ci puisse lui opposer le bénéfice de division.

Art. 1204. — Les poursuites faites contre l'un des débiteurs, n'empêchent pas le créancier d'en exercer de pareilles contre les autres.

Art. 1205. — Si la chose due a péri par la faute ou pendant la demeure de l'un ou de plusieurs des débiteurs solidaires, les autres codébiteurs ne sont point déchargés de l'obligation de payer le prix de la chose; mais ceux-ci ne sont point tenus des dommages et intérêts.

Le créancier peut seulement répéter les dommages et

intérêts , tant contre les débiteurs par la faute desquels la chose a péri , que contre ceux qui étaient en demeure.

Art. 1206. — Les poursuites faites contre l'un des débiteurs solidaires, interrompent la prescription à l'égard de tous.

Art. 1207. — La demande d'intérêts , formée contre l'un des débiteurs solidaires , fait courir les intérêts à l'égard de tous.

Art. 1208. — Le codébiteur solidaire poursuivi par le créancier , peut opposer toutes les exceptions qui résultent de la nature de l'obligation , et toutes celles qui lui sont personnelles ainsi que celles qui sont communes à tous les codébiteurs.

Il ne peut opposer les exceptions qui sont purement personnelles , à quelques-uns des autres codébiteurs.

Art. 1209. — Lorsque l'un des débiteurs devient héritier unique du créancier , ou lorsque le créancier devient l'unique héritier de l'un des débiteurs , la confusion n'éteint la créance solidaire que pour la part et portion du débiteur ou du créancier.

Art. 1210. — Le créancier qui consent à la division de la dette à l'égard de l'un des codébiteurs , conserve son action solidaire contre les autres , mais sous la déduction de la part du débiteur qu'il a déchargé de la solidarité.

Art. 1211. — Le créancier qui reçoit divisément la part de l'un des débiteurs , sans réserver dans la quittance la solidarité ou ses droits en général ; ne renonce à la solidarité qu'à l'égard de ce débiteur.

Le créancier n'est pas censé remettre la solidarité au débiteur, lorsqu'il reçoit de lui une somme égale à la portion dont il est tenu , si la quittance ne porte pas que c'est *pour sa part.*

Il en est de même de la simple demande formée contre l'un.

l'un des codébiteurs *pour sa part,* si celui-ci n'a pas acquiescé à la demande, ou s'il n'est pas intervenu un jugement de condamnation.

Art. 1212. — Le créancier qui reçoit divisément et sans réserve, la portion de l'un des codébiteurs sans arrérages ou intérêts de la dette, ne perd la solidarité que pour les arrérages ou intérêts échus, et non pour ceux à échoir, ni pour le capital, à moins que le paiement divisé n'ait été continué pendant dix ans consécutifs.

Art. 1213. — L'obligation contractée solidairement envers le créancier, se divise de plein droit entre les débiteurs, qui n'en sont tenus entre eux que chacun pour sa part et portion.

Art. 1214. — Le codébiteur d'une dette solidaire, qui l'a payée en entier, ne peut répéter contre les autres que les part et portion de chacun d'eux.

Si l'un d'eux se trouve insolvable, la perte qu'occasionne son insolvabilité se répartit par contribution entre tous les autres codébiteurs solvables et celui qui a fait le paiement.

Art. 1215. — Dans le cas où le créancier a renoncé à l'action solidaire envers l'un des débiteurs, si l'un ou plusieurs des autres codébiteurs deviennent insolvables, la portion des insolvables sera contributoirement répartie entre tous les débiteurs, même entre ceux précédemment déchargés de la solidarité par le créancier.

Art. 1216. — Si l'affaire pour laquelle la dette a été contractée solidairement, ne concernait que l'un des co-obligés solidaires, celui-ci serait tenu de toute la dette vis-à-vis des autres codébiteurs, qui ne seraient considérés, par rapport à lui, que comme ses cautions.

SECTION V.

Des obligations divisibles et indivisibles.

Article 1217. — L'obligation est divisible ou indivisible selon qu'elle a pour objet ou une chose qui dans sa livraison, ou un fait qui dans l'exécution, est ou n'est pas susceptible de division, soit matérielle, soit intellectuelle.

Art. 1218. — L'obligation est indivisible, quoique la chose ou le fait qui en est l'objet soit divisible par sa nature, si le rapport sous lequel elle est considérée dans l'obligation ne la rend pas susceptible d'exécution partielle.

Art. 1219. — La solidarité stipulée ne donne point à l'obligation le caractère d'indivisibilité.

§ PREMIER.

Des effets de l'obligation divisible.

Article 1220. — L'obligation qui est susceptible de division, doit être exécutée entre le créancier et le débiteur, comme si elle était indivisible. La divisibilité n'a d'application qu'à l'égard de leurs héritiers, qui ne peuvent demander la dette ou qui ne sont tenus de la payer que pour les parts dont ils sont saisis ou dont ils sont tenus, comme représentant le créancier ou le débiteur.

Art. 1221. — Le principe établi dans l'article précédent, reçoit exception à l'égard des héritiers du débiteur,

1°. Dans le cas où la dette est hypothécaire ;

2°. Lorsqu'elle est d'un corps certain ;

3°. Lorsqu'il s'agit de la dette alternative de choses au choix du créancier, dont l'une est indivisible ;

4°. Lorsque l'un des héritiers est chargé seul, par le titre, de l'exécution de l'obligation ;

5°. Lorsqu'il résulte, soit de la nature de l'engagement, soit de la chose qui en fait l'objet, soit de la fin qu'on s'est proposée dans le contrat, que l'intention des contractans a été que la dette ne pût s'acquitter partiellement.

Dans les trois premiers cas, l'héritier qui possède la chose due ou le fonds hypothéqué à la dette, peut être poursuivi pour le tout sur la chose due ou sur le fonds hypothéqué, sauf le recours contre ses cohéritiers. Dans le quatrième cas, l'héritier seul chargé de la dette, et dans le cinquième cas, chaque héritier peut aussi être poursuivi pour le tout ; sauf son recours contre ses cohéritiers.

§. I I.

Des effets de l'obligation indivisible.

Article 1222. — Chacun de ceux qui ont contracté conjointement une dette indivisible, en est tenu pour le total, encore que l'obligation n'ait pas été contractée solidairement.

Art. 1223. — Il en est de même à l'égard des héritiers de celui qui a contracté une pareille obligation.

Art. 1224. — Chaque héritier du créancier peut exiger en totalité l'exécution de l'obligation indivisible.

Il ne peut seul faire la remise de la totalité de la dette ; il ne peut recevoir seul le prix au lieu de la chose. Si l'un des héritiers a seul remis la dette ou reçu le prix de la chose, son cohéritier ne peut demander la chose indivisible qu'en tenant compte de la portion du cohéritier qui a fait la remise ou qui a reçu le prix.

Art. 1225. — L'héritier du débiteur assigné pour la totalité de l'obligation, peut demander un délai pour mettre en cause ses cohéritiers, à moins que la dette ne soit de nature à ne pouvoir être acquittée que par l'héritier assigné, qui peut alors être condamné seul, sauf son recours en indemnité contre ses cohéritiers.

SECTION VI.

Des obligations avec clauses pénales.

Article 1226. — La clause pénale est celle par laquelle une personne, pour assurer l'exécution d'une convention, s'engage à quelque chose en cas d'inexécution.

Art. 1227. — La nullité de l'obligation principale entraîne celle de la clause pénale.

La nullité de celle-ci n'entraîne point celle de l'obligation principale.

Art. 1228. — Le créancier, au lieu de demander la peine stipulée contre le débiteur qui est en demeure, peut poursuivre l'exécution de l'obligation principale.

Art. 1229. — La clause pénale est la compensation des dommages et intérêts que le créancier souffre de l'inexécution de l'obligation principale.

Il ne peut demander en même temps le principal et la peine, à moins qu'elle n'ait été stipulée pour le simple retard.

Art. 1230. — Soit que l'obligation primitive contienne, soit qu'elle ne contienne pas un terme dans lequel elle doive être accomplie, la peine n'est encourue que lorsque celui qui s'est obligé soit à livrer, soit à prendre, soit à faire, est en demeure.

Art. 1231. — La peine peut être modifiée par le juge, lorsque l'obligation principale a été exécutée en partie.

Art. 1232. — Lorsque l'obligation primitive contractée avec une clause pénale est d'une chose indivisible, la peine est encourue par la contravention d'un seul des héritiers du débiteur, et elle peut être demandée, soit en totalité contre celui qui a fait la contravention, soit contre chacun des cohéritiers pour leur part et portion, et hypothécairement pour le tout, sauf leur recours contre celui qui a fait encourir la peine.

Art. 1233. — Lorsque l'obligation primitive contractée sous une peine est divisible, la peine n'est encourue que par celui des héritiers du débiteur qui contrevient à cette obligation, et pour la part seulement dont il était tenu dans l'obligation principale, sans qu'il y ait d'action contre ceux qui l'ont exécutée.

Cette règle reçoit exception lorsque la clause pénale ayant été ajoutée dans l'intention que le paiement ne pût se faire partiellement, un cohéritier a empêché l'exécution de l'obligation pour la totalité. En ce cas, la peine entière peut être exigée contre lui et contre les autres cohéritiers pour leur portion seulement, sauf leur recours.

CHAPITRE V.

De l'extinction des obligations.

Article 1234. — Les obligations s'éteignent,

Par le paiement,

Par la novation,

Par la remise volontaire,

Par la compensation,

Par la confusion,

Par la perte de la chose,

Par la nullité ou la rescision,

Par l'effet de la condition résolutoire, qui a été expliquée au chapitre précédent;

Et par la prescription, qui fera l'objet d'un titre particulier.

SECTION PREMIÈRE.

Du paiement.

§ PREMIER.

Du paiement en général.

Article 1235. — Tout paiement suppose une dette : ce qui a été payé sans être dû, est sujet à répétition.

La répétition n'est pas admise à l'égard des obligations naturelles qui ont été volontairement acquittées.

Art. 1236. — Une obligation peut être acquittée par toute personne qui y est intéressée, telle qu'un coobligé ou une caution.

L'obligation peut même être acquittée par un tiers qui n'y est point intéressé, pourvu que ce tiers agisse au nom et en l'acquit du débiteur, ou que, s'il agit en son nom propre, il ne soit pas subrogé aux droits du créancier.

Art. 1237. — L'obligation de faire ne peut être acquittée par un tiers contre le gré du créancier, lorsque ce dernier a intérêt qu'elle soit remplie par le débiteur lui-même.

Art. 1238. — Pour payer valablement, il faut être propriétaire de la chose donnée en paiement, et capable de l'aliéner.

Néanmoins le paiement d'une somme en argent, ou autre chose qui se consomme par l'usage, ne peut être répété contre le créancier qui l'a consommée de bonne foi, quoique le paiement en ait été fait par celui qui n'en était pas propriétaire ou qui n'était pas capable de l'aliéner.

Art. 1239. — Le paiement doit être fait au créancier ou à quelqu'un ayant pouvoir de lui, ou qui soit autorisé par justice ou par la loi à recevoir pour lui.

Le paiement fait à celui qui n'aurait pas pouvoir de recevoir pour le créancier, est valable, si celui-ci le ratifie, ou s'il en a profité.

Art. 1240. — Le paiement fait de bonne foi à celui qui est en possession de la créance, est valable, encore que le possesseur en soit par la suite évincé.

Art. 1241. — Le paiement fait au créancier n'est point valable s'il était incapable de le recevoir, à moins que le débiteur ne prouve que la chose payée a tourné au profit du créancier.

Art. 1242. — Le paiement fait par le débiteur à son créancier, au préjudice d'une saisie ou d'une opposition, n'est pas valable à l'égard des créanciers saisissans ou opposans : ceux-ci peuvent, selon leur droit, le contraindre à payer de nouveau, sauf en ce cas seulement son recours contre le créancier.

Art. 1243. — Le créancier ne peut être contraint de recevoir une autre chose que celle qui lui est due, quoique la valeur de la chose offerte soit égale ou même plus grande.

Art. 1244. — Le débiteur ne peut point forcer le créancier à recevoir en partie le paiement d'une dette, même divisible.

Les juges peuvent néanmoins, en considération de la position du débiteur, et en usant de ce pouvoir avec une grande réserve, accorder des délais modérés pour le paiement et surseoir l'exécution des poursuites, toutes choses demeurant en état.

Art. 1245. — Le débiteur d'un corps certain et déterminé est libéré par la remise de la chose en l'état où elle se trouve lors de la livraison, pourvu que les détériorations qui y sont survenues ne viennent point de son fait ou de sa faute, ni de celle des personnes dont il est responsable, ou qu'avant ces détériorations il ne fût pas en demeure.

Art. 1246. — Si la dette est d'une chose qui ne soit déterminée que par son espèce, le débiteur ne sera pas tenu, pour être libéré, de la donner de la meilleure espèce, mais il ne pourra l'offrir de la plus mauvaise.

Art. 1247. — Le paiement doit être exécuté dans le lieu désigné par la convention. Si le lieu n'y est pas désigné, le paiement, lorsqu'il s'agit d'un corps certain et déterminé, doit être fait dans le lieu où était, au temps de l'obligation, la chose qui en fait l'objet.

Hors ces deux cas, le paiement doit être fait au domicile du débiteur.

Art. 1248. — Les frais du paiement sont à la charge du débiteur.

§ I I.

Du paiement avec subrogation.

Article 1249. — La subrogation dans les droits du créancier au profit d'une tierce personne qui le paie, est ou conventionnelle ou légale.

Art. 1250. — Cette subrogation est conventionnelle,

1°. Lorsque le créancier recevant son paiement d'une tierce personne la subroge dans ses droits, actions, priviléges ou hypothèques contre le débiteur : cette subrogation doit être expresse et faite en même temps que le paiement.

2°. Lorsque le débiteur emprunte une somme à l'effet de payer sa dette, et de subroger le prêteur dans les droits du créancier. Il faut, pour que cette subrogation soit valable, que l'acte d'emprunt et la quittance soient passés devant notaires ; que dans l'acte d'emprunt il soit déclaré que la somme a été empruntée pour faire le paiement, et que dans la quittance il soit déclaré que le paiement a été fait des deniers fournis à cet effet par le nouveau créancier. Cette subrogation s'opère sans le concours de la volonté du créancier.

Art. 1251. — La subrogation a lieu de plein droit,

1°. Au profit de celui qui, étant lui-même créancier, paie un autre créancier qui lui est préférable à raison de ses priviléges ou hypothèques ;

2°. Au profit de l'acquéreur d'un immeuble, qui emploie le prix de son acquisition au paiement des créanciers auxquels cet héritage était hypothéqué ;

3°. Au profit de celui qui, étant tenu avec d'autres ou pour d'autres au paiement de la dette, avait intérêt de l'acquitter ;

4°. Au profit de l'héritier bénéficiaire qui a payé de ses deniers les dettes de la succession.

Art. 1252. — La subrogation établie par les articles précédens, a lieu tant contre les cautions que contre les débiteurs : elle ne peut nuire au créancier lorsqu'il n'a été payé qu'en partie ; en ce cas, il peut exercer ses droits pour ce qui lui reste dû, par préférence à celui dont il n'a reçu qu'un paiement partiel.

§ I I I.

De l'imputation des paiemens.

Article 1253. — Le débiteur de plusieurs dettes a le droit de déclarer, lorsqu'il paie, quelle dette il entend acquitter.

Art. 1254. — Le débiteur d'une dette qui porte intérêt

ou produit des arrérages, ne peut point, sans le consentement du créancier, imputer le paiement qu'il fait sur le capital par préférence aux arrérages ou intérêts : le paiement fait sur le capital et intérêts, mais qui n'est point intégral, s'impute d'abord sur les intérêts.

Art. 1255. — Lorsque le débiteur de diverses dettes a accepté une quittance par laquelle le créancier a imputé ce qu'il a reçu sur l'une de ces dettes spécialement, le débiteur ne peut plus demander l'imputation sur une dette différente, à moins qu'il n'y ait eu dol ou surprise de la part du créancier.

Art. 1256. — Lorsque la quittance ne porte aucune imputation, le paiement doit être imputé sur la dette que le débiteur avait pour lors le plus d'intérêt d'acquitter entre celles qui sont pareillement échues ; sinon sur la dette échue, quoique moins onéreuse que celles qui ne le sont point.

Si les dettes sont d'égale nature, l'imputation se fait sur la plus ancienne ; toutes choses égales, elle se fait proportionnellement.

§. IV.

Des offres de paiement, et de la consignation.

Article 1257. — Lorsque le créancier refuse de recevoir son paiement, le débiteur peut lui faire des offres réelles, et au refus du créancier de les accepter, consigner la somme ou la chose offerte.

Les offres réelles suivies d'une consignation, libèrent le débiteur ; elles tiennent lieu à son égard de paiement lorsqu'elles sont valablement faites, et la chose ainsi consignée, demeure aux risques du créancier.

Art. 1258. Pour que les offres réelles soient valables, il faut,

1°. Qu'elles soient faites au créancier ayant la capacité de recevoir, ou à celui qui a pouvoir de recevoir pour lui ;

2°. Qu'elles soient faites par une personne capable de payer ;

3°. Qu'elles soient de la totalité de la somme exigible, des arrérages ou intérêts dus, des frais liquidés, et d'une somme pour les frais non liquidés ; sauf à la parfaire ;

4°. Que le terme soit échu, s'il a été stipulé en faveur du créancier ;

5°. Que la condition sous laquelle la dette a été contractée soit arrivée ;

6°. Que les offres soient faites au lieu dont on est convenu pour le paiement, et que, s'il n'y a pas de convention spéciale sur le lieu du paiement, elles soient faites ou à la personne du créancier, ou à son domicile, ou au domicile élu pour l'exécution de la convention ;

7°. Que les offres soient faites par un officier ministériel ayant caractère pour ces sortes d'actes.

Art. 1259. — Il n'est pas nécessaire pour la validité de la consignation qu'elle ait été autorisée par le juge ; il suffit ;

1°. Qu'elle ait été précédée d'une sommation signifiée au créancier et contenant l'indication du jour, de l'heure et du lieu où la chose offerte sera déposée ;

2°. Que le débiteur se soit dessaisi de la chose offerte, en la remettant dans le dépôt indiqué par la loi pour recevoir les consignations, avec les intérêts jusqu'au jour du dépôt ;

3°. Qu'il y ait eu procès-verbal dressé par l'officier ministériel, de la nature des espèces offertes, du refus qu'a fait le créancier de les recevoir ou de sa non-comparution, et enfin du dépôt;

4°. Qu'en cas de non-comparution de la part du créancier, le procès-verbal du dépôt lui ait été signifié avec sommation de retirer la chose déposée.

Art. 1260. — Les frais des offres réelles et de la consignation sont à la charge du créancier, si elles sont valables.

Art. 1261. — Tant que la consignation n'a point été acceptée par le créancier, le débiteur peut la retirer ; et, s'il la retire, ses codébiteurs ou ses cautions ne sont point libérés.

Art. 1262. — Lorsque le débiteur a lui-même obtenu un jugement passé en force de chose jugée, qui a déclaré ses offres et sa consignation bonnes et valables, il ne peut plus, même du consentement du créancier, retirer sa consignation au préjudice de ses codébiteurs ou de ses cautions.

Art. 1263. — Le créancier qui a consenti que le débiteur retirât sa consignation après qu'elle a été déclarée valable par un jugement qui a acquis force de chose jugée, ne peut plus pour le paiement de sa créance exercer les priviléges ou hypothèques qui y étaient attachés ; il n'a plus d'hypothèque que du jour où l'acte par lequel il a consenti que la consignation fût retirée aura été revêtu des formes requises pour emporter l'hypothèque.

Art. 1264. — Si la chose due est un corps certain qui doit être livré au lieu où il se trouve, le débiteur doit faire sommation au créancier de l'enlever, par acte notifié à sa personne ou à son domicile, ou au domicile élu pour l'exécution de la convention. Cette sommation faite, si le créancier n'enlève pas la chose , et que le débiteur ait besoin du lieu dans lequel elle est placée , celui-ci pourra obtenir de la justice la permission de la mettre en dépôt dans quelque autre lieu.

§ V.

De la cession de biens.

Article 1265. — La cession de biens est l'abandon qu'un débiteur fait de tous ses biens à ses créanciers, lorsqu'il se trouve hors d'état de payer ses dettes.

Art. 1266. — La cession de biens est volontaire ou judiciaire.

Art. 1267. — La cession de biens volontaire est celle que les créanciers acceptent volontairement, et qui n'a d'effet que celui résultant des stipulations mêmes du contrat passé entre eux et le débiteur.

Art. 1268. — La cession judiciaire est un bénéfice que la loi accorde au débiteur malheureux et de bonne foi , auquel il est permis, pour avoir la liberté de sa personne, de faire en justice l'abandon de tous ses biens à ses créanciers, nonobstant toute stipulation contraire.

Art. 1269. — La cession judiciaire ne confère point la propriété aux créanciers ; elle leur donne seulement le droit de faire vendre les biens à leur profit , et d'en percevoir les revenus jusqu'à la vente.

Art. 1270. — Les créanciers ne peuvent refuser la cession judiciaire , si ce n'est dans les cas exceptés par la loi.

Elle opère la décharge de la contrainte par corps.

Au surplus , elle ne libère le débiteur que jusqu'à concurrence de la valeur des biens abandonnés, et dans le cas où ils auraient été insuffisans ; s'il lui en survient d'autres, il est obligé de les abandonner jusqu'au parfait paiement.

SECTION II.

De la novation.

Article 1271. — La novation s'opère de trois manières ;

1°. Lorsque le débiteur contracte envers son créancier une nouvelle dette qui est substituée à l'ancienne, laquelle est éteinte ;

2°. Lorsqu'un nouveau débiteur est substitué à l'ancien qui est déchargé par le créancier ;

3°. Lorsque, par l'effet d'un nouvel engagement, un nouveau créancier est substitué à l'ancien, envers lequel le débiteur se trouve déchargé.

Art. 1272. — La novation ne peut s'opérer qu'entre personnes capables de contracter.

Art. 1273. — La novation ne se présume point ; il faut que la volonté de l'opérer résulte clairement de l'acte.

Art. 1274. — La novation par la substitution d'un nouveau débiteur, peut s'opérer sans le concours du premier débiteur.

Art. 1275. — La délégation par laquelle un débiteur donne au créancier un autre débiteur qui s'oblige envers le créancier, n'opère point de novation, si le créancier n'a expressément déclaré qu'il entendait décharger son débiteur qui a fait la délégation.

Art. 1276. — Le créancier qui a déchargé le débiteur par qui a été faite la délégation, n'a point de recours contre ce débiteur si le délégué devient insolvable, à moins que l'acte n'en contienne une réserve expresse, ou que le délégué ne fût déjà en faillite ouverte, ou tombé en déconfiture au moment de la délégation.

Art. 1277. — La simple indication faite par le débiteur d'une personne qui doit payer à sa place, n'opère point novation.

Il en est de même de la simple indication faite par le créancier, d'une personne qui doit recevoir pour lui.

Art. 1278. — Les priviléges et hypothèques de l'ancienne créance ne passent point à celle qui lui est substituée, à moins que le créancier ne les ait expressément réservés.

Art. 1279. — Lorsque la novation s'opère par la substitution d'un nouveau débiteur, les priviléges et hypothèques primitifs de la créance ne peuvent point passer sur les biens du nouveau débiteur.

Art. 1280. Lorsque la novation s'opère entre le créancier et l'un des débiteurs solidaires, les priviléges et hypothèques de l'ancienne créance ne peuvent être réservés que sur les biens de celui qui contracte la nouvelle dette.

Art. 1281. — Par la novation faite entre le créancier et l'un des débiteurs solidaires, les codébiteurs sont libérés.

La novation opérée à l'égard du débiteur principal, libère les cautions.

Néanmoins, si le créancier a exigé, dans le premier cas, l'accession des codébiteurs, ou, dans le second, celle des cautions, l'ancienne créance subsiste, si les codébiteurs ou les cautions refusent d'accéder au nouvel arrangement.

SECTION III.

De la remise de la dette.

Article 1282. — La remise volontaire du titre original sous signature privée, par le créancier au débiteur, fait preuve de la libération.

Art. 1283. — La remise volontaire de la grosse du titre fait présumer la remise de la dette ou le paiement, sans préjudice de la preuve contraire.

Art. 1284. — La remise du titre original sous signature privée ou de la grosse du titre à l'un des débiteurs solidaires, a le même effet au profit de ses codébiteurs.

Art. 1285. — La remise ou décharge conventionnelle au profit de l'un des codébiteurs solidaires, libère tous les autres, à moins que le créancier n'ait expressément réservé ses droits contre ces derniers.

Dans ce dernier cas, il ne peut plus répéter la dette que déduction faite de la part de celui auquel il a fait la remise.

Art. 1286. — La remise de la chose donnée en nantissement, ne suffit point pour faire présumer la remise de la dette.

Art. 1287. — La remise ou décharge conventionnelle accordée au débiteur principal libère les cautions ;

Celle accordée à la caution ne libère pas le débiteur principal ;

Celle accordée à l'une des cautions ne libère pas les autres.

Art. 1288. — Ce que le créancier a reçu d'une caution pour la décharge de son cautionnement, doit être imputé sur la dette, et tourner à la décharge du débiteur principal et des autres cautions.

SECTION IV.

De la compensation.

Article 1289. Lorsque deux personnes se trouvent débitrices l'une envers l'autre, il s'opère entre elles une compensation qui éteint les deux dettes, de la manière et dans les cas ci-après exprimés.

Art. 1290.

Art. 1290. — La compensation s'opère de plein droit par la seule force de la loi, même à l'insu des débiteurs ; les deux dettes s'éteignent réciproquement, à l'instant où elles se trouvent exister à-la-fois, jusqu'à concurrence de leurs quotités respectives.

Art. 1291. — La compensation n'a lieu qu'entre deux dettes qui ont également pour objet une somme d'argent ou une certaine quantité de choses fungibles de la même espèce, et qui sont également liquides et exigibles.

Les prestations en grains ou denrées non contestées, et dont le prix est réglé par les mercuriales, peuvent se compenser avec des sommes liquides et exigibles.

Art. 1292. — Le terme de grâce n'est point un obstacle à la compensation.

Art. 1293. — La compensation a lieu, quelles que soient les causes de l'une ou l'autre des dettes, excepté dans le cas,

1°. De la demande en restitution d'une chose dont le propriétaire a été injustement dépouillé ;

2°. De la demande en restitution d'un dépôt et du prêt à usage ;

3°. D'une dette qui a pour cause des alimens déclarés insaisissables.

Art. 1294. — La caution peut opposer la compensation de ce que le créancier doit au débiteur principal ;

Mais le débiteur principal ne peut opposer la compensation de ce que le créancier doit à la caution.

Le débiteur solidaire ne peut pareillement opposer la compensation de ce que le créancier doit à son codébiteur.

Art. 1295. — Le débiteur qui a accepté purement et simplement la cession qu'un créancier a faite de ses droits à un tiers, ne peut plus opposer au cessionnaire la compensation qu'il eût pu, avant l'acceptation, opposer au cédant.

Liv. III.   V

A l'égard de la cession qui n'a point été acceptée par le débiteur, mais qui lui a été signifiée, elle n'empêche que la compensation des créances postérieures à cette notification.

Art. 1296. — Lorsque les deux dettes ne sont pas payables au même lieu, on n'en peut opposer la compensation qu'en faisant raison des frais de la remise.

Art. 1297. — Lorsqu'il y a plusieurs dettes compensables dues par la même personne, on suit, pour la compensation, les règles établies pour l'imputation par l'article 1256.

Art. 1298. — La compensation n'a pas lieu au préjudice des droits acquis à un tiers. Ainsi celui qui, étant débiteur, est devenu créancier depuis la saisie-arrêt faite par un tiers entre ses mains, ne peut, au préjudice du saisissant, opposer la compensation.

Art. 1299. — Celui qui a payé une dette qui était de droit éteinte par la compensation, ne peut plus, en exerçant la créance dont il n'a point opposé la compensation, se prévaloir, au préjudice des tiers, des priviléges ou hypothèques qui y étaient attachés, à moins qu'il n'ait eu une juste cause d'ignorer la créance qui devait compenser sa dette.

SECTION V.

De la confusion.

Article 1300. — Lorsque les qualités de créancier et de débiteur se réunissent dans la même personne, il se fait une confusion de droit qui éteint les deux créances.

Art. 1301. — La confusion qui s'opère dans la personne du débiteur principal profite à ses cautions ;

Celle qui s'opère dans la personne de la caution, n'entraîne point l'extinction de l'obligation principale ;

Celle qui s'opère dans la personne du créancier ne profite à ses codébiteurs solidaires que pour la portion dont il était débiteur.

SECTION VI.

De la perte de la chose due.

Article 1302. — Lorsque le corps certain et déterminé qui était l'objet de l'obligation vient à périr, est mis hors du commerce, ou se perd de manière qu'on en ignore absolument l'existence, l'obligation est éteinte si la chose a péri ou a été perdue sans la faute du débiteur et avant qu'il fût en demeure.

Lors même que le débiteur est en demeure, et s'il ne s'est pas chargé des cas fortuits, l'obligation est éteinte dans le cas où la chose fût également périe chez le créancier si elle lui eût été livrée.

Le débiteur est tenu de prouver le cas fortuit qu'il allègue.

De quelque manière que la chose volée ait péri ou ait été perdue, sa perte ne dispense pas celui qui l'a soustraite de la restitution du prix.

Art. 1303. — Lorsque la chose est périe, mise hors du commerce ou perdue, sans la faute du débiteur, il est tenu, s'il y a quelques droits ou actions en indemnité par rapport à cette chose, de les céder à son créancier.

SECTION VII.

De l'action en nullité ou en rescision des conventions.

Article 1304. — Dans tous les cas où l'action en nullité ou en rescision d'une convention n'est pas limitée à un moindre temps par une loi particulière, cette action dure dix ans.

Ce temps ne court, dans le cas de violence, que du jour où elle a cessé ; dans le cas d'erreur ou de dol, du jour où ils ont été découverts ; et pour les actes passés par les femmes mariées non autorisées, du jour de la dissolution du mariage.

Le temps ne court, à l'égard des actes faits par les interdits, que du jour où l'interdiction est levée ; et à l'égard de ceux faits par les mineurs, que du jour de la majorité.

Art. 1305. — La simple lésion donne lieu à la rescision en faveur du mineur non émancipé, contre toutes sortes de conventions ; et en faveur du mineur émancipé, contre toutes conventions qui excèdent les bornes de sa capacité, ainsi qu'elle est déterminée au titre *de la Minorité, de la Tutelle et de l'Emancipation.*

Art. 1306. — Le mineur n'est pas restituable pour cause de lésion, lorsqu'elle ne résulte que d'un évènement casuel et imprévu.

Art. 1307. — La simple déclaration de majorité, faite par le mineur, ne fait point obstacle à sa restitution.

Art. 1308. — Le mineur commerçant, banquier ou artisan, n'est point restituable contre les engagemens qu'il a pris à raison de son commerce ou de son art.

Art. 1309. — Le mineur n'est point restituable contre les conventions portées en son contrat de mariage, lorsqu'elles ont été faites avec le consentement et l'assistance de ceux dont le consentement est requis pour la validité de son mariage.

Art. 1310. — Il n'est point restituable contre les obligations résultant de son délit ou quasi-délit.

Art. 1311. — Il n'est plus recevable à revenir contre

l'engagement qu'il avait souscrit en minorité , lorsqu'il l'a ratifié en majorité, soit que cet engagement fût nul en sa forme , soit qu'il fût seulement sujet à restitution.

Art. 1312. — Lorsque les mineurs , les interdits ou les femmes mariées sont admis, en ces qualités , à se faire restituer contre leurs engagemens , le remboursement de ce qui aurait été ; en conséquence de ces engagemens , payé pendant la minorité , l'interdiction où le mariage , ne peut en être exigé , à moins qu'il ne soit prouvé que ce qui a été payé a tourné à leur profit.

Art. 1313. — Les majeurs ne sont restitués pour cause de lésion que dans les cas et sous les conditions spéciale-ment exprimés dans le présent Code.

Art. 1314. — Lorsque les formalités requises à l'égard des mineurs ou des interdits , soit pour aliénation d'immeu-bles , soit dans un partage de succession , ont été remplies , ils sont , relativement à ces actes , considérés comme s'ils les avaient faits en majorité , ou avant l'interdiction.

CHAPITRE VI.

De la preuve des obligations, et de celle du paiement.

Article 1315. — Celui qui réclame l'exécution d'une obligation , doit la prouver.

Réciproquement , celui qui se prétend libéré doit jus-tifier le paiement ou le fait qui a produit l'extinction de son obligation.

Art. 1316. — Les règles qui concernent la preuve litté-rale , la preuve testimoniale , les présomptions , l'aveu de la partie et le serment , sont expliquées dans les sections suivantes.

Des contrats,

SECTION PREMIÈRE.

De la preuve littérale.

§ PREMIER.

Du titre authentique.

Article 1317. — L'acte authentique est celui qui a été reçu par officiers publics ayant le droit d'instrumenter dans le lieu où l'acte a été rédigé, et avec les solennités requises.

Art. 1318. — L'acte qui n'est point authentique par l'incompétence ou l'incapacité de l'officier, ou par un défaut de forme, vaut comme écriture privée, s'il a été signé des parties.

Art. 1319. — L'acte authentique fait pleine foi de la convention qu'il renferme entre les parties contractantes et leurs héritiers ou ayant-cause.

Néanmoins, en cas de plaintes en faux principal, l'exécution de l'acte argué de faux sera suspendue par la mise en accusation ; et en cas d'inscription de faux faite incidemment, les tribunaux pourront, suivant les circonstances, suspendre provisoirement l'exécution de l'acte.

Art. 1320. — L'acte, soit authentique, soit sous seing privé, fait foi entre les parties, même de ce qui n'y est exprimé qu'en termes énonciatifs, pourvu que l'énonciation ait un rapport direct à la disposition. Les énonciations étrangères à la disposition ne peuvent servir que d'un commencement de preuve.

Art. 1321. — Les contre-lettres ne peuvent avoir leur effet qu'entre les parties contractantes : elles n'ont point d'effet contre les tiers.

§ II.

De l'acte sous seing privé.

Article 1322. — L'acte sous seing privé , reconnu par celui auquel on l'oppose , ou légalement tenu pour re-connu , a , entre ceux qui l'ont souscrit et entre leurs héritiers et ayant-cause , la même foi que l'acte authen-tique.

Art. 1323. — Celui auquel on oppose un acte sous seing privé est obligé d'avouer ou de désavouer formelle-ment son écriture ou sa signature.

Ses héritiers ou ayant-cause peuvent se contenter de déclarer qu'ils ne connaissent point l'écriture ou la signa-ture de leur auteur.

Art. 1324. — Dans le cas où la partie désavoue son écriture ou sa signature , et dans le cas où ses héritiers ou ayant-cause déclarent ne les point connaître , la véri-fication en est ordonnée en justice.

Art. 1325. — Les actes sous seing privé qui contien-nent des conventions synallagmatiques , ne sont valables qu'autant qu'ils ont été faits en autant d'originaux qu'il y a de parties ayant un intérêt distinct.

Il suffit d'un original pour toutes les personnes ayant le même intérêt.

Chaque original doit contenir la mention du nombre des originaux qui en ont été faits.

Néanmoins, le défaut de mention que les originaux ont été faits doubles , triples , etc. ne peut être opposé par celui qui a exécuté de sa part la convention portée dans l'acte.

Art. 1326. — Le billet ou la promesse sous seing privé, par lequel une seule partie s'engage envers l'autre à lui payer une somme d'argent ou une chose appréciable, doit être écrit en entier de la main de celui qui le souscrit ; ou du moins il faut qu'outre sa signature, il ait écrit de sa main un *bon* ou un *approuvé* portant en toutes lettres la somme ou la quantité de la chose ;

Excepté dans le cas où l'acte émane de marchands, artisans, laboureurs, vignerons, gens de journée et de service.

Art. 1327. — Lorsque la somme exprimée au corps de l'acte est différente de celle exprimée au *bon*, l'obligation est présumée n'être que de la somme moindre, lors même que l'acte ainsi que le *bon* sont écrits en entier de la main de celui qui s'est obligé, à moins qu'il ne soit prouvé de quel côté est l'erreur.

Art. 1328. — Les actes sous seing privé n'ont de date contre les tiers que du jour où ils ont été enregistrés, du jour de la mort de celui ou de l'un de ceux qui les ont souscrits, ou du jour où leur substance est constatée dans des actes dressés par des officiers publics, tels que procès-verbaux de scellé ou d'inventaire.

Art. 1329. — Les registres des marchands ne font point, contre les personnes non marchandes, preuve des fournitures qui y sont portées ; sauf ce qui sera dit à l'égard du serment.

Art. 1330. — Les livres des marchands font preuve contre eux ; mais celui qui en veut tirer avantage ne peut les diviser en ce qu'ils contiennent de contraire à sa prétention.

Art. 1331. — Les registres et papiers domestiques ne font point un titre pour celui qui les a écrits : ils font foi contre lui, 1°. dans tous les cas où ils énoncent formellement un paiement reçu ; 2°. lorsqu'ils contiennent la mention expresse que la note a été faite pour suppléer le défaut du titre en faveur de celui au profit duquel ils énoncent une obligation.

Art. 1332. — L'écriture mise par le créancier à la suite, en marge ou au dos d'un titre qui est toujours resté en sa possession, fait foi, quoique non signée ni datée par lui, lorsqu'elle tend à établir la libération du débiteur.

Il en est de même de l'écriture mise par le créancier au dos, ou en marge, ou à la suite du double, d'un titre ou d'une quittance, pourvu que ce double soit entre les mains du débiteur.

§ III.

Des tailles.

Article 1333. — Les tailles corrélatives à leurs échantillons font foi entre les personnes qui sont dans l'usage de constater ainsi les fournitures qu'elles font et reçoivent en détail.

§ IV.

Des copies des titres.

Article 1334. — Les copies, lorsque le titre original subsiste, ne font foi que de ce qui est contenu au titre, dont la représentation peut toujours être exigée.

Art. 1335. — Lorsque le titre original n'existe plus, les copies font foi, d'après les distinctions suivantes :

1°. Les grosses ou premières expéditions font la même foi que l'original : il en est de même des copies qui ont été tirées par l'autorité du magistrat, parties présentes ou dûment appelées, ou de celles qui ont été tirées en présence des parties et de leur consentement réciproque.

2°. Les copies qui, sans l'autorité du magistrat, ou sans le consentement des parties, et depuis la délivrance

des grosses ou premières expéditions, auront été tirées sur
la minute de l'acte par le notaire qui l'a reçu, ou par l'un
de ses successeurs, ou par officiers publics qui, en cette
qualité, sont dépositaires des minutes, peuvent, en cas
de perte de l'original, faire foi quand elles sont anciennes.

Elles sont considérées comme anciennes, quand elles
ont plus de trente ans;

Si elles ont moins de trente ans, elles ne peuvent servir que de commencement de preuve par écrit.

3°. Lorsque les copies tirées sur la minute d'un acte
ne l'auront pas été par le notaire qui l'a reçu, ou par l'un
de ses successeurs, ou par officiers publics qui, en cette
qualité, sont dépositaires des minutes, elles ne pourront
servir, quelle que soit leur ancienneté, que de commencement de preuve par écrit.

4°. Les copies de copies pourront, suivant les circonstances, être considérées comme simples renseignemens.

Art. 1336. — La transcription d'un acte sur les registres publics ne pourra servir que de commencement de
preuve par écrit; et il faudra même pour cela,

1°: Qu'il soit constant que toutes les minutes du notaire, de l'année dans laquelle l'acte paraît avoir été fait,
soient perdues, ou que l'on prouve que la perte de la minute de cet acte a été faite par un accident particulier;

2°. Qu'il existe un répertoire en règle du notaire, qui
constate que l'acte a été fait à la même date.

Lorsqu'au moyen du concours de ces deux circonstances
la preuve par témoins sera admise, il sera nécessaire que
ceux qui ont été témoins de l'acte, s'ils existent encore,
soient entendus.

§ V.

Des actes récognitifs et confirmatifs.

Article 1337. — Les actes récognitifs ne dispensent point de la représentation du titre primordial, à moins que sa teneur n'y soit spécialement relatée.

Ce qu'ils contiennent de plus que le titre primordial, ou ce qui s'y trouve de différent, n'a aucun effet.

Néanmoins, s'il y avait plusieurs reconnaissances conformes, soutenues de la possession, et dont l'une eût trente ans de date, le créancier pourrait être dispensé de représenter le titre primordial.

Art. 1338. — L'acte de confirmation ou ratification d'une obligation contre laquelle la loi admet l'action en nullité ou en rescision, n'est valable que lorsqu'on y trouve la substance de cette obligation, la mention du motif de l'action en rescision, et l'intention de réparer le vice sur lequel cette action est fondée.

A défaut d'acte de confirmation ou ratification, il suffit que l'obligation soit exécutée volontairement après l'époque à laquelle l'obligation pouvait être valablement confirmée ou ratifiée.

La confirmation, ratification ou exécution volontaire dans les formes et à l'époque déterminées par la loi, emporte la renonciation aux moyens et exceptions que l'on pouvait opposer contre cet acte, sans préjudice néanmoins du droit des tiers.

Art. 1339. — Le donateur ne peut réparer par aucun acte confirmatif les vices d'une donation entre-vifs ; nulle en la forme, il faut qu'elle soit refaite en la forme légale.

Art. 1340. — La confirmation ou ratification ou exécution volontaire d'une donation par les héritiers ou ayant-cause du donateur, après son décès, emporte leur renonciation à opposer soit les vices de forme , soit toute autre exception.

SECTION II.

De la preuve testimoniale.

Article 1341. — Il doit être passé acte devant notaires ou sous signature privée de toutes choses excédant la somme ou valeur de cent cinquante francs , même pour dépôts volontaires ; et il n'est reçu aucune preuve par témoins contre et outre le contenu aux actes , ni sur ce qui serait allégué avoir été dit avant , lors ou depuis les actes, encore qu'il s'agisse d'une somme ou valeur moindre de cent cinquante francs :

Le tout sans préjudice de ce qui est prescrit dans les lois relatives au commerce.

Art. 1342. — La règle ci-dessus s'applique au cas où l'action contient , outre la demande du capital , une demande d'intérêts qui, réunis au capital, excèdent la somme de cent cinquante francs.

Art. 1343. — Celui qui a formé une demande excédant cent cinquante francs, ne peut plus être admis à la preuve testimoniale , même en restreignant sa demande primitive.

Art. 1344. — La preuve testimoniale , sur la demande d'une somme même moindre de cent cinquante francs , ne peut être admise lorsque cette somme est déclarée être le restant ou faire partie d'une créance plus forte qui n'est point prouvée par écrit.

Art. 1345. — Si dans la même instance une partie fait plusieurs demandes dont il n'y ait point de titre par écrit , et que, jointes ensemble , elles excèdent la somme de cent cinquante francs, la preuve par témoins n'en peut être admise, encore que la partie allègue que ces créances proviennent de différentes causes, et qu'elles se soient formées en différens temps, si ce n'était que ces droits procédassent par succession, donation ou autrement, de personnes différentes.

Art. 1346. — Toutes les demandes, à quelque titre que ce soit, qui ne seront pas entièrément justifiées par écrit, seront formées par un même exploit, après lequel les autres demandes dont il n'y aura point de preuves par écrit ne seront pas reçues.

Art. 1347. — Les règles ci-dessus reçoivent exception lorsqu'il existe un commencement de preuve par écrit.

On appelle ainsi tout acte par écrit qui est émané de celui contre lequel la demande est formée, ou de celui qu'il représente, et qui rend vraisemblable le fait allégué.

Art. 1348. — Elles reçoivent encore exception toutes les fois qu'il n'a pas été possible au créancier de se procurer une preuve littérale de l'obligation qui a été contractée envers lui.

Cette seconde exception s'applique, 1°. aux obligations qui naissent des quasi-contrats et des délits ou quasi-délits;

2°. Aux dépôts nécessaires faits en cas d'incendie, ruine, tumulte ou naufrage, et à ceux faits par les voyageurs en logeant dans une hôtellerie, le tout suivant la qualité des personnes et les circonstances du fait;

3°. Aux obligations contractées en cas d'accidens imprévus, où l'on ne pourrait pas avoir fait des actes par écrit;

4°. Au cas où le créancier a perdu le titre qui lui servait de preuve littérale, par suite d'un cas fortuit, imprévu et résultant d'une force majeure.

Des contrats.

SECTION III.

Des présomptions.

Article 1349. — Les présomptions sont des conséquences, que la loi ou le magistrat tire d'un fait connu à un fait inconnu.

§. PREMIER.

Des présomptions établies par la loi.

Article 1350. — La présomption légale, est celle qui est attachée, par une loi spéciale, à certains actes ou à certains faits ; tels sont ,

1°. Les actes que la loi déclare nuls , comme présumés faits en fraude de ses dispositions , d'après leur seule qualité ;

2°. Les cas dans lesquels la loi déclare la propriété ou la libération résulter de certaines circonstances déterminées ;

3°. L'autorité que la loi attribue à la chose jugée ;

4°. La force que la loi attache à l'aveu de la partie ou à son serment.

Art. 1351. — L'autorité de la chose jugée n'a lieu qu'à l'égard de ce qui a fait l'objet du jugement. Il faut que la chose demandée soit la même ; que la demande soit fondée sur la même cause ; que la demande soit entre les mêmes parties , et formée par elles et contre elles en la même qualité.

Art. 1352. — La présomption légale dispense de toute preuve celui au profit duquel elle existe.

Nulle preuve n'est admise contre la présomption de la loi ; lorsque , sur le fondement de cette présomption , elle annulle certains actes, ou dénie l'action en justice, à moins qu'elle n'ait réservé la preuve contraire, et sauf ce qui sera dit sur le serment et l'aveu judiciaires.

§. I I.

Des présomptions qui ne sont point établies par la loi.

Article 1353. — Les présomptions qui ne sont point établies par la loi, sont abandonnées aux lumières et à la prudence du magistrat, qui ne doit admettre que des présomptions graves, précises et concordantes, et dans les cas seulement où la loi admet les preuves testimoniales, à moins que l'acte ne soit attaqué pour cause de fraude ou de dol.

SECTION IV.

De l'aveu de la partie.

Article 1354. — L'aveu qui est opposé à une partie, est ou extrajudiciaire ou judiciaire.

Art. 1355. — L'allégation d'un aveu extrajudiciaire purement verbal, est inutile toutes les fois qu'il s'agit d'une demande dont la preuve testimoniale ne serait point admissible.

Art. 1356. — L'aveu judiciaire est la déclaration que fait en justice la partie ou son fondé de pouvoir spécial.

Il fait pleine foi contre celui qui l'a fait.

Il ne peut être divisé contre lui.

Il ne peut être révoqué, à moins qu'on ne prouve qu'il a été la suite d'une erreur de fait. Il ne pourrait être révoqué sous prétexte d'une erreur de droit.

SECTION V.

Du serment.

Article 1357. — Le serment judiciaire est de deux espèces :

1°. Celui qu'une partie défère à l'autre pour en faire dépendre le jugement de la cause ; il est appelé *décisoire* ;

2°. Celui qui est déféré d'office par le juge à l'une ou à l'autre des parties.

§. PREMIER.

Du serment décisoire.

Article 1358. — Le serment décisoire peut être déféré sur quelque espèce de contestation que ce soit.

Art. 1359. — Il ne peut être déféré que sur un fait personnel à la partie à laquelle on le défère.

Art. 1360. — Il peut être déféré en tout état de cause, et encore qu'il n'existe aucun commencement de preuve de la demande ou de l'exception sur laquelle il est provoqué.

Art. 1361. — Celui auquel le serment est déféré, qui le refuse ou ne consent pas à le référer à son adversaire, ou l'adversaire à qui il a été référé et qui le refuse, doit succomber dans sa demande ou dans son exception.

Art. 1362. — Le serment ne peut être référé quand le fait qui en est l'objet n'est point celui des deux parties, mais est purement personnel à celui auquel le serment avait été déféré.

Art. 1363. — Lorsque le serment déféré ou référé a été fait, l'adversaire n'est point recevable à en prouver la fausseté.

Art. 1364. — La partie qui a déféré ou référé le serment

ment

ment, ne peut plus se rétracter, lorsque l'adversaire a déclaré qu'il est prêt à faire ce serment.

Art. 1365. — Le serment fait ne forme preuve qu'au profit de celui qui l'a déféré ou contre lui, et au profit de ses héritiers et ayant-cause ou contre eux.

Néanmoins, le serment déféré par l'un des créanciers solidaires au débiteur, ne libère celui-ci que pour la part de ce créancier.

Le serment déféré au débiteur principal, libère également les cautions;

Celui déféré à l'un des débiteurs solidaires profite aux codébiteurs;

Et celui déféré à la caution profite au débiteur principal.

Dans ces deux derniers cas, le serment du codébiteur solidaire ou de la caution, ne profite aux autres codébiteurs ou au débiteur principal, que lorsqu'il a été déféré sur la dette, et non sur le fait de la solidarité ou du cautionnement.

§ I I.

Du serment déféré d'office.

Article 1366. — Le juge peut déférer à l'une des parties le serment, ou pour en faire dépendre la décision de la cause, ou seulement pour déterminer le montant de la condamnation.

Art. 1367. — Le juge ne peut déférer d'office le serment, soit sur la demande, soit sur l'exception qui y est opposée, que sous les deux conditions suivantes:

Il faut, 1°. que la demande ou l'exception ne soit pas pleinement justifiée;

2°. Qu'elle ne soit pas totalement dénuée de preuves.

Liv. III.   X

Hors ces deux cas, le juge doit, ou adjuger ou rejeter purement et simplement la demande.

Art. 1368. — Le serment déféré d'office par le juge à l'une des parties, ne peut être par elle référé à l'autre.

Art. 1369. — Le serment sur la valeur de la chose demandée ne peut être déféré par le juge au demandeur que lorsqu'il est d'ailleurs impossible de constater autrement cette valeur.

Le juge doit même, en ce cas, déterminer la somme jusqu'à concurrence de laquelle le demandeur en sera cru sur son serment.

TITRE IV.

Des engagemens qui se forment sans convention.

Le PREMIER CONSUL a nommé, pour présenter la loi formant le Titre IV du Code civil, et pour en soutenir la discussion, les cit. *Treilhard*, *Fourcroy* et *Laumond*, Conseillers d'État.

Introduits dans la salle du Corps-Législatif, le 19 pluviose an 12; l'un d'eux, portant la parole, a prononcé le discours suivant.

CITOYENS LÉGISLATEURS,

Le titre du Code civil que le Gouvernement vous présente aujourd'hui, ne contient qu'un petit nombre d'articles : il a pour objet *les engagemens qui se forment sans convention.*

Une société politique serait bien imparfaite, si les membres qui la composent n'avaient entre eux d'autres engagemens que ceux qu'ils auraient prévus et réglés par une convention.

Qui pourrait se flatter de lire dans les profondeurs de l'avenir tous les rapports que les évènemens établiront entre lui et ses concitoyens? et quelle opinion devrait-on se former de la sagesse d'un législateur qui laisserait les hommes errans sans guide et sans boussole dans cette vaste mer dont personne ne sonda jamais les abîmes?

Que le philosophe recherche si l'homme est sorti bon des mains de la nature; le législateur ne saurait ignorer que les passions ont trop souvent étouffé la raison, et fait taire la bonté.

La loi doit donc vouloir pour nous ce que nous voudrions nous-mêmes, si nous étions justes, et elle suppose entre les hommes, dans les cas imprévus, les obligations nécessaires pour le maintien de l'ordre social.

Voilà le principe des *engagemens qui se forment sans convention.*

Ces engagemens peuvent être considérés sous deux rapports ; ou ils résultent de la seule autorité de la loi, ou ils ont pour cause un fait personnel à celui qui se trouve obligé.

Les engagemens des tuteurs, obligés en cette qualité, quoiqu'il n'ait pas été en leur pouvoir de la refuser ; les engagemens des voisins, obligés entre eux à raison de leur seule position et sans aucun acte de leur volonté particulière, sont dans la première classe. Ces obligations et les autres de la même nature, prennent leur racine dans les besoins de la société.

Quel serait le sort d'un malheureux, privé des soins paternels dans sa plus tendre enfance, si la loi ne réparait pas envers lui les torts de la nature !

Où serait la garantie des propriétés, si nos voisins pouvaient jouir de la leur, d'une manière qui compromettrait la nôtre ? L'autorité du législateur a dû y pourvoir. Mais les engagemens de cette espèce ne sont pas l'objet du présent titre ; les règles qui les concernent, sont répandues dans les diverses parties du Code : il s'agit, dans ce moment des engagemens qui se forment par le fait d'une seule personne. Un projet de loi vous fut présenté, il y a peu de jours, sur les engagemens qui résultent du concours des volontés de toutes les parties intéressées : ici nous ne nous occupons que des engagemens qui naissent d'un fait, et sans qu'il intervienne aucune convention.

Les faits qui peuvent donner lieu à ces engagemens, sont, ou permis, ou illicites.

Les faits permis forment ce qu'on a appelé des *quasi-contrats* ; les faits illicites sont des délits ou des *quasi-délits* : cette division fournit la matière de deux sections.

Dans les contrats, c'est le consentement mutuel des parties contractantes, qui produit entre elles l'obligation.

Dans les *quasi-contrats* au contraire, comme dans les *délits*, et les *quasi-délits*, l'obligation, ainsi que je l'ai déjà observé, résulte d'un fait : c'est la loi qui le rend obligatoire. Les engagemens de cette espèce, sont fondés sur ces grands principes de morale si profondément gravés dans le cœur de tous les hommes, qu'il faut faire aux autres ce que nous désirerions qu'ils fissent pour nous dans les mêmes circonstances, et que nous sommes tenus de réparer les torts et les dommages que nous avons pu causer.

Les dispositions dont vous entendrez la lecture, sont toutes des conséquences plus ou moins éloignées, mais nécessaires, de ces vérités éternelles.

Ainsi celui qui, volontairement et sans mandat, gère l'affaire d'autrui, s'oblige par ce seul fait à continuer sa gestion, jusqu'à ce que l'affaire soit terminée : il est tenu d'y porter les soins d'un bon père de famille.

N'est-ce pas là, en effet, ce qu'il exigerait pour lui dans la même position ? Si c'est une action louable de prendre en main l'affaire d'un absent, cet acte de bienfaisance ne serait-il pas une véritable trahison, si, après avoir commencé de gérer, après avoir peut-être prévenu et écarté, par une diligence apparente, des amis plus éclairés et plus solides, l'on pouvait abandonner l'affaire sans l'avoir terminée, ou si on ne la suivait qu'avec une incurie fatale au propriétaire ?

En prenant la gestion d'une affaire, on contracte donc nécessairement l'obligation de la finir ; et s'il ne faut pas glacer le zèle des amis par trop d'exigence, il ne convient pas moins de se garantir de ces officieux indiscrets, si actifs quand il s'agit d'offrir des services, si prompts à se mettre en mouvement, mais dont l'ardeur se calme avec la même promptitude, et dont les empressemens seraient une véritable calamité, si la loi ne les chargeait pas de toutes les suites de leur légèreté et de leur inconstance.

En forçant celui qui s'est ingéré dans une affaire à la terminer, il est aussi bien juste, lorsqu'il l'aura gérée avec loyauté, qu'il puisse réclamer l'indemnité de tous les engagemens qu'il

aura pris , et le remboursement de toutes les dépenses utiles et
nécessaires qu'il aura faites.

Cette indemnité, ce remboursement, sont une obligation
étroite et sacrée pour celui dont on a géré l'affaire ; obligation
qui résulte du fait seul de la gestion, et qui se forme sans le
consentement et même à l'insu de celui qui est obligé.

Je ne m'attacherai pas à prouver la sagesse de dispositions
si constamment fondées sur l'équité naturelle ; il ne serait pas
moins superflu de m'arrêter sur les autres articles de la même
section. Qui pourrait en effet contester que celui qui a reçu une
somme, ou toute autre chose qui ne lui était pas due, est obligé
par le fait à la rendre ; que celui qui l'a reçue de mauvaise foi,
est responsable même des cas fortuits ; que celui à qui la chose
est restituée, doit, de son côté, tenir compte des dépenses
nécessaires et utiles faites pour sa conservation ?

Toutes ces propositions sont d'une évidence à laquelle il n'est
permis à personne de se refuser.

Les dispositions de la seconde section, des *délits* et des *quasi-
délits*, ne sont pas moins nécessaires, moins justes, moins in-
contestables.

Celui qui, par son fait, a causé du dommage, est tenu de le
réparer ; il est engagé à cette réparation, même quand il n'y
aurait de sa part aucune malice, mais seulement négligence
ou imprudence : c'est une suite nécessaire de son *délit* ou *quasi-
délit*. Il offrirait lui-même cette réparation, s'il était juste,
comme il l'exigerait d'un autre, s'il avait éprouvé le dommage.

Dirais-je que de graves docteurs ont mis en question, si un
interdit pour cause de prodigalité, s'oblige de réparer les torts
causés par ses délits ? Dirais-je que quelques-uns ont eu le courage de décider qu'il n'était pas tenu de cette réparation ; qu'il
pouvait, à la vérité, compromettre par son délit sa liberté,
même sa vie, mais qu'il ne pouvait pas compromettre sa fortune, parce que toute aliénation lui est interdite ?

Vous croirez sans peine, citoyens Législateurs, que nous
n'avons pas dû supposer qu'une pareille question pût s'élever de

nos jours, et vous nous approuverez de n'avoir pas fait à notre siècle l'injure de la décider.

Le principe une fois établi, nous n'avons eu qu'une disposition à ajouter ; c'est qu'on est responsable, non-seulement du dommage qu'on a causé par son propre fait, mais encore de celui qui a été causé par le fait des personnes dont on doit répondre, ou des choses que l'on a sous sa garde.

La responsabilité des pères, des instituteurs, des maîtres, est une garantie et souvent la seule garantie de la réparation des dommages ; sans doute, elle doit être renfermée dans de justes limites. Les pères ne répondront que du fait de leurs enfans mineurs et habitant avec eux ; les maîtres, que du fait des domestiques dans les fonctions auxquelles ils sont employés ; les instituteurs, les artisans, que des dommages causés pendant le temps que les élèves ou les apprentis sont sous leur surveillance.

Ainsi réglée, la responsabilité est de toute justice. Ceux à qui elle est imposée ont à s'imputer, pour le moins, les uns de la faiblesse, les autres de mauvais choix, tous de la négligence : heureux encore si leur conscience ne leur reproche pas d'avoir donné de mauvais principes et de plus mauvais exemples !

Puisse cette charge de la responsabilité, rendre les chefs de famille plus prudens et plus attentifs ! puisse-t-elle faire sentir aux instituteurs toute l'importance de leur mission ! et puissent les pères sur-tout se pénétrer fortement de l'étendue et de la sainteté de leurs devoirs ! La vie que nos enfans tiennent de nous, n'est plus un bienfait, si nous ne les formons pas à la vertu, et si nous n'en faisons pas de bons citoyens.

Voici le projet de loi.

Suit le texte de la loi.

TITRE IV.

Des engagemens qui se forment sans convention.

Décrété le 19 Pluviose an XII. Promulgué le 29 du même mois.

Article 1370. — Certains engagemens se forment sans qu'il intervienne aucune convention ni de la part de celui qui s'oblige, ni de la part de celui envers lequel il est obligé.

Les uns résultent de l'autorité seule de la loi; les autres naissent d'un fait personnel à celui qui se trouve obligé.

Les premiers sont les engagemens formés involontairement, tels que ceux entre propriétaires voisins, ou ceux des tuteurs et des autres administrateurs qui ne peuvent refuser la fonction qui leur est déférée.

Les engagemens qui naissent d'un fait personnel à celui qui se trouve obligé, résultent ou des quasi-contrats, ou des délits ou quasi-délits ; ils font la matière du présent titre.

CHAPITRE PREMIER.

Des quasi-contrats.

Article. 1371. — Les quasi-contrats sont les faits purement volontaires de l'homme, dont il résulte un engagement quelconque envers un tiers, et quelquefois un engagement réciproque des deux parties.

Art. 1372. — Lorsque volontairement on gère l'affaire d'autrui, soit que le propriétaire connaisse la gestion, soit qu'il l'ignore, celui qui gère contracte l'engagement

tacite de continuer la gestion qu'il a commencée , et de
l'achever jusqu'à ce que le propriétaire soit en état d'y
pourvoir lui-même; il doit se charger également de toutes
les dépendances de cette même affaire.

Il se soumet à toutes les obligations qui résulteraient
d'un mandat exprès que lui aurait donné le propriétaire.

Art. 1373. — Il est obligé de continuer sa gestion ,
encore que le maître vienne à mourir avant que l'affaire
soit consommée, jusqu'à ce que l'héritier ait pu en prendre la direction.

Art. 1374. — Il est tenu d'apporter à la gestion de
l'affaire tous les soins d'un bon père de famille.

Néanmoins , les circonstances qui l'ont conduit à se
charger de l'affaire, peuvent autoriser le juge à modérer les
dommages et intérêts qui résulteraient des fautes ou de la
négligence du gérent.

Art. 1375. — Le maître dont l'affaire a été bien administrée , doit remplir les engagemens que le gérent a contractés en son nom , l'indemniser de tous les engagemens
personnels qu'il a pris , et lui rembourser toutes les dépenses utiles ou nécessaires qu'il a faites.

Art. 1376. — Celui qui reçoit, par erreur ou sciemment,
ce qui ne lui est pas dû, s'oblige à le restituer à celui de
qui il l'a indûment reçu.

Art. 1377. — Lorsqu'une personne qui , par erreur,
se croyait débitrice , a acquitté une dette , elle a le droit
de répétition contre le créancier.

Néanmoins, ce droit cesse dans le cas où le créancier a
supprimé son titre par suite du paiement , sauf le recours
de celui qui a payé contre le véritable débiteur.

Art. 1378. — S'il y a eu mauvaise foi de la part de
celui qui a reçu , il est tenu de restituer , tant le capital
que les intérêts ou les fruits, du jour du paiement.

Art. 1379. — Si la chose indûment reçue est un immeuble ou un meuble corporel, celui qui l'a reçue s'oblige à la restituer en nature, si elle existe, ou sa valeur, si elle est périe ou détériorée par sa faute ; il est même garant de sa perte par cas fortuit, s'il l'a reçue de mauvaise foi.

Art. 1380. — Si celui qui a reçu de bonne foi a vendu la chose, il ne doit restituer que le prix de la vente.

Art. 1381. — Celui auquel la chose est restituée doit tenir compte, même au possesseur de mauvaise foi, de toutes les dépenses nécessaires et utiles qui ont été faites pour la conservation de la chose.

CHAPITRE II.

Des délits et des quasi-délits.

Article 1382. — Tout fait quelconque de l'homme, qui cause à autrui un dommage, oblige celui par la faute duquel il est arrivé à le réparer.

Art. 1383. — Chacun est responsable du dommage qu'il a causé non-seulement par son fait, mais encore par sa négligence ou par son imprudence.

Art. 1384. — On est responsable non-seulement du dommage que l'on cause par son propre fait, mais encore de celui qui est causé par le fait des personnes dont on doit répondre, ou des choses que l'on a sous sa garde.

Le père, et la mère après le décès du mari, sont responsables du dommage causé par leurs enfans mineurs habitant avec eux ;

Les maîtres et les commettans, du dommage causé par leurs domestiques et préposés dans les fonctions auxquelles ils les ont employés ;

Les instituteurs et les artisans, du dommage causé

par leurs élèves et apprentis pendant le temps qu'ils sont sous leur surveillance.

La responsabilité ci-dessus a lieu, à moins que les père et mère, instituteurs et artisans, ne prouvent qu'ils n'ont pu empêcher le fait qui donne lieu à cette responsabilité.

Art. 1385. — Le propriétaire d'un animal, ou celui qui s'en sert pendant qu'il est à son usage, est responsable du dommage que l'animal a causé, soit que l'animal fût sous sa garde, soit qu'il fût égaré ou échappé.

Art. 1386. — Le propriétaire d'un bâtiment est responsable du dommage causé par sa ruine, lorsqu'elle est arrivée par une suite du défaut d'entretien ou par le vice de sa construction.

TITRE V.

Du contrat de mariage et des droits respectifs des époux.

Le PREMIER CONSUL a nommé, pour présenter la loi formant le Titre V du Code civil, et pour en soutenir la discussion, les citoyens *Berlier*, *Portalis* et *Treilhard*, Conseillers d'État.

Introduits dans la salle du Corps-Législatif, le 20 pluviose an 12; l'un d'eux, portant la parole, a prononcé le discours suivant.

CITOYENS LÉGISLATEURS,

L'UNE des lois que vous avez portées dans votre dernière session, détermine les conditions requises pour le mariage, en règle les formes, et statue sur les droits et devoirs principaux qu'établit entre les époux le lien justement révéré qui est le fondement des familles et de la société.

Cette loi s'est occupée de tout ce qui touche à l'état civil des époux, et a laissé à d'autres dispositions du Code, le soin de régler ce qui regarde les conventions que les époux peuvent établir par rapport à leurs biens, et les droits que, dans leur silence, la loi doit suppléer.

C'est ce complément que renferme le projet que nous vous apportons aujourd'hui, intitulé : *Du contrat de mariage et des droits respectifs des époux.*

Dans cette importante matière, le Gouvernement a dû ne rien admettre qui pût blesser l'institution fondamentale, ou fût capable de ralentir cet heureux élan que la nature elle-même a pris soin d'imprimer aux hommes, en les dirigeant vers le mariage.

Ainsi, point d'inutiles entraves ; car si la volonté doit essentiellement présider aux contrats, c'est sur-tout lorsqu'il s'agit de conventions matrimoniales.

Cependant cette volonté doit être limitée en quelques circonstances, éclairée toujours, et suppléée quelquefois.

De-là, la nécessité d'une loi : puisse celle dont nous vous offrons le projet remplir les vues qu'on s'est proposées !

Pour bien comprendre et sur-tout pour juger ses dispositions, il n'importe pas seulement de connaître le dernier état de notre législation sur les rapports qui existent entre les époux *quant aux biens*; mais il ne sera pas inutile peut-être de remonter à la source de cette législation, et de porter un coup-d'œil général sur cette partie de notre droit.

Ici, comme en beaucoup d'autres matières, il serait difficile de ne point citer Rome et ses lois. Les femmes, qui y furent long-temps incapables de succéder, ne pouvaient rien apporter à leurs maris ; ceux-ci les prenaient sans biens ; ils les recevaient de leurs familles, sous la formule d'une vente, et ce contrat fut appelé *mariage par achat*.

Mais cet état de choses cessa, quand les femmes furent rendues habiles à succéder : alors s'établit le régime dotal, dont les principaux effets consistèrent à donner les fruits de la dot au mari pour soutenir les charges du mariage, en frappant d'inaliénabilité les immeubles dotaux de la femme, et en laissant à celle-ci la pleine disposition de tout ce qui n'avait point été stipulé dotal.

Cette règle de l'inaliénabilité des fonds dotaux de la femme, fut puisée dans cette considération d'ordre public qui devint une maxime : *Interest reipublicæ dotes mulierum salvas esse.*

Dans ce dernier état de la législation romaine, la séparation entière des deux patrimoines, fut le but constant de ses dispositions : la femme devait, à la dissolution du mariage, recouvrer le principal de sa dot ; elle conservait pendant le mariage la disposition de ses biens paraphernaux, et demeurait étrangère à tout le reste.

Cet isolement des intérêts respectifs était en harmonie avec les autres institutions du peuple qui nous a transmis un si grand nombre de ses lois.

Celle-ci pourtant est loin d'avoir obtenu un succès général en France.

Je n'entreprendrai point la recherche de l'époque précise où la communauté conjugale s'introduisit dans un grand nombre de nos provinces.

Le voile qui couvre cette origine comme tant d'autres, n'a pas besoin d'être levé pour fixer nos résultats.

Il serait sans doute difficile de déterminer le degré d'influence que purent obtenir, soit le régime dotal, soit la communauté, quand les lois étaient sans territoire, et lorsque le Romain, le Franc, le Bourguignon et le Gaulois, quoique habitant le même pays, étaient jugés chacun selon les lois personnelles, qui pouvaient les régir d'après le seul titre de leur origine ; ce qui a fait dire à Montesquieu que *le territoire était le même, et les nations diverses.*

Sans recourir à de vagues hypothèses, il est du moins certain que la communauté conjugale était déjà et depuis long-temps dans les habitudes d'une grande partie de la nation française, lorsque nos coutumes furent rédigées par écrit, et vinrent toutes (à l'exception de celles de *Normandie, Rheims et Auvergne*) consacrer, chacune dans leur ressort, la communauté comme une loi *territoriale*, qui devenait le droit commun de quiconque n'y avait pas formellement dérogé.

Tel est le dernier état des choses, qui nous laisse appercevoir la France divisée sur ce point en deux grandes parties, se composant, l'une des pays appelés *de coutume*, et l'autre des pays restés fidèles au droit romain ; les premiers vivant sous le régime de la communauté, et les seconds sous le régime dotal.

Dans une telle situation, on comprend combien de ménagemens exige la matière que nous traitons ; car loin de heurter des habitudes qui ne nuisent point au corps social, celui-ci doit, sans distinction de lieux, inviter les citoyens au mariage ; et cet appel de la patrie sera d'autant mieux reçu, que chacun pourra plus librement régler ses conventions matrimoniales.

Que la plus grande liberté y préside donc, et qu'elle n'ait d'autres limites que celles que lui assignent les bonnes mœurs et l'ordre public : car rien, en cette matière, ne doit être spécialement commandé ; mais ce qui serait contraire à l'ordre public, peut et doit être positivement défendu.

C'est d'après ces vues, que notre projet exprime, dans ses dispositions générales, que *les époux ne peuvent déroger, ni aux droits résultant de la puissance maritale sur la personne de la femme et des enfans, ou qui appartiennent au mari comme chef, ni aux droits conférés au survivant des époux, par les titres de la puissance paternelle et de la tutelle* ; et c'est dans les mêmes vues que toutes conventions tendantes à intervertir l'ordre légal des successions, sont spécialement défendues.

Mais sera-t-il aussi défendu de stipuler, en termes généraux, que les droits des époux seront réglés selon *telle* ancienne loi ou coutume ?

Cette disposition qui, au premier coup-d'œil, ne semble renfermer rien de contraire à l'ordre social, aurait cependant l'inconvénient majeur de perpétuer comme lois de l'État, cette foule d'usages divers qui couvraient le territoire français.

Le but du Code civil serait totalement manqué, s'il pouvait en être ainsi : notre projet défend donc de tels référés, sans néanmoins porter atteinte à la faculté qui appartient aux époux de stipuler *spécialement*, et sauf les limites ci-dessus indiquées, tout ce qui leur conviendra.

Cependant, comme cette spécification même, si elle devait s'appliquer à toutes les parties d'un grand système, serait presque toujours accompagnée de graves difficultés, il a été jugé non-seulement commode, mais utile pour les concitoyens, de tracer séparément, et les règles qui s'adaptent le mieux au régime de la communauté, et celles qui ont paru le mieux convenir au régime dotal.

Ces règles posées dans deux chapitres distincts, et parallèlement, auront pour avantage certain d'offrir aux citoyens une collection de principes auxquels ils pourront se référer en termes généraux ; et s'ils veulent y déroger en quelques points, le soin du rédacteur se bornera à exprimer les modifications dictées par la volonté particulière des contractans.

Jusqu'à présent, citoyens Législateurs, la marche de notre projet est simple et facile ; mais il faut aborder une difficulté plus sérieuse.

Nous n'avons vu encore que des époux stipulant leurs intérêts avec toute la liberté que la matière réclame, adoptant l'un des deux systêmes qui leur sont offerts, ou les modifiant selon leur volonté.

Mais il fallait appercevoir aussi le cas assez fréquent où nulles conventions particulières n'auront précédé l'acte civil du mariage.

En l'absence de toutes conventions, la loi doit nécessairement régler les droits respectifs des époux, ou, en d'autres termes, il doit y être pourvu par _un droit commun_ quelconque : mais quel sera-t-il ?

On avait à se décider ici entre les deux systêmes que j'ai exposés : car il n'était pas possible, sans renverser toutes les idées d'uniformité, d'établir un droit commun qui ne fût pas le même pour toute la République ; il était nécessaire d'opter, et le plus mûr examen a présidé au choix qu'a fait le projet.

Sans doute le régime dotal pourvoit mieux à la conservation de la dot, puisqu'il en interdit l'aliénation.

Sans doute aussi il présente quelque chose de plus simple que la communauté : voilà ses avantages ; mais la communauté a aussi les siens.

D'abord, l'union des personnes ne conduit-elle pas à la société des biens, et la communauté des travaux n'établit-elle point la communauté des bénéfices ?

A la vérité, quelques personnes ont voulu rapporter au mari seul les bénéfices, comme provenant presque exclusivement de son propre travail ; mais cette proposition est-elle bien vraie, et

doit-

doit-elle sur-tout s'appliquer à la classe nombreuse des artisans et des agriculteurs ? Leurs femmes ne travaillent-elles pas autant qu'eux, et ne sont-elles pas ordinairement plus économes ? Et comme c'est principalement dans cette classe qu'on se marie sans contrat, n'est-ce pas elle que le législateur doit avoir en vue, quand il établit un droit commun, précisément pour le cas où il n'y a point de contrat ?

Au surplus, si l'on examine la question d'une manière plus générale, on trouvera qu'un grand nombre de femmes, autres que celles dont nous venons de parler, contribuent aux bénéfices, sinon par des travaux semblables à ceux de leurs maris, du moins par les capitaux qu'elles ont versés dans la communauté, et par les soins qu'elles prennent du ménage.

Mais d'ailleurs, cette société serait-elle la seule où l'on exigeât une mise parfaitement égale, et la femme devrait-elle rester sans participation aux bénéfices, parce qu'elle n'y aurait pas contribué autant que son mari ?

Laissons ces froids calculs, et revenons à ce que prescrit, en cette matière, la simple qualité d'époux, en l'absence de toutes conventions ; car alors, c'est la nature des choses qui exerce son empire ; et certes elle ne saurait prononcer la séparation des intérêts pécuniaires de toute espèce, entre personnes aussi étroitement unies que le sont un mari et une femme.

Jusqu'ici, je n'ai examiné la communauté, que sous les rapports de la *justice* ; mais ce régime a paru aussi plus favorable à l'ordre social, et plus conforme au caractère national.

Loin de nous l'idée d'imprimer aucun caractère de réprobation au régime dotal ; nous avons indiqué ses avantages, et le projet lui réserve une place honorable parmi ses dispositions : cependant si l'on calcule la juste influence des deux régimes sur l'union conjugale, on devra trouver sous l'un, plus de froides compagnes, et sous l'autre plus de femmes affectionnées et attachées par leur propre intérêt aux succès communs.

Disons aussi que les mœurs françaises sont généralement

Liv. III.   Y plus en harmonie avec le régime de la communauté, et que peut-être les femmes n'ont acquis chez nous la juste considération dont elles jouissent, que par ce titre d'*associée*, qui, en leur imprimant plus de dignité, ne saurait être sans influence sur le bonheur domestique.

Comment d'ailleurs pourrait-on méconnaître la tendance de l'esprit national vers la communauté conjugale, quand on voit que les stipulations de sociétés d'acquêts, étaient devenues très-communes, même dans plusieurs ressorts soumis au régime dotal ?

Tant de considérations ne pouvaient être impuissantes sur l'esprit du Gouvernement, et il croit avoir répondu au vœu de la nation, en lui présentant la communauté, non comme un système absolu qu'il faille suivre, mais comme la loi qui régit les époux, quand ils ne l'ont pas exclue.

Cette disposition du projet, l'une des plus importantes du chapitre premier, est suivie de deux autres, dont l'utilité sera facilement sentie.

L'une porte que *toutes conventions matrimoniales seront rédigées, avant le mariage, devant notaires.*

L'autre interdit tout changement après la célébration du mariage, et prescrit la manière dont les changemens faits antérieurement devront être constatés pour être valables.

Ces dispositions, communes aux deux régimes que nous venons d'examiner, ont eu pour objet d'empêcher, dans l'un et dans l'autre, des fraudes envers les tiers, telles que celles dont le passé n'a offert que trop d'exemple.

Le Gouvernement entre certainement dans vos vues, toutes les fois qu'il enlève à la mauvaise foi quelques-uns de ses nombreux asyles, ou qu'il en rend l'accès plus difficile.

Je viens, citoyens Législateurs, de vous exposer les dispositions générales, comprises au chapitre premier de notre projet de loi ; mais je n'ai rempli qu'une très-faible partie de ma tâche, et je dois maintenant vous faire connaître la route qu'on a suivie pour organiser, soit le *régime en communauté*, soit le *régime* dotal, objets des chapitres II et III.

Le régime en communauté, se divise lui-même en deux parties : l'une relative *à la communauté légale*, (c'est celle qui a lieu, quand les parties se sont mariées sans contrat) ; l'autre relative à la communauté *conventionnelle* ou modifiée par des conventions particulières.

De la communauté légale.

Il n'entre pas dans mon plan, citoyens Législateurs, de fixer successivement votre attention sur chaque article du projet ; il en est beaucoup dont l'extrême simplicité ou la justice évidente repousse tout commentaire.

Je me bornerai donc à motiver les vues principales du système ; et si je m'arrête sur quelques dispositions d'un ordre secondaire, je ne le ferai qu'autant qu'elles porteront sur des points controversés, ou qu'elles seront nécessaires pour l'explication ou l'intelligence du plan général.

De quoi la communauté se composera-t-elle? Par qui et comment sera-t-elle administrée? Comment se dissoudra-t-elle ? et quels seront, après sa dissolution, les droits des époux ; et principalement ceux de la femme ? Telles sont les matières dont je vais vous entretenir.

Je reprends successivement ces diverses questions.

De quoi la communauté légale se composera-t-elle ?

Dans le dernier état des choses, les coutumes variaient entre elles sur la composition de cette communauté : dans quelques-unes, la communauté ne portait que sur les acquêts, mais, dans le plus grand nombre, elle embrassait les meubles comme les acquêts.

Cependant les meubles mêmes étaient régis diversement par les diverses coutumes : ainsi, dans plusieurs, la communauté ne profitait que des meubles existans lors du mariage, tandis qu'ailleurs on ne faisait nulle distinction entre les meubles existans lors du mariage et ceux qui échéaient pendant son cours.

Notre projet a adopté cette dernière vue, et si vous lui accordez votre sanction, la communauté conjugale embrassera, outre

X 2

les acquêts, les meubles respectifs des époux, *présens et futurs;* car, en toute institution, le but du législateur doit être d'éviter les embarras qui deviennent eux-mêmes des sources de discorde.

Que l'on admette des distinctions en cette matière, et l'on ne pourra plus y faire un pas sans inventaire. Que d'embarras dans cette seule obligation, et que de difficultés dans le récollement? Reconnaîtra-t-on facilement, après un long usage, les meubles qui auront appartenu au mari ou à la femme, et qui auront été long-temps confondus? Et si, à défaut de documens écrits, il faut arriver, par la preuve vocale, à la connaissance de ce qui appartient à chacun, où en sera-t-on? Que deviendront surtout le bonheur et le repos des familles?

Ces puissantes considérations ont dicté les dispositions de notre projet, contre lesquelles on objecterait vainement que souvent le mobilier peut être d'un grand prix; car s'il en est ainsi, et que cette considération influe sur les parties, elles stipuleront ce qui leur conviendra le mieux : cette faculté ne leur est point ravie; mais le droit commun pécherait par la base, s'il se réglait sur quelques situations particulières, et non sur les cas généraux.

Ainsi les meubles présens et futurs entreront dans la communauté, et, par la même raison, les dettes mobilières respectives seront à la charge de cette communauté, soit qu'elles existent au moment du mariage, soit qu'elles dépendent de successions ou de donations échues pendant son cours.

Ces dispositions tendent toutes à simplifier une institution respectable et utile.

Cependant une succession ou une donation peut être ou purement mobilière, ou totalement immobilière, ou composée d'objets qui participent de l'une et de l'autre espèce; et ces cas divers doivent trouver chacun des règles qui leur soient propres, et qui, sans grever la communauté au-delà de son émolument, assurent aux tiers l'exercice de leurs droits légitimes, et aux époux, de suffisantes indemnités, quand il y a lieu. Notre projet y a pourvu.

Je passe à la seconde question.

Par qui et comment la communauté sera-t-elle administrée ?

Sans doute il est inutile d'énoncer que le mari sera seul administrateur légal de la communauté; cette qualité ne pouvait être conférée qu'à lui.

Ainsi il pourra seul vendre, aliéner et hypothéquer les biens de la communauté.

Ainsi la femme (à moins qu'elle ne soit marchande publique) ne pourra s'obliger ni exercer aucune action, non-seulement par rapport aux biens de la communauté, mais même relativement à ses propres biens, sans le consentement de son mari.

Mais le mari, chef de la communauté et maître des acquêts, ne pourra néanmoins disposer entre-vifs et à titre gratuit, ni des immeubles acquis pendant la communauté, ni de l'universalité ou d'une quotité du mobilier.

Il ne pourra non plus donner par testament, au-delà de sa part dans la communauté; car les facilités qui lui sont dues pour sa gestion, ne vont pas jusqu'à autoriser des dispositions qui, évidemment hors de l'intérêt de la société, ne tendraient qu'à dépouiller la femme.

Au surplus, il administrera les immeubles propres à celle-ci, mais il ne pourra les aliéner sans son consentement; car la femme en est essentiellement restée propriétaire, et la mise qu'elle en a faite dans la communauté n'a eu lieu que pour les fruits, et non pour le fonds.

Par une suite du même principe, si le mari simple usufruitier des immeubles appartenans à sa femme, meurt après en avoir passé des baux par anticipation ou à trop long cours, leur effet sera nul ou réductible, selon que les limites ordinaires auront été dépassées.

Dans cette partie du projet, vous reconnaîtrez, citoyens Législateurs, les soins qu'on a pris pour garantir les biens propres de la femme, autant que cela se pouvait, dans un système qui n'en prescrit point l'inaliénabilité, et qui ne suppose ni le mari disposé à ruiner sa femme, (parce qu'il n'y a pas d'intérêt, ou qu'il a même l'intérêt contraire) , ni la femme assez faible et docile pour acquiescer à des actes qui mettraient ses biens personnels en péril.

Vous remarquerez aussi qu'en cas d'aliénation de tout ou partie des biens de la femme, ses remplois s'exercent et sur les biens de la communauté et sur ceux de son mari.

Nous voici arrivés à la discussion d'une autre partie du système , je veux parler de la dissolution de la communauté.

Comment la communauté sera-t-elle dissoute ?

Toutes les causes qui dissolvent le mariage , opèrent naturellement la dissolution de la communauté , car l'accessoire ne peut survivre au principal. Ainsi la mort naturelle ou civile et le divorce font cesser la communauté ; mais elle est aussi dissoute par la séparation de corps et par celle des biens, quoiqu'en ces deux derniers cas le mariage continue de subsister.

De ces diverses causes de dissolution de la communauté , la plus fréquente , sans doute , celle qui s'opère par la mort naturelle , recevait néanmoins dans plusieurs coutumes , et notamment dans celle de Paris , une exception que notre projet a rejetée; c'est celle qui, à défaut d'inventaire, faisait continuer la communauté entre l'époux survivant et ses enfans.

Le but de cette disposition était louable sans doute ; mais le moyen était-il bien choisi ?

Le défaut d'inventaire n'est pas toujours l'effet de la mauvaise foi : il est plus souvent peut-être , le fruit de l'ignorance ou la suite de l'extrême modicité de l'héritage , et du désir d'éviter des frais : et comme les petites successions sont en grand nombre , il est évident que la disposition qu'on examine a dû atteindre beaucoup d'innocens ; aussi peu de coutumes l'avaient-elles adoptée , et la raison d'accord avec la justice la repousse invinciblement aujourd'hui.

Toute société se rompt par la mort de l'un des associés. Ce principe est incontestable , et il ne l'est pas moins qu'on ne peut-être placé malgré soi dans les liens d'une société qu'on n'a point contractée ni voulu contracter.

L'esprit d'ailleurs conçoit-il les suites d'une pareille disposition et toutes les difficultés naissantes d'une société involontaire ? La loi peut infliger des peines, mais son autorité ne doit point faire violence à la nature des choses.

Enfin qu'arrivait-il quand l'époux survivant se remariait ? que le nouvel époux entrant dans la société y prenait une part qui faisait décroître celle des autres associés et en opérait la division, non plus en deux, mais en trois parties.

Tant d'embarras ne doivent point renaître quand on a d'ailleurs un moyen simple et facile d'atteindre le but qu'on se propose. De quoi s'agit-il en effet ? de veiller à la conservation des droits qui appartiennent aux enfans du mariage. Mais, de deux choses l'une, ou ils sont majeurs, ou ils ne le sont pas.

S'ils sont majeurs et qu'ils ne provoquent point l'inventaire, ils partagent la faute de l'époux survivant : il ne leur est dû aucune indemnité.

S'ils sont mineurs, leur subrogé tuteur qui aura négligé de faire procéder à l'inventaire en deviendra personnellement responsable envers eux, et l'époux survivant perdra de plus les droits que la loi lui accordait sur les revenus de ses enfans. Voilà la peine.

Dans tous les cas, la preuve par commune renommée sera admise pour établir la consistance de la communauté.

Un tel ordre de choses a paru sur ce point, bien préférable à ce qui était autrefois pratiqué, seulement dans quelques coutumes.

Je reviens sur une autre cause de dissolution de la communauté, sur celle qui s'opère par la *séparation de biens.*

Ce mot ne pouvait être prononcé sans rappeler les fraudes qui se sont trop souvent pratiquées à ce sujet ; mais il n'était pas possible de rejeter toutes les séparations de biens, parce qu'il y en a eu quelquefois de frauduleuses : de quelle institution n'a-t-on pas abusé ?

Le secours de la séparation, dû à l'épouse malheureuse d'un mari dissipateur, ce secours dû dans tous les systêmes, et sous le régime dotal comme sous celui de la communauté, ne pouvait disparaître de nos lois; mais il est aussi du devoir du législateur de rendre la fraude plus difficile, en appelant sur-tout la surveillance de ceux qu'elle peut blesser.

Notre projet tend à ce but. Mais le complément de la garantie réclamée sur ce point par l'ordre public, se trouve dans les formes mêmes qui seront employées pour arriver à la séparation de biens; et ce travail n'a pu qu'être renvoyé au Code de la procédure civile. Le zèle du Gouvernement pour tout ce qui est bon et utile, vous est un sûr garant que cet objet ne sera point perdu de vue.

Dois-je au surplus observer que la femme, simplement séparée de corps ou de biens, ne recouvre point la faculté d'aliéner ces immeubles sans l'autorisation de son mari? Le projet en contient une disposition expresse, dont le principe réside dans la puissance maritale, qui existe toujours tant que le mariage n'est point dissous.

Mais qu'arrive-t-il après la dissolution de la communauté? Il convient de considérer principalement cette dissolution dans sa cause la plus ordinaire, c'est-à-dire dans la mort de l'un des époux.

La proposition ainsi établie, elle doit être examinée sous le double rapport du prédécès du mari ou du prédécès de la femme.

Si la femme survit, elle pourra accepter la communauté ou y renoncer, sans être privée du droit d'exercer ses reprises ou remplois relativement à ses biens personnels.

Si la femme prédécède, les mêmes droits appartiendront à ses héritiers.

Quelques coutumes, il est vrai, distinguaient ces deux cas, et considéraient la faculté de renoncer, comme un droit personnel à la femme, et qui, sans une stipulation spéciale, ne passait point à ses héritiers.

Notre projet n'a point admis cette distinction, et ne devait point l'admettre. En effet, la loi n'a introduit la faculté dont il s'agit qu'en considération des différences qui existent entre la communauté conjugale et les autres sociétés.

Dans la communauté conjugale, le mari est maître absolu ; la femme ne peut s'opposer à aucun de ses actes : en un mot, après avoir mis dans la masse commune son mobilier, la jouissance de ses immeubles et son travail, tous les droits de la femme se réduisent à l'espoir de partager les bénéfices, s'il y en a.

Rien donc de plus juste que la faculté dont il s'agit : mais sa justice n'est pas seulement relative, elle est absolue, et n'appartient pas moins aux héritiers de la femme qu'à la femme elle-même. Quels seront-ils d'ailleurs, ces héritiers ? Le plus souvent ce seront les enfans du mariage, dignes, sous ce rapport, de toute la faveur des lois.

La faculté accordée à la femme, ou aux siens, de renoncer à la communauté, est essentiellement d'ordre public : sans cette faculté, les biens personnels de la femme seraient à la merci du mari, puisqu'une mauvaise administration donnerait lieu aux créanciers de les atteindre ; et c'est bien alors que les détracteurs de la communauté pourraient dire que les biens de la femme restent sans protection dans ce système ; mais notre projet a prévenu cette objection, en interdisant formellement toute stipulation tendante à l'abandon de ce privilége.

Ainsi, par la prévoyance d'une disposition inaltérable, la femme, ou ses héritiers, pourront, lors même que le contrat de mariage contiendrait une clause contraire, accepter la communauté, ou y renoncer ; mais cette faculté cessera par l'immixtion, et son exercice sera accompagné de quelques règles propres à ne pas laisser trop long-temps les qualités incertaines; car la loi doit pourvoir aussi aux intérêts des tiers. Il y aura donc, soit pour faire inventaire, soit pour délibérer, un délai, passé lequel la femme ou ses héritiers pourront être personnellement poursuivis ; et ce que nous avons dit pour le cas où la communauté est dissoute par la mort naturelle, s'applique, sans restriction, à la dissolution par mort civile, et, sous de très-légères modifications, à la dissolution qui s'opère par le divorce et la séparation de corps.

Je viens de nommer le *divorce*, et ceci appelle quelques explications ; car il résulte de ce qui vient d'être dit, que le divorce ne sera point un obstacle au partage des bénéfices que la communauté pourra offrir, lors même que le divorce aura été obtenu contre la femme.

Le motif de cette disposition est qu'il ne s'agit point d'une libéralité que la femme recueille, comme dans le cas de l'article 293 du livre premier du Code civil, mais d'un droit qu'elle exerce, et qui ne fait que représenter la mise qu'elle a faite de son mobilier, des fruits de ses immeubles et de son travail, dans la masse commune : tout cela pourrait-il être perdu pour elle, même sans entrer en compte ?

Mais reprenons les idées générales qu'appelle le chapitre que nous discutons.

La femme, ou ses héritiers, accepteront ou répudieront la communauté ; la loi doit poser des règles pour cette double hypothèse.

Dans l'un et l'autre cas, ces règles seront fort simples.

Si la communauté est acceptée, il faudra faire une masse commune de l'actif et du passif, et, après l'acquittement des charges, et le prélèvement réciproque des biens personnels de chacun des époux, faire le partage du surplus.

Si quelques-uns des biens propres à l'un des époux ont été aliénés, le remploi s'en fera préalablement sur la masse.

Si, au contraire, ces biens ont été améliorés aux frais de la communauté, celle-ci en sera indemnisée ou récompensée.

Rien de plus juste ni de plus clair que ces règles ; cependant, comme toutes les choses humaines, elles peuvent se compliquer accidentellement.

Il peut arriver, par exemple, que la femme laisse plusieurs héritiers, et que ceux-ci soient divisés entre eux de telle manière que l'un accepte la communauté tandis que l'autre y renoncera.

Notre projet pourvoit à ce cas, d'une manière juste, et que la simple lecture du texte justifiera suffisamment.

Il peut arriver aussi que des soustractions ou des recelés aient été faits par l'un des époux ; et ce ne serait point faire assez que d'obliger le receleur à rapporter à la masse ce qu'il a voulu lui dérober ; il est juste de le priver du droit de prendre part dans l'effet rapporté ou dans sa valeur.

Ces divers accidens n'offrent d'ailleurs rien qui puisse sensiblement embarrasser le système ; et il faut en dire autant de tout ce qui touche au paiement des dettes après le partage, et à la distinction de ce qui est à la charge de chacun des époux, selon les diverses espèces de dettes.

Parmi les dispositions de cette catégorie comprises dans le projet de loi qui vous est soumis, il n'en est qu'une qui soit en ce moment digne de remarque ; c'est celle qui statue qu'en tout état la femme n'est tenue des dettes de la communauté que *jusqu'à concurrence de son émolument*, pourvu qu'il y ait eu inventaire, et qu'elle rende compte du contenu en cet inventaire, et de ce qui lui en est échu par le partage.

C'est encore une disposition protectrice, et qui prouve tout le soin qu'on a pris pour que le régime de la communauté ne vînt point compromettre les intérêts de la femme.

Nous venons de voir ce qui a lieu lorsque la communauté est acceptée ; et si toutes les règles qui se rapportent à ce cas ne présentent aucune difficulté sérieuse, celles relatives au cas de renonciation sont plus simples encore.

Ici tout se réduit, de la part de la femme, à poursuivre la reprise de ses biens personnels, s'ils existent en nature, ou de leur valeur, s'ils ont été aliénés, et des indemnités qui peuvent lui être dues.

Elle ne peut répéter le mobilier qu'elle a mis dans la communauté, et ne retire que les linges et hardes à son usage.

Elle est, au surplus, déchargée de toute contribution aux dettes de la communauté, excepté de celles pour lesquelles elle se serait personnellement obligée ; et sauf, en ce cas, son recours sur les biens de la communauté ou sur ceux de son mari.

Cette dernière situation qui vous présente le côté malheureux d'un contrat sur lequel les parties avaient fondé de plus grandes espérances, ne fera point sortir de votre mémoire tous les avantages qui doivent généralement résulter du régime auquel elle appartient.

La renonciation à la communauté est une exception, et l'on a même dans ce cas pourvu aux intérêts de la femme autant qu'il était possible.

Citoyens Législateurs, j'ai retracé les principaux caractères du régime en communauté, j'en ai motivé les principales dispositions, et je crois avoir établi, moins par des argumens, que par la simple exposition de ses règles, que la société dont il s'agit est beaucoup moins environnée de difficultés et d'embarras que ne l'ont craint de bons esprits peu habitués à en suivre les mouvemens et l'action.

Sans doute un système dans lequel, sans participation à la société, la femme n'a qu'à retirer ses apports constatés, est plus simple ; mais celui qui vient de vous être exposé est aussi simple qu'une société puisse l'être, et doit gagner beaucoup aux dispositions qui y font entrer tout le mobilier ; car les principales difficultés résultaient des distinctions que plusieurs coutumes admettaient à ce sujet.

Amélioré sous ce rapport et sous plusieurs autres, le régime de la communauté, depuis long-temps si cher à une grande partie du territoire français, le deviendra davantage encore et remplira mieux son objet.

Mais le système que nous venons de vous développer, recevra-t-il quelques modifications ou amendemens, quand les époux ou l'un d'eux auront des enfans d'un précédent mariage ? Cette circonstance d'une application assez fréquente, ne pouvait échapper à la sollicitude du Gouvernement.

On a donc examiné la question ; et, sans puiser sa décision

dans la loi *Fœminæ*, 3. C. *de sec. nup.*, ni dans l'édit de François II sur les secondes noces, on l'a facilement trouvée dans l'article 387 du Livre III du Code civil, déjà décrété.

Cet article règle et limite les libéralités que toute personne ayant des enfans peut faire à son second époux.

Dans le cas particulier, il suffit donc de se référer à cet article, en exprimant que si, par la mise de son mobilier dans la communauté ou le paiement des dettes de l'autre époux, celui qui a des enfans se trouvait donner au-delà de la portion disponible, les enfans du premier lit auront l'action en retranchement.

De cette manière, et sous cette seule modification, le droit commun peut, sans nul inconvénient, exercer son empire sur cette espèce comme sur toutes les autres.

On conçoit, d'ailleurs, que la même restriction s'étendra au cas de la communauté *conventionnelle* dont il sera ci-après parlé; mais, dans tous les cas, les simples bénéfices résultant des travaux communs et des économies faites sur les revenus respectifs, quoique inégaux, des époux, ne devront point être classés parmi les avantages sujets à réduction.

Tout ce qui vient d'être dit, citoyens Législateurs, s'applique à la communauté légale, à cette communauté qui, dans le silence des parties, doit former le droit commun de la France.

Mais si les époux s'y soumettent par leur silence, et à plus forte raison par une adhésion expresse, ils peuvent aussi modifier ce droit commun par des conventions particulières, et la communauté devient alors purement conventionnelle dans les points qui ont été l'objet de stipulations spéciales.

De la communauté conventionnelle.

En traitant particulièrement de plusieurs modifications de la communauté légale, comme on l'a fait dans la seconde partie du chapitre II, notre projet n'a pas eu pour but d'embrasser toutes les espèces dont se compose le vaste domaine de la volonté des hommes.

Le tableau de quelques-unes n'entrait donc pas essentiellement et nécessairement dans le plan de ce travail ; et, après avoir tracé les règles de la communauté légale, on pouvait se borner à laisser agir au surplus la liberté des conventions, sans autres limites que celles qui sont assignées par le chapitre Ier. du projet de loi.

Mais sans vouloir restreindre cette liberté, si nécessaire et si formellement consacrée en cette matière, le Gouvernement a pensé qu'il était digne de sa sollicitude de s'occuper spécialement de certaines modifications, sur-tout de celles qui sont le plus usitées, et que des stipulations journalières indiquent comme étant plus dans les habitudes de quelques parties de notre immense population.

C'est dans ces vues que le projet exprime ce qui résultera des diverses conventions qui auront eu pour objet d'établir l'un des points suivans ; savoir :

1°. Que la communauté n'embrassera que les acquêts ;

2°. Que le mobilier présent ou futur n'entrera point en communauté, ou n'y entrera que pour une partie ;

3°. Qu'on y comprendra tout ou partie des immeubles présens ou futurs, par la voie de l'ameublissement ;

4°. Que les époux paieront séparément leurs dettes antérieures au mariage ;

5°. Qu'en cas de renonciation, la femme pourra reprendre ses apports francs et quittes ;

6°. Que le survivant aura un préciput ;

7°. Que les époux auront des parts inégales ;

8°. Qu'il y aura entre eux communauté à titre universel.

Chacune de ces espèces s'éloigne diversement du système général : les sept premières le restreignent, la dernière y ajoute ; mais toutes le modifient, et chacune est susceptible de quelques règles qui seront posées, ou comme la conséquence du pacte spécial auquel elles se rapportent, ou comme mesures propres à prévenir les difficultés qui naîtraient du texte isolé.

Voilà, citoyens Législateurs, le but qu'on s'est proposé dans

la rédaction d'un assez grand nombre d'articles , dont les dispositions , puisées pour chaque cas , ou dans nos coutumes , ou
dans la jurisprudence, seront facilement comprises et appliquées.

Je ne les analiserai donc pas, car elles sont peu susceptibles
d'analyse, et il ne s'agit pas ici d'expliquer un système : cette
partie de notre projet n'offre qu'une série de propositions indépendantes les unes des autres , quelquefois contraires , et toujours aussi variées que la volonté humaine.

Vous jugerez, lors de la lecture qui en sera faite, si les décisions qu'elles renferment sont en harmonie avec les situations
diverses auxquelles elles se rapportent.

Mais je ne puis terminer la discussion relative au chapitre II
du projet de loi, sans arrêter un moment votre attention sur la
section neuvième et dernière de la seconde partie de ce chapitre.

Cette section fixe la condition des époux qui, sans se soumettre au régime dotal, se marient sans communauté ou stipulent qu'ils seront séparés de biens.

Au premier coup-d'œil, on serait porté à classer séparément
cette espèce, qui exclut tout-à-la-fois et la communauté et le régime dotal ; mais si, pour ne rien omettre, il a fallu parler de
cette stipulation très-rare et en régler les effets, c'eût été trop
faire pour elle que de la considérer comme constituant un troisième système , et de la placer sur le niveau des deux autres régimes.

Ce pacte particulier, qui est une preuve de plus de la liberté
indéfinie qui régnera dans les conventions matrimoniales, termine convenablement le chapitre où sont placées les conventions qui modifient, quant aux biens , la situation naturelle des
époux.

J'atteins, citoyens Législateurs, la partie du projet qui traite
du régime dotal.

Du régime dotal.

Déja vous connaissez les motifs qui ont conseillé de maintenir le régime dotal, non plus comme la loi spéciale ou le droit commun d'une partie du territoire français, mais comme un corps de règles auquel tous les citoyens de la république, quelque part qu'ils habitent, puissent se référer quand ils préféreront ce régime à celui de la communauté.

De-là l'obligation pour nous de motiver encore, sinon tous les détails, du moins les principales dispositions de ce régime.

Le régime dotal ne tire pas son nom de la seule circonstance qu'il y a une dot constituée; car le régime de la communauté admet aussi la constitution de dot.

Le régime dotal n'est donc ainsi appelé qu'à raison de la manière particulière dont la dot se trouve non pas constituée, mais régie après la constitution qui en a été faite. Il n'est pas inutile de bien connaître la valeur des mots, pour s'entendre sur le fond des choses.

Il peut être utile aussi de remarquer dès-à-présent que, sous les deux régimes, les dots sont assujetties à plusieurs règles parfaitement semblables.

Telles sont, entr'autres, celles relatives à la portion contributoire des constituans, à la garantie de la dot et au paiement des intérêts; dispositions qui, après avoir été placées dans le chapitre II relatif à la *communauté*, se trouvent dans le chapitre III relatif au *régime dotal*, et dont on eût pu faire un chapitre commun, si l'on n'eût pas craint de morceler l'un et l'autre système par cette voie plus courte sans doute, mais moins favorable au but qu'on s'était proposé. En effet, ce but a été de réunir, dans chacun des chapitres, toutes les règles qui étaient propres à chacun des régimes, de manière qu'il n'y eût ni confusion ni renvoi de l'un à l'autre, ou de l'un et de l'autre à un chapitre de dispositions communes.

Après ces observations, je dois fixer votre attention sur les points qui différencient essentiellement le régime dotal d'avec celui de la communauté.

Dans

Dans le régime dotal, le mari n'a pas, comme dans celui de la communauté, l'administration de tous les biens de la femme, sans distinction de ceux qui ont été constitués en dot à celle-ci, ou qui lui sont échus depuis le mariage; il n'a que l'administration et la jouissance des biens stipulés *dotaux*; mais une autre différence existe encore, en ce que les immeubles dotaux deviennent, de leur nature, inaliénables pendant le mariage.

Ainsi, ce n'est point seulement le mari qui ne pourra aliéner les immeubles dotaux de sa femme, car dans aucun système, cette aliénation ne saurait être l'ouvrage de celui qui n'est pas propriétaire; mais c'est la femme elle-même qui ne pourra aliéner ses immeubles dotaux, lors même que son mari y consentirait.

Cette disposition du droit romain, née du désir de protéger la femme contre sa propre faiblesse et contre l'influence de son mari, est l'un des points fondamentaux du système. Notre projet l'a conservée.

Cependant, comme il est peu de principes qui n'admettent des exceptions, celui que nous discutons aura les siennes.

Ainsi, et sans parler de la dérogation qui pourra y être faite par le contrat de mariage même, la dot de la femme pourra être par elle aliénée, avec l'autorisation de son mari, pour l'établissement de ses enfans; car la cause de l'inaliénabilité se plaçant essentiellement dans l'intérêt même de ces enfans, on n'est point censé l'enfreindre quand l'aliénation n'a lieu que pour leur avantage.

Après cette exception d'un ordre supérieur, il en est quelques autres que les juges seuls pourront appliquer; car, s'il est sans inconvénient, et même avantageux, de laisser à la femme autorisée par son mari, le soin de remplir un devoir naturel en dotant ses enfans, en toute autre circonstance la collusion des époux serait à redouter, si l'intervention de la justice n'était ordonnée.

L'aliénation des immeubles dotaux pourra donc être autorisée par la justice dans les cas suivans :

Ou pour tirer de prison le mari ou la femme ;

Ou pour fournir des alimens en certains cas et à certains membres de la famille ;

Ou pour payer des dettes de la femme antérieures au mariage ;

Ou pour pourvoir aux grosses réparations de l'immeuble dotal ;

Ou enfin, pour sortir d'indivision, quand cette indivision ne peut cesser que par une licitation.

Dans ces divers cas, lorsqu'ils sont bien constatés, il est aisé de reconnaître l'empire de la nécessité, et la loi ne saurait avec sagesse refuser ce que réclame une telle cause.

Mais c'eût été s'arrêter trop rigoureusement à la ligne tracée par le besoin, que de s'en tenir là.

Dans le cours ordinaire de la vie, il est des choses si éminemment utiles, qu'il y aurait de la dureté à ne les point placer quelquefois sur le niveau des choses nécessaires.

Supposons donc le cas, assez fréquent sans doute, où l'immeuble dotal sera situé à une grande distance du domicile des époux, tandis qu'il se trouvera à leur portée un autre immeuble de valeur égale, ou à très-peu de chose près, dont l'administration infiniment plus facile offrirait d'immenses avantages.

Dans cette hypothèse, les lois romaines permettaient l'échange avec l'autorisation de la justice, et en reportant sur le fonds acquis, tous les caractères et priviléges du fonds aliéné. Notre projet a adopté cette exception, qui a paru ne point blesser les intérêts de la femme.

Au-delà des espèces que je viens de récapituler, le principe de l'inaliénabilité du fonds dotal ne peut recevoir aucune atteinte, même par la prescription, à moins qu'elle n'ait commencé avant le mariage.

Il restera d'ailleurs peu de chose à dire sur les suites de l'administration du mari, quand on aura exprimé qu'il en est tenu comme tout usufruitier.

Mais au décès de l'un ou de l'autre des époux, la dot devra être restituée à la femme ou à ses héritiers, et ceci appelait quelques dispositions.

Si la dot consiste en immeubles, la restitution s'en fera en nature et sans délai.

Si elle consiste en mobilier, on distinguera si ce mobilier a été estimé ou non : au premier cas, le mari sera débiteur du prix, *dos æstimata, dos vendita*; au second cas, la restitution sera due en nature, quelque dépérissement que la chose ait souffert, si c'est par l'usage et sans la faute du mari.

Telles sont les distinctions essentielles qui devront présider à la restitution dont, en certains cas, notre projet n'ordonne l'accomplissement qu'après des délais dont la faveur est due au souvenir du lien qui a existé entre les époux. L'événement malheureux de la mort de la femme ne doit pas, dans des momens consacrés à la douleur, laisser son mari exposé à de rigoureuses poursuites, de la part des héritiers, même de celle qui fut son épouse.

Cette partie du projet de loi ne contient au surplus que des dispositions peu susceptibles de discussion. Je ne puis cependant passer à d'autres objets, sans arrêter un moment votre attention sur l'article qui porte que *la femme et ses héritiers n'ont point de privilège pour la répétition de la dot sur les créanciers antérieurs en hypothèques.*

On pourrait demander à quoi sert cette disposition, si elle ne tendait à abolir formellement la loi *Assiduis*, qui, successivement tombée en désuétude dans la plupart des pays même de Droit écrit, était pourtant, encore de nos jours, observée dans quelques-uns, notamment dans le ressort du ci-devant parlement de Toulouse.

Cette loi, qui sacrifiait à la dot la société toute entière, et qui fut l'occasion d'une multitude de fraudes envers des tiers de bonne foi, n'était qu'une faveur mal entendue, et ne pouvait trouver place dans notre nouvelle législation.

Je viens, citoyens Législateurs, d'indiquer les principales

dispositions comme les principaux effets du régime dotal ; mais dans ce régime, ou plutôt à l'occasion de ce régime, viennent les biens paraphernaux.

Ces biens, qui comprennent tout ce qui n'a pas été expressément stipulé dotal, restaient, dans le droit romain, à la pleine disposition de la femme qui, pour les aliéner, n'avait pas besoin du consentement de son mari.

Notre projet offre un changement notable à ce sujet, ou plutôt ce changement existait déjà dans l'une des lois que vous avez portées dans votre dernière session.

L'article 211 du premier livre du Code civil, a posé la règle relative à la nécessité du consentement du mari, ou de l'autorisation judiciaire, en cas que le mari refuse son consentement : le projet actuel devait se conformer à cette sage disposition ; il l'a fait.

Ainsi le pouvoir de la femme sur ses biens paraphernaux, se réduira, comme le prescrivaient la raison et son propre intérêt, à l'administration et jouissance de cette espèce de biens.

Mais qu'arrivera-t-il si le mari gère et jouit lui-même ? Notre projet le considère dans l'une des trois situations suivantes :

Ou il n'aura joui qu'en vertu d'un mandat exprès, et il sera tenu des mêmes actions que tout mandataire ;

Ou il se sera entremis et maintenu dans la jouissance par la force et contre le gré de sa femme ; et alors il devra les fruits, car il n'a pu les acquérir par un délit ;

Où enfin sa jouissance aura été paisible, ou du moins tolérée ; et, dans ce cas, il ne sera tenu, lors de la dissolution du mariage, qu'à la représentation des fruits existans.

Il importait sans doute de prévoir tous ces cas, et de les distinguer ; car si les biens paraphernaux ont une existence et une administration à part, s'ils sont *de droit* séparés et de la dot et des biens du mari, souvent et par la nature des choses, ils leur seront unis *de fait* : il fallait donc pourvoir à ce qu'à raison de cette jouissance les époux ne laissassent pas des procès pour héritage.

Je vous ai exposé, citoyens Législateurs, tous les points essentiels du régime dotal.

Une disposition particulière, terminant le chapitre qui lui est consacré, exprime qu'*en se soumettant au régime dotal, les époux peuvent néanmoins stipuler une société d'acquêts.*

Sans doute les dispositions générales du projet de loi, sainement interprétées, eussent été suffisantes pour établir ce droit ou cette faculté ; mais le Gouvernement n'a pas cru qu'il dût en refuser l'énonciation précise, réclamée pour quelques contrées du droit écrit, où cette stipulation est fréquente.

Cette mesure aura d'ailleurs le double avantage, et de calmer des inquiétudes, et de prouver formellement que nos deux régimes ne sont pas ennemis, puisqu'ils peuvent s'unir jusqu'à un certain point.

Citoyens Législateurs, ma tâche est fort avancée, mais elle n'est pas finie. Je n'ai plus à justifier les dispositions écrites du projet, mais son silence sur certains avantages qu'en quelques lieux les femmes survivantes obtenaient à titre d'augment de dot, et, dans le plus grand nombre de nos coutumes, sous le nom de *douaire.*

Sur ce point, le projet a imité la sage discrétion du droit écrit ; et il le devait d'autant plus, qu'en établissant *la communauté* pour droit commun, il donne assez à la femme si la communauté est utile, puisqu'elle en partagera les bénéfices ; et lui accorderait trop, au cas contraire, puisque la libéralité de la loi s'exercerait sur une masse déjà appauvrie ou ruinée.

En se dépouillant d'ailleurs de tous les souvenirs de la routine, il fallait revenir aux premières règles de la raison. Or la loi permet les libéralités, mais elle ne les fait pas, et ne doit point, en cette matière, substituer sa volonté à celle de l'homme, parce que souvent elle la contrarierait sous prétexte de la suppléer.

Que les époux puissent donc stipuler des droits de survie avec ou sans réciprocité, la loi ne doit point s'y opposer ; mais comme les libéralités sont dans le domaine de la volonté particulière, on ne saurait en établir par une disposition de droit commun, sans blesser tous les principes.

Citoyens Législateurs, je vous ai retracé tout le plan de la loi qui vous est proposée.

Dans une matière de si haute importance, et que la diversité des usages rendait si délicate et si difficile, on a moins cherché à détruire qu'à concilier, et sur-tout on a désiré que chacun pût facilement jouir de la condition légale dans laquelle il voudrait se placer.

Si donc on n'a pu scinder la France pour donner des règles diverses aux diverses contrées qui la composent, on a fait beaucoup, et tout ce qu'il était possible de faire, en disant à tous les citoyens de la République :

« Voilà deux régimes qui répondent à vos habitudes diverses ;
» choisissez.

» Voulez-vous même les modifier, vous le pouvez.

» Tout ce qui n'est pas contraire à l'ordre public, ou for-
» mellement prohibé, peut devenir l'objet de vos conventions ;
» mais, si vous n'en faites point, la loi ne saurait laisser les
» droits des époux à l'abandon ; et la communauté, comme plus
» conforme à la situation des époux et à cette société morale
» qui déjà existe entre eux par le seul titre de leur union,
» sera votre droit commun. »

Citoyens Législateurs, si cette communauté a été bien organisée, et si elle a conservé tout ce qu'il y avait de bon dans nos anciens usages, en rejetant seulement ce qui pouvait l'embarrasser sans fruit ;

Si, d'un autre côté, le régime dotal, quoique dirigé vers une autre fin, mais organisé dans les mêmes vues, a recueilli et conservé les meilleurs élémens que nous eussions sur cette matière ;

Si enfin le projet a laissé à la volonté la juste latitude qu'elle devait avoir, le Gouvernement aura rempli ses vues.

Et vous, citoyens Législateurs, en consacrant son travail par votre approbation, vous acquerrez de nouveaux droits à la reconnaissance publique.

Suit le texte des lois.

TITRE V.

Du contrat de mariage et des droits respectifs des époux.

Décrété le 20 pluviose an 12. Promulgué le 30 du même mois.

CHAPITRE PREMIER.

Dispositions générales.

Article 1387. — La loi ne régit l'association conjugale, quant aux biens, qu'à défaut de conventions spéciales que les époux peuvent faire comme ils le jugent à propos, pourvu qu'elles ne soient pas contraires aux bonnes mœurs, et, en outre, sous les modifications qui suivent.

Art. 1388. — Les époux ne peuvent déroger ni aux droits résultant de la puissance maritale sur la personne de la femme et des enfans, ou qui appartiennent au mari comme chef, ni aux droits conférés au survivant des époux par le titre *de la Puissance paternelle* et par le titre *de la Minorité*, *de la Tutelle et de l'Émancipation*, ni aux dispositions prohibitives du présent Code.

Art. 1389. — Ils ne peuvent faire aucune convention ou renonciation dont l'objet serait de changer l'ordre légal des successions, soit par rapport à eux-mêmes dans la succession de leurs enfans ou descendans, soit par rapport à leurs enfans entre eux; sans préjudice des donations entre-vifs ou testamentaires, qui pourront avoir lieu selon les formes et dans les cas déterminés par le présent Code.

Art. 1390. — Les époux ne peuvent plus stipuler

d'une manière générale, que leur association sera réglée par l'une des coutumes, lois ou statuts locaux, qui régissaient ci-devant les diverses parties du territoire français, et qui sont abrogés par le présent Code.

Art. 1391. — Ils peuvent cependant déclarer d'une manière générale, qu'ils entendent se marier, ou sous le régime de la communauté, ou sous le régime dotal.

Au premier cas, et sous le régime de la communauté, les droits des époux et de leurs héritiers seront réglés par les dispositions du chapitre II du présent titre.

Au deuxième cas, et sous le régime dotal, leurs droits seront réglés par les dispositions du chapitre III.

Art. 1392. — La simple stipulation que la femme se constitue ou qu'il lui est constitué des biens en dot, ne suffit pas pour soumettre ces biens au régime dotal, s'il n'y a dans le contrat de mariage une déclaration expresse à cet égard.

La soumission au régime dotal ne résulte pas non plus de la simple déclaration faite par les époux, qu'ils se marient sans communauté, ou qu'ils seront séparés de biens.

Art. 1393. — A défaut de stipulations spéciales qui dérogent au régime de la communauté ou le modifient, les règles établies dans la première partie du chapitre II formeront le droit commun de la France.

Art. 1394. — Toutes conventions matrimoniales seront rédigées, avant le mariage, par acte devant notaire.

Art. 1395. — Elles ne peuvent recevoir aucun changement après la célébration du mariage.

Art. 1396. — Les changemens qui y seraient faits avant cette célébration doivent être constatés par acte passé dans la même forme que le contrat de mariage.

Nul changement ou contre-lettre n'est, au surplus,

valable sans la présence et le consentement simultané de toutes les personnes qui ont été parties dans le contrat de mariage.

Art. 1397. — Tous changemens et contre-lettres, même revêtus des formes prescrites par l'article précédent, seront sans effet à l'égard des tiers, s'ils n'ont été rédigés à la suite de la minute du contrat de mariage ; et le notaire ne pourra, à peine des dommages et intérêts des parties, et sous plus grandes peines s'il y a lieu, délivrer ni grosses ni expéditions du contrat de mariage sans transcrire à la suite le changement ou la contre-lettre.

Art. 1398. — Le mineur habile à contracter mariage, est habile à consentir toutes les conventions dont ce contrat est susceptible ; et les conventions et donations qu'il y a faites sont valables, pourvu qu'il ait été assisté dans le contrat des personnes dont le consentement est nécessaire pour la validité du mariage.

CHAPITRE II.

Du régime en communauté.

Article 1399. — La communauté, soit légale, soit conventionnelle, commence du jour du mariage contracté devant l'officier de l'état civil : on ne peut stipuler qu'elle commencera à une autre époque.

PREMIÈRE PARTIE.

De la communauté légale.

Article 1400. — La communauté qui s'établit par la simple déclaration qu'on se marie sous le régime de la communauté, ou à défaut de contrat, est soumise aux règles expliquées dans les six sections qui suivent.

SECTION PREMIERE.

De ce qui compose la communauté activement et passivement.

§ PREMIER.

De l'actif de la communauté.

Article 1401. — La communauté se compose activement,

1°. De tout le mobilier que les époux possédaient au
jour de la célébration du mariage, ensemble de tout le
mobilier qui leur échoit pendant le mariage à titre de succession ou même de donation, si le donateur n'a exprimé
le contraire;

2°. De tous les fruits, revenus, intérêts et arrérages,
de quelque nature qu'ils soient, échus ou perçus pendant
le mariage, et provenant des biens qui appartenaient aux
époux lors de sa célébration, ou de ceux qui leur sont
échus pendant le mariage, à quelque titre que ce soit;

3°. De tous les immeubles qui sont acquis pendant le
mariage.

Art. 1402. — Tout immeuble est réputé acquêt de
communauté, s'il n'est prouvé que l'un des époux en avait
la propriété ou possession légale antérieurement au mariage, ou qu'il lui est échu depuis à titre de succession
ou donation.

Art. 1403. — Les coupes de bois et les produits des
carrières et mines tombent dans la communauté pour
tout ce qui en est considéré comme usufruit, d'après les
règles expliquées au titre *de l'usufruit, de l'usage et de
l'habitation.*

Si les coupes de bois qui, en suivant ces règles, pouvaient être faites durant la communauté, ne l'ont point

été, il en sera dû récompense à l'époux non propriétaire du fonds ou à ses héritiers.

Si les carrières et mines ont été ouvertes pendant le mariage, les produits n'en tombent dans la communauté que sauf récompense ou indemnité à celui des époux à qui elle pourra être due.

Art. 1404. — Les immeubles que les époux possèdent au jour de la célébration du mariage, ou qui leur échoient pendant son cours à titre de succession, n'entrent point en communauté.

Néanmoins si l'un des époux avait acquis un immeuble depuis le contrat de mariage, contenant stipulation de communauté, et avant la célébration du mariage, l'immeuble acquis dans cet intervalle entrera dans la communauté, à moins que l'acquisition n'ait été faite en exécution de quelque clause du mariage ; auquel cas elle serait réglée suivant la convention.

Art. 1405. — Les donations d'immeubles qui ne sont faites pendant le mariage qu'à l'un des deux époux, ne tombent point en communauté, et appartiennent au donataire seul, à moins que la donation ne contienne expressément que la chose donnée appartiendra à la communauté.

Art. 1406. — L'immeuble abandonné ou cédé par père, mère ou autre ascendant, à l'un des deux époux, soit pour le remplir de ce qu'il lui doit, soit à la charge de payer les dettes du donateur à des étrangers, n'entre point en communauté ; sauf récompense ou indemnité.

Art. 1407. — L'immeuble acquis pendant le mariage à titre d'échange contre l'immeuble appartenant à l'un des deux époux, n'entre point en communauté, et est subrogé au lieu et place de celui qui a été aliéné ; sauf la récompense s'il y a soulte.

Art. 1408. — L'acquisition faite pendant le mariage, à titre de licitation ou autrement , de portion d'un immeuble dont l'un des époux était propriétaire par indivis , ne forme point un conquêt , sauf à indemniser la communauté de la somme qu'elle a fournie pour cette acquisition.

Dans le cas où le mari deviendrait , seul et en son nom personnel , acquéreur ou adjudicataire de portion ou de la totalité d'un immeuble appartenant par indivis à la femme, celle-ci, lors de la dissolution de la communauté, a le choix ou d'abandonner l'effet à la communauté , laquelle devient alors débitrice envers la femme de la portion appartenant à celle-ci dans le prix , ou de retirer l'immeuble , en remboursant à la communauté le prix de l'acquisition.

§. I I.

Du passif de la communauté , et des actions qui en résultent contre la communauté.

Article 1409. — La communauté se compose passivement ,

1°. De toutes les dettes mobilières dont les époux étaient grevés au jour de la célébration de leur mariage , ou dont se trouvent chargées les succesions qui leur échoient durant le mariage ; sauf la récompense pour celles relatives aux immeubles propres à l'un ou à l'autre des époux ;

2°. Des dettes, tant en capitaux qu'arrérages ou intérêts, contractées par le mari pendant la communauté , ou par la femme du consentement du mari ; sauf la récompense dans les cas où elle a lieu ;

3°. Des arrérages et intérêts seulement des rentes ou dettes passives qui sont personnelles aux deux époux ;

4°. Des réparations usufructuaires des immeubles qui n'entrent point en communauté ;

5°. Des alimens des époux, de l'éducation et entretien des enfans, et de toute autre charge du mariage.

Art. 1410. — La communauté n'est tenue des dettes mobilières contractées avant le mariage par la femme, qu'autant qu'elles résultent d'un acte authentique antérieur au mariage, ou ayant reçu avant la même époque une date certaine, soit par l'enregistrement, soit par le décès d'un ou de plusieurs signataires dudit acte.

Le créancier de la femme, en vertu d'un acte n'ayant pas de date certaine avant le mariage, ne peut en poursuivre contre elle le paiement que sur la nue propriété de ses immeubles personnels.

Le mari qui prétendrait avoir payé pour sa femme une dette de cette nature, n'en peut demander la récompense ni à sa femme ni à ses héritiers.

Art. 1411. — Les dettes des successions purement mobilières qui sont échues aux époux pendant le mariage, sont pour le tout à la charge de la communauté.

Art. 1412. — Les dettes d'une succession purement immobilière qui échoit à l'un des époux pendant le mariage, ne sont point à la charge de la communauté ; sauf le droit qu'ont les créanciers de poursuivre leur paiement sur les immeubles de ladite succession.

Néanmoins, si la succession est échue au mari, les créanciers de la succession peuvent poursuivre leur paiement, soit sur tous les biens propres au mari, soit même sur ceux de la communauté ; sauf, dans ce second cas, la récompense due à la femme ou à ses héritiers.

Art. 1413. — Si la succession purement immobilière est échue à la femme, et que celle-ci l'ait acceptée du consentement de son mari, les créanciers de la succession peuvent poursuivre leur paiement sur tous les biens personnels de la femme : mais si la succession n'a été acceptée par la femme, que comme autorisée en justice au refus du mari, les créanciers, en cas d'insuffisance des immeubles de la succession, ne peuvent se pourvoir que sur la nue propriété des autres biens personnels de la femme.

Art. 1414. — Lorsque la succession échue à l'un des époux, est en partie mobilière et en partie immobilière, les dettes dont elle est grevée ne sont à la charge de la communauté que jusqu'à concurrence de la portion contributoire du mobilier dans les dettes, eu égard à la valeur de ce mobilier, comparée à celle des immeubles.

Cette portion contributoire se règle d'après l'inventaire auquel le mari doit faire procéder, soit de son chef si la succession le concerne personnellement, soit comme dirigeant et autorisant les actions de sa femme s'il s'agit d'une succession à elle échue.

Art. 1415. — A défaut d'inventaire, et dans tous les cas où ce défaut préjudicie à la femme, elle ou ses héritiers peuvent, lors de la dissolution de la communauté, poursuivre les récompenses de droit, et même faire preuve, tant par titres et papiers domestiques que par témoins, et au besoin par la commune renommée, de la consistance et valeur du mobilier non inventorié.

Le mari n'est jamais recevable à faire cette preuve.

Art. 1416. — Les dispositions de l'art. 1414 ne font point obstacle à ce que les créanciers d'une succession en partie mobilière et en partie immobilière, poursuivent leur paiement sur les biens de la communauté, soit que la succession soit échue au mari, soit qu'elle soit échue à la femme, lorsque celle-ci l'a acceptée du consentement de son mari ; le tout, sauf les récompenses respectives.

Il en est de même si la succession n'a été acceptée par la femme que comme autorisée en justice, et que néanmoins le mobilier en ait été confondu dans celui de la communauté sans un inventaire préalable.

Art. 1417. — Si la succession n'a été acceptée par la femme que comme autorisée en justice au refus du mari, et s'il y a eu inventaire, les créanciers ne peuvent poursuivre leur paiement que sur les biens tant mobiliers qu'immobiliers de ladite succession, et en cas d'insuffisance, sur la nue propriété des autres biens personnels de la femme.

Art. 1418. — Les règles établies par les articles 1411 et suivans, régissent les dettes dépendantes d'une donation, comme celles résultant d'une succession.

Art. 1419. Les créanciers peuvent poursuivre le paiement des dettes que la femme a contractées avec le consentement du mari, tant sur tous les biens de la communauté que sur ceux du mari ou de la femme ; sauf la récompense due à la communauté, ou l'indemnité due au mari.

Art. 1420. — Toute dette qui n'est contractée par la femme qu'en vertu de la procuration générale ou spéciale du mari, est à la charge de la communauté ; et le créancier n'en peut poursuivre le paiement ni contre la femme, ni sur ses biens personnels.

SECTION II.

De l'administration de la communauté, et de l'effet des actes de l'un ou de l'autre époux relativement à la société conjugale.

Article 1421. — Le mari administre seul les biens de la communauté.

Il peut les vendre, aliéner et hypothéquer sans le concours de la femme.

Art. 1422. — Il ne peut disposer entre-vifs à titre gratuit des immeubles de la communauté, ni de l'universalité ou d'une quotité du mobilier, si ce n'est pour l'établissement des enfans communs.

Il peut néanmoins disposer des effets mobiliers à titre gratuit et particulier au profit de toutes personnes, pourvu qu'il ne s'en réserve pas l'usufruit.

Art. 1423. — La donation testamentaire faite par le mari ne peut excéder sa part dans la communauté.

S'il a donné en cette forme un effet de la communauté, le donataire ne peut le réclamer en nature qu'autant que l'effet, par l'événement du partage, tombe au lot des héritiers du mari ; si l'effet ne tombe point au lot de ces héritiers, le légataire a la récompense de la valeur totale de l'effet donné, sur la part des héritiers du mari dans la communauté et sur les biens personnels de ce dernier.

Art. 1424. — Les amendes encourues par le mari, pour crime n'emportant pas mort civile, peuvent se poursuivre sur les biens de la communauté, sauf la récompense due à la femme ; celles encourues par la femme ne peuvent s'exécuter que sur la nue propriété de ses biens personnels, tant que dure la communauté.

Art. 1425. — Les condamnations prononcées contre l'un des deux époux, pour crime emportant mort civile, ne frappent que sa part de la communauté et ses biens personnels.

Art. 1426. — Les actes faits par la femme sans le consentement du mari, et même avec l'autorisation de la justice, n'engagent point les biens de la communauté, si ce n'est lorsqu'elle contracte comme marchande publique et pour le fait de son commerce.

Art. 1427.

Art. 1427. —. La femme ne peut s'obliger ni engager les biens de la communauté, même pour tirer son mari de prison, ou pour l'établissement de ses enfans en cas d'absence du mari, qu'après y avoir été autorisée par justice.

Art. 1428. — Le mari a l'administration de tous les biens personnels de la femme.

Il peut exercer seul toutes les actions mobilières et possessoires qui appartiennent à la femme.

Il ne peut aliéner les immeubles personnels de sa femme sans son consentement.

Il est responsable de tout dépérissement des biens personnels de sa femme, causé par défaut d'actes conservatoires.

Art. 1429. — Les baux que le mari seul a faits des biens de sa femme pour un temps qui excède neuf ans, ne sont, en cas de dissolution de la communauté, obligatoires vis-à-vis de la femme ou de ses héritiers, que pour le temps qui reste à courir soit de la première période de neuf ans, si les parties s'y trouvent encore, soit de la seconde, et ainsi de suite, de manière que le fermier n'ait que le droit d'achever la jouissance de la période de neuf ans où il se trouve.

Art. 1430. — Les baux de neuf ans ou au-dessous que le mari seul a passés ou renouvelés des biens de sa femme, plus de trois ans avant l'expiration du bail courant s'il s'agit de biens ruraux, et plus de deux ans avant la même époque s'il s'agit de maisons, sont sans effet, à moins que leur exécution n'ait commencé avant la dissolution de la communauté.

Art. 1431. — La femme qui s'oblige solidairement avec son mari pour les affaires de la communauté ou

Liv. III.   A a

du mari, n'est réputée, à l'égard de celui-ci, s'être obligée que comme caution; elle doit être indemnisée de l'obligation qu'elle a contractée.

Art. 1432. — Le mari qui garantit solidairement ou autrement la vente que sa femme a faite d'un immeuble personnel, a pareillement un recours contre elle, soit sur sa part dans la communauté, soit sur ses biens personnels, s'il est inquiété.

Art. 1433. — S'il est vendu un immeuble appartenant à l'un des époux, de même que si l'on s'est rédimé en argent de services fonciers dus à des héritages propres à l'un d'eux, et que le prix en ait été versé dans la communauté, le tout sans remploi, il y a lieu au prélèvement de ce prix sur la communauté, au profit de l'époux qui était propriétaire, soit de l'immeuble vendu, soit des services rachetés.

Art. 1434. — Le remploi est censé fait à l'égard du mari, toutes les fois que, lors d'une acquisition, il a déclaré qu'elle était faite des deniers provenus de l'aliénation de l'immeuble qui lui était personnel, et pour lui tenir lieu de remploi.

Art. 1435. — La déclaration du mari que l'acquisition est faite des deniers provenus de l'immeuble vendu par la femme, et pour lui servir de remploi, ne suffit point, si ce remploi n'a été formellement accepté par la femme : si elle ne l'a pas accepté, elle a simplement droit, lors de la dissolution de la communauté, à la récompense du prix de son immeuble vendu.

Art. 1436. La récompense du prix de l'immeuble appartenant au mari, ne s'exerce que sur la masse de la communauté ; celle du prix de l'immeuble appartenant à la femme, s'exerce sur les biens personnels du mari, en cas d'insuffisance des biens de la communauté. Dans tous les cas, la récompense n'a lieu que sur le pied de la vente, quelque allégation qui soit faite touchant la valeur de l'immeuble aliéné.

Art. 1437. — Toutes les fois qu'il est pris sur la communauté une somme, soit pour acquitter les dettes ou charges personnelles à l'un des époux, telles que le prix ou partie du prix d'un immeuble à lui propre, ou le rachat de services fonciers, soit pour le recouvrement, la conservation ou l'amélioration de ses biens personnels, et généralement toutes les fois que l'un des deux époux a tiré un profit personnel des biens de la communauté, il en doit la récompense.

Art. 1438. — Si le père et la mère ont doté conjointement l'enfant commun, sans exprimer la portion pour laquelle ils entendaient y contribuer, ils sont censés avoir doté chacun pour moitié, soit que la dot ait été fournie ou promise en effets de la communauté, soit qu'elle l'ait été en biens personnels à l'un des deux époux.

Au second cas, l'époux dont l'immeuble ou l'effet personnel a été constitué en dot, a, sur les biens de l'autre, une action en indemnité pour la moitié de ladite dot, eu égard à la valeur de l'effet donné au temps de la donation.

Art. 1439. — La dot constituée par le mari seul à l'enfant commun, en effets de la communauté, est à la charge de la communauté ; et dans le cas où la communauté est acceptée par la femme, celle-ci doit supporter la moitié de la dot, à moins que le mari n'ait déclaré expressément qu'il s'en chargeait pour le tout, ou pour une portion plus forte que la moitié.

Art. 1440. — La garantie de la dot est due par toute personne qui l'a constituée ; et ses intérêts courent du

jour du mariage, encore qu'il y ait terme pour le paiement, s'il n'y a stipulation contraire.

SECTION III.

De la dissolution de la communauté, et de quelques-unes
de ses suites.

Article 1441. — La communauté se dissout, 1°. par la
mort naturelle; 2°. par la mort civile; 3°. par le divorce;
4°. par la séparation de corps; 5°. par la séparation de
biens.

Art. 1442. — Le défaut d'inventaire après la mort naturelle ou civile de l'un des époux, ne donne pas lieu à
la continuation de la communauté, sauf les poursuites des
parties intéressées, relativement à la consistance des biens
et effets communs, dont la preuve pourra être faite tant
par titre que par la commune renommée.

S'il y a des enfans mineurs, le défaut d'inventaire fait
perdre en outre à l'époux survivant la jouissance de leurs
revenus; et le subrogé tuteur qui ne l'a point obligé
à faire inventaire, est solidairement tenu avec lui de
toutes les condamnations qui peuvent être prononcées au
profit des mineurs.

Art. 1443. — La séparation de biens ne peut être poursuivie qu'en justice par la femme dont la dot est mise en
péril, et lorsque le désordre des affaires du mari donne
lieu de craindre que les biens de celui-ci ne soient point
suffisans pour remplir les droits et reprises de la femme.

Toute séparation volontaire est nulle.

Art. 1444. — La séparation de biens, quoique prononcée en justice, est nulle si elle n'a point été exécutée par le paiement réel des droits et reprises de la femme,
effectué par acte authentique, jusqu'à concurrence des

biens du mari, ou au moins par des poursuites commencées dans la quinzaine qui a suivi le jugement, et non
interrompues depuis.

Art. 1445. — Toute séparation de biens doit, avant
son exécution, être rendue publique, par l'affiche, sur
un tableau à ce destiné, dans la principale salle du tribunal de première instance ; et de plus, si le mari est
marchand, banquier ou commerçant, dans celle du tribunal de commerce du lieu de son domicile ; et ce, à peine
de nullité de l'exécution.

Le jugement qui prononce la séparation de biens, remonte, quant à ses effets, au jour de la demande.

Art. 1446. — Les créanciers personnels de la femme
ne peuvent, sans son consentement, demander la séparation de biens.

Néanmoins, en cas de faillite ou de déconfiture du
mari, ils peuvent exercer les droits de leur débitrice jusqu'à concurrence du montant de leurs créances.

Art. 1447. — Les créanciers du mari peuvent se pourvoir contre la séparation de biens, prononcée et même
exécutée en fraude de leurs droits ; ils peuvent même intervenir dans l'instance sur la demande en séparation
pour la contester.

Art. 1448. — La femme qui a obtenu la séparation de
biens doit contribuer, proportionnellement à ses facultés
et à celles du mari, tant aux frais du ménage qu'à ceux
d'éducation des enfans communs.

Elle doit supporter entièrement ces frais, s'il ne reste
rien au mari.

Art. 1449. — La femme séparée soit de corps et de
biens, soit de biens seulement, en reprend la libre administration.

Elle peut disposer de son mobilier et l'aliéner.

Elle ne peut aliéner ses immeubles sans le consentement du mari, ou sans être autorisée en justice à son refus.

Art. 1450. — Le mari n'est point garant du défaut d'emploi ou de remploi du prix de l'immeuble que la femme séparée a aliéné sous l'autorisation de la justice, à moins qu'il n'ait concouru au contrat, ou qu'il ne soit prouvé que les deniers ont été reçus par lui, ou ont tourné à son profit.

Il est garant du défaut d'emploi ou de remploi, si la vente a été faite en sa présence et de son consentement: il ne l'est point de l'utilité de cet emploi.

Art. 1451. — La communauté dissoute par la séparation soit de corps et de biens, soit de biens seulement, peut être rétablie du consentement des deux parties.

Elle ne peut l'être que par un acte passé devant notaires et avec minute, dont une expédition doit être affichée dans la forme de l'article 1445.

En ce cas, la communauté rétablie reprend son effet du jour du mariage; les choses sont remises au même état que s'il n'y avait point eu de séparation, sans préjudice néanmoins de l'exécution des actes qui, dans cet intervalle, ont pu être faits par la femme, en conformité de l'article 1449.

Toute convention par laquelle les époux rétabliraient leur communauté sous des conditions différentes de celles qui la réglaient antérieurement, est nulle.

Art. 1452. — La dissolution de communauté opérée par le divorce ou par la séparation soit de corps et de biens, soit de biens seulement, ne donne pas ouverture aux droits de survie de la femme; mais celle ci conserve la faculté de les exercer lors de la mort naturelle ou civile de son mari.

SECTION IV.

De l'acceptation de la communauté, et de la renonciation qui peut y être faite, avec les conditions qui y sont relatives.

Article 1453. — Après la dissolution de la communauté, la femme ou ses héritiers et ayant-cause ont la faculté de l'accepter ou d'y renoncer : toute convention contraire est nulle.

Art. 1454. — La femme qui s'est immiscée dans les biens de la communauté, ne peut y renoncer.

Les actes purement administratifs ou conservatoires, n'emportent point immixtion.

Art. 1455. — La femme majeure, qui a pris dans un acte la qualité de commune, ne peut plus y renoncer, ni se faire restituer contre cette qualité, quand même elle l'aurait prise avant d'avoir fait inventaire, s'il n'y a eu dol de la part des héritiers du mari.

Art. 1456. — La femme survivante qui veut conserver la faculté de renoncer à la communauté, doit, dans les trois mois du jour du décès du mari, faire faire un inventaire fidèle et exact de tous les biens de la communauté, contradictoirement avec les héritiers du mari, ou eux dûment appelés.

Cet inventaire doit être par elle affirmé sincère et véritable, lors de sa clôture, devant l'officier public qui l'a reçu.

Art. 1457. — Dans les trois mois et quarante jours après le décès du mari, elle doit faire sa renonciation au greffe du tribunal de première instance dans l'arrondissement duquel le mari avait son domicile ; cet acte doit être inscrit sur le registre établi pour recevoir les renonciations à succession.

Art. 1458. — La veuve peut, suivant les circonstances

demander au tribunal civil une prorogation du délai prescrit par l'article précédent pour sa renonciation ; cette prorogation est, s'il y a lieu, prononcée contradictoirement avec les héritiers du mari, ou eux dûment appelés.

Art. 1459. — La veuve qui n'a point fait sa renonciation dans le délai ci-dessus prescrit, n'est pas déchue de la faculté de renoncer, si elle ne s'est point immiscée, et qu'elle ait fait inventaire ; elle peut seulement être poursuivie comme commune jusqu'à ce qu'elle ait renoncé, et elle doit les frais faits contre elle jusqu'à sa renonciation.

Elle peut également être poursuivie après l'expiration des quarante jours depuis la clôture de l'inventaire, s'il a été clos avant les trois mois.

Art. 1460. — La veuve qui a diverti ou recelé quelques effets de la communauté, est déclarée commune, nonobstant sa renonciation : il en est de même à l'égard de ses héritiers.

Art. 1461. — Si la veuve meurt avant l'expiration des trois mois, sans avoir fait ou terminé l'inventaire, les héritiers auront, pour faire ou pour terminer l'inventaire, un nouveau délai de trois mois, à compter du décès de la veuve, et de quarante jours pour délibérer, après la clôture de l'inventaire.

Si la veuve meurt ayant terminé l'inventaire, ses héritiers auront, pour délibérer, un nouveau délai de quarante jours, à compter de son décès.

Ils peuvent, au surplus, renoncer à la communauté dans les formes établies ci-dessus, et les articles 1458 et 1459 leur sont applicables.

Art. 1462. — Les dispositions des articles 1456 et suivans sont applicables aux femmes des individus morts civilement, à partir du moment où la mort civile a commencé.

Art. 1463. — La femme divorcée ou séparée de corps, qui n'a point dans les trois mois et quarante jours après le divorce ou la séparation définitivement prononcés , accepté la communauté, est censée y avoir renoncé, à moins qu'étant encore dans le délai, elle n'en ait obtenu la prorogation en justice, contradictoirement avec le mari, ou lui dûment appelé.

Art. 1464. — Les créanciers de la femme peuvent attaquer la renonciation qui aurait été faite par elle ou par ses héritiers en fraude de leurs créances, et accepter la communauté de leur chef.

Art. 1465. — La veuve, soit qu'elle accepte, soit qu'elle renonce, a droit, pendant les trois mois et quarante jours qui lui sont accordés pour faire inventaire et délibérer, de prendre sa nourriture et celle de ses domestiques sur les provisions existantes, et, à défaut, par emprunt au compte de la masse commune, à la charge d'en user modérément.

Elle ne doit aucun loyer à raison de l'habitation qu'elle a pu faire pendant ces délais dans une maison dépendante de la communauté, ou appartenant aux héritiers du mari ; et si la maison qu'habitaient les époux à l'époque de la dissolution de la communauté, était tenue par eux à titre de loyer, la femme ne contribuera point, pendant les mêmes délais, au paiement dudit loyer, lequel sera pris sur la masse.

Art. 1466. — Dans le cas de dissolution de la communauté par la mort de la femme, ses héritiers peuvent renoncer à la communauté dans les délais et dans les formes que la loi prescrit à la femme survivante.

SECTION V.

Du partage de la communauté après l'acceptation.

Article 1467. — Après l'acceptation de la communauté par la femme ou ses héritiers, l'actif se partage, et le passif est supporté de la manière ci-après déterminée.

§ PREMIER.

Du partage de l'actif.

Article 1468. — Les époux ou leurs héritiers rapportent à la masse des biens existans, tout ce dont ils sont débiteurs envers la communauté à titre de récompense ou d'indemnité, d'après les règles ci-dessus prescrites à la section II de la première partie du présent chapitre.

Art. 1469. — Chaque époux ou son héritier rapporte également les sommes qui ont été tirées de la communauté, ou la valeur des biens que l'époux y a pris pour doter un enfant d'un autre lit, ou pour doter personnellement l'enfant commun.

Art. 1470. — Sur la masse des biens, chaque époux ou son héritier prélève;

1°. Ses biens personnels qui ne sont point entrés en communauté, s'ils existent en nature, ou ceux qui ont été acquis en remploi;

2°. Le prix de ses immeubles qui ont été aliénés pendant la communauté, et dont il n'a point été fait remploi;

3°. Les indemnités qui lui sont dues par la communauté.

Art. 1471. — Les prélèvemens de la femme s'exercent avant ceux du mari.

Ils s'exercent pour les biens qui n'existent plus en nature, d'abord sur l'argent comptant, ensuite sur le mobilier, et subsidiairement sur les immeubles de la communauté : dans ce dernier cas, le choix des immeubles est déféré à la femme et à ses héritiers.

Art. 1472. — Le mari ne peut exercer ses reprises que sur les biens de la communauté.

La femme et ses héritiers, en cas d'insuffisance de la communauté, exercent leurs reprises sur les biens personnels du mari.

Art. 1473. — Les remplois et récompenses dus par la communauté aux époux, et les récompenses et indemnités par eux dues à la communauté, emportent les intérêts de plein droit du jour de la dissolution de la communauté.

Art. 1474. — Après que tous les prélèvemens des deux époux ont été exécutés sur la masse, le surplus se partage par moitié entre les époux ou ceux qui les représentent.

Art. 1475. — Si les héritiers de la femme sont divisés, en sorte que l'un ait accepté la communauté à laquelle l'autre a renoncé, celui qui a accepté ne peut prendre que sa portion virile et héréditaire dans les biens qui échoient au lot de la femme.

Le surplus reste au mari, qui demeure chargé, envers l'héritier renonçant, des droits que la femme aurait pu exercer en cas de renonciation, mais jusqu'à concurrence seulement de la portion virile héréditaire du renonçant.

Art. 1476. — Au surplus, le partage de la communauté pour tout ce qui concerne ses formes, la licitation des immeubles quand il y a lieu, les effets du partage, la garantie qui en résulte, et les soultes, est soumis à toutes les règles qui sont établies au titre des *Successions* pour les partages entre cohéritiers.

Art. 1477. — Celui des époux qui aurait diverti ou recelé quelques effets de la communauté, est privé de sa portion dans lesdits effets.

Art. 1478. — Après le partage consommé, si l'un des deux époux est créancier personnel de l'autre, comme lorsque le prix de son bien a été employé à payer une dette personnelle de l'autre époux, ou pour toute autre cause, il exerce sa créance sur la part qui est échue à celui-ci dans la communauté ou sur ses biens personnels.

Art. 1479. — Les créances personnelles que les époux ont à exercer l'un contre l'autre, ne portent intérêt que du jour de la demande en justice.

Art. 1480. — Les donations que l'un des époux a pu faire à l'autre, ne s'exécutent que sur la part du donateur dans la communauté, et sur ses biens personnels.

Art. 1481. — Le deuil de la femme est aux frais des héritiers du mari prédécédé.

La valeur de ce deuil est réglée selon la fortune du mari.

Il est dû même à la femme qui renonce à la communauté.

§ II.

Du passif de la communauté, et de la contribution aux dettes.

Article 1482. — Les dettes de la communauté sont pour moitié à la charge de chacun des époux ou de leurs héritiers : les frais de scellé, inventaire, vente de mobilier, liquidation, licitation et partage, font partie de ces dettes.

Art. 1483. — La femme n'est tenue des dettes de la communauté, soit à l'égard du mari, soit à l'égard des créanciers, que jusqu'à concurrence de son émolument, pourvu qu'il y ait un bon et fidèle inventaire, et en rendant compte tant du contenu de cet inventaire que de ce qui lui est échu par le partage.

Art. 1484. — Le mari est tenu, pour la totalité, des dettes de la communauté par lui contractées, sauf son recours contre la femme ou ses héritiers pour la moitié desdites dettes.

Art. 1485. — Il n'est tenu que pour moitié de celles personnelles à la femme, et qui étaient tombées à la charge de la communauté.

Art. 1486. — La femme peut être poursuivie pour la totalité des dettes qui procèdent de son chef et étaient entrées dans la communauté, sauf son recours contre le mari ou son héritier pour la moitié desdites dettes.

Art. 1487. — La femme, même personnellement obligée pour une dette de communauté, ne peut être poursuivie que pour la moitié de cette dette, à moins que l'obligation ne soit solidaire.

Art. 1488. — La femme qui a payé une dette de la communauté au-delà de sa moitié, n'a point de répétition contre le créancier pour l'excédent, à moins que la quittance n'exprime que ce qu'elle a payé était pour sa moitié.

Art. 1489. — Celui des deux époux qui, par l'effet de l'hypothèque exercée sur l'immeuble à lui échu en partage, se trouve poursuivi pour la totalité d'une dette de communauté, a de droit son recours pour la moitié de cette dette contre l'autre époux ou ses héritiers.

Art. 1490. — Les dispositions précédentes ne font point obstacle à ce que, par le partage, l'un ou l'autre des copartageans soit chargé de payer une quotité de dettes autre que la moitié, même de les acquitter entièrement.

Toutes les fois que l'un des copartageans a payé des dettes de la communauté au-delà de la portion dont il était tenu, il y a lieu au recours de celui qui a trop payé contre l'autre.

Art. 1491. — Tout ce qui est dit ci-dessus à l'égard

du mari ou de la femme, a lieu à l'égard des héritiers
de l'un ou de l'autre ; et ces héritiers exercent les mêmes
droits et sont soumis aux mêmes actions que le conjoint
qu'ils représentent.

SECTION VI.

De la renonciation à la communauté, et de ses effets.

Article 1492. — La femme qui renonce perd toute
espèce de droit sur les biens de la communauté, et même
sur le mobilier qui y est entré de son chef.

Elle retire seulement les linges et hardes à son usage.

Art. 1493. — La femme renonçante a le droit de reprendre ;

1°. Les immeubles à elle appartenant lorsqu'ils existent en nature, ou l'immeuble qui a été acquis en remploi ;

2°. Le prix de ses immeubles aliénés dont le remploi
n'a pas été fait et accepté comme il est dit ci-dessus ;

3°. Toutes les indemnités qui peuvent lui être dues par
la communauté.

Art. 1494. — La femme renonçante est déchargée de
toute contribution aux dettes de la communauté, tant
à l'égard du mari qu'à l'égard des créanciers. Elle reste
néanmoins tenue envers ceux-ci lorsqu'elle s'est obligée
conjointement avec son mari, ou lorsque la dette, devenue dette de la communauté, provenait originaire-
ment de son chef ; le tout sauf son recours contre le
mari ou ses héritiers.

Art. 1495. — Elle peut exercer toutes les actions et
reprises ci-dessus détaillées, tant sur les biens de la communauté que sur les biens personnels du mari.

Ses héritiers le peuvent de même, sauf en ce qui concerne le prélèvement des linges et hardes, ainsi que le

logement et la nourriture pendant le délai donné pour faire inventaire et délibérer ; lesquels droits sont purement personnels à la femme survivante.

Disposition relative à la communauté légale , lorsque l'un des époux ou tous deux ont des enfans de précédens mariages.

Art. 1496. — Tout ce qui est dit ci-dessus sera observé même lorsque l'un des époux ou tous deux auront des enfans de précédens mariages.

Si toutefois la confusion du mobilier et des dettes opérait , au profit de l'un des époux , un avantage supérieur à celui qui est autorisé par l'article 1098 , au titre *des Donations entre-vifs et des Testamens*, les enfans du premier lit de l'autre époux auront l'action en retranchement.

DEUXIÈME PARTIE.

De la communauté conventionnelle, et des conventions qui peuvent modifier ou même exclure la communauté légale.

Article 1497. — Les époux peuvent modifier la communauté légale par toute espèce de conventions non contraires aux articles 1387 , 1388 , 1389 et 1390.

Les principales modifications sont celles qui ont lieu en stipulant de l'une ou de l'autre des manières qui suivent ; savoir,

1°. Que la communauté n'embrassera que les acquêts ;

2°. Que le mobilier présent ou futur n'entrera point en communauté, ou n'y entrera que pour une partie ;

3°. Qu'on y comprendra tout ou partie des immeubles présens ou futurs, par la voie de l'ameublissement ;

4°. Que les époux paieront séparément leurs dettes antérieures au mariage ;

5°. Qu'en cas de renonciation, la femme pourra reprendre ses apports francs et quittes ;

6°. Que le survivant aura un préciput ;

7°. Que les époux auront des parts inégales ;

8°. Qu'il y aura entre eux communauté à titre universel.

SECTION PREMIÈRE.

De la communauté réduite aux acquêts.

Article 1498. — Lorsque les époux stipulent qu'il n'y aura entre eux qu'une communauté d'acquêts, ils sont censés exclure de la communauté et les dettes de chacun d'eux actuelles et futures, et leur mobilier respectif présent et futur.

En ce cas, et après que chacun des époux a prélevé ses apports dûment justifiés, le partage se borne aux acquêts faits par les époux ensemble ou séparément durant le mariage, et provenant tant de l'industrie commune que des économies faites sur les fruits et revenus des biens des deux époux.

Art. 1499. — Si le mobilier existant lors du mariage ou échu depuis, n'a pas été constaté par inventaire ou état en bonne forme, il est réputé acquêt.

SECTION II.

De la clause qui exclut de la communauté le mobilier en tout ou partie.

Article 1500. — Les époux peuvent exclure de leur communauté tout leur mobilier présent et futur.

Lorsqu'ils stipulent qu'ils en mettront réciproquement dans la communauté jusqu'à concurrence d'une somme ou d'une valeur déterminée, ils sont, par cela seul, censés se réserver le surplus.

Art. 1501. — Cette clause rend l'époux débiteur envers la communauté de la somme qu'il a promis d'y mettre, et l'oblige à justifier de cet apport.

Art. 1502. — L'apport est suffisamment justifié, quant au mari, par la déclaration portée au contrat de mariage que son mobilier est de telle valeur.

Il est suffisamment justifié, à l'égard de la femme, par la quittance que le mari lui donne, ou à ceux qui l'ont dotée.

Art. 1503. — Chaque époux a le droit de reprendre et de prélever lors de la dissolution de la communauté, la valeur de ce dont le mobilier qu'il a apporté lors du mariage, ou qui lui est échu depuis, excédait sa mise en communauté.

Art. 1504. — Le mobilier qui échoit à chacun des époux pendant le mariage, doit être constaté par un inventaire.

A défaut d'inventaire du mobilier échu au mari, ou d'un titre propre à justifier de sa consistance et valeur, déduction faite des dettes, le mari ne peut en exercer la reprise.

Si le défaut d'inventaire porte sur un mobilier échu à la femme, celle-ci ou ses héritiers sont admis à faire preuve, soit par titres, soit par témoins, soit même par commune renommée, de la valeur de ce mobilier.

SECTION III.

De la clause d'ameublissement.

Article 1505. — Lorsque les époux ou l'un d'eux font entrer en communauté tout ou partie de leurs immeubles présens ou futurs, cette clause s'appelle *ameublissement.*

Liv. III.   B b

Art. 1506. — L'ameublissement peut être déterminé ou indéterminé.

Il est déterminé, quand l'époux a déclaré ameublir et mettre en communauté un tel immeuble, en tout ou jusqu'à concurrence d'une certaine somme.

Il est indéterminé, quand l'époux a simplement déclaré apporter en communauté ses immeubles, jusqu'à concurrence d'une certaine somme.

Art. 1507. — L'effet de l'ameublissement déterminé, est de rendre l'immeuble ou les immeubles qui en sont frappés, biens de la communauté comme les meubles mêmes.

Lorsque l'immeuble ou les immeubles de la femme sont ameublis en totalité, le mari en peut disposer comme des autres effets de la communauté, et les aliéner en totalité.

Si l'immeuble n'est ameubli que pour une certaine somme, le mari ne peut l'aliéner qu'avec le consentement de la femme; mais il peut l'hypothéquer sans son consentement, jusqu'à concurrence seulement de la portion ameublie.

Art. 1508. — L'ameublissement indéterminé ne rend point la communauté propriétaire des immeubles qui en sont frappés; son effet se réduit à obliger l'époux qui l'a consenti à comprendre dans la masse, lors de la dissolution de la communauté, quelques-uns de ses immeubles, jusqu'à concurrence de la somme par lui promise.

Le mari ne peut, comme en l'article précédent, aliéner en tout ou en partie, sans le consentement de sa femme, les immeubles sur lesquels est établi l'ameublissement indéterminé; mais il peut les hypothéquer jusqu'à concurrence de cet ameublissement.

Art. 1509. — L'époux qui a ameubli un héritage, a, lors du partage, la faculté de le retenir en le précomptant sur sa part, pour le prix qu'il vaut alors; et ses héritiers ont le même droit.

SECTION IV.

De la clause de séparation des dettes.

Article 1510. — La clause par laquelle les époux stipulent qu'ils paieront séparément leurs dettes personnelles, les oblige à se faire, lors de la dissolution de la communauté, respectivement raison des dettes qui sont justifiées avoir été acquittées par la communauté, à la décharge de celui des époux qui en était débiteur. Cette obligation est la même, soit qu'il y ait eu inventaire ou non : mais si le mobilier apporté par les époux n'a pas été constaté par un inventaire ou état authentique antérieur au mariage, les créanciers de l'un et de l'autre des époux peuvent, sans avoir égard à aucune des distinctions qui seraient réclamées, poursuivre leur paiement sur le mobilier non inventorié, comme sur tous les autres biens de la communauté.

Les créanciers ont le même droit sur le mobilier qui serait échu aux époux pendant la communauté, s'il n'a pas été pareillement constaté par un inventaire ou état authentique.

Art. 1511. — Lorsque les époux apportent dans la communauté une somme certaine, ou un corps certain, un tel apport emporte la convention tacite qu'il n'est point grevé de dettes antérieures au mariage; et il doit être fait raison par l'époux débiteur à l'autre, de toutes celles qui diminueraient l'apport promis.

Art. 1512. — La clause de séparation des dettes, n'empêche point que la communauté ne soit chargée des intérêts et arrérages qui ont couru depuis le mariage.

Art. 1513. — Lorsque la communauté est poursuivie

pour les dettes de l'un des époux, déclaré, par contrat, franc et quitte de toutes dettes antérieures au mariage, le conjoint a droit à une indemnité qui se prend, soit sur la part de communauté revenant à l'époux débiteur, soit sur les biens personnels dudit époux; et, en cas d'insuffisance, cette indemnité peut être poursuivie par voie de garantie contre le père, la mère, l'ascendant ou le tuteur qui l'auraient déclaré franc et quitte.

Cette garantie peut même être exercée par le mari durant la communauté, si la dette provient du chef de la femme; sauf, en ce cas, le remboursement dû par la femme ou ses héritiers aux garans, après la dissolution de la communauté.

SECTION V.

De la faculté accordée à la femme de reprendre son apport franc et quitte.

Article 1514. — La femme peut stipuler qu'en cas de renonciation à la communauté, elle reprendra tout ou partie de ce qu'elle y aura apporté, soit lors du mariage, soit depuis: mais cette stipulation ne peut s'étendre au-delà des choses formellement exprimées, ni au profit de personnes autres que celles désignées.

Ainsi, la faculté de reprendre le mobilier que la femme a apporté lors du mariage, ne s'étend point à celui qui serait échu pendant le mariage.

Ainsi, la faculté accordée à la femme, ne s'étend point aux enfans; celle accordée à la femme et aux enfans, ne s'étend point aux héritiers ascendans ou collatéraux.

Dans tous les cas, les apports ne peuvent être repris que déduction faite des dettes personnelles à la femme, et que la communauté aurait acquittées.

SECTION VI.

Du préciput conventionnel.

Article 1515. — La clause par laquelle l'époux survivant est autorisé à prélever, avant tout partage, une certaine somme ou une certaine quantité d'effets mobiliers en nature, ne donne droit à ce prélèvement au profit de la femme survivante, que lorsqu'elle accepte la communauté, à moins que le contrat de mariage ne lui ait réservé ce droit, même en renonçant.

Hors le cas de cette réserve, le préciput ne s'exerce que sur la masse partageable, et non sur les biens personnels de l'époux prédécédé.

Art. 1516. — Le préciput n'est point regardé comme un avantage sujet aux formalités des donations, mais comme une convention de mariage.

Art. 1517. — La mort naturelle ou civile donne ouverture au préciput.

Art. 1518. — Lorsque la dissolution de la communauté s'opère par le divorce ou par la séparation de corps, il n'y a pas lieu à la délivrance actuelle du préciput; mais l'époux qui a obtenu, soit le divorce, soit la séparation de corps, conserve ses droits au préciput en cas de survie. Si c'est la femme, la somme ou la chose qui constitue le préciput, reste toujours provisoirement au mari, à la charge de donner caution.

Art. 1519. — Les créanciers de la communauté ont toujours le droit de faire vendre les effets compris dans le préciput, sauf le recours de l'époux, conformément à l'article 1515.

SECTION VII.

Des clauses par lesquelles on assigne à chacun des époux des parts inégales dans la communauté.

Article 1520. — Les époux peuvent déroger au partage égal établi par la loi; soit en ne donnant à l'époux survivant ou à ses héritiers, dans la communauté, qu'une part moindre que la moitié, soit en ne lui donnant qu'une somme fixe pour tout droit de communauté, soit en stipulant que la communauté entière, en certains cas, appartiendra à l'époux survivant, ou à l'un d'eux seulement.

Art. 1521. — Lorsqu'il a été stipulé que l'époux ou ses héritiers n'auront qu'une certaine part dans la communauté, comme le tiers ou le quart, l'époux ainsi réduit ou ses héritiers, ne supportent les dettes de la communauté, que proportionnellement à la part qu'ils prennent dans l'actif.

La convention est nulle, si elle oblige l'époux ainsi réduit ou ses héritiers à supporter une plus forte part, ou si elle les dispense de supporter une part dans les dettes, égale à celle qu'ils prennent dans l'actif.

Art. 1522. — Lorsqu'il est stipulé que l'un des époux ou ses héritiers ne pourront prétendre qu'une certaine somme pour tout droit de communauté, la clause est un forfait, qui oblige l'autre époux ou ses héritiers à payer la somme convenue, soit que la communauté soit bonne ou mauvaise, suffisante ou non pour acquitter la somme.

Art. 1523. — Si la clause n'établit le forfait qu'à l'égard des héritiers de l'époux, celui-ci dans le cas où il survit, a droit au partage légal par moitié.

Art. 1524. — Le mari ou ses héritiers qui retiennent, en vertu de la clause énoncée en l'article 1520, la totalité de la communauté, sont obligés d'en acquitter toutes les dettes.

Les créanciers n'ont, en ce cas, aucune action contre la femme ni contre ses héritiers.

Si c'est la femme survivante qui a, moyennant une somme convenue, le droit de retenir toute la communauté contre les héritiers du mari, elle a le choix ou de leur payer cette somme, en demeurant obligée à toutes les dettes, ou de renoncer à la communauté, et d'en abandonner aux héritiers du mari les biens et les charges.

Art. 1525. — Il est permis aux époux de stipuler que la totalité de la communauté appartiendra au survivant, ou à l'un d'eux seulement, sauf aux héritiers de l'autre à faire la reprise des apports et capitaux tombés dans la communauté, du chef de leur auteur.

Cette stipulation n'est point réputée un avantage sujet aux règles relatives aux donations, soit quant au fond, soit quant à la forme, mais simplement une convention de mariage et entre associés.

SECTION VIII.

De la communauté à titre universel.

Article 1526. — Les époux peuvent établir par leur contrat de mariage, une communauté universelle de leurs biens, tant meubles qu'immeubles, présens et à venir, ou de tous leurs biens présens seulement, ou de tous leurs biens à venir seulement.

Dispositions communes aux huit sections ci-dessus.

Article 1527. — Ce qui est dit aux huit sections ci-dessus, ne limite pas à leurs dispositions précises les stipulations dont est susceptible la communauté conventionnelle.

Les époux peuvent faire toutes autres conventions, ainsi qu'il est dit à l'article 1387, et sauf les modifications portées par les articles 1388, 1389 et 1390.

Néanmoins, dans le cas où il y aurait des enfans d'un précédent mariage, toute convention qui tendrait dans ses effets à donner à l'un des époux au-delà de la portion réglée par l'article 1098, au titre *des Donations entre-vifs* et *des Testamens*, sera sans effet pour tout l'excédent de cette portion : mais les simples bénéfices résultant des travaux communs, et des économies faites sur les revenus respectifs, quoique inégaux, des deux époux, ne sont pas considérés comme un avantage fait au préjudice des enfans du premier lit.

Art. 1528. — La communauté conventionnelle reste soumise aux règles de la communauté légale, pour tous les cas auxquels il n'y a pas été dérogé implicitement ou explicitement par le contrat.

SECTION IX.

Des conventions exclusives de la communauté.

Article 1529. — Lorsque, sans se soumettre au régime dotal, les époux déclarent qu'ils se marient sans communauté, ou qu'ils seront séparés de biens, les effets de cette stipulation sont réglés comme il suit.

§ PREMIER.

De la clause portant que les époux se marient sans communauté.

Article 1530. — La clause portant que les époux se marient sans communauté, ne donne point à la femme le droit d'administrer ses biens, ni d'en percevoir les fruits : ces fruits sont censés apportés au mari pour soutenir les charges du mariage.

Art. 1531. — Le mari conserve l'administration des biens meubles et immeubles de la femme, et, par suite, le droit de percevoir tout le mobilier qu'elle apporte en dot, ou qui lui échoit, pendant le mariage ; sauf la restitution qu'il en doit faire après la dissolution du mariage, ou après la séparation de biens qui serait prononcée par justice.

Art. 1532. — Si dans le mobilier apporté en dot par la femme, ou qui lui échoit pendant le mariage, il y a des choses dont on ne peut faire usage sans les consommer, il en doit être joint un état estimatif au contrat de mariage, ou il doit en être fait inventaire lors de l'échéance, et le mari en doit rendre le prix d'après l'estimation.

Art. 1533. — Le mari est tenu de toutes les charges de l'usufruit.

Art. 1534. — La clause énoncée au présent paragraphe ne fait point obstacle à ce qu'il soit convenu que la femme touchera annuellement sur ses seules quittances, certaine portion de ses revenus pour son entretien et ses besoins personnels.

Art. 1535. Les immeubles constitués en dot, dans le cas du présent paragraphe, ne sont point inaliénables.

Néanmoins ils ne peuvent être aliénés sans le consentement du mari, et, à son refus, sans l'autorisation de la justice.

§. II.

De la clause de séparation de biens.

Article 1536. — Lorsque les époux ont stipulé par leur contrat de mariage qu'ils seraient séparés de biens, la femme conserve l'entière administration de ses biens meubles et immeubles, et la jouissance libre de ses revenus.

Art. 1537. — Chacun des époux contribue aux charges du mariage, suivant les conventions contenues en leur contrat ; et, s'il n'en existe point à cet égard, la femme contribue à ces charges jusqu'à concurrence du tiers de ses revenus.

Art. 1538. — Dans aucun cas, ni à la faveur d'aucune stipulation, la femme ne peut aliéner ses immeubles sans le consentement spécial de son mari, ou, à son refus, sans être autorisée par justice.

Toute autorisation générale d'aliéner les immeubles, donnée à la femme, soit par contrat de mariage, soit depuis, est nulle.

Art. 1539. — Lorsque la femme séparée a laissé la jouissance de ses biens à son mari, celui-ci n'est tenu, soit sur la demande que sa femme pourrait lui faire, soit à la dissolution du mariage, qu'à la représentation des fruits existans, et il n'est point comptable de ceux qui ont été consommés jusqu'alors.

CHAPITRE III.

Du régime dotal.

Article 1540. — La dot, sous ce régime comme sous celui du chapitre II, est le bien que la femme apporte au mari pour supporter les charges du mariage.

Art. 1541. — Tout ce que la femme se constitue ou qui lui est donné en contrat de mariage, est dotal, s'il n'y a stipulation contraire.

SECTION PREMIÈRE.

De la constitution de dot.

Article 1542. — La constitution de dot peut frapper tous les biens présens et à venir de la femme, ou tous ses biens présens seulement, ou une partie de ses biens présens et à venir, ou même un objet individuel.

La constitution, en termes généraux, de tous les biens de la femme, ne comprend pas les biens à venir.

Art. 1543. — La dot ne peut être constituée ni même augmentée pendant le mariage.

Art. 1544. — Si les père et mère constituent conjointement une dot, sans distinguer la part de chacun, elle sera censée constituée par portions égales.

Si la dot est constituée par le père seul, pour droits paternels et maternels, la mère, quoique présente au contrat, ne sera point engagée, et la dot demeurera en entier à la charge du père.

Art. 1545. — Si le survivant des père ou mère constitue une dot pour biens paternels et maternels, sans spécifier les portions, la dot se prendra d'abord sur les droits du futur époux dans les biens du conjoint prédécédé, et le surplus sur les biens du constituant.

Art. 1546. — Quoique la fille dotée par ses père et mère ait des biens à elle propres dont ils jouissent, la dot sera prise sur les biens des constituans, s'il n'y a stipulation contraire.

Art. 1547. — Ceux qui constituent une dot, sont tenus à la garantie des objets constitués.

Art. 1548. — Les intérêts de la dot courent de plein droit, du jour du mariage, contre ceux qui l'ont promise, encore qu'il y ait terme pour le paiement, s'il n'y a stipulation contraire.

SECTION II.

Des droits du mari sur les biens dotaux, et de l'inaliénabilité du fonds dotal.

Article 1549. — Le mari seul a l'administration des biens dotaux pendant le mariage.

Il a seul le droit d'en poursuivre les débiteurs et détenteurs, d'en percevoir les fruits et les intérêts, et de recevoir le remboursement des capitaux.

Cependant il peut être convenu par le contrat de mariage que la femme touchera annuellement, sur ses seules
quittances, une partie de ses revenus pour son entretien
et ses besoins personnels.

Art. 1550. — Le mari n'est pas tenu de fournir caution pour la réception de la dot, s'il n'y a pas été assujetti par le contrat de mariage.

Art. 1551. — Si la dot ou partie de la dot consiste
en objets mobiliers mis à prix par le contrat, sans déclaration que l'estimation n'en fait pas vente, le mari en
devient propriétaire, et n'est débiteur que du prix donné
au mobilier.

Art. 1552. — L'estimation donnée à l'immeuble constitué en dot, n'en transporte point la propriété au mari,
s'il n'y en a déclaration expresse.

Art. 1553. — L'immeuble acquis des deniers dotaux
n'est pas dotal, si la condition de l'emploi n'a été stipulée par le contrat de mariage.

Il en est de même de l'immeuble donné en paiement
de la dot constituée en argent.

Art. 1554. — Les immeubles constitués en dot ne
peuvent être aliénés ou hypothéqués pendant le mariage,
ni par le mari, ni par la femme, ni par les deux conjointement ; sauf les exceptions qui suivent.

Art. 1555. — La femme peut, avec l'autorisation de
son mari, ou, sur son refus, avec permission de justice, donner ses biens dotaux pour l'établissement des
enfans qu'elle aurait d'un mariage antérieur ; mais si
elle n'est autorisée que par justice, elle doit réserver
la jouissance à son mari.

Art. 1556. — Elle peut aussi, avec l'autorisation de
son mari, donner ses biens dotaux pour l'établissement
de leurs enfans communs.

Art. 1557. — L'immeuble dotal peut être aliéné lorsque l'aliénation en a été permise par le contrat de mariage.

Art. 1558. — L'immeuble dotal peut encore être aliéné avec permission de justice, et aux enchères, après trois affiches,

Pour tirer de prison le mari ou la femme;

Pour fournir des alimens à la famille, dans les cas prévus par les articles 203, 205 et 206, au titre *du Mariage*;

Pour payer les dettes de la femme ou de ceux qui ont constitué la dot, lorsque ces dettes ont une date certaine antérieure au contrat de mariage;

Pour faire de grosses réparations indispensables pour la conservation de l'immeuble dotal;

Enfin lorsque cet immeuble se trouve indivis avec des tiers, et qu'il est reconnu impartageable.

Dans tous ces cas, l'excédent du prix de la vente au-dessus des besoins reconnus, restera dotal, et il en sera fait emploi comme tel au profit de la femme.

Art. 1559. — L'immeuble dotal peut être échangé, mais avec le consentement de la femme, contre un autre immeuble de même valeur, pour les quatre cinquièmes au moins, en justifiant de l'utilité de l'échange, en obtenant l'autorisation en justice, et d'après une estimation par experts nommés d'office par le tribunal.

Dans ce cas, l'immeuble reçu en échange sera dotal; l'excédent du prix, s'il y en a, le sera aussi; et il en sera fait emploi comme tel au profit de la femme.

Art. 1560. — Si, hors les cas d'exception qui viennent d'être expliqués, la femme ou le mari, ou tous les deux conjointement, aliènent le fonds dotal, la femme ou ses héritiers pourront faire révoquer l'aliénation après la dissolution du mariage, sans qu'on puisse leur opposer aucune prescription pendant sa durée : la femme aura le même droit après la séparation de biens.

Le mari lui-même pourra faire révoquer l'aliénation pendant le mariage, en demeurant néanmoins sujet aux dommages et intérêts de l'acheteur, s'il n'a pas déclaré dans le contrat que le bien vendu était dotal.

Art. 1561. — Les immeubles dotaux non déclarés aliénables par le contrat de mariage, sont imprescriptibles pendant le mariage, à moins que la prescription n'ait commencé auparavant.

Ils deviennent néanmoins prescriptibles après la séparation de biens, quelle que soit l'époque à laquelle la prescription a commencé.

Art. 1562. — Le mari est tenu, à l'égard des biens dotaux, de toutes les obligations de l'usufruitier.

Il est responsable de toutes prescriptions acquises et détériorations survenues par sa négligence.

Art. 1563. — Si la dot est mise en péril, la femme peut poursuivre la séparation de biens, ainsi qu'il est dit aux articles 1443 et suivans.

SECTION III.

De la restitution de la dot.

Article 1564. — Si la dot consiste en immeubles,

Ou en meubles non estimés par le contrat de mariage, ou bien mis à prix, avec déclaration que l'estimation n'en ôte pas la propriété à la femme;

Le mari ou ses héritiers peuvent être contraints de la restituer sans délai, après la dissolution du mariage.

Art. 1565. — Si elle consiste en une somme d'argent,

Ou en meubles mis à prix par le contrat, sans déclaration que l'estimation n'en rend pas le mari propriétaire,

La restitution n'en peut être exigée qu'un an après la dissolution.

Art. 1566. — Si les meubles, dont la propriété reste à la femme, ont dépéri par l'usage, et sans la faute du mari, il ne sera tenu de rendre que ceux qui resteront, et dans l'état où ils se trouveront.

Et néanmoins la femme pourra, dans tous les cas, retirer les linges et hardes à son usage actuel, sauf à précompter leur valeur lorsque ces linges et hardes auront été primitivement constitués avec estimation.

Art. 1567. — Si la dot comprend des obligations ou constitutions de rente qui ont péri, ou souffert des retranchemens qu'on ne puisse imputer à la négligence du mari, il n'en sera point tenu, et il en sera quitte en restituant les contrats.

Art. 1568. — Si un usufruit a été constitué en dot, le mari ou ses héritiers ne sont obligés, à la dissolution du mariage, que de restituer le droit d'usufruit, et non les fruits échus durant le mariage.

Art. 1569. — Si le mariage a duré dix ans depuis l'échéance des termes pris pour le paiement de la dot, la femme ou ses héritiers pourront la répéter contre le mari après la dissolution du mariage, sans être tenus de prouver qu'il l'a reçue, à moins qu'il ne justifiât de diligences inutilement par lui faites pour s'en procurer le paiement.

Art. 1570. — Si le mariage est dissous par la mort de la femme, l'intérêt et les fruits de la dot à restituer courent de plein droit au profit de ses héritiers depuis le jour de la dissolution.

Si c'est par la mort du mari, la femme a le choix d'exiger les intérêts de sa dot pendant l'an du deuil, ou de se faire fournir des alimens pendant ledit temps aux dépens de la succession du mari ; mais, dans les deux cas, l'habitation durant cette année et les habits de deuil doivent lui être fournis sur la succession, et sans imputation sur les intérêts à elle dus.

Art. 1571. — A la dissolution du mariage, les fruits des immeubles dotaux se partagent entre le mari et la femme ou leurs héritiers, à proportion du temps qu'il a duré, pendant la dernière année.

L'année commence à partir du jour où le mariage a été célébré.

Art. 1572. — La femme et ses héritiers n'ont point de privilége pour la répétition de la dot sur les créanciers antérieurs à elle en hypothèque.

Art. 1573. — Si le mari était déjà insolvable, et n'avait ni art, ni profession lorsque le père a constitué une dot à sa fille, celle-ci ne sera tenue de rapporter à la succession du père que l'action qu'elle a contre celle de son mari, pour s'en faire rembourser.

Mais si le mari n'est devenu insolvable que depuis le mariage,

Ou s'il avait un métier ou une profession qui lui tenait lieu de bien,

La perte de la dot tombe uniquement sur la femme.

SECTION IV.

Des biens paraphernaux.

Article 1574. — Tous les biens de la femme qui n'ont pas été constitués en dot sont paraphernaux.

Art. 1575. — Si tous les biens de la femme sont paraphernaux, et s'il n'y a pas de convention dans le contrat pour lui faire supporter une portion des charges du mariage, la femme y contribue jusqu'à concurrence du tiers de ses revenus.

Art. 1576. — La femme a l'administration et la jouissance de ses biens paraphernaux.

Mais elle ne peut les aliéner, ni paraître en jugement à raison desdits biens, sans l'autorisation du mari, ou, à son refus, sans la permission de la justice.

Art. 1577. — Si la femme donne sa procuration au mari pour administrer ses biens paraphernaux, avec charge de lui rendre compte des fruits, il sera tenu vis-à-vis d'elle comme tout mandataire.

Art. 1578. — Si le mari a joui des biens paraphernaux de sa femme sans mandat, et néanmoins sans opposition de sa part, il n'est tenu, à la dissolution du mariage ou à la première demande de la femme, qu'à la représentation des fruits existans, et il n'est point comptable de ceux qui ont été consommés jusqu'alors.

Art. 1579. — Si le mari a joui des biens paraphernaux malgré l'opposition constatée de la femme, il est comptable envers elle de tous les fruits tant existans que consommés.

Art. 1580. — Le mari qui jouit des biens paraphernaux est tenu de toutes les obligations de l'usufruitier.

Disposition particulière.

Article 1581. — En se soumettant au régime dotal, les époux peuvent néanmoins stipuler une société d'acquêts, et les effets de cette société sont réglés comme il est dit aux articles 1498 et 1499.

TITRE VI.

De la vente.

Le PREMIER CONSUL a nommé, pour présenter la loi formant le Titre VI du Code civil, et pour en soutenir la discussion, les citoyens *Portalis*, *Fleurieu* et *Dauchy*, Conseillers d'État.

Introduits dans la salle du Corps-Législatif, le 7 ventose an 12; l'un d'eux, portant la parole, a prononcé le discours suivant.

CITOYENS LÉGISLATEURS,

Nous vous apportons un projet de loi sur le contrat de vente. Ce projet est divisé en huit chapitres.

Dans le premier on s'est occupé de la nature et de la forme de la vente.

Le deuxième déclare quelles sont les personnes qui peuvent acheter ou vendre.

Le troisième est relatif aux choses qui peuvent être vendues.

Dans les quatrième et cinquième on détermine les obligations du vendeur et celles de l'acheteur.

On s'est occupé dans le sixième de la nullité et de la résolution de la vente.

Le septième a pour objet la licitation.

Le transport des créances et autres droits incorporels, est la matière du huitième et dernier chapitre.

Tel est le plan général du projet de loi.

CHAPITRE PREMIER.

De la nature et de la forme du contrat de vente.

Les hommes ont des besoins réciproques : de-là naissent les relations commerciales entre les nations diverses, et entre les individus de la même nation.

D'abord on ne connut pas l'usage de la monnaie; on ne trafiqua que par échange : c'est l'unique commerce des peuples naissans.

L'expérience découvrit bientôt les embarras, et démontra l'insuffisance de ce genre de commerce; car il arrivait souvent qu'un individu qui avait besoin des marchandises d'un autre, n'avait pas celles que celui-ci désirait acquérir lui-même. Deux personnes qui traitaient ensemble, ne savaient comment se rapprocher, ni comment solder leurs comptes respectifs. Les difficultés que l'on rencontrait dans les communications entre particuliers, existaient également dans les communications entre les différens peuples; elles opposaient des obstacles journaliers à toutes les spéculations et à toutes les entreprises.

Les nations, éclairées par la nécessité, établirent une monnaie, c'est-à-dire, un signe de toutes les valeurs; avec ce signe, les opérations devinrent moins compliquées et plus rapides; ceux qui prenaient plus de marchandises qu'ils ne pouvaient en donner, se soldaient ou payaient l'excédent avec de l'argent. Dans ce nouvel ordre de choses, on procéda presque toujours par vente et par achat.

Quand on connaît l'origine du contrat de vente, on connaît sa nature.

La vente est un contrat, par lequel *l'un s'oblige à livrer une chose, et l'autre à la payer.*

Considérés dans leur substance, les contrats appartiennent au droit naturel; et en tout ce qui regarde leur forme, ils appartiennent au droit civil; en matière de vente, comme en toute autre matière, c'est le consentement, c'est la foi qui fait le con-

C c 2

trat; conséquemment il existe une véritable vente, dès que les parties sont d'accord sur la chose et le prix.

Mais comment doit-il conster de cet accord, pour qu'il puisse devenir obligatoire aux yeux de la société? Ici commence l'empire de la loi civile.

Les jurisconsultes romains, plus frappés de ce qui tient à la substance du contrat, que de ce qui peut garantir sa sûreté, pensaient qu'il était libre au vendeur et à l'acheteur de traiter par parole ou par écrit.

Parmi nous, il a été un temps où l'on avait presque perdu jusqu'au souvenir de l'usage de l'écriture. Dans ce temps on avait proclamé cet adage, qui nous a été conservé par quelques anciens coutumiers : *Témoins passent lettres.* On était gouverné par des usages ou des traditions, plutôt que par des lois. Des paroles fugitives, recueillies par quelque affidé ou quelque voisin, faisaient toute la sûreté des contrats.

Les choses changèrent, quand l'instruction reparut. On vit s'établir cette autre maxime : *Lettres passent témoins.*

L'ordonnance de Moulins et celle de 1667, prohibaient d'admettre la preuve par témoins en matière de contrats, à moins qu'il n'y eût un commencement de preuve par écrit, ou qu'il ne fût question d'une valeur infiniment modique. La vente ne fut pas distinguée des autres conventions.

Le projet de loi consacre à cet égard les principes existans.

Quand on parle de l'usage de l'écriture, relativement aux différens actes, il faut distinguer les cas. Ordinairement, l'écriture est exigée comme simple preuve de l'acte qu'il s'agit de constater. Quelquefois elle est exigée comme une forme nécessaire à la solennité même de l'acte. Dans ce second cas, l'écriture ne peut être suppléée. L'acte est nul, s'il n'est pas rédigé par écrit, et dans la forme prescrite par la loi. Mais dans le premier cas, l'écriture n'étant exigée que comme une simple preuve, la seule absence de l'écriture n'opère pas la nullité d'un acte dont il consterait d'ailleurs par d'autres preuves équivalentes et capables de rassurer le juge.

L'ordonnance des *Donations* voulait que toute donation entre-vifs fût rédigée par contrat public, à peine de nullité. Il est évident que dans cette espèce de contrat, l'écriture n'était pas simplement exigée pour la preuve de l'acte, mais pour sa solennité et sa validité, *non tantùm ad probationem, sed ad solemnitatem.*

Quelques jurisconsultes, et entre autres l'auteur du *Traité des assurances*, enseignent que, dans le système de l'ordonnance de la marine, l'écriture est exigée comme une forme essentielle au contrat d'assurance (1).

Dans la vente et dans les autres contrats ordinaires, l'écriture n'est exigée que comme preuve, *tantùm ad probationem.* Ainsi, une vente ne sera pas nulle, par cela seul qu'elle n'aura pas été rédigée par écrit. Elle aura tout son effet, s'il conste d'ailleurs de son existence. Il sera seulement vrai de dire, comme à l'égard des autres conventions, que la preuve par témoins n'en doit point être admise, s'il n'y a des commencemens de preuve par écrit.

L'écriture n'étant exigée dans la vente que pour la preuve de l'acte, le projet de loi laisse aux parties contractantes la liberté de faire leurs accords par acte *authentique ou sous seing privé.*

Il est de principe, que l'on n'est pas moins lié par un acte que l'on rédige et que l'on signe soi-même, que par ceux qui se font en présence d'un officier public. Les derniers sont revêtus de plus d'authenticité; mais l'engagement que l'on contracte par les premiers, n'est pas moins inviolable.

Deux parties, en traitant ensemble sous seing privé, peuvent s'obliger à passer un contrat public à la première réquisition de l'une d'elles. L'acte sous seing privé n'est pas pour cela un simple projet; on promet seulement d'y ajouter une forme plus authentique; mais le fond du contrat demeure toujours indépendant de cette forme. On peut réaliser ou ne pas réaliser le vœu que l'on a exprimé de donner une plus grande publicité à la convention, sans que la substance des engagemens pris puisse en être altérée.

_____

(1) Émérigon, *Traité des assurances,* p. 26.

On a jugé constamment qu'une vente sous seing privé était obligatoire, quoique dans l'acte on se fût réservé de faire rédiger ses accords en acte public, et que cette réserve n'eût jamais été réalisée. Toutes les fois qu'en pareil cas une partie a voulu se soustraire à ses engagemens, elle a toujours été condamnée à les exécuter.

La rédaction d'une vente privée en contrat public, ne peut être réputée essentielle, qu'autant qu'il aurait été déclaré par les parties, que jusqu'à cette rédaction, leur premier acte demeurerait aux termes d'un simple projet.

On décide, dans le projet de loi, que la vente en général est *parfaite, quoique la chose vendue n'ait pas encore été livrée, et que le prix n'ait point été payé.*

Dans les premiers âges, il fallait *tradition et occupation corporelle* pour consommer un transport de propriété. Nous trouvons dans la jurisprudence romaine une multitude de règles et de subtilités qui dérivent de ces premières idées.

Nous citerons entre autres cette maxime : *Traditionibus et non pactis dominia rerum transferuntur.*

Dans les principes de notre droit français, le contrat suffit, et ces principes sont à-la-fois plus conformes à la raison et plus favorables à la société.

Distinguons le contrat en lui-même d'avec son exécution. Le contrat en lui-même est formé par la volonté des contractans. L'exécution suppose le contrat; mais elle n'est pas le contrat même.

On est libre de prendre un engagement ou de ne pas le prendre; mais on n'est pas libre de l'exécuter ou de ne pas l'exécuter quand on l'a pris. Le premier devoir de toute personne qui s'engage, est d'observer les pactes qu'elle a consentis, et d'être fidèle à la foi promise.

Dans la vente, la délivrance de la chose vendue et le paiement du prix sont des actes qui viennent en exécution du contrat, qui en sont une conséquence nécessaire, qui en dérivent comme l'effet dérive de sa cause, et qui ne doivent pas être confondus avec le contrat.

L'engagement est consommé dès que la foi est donnée ; il serait absurde que l'on fût autorisé à éluder ses obligations en ne les exécutant pas.

Le système du droit français est donc plus raisonnable que celui du droit romain ; il a sa base dans les rapports de moralité qui doivent exister entre les hommes.

Ce système est encore plus favorable au commerce. Il rend possible ce qui ne le serait souvent pas, si la tradition matérielle d'une chose vendue était nécessaire pour consommer la vente. Par la seule expression de notre volonté, nous acquérons pour nous - mêmes, et nous transportons à autrui les choses qui peuvent être l'objet de nos conventions. Il s'opère, par le contrat, une sorte de tradition civile qui consomme le transport du droit, et qui nous donne action pour forcer la tradition réelle de la chose et le paiement du prix. Ainsi, la volonté de l'homme, aidée de toute la puissance de la loi, franchit toutes les distances, surmonte tous les obstacles, et devient présente par-tout comme la loi même.

La règle que la vente est parfaite, bien que la chose vendue ne soit point encore livrée, et que le prix n'ait point encore été payé, ne s'applique qu'aux ventes pures et simples, et non aux ventes conditionnelles ou subordonnées à quelque événement particulier. Il faut alors se diriger d'après la nature des conditions stipulées, et d'après les principes qui ont été établis à cet égard sur les conventions en général.

Nous avons dit qu'il est de l'essence du contrat de vente que les parties soient d'accord sur la chose et sur le prix ; mais comment cet accord pourrait-il exister, s'il n'était intervenu sur une chose déterminée et sur un prix certain ?

La nécessité de stipuler un prix certain n'empêche pourtant pas qu'on ne puisse s'en rapporter à un tiers pour la fixation de ce prix. Mais la vente est nulle, si ce tiers refuse la mission qu'on lui donne, ou s'il meurt avant de l'avoir remplie. Une des parties ne pourrait exiger qu'il fût remplacé par un autre.

On dira peut-être que le prix n'est pas certain quand on s'en rapporte à un tiers pour le fixer. Mais les parties contractantes peuvent convenir de tels pactes que bon leur semble, pourvu que ces pactes ne soient contraires ni à l'ordre public ni aux bonnes mœurs. Sans doute, un prix, dont la fixation est soumise à l'arbitrage d'un tiers, n'est point encore certain; mais il le deviendra après cette fixation, et la vente ne sera parfaite qu'autant que cette fixation aura eu lieu.

De la nécessité de s'accorder sur une chose déterminée, il suit que lorsque des marchandises ne sont pas vendues en bloc, mais au poids, au compte, ou à la mesure, la vente n'en est point parfaite, en ce sens que les choses vendues sont aux risques du vendeur jusqu'à ce qu'elles soient pesées, comptées ou mesurées. Mais l'acheteur peut en demander, ou la délivrance, ou des dommages-intérêts en cas d'inexécution de l'engagement; car il y a au moins une obligation précise de vendre.

A l'égard du *vin*, de l'*huile*, et des autres choses que l'on est dans l'usage de goûter avant d'en faire l'achat, il n'y a pas de vente tant que l'acheteur ne les a pas goûtées et agréées, parce que, jusqu'à cette époque, il n'y a pas même un véritable consentement de sa part.

La vente faite à l'essai est toujours présumée faite *sous une condition suspensive.*

La promesse de vendre vaut vente lorsqu'il y a consentement réciproque des deux parties sur la chose et le prix.

On trouve effectivement, en pareil cas, tout ce qui est de la substance du *contrat de vente* (1).

Dans l'usage, on traite quelquefois en donnant et en recevant des arrhes. Si les arrhes tiennent à une convention qui en détermine l'effet, il faut suivre exactement cette convention. S'il n'y a point de convention expresse, alors, faute d'exécution du contrat de la part de l'acheteur, les arrhes sont perdues pour lui: et, faute d'exécution de la part du vendeur, celui-ci est tenu de rendre à l'acheteur le double des arrhes qu'il a reçues.

Il est de droit commun et général que les *frais d'acte et au-*

_____

(1) Cochin, tom. VI, pag. 160.

tres frais accessoires à la vente, sont à la charge de l'ache-
teur.

CHAPITRE II.

Qui peut acheter ou vendre.

Après avoir déterminé la nature et la forme du contrat de
vente, on s'est occupé de ceux qui peuvent vendre et acheter.

En thèse, la faculté de vendre et d'acheter appartient à tous
ceux auxquels la loi ne l'interdit pas.

Le projet soumis à votre examen, restreint cette faculté entre époux. On a craint, avec raison, l'abus que le mari peut
faire de son autorité, et celui qui aurait sa source dans l'influence que la femme peut se ménager par les douces affections
qu'elle inspire.

Ces motifs avaient déterminé la loi romaine, et la plupart
des coutumes, à prohiber les donations entre-vifs entre la femme
et le mari, hors du contrat de mariage. Entre personnes si inti-
mément unies, il serait bien à craindre que la vente ne mas-
quât presque toujours une donation.

De plus, le mari est chef de la société conjugale; il est l'administrateur des intérêts communs; la femme ne peut faire aucun acte sans son autorisation : pourrait-on se promettre que la
même personne sût concilier l'intérêt exclusif et personnel d'un
contractant avec la sage vigilance d'un protecteur ?

Il répugne que l'on puisse être à-la-fois juge et partie : *Nemo
potest esse auctor in re suâ.* Or, quand on autorise, on est juge,
et on est partie quand on traite. On peut, comme partie, chercher son bien propre et particulier; comme autorisant, on ne
doit travailler qu'au bien d'autrui.

Le projet de loi reconnaît pourtant qu'il est des circonstances dans lesquelles il est permis, entre époux, de vendre et
d'acheter. Ces circonstances sont celles où le contrat est fondé
sur une juste cause, et où il a moins le caractère d'une vente
proprement dite, que celui d'un paiement forcé ou d'un acte
d'administration.

Nous avons renouvelé la défense faite aux *tuteurs* , *manda-taires* , *administrateurs et officiers publics de se rendre adjudicataires par eux-mêmes* , *ou par personnes interposées* , des biens qui sont sous leur protection ou leur surveillance.

Les raisons de sureté et d'honnêteté publiques qui motivent ces défenses , sont trop évidentes pour qu'il soit nécessaire de les développer.

Dans l'ancienne Rome , les Gouverneurs ne pouvaient rien acquérir dans l'étendue de leur gouvernement , et les magistrats ne pouvaient rien acquérir dans le ressort de leur jurisdiction. On voulait écarter d'eux jusqu'au soupçon de mêler des vues d'intérêt privé avec les grands intérêts publics confiés à leur sollicitude.

Une novelle de *Valentinien* vient adoucir la rigueur de cette législation ; et cette novelle , d'après le témoignage de Cujas , a formé le droit de la France.

Mais une foule d'arrêts , intervenus en forme de réglemens , ont constamment prononcé la nullité des adjudications faites à des juges et à des administrateurs chargés , par état , de la surveillance des biens adjugés. Si l'on a cru que la condition des officiers publics ne doit pas être pire que celle des citoyens ordinaires dans les choses étrangères au fait de leur magistrature ou de leur administration , on a pensé aussi que le *titre public* de leur charge les soumet à de plus grandes précautions que les *personnes privées* , pour les mettre à couvert du soupçon d'abuser de leur autorité dans les occasions où ils ne peuvent et ne doivent se montrer que comme administrateurs ou comme magistrats.

Les ordonnances ont toujours prohibé aux juges , à tous ceux qui exercent quelques fonctions de justice , ou quelque ministère près les tribunaux , de *se rendre cessionnaires d'actions et de droits litigieux qui sont ou peuvent être portés devant le tribunal dans le ressort duquel ils exercent leurs fonctions , à peine de nullité* , *dépens* , *dommages et intérêts.*

Cette disposition est rappelée par le projet de loi ; elle est la sauve-garde des justiciables.

Un juge est établi pour terminer les contestations des parties et non pour en trafiquer. Il ne peut et il ne doit intervenir entre les citoyens que comme ministre des lois, et non comme l'agent des intérêts, de la haine et des passions des hommes. S'il descend honteusement de son tribunal, s'il abandonne le sacerdoce auguste qu'il exerce pour échanger sa qualité d'officier de justice contre celle d'acheteur d'actions, il avilit le caractère honorable dont il est revêtu ; il menace, par le scandale de ses procédés hostiles et intéressés, les familles qu'il ne doit que rassurer par ses lumières et ses vertus ; il cesse d'être magistrat : il n'est plus qu'oppresseur.

La prohibition faite aux juges d'acheter des actions litigieuses n'est donc qu'une conséquence nécessaire des principes religieux qui veillent sur la sainteté de leur ministère. Il importe à la société que ceux par qui la justice doit être rendue, puissent être respectés comme s'ils étaient la justice même.

CHAPITRE III.

Des choses qui peuvent être vendues.

Toutes les choses qui s'offrent à nous sont, ou commerçables, ou hors de commerce.

Parmi les choses qui sont hors du commerce, il faut d'abord ranger celles qui ont été destinées par la providence à demeurer communes, et qui ne pourraient cesser de l'être, sans cesser d'être ce qu'elles sont. Ces choses ne sont point susceptibles de devenir l'objet d'une propriété particulière, et ne peuvent appartenir, à titre de domaine proprement dit, à qui que ce soit, pas même à l'Etat, qui, selon le langage des jurisconsultes, n'en a que la simple *tuition*, et qui ne doit que garantir et protéger leur destination naturelle.

La seconde classe des choses qui sont hors de commerce, embrasse toutes celles qui sont actuellement consacrées à des usages publics, et qui par cela seul n'appartiennent à personne.

Toutes ces choses ne peuvent devenir l'objet d'une vente.

Il est encore des biens qui, quoique possédés à titre de domaine proprement dit, ne sont point dans le commerce, parce que la loi défend de les aliéner.

De-là vient que le projet de loi, en déclarant que *tout ce qui est dans le commerce, peut être vendu*, ajoute : *lorsque des lois particulières n'en ont pas prohibé l'aliénation.*

On ne peut sciemment acheter ni vendre la chose d'autrui : nous avons écarté à cet égard toutes les subtilités du droit romain. L'acte par lequel nous disposons de ce qui ne nous appartient pas, ne saurait être obligatoire, si l'acquéreur n'ignore pas le vice de la chose vendue ; car dès-lors, cet acquéreur n'ignore pas qu'on ne peut céder ni transporter à autrui, un droit qu'on n'a pas soi-même ; et il est contre toute raison et contre tous principes, que deux parties puissent, avec connaissance de cause, disposer d'une propriété qui appartient à un tiers, à l'insu duquel elles traitent.

Les lois romaines proscrivaient la vente de la succession d'une personne vivante ; la jurisprudence française s'était conformée à la disposition des lois romaines : nous avons cru qu'il importait de conserver une maxime essentielle aux bonnes mœurs, et dictée par l'humanité même.

Il est sans doute permis de traiter sur des choses incertaines, de vendre et d'acheter de simples espérances ; mais il faut que les incertitudes et les espérances qui sont la matière du contrat, ne soient contraires, ni aux sentimens de la nature, ni aux principes de l'honnêteté.

Nous savons qu'il est des contrées où les idées de la saine morale ont été tellement obscurcies et étouffées par un vil esprit de commerce, qu'on y autorise les assurances sur la vie des hommes (1).

Mais en France, de pareilles conventions ont toujours été prohibées. Nous en avons la preuve dans l'ordonnance de la ma-

---

(1) En Angleterre, par exemple. Voy. EMÉRIGON, *Traité des assurances.*

tine de 1681, qui n'a fait que renouveler des défences antérieures.

L'homme est hors de prix : sa vie ne saurait être un objet de
commerce; sa mort ne peut devenir la matière d'une spéculation mercantile.

Ces espèces de pactes sur la vie ou sur la mort d'un homme,
sont odieux, et ils peuvent n'être pas sans danger. La cupidité
qui spécule sur les jours d'un citoyen, est souvent bien voisine
du crime qui peut les abréger.

La vente de la succession d'une personne vivante, est un contrat éventuel sur la vie de cette personne. Elle a donc tous les
vices, tous les dangers qui ont fait proscrire le contrat d'assurance sur la vie des hommes : elle en a de plus grands encore;
elle nous offre le spectacle affligeant d'un parent, d'un proche
assez dénaturé pour consulter, avec une sombre et avide curiosité, le livre obscur des destinées, pour fonder de honteuses
combinaisons sur les tristes calculs d'une prescience criminelle,
et, je ne crains pas de le dire, pour oser entr'ouvrir la tombe
sous les pas d'un parent, d'un bienfaiteur peut-être.

Une chose ne pouvant être vendue qu'autant qu'elle existe,
la vente est nulle, si, au moment du contrat, la chose vendue
n'existe plus. S'il en reste quelque partie, l'acquéreur a le choix
de renoncer à la vente, ou de réclamer la partie conservée, ou
d'en faire déterminer le prix.

CHAPITRES IV et V.

Des obligations du vendeur et de l'acheteur.

Nous arrivons aux obligations qui naissent du contrat de
vente.

Les deux principales obligations du vendeur, sont de délivrer
la chose vendue, et de la garantir.

Le projet de loi détermine le mode de délivrance, selon la
nature des choses mobilières ou immobilières, corporelles ou
incorporelles, qu'il s'agit de délivrer. Il fixe les droits de l'ac-

quéreur, dans les cas où le vendeur est en demeure de faire la délivrance. Il déclare que, dans ces cas, l'acquéreur a le choix de demander la résolution de la vente, ou la mise en possession de la chose vendue, avec dommages et intérêts pour le préjudice qu'il a souffert.

Le vendeur n'est point réputé en demeure de faire la délivrance, si l'acquéreur est en demeure de payer le prix, ou si depuis la vente, il est tombé en faillite, ou dans un état de décadence qui puisse sérieusement menacer la sureté du vendeur.

La chose vendue doit être délivrée en l'état où elle se trouve au moment de la vente et avec tous ses accessoires. On range dans la classe des accessoires, tout ce qui était destiné d'une manière permanente à l'usage de la chose.

On distingue, dans les ventes d'immeubles, faites avec déclaration de contenance, l'hypothèse où l'on a fixé le résultat de cette contenance à un nombre déterminé de mesures, en distribuant proportionnellement le prix sur chaque mesure, d'avec celle où la déclaration de contenance se trouve liée à la vente d'un ou de plusieurs corps certains, séparés ou unis, avec stipulation d'un prix général pour le tout.

Dans la première hypothèse, il peut arriver, de deux choses l'une, ou qu'il y ait un déficit dans la contenance déclarée, ou qu'il y ait un excédent. Y a-t-il un déficit ? l'acquéreur peut exiger que le vendeur complète la contenance portée par le contrat, ou se contenter d'une diminution proportionnelle dans le prix. Ce dernier parti est même forcé, si le vendeur est dans l'impossibilité de remplir la contenance annoncée. Y a-t-il un excédent ? cet excédent est-il d'un vingtième au-dessus de la contenance déclarée ? l'acquéreur a le choix de fournir le supplément du prix, ou de se désister de son achat.

Dans l'hypothèse, au contraire, où la déclaration de contenance se trouve liée à la vente d'un ou de plusieurs corps certains, séparés ou unis, avec stipulation d'un prix général pour le tout, cette déclaration ne donne lieu à aucun supplément de prix en faveur du vendeur, pour l'excédent de contenance, ni, en faveur de l'acquéreur, à aucune diminution de prix, sous prétexte d'un *déficit*; à moins que le *déficit* ou l'excédent ne soit d'un vingtième en plus ou en moins, eu égard à la valeur totale des objets vendus.

Il était essentiel de fixer d'une manière uiniforme, le degré d'importance que doit avoir l'*excédent* ou le *déficit* de contenance, pour fonder les droits respectifs du vendeur et de l'acquéreur. Les coutumes variaient sur ce point : nous avons opté pour l'usage le plus universel.

Nous avons déclaré que, dans les occurrences dont nous venons de parler, l'action en résiliation ou en supplément de prix, ne doit durer qu'une année. Ce temps est suffisant pour reconnaître une erreur dont la vérification est possible à chaque instant. Un terme plus long jeterait trop d'inexactitude dans les affaires de la vie.

Indépendamment de l'obligation de délivrer fidèlement la chose vendue, le vendeur doit la garantir.

Cette garantie a deux objets : le premier, d'assurer à l'acquéreur la paisible possession de la chose vendue; le deuxième, de lui répondre des défauts cachés, ou des vices qui donnent lieu à l'action redhibitoire.

La garantie est de droit; elle dérive de la nature même du contrat de vente, mais on peut convenir que le vendeur n'y sera point soumis : car il ne s'agit ici que d'un intérêt privé, et en matière d'intérêt privé, chacun peut renoncer à son droit.

Nous avons pourtant prévu le cas où l'événement qui ouvrirait l'action en *garantie*, aurait sa source dans le propre fait du vendeur. Nous avons pensé avec tous les jurisconsultes que, dans un pareil cas, le pacte portant dispense de toute garantie, ne pourrait être appliqué, et que même si l'on stipulait que le vendeur ne serait pas tenu de répondre de son propre fait, une telle stipulation serait évidemment nulle, comme contraire à la justice naturelle et aux bonnes mœurs.

Le projet de loi détermine l'étendue de la garantie, soit en cas d'éviction, soit en cas de défauts ou de vices cachés dans la chose vendue. Nous n'entrerons point à cet égard dans des détails inutiles ; on se convaincra, par la seule lecture du projet, qu'il ne fait que rappeler des maximes consacrées par la jurisprudence de tous les temps, et liées aux principes de l'éternelle équité.

Si les principales obligations du vendeur sont de délivrer la chose vendue, et de la garantir, la principale obligation de l'acquéreur est de payer le prix.

L'acquéreur ne peut suspendre ce paiement, qu'autant qu'il serait en péril d'être évincé. Un tel danger l'autorise à garder le prix, ou à exiger une caution suffisante et solvable.

Si l'acquéreur est en demeure de satisfaire à ses engagemens, le vendeur est fondé à demander la résolution de la vente.

Cette résolution doit être prononcée sans hésitation dans le cas où le vendeur court le risque de perdre la chose et le prix ; un tel risque n'existant pas, le juge peut accorder à l'acquéreur un délai raisonnable pour se libérer. Une excessive rigueur dans l'administration de la justice aurait tous les caractères d'une tyrannique oppression : *Summum jus, summa injuria.* Le bien se trouve entre deux limites ; il finit toujours où l'excès commence.

Quelquefois on convient que la vente sera résolue de plein droit, si l'acquéreur ne paye le prix dans un délai déterminé. On demande si, dans une telle situation, l'acquéreur peut utilement, après le délai, satisfaire à ses obligations ? L'affirmative est incontestable, tant que cet acquéreur n'a pas été mis en demeure par une sommation. Dira-t-on qu'il était suffisamment averti par le contrat ? Mais la rigueur du contrat pouvait être adoucie par la volonté de l'homme ; le silence du vendeur fait présumer son indulgence : une sommation positive peut seule empêcher ou détruire cette présomption.

Quand cette sommation a été faite, si l'acquéreur ne paie pas, le juge ne peut plus accorder de délai. Un délai accordé par le juge en pareille circonstance, serait une infraction manifeste du contrat. L'équité du juge ne peut intervenir que quand la circonstance du non-paiement dans le temps convenu n'a pas

été

été formellement présentée dans le contrat comme résolutoire de la vente ; car alors il reste quelque latitude à cette équité.

Ce que nous venons de dire n'est relatif qu'à des ventes d'immeubles. S'il s'agit de denrées et d'effets mobiliers, la vente sera résolue de plein droit et sans sommation préalable au profit du vendeur, après le délai dans lequel il était convenu que l'acheteur retirerait la chose vendue et en paierait le prix.

Les raisons de différence entre les ventes d'immeubles et les ventes de denrées et d'effets mobiliers, sont sensibles. Les denrées et les effets mobiliers ne circulent pas toujours dans le commerce avec le même avantage ; il y a une si grande variation dans le prix de ces objets, que le moindre retard peut souvent occasionner un préjudice irréparable ; les immeubles n'offrent pas les mêmes inconvéniens.

En développant les règles générales sur les obligations respectives du vendeur et de l'acheteur, nous n'avons rappelé que les principes qui appartiennent au droit commun, et qui ont été adoptés par les lois civiles de toutes les nations policées : mais nous n'avons pas laissé oublier que les règles générales du droit qui ont été posées, peuvent être modifiées de mille manières par les conventions des parties. Le contrat est la véritable loi qu'il faut suivre, à moins que les pactes qu'il renferme ne soient vicieux en eux-mêmes, ou dans leurs rapports avec la police de l'Etat. Quand le contrat est clair, il faut en respecter la lettre ; s'il y a de l'obscurité et du doute, il faut opter pour ce qui parait le plus conforme à l'intention des contractans : les pactes dans lesquels cette intention n'est pas facile à découvrir, doivent être interprétés contre le vendeur, parce qu'il dépendait de lui d'exprimer plus clairement sa volonté.

CHAPITRE VI.

De la nullité et de la résolution de la vente.

L'ordre naturel des idées nous a conduits à l'examen des moyens et des causes qui peuvent opérer la nullité ou la dissolution du contrat de vente : nous n'avons pas dû rappeler les règles communes à tous les contrats, et qui ont été exposées dans des projets de loi que vous avez sanctionnés : nous nous sommes attachés à celles qui sont particulières au contrat de vente.

Il a toujours été permis de stipuler dans une vente la faculté de rachat : cette faculté consiste dans la réserve que se fait le vendeur de reprendre la chose vendue, moyennant la restitution du prix, et le remboursement de tout ce qui est de droit.

Par l'exercice de cette faculté, la vente est résolue ou annullée.

Nous avons cru, d'après l'ancienne jurisprudence, devoir autoriser la stipulation de la faculté de rachat. Ce pacte offre au citoyen ou au père de famille malheureux, des ressources dont il ne serait pas juste de le dépouiller : avec la liberté de se réserver le rachat, on peut vendre pour se ménager un secours, sans perdre l'espérance de rentrer dans sa propriété.

Mais autrefois, la faculté de rachat pouvait être stipulée pour un temps très-long, et même pour un temps illimité : quand on la stipulait pour un temps illimité, elle n'était prescriptible que par le laps de trente ans.

Dans le projet de loi, on limite à cinq ans l'action en rachat ; on ne permet pas de stipuler la durée de cette action pendant un plus long terme.

Le bien public ne comporte pas que l'on prolonge trop une incertitude qui ne peut que nuire à la culture et au commerce.

Dans l'ancien régime, on distinguait, en matière de rachat, la prescription légale d'avec la prescription conventionnelle. La prescription légale se vérifiait lorsque la faculté de rachat, stipulée pour un temps illimité, n'était prescrite que par le laps de trente ans. La prescription conventionnelle se vérifiait, lorsque la faculté de rachat ayant été stipulée pendant un temps convenu entre les parties, le vendeur avait laissé passer ce temps, sans exercer son droit. On pensait que, dans l'hypothèse de la prescription légale, l'action en rachat était éteinte par la seule

force de cette prescription; mais que dans le cas de la prescription conventionnelle, il était nécessaire que l'acquéreur obtînt
contre le vendeur ou ses ayant-cause un jugement de déchéance.

Cette distinction ne nous a offert qu'une vaine subtilité.
Est-il nécessaire de faire déchoir un vendeur d'une action qui
n'existe plus? Cette action, dont la durée avait été déterminée
par le contrat, peut-elle se survivre à elle-même? Pourquoi vouloir qu'une partie soit obligée de rapporter un jugement, quand
la sureté est pleinement garantie par la convention?

Le projet de loi décide que l'action en rachat est éteinte de
plein droit après le délai convenu, qui ne peut excéder cinq
années.

Le temps de cinq années court contre toute personne, même
contre le mineur, sauf à ce dernier à exercer son recours contre
qui de droit. Nous devons encore faire remarquer ici une différence entre l'ancienne jurisprudence et le projet de loi. L'ancienne jurisprudence, en distinguant la prescription légale d'avec
la prescription conventionnelle, établissait, que quand le rachat
ne s'éteignait que par la prescription légale, cette prescription
ne courait pas contre les mineurs, et que le mineur ne pouvait
être frappé que par la prescription conventionnelle.

Il nous a paru que, dans tous les cas, la prescription, soit légale, soit conventionnelle, doit courir contre toute personne sans
exception.

D'abord, cette règle ne peut être douteuse dans aucun système,
quand il s'agit de la prescription conventionnelle; car, dans ce
cas, il s'agit de l'exécution d'un pacte : or, les pactes ne peuvent
être que le résultat et l'ouvrage de la volonté. Il serait donc
absurde qu'un acquéreur se trouvât soumis, par un événement
étranger au contrat, à une prorogation qu'il n'aurait ni voulue,
ni consentie. Quant à la prescription légale, elle serait acquise,
dans le système du projet de loi, par le laps de cinq ans, puisque, par ce projet, l'action en rachat ne peut avoir une plus
longue durée. Or, une prescription de cinq ans, est une prescription abrégée, qui ne saurait être régie comme les prescriptions
ordinaires.

Dans les prescriptions ordinaires, les lois ont plus en vue l'intérêt du propriétaire dépouillé, que celui d'un simple possesseur ou d'un usurpateur ambitieux. De-là vient qu'elles admettent, avec une grande faveur, dans ces sortes de prescriptions, tout ce qui peut en interrompre le cours.

Dans les prescriptions abrégées, les lois, par quelques considérations majeures d'utilité publique, ont plus en vue l'intérêt de celui qui peut s'aider de la prescription, que l'intérêt de la personne à laquelle la prescription peut être opposée. De-là les mineurs mêmes sont frappés par les prescriptions abrégées, parce que les motifs de bien public qui ont fait réduire ces prescriptions à un moindre temps, luttent toujours avec avantage pour les personnes que les lois se proposent de secourir et de protéger.

Le projet de loi, après avoir déterminé la durée de l'action en rachat, rappelle quelques règles connues sur la manière d'exercer cette action, et sur les obligations respectives du vendeur qui rentre dans sa propriété, et de l'acquéreur qui s'en dessaisit.

Une question vraiment importante s'est élevée. Doit-on admettre la rescision du contrat de vente pour cause de lésion ?

La loi II, au Code, *de rescindenda venditione*, admet cette rescision, lorsque la lésion est *d'outre-moitié du juste prix*.

Cette loi avait était adoptée en France, tant dans les pays de coutume, que dans les pays de droit écrit.

L'introduction du papier-monnaie pendant la révolution, eut une telle influence sur les opérations commerciales, et produisit une si grande mobilité dans la valeur relative de toutes-choses, que l'action rescisoire pour cause de lésion parut incompatible avec les circonstances dans lesquelles on vivait.

Les affaires prenant ensuite un cours plus réglé, on proposa de rétablir l'action rescisoire. Il y eut quelque diversité d'avis. On renvoya à statuer sur cet objet, lorsqu'on s'occuperait de la rédaction d'un Code civil.

Le moment est arrivé ; et il s'agit aujourd'hui de savoir si l'action rescisoire pour cause de lésion, sera ou ne sera pas consacrée par notre législation civile.

En France, nos jurisconsultes ont été uniformes jusqu'ici sur la justice de cette action. Quelques auteurs étrangers, et entre autres des docteurs allemands, ont publié une doctrine contraire à celle de nos jurisconsultes. Parmi ces auteurs, il en est qui attaquent le principe même de l'action rescisoire, et qui soutiennent que la lésion, quelque énorme qu'elle soit, ne peut donner lieu à la rescision du contrat de vente. D'autres reconnaissent que le principe sur lequel on fonde l'action rescisoire est bon en soi, mais qu'il ne peut être réalisé dans la pratique, sans entraîner des dangers et des abus de toute espèce.

Quelques-uns, avec plus de succès que de lumières, ont cherché à établir que la loi II, au Code, *de rescindenda venditione*, sur laquelle repose tout le système de l'action rescisoire, pour cause de lésion, n'est pas l'ouvrage des empereurs auxquels on l'attribue; que ce texte se trouve en contradiction avec toutes les lois romaines, publiées dans le temps de la république, et avec d'autres lois faites par les empereurs même que l'on suppose auteurs de la loi dont il s'agit.

Nous avons examiné la question sous les différens points de vue qu'elle présente.

D'abord nous avons écarté toutes les discussions de date et de chronologie. Quelle est la véritable époque de la promulgation de la loi II, au Code, *de rescindenda venditione*? Par quel prince a-t-elle été promulguée? Existe-t-il des lois contraires dans la vaste compilation du Droit romain? Dans ce moment, toutes ces recherches sont plus curieuses qu'utiles. Nous savons que la loi II, au Code, *de rescindenda venditione*, est dans le recueil de *Justinien*, et qu'elle a été constamment suivie et respectée parmi nous et dans presque tous les états de l'Europe. Quel poids peuvent donc avoir des dissertations obscures et uniquement relatives à la date de cette loi, lorsque tant de siècles et tant de peuples ont rendu si solennellement hommage à la sagesse de ses dispositions?

Dire que, dans les temps florissans de la république, on ne connaissait point à Rome l'action rescisoire pour cause de lésion, c'est proposer une observation inconcluante. Les lois n'ont été faites que successivement, selon les besoins et les circonstances. L'orateur romain remarque qu'il fut un temps où il n'existait aucune loi contre le parricide. Une loi naît ordinairement d'un abus qui se manifeste, et qu'il importe à la société de réprimer. Tant que les mœurs gouvernent, on a peu de lois. Les codes des nations se développent et s'étendent à mesure qu'on sent davantage le besoin de faire des lois pour corriger les mœurs. On a établi des lois contre le péculat, quand la fréquence de ce crime les a provoquées. On a vraisemblablement établi l'action rescisoire, quand des surprises ou des fraudes jusques-là inouïes ont averti le législateur qu'il était temps de ramener la bonne foi dans les ventes et les achats. Ainsi, il serait absurde de chercher un préjugé contre la loi II, du Code, *de rescindenda venditione*, dans l'époque plus ou moins ancienne à laquelle cette loi peut avoir été publiée. Ceux qui croient avoir fait une découverte chronologique, veulent tout rapporter à cette découverte, parce qu'on s'attache toujours fortement à ce que l'on sait le mieux. Mais le législateur et le jurisconsulte ont une tâche plus importante à remplir. Ils ne doivent pas se borner à recueillir et à concilier des textes épars; mais ils doivent choisir au milieu de toutes les idées et de toutes les maximes de législation qui ont été jetées dans le monde, celles qui se combinent le mieux avec les besoins de la société et le bonheur des hommes.

En conséquence, laissant à l'écart tout ce qui est étranger au fond des choses, nous avons uniquement pesé les principes qui pouvaient éclairer notre détermination.

Les auteurs qui attaquent l'action rescisoire, pour cause de lésion, jusques dans sa source, prétendent que le contrat fait tout; que les hommes ne doivent pas être admis à revenir contre leur propre fait; que la valeur des choses varie journellement; qu'elle n'est souvent relative qu'à la situation et à la convenance des personnes qui vendent et qui achètent; qu'il est impossible d'avoir une mesure fixe et commune; qu'il serait conséquemment déraisonnable de supposer et de chercher un *juste prix* autre que celui qui a été convenu entre contractans.

A Dieu ne plaise que nous veuillons affaiblir le respect qui est dû à la foi des contrats! Mais il est des règles de justice qui sont antérieures aux contrats même, et desquelles les contrats tirent leur principale force. Les idées du juste et de l'injuste ne sont pas l'unique résultat des conventions humaines; elles ont précédé ces conventions, et elles en doivent diriger les pactes. Dè-là les jurisconsultes romains, et après eux, toutes les nations policées, ont fondé la législation civile des contrats, sur les règles immuables de l'équité naturelle.

Or, quelles sont ces règles?

Déjà, citoyens Législateurs, vous les avez consacrées par vos suffrages.

Vous avez proclamé la maxime, qu'aucune obligation ne peut exister sans cause, qu'aucune obligation ne peut même exister sans une cause raisonnable et proportionnée. Quel est donc le sens, quelle est l'application de cette maxime?

Distinguons les contrats de bienfaisance, d'avec les contrats intéressés. Pour la validité des uns et des autres, il faut sans doute une cause; car la nécessité de la cause s'applique indéfiniment à toutes les obligations, à tous les contrats.

Pour ce qui concerne les contrats de bienfaisance, la cause se trouve suffisamment dans le sentiment qui les produit. On n'a pas voulu priver les hommes du doux commerce des bienfaits.

On peut examiner, relativement à ces sortes de contrats, si la cause est contraire aux bonnes mœurs, si elle est licite, ou si elle ne l'est pas; mais on ne peut jamais exciper du défaut de cause, parce que la cause d'un acte de bienfaisance est toujours dans la bienfaisance même.

Il en est autrement des contrats intéressés. La cause de ces sortes de contrats est, selon les jurisconsultes, l'intérêt ou l'avantage, qui est le motif et comme la raison d'un engagement.

Il y a donc à examiner si cet intérêt ou cet avantage est réel ou imaginaire; s'il est proportionné, c'est-à-dire, s'il y a un équilibre raisonnable entre ce que l'on donne et ce que l'on reçoit.

Dans un contrat de vente, la cause de l'engagement est, pour le vendeur, d'échanger une chose quelconque contre de l'argent; et pour l'acquéreur, d'échanger son argent contre la chose qu'on lui transporte. Ce contrat a été rangé dans la classe des contrats commutatifs. On définit le contrat commutatif, celui par lequel on donne une chose pour recevoir l'équivalent.

De-là vient le principe qu'il ne peut exister de vente proprement dite, sans la stipulation d'un prix; et, puisque le prix doit être l'équivalent de la chose vendue, il faut que ce prix réponde à la valeur de cette chose: s'il y a lésion, c'est-à-dire, s'il n'y a point d'équilibre entre la chose et le prix, le contrat se trouve sans cause, ou du moins sans une cause raisonnable et suffisante à l'egard de la partie.

Ainsi, l'action rescisoire pour cause de lésion, a son fondement dans les maximes communes à tous les contrats, et elle est une conséquence immédiate, une conséquence nécessaire de la nature particulière du contrat de vente.

Tout cela est bon en théorie, dit-on; mais comment connaître dans la pratique, que le prix stipulé dans un acte de vente, est équivalent à la chose vendue? Peut-on avoir une mesure connue et fixe? la situation respective des parties, leur convenance n'exigeraient-elles pas une mesure particulière pour chaque hypothèse, pour chaque contrat?

Pourquoi donc la convention ne serait-elle pas l'unique loi des parties, puisqu'elle est le plus sûr et même l'unique garant de leur désir et de leurs besoins réciproques?

La réponse à ces objections exige un certain développement.

En général, la valeur de chaque chose n'est que l'estimation de son utilité.

On appelle *prix*, la portion ou la somme d'argent qui, comparée à cette valeur, est réputée lui être équivalente.

On a toujours distingué le *juste prix* d'avec le prix conventionnel: on a eu raison, car le prix conventionnel et le juste prix diffèrent souvent l'un de l'autre.

Le prix conventionnel n'existe que par le fait même de la

convention ; il ne peut n'être que le résultat des rapports sin-
guliers qui rapprochent les contractans. Le *juste prix* est déterminé par des rapports plus étendus, qui ne tiennent pas
uniquement à la situation particulière dans laquelle deux contractans peuvent accidentellement le trouver.

Le prix conventionnel n'est que l'ouvrage des volontés privées
qui ont concouru à le fixer. Le *juste prix* est le résultat de l'o-
pinion commune.

Nous vivons en société. Tout ce qui forme la propriété parmi
les hommes réunis dans la même patrie, dans la même cité,
n'est pas tout-à-la-fois dans le commerce. Les métaux ou les
monnaies, qui sont les signes de la valeur des choses, ne circulent pas toujours en même quantité ; la concurrence des vendeurs et des acheteurs n'est pas constamment la même : tout
cela dépend de la situation et des besoins variables de ceux qui
se présentent pour vendre et pour acheter. Il est vrai néanmoins
que la situation et les besoins de tous les vendeurs et de tous
les acheteurs, ou du plus grand nombre, diffèrent peu, si on
considère les choses et les hommes dans le même temps, dans
le même lieu, et dans les mêmes circonstances : or, c'est de
cette espèce de conformité de situation et de besoins, que se
forme par l'opinion publique, une sorte de prix commun ou courant qui donne aux objets mobiliers ou immobiliers, une valeur à-peu-près certaine, tant que les mêmes circonstances
subsistent. De-là on voit journellement le prix des marchandises et des immeubles, annoncé dans les feuilles périodiques
de nos cités principales.

Il y a donc pour chaque chose, un juste prix qui est distinct
et indépendant du prix conventionnel. Le prix conventionnel
peut s'écarter, et s'écarte réellement du juste prix, quand la cupidité d'une part, et la nécessité de l'autre, deviennent la seule
balance des pactes, ou des accords arrêtés entre les parties qui
traitent ensemble.

On reconnaît si bien un juste prix indépendant du prix conventionnel, que l'on confronte tous les jours le prix conventionnel
avec le juste prix, pour savoir si un contrat, auquel on donne
le nom de contrat de vente, en a véritablement les caractères

et la nature. Ainsi, on juge par la vilité du prix stipulé dans un acte, que cet acte, présenté comme une vente, n'est qu'une donation déguisée. On juge encore par la vilité du prix que, sous la forme d'une vente faite avec faculté de rachat, on a voulu cacher un prêt sur gage. Enfin, c'est par la vilité du prix que l'on découvre si l'abandon d'un immeuble, sous la condition d'une rente viagère, présente un contrat onéreux ou une pure libéralité.

Or, si les lois présupposent l'existence d'un juste prix, indépendant du prix conventionnel, lorsqu'il s'agit de prononcer sur les questions que nous venons d'annoncer, comment pourrait-on méconnaître ce juste prix, quand il s'agit de lésion ? La lésion n'est-elle pas une injustice inconciliable avec les principes d'équité et de réciprocité qui doivent être l'ame de tous les contrats ? N'avons-nous pas démontré qu'elle choque l'essence même du contrat de vente ? Pourquoi donc voudrait-on renoncer à l'espoir de la découvrir et de la faire réparer ?

La lésion en soi est odieuse et illicite. Déjà l'action rescisoire, pour cause de lésion, est admise, dans notre Code civil, comme un moyen légal de restitution ; car la lésion simple fait restituer les mineurs, et la loi déclare qu'ils ne sont point restitués comme mineurs, mais comme lésés : *Non tanquam minor, sed tanquam læsus.*

Lorsque vous avez adopté la partie du Code qui concerne les successions, vous avez décrété, citoyens Législateurs, que la lésion du tiers au quart suffit pour faire rescinder un acte de partage passé entre majeurs.

En admettant, dans le projet de loi qui vous est aujourd'hui soumis, la lésion comme moyen de rescision contre le contrat de vente, nous n'avons donc fait qu'appliquer à ce contrat, un principe récemment et solennellement consacré par vos suffrages.

Les partisans du système contraire à celui du projet de loi, remarquent qu'il y a une très-grande différence entre un acte de partage et un contrat de vente ; qu'un acte de partage exige une égalité plus parfaite entre les parties ; que dans cette espèce d'acte, chacun doit exactement retirer ce qui lui appartient,

tandis que dans un contrat de vente les contractans se livrent
en quelque sorte à des spéculations purement volontaires, déterminées par le besoin ou par la convenance du moment : d'où
l'on conclut que des majeurs qui sont arbitres de leur fortune,
et qui doivent savoir ce qu'ils font, sont peu recevables à se
plaindre d'avoir été lésés. On ajoute que si l'action rescisoire,
pour cause de lésion, pouvait être admise en matière de vente,
il arriverait souvent que l'on viendrait au secours d'un vendeur
qui, après s'être ménagé, par son contrat, un secours d'argent auquel il serait redevable du rétablissement de ses affaires,
ne craindrait pas de revenir ensuite contre son propre fait, et
de se jouer de la foi de ses engagemens. De plus, les propriétés, dit-on, seraient trop incertaines ; il n'y aurait plus rien
de fixe dans le commerce de la vie. L'intérêt public, la sureté
des contrats et des patrimoines, exigent donc qu'une vente ne
puisse être rescindée pour cause de lésion.

Ces objections sont visiblement dictées par l'esprit de système,
qui ne considère jamais les choses avec une certaine étendue, et
qui, dans ses observations, se jette ordinairement d'un seul
côté, en perdant de vue tous les autres.

Nous convenons qu'il y a de la différence entre un acte de
partage et un contrat de vente ; il faut une égalité plus parfaite
entre des copartageans qu'entre des individus qui vendent et
qui achètent : mais cette différence n'a jamais été méconnue.
Les lois qui ont admis l'action rescisoire dans les actes de partage et dans les contrats de vente, n'ont exigé qu'une lésion
du tiers au quart pour faire rescinder les actes de partage ;
tandis qu'elles ont requis une lésion plus forte, telle, par
exemple, qu'une lésion d'outre-moitié du juste prix, pour faire
rescinder un contrat de vente. Sans doute, il faut observer l'égalité dans les actes de partage : mais est-il un seul contrat dans
lequel il soit permis de ne point garder la bonne foi, ou de ne
point observer la justice ?

On ne cesse de répéter que les contrats de vente ne sont que
des spéculations déterminées par le besoin ou par la convenance.
Expliquons-nous une fois pour toutes sur ce point. Nous

l'avons déjà dit : en matière de vente, on appelle en général besoin ou convenance du vendeur, le besoin ordinaire que tout vendeur a de vendre pour avoir un argent qui lui convient mieux que sa marchandise ou son immeuble. On appelle besoin de convenance de l'acheteur, le besoin que tout acheteur a d'acheter, pour avoir un immeuble ou une marchandise qui lui convient mieux que son argent.

Mais le désir immodéré de s'enrichir aux dépens d'autrui, ne saurait être un besoin, ni une convenance légitime pour personne.

Il est sans doute naturel que l'on veuille vendre cher et acheter à bon marché : c'est ce que les lois civiles de toutes les nations reconnaissent, lorsqu'elles déclarent qu'il est permis, jusqu'à un certain point, à un vendeur et à un acheteur, de se circonvenir mutuellement, *sese invicem circumvenire*, pour tirer le meilleur parti possible de leur position respective. Mais il ne faut pas étendre trop loin cette sorte de permission ou de tolérance.

Le juste prix des choses ne réside pas dans un point indivisible ; il doit se présenter à nous avec une certaine latitude morale : deux choses, quoique de la même espèce, ne sont jamais absolument ni mathématiquement semblables. L'avantage que l'on peut retirer des mêmes choses, n'est jamais exactement le même pour tout vendeur et pour tout acheteur ; il serait donc impossible de partir, pour la fixation du juste prix, d'une règle absolue et inflexible dans tous les cas : mais si l'on veut asseoir le règne de la justice, il ne faut pas que l'on puisse s'écarter trop considérablement de ce prix commun, qui est réglé par l'opinion, et qu'on appelle le juste prix, puisqu'il est le résultat équitable et indélibéré de toutes les volontés et de tous les intérêts.

La lésion résulte de la différence qui existe entre le prix commun ou le juste prix, et le prix conventionnel.

Toute lésion pratiquée sciemment, est un acte d'injustice aux yeux de la morale, mais ne saurait être un moyen de restitution aux yeux de la loi. La vertu est l'objet de sa morale. La loi a plus pour objet la paix que la vertu. Si la moindre lésion suffisait pour résoudre la vente, il y aurait parmi les hommes presqu'autant de procès qu'il se fait d'acquisitions. C'est pour éviter cet inconvénient général, que les lois romaines avaient cru devoir fermer les yeux sur quelques inconvéniens particuliers, et prendre une sorte de milieu entre les règles d'une justice trop exacte, et les spéculations odieuses de la cupidité humaine. Ces lois avaient en conséquence abandonné à la liberté du commerce, tout l'espace qui est entre le juste prix et la lésion d'outre-moitié de ce juste prix; espace dans lequel le vendeur et l'acheteur ont la faculté de se jouer. Dans le nouveau projet de loi, nous allons plus loin que les législateurs romains; nous exigeons que la lésion excède les sept douzièmes du juste prix : mais il faut convenir, que quand une lésion aussi énorme est constatée, on ne pourrait la tolérer, sans renoncer à toute justice naturelle et civile.

Il importe peu d'observer que l'on peut rencontrer des hypothèses dans lesquelles un vendeur qui n'aurait aucune ressource, s'il ne vendait pas, trouve dans le modique prix qu'on lui donne, un secours suffisant pour commencer sa fortune, ou la rétablir. Ce sont là des circonstances extraordinaires, sur lesquelles on ne saurait fonder un plan de législation. Le plus souvent un acquéreur avide abuse de la misère et de la triste situation de son vendeur, pour obtenir à vil prix une propriété arrachée, pour ainsi dire, au malheur et au désespoir.

Nous ajouterons que, pour juger si un contrat est lésif, ou s'il ne l'est pas, il faut confronter le prix avec la chose, et non avec des circonstances accidentelles et fortuites, qui ne font pas partie du prix. La vente n'est point ordinairement un contrat aléatoire; elle ne le devient que quand elle porte sur des choses incertaines; et alors l'action rescisoire pour cause de lésion n'a pas lieu : mais, toutes les fois qu'une vente porte sur une chose déterminée, il serait absurde, qu'au lieu de juger du prix stipulé pour la valeur de la chose vendue, on fût admis à exciper de circonstances singulières et extraordinaires, dont les suites sont incertaines, et qui sont absolument étrangères au contrat.

On prétend que des majeurs doivent savoir ce qu'ils font, qu'on ne doit point présumer qu'ils ont été lésés, et qu'ils ne doivent conséquemment pas pouvoir revenir contre la foi de leurs engagemens, sous prétexte de lésion.

A entendre cette objection, on dirait que des majeurs ne doivent jamais être écoutés quand ils se plaignent. Nous avons pourtant vu que, dans le Code civil, ils sont écoutés, même pour cause de lésion, quand ils se plaignent de l'inégalité qui s'est glissée dans un acte de partage.

Dans tous les contrats, le dol, l'erreur, une crainte grave, sont, par la disposition précise de nos lois, des moyens légitimes et suffisans pour faire restituer les majeurs. Or, la lésion, telle que le projet de loi la fixe, pour qu'elle puisse devenir un moyen de restitution, n'équivaut-elle pas au dol ? Les jurisconsultes romains appelaient la lésion ultra-dimidiaire un dol réel, *dolum re ipsâ*, c'est-à-dire, un dol prouvé, non par de simples présomptions, mais par la chose même.

Nos jurisconsultes français n'ont pas tenu un autre langage (1). Dumoulin, en parlant de celui qui est lésé d'outre-moitié du juste prix, dit qu'on peut le regarder, et qu'on doit même le regarder, par le fait seul d'une telle lésion, comme trompé, *deceptus ultrà dimidiam partem.*

Dans plusieurs textes du droit, la lésion ultra-dimidiaire est présentée plutôt comme une fraude que comme une simple lésion : *Non læsio, sed potiùs deceptio.* C'est sous ce même point de vue qu'elle a été présentée par six ou sept de nos anciennes coutumes, qui, au lieu de se servir du simple mot de lésion, ont employé celui de *déception d'outre-moitié.*

Ce serait donc évidemment autoriser le dol et la fraude, que de refuser l'action rescisoire dans les cas d'une lésion aussi considérable que celle qui est énoncée dans le projet de loi, et qui est plus qu'ultra-dimidiaire.

_____

(1) Dumoulin, dans son Traité *de usuris.*

Au surplus, pourquoi le dol, l'erreur et la crainte sont-ils des moyens de restitution pour les majeurs eux-mêmes? C'est, entr'autres raisons, parce que l'on présume qu'il n'intervient point un véritable consentement de la part de celui qui se trompe ou qui est trompé, *errantis aut decepti nullus est consensus.* Or, peut-on dire que celui qui est énormément lésé, aurait adhéré au contrat, s'il avait connu cette lésion, ou s'il avait été dans une situation assez libre pour ne pas la souffrir?

Quels sont les effets ordinaires du dol, de l'erreur et de la crainte? En dernière analyse, ces effets aboutissent à une lésion que les lois veulent prévenir ou réparer, en protégeant les citoyens contre les diverses espèces de surprises qui peuvent être pratiquées à leur égard. Comment donc, dans quelque hypothèse que ce soit, les lois pourraient-elles voir avec indifférence, un citoyen lésé au-delà de toutes les bornes, et d'une manière qui constate évidemment quelque fraude ou quelque erreur?

La majorité du contractant qui a été lésé, empêche-t-elle qu'on n'assure à ce contractant l'action redhibitoire pour les vices cachés de la chose vendue, une indemnité raisonnable pour les servitudes non apparentes qui lui auront été dissimulées, ou pour défaut de contenance qui sera d'un vingtième au-dessus ou au-dessous de la contenance annoncée dans l'acte de vente? Ne vient-on pas au secours d'un majeur dans toutes ces occurrences? Comment donc pourrait-on penser qu'un majeur qui souffre une lésion plus qu'ultra-dimidiaire, n'a aucun droit à la vigilance et à la sollicitude des lois? Est-ce qu'on se montrerait plus jaloux de réparer un moindre mal qu'un mal plus grand?

Nous savons qu'en général les majeurs sont présumés avoir toute la maturité convenable pour veiller sur leurs propres intérêts. Mais la raison dans chaque homme suit-elle toujours les progrès de l'âge? On est aujourd'hui majeur à vingt-un ans. Nous avons devancé à cet égard le terme qui avait été fixé par notre ancienne législation. Or, croit-on qu'un jeune homme de vingt-un ans soit, dans l'instant métaphysique où la loi déclare sa majorité , tout ce qu'il doit devenir un jour par l'habitude des affaires et par l'expérience du monde? Des majeurs peuvent être absens; ils sont alors obligés de s'en rapporter à un procureur fondé. D'autres sont vieux ou infirmes; on peut abuser de leur faiblesse pour surprendre leur bonne foi.

Il en est qui peuvent être travaillés par quelque passion , et à qui l'on peut alors arracher des actes qui , selon le langage des jurisconsultes, ressemblent à la démence, *quasi non sanæ mentis*. Ne faut-il pas protéger les hommes, non-seulement contre les autres , mais encore contre eux-mêmes ?

Tout majeur, quel qu'il soit, qui éprouve un dommage grave, n'est-il pas autorisé à en demander la réparation ? Cela n'est-il pas dans le vœu de la nature, dans celui de toutes les lois ?

Mais, dit-on, si l'on donne aux majeurs l'action rescisoire pour cause de lésion, toutes les propriétés seront incertaines ; il n'y aura plus de sûreté dans le commerce de la vie.

Nous répondrons d'abord que cette objection ne prouve rien , ne fût-ce que parce qu'elle prouverait trop : car en lui donnant toute l'étendue dont elle serait susceptible , il faudrait proscrire toutes les actions en nullité , toutes celles qui pourraient être fondées sur le dol, l'erreur , la crainte , la violence ; il faudrait proscrire généralement tous les moyens par lesquels on peut ébranler un contrat de vente, parce que tous ces moyens tendent à rendre la propriété plus ou moins incertaine dans les mains des acquéreurs.

En second lieu, le projet de loi, en admettant l'action rescisoire pour cause de lésion, ne l'a admise que dans les ventes d'immeubles. Il déclare que la vente des effets mobiliers ne comporte point cette action. On conçoit que les fréquens déplacemens des effets mobiliers, et l'extrême variation dans le prix de ces effets , rendraient impossible un système rescisoire pour cause de lésion dans la vente et l'achat de pareils objets, à moins qu'on ne voulût jeter un trouble universel dans toutes les rela-

tions

tions commerciales , et qu'on ne voulût arrêter le cours des opérations journalières de la vie. Dans ces matières, il faut faire
plus de cas de la liberté publique du commerce que de l'intérêt
particulier de quelques citoyens. Il en est autrement des immeubles : leur prix est plus constant , et leur circulation est certainement moins rapide. Des immeubles appartiennent long-temps
au même propriétaire : ils ne sortent guère des mains de celui
qui les possède que par l'ordre des successions. Combien de familles dans lesquelles les diverses générations se partagent pendant long-temps le même patrimoine ! On peut donc et on
doit , quand il s'agit d'immeubles , se montrer plus occupé de
réparer la lésion ou l'injustice que peut éprouver un citoyen ,
que de protéger la cupidité d'un autre.

Dans l'ancien régime , on recevait l'action rescisoire , même
pour les objets mobiliers, quand ces objets étaient précieux. Nous
avons cru devoir écarter cette exception, qui pouvait apporter des
gênes trop multipliées dans la circulation des effets mobiliers, et
entraîner des discussions trop arbitraires pour savoir si un objet
est plus ou moins précieux. Nous avons absolument borné l'action rescisoire à la vente des choses immobilières. Objectera-
t-on que si l'action rescisoire , limitée à la vente d'immeubles ,
n'est point préjudiciable au commerce proprement dit, elle peut
l'être à l'agriculture par l'espèce d'inaction dans laquelle se tient
un nouveau propriétaire qui n'ose rien entreprendre quand il
peut craindre d'être évincé ?

Nous répondrons qu'il était possible d'avoir ces craintes lorsque l'action rescisoire durait dix ans ; mais le projet de loi ne
lui donne plus que deux ans de durée , à compter du jour de la
vente. Ce terme est assez long pour que l'action rescisoire puisse
être utile à celui qui est en droit de l'exercer , et il est assez
court pour que l'agriculture n'ait point à souffrir d'un délai qui ,
loin d'empêcher les entreprises du nouveau propriétaire , ne lui
laisse que le temps convenable pour les préparer.

Les écrivains qui pensent que l'action rescisoire pour cause de
lésion ne doit point être admise , se replient ensuite sur les

E e

prétendus dangers de la preuve à laquelle on est forcé de recourir pour constater la lésion.

Mais quelle est donc cette preuve qu'inspire tant d'inquiétude? l'estimation par experts. Rien n'est moins sûr , dit - on , que cette estimation. On sait comment des experts opèrent ; chaque partie a le sien. Un tiers est appelé ; et l'opinion de ce tiers fait la loi. Ainsi les propriétés se trouvent à la disposition d'un seul homme.

Avec des objections semblables , il n'y aurait de sûreté que pour les hommes injustes et nuisans. S'agirait-il du dol personnel qui annulle tous les contrats ? on dirait que la plainte ne doit point être reçue, parce que le dol personnel ne pouvait être constaté que par la preuve testimoniale , qui est la plus incertaine et la plus dangereuse de toutes les preuves. On renverserait bientôt tous les moyens de recours contre l'injustice , on assurerait l'impunité de tous les crimes , faute de trouver une preuve qui pût rassurer suffisamment l'innocence.

Heureusement il faut que les affaires marchent , et nous nous résignons par nécessité à chercher, non un mieux idéal , mais le bien qui est possible , qui nous paraît présenter le moins d'imperfections et le moins d'inconvéniens.

La preuve par témoins a des dangers ; mais l'impunité des délits en aurait davantage. On a donc fait plus d'attention aux dangers de l'impunité qu'à ceux de la preuve testimoniale.

Il serait sans doute à désirer que tout ce que l'on a intérêt de prouver pût être constaté par écrit ; mais la force des choses y résiste. L'écriture n'accompagne que les conventions ou les choses qui sont susceptibles d'une certaine publicité. Les coupables se cachent et n'écrivent pas. La preuve testimoniale est la preuve naturelle des faits. La déclaration d'experts est la preuve naturelle de tout ce qui requiert , dans certaines matières , le jugement ou l'opinion des gens de l'art.

Dans les procès en lésion, les preuves littérales ne sont point exclues. On peut administrer des baux , des domaines domestiques , des actes et d'autres titres qu'il serait inutile d'énumérer ;

mais nous convenons que l'estimation par experts est la véritable preuve en pareille occurrence.

Que peut-on craindre de cette preuve ? Elle est bien moins incertaine que celle par témoins. On n'a pour garant de la sincérité d'une déposition, que la bonne foi et la mémoire de la personne qui dépose. Un témoin peut être corrompu ou suborné ; sa mémoire peut être infidèle. Les faits sur lesquels on rend ordinairement témoignage sont, pour la plupart, fugitifs ; ils ne laissent aucune trace après eux. Ainsi, en matière de preuve testimoniale, la nature des choses qui sont à prouver augmente les dangers de la preuve.

Les mêmes inconvéniens ne sauraient accompagner l'estimation par experts. Des experts sont des espèces de magistrats qui ont l'habitude de leurs fonctions, et qui ont besoin de conserver la confiance. Ils sont obligés de motiver leur décision : s'ils se trompaient, ou s'ils veulent tromper, leur erreur ou leur fraude est à découvert. Ils ne peuvent s'égarer dans leurs opérations. Ayant à estimer s'il y a ou s'il n'y a pas lésion dans un contrat de vente, ils ont sous les yeux l'immeuble qui est l'objet de l'estimation, et ils peuvent le confronter facilement avec le prix qui a été stipulé dans le contrat, et avec les circonstances qui établissent le juste prix et qui sont garanties par l'opinion commune, étayée de tout ce que les localités peuvent offrir d'instruction et de lumières : rien de plus rassurant.

La loi sur la propriété, que vous avez récemment décrétée, porte que quand on prendra le fonds d'un particulier pour cause d'utilité publique, on donnera à ce particulier une juste et préalable indemnité. Or, ce sont des experts qui fixent cette juste indemnité par un rapport d'estimation.

Tous les jours, pour un partage à faire dans une succession, ou pour la rescision d'un partage déjà fait, on a recours à l'estimation par experts, qui seule peut faire connaître la véritable valeur des immeubles qui seront ou qui ont été l'objet du partage.

L'estimation par experts, est encore d'un usage journalier,

dans les cas où l'on est évincé d'un immeuble, et où l'on demande le remboursement des améliorations qu'on y a faites.

Nous ne finirions plus, si nous voulions énoncer toutes les hypothèses dans lesquelles l'intervention des experts est utile et nécessaire.

Pourquoi donc concevrait-on des alarmes sur les prétendus dangers de l'estimation par experts, lorsqu'il s'agit d'un procès de lésion, tandis qu'on n'aurait pas les mêmes inquiétudes pour ce genre de preuves dans les occasions multipliées où elle est d'un si grand usage ?

Le projet de loi indique d'ailleurs toutes les précautions qui peuvent empêcher qu'on n'abuse de l'action rescisoire. Il exige une sorte de jugement préparatoire sur l'état du procès, c'est-à-dire, sur le point de savoir si les circonstances apparentes présentent quelques doutes assez raisonnables pour faire désirer aux juges de recevoir de plus grands éclaircissemens, et d'admettre le demandeur en rescision à tous les genres de preuves dont la matière peut être susceptible; tant on montre de respect pour la sainteté des contrats et pour la sureté du commerce, qu'une question rescisoire est traitée avec la même circonspection que pourrait l'être une question d'Etat.

On entoure ensuite la preuve de l'estimation par experts, de toutes les formes qui peuvent nous rassurer sur l'intérêt de la justice et de la vérité. Les trois experts doivent être nommés à-la-fois; ils doivent tous être choisis d'office par le juge, ou du commun accord des parties; ils doivent opérer ensemble; ils *sont tenus de dresser un seul procès-verbal, et de ne former qu'un seul avis à la pluralité des voix.*

S'il y a des avis différens, le procès-verbal en contiendra les motifs, sans qu'il soit permis de faire connaître de quel avis chaque expert a été.

Ainsi les experts se trouvent soumis, dans leurs opérations, aux mêmes règles et au même secret que les juges. Est-il donc possible d'offrir aux parties une plus forte garantie contre les abus réels ou imaginaires qu'elles pourraient redouter ?

Dans l'ancienne jurisprudence, on doutait si l'action rescisoire pour cause de lésion, devait compéter à l'acquéreur comme au vendeur, ou si elle ne devait compéter qu'au vendeur seul. Les cours souveraines s'étaient partagées sur cette question, il y avait diversité d'arrêts. Le projet de loi déclare que le vendeur seul pourra exercer l'action rescisoire pour cause de lésion. On a cru, avec raison, que la situation de celui qui vend, peut inspirer des inquiétudes toujours étrangères à la situation de celui qui acquiert. On peut vendre par besoin, par nécessité. Il serait affreux qu'un acquéreur avide pût profiter de la misère d'un homme, ou de son état de détresse, pour l'aider à consommer sa ruine, en cherchant à profiter de ses dépouilles. On ne peut avoir les mêmes craintes pour l'acquéreur lui-même; on n'est jamais forcé d'acquérir; on est toujours présumé dans l'aisance, quand on fait une acquisition.

Quand un vendeur aura exercé l'action rescisoire pour cause de lésion, et quand cette action aura été accueillie, l'acquéreur aura le choix d'abandonner la chose ou de la garder, en fournissant un supplément de prix. Ce supplément consiste dans ce qui manquait pour arriver au juste prix; il doit être payé sous la déduction du dixième du total. On voit aisément les motifs qui ont dicté ces deux dispositions. La première, qui donne à l'acquéreur le choix d'abandonner la chose, ou de payer un supplément de prix, a existé dans tous les temps; c'est un hommage rendu à la foi des contrats. Il a toujours été de maxime, quand un contrat n'est pas nul de plein droit, quand il n'est entaché que d'un vice réparable, qu'il faut laisser aux parties tous les moyens de remplir leurs engagemens, en réparant tout ce qui est vicieux ou injuste, et en respectant tout ce qui ne l'est pas.

La seconde des dispositions que nous discutons, et qui veut que l'acquéreur, s'il garde la chose, paye le supplément du juste prix, sans la déduction du dixième du prix total, présente une décision nouvelle : car autrefois il n'y avait point lieu à cette déduction; mais nous avons cru qu'elle est équitable, parce que l'estimation des experts n'étant pas susceptible d'une précision mathématique, on ne peut l'adopter avec une rigueur qui supposerait cette inexactitude et cette précision.

L'action rescisoire n'a pas lieu dans les ventes qui, d'après la loi, sont faites d'autorité de justice. Quand la justice intervient entre les hommes, elle écarte tout soupçon de surprise et de fraude. Elle leur garantit la plus grande sécurité.

Au reste, un vendeur ne peut d'avance renoncer par le contrat au droit de se plaindre de la lésion, même sous prétexte de faire don à l'acquéreur de la plus-value. Un tel pacte serait contraire aux bonnes mœurs : il ne serait souvent que le fruit du dol et des pratiques d'un acquéreur injuste qui arracherait cette sorte de désistement prématuré à l'infortune et à la misère.

De plus, autoriser dans les contrats de vente la renonciation à l'action rescisoire, c'eût été détruire cette action. Tout acquéreur eût exigé cette clause, et la loi n'eût prêté qu'un secours impuissant et illusoire au malheureux et à l'opprimé.

Il résulte de tout ce que nous venons de dire, que l'équité, que la saine morale ne permettaient pas de retrancher de notre Code civil l'action rescisoire pour cause de lésion.

Vainement allèguerait-on que les lois à cet égard n'auront d'autre effet que de produire des procès sans proscrire les injustices. Nous convenons qu'il y aura toujours des injustices malgré les lois ; mais, sans les lois, les injustices n'auraient point de bornes. C'est mal juger des bons effets d'une loi, que de ne s'occuper que du mal qu'elle réprime, sans s'occuper de celui qu'elle prévient : il y aura toujours des crimes à punir, donc les lois n'empêchent pas toujours le crime. Mais n'opposez aucune digue au torrent des vices, des délits et des passions, et vous jugerez alors quelle est la force insensible que les lois auront sur les actions des hommes.

S'il était une fois permis de tromper impunément quand on contracte ou que l'on traite avec ses semblables, si la lésion la plus énorme ne pouvait être utilement dénoncée, il n'y aurait plus de honte ni de pudeur dans les engagemens publics ; le plus fort ferait la loi au plus faible ; la morale, bannie de la législation, le serait bientôt de la société ; car, désabusons-nous, si quelquefois les mœurs suppléent les lois, plus souvent encore les lois suppléent les mœurs. La législation et la jurisprudence sont comme les canaux par lesquels les idées du juste et de l'injuste coulent dans toutes les classes de citoyens.

Répétera-t-on que l'intérêt public exige qu'il n'y ait point d'incertitude dans les possessions et les propriétés légitimement acquises ? mais l'intérêt public ne veut-il pas aussi qu'on ne soit point perfide et injuste dans la manière de les acquérir ?

A ne parler même que d'après des principes, non de morale, mais d'économie politique, quel est le véritable intérêt public et général ? Ne consiste-t-il pas à conserver un sage équilibre, à maintenir une juste proportion entre les choses et les signes qui les représentent? Un état est dans la prospérité, quand l'argent y représente bien toutes choses, et que toutes choses y représentent bien l'argent : ce qui ne se vérifie, que lorqu'avec une telle valeur en immeubles ou en marchandises, on peut avoir, sitôt qu'on le désire, une valeur proportionnée ou équivalente en argent. Si les lois favorisent un acquéreur avide et injuste, les choses qui appartiennent au vendeur ne représentent pas bien l'argent, puisque celui-ci peut être dépouillé de tout, en ne recevant pour les choses qu'il abandonne qu'un prix misérable et infiniment au-dessous de leur valeur.

Nous avons donc cru qu'une loi qui a rétabli l'action rescisoire pour cause de lésion, est aussi favorable à la saine politique que conforme à la bonne morale. Les circonstances les plus impérieuses ne nous invitent-elles pas à faire rentrer le commerce dans le sein de la probité ?

CHAPITRE VII.

De la licitation.

Après nous être occupés du contrat de vente en général, nous avons fixé notre attention sur un mode particulier de vente qu'on appelle licitation.

La licitation a lieu lorsqu'il s'agit d'une chose commune à plusieurs, qu'il est ou impossible ou bien difficile de diviser, et que l'on est forcé de vendre parce qu'aucun des copartageans ou des copropriétaires ne veut s'en accommoder en payant aux autres ce qui leur revient à chacun.

Cette manière de vente se fait aux enchères. La chose est adjugée au copartageant, au copropriétaire ou à l'étranger qui a été reçu à enchérir. Le prix est partagé entre ceux qui ont droit à la chose.

Chacun des copartageans ou des copropriétaires est autorisé à demander que des étrangers soient appelés à la licitation, pour qu'il y ait un plus grand concours d'offrans, et que l'on puisse tirer un meilleur parti de la chose qui est à vendre.

Le concours des étrangers est indispensable, s'il y a des mineurs intéressés.

Les formalités à observer pour la licitation sont expliquées ailleurs.

CHAPITRE VIII.

Du transport des créances et autres droits incorporels.

Indépendamment des choses mobilières et immobilières, il est une troisième espèce de biens, celle *des créances et autres droits incorporels.*

Cette espèce de biens est de la création de l'homme; elle est l'ouvrage de nos mains; elle est dans le commerce comme tous les autres biens.

Elle est conséquemment susceptible d'être vendue, cédée et transportée. Le projet de loi détermine le mode de délivrance et les cas de garantie. Il rappelle à cet égard des maximes trop connues, pour que nous ayons besoin d'indiquer les motifs de sagesse et de justice sur lesquels elles sont appuyées.

Par les lois romaines, le débiteur des droits, des actions ou des créances légitimes cédées à un tiers, avait le droit de racheter la cession, et de se subroger au cessionnaire, en remboursant uniquement les sommes payées par ce dernier, avec les intérêts, à dater du jour du paiement.

Cette disposition légale était dirigée contre ces hommes avides du bien d'autrui, qui achètent des actions ou des procès, pour vexer le tiers, ou pour s'enrichir à ses dépens.

La jurisprudence française avait adopté en ce point le droit romain. Nous avons cru devoir conserver par le projet de loi une jurisprudence que la raison et l'humanité nous invitaient à conserver.

Nous avons en même temps indiqué les cas auxquels la règle qui vient d'être énoncée sera applicable. Ces cas sont tous ceux où l'on ne rapporte cession de quelque droit litigieux, que pour se maintenir soi-même dans quelque droit acquis.

Ainsi la règle ne peut être appliquée, lorsque la cession est rapportée par un cohéritier ou copropriétaire du droit cédé, par un créancier qui la prend en paiement de ce qui lui est dû, ou par le possesseur de la chose ou de l'héritage, sujet au droit litigieux.

Vous vous appercevrez, sans doute, citoyens Législateurs, de l'attention que nous avons apportée à conserver de notre ancienne jurisprudence sur les contrats de vente, tout ce qui est juste et utile, et à modifier tout ce qui pouvait ne plus convenir aux circonstances présentes.

Il ne suffit pas de faire de bonnes lois, il faut en faire de convenables. En sanctionnant le projet qui vous est soumis, vous aurez fixé les règles qui veillent sur les pactes, la forme et l'exécution du plus important de tous les contrats, de celui qui est l'ame de toutes nos relations commerciales. Il est dans toute législation civile, des choses qui sont particulières au peuple pour qui cette législation est promulguée. Mais quand on proclame des maximes sur des objets qui appartiennent au code de tous les peuples, on travaille au bonheur de la société générale des hommes; on devient pour ainsi dire les législateurs du monde.

TITRE VI.

De la Vente.

Décrété le 15 ventose an XII. Promulgué le 25 du même mois.

CHAPITRE PREMIER.

De la nature et de la forme de la vente.

Article 1582. — La vente est une convention par laquelle l'un s'oblige à livrer une chose, et l'autre à la payer.

Elle peut être faite par acte authentique, ou sous seing privé.

Art. 1583. — Elle est parfaite entre les parties, et la propriété est acquise de droit à l'acheteur à l'égard du vendeur, dès qu'on est convenu de la chose et du prix, quoique la chose n'ait pas encore été livrée ni le prix payé.

Art. 1584. — La vente peut être faite purement et simplement, ou sous une condition soit suspensive, soit résolutoire.

Elle peut aussi avoir pour objet deux ou plusieurs choses alternatives.

Dans tous ces cas, son effet est réglé par les principes généraux des conventions.

Art. 1585. — Lorsque des marchandises ne sont pas vendues en bloc, mais au poids, au compte ou à la mesure, la vente n'est point parfaite, en ce sens que les choses vendues sont aux risques du vendeur jusqu'à ce qu'elles soient pesées, comptées ou mesurées; mais l'acheteur peut en demander ou la délivrance, ou des domma-

-ges-intérêts, s'il y a lieu, en cas d'inexécution de l'engagement.

Art. 1586. — Si au contraire les marchandises ont été vendues en bloc, la vente est parfaite, quoique les marchandises n'aient pas encore été pesées, comptées ou mesurées.

Art. 1587. — A l'égard du vin, de l'huile et des autres choses que l'on est dans l'usage de goûter avant d'en faire l'achat, il n'y a point de vente tant que l'acheteur ne les a pas goûtées et agréées.

Art. 1588. — La vente faite à l'essai est toujours présumée faite sous une condition suspensive.

Art. 1589. — La promesse de vente vaut vente, lorsqu'il y a consentement réciproque des deux parties sur la chose et sur le prix.

Art. 1590. — Si la promesse de vendre a été faite avec des arrhes, chacun des contractans est maître de s'en départir.

Celui qui les a données, en les perdant ;

Et celui qui les a reçues, en restituant le double.

Art. 1591. — Le prix de la vente doit être déterminé et désigné par les parties.

Art. 1592. — Il peut cependant être laissé à l'arbitrage d'un tiers : si le tiers ne veut ou ne peut faire l'estimation, il n'y a point de vente.

Art. 1593. — Les frais d'actes et autres accessoires à la vente, sont à la charge de l'acheteur.

CHAPITRE II.

Qui peut acheter ou vendre.

Article 1594. — Tous ceux auxquels la loi ne l'interdit pas, peuvent acheter ou vendre.

Art. 1595. — Le contrat de vente ne peut avoir lieu entre époux que dans les trois cas suivans ;

1°. Celui où l'un des deux époux cède des biens à l'autre, séparé judiciairement d'avec lui, en paiement de ses droits ;

2°. Celui où la cession que le mari fait à sa femme, même non séparée, a une cause légitime, telle que le remploi de ses immeubles aliénés, ou de deniers à elle appartenans, si ces immeubles ou deniers ne tombent pas en communauté ;

3°. Celui où la femme cède des biens à son mari en paiement d'une somme qu'elle lui aurait promise en dot, et lorsqu'il y a exclusion de communauté ;

Sauf, dans ces trois cas, les droits des héritiers des parties contractantes, s'il y a avantage indirect.

Art. 1596. — Ne peuvent se rendre adjudicataires, sous peine de nullité, ni par eux-mêmes, ni par personnes interposées ;

Les tuteurs, des biens de ceux dont ils ont la tutelle ;

Les mandataires, des biens qu'ils sont chargés de vendre ;

Les administrateurs, de ceux des communes ou des établissemens publics confiés à leurs soins ;

Les officiers publics, des biens nationaux dont les ventes se font par leur ministère.

Art. 1597. Les juges, leurs suppléans, les commissaires du Gouvernement, leurs substituts, les greffiers, huissiers, avoués, défenseurs officieux et notaires, ne peuvent devenir cessionnaires des procès, droits et actions litigieux qui sont de la compétence du tribunal dans le ressort duquel ils exercent leurs fonctions, à peine de nullité, et des dépens, dommages et intérêts.

CHAPITRE III.

Des choses qui peuvent être vendues.

Article 1598. — Tout ce qui est dans le commerce peut être vendu lorsque des lois particulières n'en ont pas prohibé l'aliénation.

Art. 1599. — La vente de la chose d'autrui est nulle : elle peut donner lieu à des dommages-intérêts lorsque l'acheteur a ignoré que la chose fût à autrui.

Art. 1600. — On ne peut vendre la succession d'une personne vivante, même de son consentement.

Art. 1601. — Si au moment de la vente la chose vendue était périe en totalité, la vente serait nulle.

Si une partie seulement de la chose est périe, il est au choix de l'acquéreur d'abandonner la vente, ou de demander la partie conservée, en faisant déterminer le prix par la ventilation.

CHAPITRE IV.

Des obligations du vendeur.

SECTION PREMIÈRE.

DISPOSITIONS GÉNÉRALES.

Article 1602. — Le vendeur est tenu d'expliquer clairement ce à quoi il s'oblige.

Tout pacte obscur ou ambigu s'interprète contre le vendeur.

Art. 1603. — Il a deux obligations principales, celle de délivrer et celle de garantir la chose qu'il vend.

SECTION II.

De la délivrance.

Article 1604. — La délivrance est le transport de la chose vendue en la puissance et possession de l'acheteur.

Art. 1605. — L'obligation de délivrer les immeubles est remplie de la part du vendeur lorsqu'il a remis les clefs, s'il s'agit d'un bâtiment, ou lorsqu'il a remis les titres de propriété.

Art. 1606. — La délivrance des effets mobiliers s'opère,

Ou par la tradition réelle,

Ou par la remise des clefs des bâtimens qui les contiennent,

Ou même par le seul consentement des parties, si le transport ne peut pas s'en faire au moment de la vente; ou si l'acheteur les avait déja en son pouvoir à un autre titre.

Art. 1607. — La tradition des droits incorporels se fait, ou par la remise des titres, ou par l'usage que l'acquéreur en fait du consentement du vendeur.

Art. 1608. — Les frais de la délivrance sont à la charge du vendeur, et ceux de l'enlèvement à la charge de l'acheteur, s'il n'y a eu stipulation contraire.

Art. 1609. — La délivrance doit se faire au lieu où était, au temps de la vente, la chose qui en a fait l'objet, s'il n'en a été autrement convenu.

Art. 1610. — Si le vendeur manque à faire la délivrance dans le temps convenu entre les parties, l'acquéreur pourra, à son choix, demander la résolution de la vente, ou sa mise en possession, si le retard ne vient que du fait du vendeur.

Art. 1611. — Dans tous les cas, le vendeur doit être condamné aux dommages et intérêts, s'il résulte un préjudice pour l'acquéreur du défaut de délivrance au terme convenu.

Art. 1612. — Le vendeur n'est pas tenu de délivrer la chose, si l'acheteur n'en paie pas le prix, et que le vendeur ne lui ait pas accordé un délai pour le paiement.

Art. 1613. — Il ne sera pas non plus obligé à la délivrance, quand même il aurait accordé un délai pour le paiement, si, depuis la vente, l'acheteur est tombé en faillite ou en état de déconfiture, en sorte que le vendeur se trouve en danger imminent de perdre le prix; à moins que l'acheteur ne lui donne caution de payer au terme.

Art. 1614. — La chose doit être délivrée en l'état où elle se trouve au moment de la vente.

Depuis ce jour, tous les fruits appartiennent à l'acquéreur.

Art. 1615. — L'obligation de délivrer la chose comprend ses accessoires et tout ce qui a été destiné à son usage perpétuel.

Art. 1616. — Le vendeur est tenu de délivrer la contenance telle qu'elle est portée au contrat, sous les modifications ci-après exprimées.

Art. 1617. — Si la vente d'un immeuble a été faite avec indication de la contenance à raison de tant la mesure, le vendeur est obligé de délivrer à l'acquéreur, s'il l'exige, la quantité indiquée au contrat;

Et si la chose ne lui est pas possible, ou si l'acquéreur ne l'exige pas, le vendeur est obligé de souffrir une diminution proportionnelle du prix.

Art. 1618. — Si, au contraire, dans le cas de l'article précédent, il se trouve une contenance plus grande que celle exprimée au contrat, l'acquéreur a le choix de fournir le supplément du prix, ou de se désister du contrat, si l'excédent est d'un vingtième au-dessus de la contenance déclarée.

Art. 1619. — Dans tous les autres cas,

Soit que la vente soit faite d'un corps certain et limité,

Soit qu'elle ait pour objet des fonds distincts et séparés,

Soit qu'elle commence par la mesure ou par la désignation de l'objet vendu, suivie de la mesure,

L'expression de cette mesure ne donne lieu à aucun supplément de prix en faveur du vendeur pour l'excédent de mesure,

Ni en faveur de l'acquéreur, à aucune diminution du prix pour moindre mesure, qu'autant que la différence de la mesure réelle à celle exprimée au contrat est d'un vingtième en plus ou en moins, eu égard à la valeur de la totalité des objets vendus, s'il n'y a stipulation contraire.

Art. 1620. — Dans le cas où, suivant l'article précédent, il y a lieu à augmentation de prix pour excédent de mesure, l'acquéreur a le choix ou de se désister du contrat, ou de fournir le supplément du prix, et ce, avec les intérêts, s'il a gardé l'immeuble.

Art. 1621. — Dans tous les cas où l'acquéreur a le droit de se désister du contrat, le vendeur est tenu de lui restituer, outre le prix, s'il l'a reçu, les frais de ce contrat.

Art. 1622. — L'action en supplément de prix de la part du vendeur, et celle en diminution de prix, ou en résiliation du contrat de la part de l'acquéreur, doivent être intentées dans l'année, à compter du jour du contrat, à peine de déchéance.

Art. 1623. — S'il a été vendu deux fonds par le même contrat, et pour un seul et même prix, avec désignation de la mesure de chacun, et qu'il se trouve moins de contenance en l'un et plus en l'autre, on fait compensation jusqu'à due concurrence; et l'action, soit en supplément, soit en diminution du prix, n'a lieu que suivant les règles ci-dessus établies.

Art. 1624. — La question de savoir sur lequel, du vendeur ou de l'acquéreur, doit tomber la perte ou la détérioration

détérioration de la chose vendue avant la livraison, est jugée d'après les règles prescrites au titre des *Contrats ou des Obligations conventionnelles en général.*

SECTION III.

De la garantie.

Article 1625. — La garantie que le vendeur doit à l'acquéreur a deux objets : le premier est la possession paisible de la chose vendue ; le second, les défauts cachés de cette chose ou les vices redhibitoires.

§. PREMIER.

De la garantie en cas d'éviction.

Article 1626. — Quoique lors de la vente il n'ait été fait aucune stipulation sur la garantie, le vendeur est obligé de droit à garantir l'acquéreur de l'éviction qu'il souffre dans la totalité ou partie de l'objet vendu, ou des charges prétendues sur cet objet, et non déclarées lors de la vente.

Art. 1627. — Les parties peuvent, par des conventions particulières, ajouter à cette obligation de droit, ou en diminuer l'effet ; elles peuvent même convenir que le vendeur ne sera soumis à aucune garantie.

Art. 1628. — Quoiqu'il soit dit que le vendeur ne sera soumis à aucune garantie, il demeure cependant tenu de celle qui résulte d'un fait qui lui est personnel : toute convention contraire est nulle.

Art. 1629. — Dans le même cas de stipulation de non-garantie, le vendeur en cas d'éviction est tenu à la restitution du prix, à moins que l'acquéreur n'ait connu lors de la vente le danger de l'éviction, ou qu'il n'ait acheté à ses périls et risques.

Liv. III.   F f

Art. 1630. — Lorsque la garantie a été promise, ou qu'il n'a rien été stipulé à ce sujet ; si l'acquéreur est évincé, il a droit de demander contre le vendeur,

1°. La restitution du prix ;

2°. Celle des fruits, lorsqu'il est obligé de les rendre au propriétaire qui l'évince ;

3°. Les frais faits sur la demande en garantie de l'acheteur, et ceux faits par le demandeur originaire ;

4°. Enfin les dommages et intérêts, ainsi que les frais et loyaux-coûts du contrat.

Art. 1631. — Lorsqu'à l'époque de l'éviction, la chose vendue se trouve diminuée de valeur, ou considérablement détériorée, soit par la négligence de l'acheteur, soit par des accidens de force majeure, le vendeur n'en est pas moins tenu de restituer la totalité du prix.

Art. 1632. — Mais si l'acquéreur a tiré profit des dégradations par lui faites, le vendeur a droit de retenir sur le prix une somme égale à ce profit.

Art. 1633. — Si la chose vendue se trouve avoir augmenté de prix à l'époque de l'éviction, indépendamment même du fait de l'acquéreur, le vendeur est tenu de lui payer ce qu'elle vaut au-dessus du prix de la vente.

Art. 1634. — Le vendeur est tenu de rembourser ou de faire rembourser à l'acquéreur, par celui qui l'évince, toutes les réparations et améliorations utiles qu'il aura faites au fonds.

Art. 1635. — Si le vendeur avait vendu de mauvaise foi le fonds d'autrui, il sera obligé de rembourser à l'acquéreur toutes les dépenses, même voluptuaires ou d'agrément que celui-ci aura faites au fonds.

Art. 1636. — Si l'acquéreur n'est évincé que d'une partie de la chose, et qu'elle soit de telle conséquence, relativement au tout, que l'acquéreur n'eût point acheté sans la partie dont il a été évincé, il peut faire résilier la vente.

Art. 1637. — Si, dans le cas de l'éviction d'une partie du fonds vendu, la vente n'est pas résiliée, la valeur de la partie dont l'acquéreur se trouve évincé, lui est remboursée suivant l'estimation à l'époque de l'éviction, et non proportionnellement au prix total de la vente, soit que la chose vendue ait augmenté ou diminué de valeur.

Art. 1638. — Si l'héritage vendu se trouve grevé, sans qu'il en ait été fait de déclaration, de servitudes non apparentes, et qu'elles soient de telle importance qu'il y ait lieu de présumer que l'acquéreur n'aurait pas acheté s'il en avait été instruit, il peut demander la résiliation du contrat, si mieux il n'aime se contenter d'une indemnité.

Art. 1639. — Les autres questions auxquelles peuvent donner lieu les dommages et intérêts résultant pour l'acquéreur de l'inexécution de la vente, doivent être décidées suivant les règles générales établies au titre *des Contrats ou des Obligations conventionnelles en général.*

Art. 1640. — La garantie pour cause d'éviction cesse lorsque l'acquéreur s'est laissé condamner par un jugement en dernier ressort, ou dont l'appel n'est plus recevable sans appeler son vendeur, si celui-ci prouve qu'il existait des moyens suffisans pour faire rejeter la demande.

§ II.

De la garantie des défauts de la chose vendue.

Article 1641. — Le vendeur est tenu de la garantie, à raison des défauts cachés de la chose vendue, qui la rendent impropre à l'usage auquel on la destine, ou qui diminuent tellement cet usage, que l'acheteur ne l'aurait pas acquise, ou n'en aurait donné qu'un moindre prix, s'il les avait connus.

Art. 1642. — Le vendeur n'est pas tenu des vices apparens et dont l'acheteur a pu se convaincre lui-même.

Art. 1643. — Il est tenu des vices cachés, quand même il ne les aurait pas connus, à moins que dans ce cas il n'ait stipulé qu'il ne sera obligé à aucune garantie.

Art. 1644. — Dans le cas des articles 1641 et 1643, l'acheteur a le choix de rendre la chose et de se faire restituer le prix, ou de garder la chose et de se faire rendre une partie du prix, telle qu'elle sera arbitrée par experts.

Art. 1645. — Si le vendeur connaissait les vices de la chose, il est tenu, outre la restitution du prix qu'il en a reçu, de tous les dommages et intérêts envers l'acheteur.

Art. 1646. — Si le vendeur ignorait les vices de la chose, il ne sera tenu qu'à la restitution du prix, et à rembourser à l'acquéreur les frais occasionnés par la vente.

Art. 1647. — Si la chose qui avait des vices a péri par suite de sa mauvaise qualité, la perte est pour le vendeur, qui sera tenu envers l'acheteur à la restitution du prix, et aux autres dédommagemens expliqués dans les deux articles précédens.

Mais la perte arrivée par cas fortuit, sera pour le compte de l'acheteur.

Art. 1648. — L'action résultant des vices redhibitoires doit être intentée par l'acquéreur dans un bref délai, suivant la nature des vices redhibitoires, et l'usage du lieu où la vente a été faite.

Art. 1649. — Elle n'a pas lieu dans les ventes faites par autorité de justice.

CHAPITRE V.

Des obligations de l'acheteur.

Article 1650. — La principale obligation de l'acheteur est de payer le prix au jour et au lieu réglés par la vente.

Art. 1651. — S'il n'a rien été réglé à cet égard lors de la vente, l'acheteur doit payer au lieu et dans le temps où doit se faire la délivrance.

Art. 1652. — L'acheteur doit l'intérêt du prix de la vente jusqu'au paiement du capital, dans les trois cas suivans ;

S'il a été ainsi convenu lors de la vente ;

Si la chose vendue et livrée produit des fruits ou autres revenus ;

Si l'acheteur a été sommé de payer.

Dans ce dernier cas, l'intérêt ne court que depuis la sommation.

Art. 1653. — Si l'acheteur est troublé, ou a juste sujet de craindre d'être troublé par une action soit hypothécaire, soit en revendication, il peut suspendre le paiement du prix jusqu'à ce que le vendeur ait fait cesser le trouble, si mieux n'aime celui-ci donner caution, ou à moins qu'il n'ait été stipulé que, nonobstant le trouble, l'acheteur paiera.

Art. 1654. — Si l'acheteur ne paie pas le prix, le vendeur peut demander la résolution de la vente.

Art. 1655. — La résolution de la vente d'immeubles est prononcée de suite, si le vendeur est en danger de perdre la chose et le prix.

Si ce danger n'existe pas, le juge peut accorder à

l'acquéreur un délai plus ou moins long suivant les circonstances.

Ce délai passé sans que l'acquéreur ait payé, la résolution de la vente sera prononcée.

Art. 1656. — S'il a été stipulé lors de la vente d'immeubles que, faute de paiement du prix dans le terme convenu, la vente serait résolue de plein droit, l'acquéreur peut néanmoins payer après l'expiration du délai, tant qu'il n'a pas été mis en demeure par une sommation : mais, après cette sommation, le juge ne peut pas lui accorder de délai.

Art. 1657. — En matière de vente de denrées et effets mobiliers, la résolution de la vente aura lieu de plein droit et sans sommation, au profit du vendeur, après l'expiration du terme convenu pour le retirement.

CHAPITRE VI.

De la nullité et de la résolution de la vente.

Article 1658. — Indépendamment des causes de nullité ou de résolution déjà expliquées dans ce titre, et de celles qui sont communes à toutes les conventions, le contrat de vente peut être résolu par l'exercice de la faculté de rachat et par la vilité du prix.

SECTION PREMIÈRE.

De la faculté de rachat.

Article 1659. — La faculté de rachat ou de réméré est un pacte par lequel le vendeur se réserve de reprendre la chose vendue, moyennant la restitution du prix principal, et le remboursement dont il est parlé à l'article 1673.

Art. 1660. — La faculté de rachat ne peut être stipulée pour un terme excédant cinq années.

Si elle a été stipulée pour un terme plus long, elle est réduite à ce terme.

Art. 1661. — Le terme fixé est de rigueur, et ne peut être prolongé par le juge.

Art. 1662. — Faute par le vendeur d'avoir exercé son action de réméré dans le terme prescrit, l'acquéreur demeure propriétaire irrévocable.

Art. 1663. — Le délai court contre toutes personnes, même contre le mineur, sauf, s'il y a lieu, le recours contre qui de droit.

Art. 1664. — Le vendeur à pacte de rachat peut exercer son action contre un second acquéreur, quand même la faculté de réméré n'aurait pas été déclarée dans le second contrat.

Art. 1665. — L'acquéreur à pacte de rachat exerce tous les droits de son vendeur; il peut prescrire tant contre le véritable maître que contre ceux qui prétendraient des droits ou hypothèques sur la chose vendue.

Art. 1666. — Il peut opposer le bénéfice de la discussion aux créanciers de son vendeur.

Art. 1667. — Si l'acquéreur à pacte de réméré d'une partie indivise d'un héritage s'est rendu adjudicataire de la totalité sur une licitation provoquée contre lui, il peut obliger le vendeur à retirer le tout lorsque celui-ci veut user du pacte.

Art. 1668. — Si plusieurs ont vendu conjointement, et par un seul contrat, un héritage commun entre eux, chacun ne peut exercer l'action en réméré que pour la part qu'il y avait.

Art. 1669. — Il en est de même si celui qui a vendu seul un héritage a laissé plusieurs héritiers.

Chacun de ces cohéritiers ne peut user de la faculté de rachat que pour la part qu'il prend dans la succession.

Art. 1670. — Mais, dans le cas des deux articles précédens, l'acquéreur peut exiger que tous les covendeurs ou tous les cohéritiers soient mis en cause, afin de se concilier entre eux pour la reprise de l'héritage entier ; et, s'ils ne se concilient pas, il sera renvoyé de la demande.

Art. 1671. — Si la vente d'un héritage appartenant à plusieurs n'a pas été faite conjointement et de tout l'héritage ensemble, et que chacun n'ait vendu que la part qu'il y avait, ils peuvent exercer séparément l'action en réméré sur la portion qui leur appartenait ;

Et l'acquéreur ne peut forcer celui qui l'exercera de cette manière, à retirer le tout.

Art. 1672. — Si l'acquéreur a laissé plusieurs héritiers, l'action en réméré ne peut être exercée contre chacun d'eux que pour sa part, dans le cas où elle est encore indivise, et dans celui où la chose vendue a été partagée entre eux.

Mais s'il y a eu partage de l'hérédité, et que la chose vendue soit échue au lot de l'un des héritiers, l'action en réméré peut être intentée contre lui pour le tout.

Art. 1673. — Le vendeur qui use du pacte de rachat, doit rembourser non-seulement le prix principal, mais encore les frais et loyaux-coûts de la vente, les réparations nécessaires, et celles qui ont augmenté la valeur du fonds, jusqu'à concurrence de cette augmentation. Il ne peut entrer en possession qu'après avoir satisfait à toutes ces obligations.

Lorsque le vendeur rentre dans son héritage par l'effet du pacte de rachat, il le reprend exempt de toutes les charges et hypothèques dont l'acquéreur l'aurait grevé : il est tenu d'exécuter les baux faits sans fraude par l'acquéreur.

SECTION II.

De la rescision de la vente pour cause de lésion.

Article 1674. — Si le vendeur a été lésé de plus de sept douzièmes dans le prix d'un immeuble, il a le droit de demander la rescision de la vente, /

Quand même il aurait expressément renoncé dans le contrat à la faculté de demander cette rescision,

Et qu'il aurait déclaré donner la plus-value.

Art. 1675. — Pour savoir s'il y a lésion de plus de sept douzièmes, il faut estimer l'immeuble suivant son état et sa valeur au moment de la vente.

Art. 1676. — La demande n'est plus recevable après l'expiration de deux années, à compter du jour de la vente.

Ce délai court contre les femmes mariées, et contre les absens, les interdits, et les mineurs venant du chef d'un majeur qui a vendu.

Ce délai court aussi et n'est pas suspendu pendant la durée du temps stipulé pour le pacte de rachat.

Art. 1677. — La preuve de la lésion ne pourra être admise que par jugement, et dans le cas seulement où les faits articulés seraient assez vraisemblables et assez graves pour faire présumer la lésion.

Art. 1678. — Cette preuve ne pourra se faire que par un rapport de trois experts, qui seront tenus de dresser un seul procès-verbal commun, et de ne former qu'un seul avis à la pluralité des voix.

Art. 1679. — S'il y a des avis différens, le procès-verbal en contiendra les motifs, sans qu'il soit permis de faire connaître de quel avis chaque expert a été.

Art. 1680. — Les trois experts seront nommés d'office, à moins que les parties ne se soient accordées pour les nommer tous les trois conjointement.

Art. 1681. — Dans le cas où l'action en rescision est admise, l'acquéreur a le choix, ou de rendre la chose en retirant le prix qu'il en a payé, ou de garder le fonds en payant le supplément du juste prix, sous la déduction du dixième du prix total.

Le tiers possesseur a le même droit, sauf sa garantie contre son vendeur.

Art. 1682. — Si l'acquéreur préfère garder la chose en fournissant le supplément réglé par l'article précédent, il doit l'intérêt du supplément, du jour de la demande en rescision.

S'il préfère la rendre et recevoir le prix, il rend les fruits du jour de la demande.

L'intérêt du prix qu'il a payé lui est aussi compté du jour de la même demande, ou du jour du paiement, s'il n'a touché aucuns fruits.

Art. 1683. — La rescision pour lésion n'a pas lieu en faveur de l'acheteur.

Art. 1684. — Elle n'a pas lieu en toutes ventes qui, d'après la loi, ne peuvent être faites que d'autorité de justice.

Art. 1685. — Les règles expliquées dans la section précédente pour les cas où plusieurs ont vendu conjointement ou séparément, et pour celui où le vendeur ou l'acheteur a laissé plusieurs héritiers, sont pareillement observées pour l'exercice de l'action en rescision.

CHAPITRE VII.

De la licitation.

Article 1686. — Si une chose commune à plusieurs ne peut être partagée commodément et sans perte ;

Ou si, dans un partage fait de gré à gré de biens communs, il s'en trouve quelques-uns qu'aucun des copartageans ne puisse ou ne veuille prendre ,

La vente s'en fait aux enchères, et le prix en est partagé entre les copropriétaires.

Art. 1687.—Chacun des copropriétaires est le maître de demander que les étrangers soient appelés à la licitation ; ils sont nécessairement appelés lorsque l'un des copropriétaires est mineur.

Art. 1688. — Le mode et les formalités à observer pour la licitation sont expliqués au titre *des Successions* et au Code judiciaire.

CHAPITRE VIII.

Du transport des créances et autres droits incorporels.

Article 1689. — Dans le transport d'une créance, d'un droit ou d'une action sur un tiers, la délivrance s'opère entre le cédant et le cessionnaire par la remise du titre.

Art. 1690. — Le cessionnaire n'est saisi à l'égard des tiers que par la signification du transport faite au débiteur.

Néanmoins le cessionnaire peut être également saisi par l'acceptation du transport faite par le débiteur dans un acte authentique.

Art. 1691. — Si, avant que le cédant ou le cession-

naire eût signifié le transport au débiteur , celui-ci avait
payé le cédant, il sera valablement libéré.

Art. 1692. — La vente ou cession d'une créance comprend les accessoires de la créance , tels que caution ,
privilége et hypothèque.

Art. 1693. — Celui qui vend une créance ou autre
droit incorporel doit en garantir l'existence au temps du
transport , quoiqu'il soit fait sans garantie.

Art. 1694. — Il ne répond de la solvabilité du débiteur que lorsqu'il s'y est engagé , et jusqu'à concurrence
seulement du prix qu'il a retiré de la créance.

Art. 1695. — Lorsqu'il a promis la garantie de la solvabilité du débiteur , cette promesse ne s'entend que de la
solvabilité actuelle , et ne s'étend pas au temps à venir ,
si le cédant ne l'a expressément stipulé.

Art. 1696. — Celui qui vend une hérédité sans en
spécifier en détail les objets , n'est tenu de garantir que
sa qualité d'héritier.

Art. 1697. — S'il avait déjà profité des fruits de quelque fonds , ou reçu le montant de quelque créance appartenant à cette hérédité , ou vendu quelques effets de la
succession , il est tenu de les rembourser à l'acquéreur ,
s'il ne les a expressément réservés lors de la vente.

Art. 1698. — L'acquéreur doit , de son côté , rembourser au vendeur ce que celui-ci a payé pour les dettes et
charges de la succession , et lui faire raison de tout ce
dont il était créancier , s'il n'y a stipulation contraire.

Art. 1699. — Celui contre lequel on a cédé un droit
litigieux peut s'en faire tenir quitte par le cessionnaire ,
en lui remboursant le prix réel de la cession avec les
frais et loyaux-coûts , et avec les intérêts à compter du
jour où le cessionnaire a payé le prix de la cession à
lui faite.

Art. 1700. — La chose est censée litigieuse dès qu'il y a procès et contestation sur le fond du droit.

Art. 1701. — La disposition portée en l'article 1699 cesse,

1°. Dans le cas où la cession a été faite à un cohéritier ou copropriétaire du droit cédé ;

2°. Lorsqu'elle a été faite à un créancier en paiement de ce qui lui est dû ;

3°. Lorsqu'elle a été faite au possesseur de l'héritage sujet au droit litigieux.

TITRE VII.

De l'Échange.

LE PREMIER CONSUL a nommé, pour présenter la loi formant le Titre VII du CODE CIVIL, et pour en soutenir la discussion, les citoyens *Bigot-Préameneu*, *Lacuée* et *Fourcroy*, Conseillers d'État.

Introduits dans la salle du Corps-Législatif, le 16 ventose an 12; l'un d'eux, portant la parole, a prononcé le discours suivant.

CITOYENS LÉGISLATEURS,

LE plus ancien des contrats est l'échange. Si l'imagination pouvait se figurer les temps où le droit de propriété n'était pas encore établi, on verrait les hommes se prêtant des secours mutuels, l'un aidant l'autre de sa force, lorsque l'autre l'aidait de son adresse, et faisant ainsi l'échange des avantages qu'ils avaient reçus de la nature.

Le droit de propriété ayant attribué à chacun exclusivement le produit de son travail, et la civilisation ayant multiplié avec les besoins les divers genres d'ouvrages, aucun n'a pu embrasser tous ces divers genres de travaux pour fournir à tous ses besoins : sans l'échange, le droit de propriété eût été en vain établi; c'est à l'échange qu'il faut attribuer et les premiers degrés et les progrès de la civilisation.

La multiplicité toujours croissante des échanges, a fait rechercher les moyens de les rendre plus faciles : telle a été l'origine des monnaies, que tous les peuples ont prises pour un signe représentatif de la valeur de tous les travaux et de toutes les choses qui peuvent être dans le commerce.

Les métaux qui servent de monnaie peuvent aussi être un objet direct d'échange , parce qu'ils ont par eux-mêmes une valeur intrinsèque fondée sur l'emploi qu'on en fait en bijoux ou en meubles , et encore plus sur le besoin qu'en ont tous les peuples pour en faire leurs monnaies. Lorsqu'à ce titre , et revêtus des empreintes qui servent de garantie au public, ils sont mis en circulation , on les considère moins comme marchandise que comme signe représentatif des valeurs et comme instrument d'échange ; et les transports de propriété , qui se font ainsi pour de la monnaie , ont été dès les temps les plus reculés désignés par le nom de ventes.

Les échanges faits par le moyen des monnaies , et distingués sous le nom de vente, parurent aux législateurs romains d'une telle importance pour l'ordre social , qu'ils mirent le contrat de vente dans la classe des contrats *nommés*, à l'exécution desquels la loi contraignait les parties, et ils laissèrent les échanges au nombre des contrats *consensuels*, des simples pactes dont l'exécution fut d'abord livrée à la bonne foi des contractans , et pour lesquels il n'y eut ensuite , pendant plusieurs siècles, d'action civile , que quand ils avaient été exécutés par l'une des parties.

Ces divers effets , donnés par la jurisprudence romaine à la vente et à l'échange , ont fixé l'attention sur les différences dans la nature de ces deux contrats. Ces différences ne sont point essentielles, puisque des deux sectes entre lesquelles se divisaient les jurisconsultes , celle des Sabiniens soutenait que l'échange était un vrai contrat de vente. Il fut reconnu par la loi Ire. ff. *de contrah. emptione*, que l'échange ne doit point être confondu avec la vente ; que dans l'échange on ne peut pas distinguer celle des choses échangées qui est le prix, de celle qui est marchandise : au lieu que dans la vente, celui qui livre la marchandise est toujours, sous le nom de *vendeur*, distingué de celui qui ne livrant que la monnaie ou le prix pécuniaire, est appelé *acheteur*. *Aliud est pretium ; aliud merx quod in permutatione discerni non potest uter emptor , uter venditor sit.* L. I. ff. *de contrah. empt.*

La vente et l'échange ne diffèrent pas seulement dans leur dénomination ; ces contrats ont encore quelques effets qui ne sont pas les mêmes.

Dans l'une et l'autre, les deux contractans sont obligés de livrer une chose ; mais dans l'exécution de cet engagement, il y a une différence entre la vente et l'échange.

Dans la vente, celui qui achète doit livrer le prix consistant en une somme d'argent, et cette obligation a les effets suivans :

Le premier, que toutes choses pouvant se convertir en argent, il suffit qu'il soit possible à l'acheteur d'en réaliser le prix en vendant lui-même tout ce qu'il possède, pour que l'acheteur ait le droit de l'y contraindre.

Le second effet, est que la propriété de ce prix est transférée au vendeur par le seul fait du paiement, sans qu'il reste exposé à aucune éviction. *Emptor nummos venditori facere cogitur.* L. II, § 2, ff. act. vend.

De son côté, le vendeur doit aussi livrer la chose vendue ; mais lorsque c'est un corps certain et déterminé, il est possible que la propriété en soit avec fondement réclamée par une tierce personne ; le vendeur doit alors être garant, et l'obligation de transmettre cette propriété ne pouvant plus s'accomplir, il est tenu par l'effet de la garantie de restituer le prix, de rembourser les frais et de payer les dommages et intérêts.

Dans l'échange, il s'agit d'objets mobiliers ou immobiliers qui sont à livrer de part et d'autre ; chaque contractant ne peut donc aussi être contraint de livrer la chose même dont il n'est pas propriétaire, et d'en maintenir la possession s'il l'a livrée. Mais alors, quelle est l'espèce de garantie que l'équité peut admettre ?

L'objet déterminé, qui n'a été promis ou livré que pour un autre objet déterminé, ne peut pas être effectivement remplacé par une somme d'argent.

Il est donc juste que si l'un des copermutans a déjà reçu la chose à lui donnée en échange, et s'il prouve ensuite que l'autre contractant n'est pas propriétaire de cette chose, il ne puisse

être,

être forcé à livrer celle qu'il a promise en contre-échange, mais seulement à rendre celle qu'il a reçue. Il est également juste que celui qui est évincé de la chose qu'il a reçue en échange, ait le choix de conclure à des dommages et intérêts, ou de répéter la chose.

La rescision pour cause de lésion a été admise dans le contrat de vente d'immeubles en faveur du vendeur. Il était nécessaire de maintenir une règle dictée par des sentimens d'humanité ; c'est le moyen d'empêcher que la cupidité n'abuse du besoin qui, le plus souvent, force le vendeur à ces aliénations.

Ce genre de réclamation n'a point été admis au profit de l'acheteur : c'est toujours volontairement qu'il contracte. S'il donne un prix plus considérable que la valeur réelle, on peut présumer que c'est par des conventions de convenance que lui seul pouvait apprécier, qu'ainsi le contrat doit à cet égard faire la loi.

Les motifs qui ont fait rejeter à l'égard de l'acheteur l'action en rescision de vente d'immeubles pour cause de lésion, l'ont aussi fait exclure dans le contrat d'échange. Il est également l'effet de la volonté libre et de la convenance des copermutans. Chacun d'eux est d'ailleurs vendeur et acquéreur. Il y aurait donc contradiction, si dans le contrat d'échange l'action dont il s'agit était admise, lorsque dans le contrat de vente elle n'a point été accordée à l'acheteur.

Telles sont les observations particulières dont le contrat d'échange est susceptible : on doit d'ailleurs lui appliquer toutes les règles prescrites pour le contrat de vente.

Suit le texte de la loi.

Liv. III. G g

TITRE VII.

De l'Echange.

Décrété le 16 ventose an XII. Promulgué le 26 du même mois.

Article 1702. — L'échange est un contrat par lequel les parties se donnent respectivement une chose pour une autre.

Art. 1703. — L'échange s'opère par le seul consentement, de la même manière que la vente.

Art. 1704. — Si l'un des copermutans a déjà reçu la chose à lui donnée en échange, et qu'il prouve ensuite que l'autre contractant n'est pas propriétaire de cette chose, il ne peut pas être forcé à livrer celle qu'il a promise en contre-échange, mais seulement à rendre celle qu'il a reçue.

Art. 1705. — Le copermutant qui est évincé de la chose qu'il a reçue en échange, a le choix de conclure à des dommages et intérêts, ou de répéter sa chose.

Art. 1706. — La rescision pour cause de lésion n'a pas lieu dans le contrat d'échange.

Art. 1707. — Toutes les autres règles prescrites pour le contrat de vente s'appliquent d'ailleurs à l'échange.

TITRE VIII.

Du Contrat de louage.

Le PREMIER CONSUL a nommé, pour présenter la loi formant le titre VIII du Code civil, et pour en soutenir la discussion, les citoyens *Galli*, *Treilhard* et *Berenger*, Conseillers d'État.

Introduits dans la salle du Corps-Législatif, le 16 ventose an 12; l'un d'eux, portant la parole, a prononcé le discours suivant.

CITOYENS LÉGISLATEURS,

L'on vient de vous présenter, pour être converti en loi, le titre XI, *de la Vente* ;

Celui *du Louage*, que l'on vous présente aujourd'hui, lui ressemble beaucoup, et la différence qu'il y a entre eux n'empêche pas qu'ils aient aussi de grands rapports.

Le premier contrat que firent les hommes fut celui de l'échange (1).

Le second fut celui de la vente : *Origo emendi vendendique à permutationibus cœpit*, dit le texte dans la loi Ire., ff. *De contrahend. empt.*

C'est par l'invention de la monnaie que l'usage de la vente s'est introduit (2). Or, il est probable que le contrat de louage a suivi immédiatement celui de la vente.

Les anciens jurisconsultes *locationem sæpe venditionem appellarunt et conductorem emptorem* ; et cela *propter vicinitatem*

---

(1) Domat, *Lois civiles*, page 26, colon. 2, édition de Paris, 1771.
(2) *Idem*, page 44.

emptionis et locationis : c'est, entre autres, Cujas qui nous l'observe (1).

De-là il résulte que plusieurs règles sont communes à l'un et à l'autre des deux contrats.

Nous en avons un exemple dans la loi 39. ff. *de Pactis : ibi : veteribus placet pactionem obscuram vel ambiguam venditori , et qui locavit nocere.* En voici la raison : parce qu'il est au pouvoir, soit du vendeur , soit du locateur , *legem apertiùs conscribere* (2).

Le contrat de louage , n'en déplaise à ceux qui pensent autrement, doit être envisagé comme très-utile à l'agriculture. Tel a une métairie qui depuis quelque temps est fort dégradée ; tel autre , un héritage qui pourrait être amélioré par des canaux , par des applanissemens ; tel pourrait en augmenter les revenus au moyen de quelques défrichemens ou d'autres variations ; mais comment les faire , s'il n'a pas les sommes qu'il lui faut ? Un contrat de louage , un fermier , mettent le propriétaire dans le cas de remplir ses vues. D'après ces réflexions , je ne puis comprendre qu'il puisse y avoir une opinion contraire. Un ancien philosophe (3) disait fort bien : *Pauca admodùm sunt sine adversario.*

Mais , quoi qu'il en soit de cette question , approchons-nous de la matière et de la loi dont il s'agit ; voyons quels en furent les principes et les bases.

La plus grande partie des choses qu'on dit dans ce titre appartiennent à la substance et à la nature du contrat de louage , et ne sont appuyées que sur les règles générales du droit écrit , du droit commun , enfin sur les principes de cette philosophie qui est exactement l'ame et la source de la jurisprudence.

Ce sera donc mieux de me resserrer dans des bornes plus étroites , n'ayant pour objet que les matières les plus importantes , ou les plus douteuses , et susceptibles de discussion.

_____

(1) *Ad* LL. 19 et 20, ff. *de Actionibus empt.*
(2) Domat , page 48.
(3) Senec. natural. *Quæst.* lib. 5.

Les six premiers articles ne consistent que dans la division de plusieurs sortes de louages, dans leurs définitions, et dans d'autres matières de toute évidence.

Le seul consentement sur la chose qui est louée et sur le prix, fait le louage (1); il peut donc se faire par écrit ou verbalement, comme il est dit dans l'article 7: car les actes qui en sont dressés soit sous signature privée, soit pardevant notaires, ne sont interposés que pour servir à la preuve du contrat, ou pour acquérir des droits d'hypothèque et d'exécution (2).

L'art. 8 porte : « Si le bail sans écrit n'a encore reçu aucune » exécution, et que l'une des parties le nie,

» La preuve ne peut être reçue par témoins,

» Quelque modique qu'en soit le prix, et quoiqu'on allègue » qu'il y a eu des arrhes données;

« Le serment peut seulement être déféré à celui qui nie le bail. »

Cet article, tel qu'il est conçu, évite bien des procès sans que l'intérêt d'aucun y soit lésé, puisque c'est dans l'hypothèse que le bail n'ait encore eu la moindre exécution.

L'art. 10 déclare que « le preneur (3) a le droit de sous-louer, » et même de céder son bail à un autre, si cette faculté ne lui » a pas été interdite.

La loi romaine nous l'avait déjà dit : *nemo prohibetur rem quam conduxit, fruendam alii locare, si nihil aliud convenit* (4).

L'art. 13 dit que « le bailleur (5) doit faire pendant la durée » du bail toutes les réparations qui peuvent devenir nécessaires, » autres que les *locatives.* »

Notez *autres que les locatives*; car il y a certaines menues

---

(1) Pothier, *du Louage*, page 3, édition d'Orléans 1771.

(2) *Idem*, pages 54, 38 et 39.

(3) Preneur, soit *conducteur*, Domat, titre 4, *du Louage*, pag. 2, 44, colonne 2, édition de Paris, 1771.

(4) L. 16. Cod. de *Locato*. L. 60. ff. *eodem*.

(5) Bailleur, soit *locateur*, Domat, tit. 4, *du Louage*, page 44.

réparations qu'on appelle *locatives* ; dont l'usage a chargé les locataires des maisons (1)

Dans le cas de réparations urgentes durant le bail, il est dit, art. 17, que « si elles durent plus de quarante jours, le prix » du bail sera diminué à concurrence du temps et de la partie » de la chose louée dont le preneur aura été privé ».

La fixation du terme ne permettra plus aux parties de s'entraîner dans des questions peut-être de peu d'importance, mais toujours très-dispendieuses.

L'art. 19 dispose que « si le bail a été fait sans écrit, l'une des » parties ne pourra donner congé à l'autre qu'en observant les délais fixés par l'usage des lieux. »

Voici, dans ce titre comme dans bien d'autres, respectés les usages des lieux : *Inveterata consuetudo pro lege custoditur, et hoc est jus quod dicitur moribus constitutum.* L. 32, §. Ier. ff. *de Legibus.*

Même il est bon de remarquer que la loi romaine les respectait également en matière de louage. L. 19, Cod. *Loc.* (2).

L'art. 33 dispose que « la caution donnée par le bail, ne » s'étend pas aux obligations résultant de la prolongation ». Rien de plus juste, parce que l'obligation de la caution est censée fixée au temps du bail, et non à une prolongation à laquelle celui qui s'est rendu garant, n'aurait eu aucune part, et n'y aurait acquiescé (3).

Cette disposition doit paraître d'autant plus sage, qu'elle est aussi appuyée sur la maxime constatée de tout temps, que *fidejussores in leviorem causam accipi possunt, in duriorem non possunt* (4).

La maxime du droit romain *emptorem fundi necesse non est stare colono, cui prior dominus locavit, nisi eâ lege emit,* L. 3.

---

(1) Selon ce que dit Pothier, page 176.
(2) Voyez aussi Pothier, page 268.
(3) Domat, *du louage,* tit. 4, sect. 4, § 9, page 49.
(4) L. 8, § 7, 8 et 9 ; l. 34, ff. *de Fidejussoribus,* § 5, *Inst. Cod.* tit.

Cod. *Locati* (1), serait très-judicieusement rejetée, dans l'article 36, puisqu'il y est dit : « Si le bailleur vend la chose louée, » l'acquéreur ne peut expulser le fermier ou le locataire qui a » un bail authentique, ou dont la date est certaine, à moins » que la réserve n'en ait été faite dans le contrat de bail ».

Cette loi, *emptorem fundi*, avait bien son motif ; mais il n'était, après tout, qu'une subtilité (2). L'acquéreur, disait-on, n'étant que successeur à titre singulier, ne doit pas, comme le successeur à titre universel, être tenu des engagemens personnels de son auteur (3).

Par cet article 36 du nouveau Code, combien de contestations ne va-t-on pas écarter, sur-tout dans ces pays où l'on fait, à cet égard, une foule de distinctions entre les locations verbales, et celles faites par instrumens ; entre l'écriture privée ayant, ou non, hypothèque et clause de *constituts* ; entre hypothèque générale et hypothèque spéciale (4), etc.

En outre, que d'altercations, que de débats n'y a-t-il pas aussi entre le vendeur et le fermier, pour le plus ou le moins d'indemnité qui peut être dû à ce dernier ?

Les articles 37 à 40 : que de différends, que de disputes n'empêcheront-ils pas ?

Il y est dit : » s'il a été convenu, lors du bail, qu'en cas de » vente, l'acquéreur pourrait expulser le fermier ou locataire, » et qu'il n'ait été fait aucune stipulation sur les dommages et » intérêts, le bailleur est tenu d'indemniser le fermier ou le lo- » cataire, de la manière suivante :

» S'il s'agit d'une maison, appartement ou boutique, le bail-

---

(1) Pothier, page 228 à 231.

(2) Aussi ce n'est pas d'aujourd'hui que les Français se vantent, non sans raison, d'avoir banni toute subtilité de leur droit. Pothier, tome II, partie première, chap. 2 *du prêt*, art. 2, page 717, édit. 1781.

(3) Voyez le procès-verbal n° 15, séance du Conseil-d'Etat, du 9 nivose an 12, page 515.

(4) Pothier, *du louage*, page 330.

» leur paie, à titre de dommages et intérêts, au locataire évincé,
» une somme égale au prix du loyer pendant le temps qui, sui-
» vant l'usage des lieux, est accordé entre le congé et la sortie.

» S'il s'agit de biens ruraux, l'indemnité que le bailleur doit
» payer au fermier, est du tiers du prix du bail pour tout le temps
» qui reste à courir.

» L'indemnité se réglera par experts, s'il s'agit de manu-
» factures, usines, ou autres établissemens qui exigent de
» grandes avances ».

L'article 42 porte que « le fermier, ou le locataire, ne peu-
» vent être expulsés, qu'ils ne soient payés par le bailleur, ou,
» à son défaut, par le nouvel acquéreur, des dommages et inté-
» rêts, et de toutes les autres reprises qu'ils peuvent avoir ».

C'est ici une autre disposition bien équitable ; car l'objet principal de l'indemnité du fermier ou locataire, est précisément
celui de ne pas être expulsé qu'il ne soit payé.

A l'article 47, il est bien dit que les réparations locatives
sont à la charge du locataire ; mais il y est dit aussi que ces
réparations locatives sont celles désignées comme telles par
l'usage des lieux.

A l'article 48, il est statué que « le curement des puits doit
» être à la charge du bailleur ».

Cela doit être ainsi (1); car, dans une maison où il y aurait
beaucoup de locataires, cet ouvrage ne se ferait pas, ou serait
mal fait, ou pour le moins retardé, s'il dépendait du fait
de plusieurs locataires dont l'humeur, la fortune et les circonstances les empêcheraient de s'accorder entre eux.

Il est statué, par l'article 54, que « le bailleur ne peut ré-
» soudre la location, encore qu'il déclare vouloir occuper par
» lui-même la maison louée, s'il n'y a eu convention contraire ».

_____

(1) Quoi qu'en dise Desgodets en son livre des *Lois des bâtimens*, part. 2,
sur l'art. 172 de la *Coutume de Paris*, n°. 10. Voyez aussi Pothier, *du
louage*, pages 180 et 181.

Voilà une jurisprudence totalement en opposition avec le texte du droit romain : *AEde quam te conductam habere dicis, si pensionem in solidum solvisti, invitum te expelli non oportet, nisi propriis usibus dominus eam necessariam esse probaverit* (1).

Or, l'on a trouvé qu'il y avait de très-fortes raisons pour abolir une loi qui n'est fondée sur rien de solide (2).

Effectivement, nous ne la voyons basée que sur le besoin qu'a de sa maison le propriétaire pour l'occuper par lui-même, et sur ce qu'on doit présumer qu'il n'eût pas voulu la louer s'il eût prévu ce besoin. D'où l'on tire la conséquence qu'on doit sous-entendre dans le bail à loyer qu'il en a fait, une condition, par laquelle il s'est tacitement réservé la faculté de résoudre le bail, en indemnisant le locataire, s'il venait à avoir besoin de sa maison pour l'occuper par lui-même (3).

L'on a donc observé que la loi *AEde* est une décision qui n'a aucun fondement sur la raison naturelle, et qui est purement arbitraire et contraire aux principes généraux (4).

Aussi, sous ce prétexte de nécessité, un chétif locateur pourrait voiler sa malignité, sa vengeance, son injustice, aux dépens d'un pauvre locataire. Le serment même du locateur, à l'égard de la prétendue nécessité (5), est-il suffisant pour assurer la sincérité de sa prétention? Ne peut-il pas être suspect bien des fois, et ne peut-il pas y avoir une espèce de parjure, sans qu'il y ait le moyen de le prouver?

Après cela, remarquez, citoyens Législateurs, que ce sera en outre un bénéfice pour la société, et un mérite pour le nouveau

---

(1) L. 3, Cod. *de Locato.*

(2) Cambacérès, *second Consul*, Tronchet, *sénateur* (*), deux jurisconsultes des plus savans et des plus profonds que j'aie connus de mes jours.

(3) C'est précisément ce que nous rapporte Pothier dans son *appendice du contrat de louage*, pages 580 et 381, édition d'Orléans, 1771.

(4) Ce sont les précises paroles de Pothier, page 380, même édition.

(5) Pothier, pages 259 et 260.

(*) Dans le procès-verbal n. 13, séance du Conseil d'État, du 9 nivose an 12, page 515.

Code, que d'avoir emporté le germe de si fréquens litiges, toujours vifs et toujours coûteux.

L'article 56 nous invite à parler du colon partiaire, dont parle aussi la loi 25, § 6, ff, *loc. ibi* : *Partiarius colonus quasi societatis jure et damnum et lucrum cum domino partitur.*

Leur bail forme entre eux une espèce de société où le propriétaire donne le fonds, et le colon la semence et la culture, chacun hasardant la portion que cette société lui donnait aux fruits (1).

Il est donc dit, à l'article 96, que celui qui cultive sous la condition d'un partage de fruits avec le bailleur, ne peut ni sous-louer, ni céder, si la faculté ne lui en a été expressément accordée par le bail.

C'est-là une disposition dans toutes les règles, puisque dans ces sortes de contrats, ainsi que disent les praticiens, *electa est industria.*

Or, le colon partiaire étant celui *qui terram colit non pactâ pecuniâ, sed pro ratâ ejus quod in fundo nascetur dimidiâ, tertiâ*, etc.

Il est bien clair que c'est-là le cas d'*electa industria* : c'est-à-dire, pour labourer mes terres, pour les exploiter, j'ai choisi, j'ai contemplé l'adresse, la capacité de telle personne, et non de telle autre.

Je vendrais bien à qui que ce soit un héritage, pourvu qu'il me le paie ce que j'en demande ; mais je ne ferais pas un contrat de colonie partiaire, avec un homme inepte, quelque condition onéreuse qu'il fût prêt à subir, et quelques avantages qu'il voulût m'accorder.

Il est établi dans l'article 67 « que le bail des terres laboû-» rables, lorsqu'elles se divisent par soles ou saisons, est censé » fait pour autant d'années qu'il y a de soles ».

Par exemple, si les terres de telle métairie sont partagées en trois soles ou saisons, c'est-à-dire, si la coutume est d'ensemencer une partie en blé, une autre en petits grains, qui se sement au mois de mars, et qu'une autre se repose, le bail est présumé

(1) Domat, page 50, art. 3.

fait pour trois ans, lorsque le temps que doit durer le bail n'est pas exprimé dans le contrat (1).

Venons au louage d'ouvrage et d'industrie, qui commence par l'article 72.

Le contrat de louage, ainsi que nous l'avons déjà dit ailleurs, a beaucoup d'analogie avec le contrat de vente; et il est bon de remarquer ici, qu'à l'égard des doutes qui peuvent s'élever sur certains contrats, s'ils sont de vente ou de louage, *Justinien*, dans ses *Institutes* (2), nous donne des règles pour les discerner (3).

A l'article 73, il est dit « qu'on ne peut engager ses services » qu'à temps, ou pour une entreprise déterminée ».

A la vérité, il serait étrange qu'un domestique, un ouvrier pussent engager leurs services pour toute leur vie. La condition d'homme libre abhorre toute espèce d'esclavage.

Passons maintenant aux devis et marchés.

Il est ordonné, article 85 : « Si l'édifice donné à prix fait, » périt en tout ou en partie, par le vice de la construction, » même par le vice du sol, l'architecte et entrepreneur en sont » responsables pendant dix ans » : *Quod imperitiâ peccavit culpam esse*, dit le texte, *in lege* 9, § 5, ff., *loc. Imperitiam culpæ adnumeratur*, dit la loi 142, ff., *de Regulis juris*.

Finalement, quant au bail à cheptel, dont il est parlé à l'article 93 et suivans, il est à observer que « c'est un contrat par » lequel l'une des parties donne à l'autre, un fonds de bétail » pour le garder, le nourrir et le soigner, sous les conditions » convenues entre elles ».

L'article 104 dit formellement « qu'on ne peut stipuler que » le preneur supportera la perte totale du cheptel, quoiqu'arri- » vée par cas fortuits et sans sa faute,

» Ou qu'il supportera, dans la perte, une part plus grande » que dans le profit.

_____

(1) Pothier, pag. 23 et 24.
(2) *Lib.* 3, tit. 25, *de Locatione et conductione.*
(3) Pothier, page 304.

« Ou que le bailleur prélevera à la fin du bail quelques choses
» de plus que le cheptel qu'il a fourni »,

Et que « toute convention semblable est nulle ».

Cette disposition est précisément, d'après les principes de la
justice, d'après les bonnes mœurs, et d'après cette égalité qui
doit triompher dans les contrats.

Et c'est aussi d'après les mêmes règles qu'il est écrit à l'article
121, « qu'on ne peut pas stipuler que dans le cheptel donné au
» colon partiaire, celui-ci sera tenu de toute la perte ».

Citoyens Législateurs, le titre que nous venons de parcourir
est à la portée de tout le monde, et les matières que l'on y traite
intéressent toute classe, tout ordre de personnes.

Presque toutes les maisons sont louées à baux à loyer; une
grande partie des biens ruraux le sont à baux à ferme : tous les
citoyens de la France ont donc un égal intérêt pour en être instruits, et par conséquent les Piémontais aussi. Mais, pour bien
comprendre une loi dans son véritable esprit, dans la justesse
du sens, il faut la lire, il faut l'apprendre dans son original,
dans sa langue primitive. C'est donc avec bien de raison que le
Gouvernement, par son arrêté du 24 prairial an 11, a pour ainsi
dire pressé l'ordre administratif et judiciaire du Piémont à étudier votre langue, à s'y familiariser.

Le délai peut-être a été trop court, n'importe : les Piémontais
tâcheront de se conformer aux vœux du Gouvernement. Les
Piémontais seront désormais les émules de leurs frères aînés.
Certainement ils le seront dans la bravoure, dans les vertus,
dans les sciences, dans les arts. Quant à la langue, je l'avoue,
ils auront quelque difficulté ; mais il n'est pas dit qu'avec le
temps ils ne puissent, par leurs talens, atteindre le but et les
surmonter.

Un *Gilles Ménage*, d'Angers, un *François Régnier*, de
Paris, ont su écrire, ont pu imprimer en langue italienne (1),

_____

(1) Leurs ouvrages sont très-connus en Italie. On raconte de Régnier
que l'académie de la Crusca prit pour une production de Pétrarque une
ode qu'il avait composée.

ont pu être inscrits en Tocane, académiciens de la Crusca; les Piémontais ne pourront-ils pas un jour se rendre dignes d'être inscrits dans la classe de la langue et de la littérature françaises (1)? Je l'espère.

Suit le texte de la loi.

TITRE VIII.

Du Contrat de louage.

Décrété le 16 ventose an XII. Promulgué le 26 du même mois.

CHAPITRE PREMIER.

Dispositions générales.

Article 1708. — Il y a deux sortes de contrats de louage ;
Celui des choses,
Et celui d'ouvrage.

Art. 1709. — Le louage des choses est un contrat par lequel l'une des parties s'oblige à faire jouir l'autre d'une chose pendant un certain temps, et moyennant un certain prix que celle-ci s'oblige de lui payer.

Art. 1710. — Le louage d'ouvrage est un contrat par lequel l'une des parties s'engage à faire quelque chose pour l'autre, moyennant un prix convenu entre elles.

Art. 1711. — Ces deux genres de louage se subdivisent encore en plusieurs espèces particulières :

---

(1) Ils ont déjà un bon modèle à suivre dans leur compatriote *Cerutti*, auteur de l'*Apologie des Jésuites*, et d'autres ouvrages.

On appelle *bail à loyer*, le louage des maisons et celui des meubles ;

Bail à ferme, celui des héritages ruraux ;

Loyer, le louage du travail ou du service ;

Bail à cheptel, celui des animaux dont le profit se partage entre le propriétaire et celui à qui il les confie.

Les *devis*, *marché*, ou *prix fait*, pour l'entreprise d'un ouvrage moyennant un prix déterminé, sont aussi un louage, lorsque la matière est fournie par celui pour qui l'ouvrage se fait.

Ces trois dernières espèces ont des règles particulières.

Art. 1712. — Les baux des biens nationaux, des biens des communes et des établissemens publics, sont soumis à des réglemens particuliers.

CHAPITRE II.

Du louage des choses.

Article 1713. — On peut louer toutes sortes de biens meubles ou immeubles.

SECTION PREMIÈRE.

Des règles communes aux baux des maisons et des biens ruraux.

Article 1714. — On peut louer ou par écrit, ou verbalement.

Art. 1715. — Si le bail fait sans écrit n'a encore reçu aucune exécution, et que l'une des parties le nie,

La preuve ne peut être reçue par témoins,

Quelque modique qu'en soit le prix, et quoiqu'on allègue qu'il y a eu des arrhes données ;

Le serment peut seulement être déféré à celui qui nie le bail.

Art. 1716. — Lorsqu'il y aura contestation sur le prix du bail verbal dont l'exécution a commencé , et qu'il n'existera point de quittance , le propriétaire en sera cru sur son serment ;

Si mieux n'aime le locataire demander l'estimation par experts ; auquel cas les frais de l'expertise restent à sa charge , si l'estimation excède le prix qu'il a déclaré.

Art. 1717. — Le preneur a le droit de sous-louer , et même de céder son bail à un autre , si cette faculté ne lui a pas été interdite.

Elle peut être interdite pour le tout ou partie.

Cette clause est toujours de rigueur.

Art. 1718. — Les articles du titre *du Contrat de Mariage et des Droits respectifs des Epoux* , relatifs aux baux des biens des femmes mariées , sont applicables aux baux des biens des mineurs.

Art. 1719. — Le bailleur est obligé , par la nature du contrat , et sans qu'il soit besoin d'aucune stipulation particulière ,

1°. De délivrer au preneur la chose louée ;

2°. D'entretenir cette chose en état de servir à l'usage pour lequel elle a été louée ;

3°. D'en faire jouir paisiblement le preneur pendant la durée du bail.

Art. 1720. — Le bailleur est tenu de délivrer la chose en bon état de réparations de toute espèce.

Il doit y faire, pendant la durée du bail, toutes les réparations qui peuvent devenir nécessaires, autres que les locatives)

Art. 1721. — Il est dû garantie au preneur pour tous les vices ou défauts de la chose louée qui en empêchent l'usage, quand même le bailleur ne les aurait pas connus lors du bail.

S'il résulte de ces vices ou défauts quelque perte pour le preneur, le bailleur est tenu de l'indemniser.

Art. 1722. — Si, pendant la durée du bail, la chose louée est détruite en totalité par cas fortuit, le bail est résilié de plein droit; si elle n'est détruite qu'en partie, le preneur peut, suivant les circonstances, demander ou une diminution du prix, ou la résiliation même du bail : dans l'un et l'autre cas, il n'y a lieu à aucun dédommagement.

Art. 1723. — Le bailleur ne peut, pendant la durée du bail, changer la forme de la chose louée.

Art. 1724. — Si, durant le bail, la chose louée a besoin de réparations urgentes et qui ne puissent être différées jusqu'à sa fin, le preneur doit les souffrir, quelque incommodité qu'elles lui causent, et quoiqu'il soit privé pendant qu'elles se font, d'une partie de la chose louée.

Mais si ces réparations durent plus de quarante jours, le prix du bail sera diminué à proportion du temps et de la partie de la chose louée dont il aura été privé.

Si les réparations sont de telle nature qu'elles rendent inhabitable ce qui est nécessaire au logement du preneur et de sa famille, celui-ci pourra faire résilier le bail.

Art. 1725. — Le bailleur n'est pas tenu de garantir le preneur du trouble que des tiers apportent par voies de fait à sa jouissance, sans prétendre d'ailleurs aucun droit sur la chose louée ; sauf au preneur à les poursuivre en son nom personnel.

Art. 1726. — Si, au contraire, le locataire ou le fermier ont été troublés dans leur jouissance par suite d'une action concernant la propriété du fonds, ils ont droit à une diminution proportionnée sur le prix du bail à loyer ou à

ferme,

ferme, pourvu que le trouble et l'empêchement aient été dénoncés au propriétaire.

Art. 1727. — Si ceux qui ont commis les voies de fait prétendent avoir quelque droit sur la chose louée, ou si le preneur est lui-même cité en justice pour se voir condamner au délaissement de la totalité ou de partie de cette chose, ou à souffrir l'exercice de quelque servitude, il doit appeler le bailleur en garantie, et doit être mis hors d'instance, s'il l'exige, en nommant le bailleur pour lequel il possède.

Art. 1728. — Le preneur est tenu de deux obligations principales,

1°. D'user de la chose louée en bon père de famille, et suivant la destination qui lui a été donnée par le bail, ou suivant celle présumée d'après les circonstances, à défaut de convention;

2°. De payer le prix du bail aux termes convenus.

Art. 1729. — Si le preneur emploie la chose louée à un autre usage que celui auquel elle a été destinée, ou dont il puisse résulter un dommage pour le bailleur, celui-ci peut, suivant les circonstances, faire résilier le bail.

Art. 1730. — S'il a été fait un état des lieux entre le bailleur et le preneur, celui-ci doit rendre la chose telle qu'il l'a reçue suivant cet état, excepté ce qui a péri ou a été dégradé par vétusté ou force majeure.

Art. 1731. — S'il n'a pas été fait d'état des lieux, le preneur est présumé les avoir reçus en bon état de réparations locatives, et doit les rendre tels; sauf la preuve contraire.

Art. 1732. — Il répond des dégradations ou des pertes qui arrivent pendant sa jouissance, à moins qu'il ne prouve qu'elles ont eu lieu sans sa faute.

Liv. III. H h

Art. 1733. — Il répond de l'incendie, à moins qu'il ne prouve,

Que l'incendie est arrivé par cas fortuit ou force majeure,

Ou par vice de construction,

Ou que le feu a été communiqué par une maison voisine.

Art. 1734. — S'il y a plusieurs locataires, tous sont solidairement responsables de l'incendie,

A moins qu'ils ne prouvent que l'incendie a commencé dans l'habitation de l'un d'eux, auquel cas celui-là seul en est tenu ;

Ou que quelques-uns ne prouvent que l'incendie n'a pu commencer chez eux, auquel cas ceux-là n'en sont pas tenus.

Art. 1735. — Le preneur est tenu des dégradations et des pertes qui arrivent par le fait des personnes de sa maison ou de ses sous-locataires.

Art. 1736. — Si le bail a été fait sans écrit, l'une des parties ne pourra donner congé à l'autre qu'en observant les délais fixés par l'usage des lieux.

Art. 1737. — Le bail cesse de plein droit à l'expiration du terme fixé, lorsqu'il a été fait par écrit, sans qu'il soit nécessaire de donner congé.

Art. 1738. — Si, à l'expiration des baux écrits, le preneur reste et est laissé en possession, il s'opère un nouveau bail dont l'effet est réglé par l'article relatif aux locations faites sans écrit.

Art. 1739. — Lorsqu'il y a un congé signifié, le preneur, quoiqu'il ait continué sa jouissance, ne peut invoquer la tacite réconduction.

Art. 1740. — Dans le cas des deux articles précédens,

la caution donnée pour le bail ne s'étend pas aux obligations résultant de la prolongation.

Art. 1741. — Le contrat de louage se résout par la perte de la chose louée, et par le défaut respectif du bailleur et du preneur, de remplir leurs engagemens.

Art. 1742. — Le contrat de louage n'est point résolu par la mort du bailleur, ni par celle du preneur.

Art. 1743. Si le bailleur vend la chose louée, l'acquéreur ne peut expulser le fermier ou le locataire qui a un bail authentique ou dont la date est certaine, à moins qu'il ne se soit réservé ce droit par le contrat de bail.

Art. 1744. — S'il a été convenu, lors du bail, qu'en cas de vente l'acquéreur pourrait expulser le fermier ou locataire, et qu'il n'ait été fait aucune stipulation sur les dommages et intérêts, le bailleur est tenu d'indemniser le fermier ou le locataire de la manière suivante.

Art. 1745. — S'il s'agit d'une maison, appartement ou boutique, le bailleur paie, à titre de dommages et intérêts, au locataire évincé, une somme égale au prix du loyer pendant le temps qui, suivant l'usage des lieux, est accordé entre le congé et la sortie.

Art. 1746. — S'il s'agit de biens ruraux, l'indemnité que le bailleur doit payer au fermier est du tiers du prix du bail pour tout le temps qui reste à courir.

Art. 1747. — L'indemnité se réglera par experts, s'il s'agit de manufactures, usines, ou autres établissemens qui exigent de grandes avances.

Art. 1748. — L'acquéreur qui veut user de la faculté réservée par le bail d'expulser le fermier ou locataire en cas de vente, est en outre tenu d'avertir le locataire au temps d'avance usité dans le lieu pour les congés.

Il doit aussi avertir le fermier de biens ruraux au moins un an à l'avance.

Art. 1749. — Les fermiers ou les locataires ne peuvent être expulsés qu'ils ne soient payés par le bailleur, ou, à son défaut, par le nouvel acquéreur, des dommages et intérêts ci-dessus expliqués.

Art. 1750. — Si le bail n'est pas fait par acte authentique, ou n'a point de date certaine, l'acquéreur n'est tenu d'aucuns dommages et intérêts.

Art. 1751. — L'acquéreur à pacte de rachat ne peut user de la faculté d'expulser le preneur, jusqu'à ce que, par l'expiration du délai fixé pour le réméré, il devienne propriétaire incommutable.

SECTION II.

Des règles particulières aux baux à loyer.

Article 1752. — Le locataire qui ne garnit pas la maison de meubles suffisans, peut être expulsé, à moins qu'il ne donne des sûretés capables de répondre du loyer.

Art. 1753. — Le sous-locataire n'est tenu envers le propriétaire que jusqu'à concurrence du prix de sa sous-location dont il peut être débiteur au moment de la saisie, et sans qu'il puisse opposer des paiemens faits par anticipation.

Les paiemens faits par le sous-locataire, soit en vertu d'une stipulation portée en son bail, soit en conséquence de l'usage des lieux, ne sont pas réputés faits par anticipation.

Art. 1754. — Les réparations locatives ou de menu entretien dont le locataire est tenu, s'il n'y a clause contraire, sont celles désignées comme telles par l'usage des lieux, et, entre autres, les réparations à faire

Aux âtres, contre-cœurs, chambranles et tablettes des cheminées;

Au recrépiment du bas des murailles des appartemens, et autres lieux d'habitation, à la hauteur d'un mètre ;

Aux pavés et carreaux des chambres, lorsqu'il y en a seulement quelques-uns de cassés ;

Aux vitres, à moins qu'elles ne soient cassées par la grêle, ou autres accidens extraordinaires et de force majeure, dont le locataire ne peut être tenu ;

Aux portes, croisées, planches de cloison ou de fermeture de boutiques, gonds, targettes et serrures.

Art. 1755. — Aucune des réparations réputées locatives n'est à la charge des locataires, quand elles ne sont occasionnées que par vétusté ou force majeure.

Art. 1756. — Le curement des puits et celui des fosses d'aisance sont à la charge du bailleur, s'il n'y a clause contraire.

Art. 1757. — Le bail des meubles fournis pour garnir une maison entière, un corps de logis entier, une boutique, ou tous autres appartemens, est censé fait pour la durée ordinaire des baux de maisons, corps de logis, boutiques ou autres appartemens, selon l'usage des lieux.

Art. 1758. — Le bail d'un appartement meublé est censé fait à l'année, quand il a été fait à tant par an ;

Au mois, quand il a été fait à tant par mois ;

Au jour, s'il a été fait à tant par jour.

Si rien ne constate que le bail soit fait à tant par an, par mois ou par jour, la location est censée faite suivant l'usage des lieux.

Art. 1759. — Si le locataire d'une maison ou d'un appartement continue sa jouissance après l'expiration du bail par écrit, sans opposition de la part du bailleur, il sera censé les occuper aux mêmes conditions pour le terme fixé par l'usage des lieux, et ne pourra plus en sortir, ni en être expulsé, qu'après un congé donné suivant le délai fixé par l'usage des lieux.

Art. 1760. — En cas de résiliation par la faute du locataire, celui-ci est tenu de payer le prix du bail pendant le temps nécessaire à la relocation, sans préjudice des dommages et intérêts qui ont pu résulter de l'abus.

Art. 1761. — Le bailleur ne peut résoudre la location, encore qu'il déclare vouloir occuper par lui-même la maison louée, s'il n'y a eu convention contraire.

Art. 1762. — S'il a été convenu, dans le contrat de louage, que le bailleur pourrait venir occuper la maison, il est tenu de signifier d'avance un congé aux époques déterminées par l'usage des lieux.

SECTION III.

Des règles particulières aux baux à ferme.

Article 1763. — Celui qui cultive sous la condition d'un partage de fruits avec le bailleur, ne peut ni sous-louer ni céder, si la faculté ne lui en a été expressément accordée par le bail.

Art. 1764. — En cas de contravention, le propriétaire a droit de rentrer en jouissance, et le preneur est condamné aux dommages-intérêts résultant de l'inexécution du bail.

Art. 1765. — Si, dans un bail à ferme, on donne aux fonds une contenance moindre ou plus grande que celle qu'ils ont réellement, il n'y a lieu à augmentation ou diminution de prix pour le fermier, que dans les cas et suivant les règles exprimés au titre *de la vente.*

Art. 1766. — Si le preneur d'un héritage rural ne le garnit pas des bestiaux et des ustensiles nécessaires à son exploitation, s'il abandonne la culture, s'il ne cultive pas en bon père de famille, s'il emploie la chose louée à un autre usage que celui auquel elle a été destinée, ou, en général, s'il n'exécute pas les clauses du bail et qu'il en résulte un dommage pour le bailleur, celui-ci peut, suivant les circonstances, faire résilier le bail.

En cas de résiliation provenant du fait du preneur, celui-ci est tenu des dommages et intérêts, ainsi qu'il est dit en l'article 1764.

Art. 1767. — Tout preneur de bien rural est tenu d'engranger dans les lieux à ce destinés d'après le bail.

Art. 1768. — Le preneur d'un bien rural est tenu, sous peine de tous dépens, dommages et intérêts, d'avertir le propriétaire des usurpations qui peuvent être commises sur les fonds.

Cet avertissement doit être donné dans le même délai que celui qui est réglé en cas d'assignation suivant la distance des lieux.

Art. 1769. — Si le bail est fait pour plusieurs années, et que, pendant la durée du bail, la totalité ou la moitié d'une récolte au moins soit enlevée par des cas fortuits, le fermier peut demander une remise du prix de sa location, à moins qu'il ne soit indemnisé par les récoltes précédentes.

S'il n'est pas indemnisé, l'estimation de la remise ne peut avoir lieu qu'à la fin du bail, auquel temps il se fait une compensation de toutes les années de jouissance.

Et cependant le juge peut provisoirement dispenser le preneur de payer une partie du prix, en raison de la perte soufferte.

Art. 1770. — Si le bail n'est que d'une année, et que la perte soit de la totalité des fruits, ou au moins de la

moitié, le preneur sera déchargé d'une partie proportionnelle du prix de la location.

Il ne pourra prétendre aucune remise, si la perte est
moindre de moitié.

Art. 1771. — Le fermier ne peut obtenir de remise,
lorsque la perte des fruits arrive après qu'ils sont séparés
de la terre, à moins que le bail ne donne au propriétaire
une quotité de la récolte en nature ; auquel cas le propriétaire doit supporter sa part de la perte, pourvu que le preneur ne fût pas en demeure de lui délivrer sa portion de
récolte.

Le fermier ne peut également demander une remise,
lorsque la cause du dommage était existante et connue à
l'époque où le bail a été passé.

Art. 1772. — Le preneur peut être chargé des cas fortuits par une stipulation expresse.

Art. 1773. — Cette stipulation ne s'entend que des cas
fortuits ordinaires, tels que grêle, feu du ciel, gelée, ou
coulure.

Elle ne s'entend point des cas fortuits extraordinaires,
tels que les ravages de la guerre, ou une inondation, auxquels le pays n'est pas ordinairement sujet, à moins que le
preneur n'ait été chargé de tous les cas fortuits prévus ou
imprévus.

Art. 1774. — Le bail, sans écrit, d'un fonds rural,
est censé fait pour le temps qui est nécessaire afin que le
preneur recueille tous les fruits de l'héritage affermé.

Ainsi, le bail à ferme d'un pré, d'une vigne, et de tout
autre fonds, dont les fruits se recueillent en entier dans le
cours de l'année, est censé fait pour un an.

Le bail des terres labourables, lorsqu'elles se divisent
par soles ou saisons, est censé fait pour autant d'années
qu'il y a de soles.

Art. 1775. — Le bail des héritages ruraux, quoique fait sans écrit, cesse de plein droit à l'expiration du temps pour lequel il est censé fait, selon l'article précédent.

Art. 1776. — Si, à l'expiration des baux ruraux écrits, le preneur reste et est laissé en possession, il s'opère un nouveau bail dont l'effet est réglé par l'article 1774.

Art. 1777. — Le fermier sortant doit laisser à celui qui lui succède dans la culture, les logemens convenables et autres facilités pour les travaux de l'année suivante; et réciproquement, le fermier entrant doit procurer à celui qui sort, les logemens convenables et autres facilités pour la consommation des fourrages, et pour les récoltes restant à faire.

Dans l'un et l'autre cas, on doit se conformer à l'usage des lieux.

Art. 1778. — Le fermier sortant doit aussi laisser les pailles et engrais de l'année, s'il les a reçus lors de son entrée en jouissance : et quand même il ne les aurait pas reçus, le propriétaire pourra les retenir suivant l'estimation.

CHAPITRE III.

Du louage d'ouvrage et d'industrie.

Article 1779. — Il y a trois espèces principales de louage d'ouvrage et d'industrie.

1º. Le louage des gens de travail qui s'engagent au service de quelqu'un;

2º. Celui des voituriers, tant par terre que par eau, qui se chargent du transport des personnes ou des marchandises;

3º. Celui des entrepreneurs d'ouvrages par suite de devis ou marchés.

Du contrat de louage.

SECTION PREMIÈRE.

Du louage des domestiques et ouvriers.

Article 1780. — On ne peut engager ses services qu'à temps, ou pour une entreprise déterminée.

Art. 1781. — Le maître est cru sur son affirmation,

Pour la quotité des gages ;

Pour le paiement du salaire de l'année échue ;

Et pour les à-comptes donnés pour l'année courante.

SECTION II.

Des voituriers par terre et par eau.

Article 1782. — Les voituriers par terre et par eau sont assujettis, pour la garde et la conservation des choses qui leur sont confiées, aux mêmes obligations que les aubergistes, dont il est parlé au titre *du Dépôt et du Séquestre.*

Art. 1783. — Ils répondent non-seulement de ce qu'ils ont déjà reçu dans leur bâtiment ou voiture, mais encore de ce qui leur a été remis sur le port ou dans l'entrepôt, pour être placé dans leur bâtiment ou voiture.

Art. 1784. — Ils sont responsables de la perte et des avaries des choses qui leur sont confiées, à moins qu'ils ne prouvent qu'elles ont été perdues et avariées par cas fortuit ou force majeure.

Art. 1785. — Les entrepreneurs de voitures publiques par terre et par eau, et ceux des roulages publics, doivent tenir registre de l'argent, des effets et des paquets dont ils se chargent.

Art. 1786. — Les entrepreneurs et directeurs de voi-

tures et roulages publics, les maîtres de barques et navires, sont en outre assujettis à des réglemens particuliers qui font la loi entre eux et les autres citoyens.

SECTION III.

Des devis et des marchés.

Article 1787. — Lorsqu'on charge quelqu'un de faire
un ouvrage, on peut convenir qu'il fournira seulement
son travail ou son industrie, ou bien qu'il fournira
aussi la matière.

Art. 1788. — Si, dans le cas où l'ouvrier fournit la
matière, la chose vient à périr, de quelque manière que
ce soit, avant d'être livrée, la perte en est pour l'ouvrier, à moins que le maître ne fût en demeure de recevoir la chose.

Art. 1789. — Dans le cas où l'ouvrier fournit seulement son travail ou son industrie, si la chose vient à
périr, l'ouvrier n'est tenu que de sa faute.

Art. 1790. — Si, dans le cas de l'article précédent,
la chose vient à périr, quoique sans aucune faute de la
part de l'ouvrier, avant que l'ouvrage ait été reçu, et
sans que le maître fût en demeure de le vérifier, l'ouvrier n'a point de salaire à réclamer, à moins que la
chose n'ait péri par le vice de la matière.

Art. 1791. — S'il s'agit d'un ouvrage à plusieurs
pièces ou à la mesure, la vérification peut s'en faire par
parties ; elle est censée faite pour toutes les parties
payées, si le maître paie l'ouvrier en proportion de l'ouvrage fait.

Art. 1792. — Si l'édifice construit à prix fait, périt en
tout ou en partie par le vice de la construction, même

par le vice du sol, les architecte et entrepreneur en sont responsables pendant dix ans.

Art. 1793. — Lorsqu'un architecte ou un entrepreneur s'est chargé de la construction à forfait d'un bâtiment, d'après un plan arrêté et convenu avec le propriétaire du sol, il ne peut demander aucune augmentation de prix, ni sous le prétexte d'augmentation de la main-d'œuvre ou des matériaux, ni sous celui de changemens ou d'augmentations faits sur ce plan, si ces changemens ou augmentations n'ont pas été autorisés par écrit, et le prix convenu avec le propriétaire.

Art. 1794. — Le maître peut résilier, par sa seule volonté, le marché à forfait, quoique l'ouvrage soit déjà commencé, en dédommageant l'entrepreneur de toutes ses dépenses, de tous ses travaux, et de tout ce qu'il aurait pu gagner dans cette entreprise.

Art. 1795. — Le contrat de louage d'ouvrage est dissous par la mort de l'ouvrier, de l'architecte ou entrepreneur.

Art. 1796. — Mais le propriétaire est tenu de payer en proportion du prix porté par la convention, à leur succession, la valeur des ouvrages faits et celle des matériaux préparés, lors seulement que ces travaux ou ces matériaux peuvent lui être utiles.

Art. 1797. — L'entrepreneur répond du fait des personnes qu'il emploie.

Art. 1798. — Les maçons, charpentiers et autres ouvriers qui ont été employés à la construction d'un bâtiment ou d'autres ouvrages faits à l'entreprise, n'ont d'action contre celui pour lequel les ouvrages ont été faits, que jusqu'à concurrence de ce dont il se trouve débiteur envers l'entrepreneur, au moment où leur action est intentée.

Art. 1799. — Les maçons , charpentiers, serruriers, et autres ouvriers qui font directement des marchés à prix fait , sont astreints aux règles prescrites dans la présente section : ils sont entrepreneurs dans la partie qu'ils traitent.

CHAPITRE IV.

Du bail à cheptel.

SECTION PREMIÈRE.

DISPOSITIONS GÉNÉRALES.

Article 1800. — Le bail à cheptel est un contrat par lequel l'une des parties donne à l'autre un fonds de bétail pour le garder , le nourrir et le soigner , sous les conditions convenues entre elles.

Art. 1801. — Il y a plusieurs sortes de cheptels ;
Le cheptel simple ou ordinaire ,
Le cheptel à moitié ,
Le cheptel donné au fermier ou au colon partiaire.
Il y a encore une quatrième espèce de contrat , improprement appelée *cheptel.*

Art. 1802. — On peut donner à cheptel toute espèce d'animaux susceptibles de croît ou de profit pour l'agriculture ou le commerce.

Art. 1803. — A défaut de conventions particulières , ces contrats se règlent par les principes qui suivent.

SECTION II.

Du cheptel simple.

Article 1804. — Le bail à cheptel simple est un contrat par lequel on donne à un autre des bestiaux à garder, nourrir, et soigner, à condition que le preneur profitera de la moitié du croît, et qu'il supportera aussi la moitié de la perte.

Art. 1805. — L'estimation donnée au cheptel dans le bail, n'en transporte pas la propriété au preneur; elle n'a d'autre objet que de fixer la perte ou le profit qui pourra se trouver à l'expiration du bail.

Art. 1806. — Le preneur doit les soins d'un bon père de famille à la conservation du cheptel.

Art. 1807. — Il n'est tenu du cas fortuit que lorsqu'il a été précédé de quelque faute de sa part, sans laquelle la perte ne serait pas arrivée.

Art. 1808. — En cas de contestation, le preneur est tenu de prouver le cas fortuit, et le bailleur est tenu de prouver la faute qu'il impute au preneur.

Art. 1809. — Le preneur qui est déchargé par le cas fortuit est toujours tenu de rendre compte des peaux des bêtes.

Art. 1810. — Si le cheptel périt en entier sans la faute du preneur, la perte en est pour le bailleur.

S'il n'en périt qu'une partie, la perte est supportée en commun, d'après le prix de l'estimation originaire, et celui de l'estimation à l'expiration du cheptel.

Art. 1811. — On ne peut stipuler que le preneur supportera la perte totale du cheptel, quoique arrivée par cas fortuit et sans sa faute,

Ou qu'il supportera, dans la perte, une part plus grande que dans le profit,

Ou que le bailleur prélevera, à la fin du bail, quelque chose de plus que le cheptel qu'il a fourni.

Toute convention semblable est nulle.

Le preneur profite seul des laitages, du fumier, et du travail des animaux donnés à cheptel.

La laine et le croît se partagent.

Art. 1812. — Le preneur ne peut disposer d'aucune bête du troupeau, soit du fonds, soit du croît, sans le consentement du bailleur, qui ne peut lui-même en disposer sans le consentement du preneur.

Art. 1813. — Lorsque le cheptel est donné au fermier d'autrui, il doit être notifié au propriétaire de qui ce fermier tient; sans quoi il peut le saisir, et le faire vendre pour ce que son fermier lui doit.

Art. 1814. — Le preneur ne pourra tondre sans en prévenir le bailleur.

Art. 1815. — S'il n'y a pas de temps fixé par la convention pour la durée du cheptel, il est censé fait pour trois ans.

Art. 1816. — Le bailleur peut en demander plutôt la résolution, si le preneur ne remplit pas ses obligations.

Art. 1817. — A la fin du bail, ou lors de sa résolution, il se fait une nouvelle estimation du cheptel.

Le bailleur peut prélever des bêtes, de chaque espèce, jusqu'à concurrence de la première estimation; l'excédent se partage.

S'il n'existe pas assez de bêtes pour remplir la première estimation, le bailleur prend ce qui reste, et les parties se font raison de la perte.

SECTION III.

Du cheptel à moitié.

Article 1818. — Le cheptel à moitié est une société dans laquelle chacun des contractans fournit la moitié des bestiaux, qui demeurent communs pour le profit ou pour la perte.

Art. 1819. — Le preneur profite seul, comme dans le cheptel simple, des laitages, du fumier et des travaux des bêtes.

Le bailleur n'a droit qu'à la moitié des laines et du croît.

Toute convention contraire est nulle, à moins que le bailleur ne soit propriétaire de la métairie dont le preneur est fermier ou colon partiaire.

Art. 1820. — Toutes les autres règles du cheptel simple, s'appliquent au cheptel à moitié.

SECTION IV.

Du cheptel donné par le propriétaire à son fermier ou colon partiaire.

§ PREMIER.

Du cheptel donné au fermier.

Article 1821. — Ce cheptel (aussi appelé cheptel de fer), est celui par lequel le propriétaire d'une métairie la donne à ferme, à la charge qu'à l'expiration du bail, le fermier laissera des bestiaux d'une valeur égale au prix de l'estimation de ceux qu'il aura reçus.

Art. 1822. — L'estimation du cheptel donné au fermier, ne lui en transfère pas la propriété, mais néanmoins le met à ses risques.

Art. 1823. — Tous les profits appartiennent au fermier pendant la durée de son bail, s'il n'y a convention contraire.

Art. 1824. — Dans les cheptels donnés au fermier, le fumier n'est point dans les profits personnels des preneurs, mais appartient à la métairie, à l'exploitation de laquelle il doit être uniquement employé.

Art. 1825.

Art. 1825. — La perte, même totale, et par cas fortuit, est en entier pour le fermier, s'il n'y a convention contraire.

Art. 1826. — A la fin du bail, le fermier ne peut retenir le cheptel en en payant l'estimation originaire ; il doit en laisser un de valeur pareille à celui qu'il a reçu.

S'il y a du déficit, il doit le payer ; et c'est seulement l'excédent qui lui appartient.

§ I I.

Du cheptel donné au colon partiaire.

Article 1827. — Si le cheptel périt en entier sans la faute du colon, la perte est pour le bailleur.

Art. 1828. — On peut stipuler que le colon délaissera au bailleur sa part de la toison à un prix inférieur à la valeur ordinaire ;

Que le bailleur aura une plus grande part du profit ;

Qu'il aura la moitié des laitages :

Mais on ne peut pas stipuler que le colon sera tenu de toute la perte.

Art. 1829. — Ce cheptel finit avec le bail à métairie.

Art. 1830. — Il est d'ailleurs soumis à toutes les règles du cheptel simple.

SECTION V.

Du contrat improprement appelé cheptel.

Article 1831. — Lorsqu'une ou plusieurs vaches sont données pour les loger et les nourrir, le bailleur en conserve la propriété ; il a seulement le profit des veaux qui en naissent.

TITRE IX.

Du contrat de société.

LE PREMIER CONSUL a nommé, pour présenter la loi formant le Titre IX du CODE CIVIL, et pour en soutenir la discussion, les citoyens *Treilhard*, *Réal* et *Sainte-Suzanne*, Conseillers d'État.

Introduits dans la salle du Corps-Législatif, le 17 ventose an 12; l'un d'eux, portant la parole, a prononcé le discours suivant.

CITOYENS LÉGISLATEURS,

AVANT d'exposer les motifs du projet que le Gouvernement présente à votre sanction, il convient d'en bien déterminer l'objet.

Il ne s'agit pas aujourd'hui de cette société que contractent deux personnes d'un sexe différent, qui établit des rapports plus étroits entre deux familles, et enrichit l'État d'une troisième qui, si elle est fondée sur une conformité d'humeur, de goûts, de sentimens, prête un nouvel éclat à tous les charmes de la vie, ou présente des adoucissemens à tous ses revers.

Le projet est aussi étranger à une autre espèce de société qui se forme entre des personnes rapprochées par quelque événement quelquefois indépendant de leur volonté particulière, comme, par exemple, entre des cohéritiers tenus de supporter *en commun* les charges d'une succession dont ils partagent aussi les bénéfices, ou entre deux voisins que la loi soumet à des *obligations communes* pour leur sûreté particulière et pour le maintien de l'ordre public.

Enfin, il se forme tous les jours des sociétés de commerce :

régies par les lois et les usages de cette matière ; elles peuvent être soumises aux règles générales de la société ; mais elles ont aussi leurs règles particulières, et n'entrent pas dans le plan du titre dont vous allez vous occuper.

Il s'agit uniquement de cette espèce de société qui se forme entre deux ou plusieurs personnes à l'effet de mettre en commun, ou une propriété, ou des jouissances, pour se rendre compte et partager les bénéfices de l'association.

Ce contrat peut avoir une infinité de causes particulières. On s'associe pour un achat, pour un échange, pour un louage, pour une entreprise, enfin pour toute espèce d'affaires ; des associés peuvent donc, en cette qualité, être soumis à toutes les règles des différens contrats, suivant le motif qui les a réunis.

Tel est le caractère distinctif du contrat de société. Les autres contrats ont des engagemens bornés et réglés par leur nature particulière ; mais le contrat de société a une étendue bien plus vaste, puisqu'il peut embrasser dans son objet tous les engagemens et toutes les conventions.

Tout ce qui est licite est de son domaine ; il ne trouve de limites que dans une prohibition expresse de la loi. Ainsi, on ne peut s'associer ni pour un commerce de contrebande, ni pour exercer des vols, ni pour tenir un mauvais lieu, ni pour des manœuvres qui tendraient à faire hausser le prix d'une denrée, ni enfin pour aucun fait réprouvé par la loi ou par les bonnes mœurs.

Mais tout ce qui ne se trouve pas frappé de cette prohibition, peut être l'objet du contrat de société.

Les parties sont libres d'insérer dans leurs traités toutes les clauses qu'elles jugent convenables ; rien de ce qui est honnête et permis ne doit en être exclus.

Ce contrat est de droit naturel ; il se forme et se gouverne par les seules règles de ce droit ; il doit sur-tout reposer sur la bonne foi : sans doute elle est nécessaire dans tous les contrats ; mais elle est plus expressément encore requise dans les contrats de société ; elle devrait être excessive, s'il est permis de le dire, et s'il pouvait y avoir des excès dans la bonne foi.

Si la société n'était formée que pour l'intérêt d'un seul , la bonne foi ne serait-elle pas étrangement violée ? Il faut donc l'unir pour l'intérêt commun des parties qui contractent. C'est-là la première règle , la règle fondamentale de toute société. Il est contre la nature qu'une société de plusieurs , de quelque espèce qu'on la suppose , se forme pour l'intérêt particulier , pour le seul intérêt d'une des parties. On n'a pas pu marquer plus fortement les vices d'une pareille société , qu'en la qualifiant de *léonine* ; c'est d'une part la force , de l'autre la faiblesse : il ne peut y avoir entre elles aucun traité , parce qu'il ne peut exister ni liberté , ni consentement. Or , la société est un contrat consensuel , et la loi ne peut voir de consentement véritable dans un contrat de société dont un seul recueillerait tout le profit , et dont l'intérêt commun des parties ne serait pas la base.

Tel est , citoyens Législateurs , l'esprit de quelques dispositions générales contenues dans le premier chapitre du projet.

Je ne parle pas de la nécessité de rédiger un écrit pour toute espèce de société dont l'objet est d'une valeur de plus de 150 fr. La formalité de l'écriture n'est pas nécessaire pour la substance d'un contrat ; elle est prescrite seulement pour la preuve : le contrat est parfait entre les parties contractantes , par le consentement , et indépendamment de tout écrit : mais les tribunaux n'en peuvent reconnaître l'existence que lorsqu'elle est prouvée ; et la prudence ne permet pas d'admettre d'autres preuves que celles qui résultent d'un acte , quand il a été possible d'en faire. Cette disposition n'est pas particulière au contrat de société ; elle s'applique à toute espèce de convention. Vous avez déjà plusieurs fois entendu sur ce point des discussions lumineuses qui me dispensent de m'en occuper. Je passe donc aux diverses espèces de société.

Elles peuvent être universelles ou particulières. Elles sont universelles , quand elles comprennent tous les biens des associés ou tous les gains qu'ils pourront faire.

Elles sont particulières , quand elles n'ont pour objet que des choses déterminées : c'est la volonté et la volonté seule des parties qui règle ce qui doit entrer dans la société , et qui la range par conséquent dans l'une ou l'autre de ces deux classes.

Ici je ne remarquerai que deux dispositions du projet : l'une défend de comprendre dans la société , même universelle , la propriété des biens qui pourraient échoir dans la suite par succession , donation ou legs.

L'autre ne permet de société universelle qu'entre personnes repectivement capables de se donner ou de recevoir, et qui ne sont frappées d'aucune prohibition de s'avantager entre elles.

Le motif de cette dernière disposition se fait assez sentir : c'est par des considérations d'une haute importance que vous avez établi entre quelques personnes des incapacités de se donner au préjudice de quelques autres. Ces prohibitions ne sont pas nombreuses dans notre législation ; mais enfin il en existe : or, ce que vous avez expressément défendu , ce qu'on ne peut faire directement , il serait inconséquent et dérisoire de le tolérer indirectement ; il ne faut donc pas que , sous les fausses apparences d'une société , on puisse , en donnant en effet , éluder la prohibition de la loi qui a défendu de donner , et que ce qui est illicite devienne permis, en déguisant , sous les qualités d'associés , celles de donateur et de donataire.

Les motifs de la prohibition de comprendre dans la société la propriété des biens à venir , ne se font peut-être pas sentir si promptement ni si vivement.

Dans le droit romain , les biens à venir pouvaient être mis en société comme les biens présens ; et une pareille convention n'offre, il faut l'avouer , rien qui répugne précisément à l'ordre naturel : mais lorsque nous en avons examiné les conséquences, nous avons pensé qu'il était plus convenable de la défendre.

Les donations des biens à venir , étaient aussi permises par le droit romain , et cependant peu de personnes ont refusé des applaudissemens à la disposition de l'ordonnance de 1731 , qui les a proscrites en général , et sauf les cas du mariage.

Si les actes de société peuvent déguiser des actes de donation, la prohibition de comprendre les biens à venir dans ces derniers, doit entraîner, par une conséquence inévitable, la prohibition de les comprendre dans les premiers.

S'il doit y avoir une égalité de mises dans la société, dans quelle classe pourrait-on ranger celle qui se formerait entre deux hommes, aujourd'hui peut-être égaux en fortune, mais dont l'un n'aurait aucune perspective d'augmentation pour la sienne, pendant que l'autre aurait des perspectives immenses, prochaines, immanquables; et peut-on se dissimuler que, dans ce cas, l'égalité ne serait qu'apparente, mais que l'inégalité serait monstrueuse?

Enfin, il faut que tout ce qui entre dans la société au moment où elle se forme, puisse être connu et apprécié : c'est le seul moyen d'assurer une répartition de profits proportionnée aux apports, et de se soustraire aux désastreux effets d'une société léonine, ou quasi-léonine.

Nous n'avons pu voir dans la société des biens à venir, aucun avantage réel qui pût compenser les inconvéniens qu'elle entraînerait après elle, et nous avons prévenu, en la prohibant, les surprises et les fraudes dont elle serait presque toujours suivie.

Passons actuellement aux engagemens des associés, soit entre eux, soit à l'égard des tiers.

Les associés peuvent insérer dans leur contrat toute clause qui ne blesse, ni la loi, ni les bonnes mœurs, et la mesure de leurs engagemens est celle dont il leur a plu de convenir.

Nous l'avons déjà dit, la bonne foi est sur-tout nécessaire dans le contrat de société; et comme toute clause qui tendrait à jeter sur l'un toutes les charges, et à gratifier l'autre de tous les bénéfices, se trouverait en opposition manifeste avec la bonne foi et la nature de l'acte, pareille convention serait essentiellement nulle. Il faut, pour que l'égalité ne soit pas violée, qu'il y ait entre les associés, répartition des charges et des bénéfices : non qu'il soit nécessaire que toutes les mises soient égales ou de même nature, et que la part dans les profits soit la même pour tous; mais il faut que la différence dans la répartition des bénéfices, s'il en existe une, soit fondée, ou sur une mise plus forte, ou sur des risques plus grands, ou sur de plus éminens services, ou enfin sur toute autre cause légitime en faveur de celui qui est le plus avantagé.

La mise de chaque associé peut être différente : l'un peut apporter de l'argent comptant, un autre une maison, un troisième son industrie ; et ce n'est peut-être pas celui dont la mise sera la moins utile : mais il faut toujours de la réalité dans cette mise ; si elle n'était qu'illusoire et en paroles, la convention serait en effet léonine.

Elle est contraire à l'honnêteté et aux bonnes mœurs, quand la mise ne consiste que dans une promesse de crédit, vaine le plus souvent, mais toujours coupable quand elle est payée. Loin de nous ces vils intrigans qui, vendant leurs manœuvres et leur protection, trompent également, et l'autorité dont ils surprennent la confiance, et l'honnête homme qui compte sur eux !

Au reste, toutes les règles que les associés pourront établir sur le mode d'administration et de partage, doivent être scrupuleusement observées quand elles ont été faites de bonne foi. Les dispositions que nous présentons à cet égard, ne sont applicables qu'à défaut de convention par les parties : on ne doit y avoir recours, que dans le cas où l'acte serait muet. Alors seulement la loi est consultée ; et comme elle supplée la volonté de l'homme dans un contrat du ressort du droit naturel, et tout de bonne foi, il faut, en cette matière sur-tout, que la raison dicte, et que le législateur écrive.

Vous trouverez ce caractère, j'ose le dire, dans les dispositions qui vous sont présentées ; elles règlent l'époque où la société doit commencer, la durée qu'elle doit avoir, les engagemens des associés, soit pour fournir la mise, soit pour se faire mutuellement raison de leurs frais et avances, soit pour la réparation des dommages qu'ils ont pu causer, soit pour le mode d'administration, soit pour le partage des bénéfices, soit enfin pour tous les incidens qui peuvent survenir dans le cours d'une société : mais, nous le répétons encore, ces règles ne sont applicables que dans le silence des parties intéressées.

Ainsi, à défaut de convention, la société commence à l'instant du contrat ; elle dure pendant la vie des associés, ou jusqu'à une renonciation valable de la part de l'un d'eux, ou jusqu'à ce que l'affaire particulière qui en est l'objet soit terminée.

L'associé doit apporter tout ce qu'il a promis ; il est garant de l'éviction de ce qu'il a porté ; il doit les intérêts, à compter du jour où il a dû faire son paiement ; il les doit aussi des sommes appartenant à la société qu'il aurait employées à son usage personnel.

S'il a promis son industrie, il doit tous les gains qu'elle peut lui procurer.

S'il est créancier d'une somme exigible, et que son débiteur soit aussi le débiteur de la société, il doit faire, de ce qu'il touche une juste imputation sur les deux créances ; la bonne foi ne permet pas qu'il s'occupe moins de celle de la société que de celle qui lui est personnelle.

S'il a causé des dommages par sa faute, il est tenu de les réparer, sans offrir en compensation les profits que son industrie a pu d'ailleurs procurer : car ces profits ne sont pas à lui ; ils appartiennent à la société.

Par le même motif, l'associé a le droit de réclamer les sommes qu'il a déboursées pour elle ; il est indemnisé des obligations qu'il a aussi contractées de bonne foi.

Si l'acte de société n'a pas déterminé les portions dans les bénéfices ou les pertes, elles sont égales.

Si le mode d'administration n'est pas réglé, les associés sont censés s'être donné réciproquement le pouvoir d'administrer l'un pour l'autre : ils peuvent, sans le consentement de leurs coassociés, admettre un tiers à leur part dans la société ; mais ils ne peuvent pas l'adjoindre à la société même : la confiance personnelle est la base de ce contrat ; et l'ami de notre associé peut n'avoir pas notre confiance.

Enfin, si les associés conviennent de s'en rapporter à un arbitre pour le règlement des contestations qui pourraient s'élever entre eux, ce règlement doit être sacré, à moins que quelque disposition évidemment contraire à l'équité n'en sollicitât hautement la réforme : encore a-t-on du fixer un terme court à la partie lésée, pour faire sa réclamation.

Je crois, citoyens Législateurs, que de pareilles dispositions se trouvent dans un accord parfait avec l'équité naturelle et la saine raison.

Telles seront les règles des associés entre eux, quand ils n'auront pas fait de conventions différentes : car, on ne saurait trop le répéter, les conventions des associés sont leurs premières lois, si elles ne se trouvent empêchées par aucune prohibition.

C'est aussi dans l'acte même de société qu'il faut chercher la mesure des engagemens des associés envers des tiers.

Un associé ne peut engager la société qu'autant qu'il contracte en son nom, et qu'il a reçu le pouvoir de le faire. Celui qui traite avec l'associé, peut demander, s'il a des doutes, la communication de l'acte de société. S'il n'a voulu que l'engagement personnel de celui avec qui il traitait, il n'est certainement pas fondé à prétendre que les autres associés soient engagés avec lui; bien entendu toutefois que tout se passe sans fraude, et que le tiers n'est pas en état de prouver qu'il a été trompé par l'associé, ou que la chose a tourné au profit de la société.

Les dettes de la société sont supportées également par tous ses membres ; ils ne sont point solidaires entre eux lorsque l'acte qui les a réunis ne présente rien de contraire : n'oublions pas qu'il ne s'agit pas ici des sociétés de commerce, mais seulement des autres sociétés qui peuvent se former entre les citoyens et pour tout autre objet.

Vous avez consacré la maxime qu'une obligation n'est solidaire que lorsque le titre donne expressément le droit de poursuivre chacun des débiteurs pour le tout : la disposition du projet sur ce point, n'est qu'une application de cette disposition générale déjà sanctionnée.

Enfin, nous arrivons au dernier chapitre du projet sur les différentes manières dont finit la société.

C'est dans la nature même du contrat qu'il faut rechercher les causes de sa dissolution.

Le contrat de société est consensuel : on ne peut pas être

en société malgré soi ; la bonne foi est la première base du contrat ; la confiance mutuelle des associés dans leurs personnes respectives en est le véritable lien : il est facile , d'après ces notions , de déterminer la durée des sociétés.

Le contrat étant formé par le consentement, peut se résoudre, sans contredit , par une volonté contraire.

Le contrat peut avoir pour objet une affaire déterminée ; la société expire donc naturellement lorsque l'affaire est finie.

Le contrat peut être formé pour un temps limité ; la société cesse donc d'exister à l'expiration du terme convenu ; elle ne doit pas finir plutôt , à moins , toutefois , que l'un des associés eût un juste motif d'en provoquer le terme; comme , par exemple , si le coassocié n'exécutait pas les conditions du contrat : la société repose sur la bonne foi , et celui qui viole ses engagemens ne peut pas retenir un autre sous des liens qu'il a brisés lui-même.

Si le contrat de société avait pour objet des affaires indéterminées , s'il était fait sans limitation de temps , il serait censé , comme on l'a déjà dit , devoir se prolonger pendant la vie des associés : mais comme personne ne peut être perpétuellement retenu en société malgré lui , chaque associé conserve toujours le droit de déclarer sa renonciation; et la société se termine.

Cette faculté cependant ne peut être exercée , ni de mauvaise foi , ni à contre-temps.

Si l'associé renonçait dans un moment , ou par l'effet de cette déclaration , il s'approprierait les bénéfices que les associés s'étaient proposé de faire en commun; sa renonciation serait évidemment de mauvaise foi.

Elle serait faite à contre-temps, si , les choses n'étant plus entières , elle blessait l'intérêt commun de la société : la volonté particulière et l'intérêt privé de celui qui veut rompre le contrat, ne doivent pas seuls être consultés. S'il a le droit de renoncer, parce que sa volonté ou son intérêt ne sont plus les mêmes , il faut aussi qu'il ne compromette pas les intérêts d'autrui , par la précipitation excessive qu'il mettrait à pourvoir aux siens.

La société se compose d'objets mis en commun; s'ils viennent à périr , il est évident qu'il n'y a plus de société. Il n'est pas même nécessaire que tous ces objets périssent, pour que la société soit rompue. Si de deux associés, l'un se trouve dans l'impossibilité d'apporter la chose qu'il avait promise, parce qu'elle n'existe plus, il ne peut plus y avoir de société. Il en est de même lorsque deux associés n'ayant mis en commun que des jouissances, en conservant chacun sa propriété, la chose de l'un vient à périr, il n'y a plus de mise de sa part, et par conséquent plus de société.

Le contrat est aussi rompu par la mort naturelle ou civile de l'un des associés : on s'associe à la personne; quand elle n'est plus, le contrat se dissout. On tenait si rigoureusement à ce principe dans le droit romain, qu'il était même interdit aux associés de convenir que l'héritier de l'un d'eux prendrait la place du défunt; nous n'avons pas été jusques-là. Nous ne trouvons rien qui blesse la bonne foi, les convenances, ni les bonnes mœurs dans la clause qui admettait l'héritier de l'associé : si telle a été la volonté des parties, pourquoi ne serait-elle pas exécutée?

La faillite de l'un des associés opère aussi la dissolution de la société. Il ne peut plus y avoir ni confiance dans la personne, ni égalité dans le contrat, qui tombe aussitôt, parce qu'il reposait principalement sur ces deux bases.

Quand la société est finie, les associés procèdent à la liquidation et au partage : c'est dans leurs conventions primitives qu'ils trouvent les règles de la contribution de chacun aux charges, et de sa part dans les bénéfices. A défaut de convention, les règles générales que nous avons établies reçoivent leur application; mais pour tout ce qui concerne les formes du partage, ses effets, et les causes qui peuvent en opérer la rescision, nous avons dû renvoyer au chapitre VI du titre *des successions*, qui présente sur cette matière des dispositions auxquelles nous n'avons rien à ajouter.

Vous connaissez actuellement, citoyens Législateurs, tous les motifs du projet qui vous est soumis. Le Gouvernement croit avoir rempli dans toute son étendue l'objet qu'il a dû se proposer; mais, il faut en convenir, les dispositions les plus sages peuvent être impuissantes et même devenir dangereuses, quand elles ne sont pas appliquées avec discernement et impartialité. La sagesse des tribunaux est en quelque manière le complément de la loi et la première garantie de son exécution. Nous n'eûmes jamais plus de droit d'espérer qu'ils acquitteront fidèlement cette dette sacrée.

Il est déjà bien loin de nous, le temps où des juges nommés par un parti et dans un parti, disparaissaient avec lui.

La nation entière se presse autour d'un Gouvernement juste et ferme, et promet à la magistrature, stabilité, confiance, respect : le besoin de la justice est vivement et universellement senti. S'il faut de la force pour réprimer les ennemis de l'Etat, la justice n'est pas moins nécessaire pour régler sagement les droits des citoyens.

Lorsque toutes les autorités rivalisent, entre elles, d'amour pour le Gouvernement, de talens et de zèle, la magistrature, n'en doutons pas, saura se distinguer encore par les vertus qui lui sont particulières; par cette probité sévère que rien ne peut ébranler; par cette abnégation absolue d'affections, d'opinions, de préjugés, sans laquelle le juge de la nation ne serait plus que l'homme d'un parti; par ces méditations profondes auxquelles rien ne peut échapper de ce qu'il est utile de connaître; par cette modestie enfin, cette simplicité de mœurs qui font de la vie d'un magistrat, une leçon vivante et perpétuelle pour ses concitoyens.

Voilà les traits qui distingueront dans tous les âges le véritable magistrat; voilà les vertus qui mériteront à la magistrature le respect et la vénération des peuples.

Nous avons devancé nos rivaux dans bien des carrières : je ne crains pas de dire qu'il n'en est aucune dans laquelle ils nous aient surpassés. Que la vertu de nos magistrats égale la sagesse de nos lois, et rien ne manquera au bonheur des citoyens, comme il ne manque rien pour la gloire de la nation.

Je vais donner lecture du texte de la loi proposée.

Suit le texte de la loi.

TITRE IX.

Du contrat de société.

Décrété le 17 ventose an 12. Promulgué le 27 du même mois.

CHAPITRE PREMIER.

Dispositions générales.

Article 1832. — La société est un contrat par lequel deux ou plusieurs personnes conviennent de mettre quelque chose en commun, dans la vue de partager le bénéfice qui pourra en résulter.

Art. 1833. — Toute société doit avoir un objet licite, et être contractée pour l'intérêt commun des parties.

Chaque associé doit y apporter ou de l'argent, ou d'autres biens, ou son industrie.

Art. 1834. — Toutes sociétés doivent être rédigées par écrit, lorsque leur objet est d'une valeur de plus de cent cinquante francs. La preuve testimoniale n'est point admise contre et outre le contenu en l'acte de société, ni sur ce qui serait allégué avoir été dit avant, lors ou depuis cet acte, encore qu'il s'agisse d'une somme ou valeur moindre de cent cinquante francs.

CHAPITRE II.

Des diverses espèces de sociétés.

Article 1835. — Les sociétés sont universelles ou particulières.

SECTION PREMIÈRE.

Des sociétés universelles.

Article 1836. — On distingue deux sortes de sociétés universelles, la société de tous biens présens, et la société universelle de gains.

Art. 1837. — La société de tous biens présens est celle par laquelle les parties mettent en commun tous les biens meubles et immeubles qu'elles possèdent actuellement, et les profits qu'elles pourront en tirer.

Elles peuvent aussi y comprendre toute autre espèce de gains ; mais les biens qui pourraient leur avenir par succession, donation ou legs, n'entrent dans cette société que pour la jouissance : toute stipulation tendant à y faire entrer la propriété de ces biens, est prohibée, sauf entre époux, et conformément à ce qui est réglé à leur égard.

Art. 1838. — La société universelle de gains renferme tout ce que les parties acquerront par leur industrie, à quelque titre que ce soit, pendant le cours de la société : les meubles que chacun des associés possède au temps du contrat, y sont aussi compris ; mais leurs immeubles personnels n'y entrent que pour la jouissance seulement.

Art. 1839. — La simple convention de société universelle, faite sans autre explication, n'emporte que la société universelle de gains.

Art. 1840. — Nulle société universelle ne peut avoir lieu qu'entre personnes respectivement capables de se donner ou de recevoir l'une de l'autre, et auxquelles il n'est point défendu de s'avantager au préjudice d'autres personnes.

SECTION II.

De la société particulière.

Article 1841. — La société particulière est celle qui ne s'applique qu'à certaines choses déterminées, ou à leur usage, ou aux fruits à en percevoir.

Art. 1842. — Le contrat par lequel plusieurs personnes s'associent, soit pour une entreprise désignée, soit pour l'exercice de quelque métier ou profession, est aussi une société particulière.

CHAPITRE III.

Des engagemens des associés entre eux et à l'égard des tiers.

SECTION PREMIÈRE.

Des engagemens des associés entre eux.

Article 1843. — La société commence à l'instant même du contrat, s'il ne désigne une autre époque.

Art. 1844. — S'il n'y a pas de convention sur la durée de la société, elle est censée contractée pour toute la vie des associés, sous la modification portée en l'article 1869 ; ou, s'il s'agit d'une affaire dont la durée soit limitée, pour tout le temps que doit durer cette affaire.

Art. 1845. — Chaque associé est débiteur envers la société de tout ce qu'il a promis d'y apporter.

Lorsque cet apport consiste en un corps certain, et que la société en est évincée, l'associé en est garant envers la société, de la même manière qu'un vendeur l'est envers son acheteur.

Art. 1846. — L'associé qui devait apporter une somme

dans la société, et qui ne l'a point fait, devient de plein droit et sans demande, débiteur des intérêts de cette somme, à compter du jour où elle devait être payée.

Il en est de même à l'égard des sommes qu'il a prises dans la caisse sociale, à compter du jour où il les en a tirées pour son profit particulier; le tout sans préjudice de plus amples dommages-intérêts, s'il y a lieu.

Art. 1847. — Les associés qui se sont soumis à apporter leur industrie à la société, lui doivent compte de tous les gains qu'ils ont faits par l'espèce d'industrie qui est l'objet de cette société.

Art. 1848. — Lorsque l'un des associés est, pour son compte particulier, créancier d'une somme exigible envers une personne qui se trouve aussi devoir à la société une somme également exigible, l'imputation de ce qu'il reçoit de ce débiteur, doit se faire sur la créance de la société, et sur la sienne, dans la proportion des deux créances, encore qu'il eût par sa quittance dirigé l'imputation intégrale sur sa créance particulière : mais s'il a exprimé dans sa quittance, que l'imputation serait faite en entier sur la créance de la société, cette stipulation sera exécutée.

Art. 1849. — Lorsqu'un des associés a reçu sa part entière de la créance commune, et que le débiteur est depuis devenu insolvable, cet associé est tenu de rapporter à la masse commune ce qu'il a reçu, encore qu'il eût spécialement donné quittance *pour sa part.*

Art. 1850. — Chaque associé est tenu envers la société, des dommages qu'il lui a causés par sa faute, sans pouvoir compenser avec ces dommages, les profits que son industrie lui aurait procurés dans d'autres affaires.

Art. 1851. — Si les choses, dont la jouissance seulement
lement

lement a été mise dans la société, sont des corps certains et déterminés, qui ne se consomment point par l'usage, elles sont aux risques de l'associé propriétaire.

Si ces choses se consomment, si elles se détériorent en les gardant, si elles ont été destinées à être vendues, ou si elles ont été mises dans la société, sur une estimation portée par un inventaire, elles sont aux risques de la société.

Si la chose a été estimée, l'associé ne peut répéter que le montant de son estimation.

Art. 1852. — Un associé a action contre la société, non-seulement à raison des sommes qu'il a déboursées pour elle, mais encore à raison des obligations qu'il a contractées de bonne foi pour les affaires de la société, et des risques inséparables de sa gestion.

Art. 1853. — Lorsque l'acte de société ne détermine point la part de chaque associé dans les bénéfices ou pertes, la part de chacun est en proportion de sa mise dans le fonds de la société.

A l'égard de celui qui n'a apporté que son industrie, sa part dans les bénéfices ou dans les pertes est réglée comme si sa mise eût été égale à celle de l'associé qui a le moins apporté.

Art. 1854. — Si les associés sont convenus de s'en rapporter à l'un d'eux, ou à un tiers, pour le réglement des parts, ce réglement ne peut être attaqué, s'il n'est évidemment contraire à l'équité.

Nulle réclamation n'est admise à ce sujet, s'il s'est écoulé plus de trois mois depuis que la partie qui se prétend lésée a eu connaissance du réglement, ou si ce réglement a reçu de sa part un commencement d'exécution.

Art. 1855. — La convention qui donnerait à l'un des associés la totalité des bénéfices, est nulle.

Il en est de même de la stipulation qui affranchirait de toute contribution aux pertes, les sommes ou effets mis dans le fonds de la société par un ou plusieurs des associés.

Art. 1856. — L'associé chargé de l'administration par une clause spéciale du contrat de société, peut faire, nonobstant l'opposition des autres associés, tous les actes qui dépendent de son administration, pourvu que ce soit sans fraude.

Ce pouvoir ne peut être révoqué sans cause légitime, tant que la société dure; mais s'il n'a été donné que par acte postérieur au contrat de société, il est révocable comme un simple mandat.

Art. 1857. — Lorsque plusieurs associés sont chargés d'administrer sans que leurs fonctions soient déterminées, ou sans qu'il ait été exprimé que l'un ne pourrait agir sans l'autre, ils peuvent faire chacun séparément tous les actes de cette administration.

Art. 1858. — S'il a été stipulé que l'un des administrateurs ne pourra rien faire sans l'autre, un seul ne peut, sans une nouvelle convention, agir en l'absence de l'autre, lors même que celui-ci serait dans l'impossibilité actuelle de concourir aux actes d'administration.

Art. 1859. — A défaut de stipulations spéciales sur le mode d'administration, l'on suit les règles suivantes:

1°. Les associés sont censés s'être donné réciproquement le pouvoir d'administrer l'un pour l'autre. Ce que chacun fait, est valable, même pour la part de ses associés, sans qu'il ait pris leur consentement; sauf le droit qu'ont ces derniers, ou l'un d'eux, de s'opposer à l'opération avant qu'elle soit conclue.

2°. Chaque associé peut se servir des choses apparte-nant à la société, pourvu qu'il les emploie à leur des-tination fixée par l'usage, et qu'il ne s'en serve pas contre l'intérêt de la société, ou de manière à empêcher ses associés d'en user selon leur droit.

3°. Chaque associé a le droit d'obliger ses associés à faire avec lui les dépenses qui sont nécessaires pour la conservation des choses de la société.

4°. L'un des associés ne peut faire d'innovations sur les immeubles dépendans de la société, même quand il les soutiendrait avantageuses à cette société, si les autres associés n'y consentent.

Art. 1860. — L'associé qui n'est point administra-teur, ne peut aliéner ni engager les choses même mo-bilières qui dépendent de la société.

Art. 1861. — Chaque associé peut, sans le consen-tement de ses associés, s'associer une tierce personne, re-lativement à la part qu'il a dans la société : il ne peut pas, sans ce consentement, l'associer à la société, lors même qu'il en aurait l'administration.

SECTION II.

Des engagemens des associés à l'égard des tiers.

Article 1862. — Dans les sociétés autres que celles de commerce, les associés ne sont pas tenus solidairement des dettes sociales, et l'un des associés ne peut obliger les autres, si ceux-ci ne lui en ont conféré le pouvoir.

Art. 1863. — Les associés sont tenus envers le créan-cier avec lequel ils ont contracté, chacun pour une somme et part égales, encore que la part de l'un d'eux dans la société fût moindre, si l'acte n'a pas spéciale-ment restreint l'obligation de celui-ci sur le pied de cette dernière part.

Art. 1864. — La stipulation que l'obligation est con-

K k 2

tractée pour le compte de la société, ne lie que l'associé contractant et non les autres, à moins que ceux-ci ne lui aient donné pouvoir, ou que la chose n'ait tourné au profit de la société.

CHAPITRE IV.

Des différentes manières dont finit la société.

Article 1865. — La société finit,

1°. Par l'expiration du temps pour lequel elle a été contractée;

2°. Par l'extinction de la chose, ou la consommation de la négociation;

3°. Par la mort naturelle de quelqu'un des associés;

4°. Par la mort civile, l'interdiction ou la déconfiture de l'un d'eux;

5°. Par la volonté qu'un seul ou plusieurs expriment de n'être plus en société.

Art. 1866. — La prorogation d'une société à temps limité, ne peut être prouvée que par un écrit revêtu des mêmes formes que le contrat de société.

Art. 1867. — Lorsque l'un des associés a promis de mettre en commun la propriété d'une chose, la perte survenue avant que la mise en soit effectuée, opère la dissolution de la société par rapport à tous les associés.

La société est également dissoute dans tous les cas par la perte de la chose, lorsque la jouissance seule a été mise en commun, et que la propriété en est restée dans la main de l'associé.

Mais la société n'est pas rompue par la perte de la chose dont la propriété a déja été apportée à la société.

Art. 1868. — S'il a été stipulé qu'en cas de mort de l'un des associés, la société continuerait avec son héritier, ou seulement entre les associés survivans, ces dispositions seront suivies : au second cas, l'héritier du décédé n'a droit qu'au partage de la société, eu égard à la situation de cette société lors du décès, et ne participe aux droits ultérieurs qu'autant qu'ils sont une suite nécessaire de ce qui s'est fait avant la mort de l'associé auquel il succède.

Art. 1869. — La dissolution de la société par la volonté de l'une des parties ne s'applique qu'aux sociétés dont la durée est illimitée, et s'opère par une renonciation notifiée à tous les associés, pourvu que cette renonciation soit de bonne foi, et non faite à contre-temps.

Art. 1870. — La renonciation n'est pas de bonne foi lorsque l'associé renonce pour s'approprier à lui seul le profit que les associés s'étaient proposé de retirer en commun.

Elle est faite à contre-temps lorsque les choses ne sont plus entières, et qu'il importe à la société que sa dissolution soit différée.

Art. 1871. — La dissolution des sociétés à terme ne peut être demandée par l'un des associés avant le terme convenu, qu'autant qu'il y en a de justes motifs, comme lorsqu'un autre associé manque à ses engagemens, ou qu'une infirmité habituelle le rend inhabile aux affaires de la société, ou autres cas semblables, dont la légitimité et la gravité sont laissées à l'arbitrage des juges.

Art. 1872. — Les règles concernant le partage des successions, la forme de ce partage, et les obligations qui en résultent entre les cohéritiers, s'appliquent aux partages entre associés.

Disposition relative aux sociétés de commerce.

Art. 1873. — Les dispositions du présent titre ne s'appliquent aux sociétés de commerce que dans les points qui n'ont rien de contraire aux lois et usages du commerce.

TITRE X.

Du Prêt.

LE PREMIER CONSUL a nommé, pour présenter la loi formant le titre X du CODE CIVIL, et pour en soutenir la discussion, les cit. *Galli*, *Réal et Najac*, Conseillers d'État.

Introduits dans la salle du Corps-Législatif, le 18 ventose an 12 ; l'un d'eux, portant la parole, a prononcé le discours suivant.

CITOYENS LÉGISLATEURS,

L'ON vous a présenté, ces jours passés, les Titres VI, VII et VIII du Livre III du projet de Code civil, qui sont ceux *de la Vente*, *de l'Échange* et *du Louage*.

On ne peut pas toujours acheter, échanger ou louer, pour avoir certaines choses, dont nous manquons, et dont nous avons besoin. Ce fut donc une suite de notre liaison, de notre humanité, de nous en accommoder l'un l'autre, et de nous aider mutuellement par divers moyens, notamment, par celui du *Prêt à usage* (1).

Le projet de loi, qui vous est soumis aujourd'hui, est donc celui *du Prêt*. Son titre, qui est le dixième du livre III, est divisé en trois chapitres. Le premier est *du Prêt à usage*, ou *Commodat* ; le second est *du Prêt de consommation* ou *simple prêt* ; le troisième est *du Prêt à intérêt*.

L'article 2 nous donne la définition du prêt à usage ou com-

----

(1) Domat, *Lois civiles*, liv. I, tit. V, *du prêt à usage*, page 55, colonnes 1re. et 2e., édition de Paris, 1781.

modat. Il nous dit que « c'est un contrat , par lequel l'une des
» parties livre une chose à l'autre pour s'en servir , à la charge,
» par le preneur , de la rendre après s'en être servi ».

Le prêt à usage n'est pas un contrat commutatif ; il est entièrement lucratif vis-à-vis de l'emprunteur (1).

Aussi, les jurisconsultes mettent le prêt à usage parmi les
contrats de bienfaisance, étant de son essence d'être gratuit (2).

Notez bien ces dernières paroles, *à la charge de la rendre
après s'en être servi*, puisqu'autrement ce serait , non pas un
prêt à usage , non pas un commodat, mais *un précaire.*

*Precarium est, quòd precibus petenti utendum conceditur tam-
diù quamdiù is qui concessit patitur* (3).

L'article 3 nous observe que « ce prêt est essentiellement
» gratuit ». Oui , car s'il y avait un prix , ce serait un louage ;
§ 2 , Inst. *Quib. mod. re contrahitur oblig.* Ibi : *Commodat
res tunc propriè intelligitur , si nullâ mercede acceptâ vel consti-
tutâ (res) utenda data est... Gratuitum enim debet esse commo-
datum.*

L'article 12 porte que « l'emprunteur ne peut pas retenir
» la chose par compensation de ce que le prêteur lui doit ».
Pretextu debiti restitutio commodati non probabiliter recusatur.
L. ult. Cod. *Commodati.*

L'article 15 s'exprime ainsi : « Le prêteur ne peut retirer sa
» chose qu'après le terme convenu , ou ; à défaut de convention,
» qu'après qu'elle a servi à l'usage pour lequel elle a été em-
» pruntée ».

Très-bien , c'est la doctrine du texte ; dans la loi 17 , § 3 ,
ff. *Commodati* , où cette opinion est confirmée par l'exemple
du mandat. *Ibi : Voluntatis est suscipere mandatum ; necessitatis consumare.* C'est une suite du principe général : *Quæ sunt*

---

(1) Pothier, tom. II , *du prêt à usage* , page 701 , édition d'Orléans ,
1781.
(2) *Idem* , pag. 669 et 671.
Puffendorff, liv. V , chap. IV , § VI; *du Droit de la nature et des gens.*
(3) L. 1re. , ff. *de Prec. L. II , §. ult. Cod.*

ab initio nudæ voluntatis , sæpius fiunt postea necessitatis (1).

Néanmoins (dit l'article 16) « si pendant ce délai, ou avant
» que le besoin de l'emprunteur ait cessé, il survient au pré-
» teur un besoin pressant et imprévu de sa chose, le juge
» peut, suivant les circonstances, obliger l'emprunteur à la lui
» rendre ».

C'est ici une disposition pleine d'équité. Elle présume, s'il
survient au prêteur un besoin pressant et imprévu, la condition tacite de pouvoir résoudre le *commodat*, et demander
que la chose lui soit rendue, quoiqu'avant l'expiration du temps
pour lequel il l'a prêtée, ou avant que le besoin de l'emprunteur ait cessé.

Observez, en outre, que cette faculté n'est pas absolue en
faveur du prêteur ; elle dépend du juge, par qui elle peut être
ou non accordée, suivant les circonstances qu'il doit peser.

L'on n'ignore pas l'aphorisme de Bacon : *Optima est lex quæ
minimùm relinquit arbitrio judicis : optimus judex qui minimùm
sibi* (2).

Mais cela n'empêche aucunement de laisser cette affaire à la
discrétion du juge ; c'est-à-dire , rien n'empêche de donner au
juge quelque degré de latitude, au moyen duquel il puisse délibérer, dans sa sagesse, s'il doit, ou non, obliger l'emprunteur à rendre la chose avant le terme convenu, ou avant que le
besoin de l'emprunteur ait cessé.

Dans l'article 19, on passe à parler particulièrement du prêt
de consommation ; car on ne peut prêter à usage les choses qui
se consomment par l'usage, comme du blé, du vin, de l'huile
et autres denrées : *Non potest commodari id quod usu consu-
mitur* (3).

A l'article 26 , il est dit que « le prêteur ne peut pas rede-
» mander les choses prêtées avant le terme convenu »

_____

(1) L. 17 , § 5, ff. *Commodati.*

(2) *De dignitate et augmentis scientiarum ,* aphorisme 46.

(3) L. 3 , § *ult.* ff. *Commod.* Domat, page 45, art. IV, et page 56, article VI.

« S'il n'a pas été (dit l'article 27) fixé de terme pour la res-
» titution ; le juge peut accorder, à l'emprunteur, un délai
» suivant les circonstances ».

Et, à l'article 28, il est ajouté que « s'il a été seulement con-
« venu que l'emprunteur paierait quand il pourrait, ou quand
» il en aurait les moyens, le juge lui fixera un terme de paie-
» ment suivant les circonstances ».

Voilà d'autres latitudes bien sagement confiées à la prudence
du juge, ainsi que je l'ai déjà observé ci-dessus à l'égard de
l'article 16.

Quant au prêt à intérêt qui forme l'objet des articles 32 et
suivans, « il est permis, article 32, de stipuler des intérêts
» pour simple prêt, soit d'argent, soit de denrées, ou autres
» choses mobilières ».

Puffendorff dit (1), qu'il était défendu de prêter à usure, de
juif à juif, pour deux raisons politiques ; l'une, tirée du naturel de ce peuple ; l'autre, de la constitution du Gouvernement.

Mais qu'il leur était permis de mettre en usage toute leur
adresse dans le commerce à l'égard des étrangers.... D'ailleurs,
en ce temps-là, tous les revenus des Israélites se tiraient du
bétail, de l'agriculture, ou du travail des artisans. Le commerce y était aussi fort simple et fort petit ; les secrets du né-
goce et l'usage de la navigation ne leur étant pas encore connus,
comme ils l'étaient de la plupart des nations voisines.

Dans un pays où les choses sont sur ce pied-là, tous ceux qui
empruntent ne le font que parce que la nécessité et l'indigence
les y réduisent.

Le même auteur ajoute, que c'est en vain qu'on objecte que la
monnaie étant de sa nature une chose stérile, qui ne sert de
rien aux besoins de la vie, on ne doit rien exiger pour l'usage
d'un argent prêté. Car, dit-il, quoiqu'une pièce de monnaie n'en
produise pas par elle-même physiquement une autre semblable,
néanmoins depuis que l'on a attaché à la monnaie *un prix émi-*

_____

(1) Tom. II, liv. V, chap. VIII, *du Droit de la nature et des gens.*

nent, l'industrie humaine rend l'argent très-fécond, puisqu'il sert à acquérir bien des choses qui produisent, ou *des fruits naturels*, ou *des fruits civils* (1); et c'est au rang de ces derniers qu'il met les intérêts qu'un débiteur paie à son créancier.

Par suite de ce sentiment, un auteur célèbre d'une fameuse contrée d'Italie (2), nous observe que l'intérêt ne l'exige pas comme un fruit de l'argent, mais bien comme le prix de la commodité et de l'avantage qui en résulte à celui qui prend l'argent à prêt.

Effectivement, l'on a considéré l'intérêt comme une indemnité juste des bénéfices que le prêteur aurait pu tirer de son argent s'il s'en était réservé l'usage (3).

Le même auteur italien, *Antoine Genovesi*, voudrait cependant que le taux de l'intérêt fût modique, parce que cette modicité invite et engage plusieurs personnes à emprunter de l'argent, pour le verser ensuite dans des ouvrages d'industrie, dans la culture des champs, dans celle des animaux, dans des manufactures, dans le commerce (4).

Nous voici maintenant à un article bien sage, qui est le 34e. *Ibi* : » l'intérêt est légal ou conventionnel : l'intérêt légal est fixé » par la loi; l'intérêt conventionnel peut excéder celui de la » loi, toutes les fois que la loi ne prohibe pas ».

Oui, il appartient à la loi de fixer l'intérêt légal, et il lui appartient également de prohiber l'intérêt conventionnel, si les circonstances permettent une telle prohibition.

_____

(1) Voyez Pothier, tome II, pag. 765, 766, 768 et 769, §§ 118, 119, 124 et 126, où il est fait mention des intérêts, *ratione AUT damni emergentis*, *AUT lucri cessantis*, *AUT periculi sortis à mutuante suscepti*.

En Piémont, il s'est introduit depuis long-temps la présomption du *DAMNUM EMERGENS* et du *LUCRUM CESSANS*, *ne lites ex litibus fiant ut contingeret si lucri cessantis, vel damni emergentis specifica et præcisa exigeretur probatio*. C'est le ci-devant Sénat de Piémont qui parle dans sa décision du 10 décembre 1744, *referente Honorato*.

(2) Antoine Genovesi, de Naples, *Lezioni di commercio*, tom. II, pag. 184, édition de Bassano, 1769.

(3) Procès-verbal, n°. 18, séance du Conseil d'Etat, du 7 pluviose an 12, *du prêt*, page 617.

(4) Genovesi, page 184.

A l'égard de l'intérêt conventionnel, on doit considérer que celui qui stipule des intérêts, les évalue d'après les bénéfices ordinaires que peuvent lui donner les moyens d'emploi qui existent (1).

Mais les circonstances faisant varier l'espoir de ces bénéfices, la loi ne peut les prendre pour base d'une règle générale sur la fixation de l'intérêt;

Et c'est de-là qu'il faut conclure que la loi devant se régler sur les circonstances qui changent et qui varient, elle ne peut être invariable (2).

Lock, dans ses *Lettres sur la monnaie*, croyait que le taux de l'intérêt ne devait jamais être déterminé par des lois particulières, mais devait être abandonné à l'estimation, au vœu et à la volonté publique (3).

Quoi qu'il en soit de son opinion, la disposition de notre Code n'est pas moins bonne et moins juste : c'est ce qu'ont fait d'autres nations; c'est ce qui fut fait en Piémont par le manifeste du ci-devant Sénat, du 24 avril 1767.

D'ailleurs, elle est ici, quant à cet illustre philosophe, très à propos, l'observation de *Tite-Live* (4), *nulla lex satis commoda omnibus est; id modò quæritur si majori parti et in summum prodest.*

L'article 40 porte « que le capital de la rente constituée devient aussi exigible en cas de faillite ou de déconfiture du débiteur ».

C'est-là une disposition très-juste, et d'après les principes reçus en France et par-tout ailleurs.

Et quant à l'article 41, qui est le dernier du titre, il y est dit

____

(1) C'est par cette raison qu'autrefois la législation fixait à cinq pour cent l'intérêt de l'argent, parce que c'était le bénéfice ordinaire de tout emploi des fonds (*).

(2) Voyez le procès-verbal, n°. 18, pag. 617 et 618.

(3) Voyez aussi Genovesi, tom. II, page 168.

(4) Lib. XXXIV, cap. III.

(*) Procès-verbal, n°. 18, page 617.

» que «les règles concernant les rentes viagères sont établies au
» titre *des Contrats aléatoires* ».

La compilation du Code civil touche à sa fin, le temps de sa
publication s'approche : c'est aux soins du Gouvernement que
la France en sera redevable; c'est à la sollicitude paternelle du
premier magistrat que nous devrons ce bénéfice; c'est lui qui,
autant par son activité que par ses mûres réflexions, l'a porté à
ce point de bonté et de sagesse où il est parvenu ; c'est son zèle
qui lui a fait accélérer un ouvrage qui fera toujours de plus en
plus la félicité du peuple et la gloire du Gouvernement (1).

C'est dans le fond de son cœur que sont gravées les paroles de
Cicéron (2) : *Justitia; hæc una virtus, omnium domina et regina
virtutum.* Enfin, ce n'est qu'une comète celui qui est à-la-fois
Lycurgue et *Scipion.*

Que nous reste-t-il donc à faire pour lui témoigner l'hommage
de notre reconnaissance? Si j'étais le poète vénitien, *Horace*,
je lui ferais une ode, comme il la fit à *Auguste* (3).

*Juste ciel ! veillez à la conservation de César, qui va contre
les Bretons aux extrémités de la terre* (4).

Serves iturum Cæsarem in ultimos
Orbis Britannos (5).

---

(1) Dont le premier Consul est le pivot et le centre ; les deux autres en
sont le principal appui ; l'un grand jurisconsulte, l'autre grand littéra-
teur ; tous deux bons et humains, tous deux intègres.

(2) Liv. III *de Officiis.*

(3) *Carminum*, liv. premier, ode 35.

(4) M. Dacier, tom. I, pag. 413, édition de Paris, 1709.

(5) Ode XXXV précitée. Auguste voulant porter ses armes en Angleterre, et s'étant mis en marche, reçut à Rimini des ambassadeurs que
les Anglais lui envoyaient pour lui demander la paix (*). Le voyage serait
bien plus court pour venir à Paris.

(*) Dacier, tome I, page 416.

Suit le texte de la loi.

TITRE X.

Du Prêt.

Décrété le 18 ventose, an XII. Promulgué le 28 du même mois.

Article 1874. — Il y a deux sortes de prêt :

Celui des choses dont on peut user sans les détruire ;

Et celui des choses qui se consomment par l'usage qu'on en fait.

Le première espèce s'appelle *prêt à usage*, ou *commodat* ;

La deuxième s'appelle *prêt de consommation*, ou simplement *prêt*.

CHAPITRE PREMIER.

Du prêt à usage, ou commodat.

SECTION PREMIÈRE.

De la nature du prêt à usage.

Article 1875. — Le prêt à usage ou commodat est un contrat par lequel l'une des parties livre une chose à l'autre pour s'en servir, à la charge par le preneur de la rendre après s'en être servi.

Art. 1876. — Ce prêt est essentiellement gratuit.

Art. 1877. — Le prêteur demeure propriétaire de la chose prêtée.

Art. 1878. — Tout ce qui est dans le commerce, et qui ne se consomme pas par l'usage, peut être l'objet de cette convention.

Art. 1879. — Les engagemens qui se forment par le

commodat, passent aux héritiers de celui qui prête, et aux héritiers de celui qui emprunte.

Mais si l'on n'a prêté qu'en considération de l'emprunteur, et à lui personnellement, alors ses héritiers ne peuvent continuer de jouir de la chose prêtée.

SECTION II.

Des engagemens de l'emprunteur.

Article 1880. — L'emprunteur est tenu de veiller, en bon père de famille, à la garde et à la conservation de la chose prêtée. Il ne peut s'en servir qu'à l'usage déterminé par sa nature ou par la convention; le tout à peine de dommages-intérêts, s'il y a lieu.

Art. 1881. — Si l'emprunteur emploie la chose à un autre usage, ou pour un temps plus long qu'il ne le devait, il sera tenu de la perte arrivée, même par cas fortuit.

Art. 1882. — Si la chose prêtée périt par cas fortuit, dont l'emprunteur aurait pu la garantir en employant la sienne propre, ou si, ne pouvant conserver que l'une des deux, il a préféré la sienne, il est tenu de la perte de l'autre.

Art. 1883. — Si la chose a été estimée en la prêtant, la perte qui arrive, même par cas fortuit, est pour l'emprunteur, s'il n'y a convention contraire.

Art. 1884. — Si la chose se détériore par le seul effet de l'usage pour lequel elle a été empruntée, et sans aucune faute de la part de l'emprunteur, il n'est pas tenu de la détérioration.

Art. 1885. — L'emprunteur ne peut pas retenir la chose par compensation de ce que le prêteur lui doit.

Art. 1886. — Si, pour user de la chose, l'emprunteur a fait quelque dépense, il ne peut pas la répéter.

Art. 1887. — Si plusieurs ont conjointement emprunté la même chose, ils en sont solidairement responsables envers le prêteur.

SECTION III.

Des engagemens de celui qui prête à usage.

Article 1888. — Le prêteur ne peut retirer la chose prêtée qu'après le terme convenu, ou, à défaut de convention, qu'après qu'elle a servi à l'usage pour lequel elle a été empruntée.

Art. 1889. — Néanmoins, si, pendant ce délai, ou avant que le besoin de l'emprunteur ait cessé, il survient au prêteur un besoin pressant et imprévu de sa chose, le juge peut, suivant les circonstances, obliger l'emprunteur à la lui rendre.

Art. 1890. — Si, pendant la durée du prêt, l'emprunteur a été obligé, pour la conservation de la chose, à quelque dépense extraordinaire, nécessaire, et tellement urgente qu'il n'ait pas pu en prévenir le prêteur, celui-ci sera tenu de la lui rembourser.

Art. 1891. — Lorsque la chose prêtée a des défauts tels, qu'elle puisse causer du préjudice à celui qui s'en sert, le prêteur est responsable, s'il connaissait les défauts et n'en a pas averti l'emprunteur.

CHAPITRE II.

Du prêt de consommation, ou simple prêt.

SECTION PREMIÈRE.

De la nature du prêt de consommation.

Article 1892. — Le prêt de consommation est un contrat par lequel l'une des parties livre à l'autre une certaine quantité de choses qui se consomment par l'usage, à la charge par cette dernière de lui en rendre autant de même espèce et qualité.

Art. 1893. — Par l'effet de ce prêt, l'emprunteur devient le propriétaire de la chose prêtée ; et c'est pour lui qu'elle périt, de quelque manière que cette perte arrive.

Art. 1894. — On ne peut pas donner à titre de prêt de consommation, des choses qui, quoique de même espèce, diffèrent dans l'individu, comme les animaux : alors c'est un prêt à usage.

Art. 1895. — L'obligation qui résulte d'un prêt en argent, n'est toujours que de la somme numérique énoncée au contrat.

S'il y a eu augmentation ou diminution d'espèces avant l'époque du paiement, le débiteur doit rendre la somme numérique prêtée, et ne doit rendre que cette somme dans les espèces ayant cours au moment du paiement.

Art. 1896. — La règle portée en l'article précédent n'a pas lieu, si le prêt a été fait en lingots.

Art. 1897. — Si ce sont des lingots ou des denrées qui ont été prêtés, quelle que soit l'augmentation ou la diminution de leur prix, le débiteur doit toujours rendre la même quantité et qualité, et ne doit rendre que cela.

SECTION II.

Des obligations du prêteur.

Article 1898. — Dans le prêt de consommation, le prêteur est tenu de la responsabilité établie par l'article 1891 pour le prêt à usage.

Art. 1899. — Le prêteur ne peut pas redemander les choses prêtées, avant le terme convenu.

Art. 1900. — S'il n'a pas été fixé de terme pour la restitution,

restitution, le juge peut accorder à l'emprunteur un délai, suivant les circonstances.

Art. 1901. — S'il a été seulement convenu que l'emprunteur paierait quand il le pourrait, ou quand il en aurait les moyens , le juge lui fixera un terme de paiement, suivant les circonstances.

SECTION III.

Des engagemens de l'emprunteur.

Article 1902. — L'emprunteur est tenu de rendre les choses prêtées, en même quantité et qualité, et au terme convenu.

Art. 1903. — S'il est dans l'impossibilité d'y satisfaire , il est tenu d'en payer la valeur eu égard au temps et au lieu où la chose devait être rendue d'après la convention.

Si ce temps et ce lieu n'ont pas été réglés, le paiement se fait au prix du temps et du lieu où l'emprunt a été fait.

Art. 1904. — Si l'emprunteur ne rend pas les choses prêtées ou leur valeur au terme convenu, il en doit l'intérêt du jour de la demande en justice.

CHAPITRE III.

Du prêt à intérêt.

Article 1905. — Il est permis de stipuler des intérêts pour simple prêt, soit d'argent, soit de denrées , ou autres choses mobilières.

Art. 1906. — L'emprunteur qui a payé des intérêts qui n'étaient pas stipulés, ne peut ni les répéter ni les imputer sur le capital.

Art. 1907. — L'intérêt est légal ou conventionnel.

L'intérêt légal est fixé par la loi : l'intérêt conventionnel peut excéder celui de la loi, toutes les fois que la loi ne le prohibe pas.

Le taux de l'intérêt conventionnel doit être fixé par écrit.

Art. 1908. — La quittance du capital, donnée sans réserve des intérêts, en fait présumer le paiement, et en opère la libération.

Art. 1909. — On peut stipuler un intérêt moyennant un capital que le prêteur s'interdit d'exiger.

Dans ce cas, le prêt prend le nom de *constitution de rente.*

Art. 1910. — Cette rente peut être constituée de deux manières, en perpétuel, ou en viager.

Art. 1911. — La rente constituée en perpétuel, est essentiellement rachetable.

Les parties peuvent seulement convenir que le rachat ne sera pas fait avant un délai qui ne pourra excéder dix ans, ou sans avoir averti le créancier au terme d'avance qu'elles auront déterminé.

Art. 1912. — Le débiteur d'une rente constituée en perpétuel peut être contraint au rachat,

1°. S'il cesse de remplir ses obligations pendant deux années ;

2°. S'il manque à fournir au prêteur les sûretés promises par le contrat.

Art. 1913. — Le capital de la rente constituée en perpétuel devient aussi exigible en cas de faillite ou de déconfiture du débiteur.

Art. 1914. — Les règles concernant les rentes viagères sont établies au titre *des Contrats aléatoires.*

TITRE XI.

Du Dépôt et du Séquestre.

LE PREMIER CONSUL a nommé , pour présenter la
loi formant le Titre XI du CODE CIVIL , et pour en
soutenir la discussion , les citoyens *Réal*, *Lacuée* et
Ségur, Conseillers d'État.

Introduits dans la salle du Corps Législatif, le 23 ventose
an 12 ; l'un d'eux, portant la parole , a prononcé le
discours suivant.

CITOYENS LÉGISLATEURS,

LE Gouvernement vous présente aujourd'hui le titre XI du
IIIe. Liv. du Code civil ; c'est celui qui traite du *dépôt et du
séquestre*.

Dans une matière où les principes sont fixés depuis long-
temps , il s'agissait , non de créer des règles, mais de recueillir
celles dont un long usage a démontré la justice et l'utilité ; c'est
ce que nous faisons dans le projet de loi qui vous est soumis.

Après avoir défini le dépôt , désigné sa *gratuité* , connu son
principal caractère , et déclaré qu'il ne peut avoir que des choses
mobilières pour objet , le projet conserve sa division naturelle
en *dépôt volontaire* et *dépôt nécessaire*.

Le dépôt volontaire est un contrat dont les règles , en ce qui
touche à la manière de le former et à la capacité des personnes ,
ne présentent rien que de conforme aux principes admis pour les
conventions en général.

Il faut en dire à-peu-près autant des obligations respectives
qui en naissent.

Ainsi, le dépositaire doit tous ses soins à la chose déposée, et si elle se détériore par son fait ou sa négligence, il en répondra selon le degré d'intensité que donneront à cette responsabilité, soit les conventions des parties, soit les circonstances dans lesquelles le contrat se sera formé; mais il ne répondra des accidens de force majeurequ'autant qu'il aura été mis en demeure de restituer la chose déposée.

Tous les contrats sont de bonne foi, et nulle part dans le Code l'on n'a attribué plus spécialement ce caractère aux uns qu'aux autres; il est néanmoins difficile de ne pas reconnaître dans le dépôt quelque chose qui place la bonne foi inhérente à ce contrat dans des limites plus étroites que celles qui sont assignées à d'autres contrats.

Le dépositaire ne pourra donc se servir de la chose déposée, si l'usage ne lui en a été permis; car la chose peut recevoir du préjudice de ce simple usage.

Si elle lui a été remise scellée ou cachetée, il ne devra rien se permettre pour la découvrir : ce serait un abus de confiance.

Quelle que soit cette chose, il devra rendre celle qui lui aura été confiée, la rendre identiquement, et cette règle sera observée même quand il s'agirait de sommes monnayées; autrement, et s'il suffisait de rendre en pareilles quantités ou espèces, le contrat serait dénaturé, et le dépôt se trouverait converti en un simple prêt ou *commodat*.

Si la chose déposée produit des fruits, ils appartiennent au déposant, comme un accesoire de la propriété qui n'a point changé de mains : le dépositaire devra donc en faire raison.

Telles sont ses principales obligations; mais il peut accidentellement en être rédimé, comme il peut lui en survenir d'autres: par exemple, si la chose lui a été enlevée par une force majeure et remplacée par une autre, il ne devra plus restitution de la chose déposée, mais bien celle qui aurait été laissée en remplacement.

En thèse générale, l'héritier est tenu de la même manière et avec la même étendue que celui qu'il représente; mais en matière de dépôt , cette règle recevra une, exception. Ainsi , si l'héritier du dépositaire aliène la chose déposée , mais qu'il aura cru lui appartenir , sa bonne foi viendra à son secours , et il ne devra que le prix qui aura été convenu dans l'acte de vente.

Mais en quel temps la restitution sera-t-elle faite et à qui?

Le dépôt doit être restitué dès qu'il est réclamé ; il n'y a point à cet égard de stipulation de délai qui puisse s'opposer à la remise du dépôt ; et le dépositaire , qui doit toujours être prêt à le rendre , peut y être nécessairement contraint , si d'ailleurs il n'existe pas entre ses mains des saisies ou des oppositions qui empêchent la restitution de la chose déposée.

Cette restitution ne peut être va'ablement faite qu'au déposant ou à la personne qu'il a proposée ; ou , s'il est mort , à ceux qui le représentent , et qui , en cas que le dépôt soit indivisible, doivent s'accorder pour le recevoir.

S'il y a changement d'état dans la personne du déposant, comme si le dépôt a été fait par une femme qui depuis est mariée et aura transporté l'administration de ses biens à son mari , la restitution du dépôt sera faite à celui-ci.

Dans l'hypothèse inverse , si un mari ou un tuteur ont déposé une chose appartenante à la femme ou au pupille , et que le titre de l'administration cesse avant la remise du dépôt , la restitution s'en fera soit à la veuve , soit au pupille devenu majeur.

L'extrême simplicité de ces règles diverses excluait toute controverse à ce sujet : mais si le dépositaire est instruit que la chose qui lui est remise à ce titre n'appartient pas au déposant , que devra-t-il faire , et comment en ce cas la restitution s'opérera-t-elle ?

Cette question , la seule qui présentât quelque difficulté , a été examinée avec soin , et suivie de la décision comprise en l'art. 24 du projet de loi.

Quelques avis tendaient à interdire dans l'espèce proposée toute restitution au déposant ; mais on a jugé préférable de valider la restitution qui lui sera faite, après néanmoins que le dépositaire aurait dénoncé le dépôt au propriétaire, avec sommation de le réclamer dans un délai suffisant.

Cet avertissement satisfait à la morale et à la justice ; mais si celui qui a été averti ne fait point ses diligences, la loi doit présumer que le déposant et le propriétaire se sont arrangés : en tous cas, le dépositaire ne paraît être astreint ni à des poursuites ultérieures qui pourraient l'exposer personnellement à des dommages-intérêts, ni à rester indéfiniment chargé du dépôt.

Je vous ai retracé, citoyens Législateurs, les obligations du dépositaire : celles du déposant sont beaucoup moins étendues.

De la part de ce dernier, tout consiste à rembourser au dépositaire les dépenses qu'il a faites pour la conservation du dépôt, et à l'indemniser des pertes que ce dépôt aurait pu lui causer : mais jusqu'au paiement de ces dépenses et indemnités, le dépôt peut être retenu ; car il est naturellement, et sans le secours d'aucune stipulation, le gage des créances dont il est la cause.

Après avoir traité du dépôt volontaire, le projet de loi qui vous est soumis règle ce qui est relatif au dépôt nécessaire.

Il ne s'agit plus ici d'un contrat, mais plus exactement d'un *quasi-contrat* fondé sur la nécessité, et qui mérite d'autant plus la protection de la loi, que, dans la plupart des cas où il y a lieu d'en faire l'application, cette application est réclamée par des êtres malheureux, victimes d'un incendie, d'une ruine, d'un pillage, ou d'un naufrage.

Quand, au milieu d'une telle catastrophe, on peut sauver ses effets, on le fait sans recourir aux moyens que la loi prescrit pour établir les conventions ordinaires ; ainsi la preuve par témoins d'un tel dépôt sera admise, quand même son objet s'élèverait au-delà de 150 liv.

C'est aussi un dépôt regardé comme nécessaire que celui des effets qu'un voyageur apporte dans une auberge ou hôtellerie ; car ils y sont placés sous la foi publique, et l'aubergiste répond et du dommage qui leur aurait été causé, et même du vol qui en aurait été fait, à moins qu'il ne soit l'effet d'une force majeure.

Cette disposition, depuis long-temps admise par nos lois, était trop utile pour n'être pas maintenue dans notre nouveau Code. Sans doute elle impose de grandes obligations aux aubergistes et hôteliers ; mais elle pourvoit à l'ordre public, et elle est indispensable pour la sécurité des voyageurs.

Je viens, citoyens Législateurs, d'indiquer rapidement les dispositions qui s'appliquent au dépôt, et leurs motifs ; il me reste à vous entretenir de la partie du projet relative au séquestre.

Il y a deux espèces de séquestres, le séquestre conventionnel et le séquestre judiciaire.

Le séquestre conventionnel et le dépôt, diffèrent principalement entre eux, en ce que dans le dépôt, la chose déposée, soit qu'elle soit la propriété d'un seul ou la propriété indivise de plusieurs, appartient sans contradiction à ceux qui font le dépôt, au lieu que le séquestre s'applique de sa nature à des objets litigieux.

Ainsi, lorsque plusieurs personnes se disputent la propriété d'une chose, et conviennent néanmoins que durant le litige elle restera en la possession d'un tiers désigné, c'est un séquestre conventionnel.

Un tel séquestre peut s'établir même sur des immeubles, et les obligations de celui qui en est chargé, sont d'ailleurs très-peu différentes de celles du dépositaire.

Cependant la restitution de l'objet séquestré ne s'accomplit pas toujours d'une manière aussi simple que celle d'un dépôt.

Dans cette dernière espèce, les propriétaires sont connus ; dans le cas du séquestre, ils sont incertains, puisque leurs droits sont litigieux.

Celui qui est chargé d'un séquestre, même conventionnel, ne pourra donc le remettre qu'après le jugement du litige, ou si les parties s'arrangent, du consentement de toutes celles intéressées au séquestre : nous disons du consentement de toutes les parties intéressées ; car l'on n'a pas cru que cette disposition dût se borner aux seules personnes qui auraient constitué le séquestre, mais qu'elle devait s'étendre à toutes celles qui, par leur intervention au litige, auraient manifesté des prétentions capables d'exiger leur concours lors de la remise de l'objet séquestré.

Ce qui vient d'être dit à l'égard du séquestre conventionnel, laisse peu de chose à dire sur le séquestre judiciaire.

En effet, si l'on en excepte la disposition qui assigne de plein droit un salaire au gardien judiciaire, on trouvera que l'un ou l'autre de ces séquestres sont régis par des règles communes ou semblables, et il ne pouvait en être autrement ; car la seule différence qui existe entre ces deux séquestres, c'est que dans l'un le gardien est nommé par les parties, et dans l'autre par la justice, mais dans les mêmes vues, et, dans l'un comme dans l'autre cas, pour la conservation d'une chose litigieuse.

Citoyens Législateurs, la matière dont je viens de vous entretenir n'offrait point de difficultés sérieuses ; simple dans son objet et juste dans ses détails, le projet qui vous est présenté n'a sans doute pas besoin de plus amples développemens pour mériter et obtenir votre sanction.

Suit le texte de la loi.

TITRE XI.

Du Dépôt et du Séquestre.

Décrété le 23 ventose an XII. Promulgué le 3 germinal suivant.

CHAPITRE PREMIER.

Du dépôt en général, et de ses diverses espèces.

Article 1915. — Le dépôt en général est un acte par lequel on reçoit la chose d'autrui ; à la charge de la garder et de la restituer en nature.

Art. 1916. — Il y a deux espèces de dépôt ; le dépôt proprement dit, et le séquestre.

CHAPITRE II.

Du dépôt proprement dit.

SECTION PREMIÈRE.

De la nature et de l'essence du contrat de dépôt.

Article 1917. — Le dépôt proprement dit est un contrat essentiellement gratuit.

Art. 1918. — Il ne peut avoir pour objet que des choses mobilières.

Art. 1919. — Il n'est parfait que par la tradition réelle ou feinte de la chose déposée.

La tradition feinte suffit, quand le dépositaire se trouve déjà nanti, à quelqu'autre titre, de la chose que l'on consent à lui laisser à titre de dépôt.

Art. 1920. — Le dépôt est volontaire ou nécessaire.

SECTION II.

Du dépôt volontaire.

Article 1921. — Le dépôt volontaire se forme par le consentement réciproque de la personne qui fait le dépôt, et de celle qui le reçoit.

Art. 1922. — Le dépôt volontaire ne peut régulièrement être fait que par le propriétaire de la chose déposée, ou de son consentement exprès ou tacite.

Art. 1923. — Le dépôt volontaire doit être prouvé par écrit. La preuve testimoniale n'en est point reçue pour valeur excédant cent cinquante francs.

Art. 1924. — Lorsque le dépôt étant au-dessus de cent cinquante francs, n'est point prouvé par écrit, celui qui est attaqué comme dépositaire, en est cru sur sa déclaration, soit pour le fait même du dépôt, soit pour la chose qui en faisait l'objet, soit pour le fait de sa restitution.

Art. 1925. — Le dépôt volontaire ne peut avoir lieu qu'entre personnes capables de contracter.

Néanmoins, si une personne capable de contracter, accepte le dépôt fait par une personne incapable, elle est tenue de toutes les obligations d'un véritable dépositaire ; elle peut être poursuivie par le tuteur ou administrateur de la personne qui a fait le dépôt.

Art. 1926. — Si le dépôt a été fait par une personne capable à une personne qui ne l'est pas, la personne qui a fait le dépôt n'a que l'action en revendication de la chose déposée tant qu'elle existe dans la main du dépositaire, ou une action en restitution jusqu'à concurrence de ce qui a tourné au profit de ce dernier.

SECTION III.

Des obligations du dépositaire.

Article 1927. — Le dépositaire doit apporter dans la garde de la chose déposée, les mêmes soins qu'il apporte dans la garde des choses qui lui appartiennent.

Art. 1928. — La disposition de l'article précédent doit être appliquée avec plus de rigueur, 1°. si le dépositaire s'est offert lui-même pour recevoir le dépôt; 2°. s'il a stipulé un salaire pour la garde du dépôt; 3°. si le dépôt a été fait uniquement pour l'intérêt du dépositaire; 4°. s'il a été convenu expressément que le dépositaire répondrait de toute espèce de faute.

Art. 1929. — Le dépositaire n'est tenu, en aucun cas, des accidens de force majeure, à moins qu'il n'ait été mis en demeure de restituer la chose déposée.

Art. 1930. — Il ne peut se servir de la chose déposée, sans la permission expresse ou présumée du déposant.

Art. 1931. — Il ne doit point chercher à connaître quelles sont les choses qui lui ont été déposées, si elles lui ont été confiées dans un coffre fermé, ou sous une enveloppe cachetée.

Art. 1932. — Le dépositaire doit rendre identiquement la chose même qu'il a reçue.

Ainsi le dépôt des sommes monnayées doit être rendu dans les mêmes espèces qu'il a été fait, soit dans le cas d'augmentation, soit dans le cas de diminution de leur valeur.

Art. 1933. — Le dépositaire n'est tenu de rendre la chose déposée, que dans l'état où elle se trouve au moment de la restitution. Les détériorations qui ne sont pas survenues par son fait, sont à la charge du déposant.

Art. 1934. — Le dépositaire auquel la chose a été enlevée par une force majeure, et qui a reçu un prix ou quelque chose à la place, doit restituer ce qu'il a reçu en échange.

Art. 1935. — L'héritier du dépositaire qui a vendu de bonne foi la chose dont il ignorait le dépôt, n'est tenu que de rendre le prix qu'il a reçu, ou de céder son action contre l'acheteur, s'il n'a pas touché le prix.

Art. 1936. — Si la chose déposée a produit des fruits qui aient été perçus par le dépositaire, il est obligé de les restituer : il ne doit aucun intérêt de l'argent déposé, si ce n'est du jour où il a été mis en demeure de faire la restitution.

Art. 1937. — Le dépositaire ne doit restituer la chose déposée qu'à celui qui la lui a confiée, ou à celui au nom duquel le dépôt a été fait, ou à celui qui a été indiqué pour le recevoir.

Art. 1938. — Il ne peut pas exiger de celui qui a fait le dépôt, la preuve qu'il était propriétaire de la chose déposée.

Néanmoins, s'il découvre que la chose a été volée et quel en est le véritable propriétaire, il doit dénoncer à celui-ci le dépôt qui lui a été fait, avec sommation de le réclamer dans un délai déterminé et suffisant. Si celui auquel la dénonciation a été faite néglige de réclamer le dépôt, le dépositaire est valablement déchargé par la tradition qu'il en fait à celui duquel il l'a reçu.

Art. 1939. — En cas de mort naturelle ou civile de la personne qui a fait le dépôt, la chose déposée ne peut être rendue qu'à son héritier.

S'il y a plusieurs héritiers, elle doit être rendue à chacun d'eux pour leur part et portion.

Si la chose déposée est indivisible, les héritiers doivent s'accorder entre eux pour la recevoir.

Art. 1940. — Si la personne qui a fait le dépôt a changé d'état; par exemple, si la femme, libre au moment où le dépôt a été fait, s'est mariée depuis, et se trouve en puissance de mari; si le majeur déposant se trouve frappé d'interdiction; dans tous ces cas, et autres de même nature, le dépôt ne peut être restitué qu'à celui qui a l'administration des droits et des biens du déposant.

Art. 1941. — Si le dépôt a été fait par un tuteur, par un mari, ou par un administrateur, dans l'une de ces qualités, il ne peut être restitué qu'à la personne que ce tuteur, ce mari ou cet administrateur représentaient, si leur gestion ou leur administration est finie.

Art. 1942. — Si le contrat de dépôt désigne le lieu dans lequel la restitution doit être faite, le dépositaire est tenu d'y porter la chose déposée. S'il y a des frais de transport, ils sont à la charge du déposant.

Art. 1943. — Si le contrat ne désigne point le lieu de la restitution, elle doit être faite dans le lieu même du dépôt.

Art. 1944. — Le dépôt doit être remis au déposant aussitôt qu'il le réclame, lors même que le contrat aurait fixé un délai déterminé pour la restitution; à moins qu'il n'existe, entre les mains du dépositaire, une saisie-arrêt ou une opposition à la restitution et au déplacement de la chose déposée.

Art. 1945. — Le dépositaire infidèle n'est point admis au bénéfice de cession.

Art. 1946. — Toutes les obligations du dépositaire cessent, s'il vient à découvrir et à prouver qu'il est lui-même propriétaire de la chose déposée.

SECTION IV.

Des obligations de la personne par laquelle le dépôt a été fait.

Article 1947. — La personne qui a fait le dépôt est tenue de rembourser au dépositaire les dépenses qu'il a faites pour la conservation de la chose déposée, et de l'indemniser de toutes les pertes que le dépôt peut lui avoir occasionnées.

Art. 1948. — Le dépositaire peut retenir le dépôt jusqu'à l'entier paiement de ce qui lui est dû à raison du dépôt.

SECTION V.

Du dépôt nécessaire.

Article 1949. — Le dépôt nécessaire est celui qui a été forcé par quelque accident, tels qu'un incendie, une ruine, un pillage, un naufrage, ou autre événement imprévu.

Art. 1950. — La preuve par témoins peut être reçue pour le dépôt nécessaire, même quand il s'agit d'une valeur au-dessus de cent cinquante francs.

Art. 1951. — Le dépôt nécessaire est d'ailleurs régi par toutes les règles précédemment énoncées.

Art. 1952. — Les aubergistes ou hôteliers sont responsables, comme dépositaires, des effets apportés par le voyageur qui loge chez eux : le dépôt de ces sortes d'effets doit être regardé comme un dépôt nécessaire.

Art. 1953. — Ils sont responsables du vol ou du dommage des effets du voyageur, soit que le vol ait été fait, ou que le dommage ait été causé par les domestiques et préposés de l'hôtellerie, ou par des étrangers allant et venant dans l'hôtellerie.

Art. 1954. — Ils ne sont pas responsables des vols faits avec force armée ou autre force majeure.

CHAPITRE III.

Du séquestre.

SECTION PREMIÈRE.

Des diverses espèces de séquestres.

Article 1955. — Le séquestre est ou conventionnel, ou judiciaire.

SECTION II.

Du séquestre conventionnel.

Article 1956. — Le séquestre conventionnel est le dépôt fait par une ou plusieurs personnes d'une chose contentieuse, entre les mains d'un tiers qui s'oblige de la rendre, après la contestation terminée, à la personne qui sera jugée devoir l'obtenir.

Art. 1957. — Le séquestre peut n'être pas gratuit.

Art. 1958. — Lorsqu'il est gratuit, il est soumis aux règles du dépôt proprement dit, sauf les différences ci-après énoncées.

Art. 1959. — Le séquestre peut avoir pour objet, non-seulement des effets mobiliers, mais même des immeubles.

Art. 1960. — Le dépositaire chargé du séquestre ne peut être déchargé avant la contestation terminée, que du consentement de toutes les parties intéressées, ou pour une cause jugée légitime.

SECTION III.

Du séquestre ou dépôt judiciaire.

Article 1961. — La justice peut ordonner le séquestre,
1°. Des meubles saisis sur un débiteur ;

2°. D'un immeuble ou d'une chose mobilière dont la propriété ou la possession est litigieuse entre deux ou plusieurs personnes ;

3°. Des choses qu'un débiteur offre pour sa libération.

Art. 1962. — L'établissement d'un gardien judiciaire produit, entre le saisissant et le gardien, des obligations réciproques. Le gardien doit apporter, pour la conservation des effets saisis, les soins d'un bon père de famille.

Il doit les représenter, soit à la décharge du saisissant pour la vente, soit à la partie contre laquelle les exécutions ont été faites, en cas de main-levée de la saisie.

L'obligation du saisissant consiste à payer au gardien le salaire fixé par la loi.

Art. 1963. — Le séquestre judiciaire est donné, soit à une personne dont les parties intéressées sont convenues entre elles, soit à une personne nommée d'office par le juge.

Dans l'un et l'autre cas, celui auquel la chose a été confiée est soumis à toutes les obligations qu'emporte le séquestre conventionnel.

TITRE XII.

TITRE XII.

Des Contrats aléatoires.

———

LE PREMIER CONSUL a nommé, pour présenter la loi formant le Titre XII du CODE CIVIL, et pour en soutenir la discussion, les citoyens *Portalis*, *Begouen* et *Français*, Conseillers d'État.

Introduits dans la salle du Corps-Législatif, le 19 ventose an 12; l'un d'eux, portant la parole, a prononcé le discours suivant.

CITOYENS LÉGISLATEURS,

LES contrats aléatoires sont la matière du projet de loi qui vous est soumis. Il définit ces contrats; il énumère leurs différentes espèces, et, après avoir distingué ceux qui appartiennent au droit maritime, d'avec ceux qui appartiennent au droit civil, il fixe les règles convenables à ces derniers.

Dans l'ordre simple de la nature, chacun est tenu de porter le poids de sa propre destinée : dans l'ordre de la société, nous pouvons, au moins en partie, nous soulager de ce poids sur autrui. C'est la fin principale des contrats aléatoires. Ces contrats sont le produit de nos espérances et de nos craintes : les uns veulent tenter la fortune; les autres demandent à être rassurés contre ses caprices.

Aussi, dans tous les temps, on a commercé des choses incertaines et éventuelles. Les plus anciennes lois prouvent que les hommes, toujours jaloux de soulever le voile mystérieux qui leur dérobe l'avenir, ont constamment cherché à embrasser par leurs conventions, des objets qu'ils peuvent à peine atteindre par leur faible prescience.

Liv. III.   M m

Quel est le résultat de ces conventions ? Nous multiplions nos biens présens, en assignant un prix actuel à des probabilités plus ou moins éloignées ; de simples espérances deviennent des richesses réelles ; des maux qui, peut-être, ne seront que trop réels un jour, sont écartés ou adoucis d'avance par la sagesse de nos combinaisons : nous amortissons les coups du sort, en nous associant pour les partager.

Énoncer le principe des contrats aléatoires, c'est avoir suffisamment justifié la légitimité de ces contrats. Quoi de plus légitime que de mettre en commun nos craintes, nos espérances et toutes nos affections, pour ne pas abandonner entièrement au hasard ce qui peut être réglé par le conseil, et pour nous aider mutuellement, par des pactes secourables, à courir avec moins de danger les diverses chances de la vie !

Tous les contrats qui peuvent être réputés aléatoires, ne sauraient recevoir un nom particulier. Les principaux sont :

L'*assurance*, le *prêt à grosse aventure*, le *jeu* et *le pari*, la *rente viagère*.

Parmi ces contrats, il en est dans lesquels une seule des parties contractantes s'expose à un risque au profit de l'autre partie, moyennant une somme que celle-ci donne pour prix de ce risque. Dans le plus grand nombre, chacune des parties court un risque à-peu-près égal.

En conséquence, le contrat aléatoire, en général, est défini par le projet de loi, *une convention réciproque dont les effets, quant aux avantages et aux pertes, soit pour toutes les parties, soit pour l'une ou plusieurs d'entre elles, dépendent d'un événement incertain.*

Dans l'énumération des contrats aléatoires, l'assurance et le prêt à la grosse aventure, occupent le premier rang.

Le prêt à la grosse aventure était connu des anciens : nous en avons la preuve dans les lois romaines. L'argent prêté dans la forme et selon les principes qui régissent cette espèce de contrat, était appelé *pecunia trajectitia*. L'emprunteur n'était tenu de rendre, ni la somme principale, ni le change, si le navire venait à périr par fortune de mer dans le cours du voyage déterminé : il était au contraire obligé de tout restituer avec l'in-térêt nautique stipulé , si le voyage était heureux.

Mais les anciens n'avaient aucune idée de *l'assurance* , con-trat infiniment plus étendu dans son application , et plus impor-tant par ses effets.

Avant que la boussole ouvrît l'Univers , on ne connaissait que quelques bords de l'Asie et de l'Afrique ; l'existence de l'Amé-rique n'était pas même soupçonnée. Le commerce maritime avait peu d'étendue et d'activité ; les vues des armateurs étaient rétrécies comme leur commerce. Avec la boussole , des voya-geurs hardis virent une mer immense qui s'offrait à eux sans bornes ; ils s'élancèrent avec intrépidité dans cette vaste région des orages , et ils découvrirent un nouveau ciel et une nouvelle terre. Alors l'industrie humaine se fraya des routes jusques-là inconnues ; l'Univers s'étendit ; et l'Italie qui , selon l'expres-sion d'un auteur célèbre , avait été si long-temps le centre du monde commerçant, ne se trouva plus, sous ce rapport, que dans un coin du globe.

Cette époque fut celle des grandes entreprises commerciales. Le négociant ne fut plus étranger nulle part ; ses affaires particu-lières se trouvèrent liées avec les affaires publiques des diffé-rens Etats ; il fut obligé d'avoir l'œil sur toutes les nations, pour porter à l'une ce qu'il exportait de l'autre ; et de grands moyens devinrent nécessaires pour exécuter de grands projets.

Dans le nombre de ces moyens, le plus efficace, peut-être, fut l'invention du contrat d'assurance. Par ce contrat, qui con-siste à prendre sur soi les périls que courent sur mer les mar-chandises d'un autre, il arrive que la fortune privée d'un arma-teur se trouve garantie par celle d'une foule d'assureurs de tous les pays, de toutes les contrées, qui consentent à lui répondre de tous les événemens. Un seul particulier peut ainsi faire le commerce le plus riche et le plus étendu, avec le crédit, la force et les ressources de plusieurs nations.

Ce n'est, sans doute, pas le moment de développer les règles relatives au contrat d'assurance, et au prêt à la grosse aventure. Ces deux contrats demeurent étrangers au Code civil : le projet de loi n'en fait mention, que pour déclarer qu'ils sont dans la classe des contrats aléatoires, et qu'ils sont *régis par les lois maritimes.*

On s'est occupé du jeu, du pari, et de la rente viagère.

CHAPITRE PREMIER.

Du jeu et du pari.

Il est dit que *la loi n'accorde aucune action pour une dette du jeu, ou pour le paiement d'un pari.*

Les jeux propres à exercer au fait des armes, les courses à pied ou à cheval, les courses de chariots, le jeu de paume, et autres jeux de même nature qui tiennent à l'adresse et à l'exercice du corps, sont exceptés de la disposition précédente.

Néanmoins, on a cru devoir laisser aux tribunaux le droit de *rejeter la demande, quand la somme leur paraît excessive.*

Le principe que la loi n'accorde aucune action pour les dettes du jeu, n'est donc rigoureusement appliqué, dans le système du projet de loi, qu'aux obligations qui ont leur source dans des jeux dont le hasard est l'unique élément. Les lois pourraient-elles protéger de telles obligations?

Nul engagement valable sans cause. La maxime est incontestable.

Or, quelle est la cause d'une promesse ou d'une obligation contractée au jeu? l'incertitude du gain ou de la perte : il serait impossible d'assigner une autre cause.

Nous savons que des événemens incertains sont une matière licite à contrat, et que les espérances et les risques peuvent recevoir un prix ; mais nous savons aussi qu'il faut quelque chose de plus solide et de plus réel que le désir bisarre de s'abandonner aux caprices de la fortune, pour fonder des causes sérieuses d'obligation entre les hommes.

Il est une grande différence entre un contrat qui dépend d'un événement incertain, et un contrat qui n'a pour cause que l'incertitude quelconque d'un événement. L'assurance, par exemple, le prêt à la grosse aventure, dépendent d'un événement incertain. Mais l'incertitude de l'événement n'est pas le seul motif du contrat. La faveur accordée par les lois à l'assurance et au prêt à la grosse aventure, est fondée sur deux choses : le péril de la mer, qui fait que l'on ne s'expose à prêter son argent, ou à garantir celui des autres, que moyennant un prix proportionné à ce péril ; et la facilité que les assureurs et les prêteurs donnent à l'emprunteur, ou à l'assuré, de faire promptement de grandes affaires, et en grand nombre : au lieu que les obligations contractées au jeu, n'étant fondées sur aucun motif utile ni raisonnable, ne peuvent appeler sur elles la protection du législateur.

Que font deux joueurs qui traitent ensemble ? Ils se promettent, respectivement, une somme déterminée, dont ils laissent la disposition à l'aveugle arbitrage du hasard. Où est donc la cause de l'engagement ? On n'en voit aucune.

Le désir et l'espoir du gain sont, pour chaque partie, les seuls mobiles du contrat. Ce désir et cet espoir ne s'attachent à aucune action ; ils ne supposent aucune réciprocité de services : chaque joueur n'espère que de sa fortune, et ne se repose que sur le malheur d'autrui. A la différence des contrats ordinaires qui rapprochent les hommes, les promesses contractées au jeu les divisent et les isolent.

On ne peut être heureux au jeu que de l'infortune des autres : tout sentiment naturel entre joueurs est étouffé, tout lien social est rompu. Un joueur forme le vœu inhumain et impie de prospérer aux dépens de ses semblables ; il est réduit à maudire le bien qui leur arrive, et à ne se complaire que dans leur ruine.

On ne peut donc trouver, dans les promesses et les contrats dont nous parlons, une cause capable de les rendre vraiment obligatoires. Sans doute, le jeu peut n'être qu'un délassement ; et dans ce cas, il n'a rien d'odieux ni d'illicite ; mais il est également vrai que, sous ce rapport, il ne saurait être du ressort des lois ; il leur échappe par son objet, et par son peu d'importance.

Le jeu dégénère-t-il en spéculation de commerce : nous retombons dans la première hypothèse que nous avons posée; car, dès-lors, si les obligations et les promesses présentent un intérêt assez grave pour alimenter une action en justice, elles offrent une cause trop vicieuse pour motiver et légitimer cette action.

Il est des choses qui, quoique licites par elles-mêmes, sont proscrites par la considération des abus et des dangers qu'elles peuvent entraîner; conséquemment, si le jeu, sous le point de vue que nous l'envisageons, n'était pas déjà réputé mauvais par sa nature, il faudrait encore le réprouver par rapport à ses suites.

Quelle faveur peuvent obtenir, auprès des lois, les obligations et les promesses que le jeu produit, que la raison condamne, et que l'équité désavoue? Ignore-t-on que le jeu favorise l'oisiveté, en séparant l'idée du gain de celle du travail, et qu'il dispose les ames à la dureté, à l'égoïsme le plus atroce? Ignore-t-on les révolutions subites qu'il produit dans le patrimoine des familles particulières, au détriment des mœurs publiques, et de la société générale?

Dans l'administration d'un grand Etat, la tolérance des jeux est souvent un acte nécessaire de police. L'autorité, qui ne saurait étouffer les passions, ne doit point renoncer aux moyens de surveiller ceux qui s'y livrent. Dans l'impuissance d'empêcher les vices, sa tâche est de prévenir les crimes.

Mais, tolérer les jeux, ce n'est pas les autoriser.

La loi romaine notait d'infamie, ceux qui faisaient profession de jouer aux jeux de hasard. *Justinien* avait prohibé ces jeux jusques dans les maisons des particuliers.

En France, les lois ont quelquefois puni le jeu comme un délit; elles ne l'ont jamais protégé comme un contrat. Une ordonnance de 1629 déclare *toutes dettes contractées par le jeu, nulles, et toutes obligations et promesses faites pour le jeu, quelque déguisées qu'elles soient, nulles et de nul effet, et déchargées de toutes obligations civiles et naturelles.*

La jurisprudence ne s'est jamais écartée des dispositions de cette ordonnance. On admet la preuve par témoins, quand un citoyen se plaint de ce qu'une prome se, contract é au jeu, a été cachée sous la forme d'un simple prêt.

Nous n'avons pas cru devoir abandonner une jurisprudence si favorable aux bonnes mœurs, et si nécessaire pour prévenir les désordres d'une passion dont tous les législateurs ont cherché à réprimer les excès.

Notre ame est froissée, nous frissonnons quand on nous présente sur la scène le spectacle d'un joueur déchiré par ses remords, environné des débris de son patrimoine, accablé sous son infortune, et ne pouvant supporter le fardeau de la vie, au milieu des reproches et des pleurs d'une famille désolée. Eh quoi ! la justice, en donnant une action utile pour les promesses contractées au jeu, viendrait-elle consommer, avec son glaive, le sacrifice commencé par la cupidité ? Non, citoyens Législateurs; la morale de nos lois ne peut être ni moins pure ni moins austère que celle de nos théâtres.

Mais en refusant en général toute action pour promesses contractées au jeu, nous avons excepté de cette disposition les engagemens et les promesses qui ont leur source dans des jeux d'adresse et d'exercice. Ces sortes de jeux sont utiles; on les a peut-être trop négligés dans nos temps modernes.

Cependant, d'après une jurisprudence constante, nous avons autorisé les tribunaux, même quand il s'agit du paiement des promesses ou obligations produites par ces sortes de jeux, à rejeter la demande, si la somme réclamée leur paraît excessive.

Les motifs de cette jurisprudence adoptée par le projet de loi, sont évidens. On conçoit que des citoyens qui jouent à un jeu d'adresse ou d'exercice, peuvent, pour soutenir entre eux l'émulation et l'intérêt, stipuler un prix pour le plus adroit ou le mieux exercé. Mais si le gain ou le prix convenu est immodéré, il devient illicite, parce que, dès-lors, la cause d'un tel gain cesse d'être proportionnée à l'objet qui doit le produire. Le jeu, quel qu'il soit, n'est point une donation, et il y aurait du danger à le laisser dégénérer en commerce. Tous les gains qui passent certaines bornes, sont injustes, parce qu'ils n'ont point d'autre cause que la corruption du cœur et l'égarement de l'esprit.

On a examiné, en terminant ce qui regarde le jeu, si celui qui a volontairement acquitté ce qu'il a promis ou perdu, peut répéter ou faire réduire ce qu'il a payé. On a pensé qu'aucune demande en répétition ou en réduction n'est recevable : cette décision est conforme à l'ordonnance de Moulins, qui, en pareil cas, vient seulement au secours des mineurs. Le droit des majeurs est consommé, quand les choses ne sont plus entières ; la loi ne saurait les écouter, quand ils l'invoquent pour le fait même dans lequel ils l'ont méconnue. Nous ajouterons que le repentir de l'avare, qui a payé volontairement une dette du jeu, n'est pas assez favorable pour réveiller l'attention de la justice.

Le pari, autrement appelé gageure, participe à tous les vices du jeu ; il est gouverné par les mêmes principes : les assurances, par forme de gageure, sont même formellement prohibées par l'ordonnance de la marine de 1681.

Le projet de loi conserve les constitutions de rentes viagères.

Nous savons tout ce que l'on a dit pour et contre ces sortes de contrats. Mais on ne peut raisonnablement les approuver ni les critiquer, si l'on n'a égard en même temps aux circonstances ou à la situation dans laquelle peuvent se trouver les personnes qui se lient par de semblables engagemens.

Les rentes viagères peuvent être considérées sous un point de vue économique, et sous un point de vue moral.

Sous un point de vue moral, la rente viagère peut être regardée comme un contrat peu favorable, si elle n'a sa source que dans des principes d'égoïsme et dans la volonté d'augmenter un revenu déjà suffisant en aliénant des fonds dont la disparition laisse des enfans, des proches, sans ressources et même sans espérances. Mais on n'apperçoit plus rien de répréhensible dans la rente viagère, si elle n'est qu'un moyen de subsistance pour un homme isolé qui n'a point d'héritiers, ou pour une personne âgée et infirme qui a besoin de recourir à cet expédient de finance pour vivre. Ici, comme ailleurs, il faut savoir distinguer la chose, de l'abus que l'on peut en faire.

Sans doute, le législateur devrait proscrire les rentes viagères, si l'usage n'en pouvait être qu'injuste et dangereux; mais il doit les maintenir, puisque l'usage en est souvent utile et nécessaire.

Dans un vaste État comme la France, la situation des hommes peut être modifiée de tant de manières, il y a tant de mobilité dans les choses, et tant de distinctions à faire entre les personnes, qu'il est impossible à la loi de régler dans un système de justice distributive ce qui peut être utile à chacun et à tous. La multiplicité des ressources doit être proportionnée à celle des besoins; on doit se reposer sur la liberté de chaque individu du soin de veiller à sa conservation et à son bien-être. La loi gouvernerait mal, si elle gouvernait trop; la liberté fait de grands biens et de petits maux, pourvu qu'on ne lui laisse pas franchir les limites que l'intérêt public nous force de lui prescrire. Nous n'avons donc pas cru que l'abus possible des constitutions de rentes viagères fût un motif suffisant de bannir de notre législation civile ces espèces de contrats. Dans le cœur d'un père de famille, la nature saura défendre ses droits. C'est une longue expérience qui a fait consacrer la rente viagère comme une institution qui peut secourir l'humanité souffrante, et réparer, à l'égard d'une foule d'individus, les torts et les injustices de la fortune. Or, on sait que l'expérience est maîtresse des lois et des hommes.

Dira-t-on que l'usage des rentes viagères habitue les hommes à calculer froidement sur la vie et sur la mort de leurs semblables, et peut leur inspirer des affections contraires à l'humanité? Mais combien d'institutions civiles qui peuvent donner lieu aux mêmes inconvéniens et aux mêmes calculs! Nous citerons en preuve les redevances et les servitudes viagères stipulées dans un contrat de vente, les legs et les réserves d'usufruit, les transmissions de propriété d'une tête à l'autre, et une foule d'autres actes de même nature. On a proscrit, avec raison, les assurances sur la vie des hommes, la vente de la succession d'une personne vivante, parce que de pareils actes sont vicieux en eux-mêmes, et n'offrent aucun objet réel d'utilité qui puisse compenser les vices et les abus dont ils sont susceptibles. Mais parce que le débiteur d'une rente viagère pourra, dans le secret de ses pensées, envisager ma mort comme un échange de bonheur, faudra-t-il que je renonce au droit de me constituer créancier de cette rente qui doit soutenir mon existence et ma vie?

Si nous considérons les constitutions de rentes viagères sous un point de vue économique, nous pourrons nous convaincre que ces contrats peuvent devenir une spéculation de commerce, et que, dans plus d'une occasion, ils sont plutôt un moyen d'acquérir que d'aliéner. On peut, par de sages combinaisons, multiplier les chances heureuses. Dans tous les contrats où le hasard entre pour quelque chose, l'imagination n'oublie rien pour atteindre aux bienfaits possibles de la fortune.

Une rente viagère peut être constituée à titre onéreux, moyennant une somme d'argent, ou pour une chose mobilière appréciable, ou pour un immeuble.

Dans tous ces cas, la constitution d'une rente viagère n'est qu'une manière de vente, même lorsqu'elle est faite à prix d'argent; car l'argent est susceptible d'être loué ou vendu comme toutes les autres choses qui sont dans le commerce. On en dispose par forme de louage quand on le prête à intérêt; on le vend quand on aliène le sort principal moyennant une rente.

La rente viagère peut aussi être constituée à titre gratuit par donations entre-vifs ou par testament : mais alors elle doit être revêtue des formes requises par la loi dans les actes qui la constituent.

Quand la constitution d'une rente viagère n'offre qu'une libéralité, elle est nulle si elle est constituée en faveur d'une personne prohibée; elle est réductible si elle excède ce dont le donateur ou le testateur peut disposer.

La rente viagère peut être constituée, soit sur la tête de celui qui en fournit le prix, soit sur la tête d'un tiers qui n'a aucun droit d'en jouir.

Elle peut être constituée sur une ou plusieurs têtes.

Elle peut être constituée au profit d'un tiers, quoique le prix en soit fourni par une autre personne.

Dans ce dernier cas, quoiqu'elle ait les caractères d'une libéralité, elle n'est point assujétie aux formes requises pour les donations, sauf les cas de réduction si la libéralité est excessive, et sauf les cas de nullité si une personne prohibée en est l'objet.

Toutes ces règles sont anciennes; le projet de loi ne fait que les rappeler.

Tout contrat de rente viagère créée sur la tête d'une personne qui était morte au jour du contrat, ne produit aucun effet; cela est évident, car le contrat se trouve sans cause.

Nous avons cru devoir aussi déclarer la nullité du contrat, quand la rente a été créée sur la tête d'une personne atteinte de la maladie dont elle est décédée dans les vingt jours de la date du contrat.

En effet, il est certain que si les contractans eussent connu la maladie de la personne sur la tête de laquelle on se proposait d'acquérir la rente, l'acquisition n'eût pas été faite, puisqu'une rente viagère sur la tête d'une personne mourante n'est d'aucune valeur. Or, on sait qu'il n'y a point de véritable consentement quand il y a erreur ou sur la chose, ou sur les qualités essentielles de la chose qui forme la matière du contrat.

Nous décidons que la rente viagère peut être constituée au taux qu'il plaît aux parties contractantes de fixer.

Il ne peut y avoir de mesure absolue pour régler des choses incertaines; aussi l'action rescisoire a toujours été refusée dans les contrats aléatoires, c'est-à-dire dans tous les contrats qui dépendent d'un événement incertain.

La constitution d'une rente viagère est résolue, si le constituant ne donne pas les sûretés stipulées pour son exécution.

Cette règle est commune à tous les contrats intéressés.

Le seul défaut de paiement des arrérages de la rente, n'autorise pas celui en faveur de qui elle est constituée à demander le remboursement du capital, ou à rentrer dans les fonds par lui aliénés; il n'a que le droit de saisir et de faire vendre les biens de son débiteur, et de faire ordonner ou consentir sur le produit de la vente, l'emploi d'une somme suffisante pour le service des arrérages.

S'il en était autrement, il n'y aurait point de solidité dans les contrats; ils seraient dissous par la plus légère infraction de la part d'un des contractans. On ferait prononcer la nullité d'un acte, lorsqu'on n'a que le droit d'en demander l'exécution.

Le constituant ne peut se libérer du paiement de la rente en offrant de rembourser le capital, et en renonçant à la répétition des arrérages payés; il est tenu de servir la rente pendant toute la vie de la personne ou des personnes sur la tête desquelles la rente a été constituée, quelle que soit la durée de la vie de ces personnes, et quelque onéreux qu'ait pu devenir le service de la rente; car le système contraire changerait entièrement la nature du contrat.

La rente viagère n'est acquise au propriétaire que dans la proportion du nombre de jours qu'il a vécu.

Néanmoins, s'il a été convenu qu'elle serait payée d'avance, le terme qui a dû être payé est acquis du jour où le paiement a dû en être fait.

On peut constituer une rente viagère successivement réversible sur plusieurs têtes; on peut donc, par majorité de raison, stipuler qu'une rente viagère sera payée d'avance. Cette clause n'entraîne, pour le terme payé d'avance, qu'une sorte de réversion tacite en faveur des héritiers, si celui en faveur de qui la rente est constituée est mort dans l'intervalle.

La rente viagère ne peut être stipulée insaisissable que lorsqu'elle a été constituée à titre gratuit.

Les motifs de cette disposition sont sensibles. On a toujours distingué, avec raison, les rentes viagères créées à titre onéreux, d'avec celles qui sont créées à titre gratuit, par don ou par legs. Il a toujours été reconnu que les premières peuvent être saisies par les créanciers du propriétaire, quand même il serait stipulé par le contrat qu'elles ne pourront pas l'être. On conçoit que personne ne peut s'interdire à soi-même la faculté de contracter des dettes, ni à ses créanciers celle de s'en faire payer sur ses biens.

Mais il en est autrement des rentes viagères créées par don ou par legs: Le testateur ou donateur peut valablement ordonner que la rente viagère qu'il lègue ou qu'il donne, ne pourra être saisie par aucun créancier du donataire ou légataire. La raison en est que celui qui fait une libéralité, peut la faire sous telle condition qu'il juge à propos.

La rente viagère ne s'éteint pas par la mort civile du propriétaire, car c'est la vie naturelle que les contractans ont eu en vue.

Mais comme le terme de la vie naturelle est la mesure de la durée d'une rente viagère, le propriétaire d'une telle rente n'en peut demander les arrérages qu'en justifiant de son existence, ou de celle de la personne sur la tête de laquelle la rente a été constituée.

Citoyens Législateurs; tel est le projet de loi sur les contrats aléatoires. En le sanctionnant par vos suffrages, vous aurez posé une nouvelle pierre au grand édifice de notre législation civile. Cet édifice s'élève rapidement et avec majesté. Encore quelques jours, et graces au génie qui gouverne la France, et à votre sagesse qui sait si bien le seconder, nous offrirons à nos amis, à nos ennemis, le spectacle le plus imposant qu'une nation puisse donner au monde, et le plus beau monument qu'elle puisse consacrer à sa propre gloire et à son propre bonheur.

Suit le texte des lois.

TITRE XII.

Des contrats aléatoires.

Décrété le 19 ventose an XII. Promulgué le 29 du même mois.

Article 1964. — Le contrat aléatoire est une convention réciproque, dont les effets, quant aux avantages et aux pertes, soit pour toutes les parties, soit pour l'une ou plusieurs d'entre elles, dépendent d'un événement incertain ; tels sont :

Le contrat d'assurance ;

Le prêt à grosse aventure ;

Le jeu et le pari ;

Le contrat de rente viagère.

Les deux premiers sont régis par les lois maritimes.

CHAPITRE PREMIER.

Du jeu et du pari.

Article 1965. — La loi n'accorde aucune action pour une dette du jeu ou pour le paiement d'un pari.

Art. 1966. — Les jeux propres à exercer au fait des armes, les courses à pied ou à cheval, les courses de chariots, le jeu de paume et autres jeux de même nature qui tiennent à l'adresse et à l'exercice du corps, sont exceptés de la disposition précédente.

Néanmoins le tribunal peut rejeter la demande, quand la somme lui paraît excessive.

Art. 1967. — Dans aucun cas, le perdant ne peut répéter ce qu'il a volontairement payé, à moins qu'il n'y ait eu, de la part du gagnant, dol, supercherie ou escroquerie.

CHAPITRE II.

Du contrat de rente viagère.

SECTION PREMIÈRE.

Des conditions requises pour la validité du contrat.

Article. 1968. — La rente viagère peut être constituée à titre onéreux, moyennant une somme d'argent, ou pour une chose mobilière appréciable, ou pour un immeuble.

Art. 1969. — Elle peut être aussi constituée, à titre purement gratuit, par donation entre-vifs ou par testament. Elle doit être alors revêtue des formes requises par la loi.

Art. 1970. — Dans le cas de l'article précédent, la rente viagère est réductible, si elle excède ce dont il est permis de disposer ; elle est nulle, si elle est au profit d'une personne incapable de recevoir.

Art. 1971. — La rente viagère peut être constituée, soit sur la tête de celui qui en fournit le prix, soit sur la tête d'un tiers qui n'a aucun droit d'en jouir.

Art. 1972. — Elle peut être constituée sur une ou plusieurs têtes.

Art. 1973. — Elle peut être constituée au profit d'un tiers, quoique le prix en soit fourni par une autre personne.

Dans ce dernier cas, quoiqu'elle ait les caractères d'une libéralité, elle n'est point assujettie aux formes requises pour les donations; sauf les cas de réduction et de nullité énoncés dans l'article 1970.

Art. 1974. — Tout contrat de rente viagère créée sur

la tête d'une personne qui était morte au jour du contrat, ne produit aucun effet.

Art. 1975. — Il en est de même du contrat par lequel la rente a été créée sur la tête d'une personne atteinte de la maladie dont elle est décédée dans les vingt jours de la date du contrat.

Art. 1976. — La rente viagère peut être constituée au taux qu'il plaît aux parties contractantes de fixer.

SECTION II.

Des effets du contrat entre les parties contractantes.

Article 1977. — Celui au profit duquel la rente viagère a été constituée moyennant un prix, peut demander la résiliation du contrat, si le constituant ne lui donne pas les sûretés stipulées pour son exécution.

Art. 1978. — Le seul défaut de paiement des arrérages de la rente n'autorise point celui en faveur de qui elle est constituée à demander le remboursement du capital, ou à rentrer dans le fonds par lui aliéné : il n'a que le droit de saisir et de faire vendre les biens de son débiteur, et de faire ordonner ou consentir, sur le produit de la vente, l'emploi d'une somme suffisante pour le service des arrérages.

Art. 1979. — Le constituant ne peut se libérer du paiement de la rente, en offrant de rembourser le capital, et en renonçant à la répétition des arrérages payés ; il est tenu de servir la rente pendant toute la vie de la personne, ou des personnes sur la tête desquelles la rente a été constituée, quelle que soit la durée de la vie de ces personnes et quelque onéreux qu'ait pu devenir le service de la rente.

Art. 1980. — La rente viagère n'est acquise au propriétaire que dans la proportion du nombre de jours qu'il a vécu.

Néanmoins

Néanmoins s'il a été convenu qu'elle serait payée d'avance, le terme qui a dû être payé, est acquis du jour où le paiement a dû en être fait.

Art. 1981. — La rente viagère ne peut être stipulée insaisissable que lorsqu'elle a été constituée à titre gratuit.

Art. 1982. — La rente viagère ne s'éteint pas par la mort civile du propriétaire ; le paiement doit en être continué pendant sa vie naturelle.

Art. 1983. Le propriétaire d'une rente viagère n'en peut demander les arrérages qu'en justifiant de son existence, ou de celle de la personne sur la tête de laquelle elle a été constituée.

TITRE XIII.

Du Mandat.

LE PREMIER CONSUL a nommé, pour présenter la loi formant le Titre XIII du CODE CIVIL, et pour en soutenir la discussion, les cit. *Berlier*, *Sainte-Suzanne* et *Dubois*, Conseillers d'État.

Introduits dans la salle du Corps Législatif, le 19 ventose an 12; l'un d'eux, portant la parole, a prononcé le discours suivant.

CITOYENS LÉGISLATEURS,

S'IL est dans les affections naturelles de l'homme et dans l'ordre commun de ses habitudes, qu'il pourvoie lui-même à ses propres affaires, les maladies, l'absence, les obstacles de tous genres qui prennent leur source et dans la nature et dans l'état social, l'obligent souvent à confier à autrui ce que tant de causes viennent l'empêcher de faire en personne.

De-là le *mandat*, objet du titre que nous venons vous présenter aujourd'hui.

Le contrat de mandat, comme tous les autres contrats, repose essentiellement sur la volonté réciproquement manifestée des parties qui le forment.

Ainsi, le seul pouvoir donné ne constitue point le contrat, s'il n'a été accepté expressément ou tacitement, et réciproquement : sans ce pouvoir, la simple gestion d'un tiers ne le constitue point mandataire.

Dans ce dernier cas, le maître de la chose peut bien poursuivre le gérant à raison de sa gestion, de même que celui-ci peut réclamer ses avances et même des indemnités, s'il a géré utilement pour le propriétaire ; mais ces actions n'appartiennent point au contrat qui est l'objet de cette discussion.

De sa nature, le mandat est gratuit ; c'est un office de l'amitié : ainsi le définit le droit romain (1), et notre projet lui conserve ce noble caractère.

Cependant cette règle tournerait souvent au détriment de la société, si elle était tellement absolue qu'on ne pût y déroger par une stipulation expresse.

Cette stipulation sera donc permise, car elle n'a rien de contraire aux bonnes mœurs ; et même elle sera d'une exacte justice, toutes les fois que le mandataire n'aura point assez de fortune pour faire à son ami le sacrifice de son temps et de ses soins ; circonstance qui peut arriver souvent, et dans laquelle la rétribution sera moins un lucre qu'une indemnité.

Le mandataire devra se renfermer strictement dans les termes de sa procuration.

Si le mandat spécifie les actes qui en sont l'objet, cette spécification deviendra la mesure précise des pouvoirs conférés par le mandant, et tout ce qui serait fait au-delà sera nul.

Rien de plus simple ni de plus facile que l'application de cette règle, quand elle sera tracée par le contrat même ; mais comment fixera-t-on le sens et l'étendue des mandats conçus en termes généraux ?

Parmi les divers modes de constituer de tels mandats, il en est deux qui méritaient une attention particulière, comme plus usités ; savoir, le pouvoir de faire *tout ce que le mandataire jugera convenable aux intérêts du mandant*, ou celui de faire *tous les actes que le mandant pourrait faire lui-même.*

Dans l'examen de ces deux locutions, on a vu des jurisconsultes renfermer l'effet de la première dans les simples actes d'administration, et attribuer à la seconde des effets plus étendus, et notamment la faculté de disposer de la propriété même.

L'on n'a pas suivi cette distinction ; car en matière de propriété,

----

(1) L. I. § *ult.* ff. *Mand.*

l'on ne doit pas facilement présumer qu'on ait voulu remettre à un tiers le pouvoir d'en disposer; et si on l'a voulu, il est si facile de l'exprimer formellement, que la loi peut bien en imposer l'obligation, seul moyen de prévenir toute équivoque et d'obvier aux surprises et aux erreurs.

Ainsi, en maintenant à cet égard les dispositions du droit romain (1), tout mandat conçu en termes généraux n'embrassera que les actes d'administration; et s'il s'agit d'aliéner ou hypothéquer, ou de quelque autre acte de propriété, le mandat devra être exprès.

Les femmes mariées et les mineurs émancipés pourront être mandataires : cette aptitude, qui n'est pas de droit nouveau, trouve sa cause dans la faveur due à tous les développemens d'une juste confiance.

Celui qui remet ses intérêts à une personne de cette qualité, a jugé sa capacité suffisante, et la loi peut adhérer à ce jugement, pourvu que les intérêts de la femme mariée et du mineur (mandataires) n'en reçoivent aucune atteinte, et que leur condition n'en soit pas changée; car le mandant ne saurait avoir contre eux les mêmes actions que contre les personnes qui jouissent de tous leurs droits.

Avec de telles précautions, la faculté dont il s'agit a semblé exempte de tout inconvénient, même en n'astreignant point la femme mariée à se munir de l'autorisation de son mari; car ici la question n'est pas de savoir si le mari pourra s'opposer à ce que sa femme reçoive ou exécute le mandat (il a incontestablement ce droit), mais si, à défaut d'une autorisation préalable et expresse, le mandat et ses effets seront nuls à l'égard des tiers et du mandant lui-même.

Une réflexion bien simple lève cette difficulté. En effet, si le mari laisse sa femme exécuter le mandat, il est réputé y consentir; et si des absences ou d'autres empêchemens de cette nature écartent cette présomption, comment, en ce cas, la femme

---

(1) LL. 60 et 65, ff. *de Procur.*

pourrait-elle se pourvoir d'une autorisation ? Et pourquoi lui lierait-on les mains, pour un acte qui ne peut blesser ni ses intérêts ni les droits de son mari, puisqu'on n'aura d'action contre elle que conformément aux règles établies au titre du *Contrat de mariage et des droits des époux* ?

Citoyens Législateurs, je viens de parcourir les dispositions du projet qui composent son premier chapitre, intitulé : *De la nature et de la forme du mandat*. Je vais maintenant vous entretenir des obligations qui en naissent.

Ces obligations sont de deux sortes ; les unes sont imposées au mandataire, les autres au mandant.

Le mandataire doit pourvoir à l'objet du mandat, rendre compte de sa gestion, et même indemniser le mandant s'il lui a causé du dommage ; car s'il était loisible au premier de ne pas accepter le mandat, il ne lui était plus permis, après l'avoir accepté, de ne pas remplir convenablement sa charge.

Cependant, en cas de fautes suivies de dommages, l'on fera une distinction entre le mandataire salarié et celui qui ne l'est pas ; car l'on sent que celui qui reçoit un salaire est plus rigoureusement que l'autre astreint à tous les soins que la chose comporte.

Responsable de ses faits, le mandataire pourra être tenu, même des faits d'autrui, en certains cas : comme si, par exemple, il s'est substitué quelqu'un sans y être autorisé ; ou si, n'ayant à ce sujet qu'une autorisation générale, il a fait choix d'une personne notoirement incapable ou insolvable.

Il devra aussi à son mandant l'intérêt des sommes qu'il aurait touchées comme mandataire et employées à son propre usage.

Enfin, et outre les actions que le mandant peut exercer contre lui, le mandataire est encore soumis à celle des tiers, s'il a excédé les termes du mandat sans le leur faire connaître ; car, s'ils l'ont connu, la faute commune exclut toute action en garantie pour ce qui a été fait au-delà, à moins que le mandataire ne s'y soit personnellement obligé.

Toutes ces règles, déduites de la simple équité, sont assez

justifiées par l'heureuse application qui en est faite depuis bien des siècles.

Il faut en dire autant des obligations du mandant.

Exécuter envers les tiers, ce qu'a fait avec eux, ou ce que leur a promis le mandataire agissant dans les limites de ses pouvoirs; rembourser à celui-ci ses frais et avances; l'indemniser des pertes qu'il aura souffertes à l'occasion du mandat, et payer au mandataire l'intérêt des sommes que celui-ci aurait personnellement avancées, même ses salaires, s'il lui en a été promis; tels sont les devoirs du mandant.

S'il y a plusieurs mandans pour une affaire commune, ils seront solidairement tenus envers le mandataire.

Cette disposition, tirée du droit romain (1), n'implique point contradiction avec celle qui statue que lorsqu'il y a plusieurs mandataires, ils ne sont tenus chacun que pour ce qui les concerne; car, s'il est juste que, dans un acte officieux et souvent gratuit, celui qui rend le service ait une action solidaire contre ceux qui tirent d'un mandat un profit commun, il serait injuste de le charger, envers ceux-ci, du fait d'autrui, sans une convention expresse : l'extrême différence de ces deux situations, ne permet pas de conclure de l'une à l'autre.

Je viens, citoyens Législateurs, de retracer les obligations respectives du mandataire et du mandant; il me reste à examiner de quelle manière le contrat se dissout.

Je n'arrêterai point votre attention sur les causes qui le dissolvent nécessairement, telles que la mort naturelle ou civile, l'interdiction ou la déconfiture, soit du mandant, soit du mandataire.

J'observerai seulement, qu'après la mort du mandant, les actes passés par le mandataire, dans l'ignorance de cet événement, sont valides, et qu'après la mort du mandataire ses héritiers ne sont pas, dès l'instant même, dégagés de toute obliga-

---

(1) L. 59, § 3, ff. *Mand.*

...tion envers le mandant, puisqu'ils doivent l'avertir du décès, et pourvoir, dans l'intervalle, aux choses urgentes.

Dans cette double hypothèse, l'équité proroge l'effet du mandat.

Mais, ce n'est point seulement par les causes qu'on vient de désigner, que le mandat finit.

Quand un homme confie ses intérêts à un autre, il est toujours sous-entendu que celui-ci n'en restera chargé qu'autant que la confiance qui lui a été accordée continuera ; car, le mandant n'aliène ni à perpétuité, ni même à temps, le plein exercice de ses droits, et le mandat cesse, quand il plaît au mandant de notifier son changement de volonté.

Il cesse de même quand le mandataire veut se rédimer de cette charge ; cependant, si le moment était évidemment inopportun, et qu'il dût en résulter du préjudice pour le mandant, celui-ci devra en être indemnisé.

L'obligation où est le mandataire d'indemniser le mandant, dans le cas posé, n'admet qu'une exception. Cette exception a lieu, si le mandataire établit qu'il n'a pu continuer de gérer les affaires du mandant, sans éprouver lui-même des pertes considérables ; car, la loi ne saurait, sans faire violence aux affections humaines, frapper celui qui, dans le péril imminent de sa chose et de celle d'autrui, aura voulu préserver la sienne.

Il ne suffit pas, au reste, que le mandat ait été révoqué par le mandant, ou qu'il y ait été renoncé par le mandataire, pour qu'il cesse à l'égard des tiers de bonne foi.

En effet, si après la révocation notifiée au mandataire, mais avant que celui-ci ait remis le titre qui contient ses pouvoirs, il en use encore, pour traiter avec des tiers, qu'on ne puisse soupçonner de connivence avec lui ; de tels actes devront être exécutés ; car, le mandant doit s'imputer d'avoir, dès le principe, mal placé sa confiance, et des tiers de bonne foi ne sauraient être victimes de cette première faute qui leur est étrangère. Le mandant est donc, en ce cas, valablement engagé envers eux, sauf son recours contre le mandataire.

Citoyens Législateurs, j'ai terminé l'exposé des motifs qui ont dicté les dispositions du projet de loi soumis en ce moment à votre sanction.

Dans une telle matière, dont les principes étaient fixés depuis long-temps, il était difficile, et il eût été imprudent, peut-être, de vouloir innover.

L'idée heureuse et féconde de réunir, en un seul corps, les lois civiles du peuple français, a donc seule imposé le devoir de recueillir, sur le *mandat*, les règles qui lui étaient propres, pour les joindre à cette importante collection.

Si, sans être nouvelles, elles ont l'avantage d'être simples, et sur-tout d'être justes, elles obtiendront encore une place honorable à côté de celles que vous avez déjà décrétées.

Suit le texte de la loi.

TITRE XIII.

Du Mandat.

Décrété le 19 ventose an XII. Promulgué le 29 du même mois.

CHAPITRE PREMIER.

De la nature et de la forme du mandat.

Article 1984. — Le mandat ou procuration est un acte par lequel une personne donne à une autre le pouvoir de faire quelque chose pour le mandant et en son nom.

Le contrat ne se forme que par l'acceptation du mandataire.

Art. 1985. — Le mandat peut être donné ou par acte

public, ou par écrit sous seing privé, même par lettre. Il peut aussi être donné verbalement : mais la preuve testimoniale n'en est reçue que conformément au titre des *Contrats ou des Obligations conventionnelles en général.*

L'acceptation du mandat peut n'être que tacite, et résulter de l'exécution qui lui a été donnée par le mandataire.

Art. 1986. — Le mandat est gratuit, s'il n'y a convention contraire.

Art. 1987. — Il est ou *spécial* et pour une affaire ou certaines affaires seulement, ou *général* et pour toutes les affaires du mandant.

Art. 1988. — Le mandat conçu en termes généraux, n'embrasse que les actes d'administration.

S'il s'agit d'aliéner ou hypothéquer, ou de quelque autre acte de propriété, le mandat doit être exprès.

Art. 1989. — Le mandataire ne peut rien faire au-delà de ce qui est porté dans son mandat : le pouvoir de transiger ne renferme pas celui de compromettre.

Art. 1990. — Les femmes et les mineurs émancipés peuvent être choisis pour mandataires ; mais le mandant n'a d'action contre le mandataire mineur que d'après les règles générales relatives aux obligations des mineurs, et contre la femme mariée et qui a accepté le mandat sans autorisation de son mari, que d'après les règles établies au titre *du Contrat de Mariage et des droits respectifs des époux.*

CHAPITRE II.

Des obligations du mandataire.

Article 1991. — Le mandataire est tenu d'accomplir le mandat tant qu'il en demeure chargé, et répond des dommages-intérêts qui pourraient résulter de son inexécution.

Il est tenu de même d'achever la chose commencée au décès du mandant, s'il y a péril en la demeure.

Art. 1992. — Le mandataire répond non-seulement du dol, mais encore des fautes qu'il commet dans sa gestion.

Néanmoins, la responsabilité relative aux fautes est appliquée moins rigoureusement à celui dont le mandat est gratuit qu'à celui qui reçoit un salaire.

Art. 1993. — Tout mandataire est tenu de rendre compte de sa gestion, et de faire raison au mandant de tout ce qu'il a reçu en vertu de sa procuration, quand même ce qu'il aurait reçu n'eût point été dû au mandant.

Art. 1994. — Le mandataire répond de celui qu'il s'est substitué dans la gestion, 1°. quand il n'a pas reçu le pouvoir de se substituer quelqu'un ; 2°. quand ce pouvoir lui a été conféré sans désignation d'une personne, et que celle dont il a fait choix était notoirement incapable ou insolvable.

Dans tous les cas, le mandant peut agir directement contre la personne que le mandataire s'est substituée.

Art. 1995. — Quand il y a plusieurs fondés de pouvoir ou mandataires établis par le même acte, il n'y a de solidarité entre eux qu'autant qu'elle est exprimée.

Art. 1996. — Le mandataire doit l'intérêt des sommes qu'il a employées à son usage, à dater de cet emploi ; et de celles dont il est reliquataire, à compter du jour qu'il est mis en demeure.

Art. 1997. — Le mandataire qui a donné à la partie avec laquelle il contracte en cette qualité, une suffisante connaissance de ses pouvoirs, n'est tenu d'aucune garantie pour ce qui a été fait au-delà, s'il ne s'y est personnellement soumis.

CHAPITRE III.

Dés obligations du mandant.

, *Article* 1998. — Le mandant est tenu d'exécuter les engagemens contractés par le mandataire, conformément. au pouvoir qui lui a été donné.

Il n'est tenu de ce qui a pu être fait au-delà, qu'autant qu'il l'a ratifié expressément ou tacitement.

Art. 1999. — Le mandant doit rembourser au mandataire les avances et frais que celui-ci a faits pour l'exécution du mandat, et lui payer ses salaires lorsqu'il en a été promis. · -

S'il n'y a aucune faute imputable au mandataire, le mandant ne peut se dispenser de faire ces remboursement et paiement, lors même que l'affaire n'aurait pas réussi, ni faire réduire le montant des frais et avances sous le prétexte qu'ils pouvaient être moindres.

Art. 2000. — Le mandant doit aussi indemniser le mandataire des pertes que celui-ci a essuyées à l'occasion de sa gestion sans imprudence qui lui soit imputable.

Art. 2001. — L'intérêt des avances faites par le mandataire lui est dû par le mandant, à dater du jour des avances constatées.

Art. 2002. — Lorsque le mandataire a été constitué par plusieurs personnes pour une affaire commune, chacune d'elles est tenue solidairement envers lui de tous les effets du mandat.

CHAPITRE IV.

Des différentes manières dont le mandat finit.

Artile. 2003. — Le mandat finit par la révocation du mandataire,

Par la renonciation de celui-ci au mandat,

Par la mort naturelle ou civile, l'interdiction ou la déconfiture, soit du mandant, soit du mandataire.

Art. 2004. — Le mandant peut révoquer sa procuration quand bon lui semble, et contraindre, s'il y a lieu, le mandataire à lui remettre, soit l'écrit sous seing privé qui la contient, soit l'original de la procuration, si elle a été délivrée en brevet, soit l'expédition, s'il en a été gardé minute.

Art. 2005. La révocation notifiée au seul mandataire ne peut être opposée aux tiers qui ont traité dans l'ignorance de cette révocation, sauf au mandant son recours contre le mandataire.

Art. 2006. — La constitution d'un nouveau mandataire pour la même affaire, vaut révocation du premier, à compter du jour où elle a été notifiée à celui-ci.

Art. 2007. — Le mandataire peut renoncer au mandat, en notifiant au mandant sa renonciation.

Néanmoins, si cette renonciation préjudicie au mandant, il devra en être indemnisé par le mandataire, à moins que celui-ci ne se trouve dans l'impossibilité de continuer le mandat sans en éprouver lui-même un préjudice considérable.

Art. 2008. — Si le mandataire ignore la mort du mandant, ou l'une des autres causes qui font cesser le mandat, ce qu'il a fait dans cette ignorance est valide.

Art. 2009. — Dans les cas ci-dessus, les engagemens

du mandataire sont exécutés à l'égard des tiers qui sont de bonne foi.

Art. 2010. — En cas de mort du mandataire, ses héritiers doivent en donner avis au mandant, et pourvoir, en attendant, à ce que les circonstances exigent pour l'intérêt de celui-ci.

TITRE XIV.

Du Cautionnement.

LE PREMIER CONSUL a nommé, pour présenter la loi formant le Titre XIV du CODE CIVIL, et pour en soutenir la discussion, les citoyens *Treilhard*, *Lacuée* et *Jolivet*, Conseillers d'État.

Introduits dans la salle du Corps Législatif, le 24 pluviose an 12; l'un d'eux, portant la parole, a prononcé le discours suivant.

CITOYENS LÉGISLATEURS,

LES hommes ne traitent ensemble, que dans l'espoir légitime que leurs engagemens respectifs seront exécutés ; et toute transaction serait bientôt suspendue, si une confiance mutuelle ne rapprochait pas les citoyens pour leur commun intérêt.

Celui qui ne nous inspire pas cette confiance, sera-t-il donc absolument exclus de l'avantage de contracter avec nous ?

Non, citoyens Législateurs; la garantie qu'il ne nous offre pas, nous pouvons la recevoir d'un autre qui, le connaissant mieux peut-être, ou par tout autre motif, consent à s'engager pour lui.

Déjà vous voyez quelle grande influence peut avoir sur la vie civile l'usage du cautionnement ; et ce titre n'est pas le moins important du Code.

Pour établir des règles sur cette matière ; il faut se pénétrer avant tout, et de la nature, et de l'objet d'un cautionnement : les difficultés les plus graves en apparence, s'applanissent bientôt pour celui qui sait remonter au principe des choses ; c'est par cette marche qu'on parvient à les bien connaître : et savoir bien, je ne crains pas de le dire, est encore plus utile que de savoir beaucoup.

Le cautionnement a pour objet d'assurer l'exécution d'un engagement : il faut donc que le fidéjusseur ou la caution remplisse cet engagement au défaut du principal obligé, et il est juste aussi que la caution qui l'a rempli, soit subrogée au droit du créancier.

Toutes les règles de ce titre découlent de ce premier apperçu.

Un cautionnement est l'accessoire d'une obligation principale ; il ne peut donc pas exister de cautionnement, quand il n'existe pas une première obligation à laquelle le cautionnement se rattache.

Une obligation contractée contre la défense de la loi, surprise par le dol, arrachée par la violence, entachée enfin de quelque vice de cette nature, est absolument nulle ; l'acte qui la cautionne, tombe par conséquent avec elle.

Mais si l'obligation principale, valable en elle-même, ne se trouvait caduque que par une exception personnelle au principal obligé, la restitution de celui-ci ne détruirait pas l'essence de l'obligation, et le cautionnement devrait produire son effet.

J'ai dit que le cautionnement était l'accessoire d'une obligation ; il ne peut donc pas l'excéder : il est contre la nature des choses, que l'accessoire soit plus étendu que le principal. Comment peut-on cautionner trois mille francs, quand il n'en est dû que deux mille ? Comment la caution serait-elle contraignable par corps, quand le débiteur principal lui-même n'est pas soumis à cette exécution rigoureuse ?

Mais le cautionnement, quand il excède l'obligation principale, est-il absolument nul, ou seulement réductible aux termes de cette obligation ? Cette question fut autrefois controversée ; les deux parties s'appuyaient également sur des textes et sur des autorités. Le règne des subtilités est passé, et comme il est bien évident que celui qui voulut s'engager à plus que l'obligation principale, fût dans l'intention de garantir au moins cette obligation, nous avons pensé que le cautionnement excessif n'était pas nul, et qu'il était seulement réductible. Il ne faut pas créer des nullités sans un motif réel : c'est bien assez de voir les nullités par-tout où elles existent en effet.

Si on ne peut pas, dans un cautionnement, s'engager au-delà des termes de l'obligation principale, on peut, sans contredit, ne pas s'obliger à cautionner la totalité de cette obligation, ou ne la cautionner que sous des conditions plus douces.

L'engagement de la caution est volontaire ; il doit être par conséquent renfermé dans les limites qu'elle a posées : si elle s'était engagée indéfiniment, son engagement embrasserait toute l'obligation principale avec ses accessoires. Il n'était pas dans son intention d'y opposer des restrictions, puisqu'elle n'y en a pas opposé en effet.

L'objet du cautionnement est d'assurer l'exécution d'une obligation ; il faut donc que celui qui se présente pour caution, soit capable de contracter, qu'il ait des biens dont la discussion ne soit par trop pénible.

À quoi servirait l'engagement d'un homme qui ne pourrait pas s'engager ? Quel fruit tirerait-on d'une caution qu'il faudrait aller chercher et discuter à des distances infinies ? La facilité de poursuivre un débiteur, fait partie de sa solvabilité, et une discussion qu'il faudrait suivre de loin, serait presque toujours plus ruineuse qu'utile. Nous avons donc établi pour règle, que la caution devait présenter des biens dans le ressort du tribunal d'appel où elle doit être donnée.

La caution doit être solvable, non d'une solvabilité fugitive, telle que celle qu'offrirait une fortune mobilière, ni d'une solvabilité incertaine, telle que celle qui ne serait fondée que sur

des biens litigieux ; mais d'une solvabilité constante, et assurée par des propriétés foncières et libres.

On a demandé si celui qui devait une caution , et qui en avait
présenté une qu'on avait acceptée., était tenu d'en donner une
autre, lorsque la première devenait insolvable.

D'un côté, on a prétendu que le débiteur n'ayant promis
qu'une caution , ayant satisfait à son engagement, puisque le
créancier avait accepté comme bonne celle qui lui était offerte ,
ne pouvait plus être inquiété pour une insolvabilité survenue
depuis , et dont il n'était pas le garant ; mais on a considéré
d'un autre côté, qu'un créancier n'exigeait une caution, que
pour s'assurer invinciblement de l'exécution d'un acte ; qu'il
était dans son intention d'avoir une caution qui fût toujours
solvable , et qui offrît une garantie réelle jusqu'à l'exécution
effective de l'obligation. Cette opinion s'accorde mieux avec la
nature et l'objet du cautionnement , et nous en avons tiré cette
conséquence , que si la caution devenait insolvable, le débiteur
était tenu d'en fournir une autre.

Après avoir considéré le cautionnement dans sa nature et
dans son objet , on a dû le considérer dans ses effets. Une caution a des rapports et des engagemens avec le créancier, avec
le débiteur , avec les autres cautions, s'il en existe plusieurs
pour la même obligation ; ces cofidéjusseurs, le débiteur, le
créancier , contractent aussi des engagemens envers la caution.

Voyons d'abord l'effet du cautionnement entre le créancier et
le fidéjusseur : son objet étant d'assurer l'exécution d'une obligation principale , il faut que la caution exécute , lorsque le
débiteur manque à son engagement.

Il ne peut s'élever ici que deux questions : le créancier
s'adressera-t-il au fidéjusseur, avant d'avoir discuté le débiteur
principal ? Une caution poursuivie pour la totalité, pourra-t-elle
exiger que le créancier divise ses poursuites, quand il existera
plusieurs fidéjusseurs ?

Dans l'ancien droit romain , le créancier pouvait contraindre
les cautions , sans avoir préalablement discuté le principal débiteur :

biteur : c'était une rigueur bien grande contre des personnes qui souvent ne s'étaient obligées que par un sentiment de bienfaisance et de générosité. *Justinien* crut devoir apporter des adoucissemens à ce droit, et il introduisit, en faveur des cautions, l'exception qu'on a appelée *de discussion* : son effet est d'obliger le créancier à discuter le débiteur principal, avant de l'admettre à la poursuite des fidéjusseurs.

Cette exception, reçue parmi nous, est toute en faveur des cautions; et de-là il résulte, 1°. qu'une caution peut y renoncer; 2°. que les poursuites du créancier, contre la caution, sont valables, si celle-ci ne réclame pas le bénéfice de la discussion; 3°. que la caution doit réclamer ce bénéfice dans le principe; toute exception étant couverte par une défense au fond.

Suffira-t-il à la caution de dire vaguement qu'elle demande la discussion préalable du débiteur principal, et le créancier ne pourrait-il pas lui répondre qu'il ne connaît pas les propriétés du débiteur? Il faut donc que la caution indique les biens dont elle réclame la discussion : c'est son premier devoir; elle doit indiquer, non pas des biens litigieux déjà absorbés par les charges, car le créancier ne trouverait dans cette indication qu'une source de procès, mais des biens libres et qui présentent une garantie du paiement.

Elle doit indiquer des biens qui ne soient pas dans un trop grand éloignement : nous en avons déjà dit la raison : le créancier a voulu des gages, et des gages à sa portée.

Enfin, en indiquant ces biens, la caution doit aussi fournir des biens suffisans pour poursuivre la discussion : le créancier n'avait exigé un fidéjusseur que pour s'assurer davantage un paiement facile; et lorsque le fidéjusseur réclame une discussion préalable du débiteur, c'est à ses risques et à ses frais que cette discussion doit être faite : quel avantage tirerait donc le créancier de la caution, si, pour faire une discussion réclamée par elle, on était obligé d'avancer des sommes excédant peut-être la créance?

Mais si la caution doit faire l'indication des biens et avancer les frais, c'est ensuite au créancier à poursuivre. Là commence

son obligation : il est de toute justice qu'il supporte la peine de
sa négligence : c'est donc sur lui que retomberont les suites
d'une insolvabilité du débiteur, survenue par le défaut des poursuites qu'il était obligé de faire. On a dû pourvoir à la sûreté
du créancier ; il faut aussi veiller à l'intérêt de la caution, et ne
pas la rendre victime d'une inertie dont elle n'est pas coupable.

J'ai annoncé une seconde difficulté ; celle de savoir si une caution poursuivie pour la totalité de la dette, peut demander que
le créancier divise son action entre tous les fidéjusseurs.

L'exception de la *division* est puisée dans le droit romain ; et
elle a été admise parmi nous.

Les cautions, sans contredit, sont tenues de toute la dette ; il
suit bien de là que si, parmi plusieurs cautions, une seule se trouvait solvable, elle supporterait la totalité de la charge. Mais si
plusieurs cautions sont en état de payer, pourquoi le créancier
ne demanderait-il pas sa part à chacune ? Il a voulu assurer son
paiement, il ne court aucun risque quand plusieurs des cautions
sont solvables ; la division de l'action ne porte, dans ce cas, aucun
préjudice, et on a pu l'admettre sans blesser l'objet du cautionnement.

L'intérêt du créancier exige seulement que la part des cautions insolvables, *au moment où la division est prononcée*, soit
supportée par les autres, et nous en avons fait une disposition
précise.

Au reste, la division étant un bénéfice introduit en faveur de
la caution, il est hors de doute qu'elle peut y renoncer ; comme
il est aussi hors de doute que le créancier peut, de son côté,
diviser volontairement son action, et renoncer au droit de poursuivre une de ses cautions pour la totalité.

Il faut actuellement examiner le cautionnement dans ses effets
entre la caution et le débiteur.

La caution paie à défaut de paiement de la part du débiteur.
Le premier effet de ce paiement a dû être la subrogation de la
caution à tous les droits du créancier. C'est un troisième bénéfice que la loi accorde au fidéjusseur : il n'a pas besoin de requérir cette subrogation ; elle est prononcée par la loi, parce qu'elle

résulte du seul fait du paiement, et nous avons écarté les vaines subtilités par lesquelles on se croyait obligé de substituer à une subrogation qui n'était pas expressément donnée, une action prétendue de mandat. L'action du créancier passe dans la main de la caution, et le recours de celle-ci, contre le débiteur, embrasse le principal, les intérêts, les frais légitimes, ceux du moins qui ont été faits par la caution depuis la dénonciation des poursuites.

Si le fidéjusseur avait cautionné plusieurs débiteurs solidaires, il aurait le droit de répéter la totalité de ce qui fut payé contre chacun d'eux, parce qu'en effet chacun d'eux était débiteur de la totalité.

Nous supposons qu'une caution a payé valablement, qu'elle n'a pas payé à l'insu du débiteur et au préjudice d'une défense péremptoire qu'il aurait pu opposer.

Enfin, si le débiteur, dans l'ignorance d'un paiement fait par la caution, payait lui-même une seconde fois son créancier, cette caution n'aurait pas de recours contre le débiteur, à qui en effet elle ne pourrait adresser aucun reproche.

Il ne me reste qu'une observation à faire sur les effets du cautionnement entre le débiteur et la caution.

On ne peut pas refuser à celle-ci le droit de prendre des sûretés contre le débiteur; ainsi elle peut agir pour être indemnisée, lorsqu'elle est poursuivie par le créancier, lorsque le débiteur est en faillite, quoiqu'elle ne soit pas encore poursuivie; elle le peut également quand le débiteur est en demeure de rapporter la décharge promise à une époque déterminée, ou lorsque le terme de la dette est échu. Le créancier peut bien publier sa créance et ne pas exercer des poursuites; ce n'est pas pour la caution un motif de sommeiller aussi, et elle a, dans tous ces cas, une action pour poursuivre le débiteur, afin de le forcer d'éteindre son obligation : nous avons même pensé qu'il était de toute justice, lorsque le temps de la durée du cautionnement n'était pas réglé, ou lorsque le cautionnement n'était pas donné pour une obligation principale qui, par sa nature, devait avoir un cours déterminé, tel, par exemple, qu'une tutelle; nous avons, dis-je, pensé qu'il fallait fixer une époque à laquelle la caution pourrait forcer le débiteur à lui procurer sa décharge. Le principe de cette disposition existe dans la loi romaine. Elle n'avait pas à la vérité indiqué le moment où le fidéjusseur pouvait exercer cette action ; ce temps était laissé à l'arbitrage du juge : nous l'avons fixé, et au bout de dix années la caution pourra commencer ses poursuites.

Nous voici parvenus à l'effet du cautionnement entre les cautions.

La caution qui paie est subrogée aux droits du créancier ; la caution peut donc exercer contre les cofidéjusseurs, chacun pour leur part, les droits que le créancier exercerait lui-même s'il n'était pas payé. Il est sans doute inutile de répéter qu'on suppose un paiement valable de la part de la caution ; si elle avait payé sans libérer le débiteur, ou lorsque le débiteur ne devait plus rien, elle ne devait plus rien, elle devrait supporter seule la peine de son imprudence.

Je crois avoir suffisamment développé les divers effets du cautionnement entre le créancier, le débiteur, la caution, et les cautions entre elles : il nous reste à examiner comment s'éteignent les cautionnemens.

Celui qui cautionne s'oblige ; et les mêmes causes qui éteignent les autres obligations, doivent aussi éteindre la sienne.

L'orateur qui vous a présenté le projet de loi sur les obligations conventionnelles en général, a épuisé, sur cette partie, tout ce qu'on pouvait dire, et je me donnerai bien de garde de traiter ce sujet après lui. Je dois donc me borner à ce qui peut être particulier au cautionnement.

La caution peut repousser le créancier par toutes les exceptions inhérentes à la dette qui appartiennent au débiteur principal ; elle n'a pas le droit d'opposer une exception qui serait purement personnelle à ce débiteur : mais elle peut s'emparer de toute défense qui ferait tomber l'obligation, telle que celle du dol, de la violence, d'un paiement déjà effectué, de la chose jugée, et de toutes autres défenses de cette nature.

Nous avons vu que le paiement fait au créancier devait opérer une subrogation de droit au profit de la caution : le créancier n'est donc plus recevable à la poursuivre quand, par son fait, il s'est mis dans l'impossibilité d'opérer cette subrogation.

Enfin, si le créancier a volontairement accepté un immeuble ou toute autre chose en paiement, la caution est déchargée, même quand le créancier se trouverait dans la suite évincé de la chose qu'il aurait reçue. L'obligation primitive avait été éteinte par l'acceptation du créancier, l'accessoire du cautionnement avait cessé avec elle : si le créancier a ensuite une action résultante de l'éviction qu'il souffre, cette action est toute différente de la première, et ce n'est pas elle que la caution avait garantie.

Tels sont, citoyens Législateurs, les motifs qui ont déterminé les divers articles du titre du *Cautionnement :* je l'annonçais en commençant; toute la théorie de cette loi est fondée sur cette idée bien simple, qu'un cautionnement est l'accessoire d'une obligation première, et que la caution, à défaut du principal obligé, doit payer le créancier, dont elle exerce ensuite les droits contre le débiteur ou contre les cofidéjusseurs.

Ma tâche serait finie, si je ne devais dire encore un mot de deux espèces de cautions dont il est parlé dans le dernier chapitre de ce titre; c'est la caution légale et la caution judiciaire. Elles sont ainsi appelées, parce qu'elles sont fournies; la première, en vertu d'une loi qui l'a exigée; la seconde, en vertu d'un jugement.

Toutes les règles que nous avons établies sur la capacité de contracter, et sur la solvabilité des cautions, s'appliquent avec plus de force aux cautions légales et judiciaires. La caution judiciaire doit même être susceptible de la contrainte par corps, et la discussion de l'obligé principal ne peut jamais être réclamée par elle : il faut des liens plus forts et de plus grandes sûretés pour les obligations qui se contractent avec la justice ; et si cette rigueur peut quelquefois être un obstacle à ce qu'on trouve des cautions, le débiteur a du moins la ressource de pouvoir donner un gage en nantissement. La justice est alors satisfaite, puisqu'elle obtient une garantie entière.

Citoyens Législateurs, le développement des motifs d'une loi

sur un acte obscur de la vie civile, est nécessairement fort aride;
il ne vous présente pas ce grand intérêt qui s'attache à tout ce
qui touche l'état des personnes : mais rien de ce qui contribue
à maintenir l'ordre et l'union parmi les citoyens ne peut vous être
indifférent : en donnant des règles sur les contrats les plus habi-
tuels, vous travaillez pour le bonheur et pour la tranquillité de
tous les jours; le fléau de l'incertitude en cette matière se ferait
sentir à tous les instans. Les dispositions que nous vous avons
présentées découlent naturellement d'un principe qui ne fut jamais désavoué; elles ne peuvent donc laisser dans vos esprits
aucun doute sur le bon effet qu'elles doivent produire.

Suit le texte de la loi.

TITRE XIV.

Du Cautionnement.

Décrété le 24 pluviose an XII. Promulgué le 4 ventose suivant.

CHAPITRE PREMIER.

De la nature et de l'étendue du cautionnement.

Article 2011. — Celui qui se rend caution d'une obligation, se soumet envers le créancier à satisfaire à cette
obligation, si le débiteur n'y satisfait pas lui-même.

Art. 2012. — Le cautionnement ne peut exister que
sur une obligation valable.

On peut néanmoins cautionner une obligation, encore
qu'elle pût être annullée par une exception purement personnelle à l'obligé, par exemple, dans le cas de minorité.

Art. 2013. — Le cautionnement ne peut excéder ce qui est dû par le débiteur, ni être contracté sous des conditions plus onéreuses.

Il peut être contracté pour une partie de la dette seulement, et sous des conditions moins onéreuses.

Le cautionnement qui excède la dette, ou qui est contracté sous des conditions plus onéreuses, n'est point nul ; il est seulement réductible à la mesure de l'obligation principale.

Art. 2014. — On peut se rendre caution sans ordre de celui pour lequel on s'oblige, et même à son insu.

On peut aussi se rendre caution non-seulement du débiteur principal, mais encore de celui qui l'a cautionné.

Art. 2015. — Le cautionnement ne se présume point ; il doit être exprès, et on ne peut pas l'étendre au-delà des limites dans lesquelles il a été contracté.

Art. 2016. — Le cautionnement indéfini d'une obligation principale s'étend à tous les accessoires de la dette, même aux frais de la première demande, et à tous ceux postérieurs à la dénonciation qui en est faite à la caution.

Art. 2017. — Les engagemens des cautions passent à leurs héritiers, à l'exception de la contrainte par corps, si l'engagement était tel que la caution y fût obligée.

Art. 2018. — Le débiteur obligé à fournir une caution, doit en présenter une qui ait la capacité de contracter, qui ait un bien suffisant pour répondre de l'objet de l'obligation, et dont le domicile soit dans le ressort du tribunal d'appel où elle doit être donnée.

Art. 2019. — La solvabilité d'une caution, ne s'estime qu'eu égard à ses propriétés foncières, excepté en matière de commerce, ou lorsque la dette est modique.

On n'a point égard aux immeubles litigieux, ou dont

la discussion deviendrait trop difficile par l'éloignement de leur situation.

Art. 2020. — Lorsque la caution reçue par le créancier, volontairement ou en justice, est ensuite devenue insolvable, il doit en être donné une autre.

Cette règle reçoit exception, dans le cas seulement où la caution n'a été donnée qu'en vertu d'une convention par laquelle le créancier a exigé une telle personne pour caution.

CHAPITRE II.

De l'effet du cautionnement.

SECTION PREMIÈRE.

De l'effet du cautionnement entre le créancier et la caution.

Article 2021. — La caution n'est obligée envers le créancier à le payer qu'à défaut du débiteur, qui doit être préalablement discuté dans ses biens, à moins que la caution n'ait renoncé au bénéfice de discussion, ou à moins qu'elle ne se soit obligée solidairement avec le débiteur ; auquel cas l'effet de son engagement se règle par les principes qui ont été établis pour les dettes solidaires.

Art. 2022. — Le créancier n'est obligé de discuter le débiteur principal, que lorsque la caution le requiert, sur les premières poursuites dirigées contre elle.

Art. 2023. — La caution qui requiert la discussion doit indiquer au créancier les biens du débiteur principal, et avancer les deniers suffisans pour faire la discussion.

Elle ne doit indiquer ni des biens du débiteur principal situés hors de l'arrondissement du tribunal d'appel du lieu où le paiement doit être fait, ni des biens litigieux, ni ceux hypothéqués à la dette qui ne sont plus en la possession du débiteur.

Art. 2024. — Toutes les fois que la caution a fait l'indication de biens, autorisée par l'article précédent, et qu'elle a fourni les deniers suffisans pour la discussion, le créancier est, jusqu'à concurrence des biens indiqués, responsable, à l'égard de la caution, de l'insolvabilité du débiteur principal, survenue par le défaut de poursuite.

Art. 2025. — Lorsque plusieurs personnes se sont rendues cautions d'un même débiteur pour une même dette, elles sont obligées chacune à toute la dette.

Art. 2026. — Néanmoins chacune d'elles peut, à moins qu'elle n'ait renoncé au bénéfice de division, exiger que le créancier divise préalablement son action, et la réduise à la part et portion de chaque caution.

Lorsque, dans le temps où une des cautions a fait prononcer la division, il y en avait d'insolvables, cette caution est tenue proportionnellement de ces insolvabilités; mais elle ne peut plus être recherchée à raison des insolvabilités survenues depuis la division.

Art. 2027. — Si le créancier a divisé lui-même et volontairement son action, il ne peut revenir contre cette division, quoiqu'il y eût, même antérieurement au temps où il l'a ainsi consentie, des cautions insolvables.

SECTION II.

De l'effet du cautionnement entre le débiteur et la caution.

Article 2028. — La caution qui a payé, a son recours contre le débiteur principal, soit que le cautionnement ait été donné au su ou à l'insu du débiteur.

Ce recours a lieu tant pour le principal que pour les

intérêts et les frais ; néanmoins la caution n'a de recours que pour les frais par elle faits depuis qu'elle a dénoncé au débiteur principal les poursuites dirigées contre elle.

Elle a aussi recours pour les dommages et intérêts, s'il y a lieu.

Art. 2029. — La caution qui a payé la dette, est subrogée à tous les droits qu'avait le créancier contre le débiteur.

Art. 2030. — Lorsqu'il y avait plusieurs débiteurs principaux solidaires d'une même dette, la caution qui les a tous cautionnés a, contre chacun d'eux, le recours pour la répétition du total de ce qu'elle a payé.

Art. 2031. — La caution qui a payé une première fois, n'a point de recours contre le débiteur principal qui a payé une seconde fois, lorsqu'elle ne l'a point averti du paiement par elle fait, sauf son action en répétition contre le créancier.

Lorsque la caution aura payé sans être poursuivie et sans avoir averti le débiteur principal, elle n'aura point de recours contre lui dans le cas où, au moment du paiement, ce débiteur aurait eu des moyens pour faire déclarer la dette éteinte ; sauf son action en répétition contre le créancier.

Art. 2032. — La caution, même avant d'avoir payé, peut agir contre le débiteur pour être par lui indemnisée,

1°. Lorsqu'elle est poursuivie en justice pour le paiement ;

2°. Lorsque le débiteur a fait faillite, ou est en déconfiture ;

3°. Lorsque le débiteur s'est obligé de lui rapporter sa décharge dans un certain temps ;

4°. Lorsque la dette est devenue exigible par l'échéance du terme sous lequel elle avait été contractée ;

5°. Au bout de dix années, lorsque l'obligation principale n'a point de terme fixe d'échéance, à moins que l'obligation principale, telle qu'une tutelle, ne soit pas de nature à pouvoir être éteinte avant un temps déterminé.

SECTION III.

De l'effet du cautionnement entre les coſidéjusseurs.

Article 2033. — Lorsque plusieurs personnes ont cautionné un même débiteur pour une même dette, la caution qui a acquitté la dette a recours contre les autres cautions, chacune pour sa part et portion.

Mais ce recours n'a lieu que lorsque la caution a payé dans l'un des cas énoncés en l'article précédent.

CHAPITRE III.

De l'extinction du cautionnement.

Article 2034. — L'obligation qui résulte du cautionnement, s'éteint par les mêmes causes que les autres obligations.

Art. 2035. — La confusion qui s'opère dans la personne du débiteur principal et de sa caution, lorsqu'ils deviennent héritiers l'un de l'autre, n'éteint point l'action du créancier contre celui qui s'est rendu caution de la caution.

Art. 2036. — La caution peut opposer au créancier toutes les exceptions qui appartiennent au débiteur principal, et qui sont inhérentes à la dette ;

Mais elle ne peut opposer les exceptions qui sont purement personnelles au débiteur.

Art. 2037. — La caution est déchargée, lorsque la

subrogation aux droits , hypothèques et priviléges du créancier , ne peut plus , par le fait de ce créancier , s'opérer en faveur de la caution.

Art. 2038. — L'acceptation volontaire que le créancier a faite d'un immeuble ou d'un effet quelconque en paiement de la dette principale , décharge la caution , encore que le créancier vienne à en être évincé.

Art. 2039. — La simple prorogation de terme , accordée par le créancier au débiteur principal , ne décharge point la caution , qui peut , en ce cas , poursuivre le débiteur pour le forcer au paiement.

CHAPITRE IV.

De la caution légale et de la caution judiciaire.

Article 2040. — Toutes les fois qu'une personne est obligée , par la loi ou par une condamnation , à fournir une caution , la caution offerte doit remplir les conditions prescrites par les articles 2018 et 2019.

Lorsqu'il s'agit d'un cautionnement judiciaire , la caution doit , en outre , être susceptible de contrainte par corps.

Art. 2041. — Celui qui ne peut pas trouver une caution, est reçu à donner à sa place un gage en nantissement suffisant.

Art. 2042. — La caution judiciaire ne peut point demander la discussion du débiteur principal.

Art. 2043. — Celui qui a simplement cautionné la caution judiciaire , ne peut demander la discussion du débiteur principal et de la caution.

TITRE XV.

Des Transactions.

Le PREMIER CONSUL a nommé, pour présenter la loi formant le Titre XV du Code civil, et pour en soutenir la discussion, les citoyens *Bigot-Préameneu*, *Boulay* et *Dupuy*, Conseillers d'État.

Introduits dans la salle du Corps Législatif, le 29 ventose an 11; l'un d'eux, portant la parole, a prononcé le discours suivant.

CITOYENS LÉGISLATEURS,

De tous les moyens de mettre fin aux différends que font naître entre les hommes leurs rapports variés et multipliés à l'infini, le plus heureux dans tous ses effets est la transaction; ce contrat, par lequel sont terminées les contestations existantes, ou par lequel on prévient les contestations à naître.

Chaque partie se dégage alors de toute prévention. Elle balance de bonne foi, et avec le désir de la conciliation, l'avantage qui résulterait d'un jugement favorable, et la perte qu'entraînerait une condamnation; elle sacrifie une partie de l'avantage qu'elle pourrait espérer, pour ne pas éprouver toute la perte qui est à craindre; et lors même que l'une d'elles se désiste entièrement de sa prétention, elle se détermine par le grand intérêt de rétablir l'union, et de se garantir des longueurs, des frais et des inquiétudes d'un procès.

Un droit douteux, et la certitude que les parties ont entendu balancer et régler leurs intérêts, tels sont les caractères qui distinguent et qui constituent la nature de ce contrat.

Il n'y aurait pas de transaction, si elle n'avait pas pour objet un droit douteux. On a souvent, en donnant à des actes d'une autre nature, ou même à des actes défendus, le nom de transactions, cherché à leur en attribuer la force et l'irrévocabilité; mais il sera toujours facile aux juges de vérifier si l'objet de l'acte était susceptible de doute. Il n'y avait point, pour une pareille vérification, de règle générale à établir.

La capacité nécessaire pour transiger est relative à l'objet de la transaction. Ainsi, le mineur émancipé pourra transiger sur les objets d'administration qui lui sont confiés, et sur ceux dont il a la disposition.

Une transaction excède les bornes de la gestion d'un tuteur : cependant on ne peut se dissimuler qu'il ne soit avantageux pour un mineur même, que ce moyen de terminer ou de prévenir les procès ne lui soit pas absolument interdit; et si la vente de ses biens peut, lorsqu'il y a des motifs suffisans, être faite avec l'autorisation du conseil de famille et de la justice, ces formalités mettront également à l'abri ses intérêts dans les transactions. Plusieurs coutumes avaient, en prenant ces précautions, donné aux tuteurs la faculté de transiger. Lorsqu'au titre de la *Minorité* on en a fait le droit commun, on a de plus assujetti les tuteurs à prendre l'avis de trois jurisconsultes; ils en obtiendront des lumières qui leur sont nécessaires et qui doivent aussi éclairer la famille dans ses délibérations.

Quant aux transactions que le mineur devenu majeur consentirait à faire avec son tuteur sur son compte de tutelle, on a aussi maintenu et perfectionné l'ancienne règle, en statuant, au même titre *de la Minorité*, que tout traité qui pourra intervenir entre le tuteur et le mineur devenu majeur, sera nul, s'il n'a été précédé de la reddition d'un compte détaillé et de la remise des pièces justificatives; le tout constaté par un récépissé ayant au moins dix jours de date avant le traité.

Un délit peut-il être l'objet d'une transaction?—

On trouve dans les lois romaines plusieurs textes relatifs à cette question. On y distingue à cet égard les délits privés et les crimes publics.

A l'égard des délits privés, *quæ non ad publicam lesionem*, *sed ad rem familiarem respiciunt*, tels que le larcin ou l'injure, il y avait toute liberté de transiger. (*Leg.* 7 et 27 ff. *de Pact.*)

On pouvait aussi transiger sur les crimes publics lorsqu'ils emportaient peine capitale. Il n'y avait d'exception que pour l'adultère. Cette faculté de transiger sur de pareils crimes, était fondée sur le motif qu'on ne peut pas interdire à chacun les moyens de sauver sa vie.

Quant aux crimes publics contre lesquels la peine n'était pas capitale, il n'était pas permis de transiger.

Les accusateurs étaient obligés de poursuivre la punition de ces crimes : il n'y avait point de partie publique.

Le crime de faux était-il excepté ? ou doit-on entendre par ces mots *citrà falsi accusationem*, employés dans la loi XVIII, au *Cod. de Trans.*, que tout pacte sur les crimes publics non capitaux, était regardé comme une imposture qui pouvait devenir le sujet d'une nouvelle accusation ? C'est une question sur laquelle l'obscurité de cette loi et la diversité d'opinions des auteurs laissent encore du doute.

Cette législation, sur la poursuite des crimes et sur la faculté de la défense de transiger, était très-défectueuse.

En France, le délit a toujours été distingué des dommages et intérêts qui peuvent en résulter.

Dans tous les délits publics ou privés, contre lesquels s'arme la vengeance publique, elle ne dépend point de l'action des particuliers; un pareil intérêt, qui est celui de la société entière, est confié à des officiers publics.

La vengeance publique étant ainsi assurée, et celui auquel le délit a porté préjudice, ne pouvant pas traiter sur le délit même, mais seulement sur son indemnité, cette indemnité a toujours été considérée comme un intérêt privé sur lequel il est permis de transiger.

Mais celui qui exerce la vengeance publique, peut-il présenter comme aveu d'un délit, l'acte par lequel on a transigé sur l'indemnité qui en résulte ?

On avait mis dans le projet de l'ordonnance de 1670, un article qui portait défense à toute personne de transiger sur des crimes de nature à provoquer une peine afflictive ou infamante ; et, dans ce cas, une amende de cinq cents livres eût été prononcée, tant contre la partie civile que contre l'accusé qui eût été tenu pour convaincu.

Cet article fut retranché comme trop rigoureux, et comme n'étant point nécessaire dans nos mœurs où l'intérêt social qui exige que les crimes soient punis, est indépendant de toutes conventions particulières. On a dû encore considérer que celui même qui est innocent, peut faire un sacrifice pécuniaire pour éviter l'humiliation d'une procédure dans laquelle il serait obligé de se justifier, et on a dû en conclure que la transaction n'étant pas faite sur le délit même avec celui qui est chargé de le poursuivre, on ne doit pas en induire un aveu. C'est aussi par ce motif que toute transaction entre ceux qui remplissent le ministère public et les prévenus, serait elle-même un délit.

On a établi comme règle générale dans le projet de loi, que l'on peut transiger sur l'intérêt civil qui résulte d'un délit, mais que la transaction n'empêche pas la poursuite du ministère public.

Cette règle s'applique au crime de faux comme à tous les délits. Lorsque celui contre lequel on veut se prévaloir d'une pièce fausse, et qui en opposait la fausseté, cesse d'user de cette exception, et transige, on ne peut pas en induire de cette transaction qu'il n'y ait plus de corps de délit, et que non-seulement les dommages et intérêts, mais encore la poursuite même du délit, pour l'intérêt public, soient subordonnés à la volonté des parties. Si la transaction ne fait pas preuve contre le prévenu, elle ne doit aussi, en aucun cas, lier les mains au ministère public, qui ne pourrait pas lui-même transiger.

Quoique la transaction ait pour but de régler définitivement la contestation qui en est l'objet, cependant il est permis, comme dans toute autre convention, de stipuler une peine en cas d'inexécution. Si, pour faire subir cette peine, il s'élève un nouveau débat, c'est une contestation différente de celle réglée par la transaction.

La

La transaction termine les contestations qui y donnent lieu : mais le plus souvent elle ne porte pas l'énumération de tous les objets sur lesquels on a entendu transiger ; le plus souvent encore elle contient des expressions générales qui peuvent faire douter si tel objet y est compris.

On a rappelé à cet égard les règles les plus propres à guider les juges.

La première est que les transactions ne doivent avoir d'effets qu'à l'égard des contestations qui en ont été l'objet : *iniquum est perimi pacto id de quo cogitatum non est*. Leg. 9. in fine *De transact.*

Quant aux clauses générales qui sont le plus souvent employées, voici comment on doit les entendre :

Si, dans une transaction sur un différend, il y a renonciation à tous droits, actions et prétentions, cette renonciation ne doit pas être étendue à tout ce qui n'est point relatif au différend.

Pour connaître si plusieurs différends sont terminés par la même transaction, il faut, ou que les parties aient manifesté leur intention par des expressions spéciales ou générales, ou que l'on reconnaisse cette intention par une suite nécessaire de ce qui est exprimé.

Il peut arriver que celui qui aurait transigé sur un droit douteux, ait ensuite, du chef d'une autre personne, un droit pareil, quoique l'un et l'autre de ces droits soient d'une nature semblable et présentent le même doute ; cependant on ne peut pas dire que celui qui n'était point encore acquis dans le temps de la transaction, en ait été l'objet. Il y a même raison de transiger; mais il n'y a point de lien de droit qui puisse, à l'égard du droit nouvellement échu, être opposé. C'est la décision de la Loi 9, au Cod. *De transact.*, où on l'applique à l'espèce d'un mineur, qui a transigé avec son tuteur, sur la part qu'il avait de son chef dans la succession de son père, et qui devient ensuite héritier de son frère pour l'autre part.

On tirerait aussi de ce qu'il y a parité de raison pour transiger, une fausse conséquence, si l'on en induisait que la transac-

Liv. III.   P p

tion faite seulement avec l'un de ceux qui ont le même intérêt, doive avoir son effet à l'égard des autres. Il est d'ailleurs de règle générale, que les obligations n'ont de force qu'entre ceux qui les ont contractées, et que si celui qui n'a point été partie dans un acte, ne peut pas s'en prévaloir; cet acte ne doit pas aussi lui être opposé.

Les transactions se font sur une contestation née ou à naître, et les parties ont entendu y balancer et régler leurs intérêts. C'est donc, en quelque sorte, un jugement que les parties ont prononcé entre elles; et lorsqu'elles-mêmes se sont rendu justice, elles ne doivent plus être admises à s'en plaindre. S'il en était autrement, les transactions ne seraient elles-mêmes qu'une nouvelle cause de procès. C'est l'irrévocabilité de ce contrat qui le met au rang de ceux qui sont les plus utiles à la paix des familles et à la société en général. Aussi, l'une des plus anciennes règles de droit, est que les transactions ont, entre les parties, une force pareille à l'autorité de la chose jugée. *Non minorem autoritatem transactionum quam rerum judicatarum esse rectâ ratione placuit.* (Leg. 20. Cod. *De trans.*)

Les transactions, comme les jugemens, ne peuvent donc point être attaquées à raison des dispositions par lesquelles les parties ont terminé leur différend; il suffit qu'il soit certain que les parties ont consenti à traiter sous ces conditions.

Ce serait donc en vain qu'une partie voudrait réclamer contre une transaction, sous prétexte qu'il y aurait une erreur de droit. En général, les erreurs de droit ne s'excusent point; et, dans les jugemens auxquels on assimile les transactions, de pareilles erreurs n'ont jamais été mises au nombre des motifs suffisans pour les attaquer.

Mais c'est sur-tout sous le prétexte de la lésion, que les tentatives, pour revenir contre les transactions, ont été le plus multipliées. Cependant, il n'y a point de contrat à l'égard duquel l'action en lésion soit moins admissible. Il n'est point, en effet, dans la classe des contrats commutatifs ordinaires, dans lesquels les droits ou les obligations des parties sont possibles à reconnaître et à balancer par la nature même du contrat. Dans la transaction tout était incertain avant que la volonté des parties l'eût réglé. Le droit était douteux , et on ne peut pas déterminer à quel point il était convenable à chacune des parties de réduire sa prétention, ou même de s'en désister.

Lorsqu'en France on a négligé de se conformer à ces principes , on a vu revivre des procès sans nombre, qu'aucune transaction ne pouvait plus amortir. Il fallut, dans le seizième siècle (avril 1560) , qu'une ordonnance fût rendue pour confirmer toutes les transactions qui auraient été passées entre majeurs sans dol ni violence ; et pour interdire, sous de grandes peines , aux juges , d'avoir égard à l'action en rescision pour cause de lésion d'outre moitié , ou même de lésion plus grande ; aux officiers des chancelleries, de délivrer les lettres alors nécessaires pour intenter cette action , et à toutes personnes d'en faire la demande.

Il n'y a ni consentement ni même de contrat , lorsqu'il y a erreur dans la personne. Telle serait la transaction que l'on croirait faire avec celui qui aurait qualité pour élever des prétentions sur le droit douteux , tandis qu'il n'aurait aucune qualité , et que ce droit lui serait étranger.

Il n'y a point de consentement , s'il a été surpris par dol , ou extorqué par violence. Ce sont les principes communs à toutes les obligations.

Lorsqu'un titre est nul , il ne peut en résulter aucune action pour son exécution : ainsi , lors même que dans ce titre il y aurait des dispositions obscures , elles ne pourraient faire naître de contestation douteuse , puisque celui contre qui on voudrait exercer l'action , aurait dans la nullité un moyen certain d'en être déchargé. Il faut donc, pour que, dans ce cas , la transaction soit valable , que les parties aient expressément traité sur la nullité.

Il a toujours été de règle qu'une transaction faite sur le fondement de pièces alors regardées comme vraies , et qui ont ensuite été reconnues fausses , est nulle. Celui qui voudrait en profiter serait coupable d'un délit , lors même que dans le temps du contrat il aurait ignoré que la pièce était fausse , s'il voulait encore en tirer avantage lorsque sa fausseté serait constatée.

Mais on avait, dans la loi romaine, tiré de ce principe une conséquence qu'il serait difficile d'accorder avec la nature des transactions, et avec l'équité. On suppose, dans cette loi, que dans une transaction il peut se trouver plusieurs chefs qui soient indépendans, et auxquels la pièce fausse ne soit pas commune. On y décide que la transaction conserve sa force pour les chefs auxquels la pièce fausse ne s'applique pas.

Cette décision n'est point admise dans le projet de loi. On ne doit voir, dans une transaction, que des parties corrélatives ; et lors même que les divers points sur lesquels on a traité sont indépendans quant à leur objet, il n'en est pas moins incertain, s'ils ont été indépendans quant à la volonté de contracter, et si les parties eussent traité séparément sur tous les points.

On eût moins risqué de s'écarter de l'équité, en décidant que celui contre lequel on se serait servi de la pièce fausse, aurait l'option, ou de demander la nullité du contrat en entier, ou d'exiger qu'il fût maintenu quant aux objets étrangers à la pièce fausse ; mais la règle générale que tout est corrélatif dans une transaction, est celle qui résulte de la nature de ce contrat ; et ce qui n'y serait pas conforme, ne peut être exigé par celui même contre lequel on s'est servi de la pièce fausse.

La transaction qui aurait été faite sur un procès terminé par un jugement passé en force de chose jugée, dont les parties ou l'une d'elles n'avaient point connaissance, doit être nulle, puisque le droit n'était plus douteux lorsque les parties ont transigé.

Si le jugement était ignoré des parties, le fait qu'il n'existait plus ni procès ni doute, n'en serait pas moins certain. Il y aurait eu erreur sur l'objet même de la transaction.

Si le jugement n'était ignoré que de l'une des parties, il y aurait une seconde cause de rescision, celle résultant du dol de la partie qui savait qu'elle était irrévocablement condamnée.

Il en serait autrement, si le jugement ignoré des parties était susceptible d'appel. On peut à la vérité présumer que si la partie qui aurait obtenu ce succès l'eût connu, elle eût cherché à en tirer avantage dans la transaction; mais il suffit que le jugement rendu fût alors susceptible d'appel, pour qu'il y eût encore du doute; et lorsque la base principale de la transaction reste, on ne saurait, sur une simple présomption, l'anéantir.

On ne fait point mention dans la loi du pourvoi en cassation qu'elle autorise, en certains cas, contre les jugemens qui ne sont pas susceptibles d'appel. Le pourvoi en cassation n'empêche pas qu'il n'y ait un droit acquis, un droit dont l'exécution n'est pas suspendue; mais si les moyens de cassation présentaient eux-mêmes une question douteuse, cette contestation pourrait, comme toute autre, être l'objet d'une transaction.

La transaction sur un procès précédemment jugé, est nulle, parce qu'il n'y avait pas de question douteuse qui pût en être l'objet. Le motif est le même pour déclarer nulle la transaction ayant un objet sur lequel il serait constaté par des titres nouvellement découverts, que l'une des parties n'avait aucun droit. Il eût pu arriver que la partie, à laquelle les titres sont favorables, eût été condamnée, par un jugement sans appel, avant que ces titres fussent découverts, et sans que son adversaire fût coupable de les avoir retenus : mais ce n'est pas sur cette espèce d'incertitude que les parties ont traité, et on peut encore moins intervertir le véritable objet de la transaction, lorsque l'effet de cette interversion serait d'enrichir, aux dépens de l'une des parties, celle qui n'avait même pas un droit douteux.

Il en serait autrement, si les parties ayant transigé généralement sur toutes les affaires qu'elles pouvaient avoir ensemble, des titres alors inconnus eussent été postérieurement découverts.

On doit alors décider, d'après la règle de corrélation entre toutes les clauses de la transaction, que les parties n'ont souscrit aux autres dispositions que sous la condition qu'elles ne pourraient élever l'une contre l'autre de nouvelle contestation sur aucune de leurs affaires antérieures. Cette condition emporte la renonciation à tout usage des titres qui pourraient être postérieurement découverts.

Si , dans les opérations arithmétiques sur les conventions qui sont le résultat de la transaction, il y avait erreur, cette erreur serait évidemment contre la volonté réciproque des parties.

Mais on ne pourrait pas également regarder comme certaine cette volonté, s'il s'agissait d'erreurs de calculs, faites par les parties dans l'exposition des prétentions sur lesquelles on a transigé. Ainsi la transaction sur un compte litigieux, ne pourrait être attaquée pour cause de découverte d'erreurs ou d'inexactitude dans les articles du compte.

Telles sont, citoyens Législateurs, les règles générales sur les transactions, et les observations dont ces règles ont paru susceptibles.

Suit le texte de la loi.

TITRE XV.

Des Transactions.

Décrété le 29 ventose an XII. Promulgué le 9 germinal suivant.

Article 2044. — La transaction est un contrat par lequel les parties terminent une contestation née , ou préviennent une contestation à naître.

Ce contrat doit être rédigé par écrit.

Art. 2045. — Pour transiger, il faut avoir la capacité de disposer des objets compris dans la transaction.

Le tuteur ne peut transiger , pour le mineur ou l'interdit, que conformément à l'article 467 au titre *de la Minorité, de la Tutelle et de l'Emancipation;* et il ne peut transiger avec le mineur devenu majeur sur le compte de tutelle , que conformément à l'article 472 au même titre.

Les communes et établissemens publics ne peuvent transiger qu'avec l'autorisation expresse du Gouvernement.

Art. 2046. — On peut transiger sur l'intérêt civil qui résulte d'un délit.

La transaction n'empêche pas la poursuite du ministère public.

Art. 2047. — On peut ajouter à une transaction la stipulation d'une peine contre celui qui manquera de l'exécuter.

Art. 2048. — Les transactions se renferment dans leur objet : la renonciation qui y est faite à tous droits, actions et prétentions, ne s'entend que de ce qui est relatif au différend qui y a donné lieu.

Art. 2049. — Les transactions ne règlent que les différends qui s'y trouvent compris, soit que les parties aient manifesté leur intention par des expressions spéciales ou générales, soit que l'on reconnaisse cette intention par une suite nécessaire de ce qui est exprimé.

Art. 2050. — Si celui qui avait transigé sur un droit qu'il avait de son chef, acquiert ensuite un droit semblable du chef d'une autre personne, il n'est point, quant au droit nouvellement acquis, lié par la transaction antérieure.

Art. 2051. — La transaction faite par l'un des intéressés ne lie point les autres intéressés, et ne peut être opposée par eux.

Art. 2052. — Les transactions ont entre les parties l'autorité de la chose jugée en dernier ressort.

Elles ne peuvent être attaquées pour cause d'erreur de droit, ni pour cause de lésion. -

Art. 2053. — Néanmoins une transaction peut être

rescindée, lorsqu'il y a erreur dans la personne, ou sur l'objet de la contestation.

Elle peut l'être dans tous les cas où il y a dol ou violence.

Art. 2054. — Il y a également lieu à l'action en rescision contre une transaction, lorsqu'elle a été faite en exécution d'un titre nul, à moins que les parties n'aient expressément traité sur la nullité.

Art. 2055. — La transaction faite sur pièces qui depuis ont été reconnues fausses, est entièrement nulle.

Art. 2056. — La transaction sur un procès terminé par un jugement passé en force de chose jugée, dont les parties ou l'une d'elles n'avaient point connaissance, est nulle.

Si le jugement ignoré des parties était susceptible d'appel, la transaction sera valable.

Art. 2057. — Lorsque les parties ont transigé généralement sur toutes les affaires qu'elles pouvaient avoir ensemble, les titres qui leur étaient alors inconnus, et qui auraient été postérieurement découverts, ne sont point une cause de rescision, à moins qu'ils n'aient été retenus par le fait de l'une des parties ;

Mais la transaction serait nulle si elle n'avait qu'un objet sur lequel il serait constaté par des titres nouvellement découverts, que l'une des parties n'avait aucun droit.

Art. 2058. — L'erreur de calcul dans une transaction doit être réparée.

TITRE XVI.

De la contrainte par corps en matière civile.

Le PREMIER CONSUL a nommé, pour présenter la loi formant le titre XVI du Code civil, et pour en soutenir la discussion, les cit. *Bigot-Préameneu*, *Bégouen* et *Fleurieu*, Conseillers d'État.

Introduits dans la salle du Corps Législatif, le 12 pluviose an 12 ; l'un d'eux, portant la parole, a prononcé le discours suivant.

CITOYENS LÉGISLATEURS,

Les règles établies dans le Code civil sur la contrainte par corps, sont conformes aux sentimens généreux et humains qui sont propres au caractère français : elles sont conformes au respect que toute nation policée doit à la dignité de l'homme et à sa liberté individuelle.

Montesquieu était pénétré de ces sentimens, lorsqu'au sujet de la contrainte par corps il s'exprimait ainsi :

« Dans les affaires qui dérivent des contrats civils ordinaires,
» la loi ne doit pas donner la contrainte par corps, parce qu'elle
» fait plus de cas de la liberté d'un citoyen que de l'aisance
» d'un autre ; mais dans les conventions qui dérivent du com-
» merce, la loi doit faire plus de cas de l'aisance publique que
» de la liberté d'un citoyen. »

Un système contraire à cette doctrine a toujours été suivi à Rome.

Vivant au milieu des combats, les Romains ne voyaient, même dans les affaires civiles, que des exécutions militaires.

Les créanciers traitaient leurs débiteurs comme des vaincus qu'ils pouvaient réduire à l'esclavage, charger de fers, ou même dépouiller de la vie.

On ne se rappelle point sans surprise et sans indignation les traitemens cruels que les débiteurs souffrirent à Rome au commencement et même dans les plus beaux temps de cette république.

Le créancier donnait à son débiteur, après que celui-ci avait avoué la dette ou qu'il avait été condamné à la payer, un délai de trente jours. Si, à l'expiration de ce délai, la dette n'était pas acquittée, le débiteur était saisi au corps et conduit devant le préteur : s'il était dans l'impuissance de payer, ou si personne ne se rendait sa caution, le préteur le livrait entre les mains de son créancier, qui avait le droit de le tenir dans les fers jusqu'à ce qu'il eût payé. Le débiteur qui se trouvait insolvable à l'égard de plusieurs créanciers, pouvait, après quelques formalités, être mis à mort ou vendu à des étrangers.

A ces coutumes barbares succéda l'usage encore très-inhumain d'emprisonner les débiteurs, et de les réduire à une espèce d'esclavage, sous le nom de *Nexi*, pour indiquer qu'ils étaient dans les liens de la servitude jusqu'au paiement de leurs dettes.

Ces lois éprouvèrent ensuite des changemens qui adoucirent le sort des débiteurs, et il leur fut enfin permis par la loi *Julia* d'assurer la liberté de leur personne, en faisant une cession entière de leurs biens à leurs créanciers.

Mais ces lois ne sont jamais parvenues à un degré de modération, tel qu'il fût défendu à un créancier de stipuler la contrainte par corps, à moins qu'il n'y fût autorisé par une loi spéciale.

La contrainte par corps pour dette avait autrefois lieu en France lorsqu'il y en avait une clause expresse; mais cette clause était en quelque sorte une formule des actes des notaires. On disait communément alors : *Nullum sine corpore pignus.*

L'ordonnance rendue à Moulins, en 1566, fut encore plus rigoureuse envers les débiteurs, puisque dans le cas même où la contrainte par corps n'avait pas été stipulée , il fut statué que cette mesure serait employée contre quiconque serait condamné pour dette , quelle que fût la cause de cette dette , si elle n'était pas acquittée dans les quatre mois du jour de la condamnation signifiée.

Le chancelier de l'Hôpital avait espéré que par une loi aussi sévère on ferait cessser tous les subterfuges que les condamnés emploient pour ne pas payer , et qu'on préviendrait la multiplicité des jugemens, par la crainte que les débiteurs auraient d'en subir l'exécution : mais cette loi ne pouvait convenir long-temps aux mœurs douces et bienfaisantes des Français , et les magistrats philosophes qui , en 1667, rédigèrent un code judiciaire, firent adopter , relativement à la contrainte par corps, le système dans lequel on balance le respect dû à la liberté individuelle avec le respect dû à la foi des contrats.

L'exagération des idées dans des temps de trouble et l'oubli des principes sur la liberté civile, avaient fait adopter l'opinion que chez un peuple libre il ne doit point exister de loi qui autorise la contrainte par corps, et elle fut abolie. C'était donner un champ libre à la mauvaise foi dans un temps où le besoin de la comprimer était le plus pressant. Aussitôt que les orages révolutionnaires furent un peu calmés , le rétablissement des anciennes lois sur la contrainte par corps fut réclamé avec force par l'opinion publique : ces lois furent remises en vigueur, avec quelques modifications, par les décrets des 24 ventose an 5 et 15 germinal an 6.

On a déclaré dans le décret de l'an 6, ainsi qu'on le fait encore dans le présent code , comme règle fondamentale , que la contrainte par corps ne peut être prononcée, si elle n'est autorisée par une loi formelle.

Ce qui intéresse la liberté des personnes, est ce qui tient le plus essentiellement au droit public ; cela ne doit pas dépendre de la volonté des parties, ni même être laissé à l'arbitrage des juges : c'est seulement à la volonté générale exprimée par la loi que peut être subordonnée la liberté individuelle , parce qu'alors chacun est sûr d'être à l'abri des passions , et qu'un aussi grand sacrifice ne sera exigé que dans le cas où, à l'intérêt particulier du créancier, se trouvera jointe une considération assez puissante d'intérêt public.

Il vous sera facile, citoyens Législateurs, de reconnaître les motifs du petit nombre d'exceptions faites à la règle générale qui, en matière civile, interdit la contrainte par corps.

Dans ces exceptions, la loi recherche si la cause de la dette n'est pas telle que le débiteur soit indigne de toute protection, et si, lorsque son immoralité ne l'expose pas à des poursuites criminelles, l'ordre social n'exige pas qu'elle soit réprimée par la privation de sa liberté jusqu'à ce qu'il ait réparé sa faute en payant sa dette. C'est alors le premier degré des peines nécessaires pour maintenir l'ordre public.

Le *stellionat* a toujours été au nombre des causes qui ont fait prononcer la contrainte par corps.

Mais l'expression même de *stellionat* n'a jamais été suffisamment déterminée. Dans le droit romain, on regardait comme stellionataire, non-seulement celui qui rendait, cédait, engageait à l'un ce qu'il avait déjà vendu, cédé ou engagé à un autre, ou celui qui donnait en paiement ce qui ne lui appartenait pas ; mais encore celui qui avait soustrait ou altéré des effets déjà engagés, ceux entre lesquels il y avait eu collusion au préjudice des tiers, ceux qui faisaient de fausses déclarations dans les actes, et en général tous ceux qui s'étaient rendus coupables de fraude.

Dans le droit français, on a donné le plus communément le nom de stellionat à la déclaration frauduleuse que fait dans un contrat celui qui vend un bien immeuble comme lui appartenant, lorsqu'il sait qu'il n'en a pas la propriété ; ou celui qui engage comme franc et quitte de toute charge, un bien déjà hypothéqué. Mais aucune règle fixe n'avait été à cet égard établie. Des personnes ont été condamnées comme stellionataires pour avoir donné en gage une chose au lieu d'une autre ayant plus de valeur ; d'autres personnes, pour avoir passé des actes simulés.

La contrainte par corps étant considérée comme une sorte de peine, il était nécessaire de spécifier la faute qui la faisait encourir. Le stellionat a été réduit au cas qui avait été le plus généralement reconnu, comme distinguant ce genre de fraude. Il y a stellionat, lorsqu'on vend ou qu'on hypothèque un immeuble dont on sait n'être pas propriétaire, et encore lorsqu'on vend comme libres des biens hypothéqués, ou que l'on déclare des hypothèques moindres que celles dont ces biens sont chargés.

Il est possible que le stellionat soit accompagné de circonstances qui caractérisent un vol punissable suivant la loi criminelle ; il est possible aussi que, par des circonstances atténuantes, cette fraude ne soit pas au nombre des délits contre lesquels s'arme la vengeance publique : mais, dans tous les cas, la loi présume une faute assez grave pour que la personne, envers laquelle on doit la réparer, ait le droit de contrainte par corps.

Celui qui s'est volontairement établi dépositaire, et qui viole le dépôt, manque à un des devoirs les plus sacrés de l'honneur : mais il ne s'agit alors que de l'intérêt privé du déposant ; celui-ci doit s'imputer d'avoir mal placé sa confiance ; il n'y a pas d'intérêt général pour lui donner le droit de contrainte par corps.

Mais lorsque l'hôte ou le voiturier ont la garde des effets du voyageur ; lorsque dans un tumulte, dans un naufrage, dans un incendie, on dépose à la hâte ce qu'il est possible de sauver ; dans ces cas et dans tous ceux de dépôt nécessaire, on doit avoir pour garantie, contre celui qui en est chargé, la contrainte par corps.

C'est sur la foi publique que les effets du voyageur sont mis à la garde de l'hôte ou du voiturier : lorsqu'ils exercent cet état, ils se constituent responsables de la violation de la foi publique.

C'est au nom de l'humanité, c'est sur la foi due à l'infortuné, que le dépôt se fait et est reçu en cas d'incendie, tumulte ou naufrage : la société entière est intéressée à ce que les victimes d'aussi grands malheurs ne soient pas privées de la ressource qui peut leur rester dans le dépôt de leurs effets.

A plus forte raison la contrainte par corps doit-elle être or-donnée pour la restitution de tout ce qui ayant été mis sous la main de la justice, est confié par elle à ceux qui se constituent ou qu'elle établit ses dépositaires.

D'une part, ce n'est plus alors le dépositaire seul qui répond, c'est la justice elle-même ; et l'ordre public veut que tous les moyens, celui même de la contrainte par corps, soient employés pour que la foi qu'elle doit inspirer ne soit pas violée.

D'une autre part, celui dont les biens sont sous la garde de la personne commise par la justice, est dans le cas du dépôt nécessaire. Ce n'est point un acte de confiance; par cette raison seule, ce dépositaire devrait être assujéti à la contrainte par corps.

Elle a donc dû être admise contre les personnes publiques éta-blies pour recevoir les deniers consignés, contre les séquestres, les commissaires et autres gardiens.

On doit assimiler à ces dépositaires la caution judiciaire qui s'oblige également, non-seulement envers le créancier, mais encore envers la justice.

Quant aux cautions des contraignables par corps, dès-lors que par des motifs d'intérêt public, l'obligation principale est assu-jétie à cette exécution rigoureuse, le même intérêt général doit autoriser l'obligation accessoire de la caution.

Lorsqu'il est ordonné à des officiers publics de représenter leurs minutes, s'ils s'y refusent, ils arrêtent le cours de la jus-tice, ils enfreignent un des devoirs sous la condition desquels ils ont été admis à remplir leurs fonctions, ils violent la foi publique ; ils doivent être contraints par corps.

Il en est ainsi des notaires, des avoués et des huissiers, pour la restitution des titres qui leur sont confiés, et des deniers qu'ils reçoivent de cliens par suite de leurs fonctions. On ne peut em-ployer ces officiers publics sans être dans la nécessité de leur confier les titres et l'argent nécessaires pour agir. Ministres secondaires de la justice, ils doivent être mis dans la classe de ceux qui sont ses dépositaires; et, s'ils manquent ainsi à la confiance publique, ils sont assujétis à la contrainte par corps.

Elle est encore autorisée en cas de réintégrande pour le délaissement ordonné par justice d'un fonds dont le propriétaire a été dépouillé par voie de fait, ainsi que pour la restitution des fruits perçus pendant l'indue possession, et pour le paiement des dommages et intérêts adjugés au propriétaire.

Dans ce cas, il y a une faute très-grave, celle de s'être emparé, par voie de fait, du fonds d'autrui. Un pareil trouble à la propriété ne serait point suffisamment réprimé par une action civile ordinaire; et c'est pour servir de garantie à la paix publique, que la contrainte par corps est décernée contre ceux qui se sont rendus coupables de ces voies de fait. La restitution des fruits et le paiement des dommages et intérêts, sont la suite de la même faute, et doivent conséquemment assujétir à la même peine.

Dans le cas même où le fonds n'aurait pas été usurpé par voie de fait, si un jugement rendu au pétitoire, et passé en force de chose jugée, condamne le possesseur à désemparer ce fonds, et s'il refuse d'obéir, il peut être condamné par corps, par un second jugement dans lequel on lui accorde encore un délai.

Si enfin il ne désempare pas ce fonds, ce n'est point une simple désobéissance à la justice, c'est une sorte de rébellion caractérisée par la sommation d'exécuter le premier jugement, par la signification d'un second jugement qui le constitue en état de résistance ouverte, et enfin par le délai qui lui est encore donné pour venir à résipiscence. L'ordre social exige que l'autorité de la chose jugée soit respectée, que force reste à la justice, et qu'il y ait enfin un terme à l'opiniâtreté des plaideurs. Il faut donc que celui qui est victime de cette coupable résistance, puisse alors mettre à exécution la contrainte par corps.

On doit observer combien la loi prend de précautions pour n'autoriser cette mesure que quand elle est devenue absolument nécessaire.

, Il faut que le jugement ait été rendu au pétitoire ; il faut qu'il soit passé en force de chose jugée ; il faut, dans le cas de la réintégrande comme dans celui du simple délaissement , qu'il soit question d'un fonds, parce que la possession de celui qui est condamné à le délaisser est certaine : mais lorsqu'il s'agit d'une somme ou d'une chose mobilière , il n'est pas également possible de prouver qu'elle soit encore dans les mains de celui qui s'en est emparé, ni qu'il soit en état d'acquitter sa dette ; l'intérêt public n'est plus le même : cette dette est mise au rang des dettes civiles ordinaires , à moins que par les circonstances il n'y ait un délit caractérisé.

Les fermages des biens ruraux sont destinés à la nourriture du propriétaire, et sont représentatifs des fruits que le fermier recueille. Si ce fermier en dispose sans acquitter le fermage , cette infidélité est mise par la loi romaine au nombre des larcins. (L. 3 , § *Locavi.* ff. *de Furt.*)

Malgré ces motifs , la loi n'autorise point la contrainte par corps contre le fermier, à moins qu'elle n'ait été stipulée formellement dans l'acte de bail.

Mais, la loi permet cette stipulation , parce que c'est une sorte de dépôt qui , par sa nature et son objet, constitue le fermier dans une faute qui , si elle n'est pas, comme dans la loi romaine , mise au nombre des délits , est celle qui en approche le plus ; parce que les propriétaires qui la plupart sont éloignés, n'ont presque jamais aucun moyen de se garantir de pareille infidélité; parce qu'enfin si la soumission à la contrainte est rigoureuse , il peut aussi être utile au fermier le plus honnête de donner cette espèce de garantie au propriétaire , qui ne lui confierait pas son héritage , sans exiger des cautionnemens que ce fermier ne pourrait pas fournir.

L'intérêt général de l'agriculture veut encore que les fermiers et les colons partiaires puissent être contraints par corps , faute par eux de représenter à la fin du bail le cheptel de bétail , les semences et les instrumens aratoires, qui leur ont été confiés. Ils ne peuvent s'excuser à l'égard de ceux de ces objets
qu'ils

qu'ils ne remettraient pas, qu'en justifiant que, s'ils manquent, ce n'est point par leur fait.

L'ordonnance de 1667 sur la procédure civile, avait, relativement aux causes qui peuvent motiver la contrainte par corps, consacré en grande partie la doctrine qui vient d'être exposée : mais elle avait, à l'égard des dépens, maintenu toute la sévérité de la loi de 1566, en statuant que la contrainte par corps pourrait être prononcée pour les dépens adjugés, après quatre mois écoulés depuis la signification du jugement, et qu'il en serait de même pour la restitution des fruits, et pour les dommages et intérêts, lorsque pour ces divers objets il s'agirait d'une somme excédant 200 livres.

Cette disposition n'a point été adoptée.

Il est vrai, en général, que les dépens sont la peine du téméraire plaideur : mais il est également certain qu'un grand nombre de contestations ont pour cause des doutes qui s'élèvent de bonne foi dans l'esprit des plaideurs ; et c'est aux tribunaux que la loi elle-même leur indique de s'adresser. Cette considération avait sans doute déterminé les auteurs des lois de 1566 et 1667 à ne pas statuer d'une manière absolue que la contrainte par corps serait prononcée pour les dépens, la restitution des fruits et les dommages et intérêts, et à laisser ce pouvoir à la discrétion des juges.

Les principes que j'ai exposés ne peuvent se concilier avec l'autorisation de la contrainte par corps dans des cas qui ne sont point spécifiés par la loi ; et quoique le caractère des juges mérite toute confiance, leur autorité ne saurait suppléer celle de la loi, qui seule peut prononcer sur la liberté individuelle.

Les prérogatives des Français, relativement à leur liberté, sont les mêmes, quoiqu'ils se trouvent en pays étrangers ; mais à l'égard des étrangers, les divers moyens que l'on doit employer contre eux pour les contraindre à remplir leurs obligations, font partie des lois commerciales et du Code de procédure civile.

Vous venez d'entendre, citoyens Législateurs, les motifs du

Liv. III.   Q q

petit nombre d'exceptions à la règle générale qui défend, sous peine de nullité, des dépens, dommages et intérêts, à tous juges de prononcer la contrainte par corps en matière civile, à tous notaires et greffiers de recevoir des actes dans lesquels elle serait stipulée, et à tous Français de consentir pareils actes lors même qu'ils eussent été passés en pays étranger, si ce n'est dans les cas déterminés par cette même loi, et dans ceux qui pourraient l'être à l'avenir par une loi formelle.

Ces exceptions sont elles-mêmes modifiées, et elles ne reçoivent leur application, ni dans les cas où ceux qui seraient ainsi contraignables peuvent invoquer les priviléges personnels que la loi leur accorde sous d'autres rapports, ni dans les cas où cette rigueur a paru excessive.

Si on voulait exercer la contrainte par corps pour l'accomplissement d'une obligation contractée par un mineur, il opposerait la loi qui le met à l'abri de toute lésion par suite de ses engagemens personnels. Il n'est point de lésion plus grave que la privation de la liberté. La loi lui fait supporter la peine de ses délits; mais nul en matière civile ne peut le priver du privilége de la minorité.

La rigueur de la contrainte par corps serait excessive, si elle était prononcée pour une somme moindre de trois cents livres. L'impossibilité d'obtenir ce paiement par les voies ordinaires, suppose l'indigence du débiteur et fait présumer que la contrainte par corps ne procurerait pas le paiement. On présume encore qu'en général, une somme aussi modique n'a pas assez d'influence sur la fortune du créancier pour lui sacrifier la liberté du débiteur.

La rigueur de la contrainte par corps serait encore excessive si elle était prononcée contre les septuagénaires.

A l'âge de 70 ans, l'homme parvenu à la dernière période de la vie, est courbé sous le poids des infirmités; la privation des soins et des secours de sa famille, est une peine qui peut devenir mortelle. L'humanité s'oppose à ce que, pour l'intérêt personnel du créancier, la vie de son débiteur soit exposée.

La contrainte par corps a toujours aussi paru trop rigoureuse contre les femmes et les filles. Ceux qui contractent avec elles connaissent la faiblesse de leur sexe, combien leurs travaux sont en général peu lucratifs. Les bonnes mœurs sont même intéressées à ce qu'on ne les mette pas dans une aussi grande dépendance de leurs créanciers. C'est ce dernier motif qui, dans la loi romaine, avait déterminé la même exception.

Ainsi, les septuagénaires, les femmes et les filles, ont été, par ce motif, mis à l'abri de la contrainte par corps dans tous les cas, si ce n'est un seul, celui du stellionat. Quand on se rappelle combien cette faute est énorme, ni la vieillesse ni le sexe ne peuvent servir d'excuse.

Et même encore a-t-on fait à cet égard une distinction entre les femmes mariées qui seraient séparées de biens ou qui auraient des biens dont elles se seraient réservé l'administration, et celles qui, étant en communauté, se seraient obligées conjointement ou solidairement avec leurs maris.

Celles qui sont séparées de biens, et celles qui ont des biens dont elles se sont réservé l'administration, sont soumises à la contrainte par corps pour stellionat à raison des engagemens qui concernent ces biens.

Le stellionat est alors sa faute personnelle, sans qu'elle puisse la rejeter sur son mari, sous prétexte de l'autorisation qui lui aurait été donnée.

Cette prérogative du mari ne saurait être un motif pour le rendre responsable de la mauvaise foi de sa femme, relativement à des biens qu'il n'a jamais administrés, sur lesquels la loi ne lui donne pas de surveillance. Il faudrait, pour soutenir que le mari est responsable du stellionat, pouvoir dire que dans le cas où la femme séparée vendrait un bien qu'elle saurait ne pas lui appartenir, le mari qui n'aurait pas reçu le prix et qui n'en aurait pas profité, serait tenu de rendre ce prix, et pourrait y être contraint par corps. Quelque ascendant que l'on suppose aux maris sur leurs femmes, ce ne peut pas être un motif pour les présumer coupables dans l'exercice d'une prérogative qui ne leur donne aucun droit pécuniaire. S'il en était autrement, aucun mari ne voudrait courir des risques personnels par une autorisation. Les femmes auraient recours à la justice, qui pour-

rait encore moins que le mari connaître leurs engagemens antérieurs. Il n'est pas douteux que la femme qui, coupable de stellionat, aurait surpris la religion du juge, pût être contrainte par
corps ; elle n'en doit pas être dispensée, par le motif que c'est
d'abord à son mari qu'elle a dû demander l'autorisation.

La loi voit d'un autre œil la femme qui est en communauté.
Lorsque dans ce cas elle s'oblige conjointement et solidairement
avec son mari, c'est le mari qui, comme chef de la communauté, et comme administrateur général des biens, est présumé
avoir la connaissance de tout ce qui est relatif au contrat : c'est
alors que la femme est présumée ne jouer qu'un rôle secondaire
et subordonné. La loi ne voulant atteindre que celui du mari ou
de la femme qui doit être présumé coupable, décide qu'en cas de
communauté, les femmes ne peuvent être réputées stellionataires, à raison des contrats dans lesquels elles se sont obligées
conjointement ou solidairement avec leurs maris.

C'est ainsi qu'un édit du mois de juillet 1780 avait interprété
l'article 8 du titre XXXIV de l'ordonnance de 1667 *sur la procédure civile.*

Enfin, la loi donne à ceux même qu'elle assujétit à la contrainte par corps, une garantie que les créanciers ne pourront en
abuser, et en même temps un délai pour satisfaire à leur dette.
La contrainte par corps ne pourra être appliquée qu'en vertu
d'un jugement.

Il avait été réglé par la même ordonnance de 1667 (titre 34,
art. 12), que si une partie appelait de la sentence, si elle s'opposait à l'exécution de l'arrêt ou du jugement portant condamnation par corps, la contrainte serait sursise jusqu'à ce que
l'appel ou l'opposition eussent été terminés ; mais que si, avant
l'appel ou l'opposition signifiée, les huissiers ou sergens s'é-
taient saisis de sa personne, il ne serait point sursis à la contrainte.

On vous propose une disposition qui a paru plus simple et plus
conforme aux règles ordinaires de la procédure.

L'appel ne suspendra point la contrainte par corps prononcée
par un jugement provisoirement exécutoire en donnant caution.

Ainsi l'exécution du jugement ne dépendra point de la célérité qu'aura mise le créancier à poursuivre le débiteur , ou de celle qu'aura mise le débiteur à se rendre appellant ou opposant ; ce qui n'est pas fondé en raison : mais cette exécution dépendra de l'objet et des circonstances de l'affaire , et ce seront les juges eux-mêmes qui , d'après les règles prescrites par le code de procédure , déclareront dans leur jugement s'il est ou s'il n'est pas provisoirement exécutoire.

La loi présentée procure d'ailleurs au condamné par corps une garantie qu'il n'avait pas lorsque , conformément à la loi de 1667, il avait été arrêté : c'est celle d'une caution qui lui répondra des dommages et intérêts , s'il est définitivement jugé que la contrainte par corps a été exercée contre lui sans que les faits fussent fondés ou sans qu'elle eût été autorisée par la loi.

Les dispositions du présent titre n'ayant pour objet la contrainte par corps qu'en matière civile , elles ne dérogent , ni aux lois particulières qui l'autorisent dans les matières de commerce, ni aux lois de police correctionnelle , ni à celles qui concernent l'administration des deniers publics.

Suit le texte de la loi.

TITRE XVI.

De la contrainte par corps en matière civile.

Décrété le 23 pluviose an XII. Promulgué le 3 ventose suivant.

Article 2059. — La contrainte par corps a lieu , en matière civile , pour le stellionat.

Il y a stellionat, lorsqu'on vend ou qu'on hypothèque un immeuble dont on sait n'être pas propriétaire ;

Lorsqu'on présente comme libres des biens hypothéqués, ou que l'on déclare des hypothèques moindres que celles dont ces biens sont chargés.

Art. 2060. — La contrainte par corps a lieu pareillement,

1°. Pour dépôt nécessaire;

2°. En cas de réintégrande, pour le délaissement, ordonné par justice, d'un fonds dont le propriétaire a été dépouillé par voies de fait; pour la restitution des fruits qui en ont été perçus pendant l'indue possession, et pour le paiement des dommages et intérêts adjugés au propriétaire;

3°. Pour répétition de deniers consignés entre les mains de personnes publiques établies à cet effet;

4°. Pour la représentation des choses déposées aux séquestres, commissaires et autres gardiens;

5°. Contre les cautions judiciaires et contre les cautions des contraignables par corps, lorsqu'elles se sont soumises à cette contrainte;

6°. Contre tous officiers publics, pour la représentation de leurs minutes, quand elle est ordonnée;

7°. Contre les notaires, les avoués et les huissiers, pour la restitution des titres à eux confiés, et des deniers par eux reçus pour leurs cliens, par suite de leurs fonctions.

Art. 2061. — Ceux qui, par un jugement rendu au pétitoire, et passé en force de chose jugée, ont été condamnés à désemparer un fonds, et qui refusent d'obéir, peuvent, par un second jugement, être contraints par corps, quinzaine après la signification du premier jugement à personne ou domicile.

Si le fonds ou l'héritage est éloigné de plus de cinq myriamètres du domicile de la partie condamnée, il sera

ajouté au délai de quinzaine, un jour par cinq myriamètres.

Art. 2062. — La contrainte par corps ne peut être ordonnée contre les fermiers pour le paiement des fermages
des biens ruraux, si elle n'a été stipulée formellement dans
l'acte de bail. Néanmoins les fermiers et les colons partiaires peuvent être contraints par corps, faute par eux
de représenter, à la fin du bail, le cheptel de bétail,
les semences et les instrumens aratoires qui leur ont été
confiés ; à moins qu'ils ne justifient que le déficit de ces
objets ne procède point de leur fait.

Art. 2063. — Hors les cas déterminés par les articles
précédens, ou qui pourraient l'être à l'avenir par une
loi formelle, il est défendu à tous juges de prononcer la
contrainte par corps, à tous notaires et greffiers de recevoir des actes dans lesquels elle serait stipulée, et à
tous Français de consentir pareils actes, encore qu'ils
eussent été passés en pays étranger ; le tout à peine de
nullité, dépens, dommages et intérêts.

Art. 2064. — Dans les cas même ci-dessus énoncés,
la contrainte par corps ne peut être prononcée contre les
mineurs.

Art. 2065. — Elle ne peut être prononcée pour une
somme moindre de trois cents francs.

Art. 2066. — Elle ne peut être prononcée contre les
septuagénaires, les femmes et les filles, que dans les cas
de stellionat.

Il suffit que la soixante-dixième année soit commencée,
pour jouir de la faveur accordée aux septuagénaires.

La contrainte par corps pour cause de stellionat pendant le mariage, n'a lieu contre les femmes mariées que
lorsqu'elles sont séparées de biens, ou lorsqu'elles ont des

biens dont elles se sont réservé la libre administration ; et à raison des engagemens qui concernent ces biens.

Les femmes qui, étant en communauté, se seraient obligées conjointement ou solidairement avec leurs maris, ne pourront être réputées stellionataires à raison de ces contrats.

Art. 2067. — La contrainte par corps, dans les cas même où elle est autorisée par la loi, ne peut être appliquée qu'en vertu d'un jugement.

Art. 2068. — L'appel ne suspend pas la contrainte par corps prononcée par un jugement provisoirement exécutoire en donnant caution.

Art. 2069. — L'exercice de la contrainte par corps n'empêche ni ne suspend les poursuites et les exécutions sur les biens.

Art. 2070. — Il n'est point dérogé aux lois particulières qui autorisent la contrainte par corps dans les matières de commerce, ni aux lois de police correctionnelle, ni à celles qui concernent l'administration des deniers publics.

TITRE XVII.

Du Nantissement.

LE PREMIER CONSUL a nommé, pour présenter la loi formant le Titre XVII du CODE CIVIL, et pour en soutenir la discussion, les citoyens *Berlier*, *Fourcroy* et *Laumond*, Conseillers d'État.

Introduits dans la salle du Corps Législatif, le 22 ventose an 12; l'un d'eux, portant la parole, a prononcé le discours suivant.

CITOYENS LÉGISLATEURS,

LA confiance, qui est la base ordinaire des contrats, n'existe pas toujours entre les hommes à un tel degré qu'il ne leur soit souvent convenable et utile de rechercher les moyens propres à garantir leurs obligations, et la législation ne saurait s'opposer à de telles précautions qui n'offensent point les mœurs, et multiplient les conventions de toute espèce par la faculté qu'elle laisse de stipuler tout ce qui peut en assurer l'exécution.

Déjà, dans ces vues, le Code a réglé ce qui regarde les cautions *personnelles*.

Nous venons aujourd'hui vous entretenir du *nantissement*, qu'on peut considérer comme un cautionnement *réel*.

Le nantissement, ainsi que l'indique sa seule dénomination, est un acte par lequel un débiteur remet une chose à son créancier pour sûreté de la dette.

Ainsi, la mise effective du créancier en possession de la chose appartenante à son débiteur, est de l'essence de ce contrat.

Sans cette mise en possession, il peut bien, sur-tout en

matière immobilière., exister des affectations propres à assurer
les droits du créancier ; telles sont les hypothèques, qui ont
leurs règles particulières : mais les hypothèques ne doivent point
être confondues avec le nantissement.

La distinction qui existe entre le gage et l'hypothèque a été
tracée par le droit romain : *propriè pignus dicimus quod ad creditorem transit ; hypothecam , cùm non transit , nec possessio
ad creditorem.*

Cette distinction , puisée dans les élémens de la matière , n'a
pourtant pas toujours été exactement appliquée ou suivie par la
législation romaine : le gage et l'hypothèque y sont souvent
considérés comme une seule et même chose, et l'expression *res* ,
employée dans le texte , embrasse souvent la chose mobilière
comme la chose immobilière , et celle qui est en la possession
effective du créancier , comme celle qui est restée en la possession du débiteur.

Il nous sera facile d'éviter toute confusion à cet égard ,
puisque la législation hypothécaire des Romains , totalement
différente de celle que nous avons adoptée , n'est point un guide
à suivre en cette matière , et ne laisse plus en quelque sorte
appercevoir parmi ses débris que ce qui est relatif au nantissement proprement dit.

En circonscrivant donc , comme nous le devons , le contrat
de nantissement dans ses véritables limites , et en le coordonnant
avec nos institutions nouvelles , cette matière acquerra beaucoup de simplicité.

On peut donner en nantissement , ou une chose mobilière , ou
une chose immobilière.

Le nantissement d'une chose mobilière s'appelle *gage*; et cette
dénomination qui , dans son sens restreint , pourrait être justifiée par des textes même du droit romain (1) , l'est bien
mieux encore par l'acception que le mot *gage* a obtenue dans

___

(1) L. 238. §. II. ff. *de verb. signif.*

nos usages ; car le langage des lois doit s'accorder avec les idées. qu'y attache le peuple pour qui elles sont faites.

Le nantissement d'une chose immobilière s'appellera *anti-chrèse.*

Le projet de loi s'occupe en deux chapitres dictincts des règles propres à chacun de ces contrats : je vais les examiner séparément.

Du gage.

Pour dégager cette discussion de tout ce qui lui est étranger, il convient de remarquer d'abord que les matières de commerce en sont exceptées , et il n'est pas moins utile d'observer que les maisons de *prêt sur gage ou nantissement* , soit celles qui existent encore aujourd'hui , soit celles qui seront organisées en exécution de la loi du 16 pluviose an 12 , sont , par un article exprès , mises hors des dispositions du projet de loi qui vous est actuellement soumis.

Cet objet , important sans doute et trop long-temps abandonné aux spéculations particulières , sera enfin ramené à des règles protectrices de l'intérêt des pauvres : mais ce bienfait , préparé par la loi du 16 pluviose , et que le Gouvernement est chargé d'accomplir , n'est point le sujet de la discussion présente. Il ne s'agit pas aujourd'hui de savoir comment seront organisés des établissemens spécialement autorisés à prêter sur gages , mais quels seront , dans les transactions particulières des citoyens , la forme et les effets du contrat par lequel le débiteur aura remis un gage à son créancier.

Ce contrat , licite en soi , se forme comme toute autre convention , et le gage peut même être donné par un tiers pour le débiteur; car la condition de celui-ci ne saurait être blessée par cet office d'ami.

Le gage donné n'en transmet pas la propriété au créancier ; mais celui-ci acquiert sur le gage un privilége sans lequel le contrat n'aurait point d'objet.

Si le gage produit des fruits , comme si , par exemple , c'est un capital de rente portant intérêts , le créancier doit imputer ces intérêts d'abord sur ceux qui peuvent lui être dus à lui-même, et ensuite sur le capital de sa créance.

Détenteur du gage, le créancier doit veiller à sa conservation, sauf à répéter les sommes qu'il aurait dépensées pour y pourvoir.

Ces règles sont d'une telle simplicité, qu'il serait superflu de s'attacher à les justifier.

Mais que deviendra le gage si le débiteur ne paie pas? La décision relative à ce point est l'une des plus importantes du projet.

Si vous l'adoptez, citoyens Législateurs, le créancier ne pourra jamais s'approprier le gage de plein droit et par le seul défaut de paiement au terme ; ses droits se borneront à faire ordonner en justice ou que le gage lui restera pour sa valeur estimée par experts, ou qu'il sera vendu aux enchères ; et toute stipulation contraire sera nulle.

Les motifs de cette disposition sont faciles à saisir. Le créancier fait la loi à son débiteur, celui-ci remet un gage dont la valeur est ordinairement supérieure au montant de la dette : le besoin, et l'espoir de retirer le gage en payant, font que le débiteur s'arrête peu à la différence de valeur qui existe entre le gage et la dette. Si pourtant il ne peut payer au terme convenu, et que le gage devienne, sans autre formalité, la propriété de son créancier, un effet précieux n'aura souvent servi qu'à acquitter une dette modique.

Voilà ce qu'il convenait d'empêcher. Le gage, considéré comme un moyen d'assurer l'exécution des engagemens, est un contrat favorable sans doute; mais il deviendrait odieux et contraire à l'ordre public, si son résultat était d'enrichir le créancier en ruinant le débiteur.

L'on a, il est vrai, opposé l'inconvénient de s'adresser toujours à la justice pour la vente d'un gage qui sera quelquefois de très-peu de valeur, et l'on a paru désirer des exceptions : mais comment pourrait-on les établir, et quelles limites fixerait-on? Le montant de la dette ne fournit aucun document sur la valeur du gage. Combien d'ailleurs n'abuserait-on pas de l'exception?

Si le principe est bon, il faut l'admettre sans restriction, et pourvoir seulement à ce que le recours à la justice soit simple et peu dispendieux : cet objet ne sera pas négligé dans le code de la procédure.

Je viens d'indiquer, citoyens Législateurs, de quelle manière le créancier pourra exercer ses actions sur le gage à défaut de paiement.

Jusqu'à ce que ce paiement soit effectué, il est fondé à retenir le gage, (c'est l'objet du contrat,) et il ne peut être contraint à s'en dessaisir avant cette époque, qu'autant qu'il en abuserait.

Ici s'est présentée la question de savoir si le créancier payé de la dette pour laquelle le gage lui avait été remis, mais ayant depuis le premier contrat acquis une nouvelle créance dont l'objet est aussi devenu exigible, pourra retenir le gage à raison de cette dernière dette.

Notre projet, en adoptant l'affirmative, n'a fait que se conformer au dernier état de notre législation (1); cependant, comme cette décision a été controversée, il ne saurait être superflu d'en indiquer les motifs.

L'opposition qu'elle a éprouvée se déduisait principalement de ce que l'impignoration consentie pour un objet, ne pouvait s'étendre à un autre, sans ajouter aux conventions des parties, et sans aggraver le sort du débiteur; mais cette objection, appliquée à la situation particulière que nous examinons, n'était que spécieuse.

Sans doute, il ne faut pas arbitrairement ajouter aux contrats; mais la circonspection dont le législateur doit user en pareille matière, n'est point blessée, lorsque la règle qu'il trace n'est que le complément naturel des conventions, et n'a pour objet que de faire observer ce que les parties ont vraisemblablement voulu elles-mêmes dans la circonstance sur laquelle le législateur statue.

Or, quelle est la situation des parties dans l'espèce proposée?

_____

(1) L. uniq. Cod. *Ob chirogr. pecuniam.*

Le créancier a déjà pris un gage pour une première dette ; s'il n'en demande pas pour une seconde dette qui devra être acquittée, ou avant la première, ou en même temps qu'elle, ce sera indubitablement parce qu'il aura considéré le gage dont il est déjà saisi comme suffisant pour répondre de l'une et de l'autre dette.

Quel tort d'ailleurs cette application fait-elle au débiteur, lorsqu'il peut et doit même la faire cesser en payant ?

L'on suppose en effet que la deuxième dette est exigible comme la première, (et la disposition dont il s'agit n'est que pour ce cas ;) mais comment alors le débiteur pourrait-il être admis justement à diviser sa dette, et à réclamer son gage sans payer tout ce qu'il doit ?

En repoussant l'objection qu'on vient d'examiner, notre projet n'a donc rien fait que de conforme à la stricte équité.

La règle posée touchant l'indivisibilité du gage n'est ni moins juste ni moins nécessaire.

Ainsi, l'héritier du débiteur qui aura payé sa portion de la dette, ne pourra, avant l'entier paiement de cette dette, exiger la restitution de sa portion dans le gage ; car le créancier ne saurait être contraint à scinder ses droits, lors même que le gage serait divisible : il l'a reçu d'une seule main et sans division ; il n'en doit la restitution que de la même manière, et après avoir été totalement payé.

De même l'héritier du créancier qui aurait reçu sa portion de sa dette, ne pourra remettre le gage au préjudice de ses cohéritiers non payés ; car le gage n'est dans ses mains et pour la part de ses cohéritiers, qu'une espèce de dépôt, qu'il violerait s'il osait s'en dessaisir sans avoir pourvu à leurs intérêts.

Je viens, citoyens Législateurs, de retracer les principales règles relatives au *gage* proprement dit ; il me reste à vous entretenir de l'antichrèse.

De l'antichrèse.

L'antichrèse, d'après la définition qu'en donne le projet, consiste dans la remise que le débiteur fait à son créancier d'une chose immobilière pour assurer le paiement de la dette.

L'antichrèse est donc à l'immeuble ce que le gage est au meuble.

Cependant la matière du gage et celle de l'antichrèse présentent plusieurs différences.

Ainsi, le gage ne produit pas ordinairement de fruits; et l'immeuble, objet de l'antichrèse, est toujours susceptible d'en produire.

Dans le gage, il est nécessaire que le capital réponde de la dette, puisque le plus souvent le gage ne produit pas de fruits.

Dans l'antichrèse, il y a des fruits qui répondent de la dette, et c'est sur la perception de ces fruits que s'exerce spécialement le droit du créancier.

Cette dernière disposition, qui semble d'abord attribuer à l'antichrèse des effets moins étendus que ceux qui résultent du gage, n'offre pourtant que la moindre restriction possible; car le droit de percevoir les fruits, combiné avec celui de poursuivre l'expropriation du fonds en cas de non-paiement, donne au créancier tout ce qu'on peut lui attribuer dans un contrat qui ne lui confère ni droit de propriété (car le fonds n'est pas aliéné), ni droit hypothécaire, puisqu'un tel droit ne peut s'acquérir que d'après les formes générales établies par les lois et par une inscription régulière.

Ce qui vient d'être dit met à même d'apprécier la vraie différence qui existe entre le créancier légalement saisi d'un gage, et celui qui se trouve détenteur d'un immeuble à titre d'antichrèse.

Le premier ne saurait craindre l'intervention de personne, si ce n'est celle de tiers qui prouveraient que le meuble donné en gage leur a été dérobé : hors cette exception et les cas de fraude, le créancier muni du gage est préféré à tous autres, même plus anciens que lui, parce que le meuble était sorti de la possession du débiteur, et que *les meubles n'ont pas de suite en hypothèques,* principe qui est devenu une maxime de notre droit français.

Dans l'antichrèse, au contraire, si l'expropriation du fonds est poursuivie, soit par le créancier détenteur à défaut de paiement au terme, soit par tout autre créancier, le nantissement de l'immeuble n'établira ni priviléges ni hypothèques.

Le créancier simplement nanti à titre d'antichrèse, ne pourrait en effet raisonnablement prétendre qu'un tel acte effaçât les titres des tiers, et lui donnât sur eux une prééminence qui deviendrait subversive de l'ordre social.

L'antichrèse ne saurait donc prévaloir sur les droits hypothécaires acquis par des tiers, ni même concourir avec eux; mais si le créancier nanti est lui-même créancier hypothécaire et inscrit, il exercera ses droits à son ordre, et comme tout autre créancier.

La différence qui vient d'être remarquée et qui existe entre le gage et l'antichrèse, résulte donc de celle que la nature des choses a établie entre les meubles et les immeubles, et du besoin de coordonner entre elles nos diverses institutions sur cette matière.

Après ces observations, celles qui me restent à faire sur la partie du projet relative à l'antichrèse, sont fort simples, et d'ailleurs en petit nombre.

L'antichrèse ne s'établit que par écrit. Cette règle, qu'il eût été inutile de retracer si l'on eût voulu la laisser circonscrire dans les termes ordinaires de la législation sur les contrats, indique ici que, lors même que le fonds vaudrait moins de 150 fr., nul ne peut s'y entremettre, ou du moins s'y maintenir contre le vœu du propriétaire, en alléguant des conventions verbales qui, en cette matière, pourraient devenir le prétexte de nombreux désordres.

Au surplus, les obligations que l'antichrèse impose au détenteur de l'immeuble résultent si naturellement de son propre titre, qu'il suffit sans doute de les énoncer pour que la justice en soit aisément reconnue.

Ainsi, il devra imputer les fruits qu'il percevra sur les intérêts s'il lui en est dû, et ensuite sur le capital de sa créance.

Il devra de même payer les charges foncières qui courront pendant la jouissance, et pourvoir, sous peine de dommages et intérêts, à l'entretien et aux réparations de l'immeuble, sauf à prélever sur les fruits le montant de ces diverses dépenses.

De

De la situation respective du débiteur et du créancier, il résulte aussi qu'il faudrait entrer en compte des jouissances et de la gestion que l'antichrèse aura procurées au créancier; mais cette obligation de droit commun exclura-t-elle la faculté de stipuler en bloc la compensation des fruits avec les intérêts dus au créancier?

Dans plusieurs des ci-devant parlemens, et sur-tout dans les ressorts qui suivaient le droit écrit, les pactes de cette espèce étaient souvent invalidés par les arrêts, sur le fondement de la lésion qui pouvait en résulter pour le débiteur.

Ces extrêmes entraves n'ont point paru convenir à notre législation, et ce n'est pas légèrement qu'une convention doit être réputée illicite.

Suppose-t-on un créancier rigoureux à l'excès? il tâchera de se faire céder le fonds à un prix très-médiocre, et il gagnera plus à un tel marché que dans une clause de l'espèce de celle que nous examinons.

Cette clause d'ailleurs n'aura souvent pour objet que d'éviter des embarras au créancier, et des frais au débiteur lui-même. Comment donc l'interdirait-on? et en l'interdisant, ne s'exposerait-on pas à blesser celui-là même qu'on veut protéger? Si d'ailleurs cette voie était fermée, combien ne resterait-il pas d'autres issues à des contrats plus réellement onéreux!

Citoyens Législateurs, je viens de motiver les principales dispositions du projet qui vous est soumis sur le *nantissement*.

Ce contrat, qui a toujours figuré parmi nos institutions civiles, n'est pas seulement en faveur du créancier; il est utile au débiteur même, qui souvent ne pourrait traiter sans un tel secours. Le projet de loi aura rempli son objet, s'il a concilié ce double intérêt et posé avec justice les règles qui doivent désormais régir ce contrat.

Suit le texte de la loi.

TITRE XVII.

Du Nantissement.

Décrété le 25 ventose, an XII. Promulgué le 5 germ. suivant.

Article 2071. — Le nantissement est un contrat par lequel un débiteur remet une chose à son créancier pour sûreté de la dette.

Art. 2072. — Le nantissement d'une chose mobilière s'appelle *gage*.

Celui d'une chose immobilière s'appelle *antichrèse*.

CHAPITRE PREMIER.

Du gage.

Article 2073. — Le gage confère au créancier le droit de se faire payer sur la chose qui en est l'objet, par privilége et préférence aux autres créanciers.

Art. 2074. — Ce privilége n'a lieu qu'autant qu'il y a un acte public ou sous seing privé, dûment enregistré, contenant la déclaration de la somme due, ainsi que l'espèce et la nature des choses remises en gage, ou un état annexé de leurs qualité, poids et mesure.

La rédaction de l'acte par écrit et son enregistrement ne sont néanmoins prescrits qu'en matière excédant la valeur de cent cinquante francs.

Art. 2075. — Le privilége énoncé en l'article précédent ne s'établit sur les meubles incorporels, tels que les créances mobilières, que par acte public ou sous seing privé, aussi enregistré, et signifié au débiteur de la créance donnée en gage.

Art. 2076. — Dans tous les cas, le privilége ne subsiste sur le gage qu'autant que ce gage a été mis et est resté en la possession du créancier, ou d'un tiers convenu entre les parties.

Art. 2077. — Le gage peut être donné par un tiers pour le débiteur.

Art. 2078. — Le créancier ne peut, à défaut de paiement, disposer du gage ; sauf à lui à faire ordonner en justice que ce gage lui demeurera en paiement et jusqu'à due concurrence, d'après une estimation faite par experts, ou qu'il sera vendu aux enchères.

Toute clause qui autoriserait le créancier à s'approprier le gage ou à en disposer sans les formalités ci-dessus, est nulle.

Art. 2079. — Jusqu'à l'expropriation du débiteur, s'il y a lieu, il reste propriétaire du gage, qui n'est, dans la main du créancier, qu'un dépôt assurant le privilége de celui-ci.

Art. 2080. — Le créancier répond, selon les règles établies au titre *des Contrats ou des obligations conventionnelles en général*, de la perte ou détérioration du gage qui serait survenue par sa négligence.

De son côté, le débiteur doit tenir compte au créancier des dépenses utiles et nécessaires que celui-ci a faites pour la conservation du gage.

Art. 2081. — S'il s'agit d'une créance donnée en gage, et que cette créance porte intérêts, le créancier impute ces intérêts sur ceux qui peuvent lui être dus.

Si la dette pour sûreté de laquelle la créance a été donnée en gage, ne porte point elle-même intérêts, l'imputation se fait sur le capital de la dette.

Art. 2082. — Le débiteur ne peut, à moins que le détenteur du gage n'en abuse, en réclamer la restitution

R r 2

qu'après avoir entièrement payé, tant en principal qu'intérêts et frais, la dette pour sûreté de laquelle le gage a
été donné.

S'il existait de la part du même débiteur, envers le même
créancier, une autre dette contractée postérieurement à
la mise en gage, et devenue exigible avant le paiement de
la première dette, le créancier ne pourra être tenu de se
dessaisir du gage avant d'être entièrement payé de l'une
et de l'autre dette, lors même qu'il n'y aurait eu aucune
stipulation pour affecter le gage au paiement de la seconde.

Art. 2083. — Le gage est indivisible nonobstant la
divisibilité de la dette entre les héritiers du débiteur ou
ceux du créancier.

L'héritier du débiteur, qui a payé sa portion de la
dette, ne peut demander la restitution de sa portion dans
le gage, tant que la dette n'est pas entièrement acquittée.

Réciproquement, l'héritier du créancier qui a reçu sa
portion de la dette, ne peut remettre le gage au préjudice de ceux de ses cohéritiers qui ne sont pas payés.

Art. 2084. — Les dispositions ci-dessus ne sont applicables ni aux matières de commerce, ni aux maisons de
prêt sur gage autorisées, et à l'égard desquelles on suit
les lois et réglemens qui les concernent.

CHAPITRE II.

De l'antichrèse.

Article 2085. — L'antichrèse ne s'établit que par écrit.
Le créancier n'acquiert par ce contrat, que la faculté de
percevoir les fruits de l'immeuble, à la charge de les imputer annuellement sur les intérêts, s'il lui en est dû, et
ensuite sur le capital de sa créance.

Art. 2086. — Le créancier est tenu ; s'il n'en est autrement convenu , de payer les contributions et les charges annuelles de l'immeuble qu'il tient en antichrèse.

Il doit, également, sous peine de dommages et intérêts, pourvoir à l'entretien et aux réparations utiles et nécessaires de l'immeuble , sauf à prélever sur les fruits toutes les dépenses relatives à ces divers objets.

Art. 2087. — Le débiteur ne peut , avant l'entier acquittement de la dette , réclamer la jouissance de l'immeuble qu'il a remis en antichrèse.

Mais le créancier qui veut se décharger des obligations exprimées en l'article précédent , peut toujours , à moins qu'il n'ait renoncé à ce droit , contraindre le débiteur à reprendre la jouissance de son immeuble.

Art. 2088. — Le créancier ne devient point propriétaire de l'immeuble, par le seul défaut de paiement au terme convenu ; toute clause contraire est nulle : en ce cas , il peut poursuivre l'expropriation de son débiteur par les voies légales.

Art. 2089. — Lorsque les parties ont stipulé que les fruits se compenseront avec les intérêts , ou totalement , ou jusqu'à une certaine concurrence , cette convention s'exécute comme toute autre qui n'est point prohibée par les lois.

Art. 2090. — Les dispositions des articles 2077 et 2083 s'appliquent à l'antichrèse comme au gage.

Art. 2091. — Tout ce qui est statué au présent chapitre ne préjudicie point aux droits que des tiers pourraient avoir sur le fonds de l'immeuble remis à titre d'antichrèse.

Si le créancier, muni à ce titre , a d'ailleurs sur le fonds , des priviléges ou hypothèques légalement établis et conservés , il les exerce à son ordre et comme tout autre créancier.

TITRE XVIII.

Des Priviléges et Hypothèques.

LE PREMIER CONSUL a nommé, pour présenter la loi formant le Titre XVIII du CODE CIVIL, et pour en soutenir la discussion, les citoyens *Treilhard*, *Jollivet* et *Lacuée*, Conseillers d'État.

Introduits dans la salle du Corps Législatif, le 28 ventose an 12 ; l'un d'eux, portant la parole, a prononcé le discours suivant.

CITOYENS LÉGISLATEURS,

LE système hypothécaire a successivement occupé toutes les assemblées représentatives depuis 1789.

La mesure qui doit garantir l'efficacité des transanctions et protéger avec un égal succès, et le citoyen qui veut du crédit et le citoyen qui peut en faire, méritait en effet de fixer les regards de la nation.

Les rapports qui rapprochent les hommes sont tous fondés, ou sur le besoin, ou sur le plaisir qui est aussi une espèce de besoin.

Quel est donc le premier soin de deux personnes qui traitent ensemble ? d'assurer l'exécution de leurs engagemens. Le contrat suppose l'intention et contient la promesse de les remplir ; mais la promesse n'est pas toujours sincère, et les moyens peuvent ne pas répondre à l'intention.

Concilier le crédit le plus étendu avec la plus grande sûreté, voilà le problême à résoudre.

Si les parties connaissaient leur situation respective, l'un n'obtiendrait que ce qu'il mérite ; l'autre n'accorderait que ce qu'il peut accorder sans risque; il n'y aurait de part et d'autre ni réserve déplacée, ni surprise fâcheuse.

Si donc on trouve un moyen d'éclairer chaque citoyen sur l'état véritable de celui avec lequel il traite, il faut s'empresser de le saisir. On aura alors tout ce que désirent, tout ce que peuvent désirer les personnes de bonne foi; et si la mauvaise foi s'en alarme, ce sera une preuve de plus en faveur de la mesure.

Vous jugerez, citoyens Législateurs, jusqu'à quel point le Gouvernement a approché du but qu'il a dû se proposer; il n'a pas cherché et vous n'attendez pas un degré de perfection que ne comporte pas la nature humaine; la meilleure loi est celle qui laisse subsister le moins d'abus, puisqu'il n'est pas en notre pouvoir de les détruire tous; mais tout ce qu'on peut attendre des recherches les plus grandes et d'une profonde méditation, vous le trouverez dans le projet, et je me plais à reconnaître qu'il a beaucoup acquis par les communications officieuses avec les membres du Tribunat.

L'hypothèque affecte un immeuble à l'exécution d'un engagement : si le contractant n'était pas propriétaire, ou, ce qui revient au même, si cet immeuble était déjà absorbé par des affectations précédentes, l'hypothèque serait illusoire, et les conventions resteraient sans garantie.

Il n'est pas de législateur qui, frappé de cet inconvénient, n'ait cherché à y porter un remède. Les Grecs plaçaient sur l'héritage engagé des signes visibles qui garantissaient les créanciers de toute surprise : il paraît que cet usage a été connu et pratiqué à Rome; mais il y avait aussi de l'excès dans cette précaution : s'il est bon que les parties qui traitent aient une connaissance respective de leur état, il n'est pas également nécessaire de le proclamer, pour ainsi dire, par une affiche, et de l'annoncer à tous les instans aux personnes mêmes qui n'ont aucun intérêt de le connaître.

Cet usage disparut, et devait disparaître; il a suffi depuis, pour hypothéquer un immeuble, d'en faire la stipulation; même

l'hypothèque fut attachée de plein droit à toute obligation authentique.

On réparait un mal par un mal plus grand. Les signes ap-
posés sur l'héritage affecté, n'étaient fâcheux que pour le propriétaire dont la situation devenait trop publique ; ils avaient
du moins l'avantage de commander à tous les citoyens de la
prudence et de la réserve lorsqu'ils traiteraient avec lui.

Mais l'hypothèque donnée par des actes occultes ne laissait
aucune garantie contre la mauvaise foi.

L'homme qui semble fournir le plus de sûretés, est souvent
celui qui en donne le moins, et l'hypothèque acquise par un
citoyen modeste et probe se trouvait enlevée par une foule d'hypothèques antérieures dont il n'avait pas même pu soupçonner
l'existence.

De-là naissaient des discussions multipliées et ruineuses, dont
l'effet, le plus souvent, était de dévorer le gage des créanciers,
dépouillés comme le débiteur lui-même.

Les lois ne présentaient que de vaines ressources contre tant
de maux. Le créancier pouvait faire déclarer par le débiteur
que ses biens étaient libres ; et si la déclaration était fausse,
on avait la contrainte par corps contre le débiteur ; mais on
n'exigeait pas toujours cette déclaration, et quand on l'avait
exigée elle ne tenait pas lieu au créancier du gage qui avait
disparu.

Que de plaintes n'avons-nous pas entendues contre ce régime
désastreux !

Henri III en 1581 Henri IV en 1606, Louis XIV en
1673, voulurent donner aux hypothèques le degré de publicité nécessaire pour la sûreté des contractans : comment un dessein aussi louable ne fut-il pas suivi d'exécution ? La cause en
est connue : les hommes puissans voyaient s'évanouir leur funeste crédit ; ils ne pouvaient plus absorber la fortune des citoyens crédules, qui, jugeant sur les apparences, supposaient
de la réalité par-tout où ils voyaient de l'éclat. Sans doute on
colora de beaux prétextes les motifs d'attaque contre les mesures

salutaires qui étaient proposées ; elles étaient, disait-on, enta-
chées de fiscalité ; le crédit des hommes puissans importait à
l'éclat du trône ; affaiblir cet éclat, c'était diminuer le respect
des peuples : d'un autre côté, les efforts d'une classe d'hommes
accoutumés à confondre l'habitude avec la raison, et le cri des
praticiens qui défendaient leur proie, vinrent fortifier les plaintes
des courtisans ; les mesures prises contre la mauvaise foi restè-
rent sans effet.

Ainsi se prolongea l'usage de l'hypothèque occulte. Ce mal
ne se faisait pas sentir peut-être dans les lieux où le défaut de
communications et de commerce tenait, pour ainsi dire, les
fortunes dans un état absolu de stagnation, parce qu'une vente,
un emprunt y forment un événement que personne n'ignore ;
mais par-tout ailleurs la bonne foi était presque toujours victime
de la fraude et de l'imprudence.

L'édit de 1771 donna aux acquéreurs d'immeubles un moyen
de connaître les hypothèques dont ils étaient grevés, et de payer
le prix de leur acquisition sans courir les risques d'être inquiétés par la suite.

Cet édit n'attaquait cependant pas le mal dans sa source. La
publicité de l'hypothèque n'était pas établie ; on offrait seulement un moyen d'accélérer la discussion des biens d'un débiteur,
et de faire connaître un peu plutôt aux créanciers ceux d'entre
eux qui devenaient ses victimes ; les hommes immoraux, accoutumés à en imposer par leur faste et leur assurance, avaient
toujours la même facilité de tromper les hommes crédules et
de les précipiter dans l'abîme.

Dans les parties de la France assez heureuses pour jouir sur
cette matière d'une législation plus saine, les parlemens oppo-
sèrent à la publication de l'édit de 1771, cette résistance qui
prenait, à la vérité, sa racine dans un vice du Gouvernement,
mais qui, dans l'état sous lequel on vivait alors, pouvait être
quelquefois utile.

Le parlement de Flandre déclara qu'il regardait *la publicité
des hypothèques comme le chef-d'œuvre de la sagesse, comme le
sceau, l'appui et la sûreté des propriétés, comme un droit fon-*

damental, dont l'usage avait produit dans tous les temps les plus
heureux effets, et avait établi autant de confiance que de facilité
dans les affaires que les peuples belges traitent entre eux. Par
cette forme, toutes les charges et hypothèques étaient mises à
découvert; rien n'était plus aisé que de s'assurer de l'état de
chaque immeuble, par la seule inspection des registres.

Les hypothèques (ajoutait le parlement) se conservent de la
même manière dans les Pays-Bas français, autrichiens, hollan-
dais et dans le pays de Liége, et les peuples de ces différentes
dominations font entre eux une infinité d'affaires avec une confiance entière.

Pense-t-on avoir affaibli le poids de cette autorité, fondée sur
l'expérience de tant de siècles et de tant de peuples, quand on
a dit que les formes pratiquées en Flandre tenaient au système
de la féodalité si justement proscrite?

Dans notre ancien droit français, on ne pouvait acquérir sur
des immeubles aucun droit de propriété ou d'hypothèque, que
par la voie du nantissement; l'acquéreur ou le créancier étaient
saisis, ou par les officiers du seigneur, ou par les juges royaux
dans le ressort desquels était le bien vendu ou hypothéqué.

Ces formalités, jugées depuis inutiles, ne s'étaient conservées
que dans quelques coutumes : le nantissement s'y effectuait devant les juges; mais il était si peu un accessoire nécessaire de la
féodalité, qu'il avait cessé d'avoir lieu dans la plus grande partie
de la France, asservie néanmoins au joug féodal; et Louis XV,
qui ne voulait pas certainement relâcher ce joug, prétendit cependant, par son édit de juin 1771, et par sa déclaration du
23 juin de l'année suivante, abroger par-tout l'usage des nantis-
semens.

Qu'on cesse donc d'appeler sur un système de publicité d'hypothèques, la défaveur acquise au système féodal totalement
étranger à l'objet qui nous occupe.

On gémissait encore sous l'empire de l'hypothèque occulte,
lorsque la France se réveilla d'un long assoupissement; elle
voulut, et à l'instant s'écroula une vieille masse d'erreurs qui

depuis long-temps n'était soutenue que par une habitude de respect dont on ne s'était pas encore rendu compte. Heureux, si des génies malfaisans n'avaient pas quelquefois égaré notre marche, et si chaque jour témoin de la destruction de quelque institution avilie, avait pu éclairer aussi son remplacement par une institution plus saine !

Toutes les branches de la législation durent être soumises à la discussion. Le régime hypothécaire occupa toutes les assemblées politiques ; les recherches les plus profondes, les discussions les plus vives amenèrent enfin la loi du 11 brumaire de l'an 7.

Je n'en examine pas les détails dans ce moment ; il me suffit d'annoncer qu'elle repose sur deux bases, la publicité et la spécialité ; c'est-à-dire que, d'après cette loi, un dépôt public renferme toutes les affectations dont un immeuble est grevé, et que les affectations doivent être spéciales pour mettre le créancier en état de s'assurer de la valeur et de la liberté du gage. C'était notre droit ancien, heureusement conservé dans quelques provinces ; ce droit que plusieurs fois on tenta vainement de rétablir, que Colbert avait sollicité, que les auteurs les plus instruits en cette partie avaient provoqué (1), dont on ne peut se dissimuler les avantages, même à l'instant où il succombait sous l'intrigue (2), que quelques provinces enfin avaient conservé malgré l'édit de 1771.

Les bases de la loi que propose le Gouvernement, sont celles de la loi du 11 brumaire : nous avons pris un juste milieu entre l'usage de ces marques extérieures apposées sur des héritages

---

(1) Voyez d'Héricourt, *Traité de la vente des immeubles*, chap. 14, vers la fin.

(2) Dans l'édit d'avril 1674, portant suppression des greffes d'enregistrement créés par l'édit de mars 1673, on lit :

« Quoique nos sujets *puissent recevoir de très-considérables avantages de* » *son exécution*, néanmoins comme il arrive ordinairement que les règle- » mens les plus utiles ont leurs difficultés dans *leur premier établissement*, » et qu'il s'en rencontre dans celui-ci qui ne peuvent être surmontés *dans* » *un temps où nous sommes obligés de donner notre application principale aux* » *affaires de la guerre*, etc. »

affectés, qui plaçaient à tous les instans et sous les yeux de tous
la situation affligeante d'un citoyen, et cette obscurité fatale
qui livrait sans défense la bonne foi à l'intrigue et à la perversité.

Les actes produisant hypothèque seront inscrits dans un registre, et les personnes intéressées pourront vérifier si le gage
qu'on leur propose est libre, ou jusqu'à quel point il peut être
affecté.

Mais ce principe ne doit-il pas éprouver quelques modifications? Peu de maximes sont également bonnes et applicables
dans tous les cas. En général, tous les systêmes sont assis sur
quelque vérité; celui qui ne porterait que sur des erreurs, ne
serait pas à craindre, il n'aurait pas de partisans : c'est le mé-
lange adroit de l'erreur avec la vérité, qui est en effet dangereux; c'est l'exagération des conséquences qui corrompt tout.
Quelle sagacité ne faut-il pas souvent pour discerner le vrai de
ce qui n'en a que l'apparence, et pour renfermer l'application
d'un principe dans les bornes qu'elle doit avoir? Examinons si,
dans tous les cas, le défaut d'inscription doit nécessairement
empêcher l'effet de l'hypothèque.

L'hypothèque peut s'établir de trois manières.

Deux personnes qui traitent se donnent respectivement, dans
un acte authentique, des sûretés pour la garantie de leurs conventions. C'est le cas le plus ordinaire : voilà l'hypothèque conventionnelle.

On obtient des condamnations contre un citoyen; les jugemens ont un caractère qui ne permet pas de leur accorder moins
d'effet qu'à des contrats authentiques : voilà l'hypothèque judiciaire.

Enfin, il est une autre espèce d'hypothèque que la loi donne
à des personnes ou à des établissemens qui méritent une protection spéciale : c'est l'hypothèque légale.

L'hypothèque conventionnelle doit être nécessairement rendue
publique par l'inscription, afin qu'on ne puisse pas tromper sans
cesse les citoyens, en leur donnant pour gage des immeubles
cent fois absorbés par des dettes antérieures.

Cette hypothèque ne peut frapper que les biens que les contractans y ont soumis spécialement, parce qu'ils sont les seuls juges des sûretés qui leur sont nécessaires; la formalité de l'inscription ne peut jamais leur nuire, et l'ordre public la réclame pour le bien de la société.

L'hypothèque judiciaire doit aussi acquérir la publicité par l'inscription; aucun motif raisonnable ne sollicite d'exception pour elle; mais il est juste que celui qui a obtenu une condamnation puisse prendre son inscription sur chacun des immeubles appartenant au condamné, même sur ceux qu'il pourra acquérir, s'il en a besoin, pour l'exécution totale de la condamnation qu'il a obtenue.

On ne peut pas dire, dans ce cas, comme dans le cas de l'hypothèque conventionnelle, que les parties ont réglé la mesure du gage; les tribunaux condamnent, et leurs jugemens sont exécutoires sur tous les biens du condamné.

Quant à l'hypothèque légale, elle est donnée à trois sortes de personnes : aux femmes, sur les biens des maris pour la conservation de leurs dots, reprises et conventions matrimoniales;

Aux mineurs et aux interdits, sur les biens des tuteurs à raison de leur gestion;

A la nation, aux communes et aux établissemens publics, sur les biens de leurs receveurs et administrateurs comptables.

Une première observation s'applique à ces trois sortes d'hypothèques. Elles résultent de la loi; elles ne doivent donc pas avoir moins d'effet que l'hypothèque judiciaire qui résulte des jugemens; l'hypothèque légale pourra donc en général être étendue sur tous les biens des maris, des tuteurs, des administrateurs.

Mais l'inscription sera-t-elle nécessaire pour en assurer l'effet ?

Ici, nous avons cru devoir adopter une distinction tirée de la différente position de ceux à qui la loi a donné l'hypothèque.

La femme, les mineurs, les interdits sont dans une impuissance d'agir, qui souvent ne leur permettrait pas de remplir les formes auxquelles la loi attache le caractère de la publicité : perdront-ils leur hypothèque, parce que ces formes n'auront pas été remplies ? Serait-il juste de les punir d'une faute qui ne serait pas la leur ?

Le mari, le tuteur, chargés de prendre les inscriptions sur leurs propres biens, ne peuvent-ils pas avoir un intérêt à s'abstenir de cette obligation, en ne leur supposant pas d'intérêt contraire à celui de la femme ? ou des mineurs ne peuvent-ils pas se rendre coupables de négligence ? Sur qui retombera le poids de la faute ? Sur le mari, dira-t-on, ou sur le tuteur, qui, sans difficulté, sont responsables de toutes les suites de leurs prévarications ou de leur insouciance. Mais le mari et le tuteur peuvent être insolvables, et le recours contre eux fort inutile : quel est celui qui se trouvera réduit à ce triste recours, ou de la femme et du mineur, ou des tiers, qui, ne voyant pas d'inscriptions prises sur les biens du mari ou du tuteur, auraient contracté avec eux ?

Nous avons pensé que l'hypothèque de la femme ou du mineur ne pouvait pas être perdue, parce que ceux qui devaient prendre des inscriptions ne les auraient pas prises, et nous avons été conduits à ce résultat par une considération qui nous a parue sans réplique.

Les femmes, les mineurs sont dans l'impuissance d'agir, souvent même dans une impuissance totale et absolue ; le défaut d'inscription ne peut donc leur attirer aucune espèce de reproche. Celui qui a traité avec le mari ou avec le tuteur, en est-il aussi parfaitement exempt ? Il a dû s'instruire de l'état de celui avec qui il traitait, il a pu savoir qu'il était marié ou tuteur : il est donc coupable d'un peu de négligence ; c'est donc à lui qu'il faut réserver le recours contre le mari ou le tuteur, et l'hypothèque de la femme ou du mineur ne doit pas être perdue pour eux, puisqu'enfin seuls ils sont ici sans reproche : le défaut d'inscription ne leur sera donc pas opposé ; c'est un changement aux dispositions de la loi du 11 brumaire an 7 : mais ce changement est une amélioration , puisqu'il est sollicité par les règles d'une exacte justice.

Au reste , à côté de cette disposition qui ne permet pas d'opposer aux femmes et aux mineurs le défaut d'inscription, nous avons placé toutes les mesures coërcitives contre les maris et les tuteurs, pour les forcer à prendre les inscriptions que la loi ordonne : s'il a été juste de protéger la faiblesse des mineurs et des femmes, il n'a pas été moins convenable , moins nécessaire de pourvoir à ce que des tiers ne fussent pas trompés.

Les maris et les tuteurs qui n'auront pas fait les inscriptions ordonnées, et qui ne déclareront pas à ceux avec qui ils traitent les charges dont leurs biens sont grevés à raison de la tutelle ou du mariage, seront poursuivis comme stellionataires : les parens de la femme et des mineurs demeurent chargés de veiller à ce que les inscriptions soient prises : ce devoir est aussi imposé au commissaire du Gouvernement. Enfin on n'a rien omis pour s'assurer que les registres du conservateur présenteront au public l'état des charges dont les immeubles des maris et des tuteurs seront grevés : les inscriptions seront toujours prises, nous avons lieu de l'espérer; mais si elles ne l'étaient pas, celui qui aurait contracté avec un homme marié ou avec un tuteur, ne pourrait pas être présumé avoir ignoré leur état; il aurait su qu'il pouvait exister sur leurs immeubles des charges, quoiqu'il n'en eût pas trouvé de traces sur les registres du conservateur; et s'il n'avait pas apporté dans sa conduite une sage circonspection, c'est sur lui seul que devront retomber les suites de son imprudence.

La faveur attachée à l'état de femme mariée, de minorité ou d'interdiction, a-t-on dû l'attacher à la nation, aux communes et aux établissemens publics? Nous ne le pensons pas. La loi leur donne une hypothèque sur les biens de leurs agens comptables; mais, pour avoir le droit de l'opposer à des tiers, il faut la rendre publique par l'inscription sur les immeubles qui en sont grevés.

Si l'hypothèque des femmes, des mineurs et des interdits n'est pas perdue par le défaut d'inscription, c'est, comme nous l'avons déjà dit, parce qu'ils sont dans l'impuissance d'agir, et qu'on ne doit pas les punir quand il n'y a pas de faute de leur part : cette exception leur est particulière.

La nation a sur tous les points de la République des préposés qu'on ne peut supposer sans connaissances et sans zèle ; le choix du Gouvernement garantit dans leurs personnes une intelligence au-dessus ou du moins égale à l'intelligence commune, et la surveillance des premiers administrateurs ne peut pas laisser craindre l'assoupissement des agens subalternes.

A Dieu ne plaise que je méconnaisse toute la faveur qui est due au trésor public; que dans un Gouvernement où le peuple ne serait compté pour rien, où l'administration couvrirait ses opérations d'un voile impénétrable, où l'emploi des deniers publics serait un profond mystère, le mot seul de fisc dût inspirer la défiance et l'effroi ! Cela peut être : mais dans une nation dont le Gouvernement n'exerce que l'autorité légitime qui lui fut déléguée par le peuple, lorsque des comptes annuels instruisent des besoins, des ressources et de leur emploi, le trésor public est nécessairement environné d'une grande faveur; elle ne doit cependant pas être portée au point d'en faire un être privilégié et revêtu de droits exorbitans. Tout privilége est pénible pour ceux qui ne le partagent pas ; il est odieux quand il n'est pas nécessaire : or nous n'avons vu aucune raison sans réplique, qui dût affranchir de l'inscription les hypothèques sur les comptables. Je dirai plus, jamais privilége sur ce point ne fut moins nécessaire que dans le régime hypothécaire actuel ; car enfin on n'a qu'un registre à consulter pour savoir si le bien présenté pour gage est libre ou non, et les agens du Gouvernement ont aussi, par l'inspection du rôle des contributions, un moyen facile de connaître, au moins à peu près, la valeur du gage.

Nous n'avons pas dû par conséquent proposer de soustraire à la nécessité de l'inscription les hypothèques sur les biens des comptables : le trésor public ne sera pas plus avantagé que les citoyens : le Gouvernement s'honore d'avoir placé ce principe libéral dans le code de la nation ; elle est soumise par le même motif aux délais ordinaires de la prescription. Quel citoyen

pourrait

pourrait regretter ensuite d'observer une loi dont le Gouvernement lui-même n'est pas affranchi ?

J'ai cru, citoyens Législateurs, devoir présenter avec quelques développemens les bases de la loi qui vous est proposée ; je vais actuellement m'occuper des attaques qu'on lui a livrées. Lorsque j'aurai répondu aux objections, le projet sera suffisamment motivé ; car les principes une fois admis, les conséquences de détail ne sont plus contestées.

On a d'abord opposé au projet une prétendue tache de bursalité, qui, dit-on, a déjà fait plusieurs fois écarter différentes tentatives pour établir un dépôt des actes produisant hypothèque. La tache de bursalité se tire de quelques droits qu'on paie pour les transcriptions ou inscriptions des actes.

Ici, je vous prie de ne pas confondre la mesure proposée avec le mode d'exécution.

La mesure est-elle bonne ? Je crois l'avoir démontré, et l'objection ne suppose pas le contraire.

Que prétend-on ensuite quand on dénonce la mesure comme bursale ? Veut-on dire que l'inscription devrait être faite gratuitement ? Mais, dans ce cas, il faudrait que le Gouvernement salariât les employés : il ne pourrait les salarier qu'avec des fonds qui lui seraient fournis ; il faudrait donc un impôt particulier pour cet objet.

Prétend-on qu'il serait préférable de prélever cet impôt sur tous les citoyens, et de ne pas le prendre sur les seules parties intéressées ? Je doute que cette opinion trouve des partisans.

Veut-on dire que le droit qu'on exigera sera trop fort ? Mais il n'est pas question de le fixer dans le projet qui vous est soumis : ce n'est pas dans un Code civil qu'on doit placer une disposition bursale ; ce droit doit être établi par la loi, c'est-à-dire par l'autorité qui sanctionne toutes les contributions, et qui, dans tous les cas, ne doit accorder et n'accorde certainement que ce qui est nécessaire.

Il faut donc écarter cette singulière objection, qui consiste à combattre une chose bonne en elle-même, par l'abus possible

Liv. III. ß s

dans la manière de l'exécuter : comme si cette exécution pouvait être arbitraire de la part du Gouvernement.

Mais on attaque le système par le fondement.

« La mesure de l'inscription est, dit-on, insuffisante pour » atteindre le but qu'on se propose. Elle est insuffisante par » plusieurs motifs.

» Ne pourrait-on pas, dans l'intervalle de temps qui s'écou-» lera nécessairement entre le moment de la passation de l'acte, » et l'instant où il sera inscrit, prendre des inscriptions qui » absorberont la totalité du gage ? Le créancier n'aura donc plus » de sûretés.

» D'ailleurs, il y a des hypothèques dont l'objet est néces-» sairement indéterminé. Dans un acte de vente, par exemple, » le vendeur s'oblige à la garantie ; quelle sera la mesure d'un » pareil engagement, et comment pourra-t-on prendre une ins-» cription pour en assurer l'effet ?

» Enfin, un créancier voudra toujours la sûreté la plus en-» tière : il demandera l'affectation de tous les biens de son » débiteur, et la spécialité de l'hypothèque ne sera qu'une » chimère. »

Reprenons chaque partie de cette objection. Observons cepen-dant que rien de tout ce que vous venez d'entendre, n'attaque le fond du système ; on ne prouve pas que la publicité de l'hypothèque ne soit pas bonne en elle-même, que la spécialité ne soit pas désirable : il résulterait seulement de l'objection que ces deux bases ne produiront pas tout le bien qu'on croit devoir en attendre.

Je ne nierai pas qu'il soit possible qu'entre le moment où se passe un contrat et celui où l'inscription est faite, il puisse arriver que des tiers auront pris, ou de bonne foi, ou frau-duleusement, des inscriptions qui auraient le mérite de l'an-tériorité.

Mais doit-on supposer que la personne qui contracte, ca-chera ses engagemens antérieurs par un mensonge qui serait nécessairement mis à découvert au bout de quelques jours ?

Rien d'ailleurs n'est plus facile que de se mettre à l'abri des suites de ce mensonge très-improbable : on peut convenir que l'acte n'aura d'effet que dans un délai suffisant pour obtenir l'inscription, et que, dans le cas d'une inscription antérieure, il demeurera nul.

Enfin, en supposant à l'objection toute la force dont elle est dépourvue, il en résulterait que des parties pourraient éprouver quelques jours d'inquiétude, et cela est sans contredit préférable à l'incertitude perpétuelle dans laquelle on est retenu dans le système des hypothèques occultes.

Quant aux hypothèques indéterminées ou conditionnelles, l'objection qu'on tire de leur qualité n'a pas plus de réalité que la précédente.

Rien n'empêcherait de prendre inscription pour des créances indéterminées, et les tiers seraient du moins avertis qu'un héritage est affecté à des engagemens antérieurs : ce serait déjà un avantage; on prendrait des renseignemens sur la mesure de ces engagemens, ou si on ne les prenait pas, on ne pourrait imputer qu'à soi, à son insouciance, les préjudices qu'on éprouverait dans la suite.

Mais pourquoi ne forcerait-on pas le créancier qui veut s'inscrire pour une obligation indéterminée, à déclarer une valeur estimative d'après laquelle sera faite l'inscription ? Voilà l'objection résolue.

On dira peut-être que le créancier fera une évaluation trop forte : cela est possible ; mais pourquoi ne donnerait-on pas dans ce cas au débiteur le droit de la faire réduire ?

C'est ce que propose le projet, et il trace aux tribunaux des règles faites pour concilier l'intérêt du créancier qui veut des sûretés et l'intérêt du débiteur qui ne voudrait donner que celles qui sont nécessaires.

Ainsi disparaissent des objections qui, en leur supposant un peu de réalité, n'attaqueront pas même le fond du système.

Mais le créancier voudra toujours la sûreté la plus ample ; il fait la loi, il exigera l'affectation de tous les biens du débiteur, et la spécialité ne produira aucun effet.

Il est encore évident qu'on n'attaque pas ici le fond du système : l'objection, si elle était fondée, prouverait seulement tout au plus qu'on ne tirera pas de la spécialité tout l'avantage qu'elle semble présenter au premier coup-d'œil.

Est-il bien vrai, au surplus, qu'un créancier voudra toujours qu'on affecte tous les biens que possédera le débiteur, qui, dit-on, pour obtenir 10,000 francs, sera forcé de donner hypothèque sur 100,000 ?

Il y a ici beaucoup d'exagération : certainement un créancier veut une sûreté ample et entière, et il a raison ; mais quand on la lui donne, il est satisfait ; je parle de ce qui arrive communément, et non pas de ce que peuvent vouloir quelques esprits inquiets outre mesure, et qui sont heureusement fort rares.

Mais quand il serait vrai qu'un créancier voudra une hypothèque sur deux immeubles, lorsqu'un seul devrait suffire, il y a toujours de l'avantage dans le système de la loi proposée. Les tiers seront avertis de l'engagement antérieur, et le débiteur ne sera cependant pas pour cela plus grevé, parce que les deux immeubles ne se trouvant affectés l'un et l'autre qu'à la même dette, présenteront toujours la même portion de biens libres qu'ils présenteraient si l'un des deux seulement en était grevé ; le débiteur ne serait donc pas sacrifié, même dans le cas d'une exigence excessive de la part du créancier ; et l'avantage de la publicité pour les tiers serait toujours incontestable.

On fait contre nos bases des objections d'une autre nature, et qui seraient alarmantes en effet, si elles avaient la moindre réalité.

« *La spécialité des hypothèques est incompatible*, dit-on, » *avec le droit de propriété.*

» *Quiconque s'est obligé personnellement, est tenu de rem-* » *plir son engagement sur tous ses biens mobiliers et immobi-* » *liers, présens et à venir. Le crédit du citoyen se compose* » *non-seulement des biens qu'il a déjà, mais encore de ceux* » *qu'il pourra acquérir. De quel droit proposons-nous de ré-*

» *duire l'action du créancier, et de la restreindre à certains*
» *biens ? De quel droit voulons-nous interdire à un citoyen*
» *le crédit qu'il peut obtenir sur les biens qu'il pourra acquérir*
» *dans la suite ? C'est de notre part une atteinte directe à*
» *la propriété.* »

Il serait bien extraordinaire que le Gouvernement , qui montre tous les jours un respect si scrupuleux pour les droits de propriété , se fût abusé au point de vous proposer d'y porter quelque atteinte, à vous, citoyens Législateurs, qui, dans toutes les lois émanées de vous, avez établi cette même propriété sur des fondemens inébranlables.

Rassurez-vous; cette objection n'a pas plus de réalité que les précédentes ; elle ne porte que sur un jeu de mots.

Celui qui est obligé , doit remplir ses engagemens sur tous ses biens ; rien de plus vrai ; et cela signifie que tant qu'il lui reste quelque bien, il est soumis à l'action et aux poursuites de son créancier.

Mais l'obligation et l'hypothèque sont deux choses tout-à-fait différentes. Celui qui est obligé par un acte sous signature privée, est tenu de remplir son engagement sur tous ses biens mobiliers, immobiliers, présens et à venir; et cependant aucun de ses biens n'est hypothéqué à son engagement.

L'hypothèque est pour le créancier une sûreté particulière sur un immeuble ; mais l'obligation du débiteur est indépendante de cette sûreté; elle peut exister avec ou sans hypothèque. On ne porte donc aucune atteinte à la propriété , quand on dit que l'hypothèque ne sera pas donnée par une clause générale, mais qu'elle sera spéciale sur un bien qu'on désignera : cela n'empêche pas le créancier de poursuivre le débiteur sur tous ses biens, jusqu'à ce qu'il soit payé ; cela n'empêche même pas le débiteur d'affecter à une créance tous ses immeubles par des affectations spéciales. On ne proscrit que la clause d'affectation générale sans désignation particulière, parce que cette clause ne présente aucune sûreté réelle, et qu'elle est le plus souvent un piége tendu à la bonne foi.

La défense d'hypothéquer, en général, les biens à venir, est une conséquence de ce que je viens de dire.

Tout ce que peut désirer un citoyen, c'est de pouvoir, quand ses facultés présentes sont trop faibles, donner à son créancier le droit de s'inscrire par la suite sur le premier ou le second immeuble qu'il acquerra : c'est une affectation spéciale qui se réalise par l'inscription, lorsque l'immeuble est acquis.

Le projet contient cette disposition, et vous pouvez juger par-là que si le Gouvernement a voulu pourvoir à ce que les créanciers ne fussent pas exposés aux suites de la mauvaise foi d'un débiteur, il a pourvu, avec le même soin, à ce que le débiteur ne fût pas la victime des circonstances malheureuses dans lesquelles il pourrait se trouver, et qu'il lui conserve son crédit entier et sans la moindre altération.

J'ai fait de grands pas dans la carrière, et les objections qui me restent à résoudre méritent à peine d'être réfutées.

La publicité viole le secret des familles ! Je conçois que si nous voulions rétablir les signes perpétuels et visibles sur les immeubles d'un débiteur, il pourrait en être alarmé; mais le dépôt des hypothèques n'est pas affiché ou exposé à tous les regards; il s'ouvre à ceux qui ont besoin et intérêt de le connaître : depuis cinq ans qu'il existe, nous n'avons entendu aucune plainte contre les abus de cette institution. Nous n'avons pas appris que la seule curiosité en ait sollicité l'entrée; et si le débiteur pouvait être affligé de ce que ses engagemens y reposent, cet inconvénient serait, après tout, bien léger, en comparaison des maux que nous a faits la clandestinité des hypothèques.

La publicité des hypothèques altère le crédit et nuit à la circulation !

Renfermons ce reproche dans ses justes limites. Il est possible que l'espèce de circulation qui porte la fortune de l'homme de bonne foi dans la main de l'homme astucieux et immoral, soit diminuée par cette publicité, et c'est un des grands avantages du projet : car la République ne gagne rien; elle perd au contraire quand le fripon s'enrichit en trompant l'honnête homme.

Mais le crédit de tous les hommes qui ne sont pas dans la classe de ceux dont je viens de parler, augmentera nécessairement : le crédit se compose de l'opinion qu'on se forme sur la moralité d'un homme et sur sa fortune, et l'on traite bien plus facilement avec celui qui laisse moins de doute sur l'une et sur l'autre.

Le résultat de la loi doit être nécessairement une diminution du crédit des hommes sans foi, et cette diminution tournera au profit de la loyauté.

Au reste, vous voyez, citoyens Législateurs, qu'il ne s'agit ici nullement du crédit des commerçans. Ce n'est pas sur leurs immeubles qu'on leur prête, mais sur leur réputation d'intelligence et de probité : on ne demande pas d'hypothèque pour les fonds qu'on place dans le commerce ; on s'y détermine par d'autres combinaisons, par la perspective d'un intérêt plus fort, d'une rentrée plus prompte, des voies d'exécution plus rigoureuses. Et quand il serait vrai, ce que je ne crois nullement, que quelque petite portion des fonds qu'on aurait destinés au commerce se trouvât arrêtée par le régime proposé, qui oserait prononcer que ces fonds, versés dans l'agriculture, ne seraient pas utilement employés pour la République?

Au moins, dit-on, *on ne peut pas désavouer que l'inscription des hypothèques légales est inutile ; car c'est la loi qui donne cette hypothèque ; elle ne peut donc pas se perdre par un défaut de formalité.*

Vous ne verrez encore ici, citoyens Législateurs, qu'un abus de l'art de raisonner.

Toutes les actions reposent sur la loi ; elles périssent toutes cependant lorsqu'on ne les exerce pas dans un temps utile, ou lorsqu'on ne les exerce pas dans les formes prescrites.

La loi donne le droit, on tient d'elle le pouvoir d'agir ; mais d'autres lois en règlent le mode, et elles ne sont pas moins respectables, et ne doivent pas être moins respectées que la loi qui a donné le droit.

Une convention aussi, est une loi pour les parties ; elle ne les oblige pas moins fortement que la loi publique : cependant l'hypothèque conventionnelle doit être suivie d'inscription pour produire son effet.

La loi qui donne l'hypothèque, pourvoit à la sûreté d'une personne, et tient lieu d'une convention ; la loi qui attache l'effet de l'hypothèque à l'inscription, pourvoit à l'intérêt général.

Si nous avons proposé une exception pour l'hypothèque des femmes et des mineurs ou interdits, c'est par un motif d'une autre nature, et qui leur est particulier : la perte de leur hypothèque pour le défaut d'inscription, les punirait d'une faute qui leur est étrangère : il a donc fallu en rejeter toutes les suites sur les maris et les tuteurs, ou même sur les tiers qui ont traité avec eux, parce que les premiers ont à se reprocher de la prévarication, ou du moins de la négligence, et les derniers, au moins de l'imprudence, pendant que les femmes et les pupilles sont bien évidemment exempts de tout reproche.

Dans une matière aussi importante, je ne dois laisser aucune objection sans réponse ; il en est une tirée des oublis, des erreurs ou des prévarications dont les conservateurs peuvent se rendre coupables : *Ils ne feront pas mention dans leurs registres ou dans leurs certificats de toutes les inscriptions, et soit qu'il y ait de leur part prévarication ou simplement oubli, le créancier se trouvera déchu, sauf son recours contre ce fonctionnaire qui peut-être ne sera pas solvable.*

Je réponds que cet inconvénient existe dans tous les systèmes et dans tous les établissemens : un huissier peut oublier de signer un exploit, et entraîner par cet oubli la perte d'une action, perte qui sera souvent irréparable.

Un notaire peut faire une nullité dans un testament qui aurait assuré des millions au légataire, ou dans tout autre acte très-important.

Un avoué peut laisser écouler le délai d'opposition à un jugement par défaut, et opérer ainsi la ruine d'une famille entière.

Faut-il pour cela supprimer les huissiers, les notaires, les avoués? La loi ne suppose pas ces événemens, qui sont possibles, mais qui n'arrivent pas.

Le conservateur, l'huissier, l'avoué, le notaire ne s'exposent pas ainsi à perdre en un instant leur état, leur honneur, leur fortune, et les citoyens dorment heureusement en paix, sans se tourmenter de ces possibilités qui, ne se réalisant pas une fois en un siècle, ne doivent pas entrer dans les calculs du législateur. Nous avons établi des règles claires, précises et sévères pour assurer une tenue exacte des registres, et une grande fidélité dans les extraits qui en seront délivrés : c'est tout ce que nous pouvions faire.

Enfin il ne reste aux partisans de l'hypothèque occulte, que l'autorité des Romains, *nos maîtres en législation.*

Je sais tout le respect que méritent les lois romaines ; mais, sans me jeter ici dans les justes considérations qui pourraient affaiblir notre vénération, au moins pour quelques parties, je dirai que, lorsqu'il s'agit d'opinions, je ne donne à l'autorité, telle qu'elle soit, que l'avantage de commander un examen plus réfléchi et une méditation plus grande. Nous ne connaissons pas de respect servile ; et ces profonds jurisconsultes, dont tant de fois nous avons admiré le savoir et la pénétration, s'indigneraient eux-mêmes d'un hommage qui ne serait rendu qu'à leur nom.

Ils ont été quelquefois nos guides; mais ce n'est pas à leur autorité que nous avons cédé, c'est à leur raison.

Vous vous êtes déjà plusieurs fois écartés de leurs décisions, et votre sagesse ne s'est pas moins manifestée dans ces occasions, que dans celles où vous avez adopté le texte des lois romaines.

Sans parler des dispositions qui peuvent être convenables dans un temps, et qui cessent de l'être lorsque les circonstances ne sont plus les mêmes; il est des choses qui ne peuvent jamais être bonnes, et que ni le temps ni l'autorité ne peuvent justifier. Je n'hésite pas à mettre dans cette classe les hypothèques occultes, et je crois avoir suffisamment démontré leurs inconvéniens.

Les principes de la loi une fois justifiés, les dispositions de détail dont vous entendrez la lecture ne sont pas susceptibles d'être contestées, parce qu'elles en sont les conséquences nécessaires.

Je ne m'arrêterai pas à vous retracer tout ce qui concerne, soit le mode d'inscription, le lieu où elle doit être faite, la manière d'en obtenir la radiation; soit la forme, la tenue et la publicité des registres; soit les devoirs des conservateurs et leur responsabilité. Si l'on a pu être divisé sur le fond, on ne l'a pas été sur ces détails. Leur nécessité se fait sentir à la simple lecture. —

Je ne fixerai votre attention que sur un petit nombre d'articles qu'il convient de signaler, pour vous faire connaître la loi dans toutes ses parties.

Les motifs qui ont fait maintenir l'hypothèque des femmes et des mineurs ou des interdits, malgré le défaut d'inscription, vous ont déjà été développés; nous avons été conduits à ce résultat par des considérations d'une justice exacte. Cependant nous n'avons pu nous dissimuler, d'un autre côté, que s'il avait été convenable de protéger la faiblesse des femmes et des mineurs, il était aussi du devoir rigoureux d'un législateur de garantir les autres citoyens de toute surprise; nous avons encore pensé qu'il ne fallait pas enchaîner les maris et les tuteurs au-delà d'une juste nécessité : c'est le seul moyen de ne pas leur rendre odieuses leurs obligations. De toutes les manières d'assurer l'exécution d'une loi, la plus efficace, sans contredit, est celle de ne pas en outrer les conséquences.

C'est dans cet esprit, et même en consultant l'intérêt des femmes, que nous avons permis aux contractans majeurs de convenir, en se mariant, que les inscriptions, pour la sûreté des conventions matrimoniales, ne seraient prises que sur certains immeubles spécialement désignés, et que les autres immeubles appartenant au mari resteraient libres.

Cette disposition n'est pas nouvelle ; elle remplace la disposition usitée, par laquelle on permettait, dans le contrat de mariage, à un mari, d'aliéner librement une partie de ses immeubles.

Au moment où deux familles jurent entre elles une alliance qui doit être éternelle, elles ont, sans contredit, le droit d'en régler les articles suivant leur volonté et leur intérêt ; c'est-là une maxime déjà reconnue et sanctionnée par le corps législatif. Il est une foule d'occasions où l'usage de cette liberté est infiniment utile à la femme elle-même, par les moyens qu'elle fournit au mari de développer son industrie et son activité.

Nous avons pensé qu'il convenait aussi de permettre aux parens réunis pour la nomination d'un tuteur, de ne faire prendre inscription que sur une partie de ses immeubles ; l'interdiction absolue dont on le frappe, en couvrant tous ses biens d'inscriptions, peut quelquefois lui porter les plus grands préjudices. Conservons le bien des pupilles ; mais ne ruinons pas les tuteurs, s'il est possible. Il ne faut pas qu'une tutelle soit regardée comme un désastre ; elle est mal exercée quand elle est prise sous des augures aussi sinistres.

C'est à la famille assemblée sous les yeux et par l'autorité du magistrat, à fixer la mesure des précautions qui peuvent être utiles, et à faire entrer pour quelque partie dans la balance la moralité, la bonne conduite et l'intelligence du tuteur.

Lorsque le contrat de mariage ou l'acte de tutelle n'auront pas limité le nombre des inscriptions à prendre, faudra-t-il toujours, et sans aucune exception, que tous les biens des maris et des tuteurs demeurent grevés lors même qu'une partie pourrait suffire et au-delà pour donner une ample sûreté ?

Un homme peut n'avoir qu'un immeuble quand il se marie ou quand il est nommé tuteur : toute sa fortune est engagée. Depuis ce moment il succède ou il acquiert, par son industrie ou autrement, plusieurs autres immeubles. Le laissera-t-on dans l'impossibilité de disposer de la moindre partie, quelque avantage qui dût résulter pour lui d'une opération qu'il ne pourrait faire sans aliéner?

Nous ne le pensons pas; nous croyons au contraire que lorsque l'hypothèque sur tous les biens excède notoirement les sûretés nécessaires à la femme et au mineur, il est juste qu'il puisse s'opérer une réduction.

Mais cette faculté doit être environnée de précautions qui préviennent tous les abus. Ainsi un tuteur ne pourra former sa demande qu'après une autorisation précise de la famille; sa demande sera formée contre le subrogé tuteur, elle sera jugée contradictoirement avec le commissaire du Gouvernement.

Il en sera de même du mari; il ne pourra obtenir la réduction qu'avec le consentement de la femme et l'avis de quatre de ses plus proches parens, fort intéressés, sans contredit, à veiller à la conservation d'un patrimoine dont ils pourront hériter un jour; et c'est encore avec le commissaire du Gouvernement que la demande sera instruite et jugée.

Ces dispositions sont faites pour calmer toute inquiétude sur les intérêts des femmes et des mineurs ou interdits; elles leur assurent tout ce qui leur est dû, sans accabler les maris et les tuteurs sous le poids d'une chaîne trop pesante.

La date de l'hypothèque accordée aux femmes a aussi attiré toute notre attention.

Sans doute elles doivent avoir hypothèque du jour du mariage pour leurs dot et conventions matrimoniales. Mais l'hypothèque pour le remploi des propres aliénés, ou pour l'indemnité des dettes contractées dans le cours du mariage, doit-elle aussi remonter à cette époque? On le jugeait ainsi dans le ressort du parlement de Paris: d'autres cours supérieures avaient adopté une jurisprudence contraire, et ne donnaient l'hypothèque que du jour de l'événement qui en était le principe.

Cette décision nous a paru préférable. La rétroactivité de l'hypothèque pouvait devenir une source intarissable de fraudes. Un mari serait donc le maître de dépouiller ses créanciers légisîmes en s'obligeant envers des prête-noms, et en faisant paraître sa femme dans ses obligations frauduleuses pour lui donner une hypothèque du jour de son mariage; il conserverait ainsi, sous le nom de sa femme, des propriétés qui ne devraient plus être les siennes. Nous avons mis un terme à cet abus en fixant l'hypothèque aux époques des obligations.

Je passe à un autre objet.

Les inscriptions, comme vous l'avez déjà vu, conservent les hypothèques; il en résulte que l'héritage n'est transmis à un tiers qu'avec ses charges, dont le nouveau possesseur a pu facilement s'instruire; mais il est juste de lui donner un moyen de libérer sa propriété. Un immeuble ne peut fournir de sûreté au-delà de sa valeur réelle; ainsi, toutes les fois que cette valeur est donnée aux créanciers, l'immeuble doit rester libre.

Il faut pourvoir cependant à ce que des créanciers aient réellement l'intégrité de leur gage, et qu'ils ne soient pas les victimes d'actes clandestins et frauduleux entre le vendeur et l'acquéreur.

Le projet y a pourvu. L'acquéreur qui voudra libérer sa propriété fera transcrire en entier son titre par le conservateur de l'arrondissement; il sera tenu, dans les délais fixés, de notifier, par extrait seulement, aux créanciers, son contrat et le tableau des charges, en leur offrant de payer toutes les dettes jusqu'à concurrence du prix.

J'observe en passant qu'en faisant notifier au créancier ce qu'il lui importe de savoir, nous avons réglé le mode de notification de manière à supprimer tous les frais inutiles (1).

Les créanciers ont de leur côté le droit de surenchérir pendant

---

(1) La loi du 11 brumaire an 7 a dû laisser aux créanciers qui avaient des hypothèques générales acquises suivant les lois antérieures, la faculté de les conserver en s'inscrivant, dans le délai fixé, sur tous les immeubles de leur débiteur. Ils ont usé de ce droit, et un grand nombre d'immeubles se trouve aujourd'hui grevé d'hypothèques bien au-delà de leur valeur.

Il n'en sera plus de même dans la suite : au moyen de la spécialité des hypothèques, on ne prêtera sur un immeuble que jusqu'à concurrence de la sûreté qu'il pourra offrir; les ordres seront plus simples et moins dispendieux.

un temps limité : c'est un moyen ouvert pour faire porter l'immeuble à sa juste valeur.

Si les créanciers provoquent la mise aux enchères, on procède suivant les formes usitées pour les expropriations ; mais s'ils n'usent pas de leur droit, il est à présumer qu'ils n'ont pas à se plaindre du prix du contrat, et la valeur de l'immeuble demeure irrévocablement fixée : le nouveau propriétaire est libéré de toute charge en payant ou en consignant.

Ce mode de dégager les propriétés est suffisant, sans doute, pour purger toutes les hypothèques inscrites ; mais il peut en exister qui ne le soient pas, celles de la femme et de pupilles dont le vendeur aurait la tutelle ; il faut bien qu'il y ait aussi possibilité de purger ces hypothèques comme les autres. L'édit de 1771 en donnait le moyen, et le projet qui vous est soumis serait incomplet, s'il ne présentait pas à cet égard quelque disposition.

Un double intérêt a dû nous occuper ; l'intérêt de l'acquéreur et celui des hypothécaires. On a pourvu à l'acquéreur par les formalités qui le conduisent à sa libération, et aux hypothécaires en donnant une telle publicité à la vente, qu'il sera impossible de supposer l'existence d'une hypothèque sur le bien vendu, s'il n'a pas été pris en effet d'inscription dans le délai que la loi a fixé.

Les nouveaux acquéreurs qui voudront purger les propriétés des hypothèques qu'ils pourraient craindre à raison de mariage ou de tutelle, quoiqu'il n'en existât aucune trace dans les registres du conservateur, seront tenus de déposer copie dûment collationnée de leur contrat au greffe du tribunal civil du lieu de la situation des biens.

Ils notifieront ce dépôt à la femme, s'il s'agit d'immeubles appartenant au mari ; au subrogé tuteur, s'il s'agit d'immeubles du tuteur ; et toujours au commissaire du Gouvernement.

Indépendamment de ce dépôt, un extrait du contrat sera affiché pendant deux mois dans l'auditoire du tribunal : pendant ce temps, tous ceux à qui il est enjoint ou permis de prendre les inscriptions seront reçus à les requérir. S'il n'en a pas été pris dans ce délai, les immeubles passeront libres au nouveau propriétaire, parce qu'il sera constant qu'on n'a eu ni la volonté ni le droit d'en prendre.

Si, au contraire, il a été pris des inscriptions, chaque créancier sera employé à son rang dans l'ordre, et les inscriptions de ceux qui ne seraient pas employés en rang utile seront rayées.

C'est par ces moyens bien simples, mais très-efficaces, que nous avons su concilier les intérêts opposés de toutes les parties.

Il me reste, pour terminer tout ce qui concerne les hypothèques, à dire un mot de la manière dont elles s'éteignent.

Vous venez de voir par quelles formalités on peut parvenir à en débarrasser les propriétés : l'hypothèque s'éteint aussi par l'anéantissement de l'obligation principale dont elle n'est que l'accessoire.

Par le consentement ou la renonciation du créancier, toujours maître de renoncer aux droits qui lui sont acquis ; et enfin par la prescription qui met un terme à toutes les actions de quelque nature qu'elles puissent être.

Le désir d'exposer de suite tout ce qui concerne les hypothèques, ne m'a permis jusqu'à cet instant de vous parler des priviléges ; ils forment cependant le premier chapitre du titre.

L'hypothèque est un droit qu'on tient d'une convention, d'un jugement, ou de la loi.

Le privilége, au contraire, est un droit qui dérive de la qualité et de la nature de la créance. Ne nous abusons pas sur l'acception du mot *privilége* employé dans ce titre. Cette expression emporte ordinairement avec elle l'idée d'une faveur personnelle ; ici elle signifie un droit acquis, fondé sur une justice rigoureuse, parce que la préférence donnée à celui qui l'exerce lui est due, soit parce qu'il a conservé ou amélioré la chose, soit parce qu'il en est encore en quelque manière le propriétaire, le paiement du prix, condition essentielle de la vente, ne lui ayant pas encore été fait, soit par d'autres motifs de la même force.

On peut avoir privilége sur les meubles ou sur les immeubles, et même sur les uns et les autres.

Les priviléges sur les meubles sont ou particuliers, c'est-à-dire sur certains meubles, comme celui des propriétaires sur les effets qui garnissent une maison ou une ferme, celui du voiturier pour ses frais de transport sur la chose voiturée, etc.; ou généraux sur tous les meubles, comme les frais de justice, de dernière maladie, les salaires de domestiques, fournitures de subsistances pendant un temps déterminé : ces créances sont sacrées en quelque manière, puisque c'est par elles que le débiteur a vécu, et c'est par ce motif qu'elles frappent également les meubles et les immeubles.

Quant au privilége sur les immeubles, il est acquis au vendeur pour son prix, ou à celui qui ayant fourni les deniers de l'acquisition, se trouve subrogé au vendeur; aux architectes et ouvriers qui ont reconstruit et réparé les choses, ou à ceux qui ont prêté les deniers pour les payer; enfin à des cohéritiers sur les immeubles d'une succession pour la garantie de leurs partages, parce que ces cohéritiers sont pour ainsi dire vendeurs les uns à l'égard des autres.

Le projet règle les formalités nécessaires pour acquérir le privilége; il ne présente rien de nouveau ni sur ce point, ni sur le nombre, ni sur l'ordre des priviléges.

Mais faudra-t-il aussi une inscription pour la conservation du privilége sur les immeubles ?

Nous avons distingué dans les créances privilégiées celles pour frais de justice, de dernière maladie, funéraires, gages de domestiques et fournitures de subsistances, et nous n'avons pas cru qu'il fût ni convenable ni nécessaire de les soumettre à la formalité de l'inscription : ces créances en général ne sont pas considérables, et il n'est pas de vendeur qui ne sache ou ne doive savoir si le bien qu'il achète est grevé de cette espèce de charges.

A l'égard des autres créances privilégiées, elles doivent, sans contredit, être publiques par la voie de l'inscription; les

tiers

tiers ne peuvent pas les supposer : le projet contient, sur ce point, des dispositions qui n'ont pas besoin d'être justifiées.

Enfin, j'arrive au titre de *l'expropriation*, c'est-à-dire, à la mesure la plus rigoureuse pour forcer un citoyen de remplir ses engagemens.

Nous n'avons pas dû nous occuper des formes de la poursuite en expropriation, ni de la manière de procéder à l'ordre et à la distribution du prix; ces objets tombent dans le domaine des lois sur la procédure.

Les articles que nous présentons sont peu nombreux, et ils ont presque tous pour objet de prévenir des excès de rigueur de la part de créanciers aigris peut-être par la mauvaise conduite de leur débiteur, ou égarés par des conseils intéressés.

C'est dans cet esprit qu'on défend aux créanciers personnels d'un héritier de mettre en vente les biens indivis d'une succession : la loi leur a donné le droit de provoquer un partage ; c'est tout ce qu'elle a dû faire; il ne faut pas leur laisser la faculté de saisir, même les portions des cohéritiers qui ne leur doivent rien.

Il est pareillement défendu d'attaquer les immeubles d'un mineur ou d'un interdit, avant d'avoir discuté son mobilier. Ne serait-il pas injuste d'employer contre eux les dernières rigueurs, sans s'assurer auparavant qu'elles sont nécessaires ?

Vous reconnaîtrez le même esprit de modération et de sagesse dans les articles qui ne permettent pas la vente d'immeubles non hypothéqués, lorsque l'insuffisance des biens hypothéqués n'est pas constante; dans ceux qui défendent de provoquer cumulativement la vente des biens situés dans divers arrondissemens, à moins qu'ils ne fassent partie d'une seule et même exploitation; dans ceux enfin qui ne veulent pas qu'on passe à l'expropriation lorsque le revenu net des immeubles, pendant une année, suffit pour désintéresser le créancier, et que le débiteur en offre la délégation.

A côté de ces dispositions bienfaisantes nous avons placé celles qui étaient nécessaires pour empêcher qu'on en abusât contre le créancier, qui mérite aussi toute la protection de la loi.

Liv. III. T t

Je n'ajouterai pas qu'on ne peut agir en expropriation qu'en vertu d'un titre exécutoire, et après un commandement : je me hâte de terminer ; j'ai été long, je le sens ; mais la matière est vaste et très-importante.

Les titres que nous vous présentons forment le complément du Code ; l'*hypothèque* et l'*expropriation* sont les vrais garans de l'exécution de toute espèce de contrat, de toute transaction, de toute obligation de quelque nature qu'elle puisse être. C'est, qu'il me soit permis de le dire, la clef de la voûte qui couronne cet immense édifice.

Le Gouvernement l'a élevé avec une constance que n'ont pu altérer ni les embarras d'une administration immense, ni les soins d'une guerre qui nous fut si injustement déclarée, ni les complots obscurs et atroces dont un ennemi donne le honteux exemple chez les peuples civilisés.

Le calme du chef de la nation n'a pas été un seul instant troublé ni son travail interrompu, et rien n'a été négligé de tout ce qui pouvait en assurer le succès.

Des jurisconsultes d'un savoir profond et d'une haute sagesse en avaient posé les premiers fondemens. Le tribunal de la nation, garant auprès d'elle de l'exécution de la loi, les tribunaux chargés de la pénible et éminente fonction de distribuer la justice en dernier ressort, ont transmis sur le projet le résultat de leurs savantes méditations.

Entouré de tant de lumières, dirigé par ce génie qui sait tout embrasser, le Conseil d'Etat a discuté long-temps, sans préjugés, sans préventions, avec calme et maturité.

Les communications officieuses avec le Tribunat ont encore amené d'utiles et précieuses observations, et le résultat de tant de veilles et de méditations reçoit enfin de vous, par le caractère que vous lui imprimez, de nouveaux droits à la confiance et de nouveaux titres au respect de tous les citoyens.

Le Gouvernement le présente au Peuple français et à notre siècle, avec une noble assurance et sans aucune inquiétude sur le jugement des nations et de la postérité.

Suit le texte des lois.

TITRE XVIII.

Des Priviléges et Hypothèques.

Décrété le 28 ventose an XII. Promulgué le 8 germinal suivant.

CHAPITRE PREMIER.

DISPOSITIONS GÉNÉRALES.

Article 2092. — Quiconque s'est obligé personnellement, est tenu de remplir son engagement sur tous ses biens mobiliers et immobiliers, présens et à venir.

Art. 2093. — Les biens du débiteur sont le gage commun de ses créanciers ; et le prix s'en distribue entre eux par contribution, à moins qu'il n'y ait entre les créanciers des causes légitimes de préférence.

Art. 2094. — Les causes légitimes de préférence sont les priviléges et hypothèques.

CHAPITRE II.

Des Priviléges.

Article 2095. — Le privilége est un droit que la qualité de la créance donne à un créancier d'être préféré aux autres créanciers , même hypothécaires.

Art. 2096. — Entre les créanciers privilégiés , la préférence se règle par les différentes qualités des priviléges.

Art. 2097. — Les créanciers privilégiés qui sont dans le même rang , sont payés par concurrence.

Art. 2098. — Le privilége , à raison des droits du

trésor public , et l'ordre dans lequel il s'exerce, sont réglés par les lois qui les concernent.

Le trésor public ne peut cependant obtenir de privilége au préjudice des droits antérieurement acquis à des tiers.

Art. 2099. — Les priviléges peuvent être sur les meubles ou sur les immeubles.

SECTION PREMIÈRE.

Des priviléges sur les meubles.

Article 2100. — Les priviléges sont ou généraux , ou particuliers sur certains meubles.

§. PREMIER.

Des priviléges généraux sur les meubles.

Article 2101. — Les créances privilégiées sur la généralité des meubles sont celles ci-après exprimées , et s'exercent dans l'ordre suivant :

1°. Les frais de justice ;

2°. Les frais funéraires ;

3°. Les frais quelconques de la dernière maladie , concurremment entre ceux à qui ils sont dus ;

4°. Les salaires des gens de service pour l'année échue , et ce qui est dû sur l'année courante ;

5°. Les fournitures de subsistances faites au débiteur et à sa famille; savoir , pendant les six derniers mois , par les marchands en détail , tels que boulangers , bouchers et autres ; et pendant la dernière année , par les maîtres de pension et marchands en gros.

§. I I.

Des privilèges sur certains meubles.

Article 2102. — Les créances privilégiées sur certains meubles sont,

1°. Les loyers et fermages des immeubles, sur les fruits de la récolte de l'année, et sur le prix de tout ce qui garnit la maison louée ou la ferme, et de tout ce qui sert à l'exploitation de la ferme ; savoir, pour tout ce qui est échu, et pour tout ce qui est à échoir, si les baux sont authentiques, ou si, étant sous signature privée, ils ont une date certaine ; et, dans ces deux cas, les autres créanciers ont le droit de relouer la maison ou la ferme pour le restant du bail, et de faire leur profit des baux ou fermages, à la charge toutefois de payer au propriétaire tout ce qui lui serait encore dû ;

Et, à défaut de baux authentiques, ou lorsqu'étant sous signature privée ils n'ont pas une date certaine, pour une année à partir de l'expiration de l'année courante ;

Le même privilége a lieu pour les réparations locatives, et pour tout ce qui concerne l'exécution du bail ;

Néanmoins les sommes dues pour les semences ou pour les frais de la récolte de l'année, sont payées sur le prix de la récolte, et celles dues pour ustensiles, sur le prix de ces ustensiles, par préférence au propriétaire, dans l'un et l'autre cas ;

Le propriétaire peut saisir les meubles qui garnissent sa maison ou sa ferme, lorsqu'ils ont été déplacés sans son consentement, et il conserve sur eux son privilége, pourvu qu'il ait fait la revendication ; savoir, lorsqu'il s'agit du mobilier qui garnissait une ferme, dans le délai de quarante jours, et dans celui de quinzaine, s'il s'agit des meubles garnissant une maison ;

2°. La créance sur le gage dont le créancier est saisi ;

3°. Les frais faits pour la conservation de la chose ;

4°. Le prix d'effets mobiliers non payés, s'ils sont encore en la possession du débiteur, soit qu'il ait acheté à terme ou sans terme ;

Si la vente a été faite sans terme, le vendeur peut même revendiquer ces effets tant qu'ils sont en la possession de l'acheteur, et en empêcher la revente, pourvu que la revendication soit faite dans la huitaine de la livraison, et que les effets se trouvent dans le même état dans lequel cette livraison a été faite ;

Le privilége du vendeur ne s'exerce toutefois qu'après celui du propriétaire de la maison ou de la ferme, à moins qu'il ne soit prouvé que le propriétaire avait connaissance que les meubles et autres objets garnissant sa maison ou sa ferme n'appartenaient pas au locataire ;

Il n'est rien innové aux lois et usages du commerce sur la revendication ;

5°. Les fournitures d'un aubergiste, sur les effets du voyageur qui ont été transportés dans son auberge ;

6°. Les frais de voiture et les dépenses accessoires, sur la chose voiturée ;

7°. Les créances résultant d'abus et prévarications commis par les fonctionnaires publics dans l'exercice de leurs fonctions, sur les fonds de leur cautionnement, et sur les intérêts qui en peuvent être dus.

SECTION II.

Des priviléges sur les immeubles.

Article 2103. — Les créanciers privilégiés sur les immeubles sont,

1°. Le vendeur, sur l'immeuble vendu, pour le paiement du prix ;

S'il y a plusieurs ventes successives dont le prix soit dû en tout ou en partie, le premier vendeur est préféré au second, le deuxième au troisième, et ainsi de suite;

2°. Ceux qui ont fourni les deniers pour l'acquisition d'un immeuble, pourvu qu'il soit authentiquement constaté, par l'acte d'emprunt, que la somme était destinée à cet emploi, et, par la quittance du vendeur, que ce paiement a été fait des deniers empruntés;

3°. Les cohéritiers, sur les immeubles de la succession, pour la garantie des partages faits entre eux, et des soultes ou retour de lots;

4°. Les architectes, entrepreneurs, maçons et autres ouvriers employés pour édifier, reconstruire ou réparer des bâtimens, canaux, ou autres ouvrages quelconques, pourvu néanmoins que, par un expert nommé d'office par le tribunal de première instance dans le ressort duquel les bâtimens sont situés, il ait été dressé préalablement un procès-verbal, à l'effet de constater l'état des lieux relativement aux ouvrages que le propriétaire déclarera avoir dessein de faire, et que les ouvrages aient été, dans les six mois au plus de leur perfection, reçus par un expert également nommé d'office;

Mais le montant du privilége ne peut excéder les valeurs constatées par le second procès-verbal, et il se réduit à la plus-value existante à l'époque de l'aliénation de l'immeuble et résultant des travaux qui y ont été faits;

5°. Ceux qui ont prêté les deniers pour payer ou rembourser les ouvriers, jouissent du même privilége, pourvu que cet emploi soit authentiquement constaté par l'acte d'emprunt, et par la quittance des ouvriers, ainsi qu'il a été dit ci-dessus pour ceux qui ont prêté les deniers pour l'acquisition d'un immeuble.

SECTION III.

Des priviléges qui s'étendent sur les meubles et les immeubles.

Article 2104. — Les priviléges qui s'étendent sur les meubles et les immeubles sont ceux énoncés en l'art. 2101.

Art. 2105. — Lorsqu'à défaut de mobilier les privilégiés énoncés en l'article précédent se présentent pour être payés sur le prix d'un immeuble en concurrence avec les créanciers privilégiés sur l'immeuble, les paiemens se font dans l'ordre qui suit :

1°. Les frais de justice et autres énoncés en l'article 2101.

2°. Les créances désignées en l'art. 2103.

SECTION IV.

Comment se conservent les priviléges.

Article 2106. — Entre les créanciers, les priviléges ne produisent d'effet à l'égard des immeubles qu'autant qu'ils sont rendus publics par inscription sur les registres du conservateur des hypothèques, de la manière déterminée par la loi, et à compter de la date de cette inscription, sous les seules exceptions qui suivent.

Art. 2107. — Sont exceptées de la formalité de l'inscription les créances énoncées en l'article 2101.

Art. 2108. — Le vendeur privilégié conserve son privilége par la transcription du titre qui a transféré la propriété à l'acquéreur, et qui constate que la totalité ou partie du prix lui est due ; à l'effet de quoi la transcription du contrat faite par l'acquéreur vaudra inscription pour le vendeur et pour le prêteur qui lui aura fourni les deniers payés, et qui sera subrogé aux droits du vendeur par le même contrat : sera néanmoins le conservateur des hypothèques tenu, sous peine de tous dommages et intérêts envers les tiers, de faire d'office l'inscription sur son registre des créances résultant de l'acte translatif de propriété, tant en faveur du vendeur qu'en faveur des prêteurs, qui pourront aussi faire faire, si elle ne l'a été, la transcription du contrat de vente, à l'effet d'acquérir l'inscription de ce qui leur est dû sur le prix.

Art. 2109. — Le cohéritier ou copartageant conserve son privilége sur les biens de chaque lot ou sur le bien licité, pour les soultes et retour de lots ou pour le prix de la licitation, par l'inscription faite à sa diligence, dans soixante jours, à dater de l'acte de partage, ou de l'adjudication par licitation ; durant lequel temps aucune hypothèque ne peut avoir lieu sur le bien chargé de soulte ou adjugé par licitation, au préjudice du créancier de la soulte ou du prix.

Art. 2110. — Les architectes, entrepreneurs, maçons et autres ouvriers employés pour édifier, reconstruire ou réparer des bâtimens, canaux ou autres ouvrages, et ceux qui ont, pour les payer et rembourser, prêté les deniers dont l'emploi a été constaté, conservent, par la double inscription faite, 1º. du procès-verbal qui constate l'état des lieux, 2º. du procès-verbal de réception, leur privilége à la date de l'inscription du premier procès-verbal.

Art. 2111. — Les créanciers et légataires qui demandent la séparation du patrimoine du défunt, conformément à l'article 878 au titre *des successions*, conservent, à l'égard des créanciers des héritiers ou représentans du défunt, leur privilége sur les immeubles de la succession par les inscriptions faites sur chacun de ces biens, dans les six mois à compter de l'ouverture de la succession.

Avant l'expiration de ce délai, aucune hypothèque ne peut être établie avec effet sur ces biens par les héritiers ou représentans au préjudice de ces créanciers ou légataires.

Art. 2112. — Les cessionnaires de ces diverses créances privilégiées, exercent tous les mêmes droits que les cédans, en leur lieu et place.

Art. 2113. — Toutes créances privilégiées soumises à la formalité de l'inscription, à l'égard desquelles les conditions ci-dessus prescrites pour conserver le privilége n'ont pas été accomplies, ne cessent pas néanmoins d'être hypothécaires; mais l'hypothèque ne date, à l'égard des tiers, que de l'époque des inscriptions qui auront dû être faites ainsi qu'il sera ci-après expliqué.

CHAPITRE III.

Des hypothèques.

Article 2114. — L'hypothèque est un droit réel sur les immeubles affectés à l'acquittement d'une obligation.

Elle est, de sa nature, indivisible, et subsiste en entier sur tous les immeubles affectés, sur chacun et sur chaque portion de ces immeubles.

Elle les suit dans quelques mains qu'ils passent.

Art. 2115. — L'hypothèque n'a lieu que dans les cas et suivant les formes autorisés par la loi.

Art. 2116. — Elle est ou légale, ou judiciaire, ou conventionnelle.

Art. 2117. — L'hypothèque légale est celle qui résulte de la loi.

L'hypothèque judiciaire est celle qui résulte des jugemens ou actes judiciaires.

L'hypothèque conventionnelle est celle qui dépend des

conventions, et de la forme extérieure des actes et des contrats.

Art. 2118. — Sont seuls susceptibles d'hypothèques,

1°. Les biens immobiliers qui sont dans le commerce, et leurs accessoires réputés immeubles ;

2°. L'usufruit des mêmes biens et accessoires pendant le temps de sa durée.

Art. 2119. — Les meubles n'ont pas de suite par hypothèque.

Art. 2120. — Il n'est rien innové par le présent Code aux dispositions des lois maritimes concernant les navires et bâtimens de mer.

SECTION PREMIÈRE.

Des hypothèques légales.

Article 2121. — Les droits et créances auxquels l'hypothèque légale est attribuée, sont, ceux des femmes mariées, sur les biens de leurs maris ;

Ceux des mineurs et interdits, sur les biens de leur tuteur ;

Ceux de la nation, des communes et des établissemens publics, sur les biens des receveurs et administrateurs comptables.

Art. 2122. — Le créancier qui a une hypothèque légale peut exercer son droit sur tous les immeubles appartenans à son débiteur et sur ceux qui pourront lui appartenir dans la suite, sous les modifications qui seront ci-après exprimées.

SECTION II.

Des hypothèques judiciaires.

Article 2123. — L'hypothèque judiciaire résulte des jugemens, soit contradictoires, soit par défaut, définitifs ou provisoires, en faveur de celui qui les a obtenus. Elle résulte aussi des reconnaissances ou vérifications, faites en jugement, des signatures apposées à un acte obligatoire sous seing privé. Elle peut s'exercer sur les immeubles actuels du débiteur, et sur ceux qu'il pourra acquérir, sauf aussi les modifications qui seront ci-après exprimées.

Les décisions arbitrales n'emportent hypothèque, qu'autant qu'elles sont revêtues de l'ordonnance judiciaire d'exécution.

L'hypothèque ne peut pareillement résulter des jugemens rendus en pays étrangers, qu'autant qu'ils ont été déclarés exécutoires par un tribunal français; sans préjudice des dispositions contraires qui peuvent être dans les lois politiques ou dans les traités.

SECTION III.

Des hypothèques conventionnelles.

Article 2124. — Les hypothèques conventionnelles ne peuvent être consenties que par ceux qui ont la capacité d'aliéner les immeubles qu'ils y soumettent.

Art. 2125. Ceux qui n'ont sur l'immeuble qu'un droit suspendu par une condition, ou résoluble dans certains cas, ou sujet à rescision, ne peuvent consentir qu'une hypothèque soumise aux mêmes conditions ou à la même rescision.

Art. 2126. — Les biens des mineurs, des interdits, et ceux des absens, tant que la possession n'en est déférée que provisoirement, ne peuvent être hypothéqués que pour les causes et dans les formes établies par la loi, ou en vertu de jugemens.

Art. 2127. — L'hypothèque conventionnelle ne peut être consentie que par acte passé en forme authentique devant deux notaires, ou devant un notaire et deux témoins.

Art. 2128 — Les contrats passés en pays étranger ne peuvent donner d'hypothèque sur les biens de France, s'il n'y a des dispositions contraires à ce principe dans les lois politiques ou dans les traités.

Art. 2129. — Il n'y a d'hypothèque conventionnelle valable que celle qui, soit dans le titre authentique constitutif de la créance, soit dans un acte authentique postérieur, déclare spécialement la nature et la situation de chacun des immeubles actuellement appartenant au débiteur, sur lesquels il consent l'hypothèque de la créance. Chacun de tous ses biens présens peut être nominativement soumis à l'hypothèque.

Les biens à venir ne peuvent pas être hypothéqués.

Art. 2130. — Néanmoins, si les biens présens et libres du débiteur sont insuffisans pour la sûreté de la créance, il peut, en exprimant cette insuffisance, consentir que chacun des biens qu'il acquerra par la suite y demeure affecté à mesure des acquisitions.

Art. 2131. — Pareillement, en cas que l'immeuble ou les immeubles présens, assujettis à l'hypothèque, eussent péri, ou éprouvé des dégradations, de manière qu'ils fussent devenus insuffisans pour la sûreté du créancier, celui-ci pourra ou poursuivre dès-à-présent son remboursement, ou obtenir un supplément d'hypothèque.

Art. 2132. — L'hypothèque conventionnelle n'est valable qu'autant que la somme pour laquelle elle est consentie, est certaine et déterminée par l'acte : si la créance résultant de l'obligation est conditionnelle pour son existence, ou indéterminée dans sa valeur, le créancier ne pourra requérir l'inscription dont il sera parlé ci-après, que jusqu'à concurrence d'une valeur estimative par lui déclarée expressément, et que le débiteur aura droit de faire réduire, s'il y a lieu.

Art. 2133. — L'hypothèque acquise s'étend à toutes les améliorations survenues à l'immeuble hypothéqué.

SECTION IV.

Du rang que les hypothèques ont entre elles.

Article 2134. — Entre les créanciers, l'hypothèque, soit légale, soit judiciaire, soit conventionnelle, n'a de rang que du jour de l'inscription prise par le créancier sur les registres du conservateur, dans la forme et de la manière prescrites par la loi, sauf les exceptions portées en l'article suivant.

Art. 2135. — L'hypothèque existe, indépendamment de toute inscription,

1°. Au profit des mineurs et interdits, sur les immeubles appartenant à leur tuteur, à raison de sa gestion, du jour de l'acceptation de la tutelle;

2°. Au profit des femmes, pour raison de leurs dot et conventions matrimoniales, sur les immeubles de leurs maris, et à compter du jour du mariage.

La femme n'a hypothèque pour les sommes dotales qui proviennent de successions à elle échues ou de donations à elle faites pendant le mariage, qu'à compter de l'ouverture des successions, ou du jour que les donations ont eu leur effet.

Elle n'a hypothèque pour l'indemnité des dettes qu'elle a contractées avec son mari, et pour le remploi de ses propres aliénés, qu'à compter du jour de l'obligation ou de la vente.

Dans aucun cas, la disposition du présent article ne pourra préjudicier aux droits acquis à des tiers avant la publication du présent titre.

Art. — 2136. Sont toutefois les maris et les tuteurs tenus de rendre publiques les hypothèques dont leurs biens sont grevés, et, à cet effet, de requérir eux-mêmes, sans aucun délai, inscription aux bureaux à ce établis, sur les immeubles à eux appartenant, et sur ceux qui pourront leur appartenir par la suite.

Les maris et les tuteurs qui, ayant manqué de requérir et de faire faire les inscriptions ordonnées par le présent article, auraient consenti ou laissé prendre des priviléges ou des hypothèques sur leurs immeubles, sans déclarer expressément que lesdits immeubles étaient affectés à l'hypothèque légale des femmes et des mineurs, seront réputés stellionataires, et comme tels contraignables par corps.

Art. 2137. — Les subrogés tuteurs seront tenus, sous leur responsabilité personnelle, et sous peine de tous dommages et intérêts, de veiller à ce que les inscriptions soient prises sans délai sur les biens du tuteur, pour raison de sa gestion, même de faire faire lesdites inscriptions.

Art. 2138. — A défaut par les maris, tuteurs, subrogés tuteurs, de faire faire les inscriptions ordonnées par les articles précédens, elles seront requises par le commissaire du Gouvernement près le tribunal civil du domicile des maris et tuteurs, ou du lieu de la situation des biens.

Art. 2139. — Pourront les parens, soit du mari, soit de la femme, et les parens du mineur, ou, à défaut de parens, ses amis, requérir lesdites inscriptions ; elles pourront aussi être requises par la femme et par les mineurs.

Art. 2140 — Lorsque, dans le contrat de mariage, les parties majeures seront convenues qu'il ne sera pris d'inscription que sur un ou certains immeubles du mari, les immeubles qui ne seraient pas indiqués pour l'inscription resteront libres et affranchis de l'hypothèque pour la dot de la femme et pour ses reprises et conventions matrimoniales. Il ne pourra pas être convenu qu'il ne sera pris aucune inscription.

Art. 2141. — Il en sera de même pour les immeubles du tuteur lorsque les parens, en conseil de famille , auront été d'avis qu'il ne soit pris d'inscription que sur certains immeubles.

Art. 2142. — Dans le cas des deux articles précédens , le mari , le tuteur et le subrogé tuteur , ne seront tenus de requérir inscription que sur les immeubles indiqués.

Art. 2143. — Lorsque l'hypothèque n'aura pas été restreinte par l'acte de nomination du tuteur , celui - ci pourra , dans le cas où l'hypothèque générale sur ses immeubles excéderait notoirement les sûretés suffisantes pour sa gestion , demander que cette hypothèque soit restreinte aux immeubles suffisans pour opérer une pleine garantie en faveur du mineur.

La demande sera formée contre le subrogé tuteur , et elle devra être précédée d'un avis de famille.

Art. 2144. — Pourra pareillement le mari, du consentement de sa femme , et après avoir pris l'avis des quatre plus proches parens d'icelle réunis en assemblée de famille , demander que l'hypothèque générale sur tous ses immeubles , pour raison de la dot , des reprises et conventions matrimoniales, soit restreinte aux immeubles suffisans pour la conservation entière des droits de la femme.

Art. 2145. — Les jugemens sur les demandes des maris et des tuteurs ne seront rendus qu'après avoir
entendu

entendu le commissaire du Gouvernement, et contradictoirement avec lui.

Dans le cas où le tribunal prononcera la réduction
de l'hypothèque à certains immeubles, les inscriptions
prises sur tous les autres seront rayées.

CHAPITRE IV.

Du mode de l'inscription des privilèges et hypo-thèques.

Article 2146. — Les inscriptions se font au bureau
de conservation des hypothèques dans l'arrondissement
duquel sont situés les biens soumis au privilège ou à
l'hypothèque. Elles ne produisent aucun effet si elles
sont prises dans le délai pendant lequel les actes faits
avant l'ouverture des faillites sont déclarés nuls.

Il en est de même entre les créanciers d'une succession, si l'inscription n'a été faite par l'un d'eux que depuis l'ouverture, et dans le cas où la succession n'est
acceptée que par bénéfice d'inventaire.

Art. 2147. — Tous les créanciers inscrits le même
jour exercent en concurrence une hypothèque de la même
date, sans distinction entre l'inscription du matin et celle
du soir, quand cette différence serait marquée par le
conservateur.

Art. 2148. — Pour opérer l'inscription, le créancier
représente, soit par lui-même, soit par un tiers, au
conservateur des hypothèques, l'original en brevet ou
une expédition authentique du jugement ou de l'acte qui
donne naissance au privilège ou à l'hypothèque.

Il y joint deux bordereaux écrits sur papier timbré,
dont l'un peut être porté sur l'expédition du titre ; ils
contiennent,

1°. Les nom, prénom, domicile du créancier, sa profession s'il en a une, et l'élection d'un domicile pour lui dans un lieu quelconque de l'arrondissement du bureau;

2°. Les nom, prénom, domicile du débiteur, sa profession s'il en a une connue, ou une désignation individuelle et spéciale, telle, que le conservateur puisse reconnaître et distinguer dans tous les cas l'individu grevé d'hypothèque;

3°. La date et la nature du titre;

4°. Le montant du capital des créances exprimées dans le titre, ou évaluées par l'inscriyant, pour les rentes et prestations, ou pour les droits éventuels, conditionnels ou indéterminés, dans les cas où cette évaluation est ordonnée; comme aussi le montant des accessoires de ces capitaux, et l'époque de l'exigibilité;

5°. L'indication de l'espèce et de la situation des biens sur lesquels il entend conserver son privilége ou son hypothèque.

Cette dernière disposition n'est pas nécessaire dans le cas des hypothèques légales ou judiciaires : à défaut de convention, une seule inscription, pour ces hypothèques, frappe tous les immeubles compris dans l'arrondissement du bureau.

Art. 2149. — Les inscriptions à faire sur les biens d'une personne décédée, pourront être faites sous la simple désignation du défunt, ainsi qu'il est dit au numéro 2 de l'article précédent.

Art. 2150. — Le conservateur fait mention, sur son registre, du contenu aux bordereaux, et remet aux requérans, tant le titre ou l'expédition du titre, que l'un des bordereaux, au pied duquel il certifie avoir fait l'inscription.

Art. 2151. — Le créancier inscrit pour un capital produisant intérêt ou arrérages, a droit d'être colloqué pour deux années seulement, et pour l'année courante, au même rang d'hypothèque que pour son capital ; sans préjudice des inscriptions particulières à prendre, portant hypothèque à compter de leur date, pour les arrérages autres que ceux conservés par la première inscription.

Art. 2152. — Il est loisible à celui qui a requis une inscription, ainsi qu'à ses représentans ou cessionnaires par acte authentique, de changer sur le registre des hypothèques le domicile par lui élu, à la charge d'en choisir et indiquer un autre dans le même arrondissement.

Art. 2153. — Les droits d'hypothèque purement légale de la nation, des communes et des établissemens publics sur les biens des comptables, ceux des mineurs ou interdits sur les tuteurs, des femmes mariées sur leurs époux, seront inscrits sur la représentation de deux bordereaux, contenant seulement,

1°. Les nom, prénom, profession et domicile réel du créancier, et le domicile qui sera par lui, ou pour lui, élu dans l'arrondissement ;

2°. Les nom, prénom, profession, domicile, ou désignation précise du débiteur ;

3°. La nature des droits à conserver, et le montant de leur valeur quant aux objets déterminés, sans être tenu de le fixer quant à ceux qui sont conditionnels, éventuels ou indéterminés.

Art. 2154. — Les inscriptions conservent l'hypothèque et le privilége pendant dix années, à compter du jour de leur date ; leur effet cesse, si ces inscriptions n'ont été renouvelées avant l'expiration de ce délai.

Art. 2155. — Les frais des inscriptions sont à la charge du débiteur, s'il n'y a stipulation contraire ; l'avance

en est faite par l'inscrivant, si ce n'est quant aux hypothèques légales, pour l'inscription desquelles le conservateur a son recours contre le débiteur. Les frais de la transcription, qui peut être requise par le vendeur, sont à la
charge de l'acquéreur.

Art. 2156. — Les actions auxquelles les inscriptions
peuvent donner lieu contre les créanciers, seront intentées
devant le tribunal compétent, par exploits faits à leur
personne, ou au dernier des domiciles élus sur le registre;
et ce, nonobstant le décès, soit des créanciers, soit de ceux
chez lesquels ils auront fait élection de domicile.

CHAPITRE V.

De la radiation et réduction des inscriptions.

Article 2157. — Les inscriptions sont rayées du consentement des parties intéressées et ayant capacité à cet effet,
ou en vertu d'un jugement en dernier ressort ou passé en
force de chose jugée.

Art. 2158. — Dans l'un et l'autre cas, ceux qui requièrent la radiation déposent au bureau du conservateur
l'expédition de l'acte authentique portant consentement,
ou celle du jugement.

Art. 2159. — La radiation non consentie est demandée
au tribunal dans le ressort duquel l'inscription a été faite,
si ce n'est lorsque cette inscription a eu lieu pour sûreté
d'une condamnation éventuelle ou indéterminée, sur
l'exécution ou liquidation de laquelle le débiteur et le
créancier prétendu sont en instance ou doivent être jugés
dans un autre tribunal, auquel cas la demande en radiation doit y être portée ou renvoyée.

Cependant la convention faite par le créancier et le débiteur, de porter, en cas de contestation, la demande à

un tribunal qu'ils auraient désigné, recevra son exécution entre eux.

Art. 2160. — La radiation doit être ordonnée par les tribunaux, lorsque l'inscription a été faite sans être fondée ni sur la loi, ni sur un titre, ou lorsqu'elle l'a été en vertu d'un titre soit irrégulier, soit éteint ou soldé, ou lorsque les droits de privilége ou d'hypothèque sont effacés par les voies légales.

Art. 2161. — Toutes les fois que les inscriptions prises par un créancier qui, d'après la loi, aurait droit d'en prendre sur les biens présens ou sur les biens à venir d'un débiteur, sans limitation convenue, seront portées sur plus de domaines différens qu'il n'est nécessaire à la sûreté des créances, l'action en réduction des inscriptions, ou en radiation d'une partie en ce qui excède la proportion convenable, est ouverte au débiteur. On y suit les règles de compétence établies dans l'article 2159.

La disposition du présent article ne s'applique pas aux hypothèques conventionnelles.

Art. 2162. — Sont réputées excessives les inscriptions qui frappent sur plusieurs domaines, lorsque la valeur d'un seul ou de quelques-uns d'entre eux excède de plus d'un tiers en fonds libres le montant des créances en capital et accessoires légaux.

Art. 2163. — Peuvent aussi être réduites comme excessives, les inscriptions prises d'après l'évaluation faite par le créancier, des créances qui, en ce qui concerne l'hypothèque à établir pour leur sûreté, n'ont pas été réglées par la convention, et qui par leur nature sont conditionnelles, éventuelles ou indéterminées.

Art. 2164. — L'excès, dans ce cas, est arbitré par les juges, d'après les circonstances, les probabilités des chances et les présomptions de fait, de manière à concilier les droits

vraisemblables du créancier avec l'intérêt du crédit raisonnable à conserver au débiteur ; sans préjudice des nouvelles inscriptions à prendre avec hypothèque du jour de
leur date, lorsque l'événement aura porté les créances indéterminées à une somme plus forte.

Art. 2165. — La valeur des immeubles dont la comparaison est à faire avec celle des créances et le tiers
en sus, est déterminée par quinze fois la valeur du revenu
déclaré par la matrice du rôle de la contribution foncière,
ou indiqué par la cote de contribution sur le rôle, selon
la proportion qui existe dans les communes de la situation entre cette matrice ou cette cote et le revenu, pour
les immeubles non sujets à dépérissement, et dix fois
cette valeur pour ceux qui y sont sujets. Pourront néanmoins les juges s'aider, en outre, des éclaircissemens qui
peuvent résulter des baux non suspects, des procès-
verbaux d'estimation qui ont pu être dressés précédemment
à des époques rapprochées, et autres actes semblables, et
évaluer le revenu au taux moyen entre les résultats de ces
divers renseignemens.

CHAPITRE VI.

De l'effet des priviléges et hypothèques contre les tiers détenteurs.

Article 2166. — Les créanciers ayant privilége ou hypothèque inscrite sur un immeuble, le suivent en quelque
main qu'il passe, pour être colloqués et payés suivant
l'ordre de leurs créances ou inscriptions.

Art. 2167. — Si le tiers détenteur ne remplit pas les
formalités qui seront ci-après établies, pour purger sa propriété, il demeure, par l'effet seul des inscriptions, obligé
comme détenteur à toutes les dettes hypothécaires, et

jouit des termes et délais accordés au débiteur originaire.

Art. 2168. — Le tiers détenteur est tenu, dans le même cas, ou de payer tous les intérêts et capitaux exigibles, à quelque somme qu'ils puissent monter, ou de délaisser l'immeuble hypothéqué, sans aucune réserve.

Art. 2169. — Faute par le tiers détenteur de satisfaire pleinement à l'une de ces obligations, chaque créancier hypothécaire a droit de faire vendre sur lui l'immeuble hypothéqué, trente jours après commandement fait au débiteur originaire, et sommation faite au tiers détenteur de payer la dette exigible ou de délaissser l'héritage.

Art. 2170. — Néanmoins le tiers détenteur qui n'est pas personnellement obligé à la dette, peut s'opposer à la vente de l'héritage hypothéqué qui lui a été transmis, s'il est demeuré d'autres immeubles hypothéqués à la même dette dans la possession du principal ou des principaux obligés, et en requérir la discussion préalable selon la forme réglée au titre *du Cautionnement:* pendant cette discussion, il est sursis à la vente de l'héritage hypothéqué.

Art. 2171. — L'exception de discussion ne peut être opposée au créancier privilégié ou ayant hypothèque spéciale sur l'immeuble.

Art. 2172. — Quant au délaissement par hypothèque, il peut être fait par tous les tiers détenteurs qui ne sont pas personnellement obligés à la dette, et qui ont la capacité d'aliéner.

Art. 2173. — Il peut l'être même après que le tiers détenteur a reconnu l'obligation ou subi condamnation en cette qualité seulement : le délaissement n'empêche pas que, jusqu'à l'adjudication, le tiers détenteur ne puisse reprendre l'immeuble en payant toute la dette et les frais.

Art. 2174. — Le délaissement par hypothèque se fait au greffe du tribunal de la situation des biens, et il en est donné acte par ce tribunal.

Sur la pétition du plus diligent des intéressés, il est créé à l'immeuble délaissé un curateur sur lequel la vente de l'immeuble est poursuivie dans les formes prescrites pour les expropriations.

Art. 2175. — Les détériorations qui procèdent du fait ou de la négligence du tiers détenteur au préjudice des créanciers hypothécaires ou privilégiés, donnent lieu contre lui à une action en indemnité ; mais il ne peut répéter ses impenses et améliorations que jusqu'à concurrence de la plus - value résultant de l'amélioration.

Art. 2176. — Les fruits de l'immeuble hypothéqué ne sont dus par le tiers détenteur qu'à compter du jour de la sommation de payer ou de délaisser ; et, si les poursuites commencées ont été abandonnées pendant trois ans, à compter de la nouvelle sommation qui sera faite.

Art. 2177. — Les servitudes et droits réels que le tiers détenteur avait sur l'immeuble avant sa possession, renaissent après le délaissement ou après l'adjudication faite sur lui.

Ses créanciers personnels, après tous ceux qui sont inscrits sur les précédens propriétaires, exercent leur hypothèque à leur rang, sur le bien délaissé ou adjugé.

Art. 2178. — Le tiers détenteur qui a payé la dette hypothécaire, ou délaissé l'immeuble hypothéqué, ou subi l'expropriation de cet immeuble, a le recours en garantie, tel que de droit, contre le débiteur principal.

Art. 2179. — Le tiers détenteur qui veut purger sa propriété en payant le prix, observe les formalités qui sont établies dans le chapitre VIII du présent titre.

CHAPITRE VII.

De l'extinction des priviléges et hypothèques.

Article 2180. — Les priviléges et hypothèques s'éteignent,

1°. Par l'extinction de l'obligation principale,

2°. Par la renonciation du créancier à l'hypothèque,

3°. Par l'accomplissement des formalités et conditions prescrites aux tiers détenteurs pour purger les biens par eux acquis,

4°. Par la prescription.

La prescription est acquise au débiteur, quant aux biens qui sont dans ses mains, par le temps fixé pour la prescription des actions qui donnent l'hypothèque ou le privilége.

Quant aux biens qui sont dans la main d'un tiers détenteur, elle lui est acquise par le temps réglé pour la prescription de la propriété à son profit : dans le cas où la prescription suppose un titre, elle ne commence à courir que du jour où il a été transcrit sur les registres du conservateur.

Les inscriptions prises par le créancier n'interrompent pas le cours de la prescription établie par la loi en faveur du débiteur ou du tiers détenteur.

CHAPITRE VIII.

Du mode de purger les propriétés des priviléges et hypothèques.

Article 2181. — Les contrats translatifs de la propriété d'immeubles ou droits réels immobiliers, que les tiers détenteurs voudront purger de priviléges et hypothèques, seront transcrits en entier par le conservateur des hypothèques dans l'arrondissement duquel les biens sont situés.

Cette transcription se fera sur un registre à ce destiné, et le conservateur sera tenu d'en donner reconnaissance au requérant.

Art. 2182. — La simple transcription des titres translatifs de propriété sur le registre du conservateur, ne purge pas les hypothèques et priviléges établis sur l'immeuble.

Le vendeur ne transmet à l'acquéreur que la propriété et les droits qu'il avait lui-même sur la chose vendue : il les transmet sous l'affectation des mêmes priviléges et hypothèques dont il était chargé.

Art. 2183. — Si le nouveau propriétaire veut se garantir de l'effet des poursuites autorisées dans le chapitre VI du présent titre, il est tenu, soit avant les poursuites, soit dans le mois, au plus tard, à compter de la première sommation qui lui est faite, de notifier aux créanciers, aux domiciles par eux élus dans leurs inscriptions,

1°. Extrait de son titre, contenant seulement la date et la qualité de l'acte, le nom et la désignation précise du vendeur ou du donateur, la nature et la situation de la chose vendue ou donnée ; et, s'il s'agit d'un corps de biens, la dénomination générale seulement du domaine et des arrondissemens dans lesquels il est situé, le prix et les charges faisant partie du prix de la vente, ou l'évaluation de la chose, si elle a été donnée ;

2°. Extrait de la transcription de l'acte de vente ;

3°. Un tableau sur trois colonnes, dont la première contiendra la date des hypothèques et celle des inscriptions ; la seconde, le nom des créanciers ; la troisième, le montant des créances inscrites.

Art. 2184. — L'acquéreur ou le donataire déclarera, par le même acte, qu'il est prêt à acquitter, sur-le-champ, le dettes et charges hypothécaires, jusqu'à concurrence seulement du prix, sans distinction des dettes exigibles ou non exigibles.

Art. 2185. — Lorsque le nouveau propriétaire a fait cette notification dans le délai fixé, tout créancier dont le titre est inscrit, peut requérir la mise de l'immeuble aux enchères et adjudications publiques ; à la charge,

1°. Que cette réquisition sera signifiée au nouveau propriétaire dans quarante jours, au plus tard, de la notification faite à la requête de ce dernier, en y ajoutant deux jours par cinq myriamètres de distance entre le domicile élu et le domicile réel de chaque créancier requérant ;

2°. Qu'elle contiendra soumission du requérant, de porter ou faire porter le prix à un dixième en sus de celui qui aura été stipulé dans le contrat, ou déclaré par le nouveau propriétaire ;

3°. Que la même signification sera faite dans le même délai au précédent propriétaire, débiteur principal ;

4°. Que l'original et les copies de ces exploits seront signés par le créancier requérant, ou par son fondé de procuration expresse, lequel, en ce cas, est tenu de donner copie de sa procuration ;

5°. Qu'il offrira de donner caution jusqu'à concurrence du prix et des charges.

Le tout à peine de nullité.

Art. 2186. — A défaut, par les créanciers, d'avoir requis la mise aux enchères dans le délai et les formes prescrits, la valeur de l'immeuble demeure définitivement fixée au prix stipulé dans le contrat, ou déclaré par le nouveau propriétaire, lequel est, en conséquence, libéré de tout privilége et hypothèque, en payant ledit prix aux créanciers qui seront en ordre de recevoir, ou en le consignant.

Art. 2187. — En cas de revente sur enchères, elle aura

lieu suivant les formes établies pour les expropriations forcées, à la diligence, soit du créancier qui l'aura requise, soit du nouveau propriétaire.

Le poursuivant énoncera dans les affiches le prix stipulé dans le contrat, ou déclaré, et la somme en sus à laquelle le créancier s'est obligé de la porter ou faire porter.

Art. 2188. — L'adjudicataire est tenu, au-delà du prix de son adjudication, de restituer à l'acquéreur ou au donataire dépossédé les frais et loyaux-coûts de son contrat, ceux de la transcription sur les registres du conservateur, ceux de notification, et ceux faits par lui pour parvenir à la revente.

Art. 2189. — L'acquéreur ou le donataire qui conserve l'immeuble mis aux enchères, en se rendant dernier enchérisseur, n'est pas tenu de faire transcrire le jugement d'adjudication.

Art. 2190. — Le désistement du créancier requérant la mise aux enchères, ne peut, même quand le créancier paierait le montant de la soumission, empêcher l'adjudication publique, si ce n'est du consentement exprès de tous les autres créanciers hypothécaires.

Art. 2191. — L'acquéreur qui se sera rendu adjudicataire, aura son recours tel que de droit contre le vendeur, pour le remboursement de ce qui excède le prix stipulé par son titre, et pour l'intérêt de cet excédent, à compter du jour de chaque paiement.

Art. 2192. — Dans le cas où le titre du nouveau propriétaire comprendrait des immeubles et des meubles, ou plusieurs immeubles, les uns hypothéqués, les autres non hypothéqués, situés dans le même ou dans divers arrondissemens de bureaux, aliénés pour un seul et même prix, ou pour des prix distincts et séparés, soumis ou non à la même exploitation, le prix de chaque immeuble frappé d'inscriptions particulières et séparées, sera déclaré dans la notification du nouveau propriétaire, par ventilation, s'il y a lieu, du prix total exprimé dans le titre.

Le créancier sur-enchérisseur ne pourra, en aucun cas, être contraint d'étendre sa soumission ni sur le mobilier, ni sur d'autres immeubles que ceux qui sont hypothéqués à sa créance et situés dans le même arrondissement; sauf le recours du nouveau propriétaire contre ses auteurs, pour l'indemnité du dommage qu'il éprouverait, soit de la division des objets de son acquisition, soit de celle des exploitations.

CHAPITRE IX.

Du mode de purger les hypothèques, quand il n'existe pas d'inscription sur les biens des maris et des tuteurs.

Article 2193. — Pourront les acquéreurs d'immeubles appartenant à des maris ou à des tuteurs, lorsqu'il n'existera pas d'inscriptions sur lesdits immeubles à raison de la gestion du tuteur, ou des dot, reprises et conventions matrimoniales de la femme, purger les hypothèques qui existeraient sur les biens par eux acquis.

Art. 2194. — A cet effet, ils déposeront copie dûment collationnée du contrat translatif de propriété au greffe du tribunal civil du lieu de la situation des biens, et ils certifieront par acte signifié, tant à la femme ou au subrogé tuteur, qu'au commissaire civil près le tribunal, le dépôt qu'ils auront fait. Extrait de ce contrat, contenant sa date, les noms, prénoms, professions et domiciles des contractans, la désignation de la nature et de la situation des biens, le prix et les autres charges de la vente, sera et restera affiché pendant deux mois dans l'auditoire du tribunal ; pendant lequel temps les femmes, les maris, tuteurs, subrogés tuteurs, mineurs, interdits, parens ou amis, et le commissaire du Gouvernement, seront reçus à requérir s'il y a lieu, et à faire faire au bureau du conservateur des hypothèques, des inscriptions sur l'immeuble aliéné, qui auront le même effet que si elles avaient été prises le jour du contrat de mariage, ou le jour de l'entrée en gestion du tuteur ; sans préjudice des poursuites qui pourraient avoir lieu contre les maris et les tuteurs, ainsi qu'il a été dit ci-dessus, pour hypothèques par eux consenties au profit de tierces personnes, sans leur avoir déclaré que les immeubles étaient déjà grévés d'hypothèques, en raison du mariage ou de la tutelle.

Art. 2195. — Si, dans le cours des deux mois de l'exposition du contrat, il n'a pas été fait d'inscription du chef des femmes, mineurs ou interdits, sur les immeubles vendus, ils passent à l'acquéreur sans aucune charge, à raison des dot, reprises et conventions matrimoniales de la femme, ou de la gestion du tuteur, et sauf le recours, s'il y a lieu, contre le mari et le tuteur.

S'il a été pris des inscriptions du chef desdites femmes, mineurs ou interdits, et s'il existe des créanciers antérieurs qui absorbent le prix en totalité ou en partie, l'acquéreur est libéré du prix ou de la portion du prix par lui payée aux créanciers placés en ordre utile ; et les inscriptions du chef des femmes, mineurs ou interdits, seront rayées, ou en totalité ou jusqu'à due concurrence.

Si les inscriptions du chef des femmes, mineurs ou interdits, sont les plus anciennes, l'acquéreur ne pourra faire aucun paiement du prix au préjudice desdites inscriptions, qui auront toujours, ainsi qu'il a été dit ci-dessûs, la date du contrat de mariage, ou de l'entrée en gestion du tuteur; et, dans ce cas, les inscriptions des autres créanciers qui ne viennent pas en ordre utile, seront rayées.

CHAPITRE X.

De la publicité des registres et de la responsabilité des conservateurs.

Article 2196. — Les conservateurs des hypothèques sont tenus de délivrer à tous ceux qui le requièrent, copie des actes transcrits sur leurs registres et celle des inscriptions subsistantes, ou certificat qu'il n'en existe aucune.

Art. 2197. — Ils sont responsables du préjudice résultant,

1°. De l'omission sur leurs registres, des transcriptions d'actes de mutation, et des inscriptions requises en leurs bureaux;

2°. Du défaut de mention dans leurs certificats, d'une ou de plusieurs des inscriptions existantes, à moins, dans ce dernier cas, que l'erreur ne provînt de désignations insuffisantes qui ne pourraient leur être imputées.

Art. 2198. — L'immeuble à l'égard duquel le conservateur aurait omis dans ses certificats une ou plusieurs des charges inscrites, en demeure, sauf la responsabilité du conservateur, affranchi dans les mains du nouveau possesseur, pourvu qu'il ait requis le certificat depuis la transcription de son titre; sans préjudice néanmoins du droit des créanciers de se faire colloquer suivant l'ordre qui leur appartient, tant que le prix n'a pas été payé par l'acquéreur, ou tant que l'ordre fait entre les créanciers n'a pas été homologué.

Art. 2199. — Dans aucun cas, les conservateurs ne

peuvent refuser ni retarder la transcription des actes de mutation, l'inscription des droits hypothécaires, ni la délivrance des certificats requis, sous peine des dommages et intérêts des parties ; à l'effet de quoi, procès-verbaux des refus ou retardemens seront, à la diligence des requérans, dressés sur-le-champ, soit par un juge de paix, soit par un huissier-audiencier du tribunal, soit par un autre huissier ou un notaire assisté de deux témoins.

Art. 2200. — Néanmoins les conservateurs seront tenus d'avoir un registre sur lequel ils inscriront, jour par jour et par ordre numérique, les remises qui leur seront faites d'actes de mutation pour être transcrits, ou de bordereaux pour être inscrits ; ils donneront au requérant une reconnaissance sur papier timbré, qui rappellera le numéro du registre sur lequel la remise aura été inscrite, et ils ne pourront transcrire les actes de mutation ni inscrire les bordereaux sur les registres à ce destinés, qu'à la date et dans l'ordre des remises qui leur en auront été faites.

Art. 2201. — Tous les registres des conservateurs sont en papier timbré, côtés et paraphés à chaque page par première et dernière, par l'un des juges du tribunal dans le ressort duquel le bureau est établi. Les registres seront arrêtés chaque jour comme ceux d'enregistrement des actes.

Art. 2202. — Les conservateurs sont tenus de se conformer dans l'exercice de leurs fonctions, à toutes les dispositions du présent chapitre, à peine d'une amende de 200 à 1000 francs pour la première contravention, et de destitution pour la seconde ; sans préjudice des dommages et intérêts des parties, lesquels seront payés avant l'amende.

Art. 2203. — Les mentions de dépôts, les inscriptions

tions et transcriptions, sont faites sur les registres, de suite, sans aucun blanc ni interligne, à peine, contre le conservateur, de 1000 à 2000 francs d'amende, et des dommages et intérêts des parties, payables aussi par préférence à l'amende.

TITRE XIX.

De l'Expropriation forcée et des ordres entre les créanciers.

Décrété le 28 ventose an XII. Promulgué le 8 germinal suivant.

CHAPITRE PREMIER.

De l'expropriation forcée.

Article 2204. — Le créancier peut poursuivre l'expropriation, 1°. des biens immobiliers et de leurs accessoires réputés immeubles appartenant en propriété à son débiteur ; 2°. de l'usufruit appartenant au débiteur sur les biens de même nature.

Art. 2205. — Néanmoins la part indivise d'un cohéritier dans les immeubles d'une succession, ne peut être mise en vente par ses créanciers personnels avant le partage ou la licitation qu'ils peuvent provoquer s'ils le jugent convenable, ou dans lesquels ils ont le droit d'intervenir conformément à l'article 882, au titre *des Successions*.

Art. 2206. — Les immeubles d'un mineur, même émancipé, ou d'un interdit, ne peuvent être mis en vente avant la discussion du mobilier.

Liv. III. X x

Art. 2207. — La discussion du mobilier n'est pas requise avant l'expropriation des immeubles possédés par indivis entre un majeur et un mineur ou interdit, si la dette leur est commune, ni dans le cas où les poursuites ont été commencées contre un majeur, ou avant l'interdiction.

Art. 2208. — L'expropriation des immeubles qui font partie de la communauté, se poursuit contre le mari-débiteur, seul, quoique la femme soit obligée à la dette.

Celle des immeubles de la femme qui ne sont point entrés en communauté, se poursuit contre le mari et la femme, laquelle au refus du mari de procéder avec elle, ou si le mari est mineur, peut être autorisée en justice.

En cas de minorité du mari et de la femme, ou de minorité de la femme seule, si son mari majeur refuse de procéder avec elle, il est nommé par le tribunal un tuteur à la femme, contre lequel la poursuite est exercée.

Art. 2209. — Le créancier ne peut poursuivre la vente des immeubles qui ne lui sont pas hypothéqués, que dans le cas d'insuffisance des biens qui lui sont hypothéqués.

Art. 2210. — La vente forcée des biens situés dans différens arrondissemens ne peut être provoquée que successivement, à moins qu'ils ne fassent partie d'une seule et même exploitation.

Elle est suivie dans le tribunal dans le ressort duquel se trouve le chef-lieu de l'exploitation, ou à défaut de chef-lieu, la partie de biens qui présente le plus grand revenu, d'après la matrice du rôle.

Art. 2211. — Si les biens hypothéqués au créancier, et les biens non hypothéqués, ou les biens situés dans divers arrondissemens, font partie d'une seule et même exploitation, la vente des uns et des autres est poursuivie ensemble, si le débiteur le requiert; et ventilation se fait du prix de l'adjudication, s'il y a lieu.

Art. 2212. — Si le débiteur justifie, par baux authentiques, que le revenu net et libre de ses immeubles pendant une année, suffit pour le paiement de la dette en capital, intérêts et frais, et s'il en offre la délégation au créancier, la poursuite peut être suspendue par les juges, sauf à être reprise s'il survient quelque opposition ou obstacle au paiement.

Art. 2213. — La vente forcée des immeubles ne peut être poursuivie qu'en vertu d'un titre authentique et exécutoire, pour une dette certaine et liquide. Si la dette est en espèces non liquidées, la poursuite est valable ; mais l'adjudication ne pourra être faite qu'après la liquidation.

Art. 2214. — Le cessionnaire d'un titre exécutoire ne peut poursuivre l'expropriation qu'après que la signification du transport a été faite au débiteur.

Art. 2215. — La poursuite peut avoir lieu en vertu d'un jugement provisoire ou définitif, exécutoire par provision, nonobstant appel ; mais l'adjudication ne peut se faire qu'après un jugement définitif en dernier ressort, ou passé en force de chose jugée.

La poursuite ne peut s'exercer en vertu de jugemens rendus par défaut durant le délai de l'opposition.

Art. 2216. — La poursuite ne peut être annullée sous prétexte que le créancier l'aurait commencée pour une somme plus forte que celle qui lui est due.

Art. 2217. — Toute poursuite en expropriation d'immeubles doit être précédée d'un commandement de payer, fait, à la diligence et requête du créancier, à la personne du débiteur ou à son domicile, par le ministère d'un huissier.

Les formes du commandement et celles de la poursuite sur l'expropriation sont réglées par les lois sur la procédure.

CHAPITRE II.

De l'ordre et de la distribution du prix entre les créanciers.

Article 2218. — L'ordre et la distribution du prix des immeubles, et la manière d'y procéder, sont réglés par les lois sur la procédure.

TITRE XX.

De la Prescription.

LE PREMIER CONSUL a nommé, pour présenter la loi formant le titre XX du CODE CIVIL , et pour en soutenir la discussion, les cit. *Bigot-Préameneu, Bégouen* et *Fleurieu*, Conseillers d'État.

Introduits dans la salle du Corps Législatif, le 22 ventose an 12 ; l'un d'eux, portant la parole, a prononcé le discours suivant.

CITOYENS LÉGISLATEURS,

LA prescription est un moyen d'acquérir ou de se libérer.

Par la prescription, une chose est acquise lorsqu'on l'a possédée pendant le temps déterminé par la loi.

Les obligations s'éteignent par la prescription, lorsque ceux envers qui elles ont été contractées ont négligé, pendant le temps que la loi a fixé, d'exercer leurs droits.

A la seule idée de prescription, il semble que l'équité doive s'alarmer; il semble qu'elle doive repousser celui qui par le seul fait de la possession et sans le consentement du propriétaire, prétend se mettre à sa place, ou qu'elle doive condamner celui qui, appelé à remplir son engagement d'une date plus ou moins reculée, ne présente aucune preuve de sa libération. Peut-on opposer la prescription et ne point paraître dans le premier cas un spoliateur, et dans le second un débiteur de mauvaise foi qui s'enrichit de la perte du créancier?

Cependant, de toutes les institutions du droit civil, la prescription est la plus nécessaire à l'ordre social; et loin qu'on doive la regarder comme un écueil où la justice soit forcée d'échouer, il faut, avec les philosophes et avec les jurisconsultes, la maintenir comme une sauve-garde nécessaire au droit de propriété.

Des considérations sans nombre se réunissent pour légitimer la prescription.

La propriété ne consista d'abord que dans la possession, et le plus ancien des axiomes de droit est celui qui veut que dans le doute la préférence soit accordée au possesseur : *Melior est causa possidentis.*

Posséder est le but que se propose le propriétaire : posséder est un fait positif, extérieur et continu, qui indique la propriété. La possession est donc à-la-fois l'attribut principal et une preuve de la propriété. —

Le temps qui sans cesse et de plus en plus établit et justifie le droit du possesseur, ne respecte aucun des autres moyens que les hommes ont pu imaginer pour constater ce droit. Il n'est point de dépôt, il n'est point de vigilance qui mette les actes publics ou privés à l'abri des événemens dans lesquels ils peuvent être perdus, détruits, altérés, falsifiés. La faulx du temps tranche de mille manières tout ce qui est l'ouvrage des hommes.

Lorsque la loi protectrice de la propriété voit d'une part le possesseur qui paisiblement et publiquement, a joui pendant un long temps de toutes les prérogatives qui sont attachées à ce droit, et que d'une autre part on invoque un titre de propriété resté sans aucun effet pendant le même temps; un doute s'élève à-la-fois et contre le possesseur qui ne produit pas de titre, et contre celui qui représente un titre dont on ne saurait présumer qu'il n'eût fait aucun usage, s'il n'y eût pas été dérogé, ou s'il n'eût pas consenti que le possesseur actuel lui succédât.

Comment la justice pourra-t-elle lever ce doute? le fait de la possession n'est pas moins positif que le titre; le titre sans la possession ne présente plus le même degré de certitude; la possession démentie par le titre perd une partie de sa force : ces deux genres de preuves rentrent dans la classe des présomptions. Mais la présomption favorable au possesseur s'accroît par le temps en raison de ce que la présomption qui naît du titre diminue. Cette considération fournit le seul moyen de décider que la raison et l'équité puissent avouer : ce moyen consiste à n'admettre la présomption qui résulte de la possession, que quand elle a reçu du temps une force suffisante pour que la présomption qui naît du titre ne puisse plus la balancer.

Alors la loi elle-même peut présumer que celui qui a le titre a voulu perdre, remettre ou aliéner ce qu'il a laissé prescrire.

C'est donc dans la fixation du temps nécessaire pour opérer la prescription, qu'il faut, avec tous les calculs, et sous tous les rapports de l'équité, trouver les règles qui puissent le moins compromettre le droit réel de propriété. Ces règles doivent par ce motif être différentes suivant la nature et l'objet des biens.

Si ensuite l'équité se trouve blessée, ce ne peut être que dans des cas particuliers. La justice générale est rendue, et dès-lors les intérêts privés qui peuvent être lésés, doivent céder à la nécessité de maintenir l'ordre social.

Mais ce sacrifice exigé pour le bien public, ne rend que plus coupable dans le for intérieur celui qui ayant usurpé, ou celui qui étant certain que son engagement n'a pas été rempli, abuse de la présomption légale. Le cri de sa conscience, qui lui rappellera sans cesse son obligation naturelle, est la seule ressource que la loi puisse laisser au propriétaire ou au créancier qui aura laissé courir contre lui la prescription.

S'il en était autrement, il n'y aurait aucun terme après lequel on pût se regarder comme propriétaire ou comme affranchi de ses obligations; il ne resterait au législateur aucun moyen de

prévenir ou de terminer les procès; tout serait incertitude et confusion.

Ce qui prouve encore plus que les prescriptions sont un des
fondemens de l'ordre social, c'est qu'on les trouve établies dans
la législation de tous les peuples policés.

Elles furent en usage chez les Romains, dans les temps les
plus reculés; leurs lois n'en parlent que comme d'une garantie
nécessaire à la paix publique : *Bono publico usu capio introduc-
ta est, ne scilicet quarumdam rerum diù et ferè semper incerta
dominia essent, cùm sufficeret dominis ad inquirendas res suas
statuti temporis spatium.* (Leg. 1, ff. *de Usurp. et Usuc.*) La
prescription est mise, dans ces lois, au nombre des aliénations
de la part de celui qui laisse prescrire. *Alienationis verbum
etiam usu capionem continet. Vix est enim ut non videatur
alienare qui patitur usu capi.* (Leg. 28, ff. *de Verb. signif.*)
On y donne à la prescription la même irrévocabilité qu'à l'autorité des jugemens, qu'aux transactions. *Ut sunt judicio termi-
nata, transactione compositâ, longioris temporis silentio finita.*
(Leg. 230, ff. *de Verb. signif.*)

La nécessité des prescriptions, leur conformité avec les principes d'une sévère justice, seront encore plus sensibles par le
développement des règles qui font la matière du présent titre
du Code civil.

On y a d'abord établi celles qui sont relatives à la prescription
en général.

On considère ensuite plus spécialement la nature et les effets
de la possession.

On y énonce les causes qui empêchent la prescription, celles
qui l'interrompent ou la suspendent.

On finit par déterminer le temps nécessaire pour prescrire.

Après avoir, dans les dispositions générales, indiqué la nature et l'objet de la prescription, on a réglé dans quels cas on
peut renoncer à s'en prévaloir.

Lorsque le temps nécessaire pour prescrire s'est écoulé, on
peut renoncer au droit ainsi acquis, pourvu que l'on ait la capacité d'aliéner : il ne peut y avoir à cet égard aucun doute.

Mais cette faculté que chacun a de disposer de ses droits, peut-elle être exercée, relativement à la prescription, avant qu'elle ait eu son cours? Celui qui contracte un engagement, peut-il stipuler que ni lui ni ses représentans n'opposeront cette exception?

Si cette convention était valable, la prescription ne serait plus, pour maintenir la paix publique, qu'un moyen illusoire : tous ceux au profit desquels seraient les engagemens, ne manqueraient pas d'exiger cette renonciation.

S'agit-il d'une obligation? la prescription est fondée sur la plus forte présomption d'une libération effective : non-seulement la loi intervient pour celui qui, ayant succédé au débiteur, peut présumer que ce dernier s'est acquitté, mais encore elle vient au secours du débiteur lui-même qui s'étant effectivement acquitté, n'a plus le titre de sa libération. Comment croire que celui qui renoncerait à la prescription, eût entendu s'exposer, lui ou ses représentans, à payer plusieurs fois? Ce serait un engagement irréfléchi et désavoué par la raison.

S'agit-il de la prescription d'un fonds? S'il a été convenu entre deux voisins que l'un posséderait le fonds de l'autre sans pouvoir le prescrire, ce n'est point de la part de celui au profit duquel est la stipulation, une renonciation à la prescription ; c'est une reconnaissance qu'il ne possédera point à titre de propriétaire, et nul autre que celui qui possède à ce titre ne peut prescrire.

Observez encore que la prescription étant nécessaire pour maintenir l'ordre social, elle fait partie du droit public, auquel il n'est pas libre à chacun de déroger : *Jus publicum pactis privatorum mutari non potest.* Leg. ff. *de Pactis.*

La prescription n'est, dans le langage du barreau, qu'une fin de non-recevoir, c'est-à-dire qu'elle n'a point d'effet si celui contre lequel on veut exercer le droit résultant d'une obligation, ou contre lequel on revendique un fonds, n'oppose pas cette exception.

Telle en effet doit être la marche de la justice : le temps seul n'opère pas la prescription ; il faut qu'avec le temps concourent ou la longue inaction du créancier, ou une possession telle que la loi l'exige.

Cette inaction ou cette possession sont des circonstances qui ne peuvent être connues et vérifiées par les juges ; que quand elles sont alléguées par celui qui veut s'en prévaloir.

Mais aussi la prescription peut être opposée en tout état de cause, même devant le tribunal d'appel : le silence à cet égard pendant une partie du procès, peut avoir été déterminé par l'opinion que les autres moyens étaient suffisans, et le droit acquis par la prescription, n'en conserve pas moins toute sa force, jusqu'à ce que l'autorité de la chose définitivement jugée par le tribunal d'appel, ait irrévocablement fixé le sort des parties.

Cette règle doit néanmoins se concilier avec celle qui admet la renonciation même tacite à la prescription acquise. Cette renonciation résulte de faits qui supposent l'abandon du droit. Ainsi, quoique le silence de celui qui, avant le jugement définitif, n'a pas fait valoir le moyen de prescription, ne puisse seul lui être opposé, les juges auront à examiner si les circonstances ne sont point telles que l'on doive en induire la renonciation tacite au droit acquis.

Ce serait une erreur de croire que la prescription n'a d'effet qu'autant qu'elle est opposée par celui qui a prescrit, et que c'est au profit de ce dernier une faculté personnelle. La prescription établit, ou la libération, ou la propriété ; or les créanciers peuvent, ainsi qu'on l'a déclaré au titre *des obligations*, exercer les droits et les actions de leurs débiteurs, à l'exception de ceux qui sont exclusivement attachés à la personne ; la conséquence est que les créanciers, ou toute autre personne ayant intérêt à ce que la prescription soit acquise, peuvent l'opposer, quoique le débiteur ou le propriétaire y renonce.

La prescription est un moyen d'acquérir : on ne peut acquérir et conséquemment on ne peut prescrire que les choses qui sont dans le commerce, c'est-à-dire qui sont susceptibles d'être exclusivement possédées par des individus.

Mais a-t-on dû regarder comme n'étant point dans le commerce, les biens et les droits appartenant à la nation, à des établissemens publics ou à des communes ?

A l'égard des domaines nationaux, si dans l'ancien régime ils étaient imprescriptibles, c'était une conséquence de la règle suivant laquelle ils ne pouvaient en aucune manière être aliénés. On induisait de cette règle, que le domaine ne pouvait être possédé en vertu d'un titre valable et sans mauvaise foi ; que cette possession ne pouvait être imputée qu'à la négligence des officiers publics, et que cette négligence ne devait pas entraîner la perte des biens nécessaires à la défense et aux autres charges de l'Etat.

La règle de l'inaliénabilité a été abrogée pendant la session de l'Assemblée constituante, par des considérations de bien public qui ne sauraient être méconnues.

Les lois multipliées qui autorisent la vente des domaines anciens et nouveaux, les aliénations générales faites en exécution de ces lois, et l'irrévocabilité de ces aliénations, prononcée dans les chartes constitutionnelles, ont dû faire consacrer, dans le Code civil, comme une règle immuable, celle qui, en mettant ces domaines dans le commerce, les assujettit aux règles du droit commun sur la prescription.

Ces règles étant applicables pour ou contre la nation, doivent à plus forte raison être observées à l'égard des établissemens publics et des communautés.

Pour que la possession puisse établir la prescription, elle doit réunir tous les caractères qui indiquent la propriété ; il faut qu'il ne puisse y avoir, sur le fait même de cette possession, aucune équivoque ; il faut qu'elle soit publique, qu'elle soit paisible, qu'elle soit continue et non interrompue pendant le temps que la loi a fixé.

La possession, en général, est la détention d'une chose ou la jouissance d'un droit que nous tenons ou que nous exerçons par nous-mêmes ou par un autre qui tient cette chose ou qui exerce ce droit en notre nom.

Cette possession, par soi-même ou par autrui, est un fait qui ne peut pas d'abord établir un droit, mais qui indique la qualité de propriétaire. Cette indication serait illusoire, si celui qui a la possession pouvait être évincé autrement que par la preuve qu'il possède au nom d'autrui, ou qu'un autre a la propriété.

Quand on a commencé à posséder pour autrui, doit-on être toujours présumé posséder au même titre?

L'une des plus anciennes maximes de droit, est que nul ne peut, ni par sa volonté, ni par le seul laps de temps, se changer à soi-même la cause de sa possession : *Illud à veteribus præceptum est, neminem sibi ipsum causam possessionis mutare posse.* (Leg. 3, § 19, ff. *de Acquis. possess.*) Ainsi le fermier, l'emprunteur, le dépositaire seront toujours censés posséder au même titre. Le motif est que la détention ne peut être à-la-fois pour soi et pour autrui; celui qui tient pour autrui, perpétue et renouvelle à chaque instant la possession de celui pour lequel il tient, et le temps pendant lequel on peut tenir pour autrui étant indéfini, on ne saurait fixer l'époque où celui pour lequel on tient serait dépossédé.

La règle suivant laquelle on est toujours présumé posséder au même titre, doit être mise au nombre des principales garanties du droit de propriété.

Cette présomption ne doit céder qu'à des preuves positives.

Tel serait le cas où le titre de la possession de celui qui tient pour autrui se trouverait interverti.

Ce titre peut être interverti par une cause provenant d'une tierce personne ;

Il peut l'être par le possesseur à titre de propriétaire, s'il transmet cette espèce de possession à la personne qui ne tenait que précairement.

Enfin la personne même qui tient au nom d'autrui peut intervertir le titre de sa possession, soit à son profit par la contradiction qu'elle aurait opposée au droit du possesseur à titre de propriétaire, soit au profit d'un tiers auquel ce détenteur aurait transmis la chose par un titre translatif de propriété.

Le successeur à titre universel de la personne qui tenait la chose pour autrui, n'a point un nouveau titre de possession. Il succède aux droits tels qu'ils se trouvent ; il continue donc de posséder pour autrui, et conséquemment il ne peut pas precrire.

Mais le successeur à titre universel et le successeur à titre singulier diffèrent en ce que celui-ci ne tient point son droit du titre primitif de son prédécesseur, mais du titre qui lui a été personnellement consenti. Ce dernier titre peut donc établir un genre de possession que la personne qui l'a transmis n'avait pas.

Cette règle n'a rien de contraire à celle suivant laquelle nul ne peut transmettre plus de droit qu'il n'en a. Le titre translatif de propriété, donné par celui qui n'est pas propriétaire, ne transmet pas le droit de propriété ; mais la possession prise en conséquence de ce titre est un fait absolument différent de la détention au nom d'autrui, et dès-lors cette possession continuée pendant le temps réglé par la loi, peut établir le droit résultant de la prescription.

Il faut encore, lorsqu'on dit que nul ne peut prescrire contre son titre, distinguer la prescription comme moyen d'acquisition, de celle qui est un moyen de libération. Celui qui acquiert en prescrivant ne peut se changer à lui-même la cause et le principe de sa possession, et c'est de lui que l'on dit proprement qu'il ne peut pas prescrire contre son titre.

Mais s'il s'agit de la libération par prescription, cette prescription devient la cause de l'extinction du titre, et alors on prescrit contre son titre en ce sens qu'on se libère quoiqu'il y ait un titre.

Les actes de pure faculté, ceux de simple tolérance, ne peuvent pas être considérés comme des actes de possession, puisque, ni celui qui les fait n'entend agir comme propriétaire, ni celui qui les autorise n'entend se dessaisir.

Celui qui, pour acquérir la possession, en a dépouillé par violence l'ancien possesseur, a-t-il pu se faire ainsi un titre pour prescrire ?

La loi romaine excluait toute prescription, jusqu'à ce que la personne ainsi dépouillée eût été rétablie en sa possession, et celui même qui avant cette restitution aurait acheté de bonne foi du spoliateur, ne pouvait pas prescrire.

Cette décision ne pourrait se concilier avec le système général des prescriptions.

Sans doute, celui qui est dépouillé par violence n'entend pas se dessaisir, et si, lorsqu'il cesse d'éprouver cette violence, il laisse l'usurpateur posséder paisiblement, ce dernier n'a encore qu'une possession de mauvaise foi ; mais cette possession peut alors réunir toutes les conditions exigées pour opérer l'espèce de prescription contre laquelle l'exception de mauvaise foi ne peut pas être opposée.

D'ailleurs, la règle exclusive de toute prescription serait injuste à l'égard de ceux qui ne connaissant point l'usurpation avec violence, auraient eu depuis une possession que l'on ne pourrait attribuer à cette violence.

Ces motifs ont empêché de donner aux actes de violence sur lesquels la possession serait fondée, d'autre effet que celui d'être un obstacle à la prescription tant que cette violence dure.

La possession de celui qui veut prescrire doit être continue et non interrompue.

Plusieurs causes interrompent ou suspendent le cours de la prescription.

Lorsqu'il s'agit d'acquérir une chose par prescription, l'interruption est naturelle ou civile.

Il y a interruption naturelle lorsque le fait même de la possession est interrompu.

Si, quand il s'agit d'un fonds, cette interruption ne s'est pas prolongée un certain temps, on présume que c'est une simple erreur de la part de celui qui s'en est emparé.

On présume aussi que celui qui était en possession s'en est ressaisi, ou a réclamé aussitôt qu'il a eu connaissance de l'occupation, et qu'il n'a aucunement entendu la souffrir.

On a considéré que si l'occupation momentanée d'un fonds suffisait pour priver des effets de la possession, ce serait une cause de désordre ; que chaque possesseur serait à tout moment

exposé à la nécessité d'avoir un procès pour justifier son droit
de propriété.

Dans tous les jugemens rendus à Rome en matière possessoire,
et qui furent d'abord distingués sous le nom d'*interdits*, il fallait,
pour se prévaloir des avantages de la possession nouvelle de
toutes choses mobilières ou immobilières contre un précédent
possesseur, que cette possession fût d'une année.

La règle de la possession annale a toujours été suivie en France
à l'égard des immeubles: elle est la plus propre à maintenir l'ordre public. C'est pendant la révolution d'une année que les produits d'un fonds ont été recueillis ; c'est pendant une pareille
révolution qu'une possession publique et continue a pris un caractère qui empêche de la confondre avec une simple occupation.

Ainsi, nul ne peut être dépouillé du titre de possesseur que
par la possession d'une autre personne pendant un an, et, par
la même raison, la possession qui n'a point été d'un an, n'a point
l'effet d'interrompre la prescription.

L'interruption civile est celle que forment une citation en
justice, un commandement ou une saisie signifiés à celui que
l'on veut empêcher de prescrire.

Il ne peut y avoir de doute, que dans le cas où la citation en
justice serait nulle.

On distingue à cet égard la nullité qui résulterait de l'incompétence du juge et celle qui a pour cause un vice de forme.

Dans le premier cas, l'ancien usage de la France, contraire
à la loi romaine, était qu'une action libellée interrompait la
prescription, lors même qu'elle était intentée devant un juge incompétent : cet usage plus conforme au maintien du droit de
propriété a été conservé.

Mais lorsque les formalités exigées pour que le possesseur
soit valablement assigné n'ont pas été remplies, il n'y a pas
réellement de citation, et il ne peut résulter de l'exploit de
signification aucun effet.

Au surplus, la citation n'interrompt pas la prescription d'une
manière absolue, mais conditionnellement au cas où la demande

est adjugée. Ainsi l'interruption est regardée comme non avenue, si le demandeur se désiste de son action, s'il laisse périmer l'instance, ou si la demande est rejetée.

Les effets de l'interruption de la prescription à l'égard des débiteurs solidaires ou de leurs héritiers, soit dans le cas où l'obligation est divisible, soit dans le cas où elle est indivisible, ne sont que la conséquence des principes déjà exposés au titre *des obligations en général.*

Quant à la caution, son obligation accessoire dure autant que l'obligation principale, et dès-lors la caution ne peut opposer la prescription qui aurait été interrompue contre le débiteur.

La possession qui a précédé l'interruption ne peut plus être à l'avenir d'aucune considération pour la prescription : c'est en cela que l'interruption de la prescription diffère de la suspension qui empêche seulement la prescription de commencer à courir, ou qui en suspend le cours jusqu'à ce que la cause de cette suspension ait cessé.

La règle générale est que la prescription court contre toutes personnes, à moins qu'elles ne soient dans quelque exception établie par une loi.

Ces exceptions sont fondées sur la faveur due à certaines personnes, et en même temps sur la nature des prescriptions.

Ainsi, lorsque la prescription est considérée comme un moyen d'acquérir, celui qui laisse prescrire est réputé consentir à l'aliénation : *alienare videtur qui patitur usu capi.* Or, les mineurs et les interdits sont déclarés par la loi incapables d'aliéner. La règle générale est d'ailleurs qu'ils sont restituables en ce qui leur porte préjudice ; et par ce motif, ils devraient l'être contre la négligence dont la prescription aurait été la suite. Le cours de la prescription doit donc être suspendu pendant le temps de la minorité et de l'interdiction.

La prescription est-elle considérée comme un moyen de libération, le mineur et l'interdit sont réputés ne pouvoir agir par eux-mêmes pour exercer les droits que l'on voudrait prescrire contre eux, et souvent ces droits peuvent être ignorés par leurs tuteurs. La prescription de libération doit donc aussi être à leur égard suspendue ; *contra non valentem agere non currit præscriptio.*

Ces règles générales à l'égard des mineurs et des interdits ne souffrent d'exception que dans les cas déterminés par la loi.

Quant aux époux, il ne peut y avoir de prescription entre eux ; il serait contraire à la nature de la société du mariage, que les droits de chacun ne fussent pas l'un à l'égard de l'autre respectés et conservés. L'union intime qui fait leur bonheur est en même temps si nécessaire à l'harmonie de la société, que toute occasion de la troubler est écartée par la loi. Il ne peut y avoir de prescription quand il ne peut même pas y avoir d'action pour l'interrompre.

A l'égard des tiers, la loi prononce au profit des femmes, avec certaines modifications, la suspension de la prescription dans le cas où un fonds constitué suivant le régime dotal a été aliéné. Elle ne court point au profit de l'acquéreur pendant le mariage. C'est une conséquence de la règle suivant laquelle dans ce régime le fonds dotal est inaliénable ; cette incapacité d'aliéner deviendrait souvent illusoire, si le fonds dotal pouvait être prescrit.

La prescription est encore suspendue contre les tiers pendant le mariage, au profit de la femme, soit dans le cas où son action ne pourrait être exercée qu'après une option à faire sur l'acceptation ou la renonciation à la communauté, soit dans le cas où le mari ayant vendu le bien propre de la femme sans son consentement, est garant de la vente, et dans tous les cas où l'action de la femme réfléchirait contre le mari.

Si la femme exerçait contre un tiers une action pour laquelle ce tiers serait fondé à mettre en cause le mari comme garant, il en résulterait une contestation judiciaire entre le mari et la femme. Ainsi la femme est alors considérée comme ne pouvant agir même contre cette tierce personne, qu'il serait injuste de traduire en justice, si elle ne pouvait exercer son recours contre le mari ; et la prescription de l'action contre la tierce personne se trouve par ce motif suspendue.

La

La prescription est, par la nature même des choses, suspendue jusqu'à l'événement de la condition, s'il s'agit d'une créance conditionnelle; jusqu'à l'éviction, s'il s'agit d'une action en garantie; jusqu'à l'échéance, s'il s'agit d'une créance à jour fixe.

L'effet du bénéfice d'inventaire est de conserver à l'héritier ses droits contre la succession. La succession ne peut donc pas prescrire contre lui.

La prescription doit courir contre une succession vacante, lors même qu'elle n'est pas pourvue de curateur. Cette circonstance ne peut pas nuire aux tiers, qui ne pourraient même pas, sans interrompre la prescription, faire nommer un curateur à raison de cet intérêt.

Lorsque la loi donne, à l'ouverture d'une succession ou d'une communauté de biens, un délai pour faire inventaire et pour délibérer, il est indispensable que la prescription de tous biens et droits soit suspendue pendant le temps que la loi elle-même présume nécessaire pour les connaître.

Après avoir exposé les causes qui empêchent la prescription, celles qui l'interrompent, celles qui la suspendent, il reste à vous rendre compte des règles relatives au temps requis pour prescrire.

Et d'abord il faut examiner comment ce temps doit se calculer, de quel moment, de quel jour il commence, à quel jour il expire.

Le temps de la prescription ne peut pas se compter par heures : c'est un espace de temps trop court, et qui ne saurait même être uniformément déterminé.

Suivant la loi romaine, lorsque la prescription était un moyen d'acquérir, l'expiration du temps n'était pas réglée de la même manière que quand c'était un moyen de se libérer.

Dans le premier cas, lorsqu'il s'agissait d'une prescription de dix ans entre présens, et vingt ans entre absens, pour laquelle la bonne foi était exigée, on regardait la loi comme venant au secours du possesseur, et il suffisait que le dernier jour du temps requis fût commencé pour que la prescription fût acquise.

Liv. III. Y y

Il en était autrement, lorsqu'il s'agissait de la prescription de libération. Cette prescription était considérée comme une peine de la négligence, et, jusqu'à ce que le dernier jour du temps requis ne fût expiré, cette peine n'était pas encourue.

C'était une distinction plus subtile que fondée en raison. L'ancien propriétaire contre lequel on prescrit un fonds, n'est pas moins favorable que le créancier contre lequel on prescrit la dette.

Il était plus simple et plus juste de décider que la prescription n'est dans aucun cas acquise que quand le dernier jour du terme est accompli.

On a également prévenu toute difficulté en statuant que, dans les prescriptions qui s'accompliront par un certain nombre de jours, les jours complémentaires seront comptés, et que, dans celles qui s'accompliront par mois, celui de fructidor comprendra les jours complémentaires.

Le point le plus important était ensuite à régler, celui de la durée du temps pour prescrire.

La prescription connue chez les anciens Romains sous le nom d'*usu capio* s'acquérait d'abord par un an pour les meubles, et par deux ans pour les immeubles. On exigeait un titre légal, la tradition et la possession. Ce moyen d'acquérir ne s'appliquait qu'aux biens dont le plein domaine pouvait appartenir aux particuliers, et qu'ils distinguaient sous le nom de *res mancipi*. On ne mettait point de ce nombre les biens situés hors d'Italie, sur lesquels le peuple romain conservait des droits.

Les conquêtes hors d'Italie s'étant étendues, et les propriétés des citoyens romains dans ces contrées s'étant multipliées, les jurisconsultes introduisirent par leurs réponses une jurisprudence suivant laquelle celui qui avait possédé pendant dix ans un bien de la classe de ceux appelés *res nec mancipi*, pouvait opposer à la demande de revendication, l'exception fondée sur le laps de temps, et nommée *præscriptio*, pour la distinguer du droit nommé *usu capio*.

Cette jurisprudence, confirmée par les empereurs, était en-

core très-imparfaite : l'intervalle d'une et de deux années n'é-
tait point suffisant pour veiller à la conservation de la majeure
partie des propriétés. Les droits réservés au peuple romain sur
les biens situés hors d'Italie s'étaient abolis. Cette législation fut
simplifiée par *Justinien*, qui supprima des distinctions et des
formalités devenues inutiles. Un mode général de prescription
fut établi ; le terme en fut fixé pour les meubles à trois ans, et
pour les immeubles à dix ans entre présens, et vingt ans entre
absens, avec titre et bonne foi.

On avait, dans les temps antérieurs à cette dernière loi, senti
la nécessité d'admettre un terme après lequel on pût établir en
faveur du possesseur une présomption contre laquelle nulle exception, pas même celle résultant de la mauvaise foi, pût être
admise. Ce terme avait été fixé au nombre de trente années,
et c'est de cette prescription que l'on peut dire, *humano generi
profundâ quiete prospexit.*

Avant que cette prescription de trente ans fût introduite, les
actions personnelles dérivant des obligations n'avaient point
été considérées comme susceptibles de prescription, par le motif que celui qui s'est obligé ne peut point se prévaloir d'une
possession, et que c'est démentir sa promesse ou celle de la
personne qu'on représente.

Mais quand il fut reconnu que, pour le maintien de la tranquillité publique, il était indispensable d'écarter toute exception,
les mêmes considérations s'élevèrent contre celui qui avait pendant trente ans négligé d'exercer ses droits. *Sicut in rem spe-
ciales, ità de universitate ac personnales actiones ultrà trigenta
annorum spatium non protendantur.* Liv. 3. Cod. *de Præsc.* 30
et 40 *ann.*

Cependant toute prescription, quelque importans que soient
ses motifs, ne devant pas s'étendre au-delà de ce qui est exprimé
dans la loi, il se trouvait encore des droits et des actions qui
n'y étaient pas compris, ou ne l'étaient pas assez clairement.
Une autre loi ordonna, dans les termes les plus généraux, que
ce qui n'aurait pas été sujet à la prescription de trente ans, le fût
à celle de quarante ans, sans distinctions des droits ou actions

de l'église, du public et des particuliers. Cette règle ne souffrit d'exceptions que celles qui étaient spécifiées dans une loi.

On est supris de trouver dans cette législation une règle suivant laquelle, lorsque celui qui s'était obligé personnellement possédait des immeubles hypothéqués à la dette, on regardait l'action hypothécaire dont la durée était de dix ans, comme distincte de l'action personnelle qui durait trente ans; de manière qu'une dette hypothécaire n'était prescrite que par quarante ans. Il était contraire aux principes que l'obligation principale fût éteinte par trente ans, et que l'hypothèque conventionnelle, qui n'était qu'une obligation accessoire, ne le fût pas.

En France, le temps des longues prescriptions n'était uniforme ni en matière personnelle, ni en matière réelle.

Dans plusieurs provinces du pays de droit écrit et du pays coutumier, on n'avait admis que la prescription de trente ans, soit entre présens, soit entre absens, tant contre les propriétaires que contre les créanciers; et dans la plupart de ces pays la prescription de dix ans entre présens, et de vingt ans entre absens, n'a lieu qu'à l'égard des hypothèques des créanciers.

Dans d'autres, la prescription est acquise par vingt ans en matière personnelle comme en matière réelle, et ces vingt ans sont exigés même entre présens.

Dans d'autres, ces vingt années sont aussi le temps fixé même entre présens, mais en matière réelle seulement.

Suivant plusieurs coutumes, l'action personnelle jointe à l'action hypothécaire ne se prescrivait que par quarante ans. Ailleurs il y avait eu à cet égard diversité de jurisprudence.

D'autres coutumes ne reconnaissaient pour les immeubles que la prescription de quarante ans.

Dans la majeure partie de la France on avait admis à-la-fois et la prescription générale de trente ans en matière personnelle et réelle, et la prescription de dix et vingt ans avec titre et bonne foi en matière réelle.

Il a fallu choisir entre ces divers modes de prescription.

La première distinction qui se présentait était celle entre les droits personnels et les droits réels.

Dans la prescription des actions personnelles on présume qu'elles sont acquittées, ou on considère la négligence du créancier, et on peut sans inconvénient lui accorder contre son débiteur le temps de la plus longue prescription, celui de trente ans.

Dans la prescription pour acquérir on n'a point seulement à considérer l'intérêt du propriétaire ; il faut aussi avoir égard au possesseur qui ne doit pas rester dans une éternelle incertitude. Son intérêt particulier se trouve lié avec l'intérêt général. Quel est celui qui bâtira, qui plantera, qui s'engagera dans les frais de défrichement ou de desséchement, s'il doit s'écouler un trop long temps avant qu'il soit assuré de n'être pas évincé ?

Mais cette considération d'ordre public est nécessairement liée à une seconde distinction entre les possesseurs avec titre et bonne foi et ceux qui n'ont à opposer que le fait même de leur possession.

Le possesseur avec titre et bonne foi se livre avec confiance à tous les frais d'amélioration. Le temps après lequel il doit être dans une entière sécurité doit donc être beaucoup plus court.

Quant aux possesseurs qui n'ont pour eux que le fait même de leur possession, on n'a point la même raison pour traiter, à leur égard, les propriétaires avec plus de rigueur que ne le sont les créanciers à l'égard des débiteurs. L'importance attachée aux propriétés foncières pourrait même être un motif pour ne les laisser prescrire que par un temps plus long, comme on l'a fait dans quelques pays ; mais d'autres motifs s'y opposent. Si le possesseur sans titre ne veut point s'exposer à des dépenses, il est déjà fort contraire à l'intérêt général que toute amélioration puisse être suspendue pendant trente ans ; et après une aussi longue révolution pendant laquelle le propriétaire doit se reprocher sa négligence, il convient de faire enfin cesser un état précaire qui nuit au bien public.

Pour que cette théorie, conforme à l'économie politique, le fût en même temps à la justice, il fallait encore admettre la distinction faite par les Romains entre les possesseurs avec titre et bonne foi qui prescrivent contre un propriétaire présent, et les personnes qui prescrivent contre un absent;

Dans le cas où le vrai propriétaire est présent, d'une part sa négligence est moins excusable, et d'une autre part sa présence donne au nouveau possesseur une plus grande sécurité. Le propriétaire qui n'est pas à portée de veiller mérite plus de faveur. C'est en balançant ces considérations que l'on a été conduit à fixer, dans le cas de la possession avec titre et bonne foi, le temps de la prescription à dix ans entre présens, et vingt ans entre absens.

Ainsi, la règle générale sera que toutes les actions, tant réelles que personnelles, se prescriront par trente ans, sans que celui qui se prévaudra de cette prescription soit obligé de rapporter un titre, ou qu'on puisse lui opposer l'exception déduite de la mauvaise foi ; et que celui qui aura acquis de bonne foi et par juste titre un immeuble, en prescrira la propriété par dix ans, si le véritable propriétaire habite dans le ressort du tribunal d'appel où l'immeuble est situé, et par vingt ans s'il est domicilié hors du ressort.

A Rome, la prescription courait entre présens lorsque celui qui prescrivait et celui contre lequel on prescrivait avaient leur domicile dans la même province, sans que l'on eût égard à la situation de l'héritage.

Le plus généralement en France on réputait présens ceux qui demeuraient dans le même baillage royal ou dans la même sénéchaussée royale, et il n'y avait qu'une coutume où on eût égard à la distance dans laquelle l'héritage se trouvait du domicile des parties.

Un changement important a été fait à cet égard dans l'ancienne législation.

Le but que l'on se propose est de donner à celui qui possède une plus grande faveur en raison de la négligence du propriétaire, et cette faute est regardée comme plus grande s'il est présent. Mais ceux qui ne se sont attachés qu'à la présence du propriétaire et du possesseur dans le même lieu ou dans un lieu voisin, n'ont pas songé que les actes possessoires se font sur l'héritage même. C'est donc par la distance à laquelle le propriétaire se trouve de l'héritage, qu'il est plus ou moins à portée de se maintenir en possession ; il ne saurait le plus souvent retirer aucune instruction du voisinage du nouveau possesseur. Ces lois ont été faites dans des temps où l'usage le plus général était que chacun vécût auprès de ses propriétés.

Cette règle a dû changer avec nos mœurs, et le vœu de la loi sera rempli en ne regardant le véritable propriétaire comme présent que lorsqu'il habitera dans le ressort du tribunal d'appel où l'immeuble est situé.

C'est aussi à raison de la plus grande facilité des communications, que l'on a cru qu'il suffisait, pour être considéré comme présent, que le domicile fût dans le ressort du tribunal d'appel.

La loi exige pour cette prescription de 10 ou de 20 ans un juste titre et la bonne foi.

Nul ne peut croire de bonne foi qu'il possède comme propriétaire, s'il n'a pas un juste titre, c'est-à-dire s'il n'a pas un titre qui soit de sa nature translatif du droit de propriété et qui soit d'ailleurs valable.

Il ne serait pas valable s'il était contraire aux lois ; et lors même qu'il ne serait nul que par un vice de forme, il ne pourrait autoriser cette prescription.

Il suffisait, dans le droit romain, que l'on eût acquis de bonne foi et par juste titre. On n'était pas admis à opposer au possesseur qu'il eût depuis et, pendant le cours de la prescription, appris que la chose n'appartenait pas à celui dont il la tenait. Cette règle est consignée dans plusieurs textes du digeste et du code.

Elle est fondée sur ce que la prescription de dix et vingt ans est, comme celle de trente ans, mise au nombre des longues prescriptions que la prospérité et la paix publiques rendent également nécessaires. Si le temps de la prescription de dix et vingt ans est moins long que le temps de la prescription trentenaire, on n'a eu et on n'a pu avoir en vue que le juste titre et

la bonne foi au temps de l'acquisition. Ces deux conditions
étant remplies, la loi assimile le possesseur de dix et vingt ans à
celui qui prescrirait par trente ans. C'est le laps de temps sans
réclamation de la part du propriétaire et la possession à titre de
propriété, qui sont également le fondement de ces prescriptions.
Tels sont les seuls rapports communs à celui qui prescrit et à
celui contre lequel on prescrit. Quant à la mauvaise foi qui peut
survenir pendant la prescription, c'est un fait personnel à celui
qui prescrit : sa conscience le condamne ; aucun motif ne peut,
dans le for intérieur, couvrir son usurpation. Les lois religieuses
ont dû employer toute leur force pour prévenir l'abus que l'on
pourrait faire de la loi civile ; et c'est alors sur-tout que le concours des unes dans le for intérieur, et de l'autre dans le for
extérieur, est essentiel. Mais aussi on ne peut pas douter que la
nécessité des prescriptions ne l'emporte sur la crainte de cet
abus ; et la loi civile sur les prescriptions deviendrait elle-
même purement arbitraire et incohérente si, après avoir posé
des règles fondamentales, on les détruisait par des règles qui
seraient en contradiction. Ce sont ces motifs qui ont empêché de
conserver celle qu'on avait tirée des lois ecclésiastiques, et suivant laquelle la bonne foi était exigée pendant tout le cours des
prescriptions de dix et vingt ans.

Il est un grand nombre de cas relatifs aux obligations, et dans
lesquels la loi a limité à dix années, ou même à un moindre
temps, celui des prescriptions. Tels sont ceux où il s'agit de faire
annuller ou rescinder des actes. Les motifs en ont été exposés en
présentant les titres qui contiennent ces dispositions.

Il restait un cas qu'il convenait de ne pas omettre, c'est celui
de la prescription en faveur des architectes ou des entrepreneurs,
à raison de la garantie des gros ouvrages qu'ils ont faits ou dirigés. Le droit commun qui exige dix ans pour cette prescription,
a été maintenu.

Il est encore quelques prescriptions qui sont particulières au
droit français, et dont l'usage a fait sentir la nécessité.

Il avait été statué par l'article 68 de l'ordonnance de Louis XII,
en 1612, « que les drapiers, apothicaires, boulangers, pâtis-

» siers, serruriers, chausseliers, taverniers, couturiers, cor-
» donniers, selliers, bouchers ou distribuans leurs marchandises
» en détail, seraient tenus de demander leur paiement dans six
» mois pour ce qui aurait été livré dans les six mois précédens,
» lors même que les livraisons auraient continué ».

Ce genre de prescription fut établi sur les présomptions de
paiement qui résultent du besoin que les créanciers de cette
classe ont d'être promptement payés, de l'habitude dans laquelle
on est d'acquitter ces dettes sans un long retard et même sans
exiger de quittance, et enfin sur les exemples trop souvent répé-
tés de débiteurs, et sur-tout de leurs héritiers, contraints, en
pareils cas, à payer plusieurs fois : *Sunt introductæ* (dit Dumoulin en parlant de ces prescriptions, Tract. *de Usuris*,
quœst. 22), *in favorem debitorum qui sine instrumento et testi-
bus, ut fit, solverunt et præcipuè hœredum eorum.*

Les rédacteurs de la coutume de Paris observèrent, avec raison, qu'en s'appuyant sur ces bases, le délai de six mois n'était
pas suffisant dans tous les cas, et ils firent la distinction suivante.

Il ne donnèrent que six mois aux marchands, gens de métiers
et autres vendeurs de marchandises et denrées en détail, comme
boulangers, pâtissiers, couturiers, passementiers, maréchaux,
rôtisseurs, cuisiniers et autres semblables.

Ils donnèrent un an aux médecins, chirurgiens et apothicaires, ainsi qu'aux drapiers, merciers, épiciers, orfévres, et
autres marchands grossiers, maçons, charpentiers, couvreurs,
barbiers, serviteurs, laboureurs et autres mercenaires.

Cette distinction a été confirmée, sans presque aucune différence, dans l'ordonnance rendue sur le commerce en 1673.

Mais il est à observer que cette ordonnance ayant particulièrement pour objet le commerce, ne porte point dans sa disposition
finale une dérogation formelle aux coutumes contraires, de
manière que dans la plupart de celles où il y avait pour ces divers
objets des prescriptions plus ou moins longues, on a continué de
s'y conformer.

Une autre observation sur ces dispositions de la coutume de
Paris et de l'ordonnance de 1673, est qu'il serait difficile de
trouver des motifs satisfaisans pour ne pas mettre dans la même
classe tous les marchands, à raison des marchandises qu'ils
vendent à des particuliers non marchands. S'il est quelques marchands en détail pour lesquels le délai d'un an soit long, il faut
songer qu'il s'agit d'une dérogation au droit commun, et qu'il
vaut encore mieux éviter le reproche de distinctions arbitraires,
et s'en tenir, dans une matière aussi délicate, à une règle générale, sur la nécessité de laquelle il ne puisse y avoir aucun
doute.

Ces motifs ont déterminé à soumettre également à la prescription d'une année tous les marchands pour les marchandises
qu'ils vendent aux particuliers non marchands.

On a seulement excepté les hôteliers et traiteurs à raison du
logement et de la nourriture qu'ils fournissent, parce qu'il est
notoire que ce sont des objets dont le paiement est rarement
différé.

On a limité leur action à six mois, et par des considérations
semblables on a fixé au même temps l'action des maîtres et instituteurs des sciences et arts pour les leçons qu'ils donnent au
mois; celle des ouvriers et gens de travail, pour le paiement de
leurs journées, fournitures et salaires.

On a maintenu le droit commun, suivant lequel la prescription d'un an court contre les médecins, chirurgiens et apothicaires, pour leurs visites, opérations et médicamens.

Les mêmes raisons se sont présentées à l'égard des maîtres de
pension pour le prix de la pension, et des autres maîtres pour le
prix de l'apprentissage.

On a aussi conservé à l'égard des domestiques l'usage le plus
général, suivant lequel l'action pour le paiement de leur salaire
est prescrite par un an, s'ils se sont loués à l'année. Les autres
sont dans la classe des gens de travail dont l'action se prescrit
par six mois.

Quant aux officiers ministériels, le temps pendant lequel l'ac-

tion , soit à leur profit , soit contre eux , doit durer , dépend
de la nature de leurs fonctions.

Il y avait sur la durée de l'action des procureurs contre leurs
cliens , pour le paiement de leurs frais et salaires , une grande
variété de jurisprudence.

Un arrêt du parlement de Paris, du 28 mars 1692, avait réglé
que les procureurs ne pourraient demander le paiement de leurs
frais , salaires et vacations , deux ans après qu'ils auraient été
révoqués , ou que les parties seraient décédées , quoiqu'ils eussent continué d'occuper pour les mêmes parties ou pour leurs
héritiers en d'autres affaires.

Il portait encore que les procureurs ne pourraient , dans les
affaires non jugées, demander leurs frais , salaires et vacations
pour les procédures faites au-delà des six années précédentes
immédiatement , quoiqu'ils eussent toujours continué d'y occuper , à moins qu'ils ne les eussent fait arrêter ou reconnaître
par leurs cliens.

Le parlement de Normandie avait adopté ces dispositions
dans un réglement du 15 décembre 1703 , en limitant dans le
second cas le temps à cinq années au lieu de six.

Dans d'autres pays l'action des procureurs était d'une plus
longue durée.

Il a paru que l'intérêt des parties et celui de leurs avoués
seraient conciliés en maintenant la prescription de deux ans , à
compter du temps , soit du jugement, soit de la conciliation des
parties , soit de la révocation des avoués , et la prescription de
cinq ans à l'égard des affaires non terminées ; l'événement de
la mort du client n'a point paru un motif suffisant pour réduire à deux ans l'action de l'avoué , à raison des affaires non
finies.

Le temps de la prescription à l'égard des huissiers ne doit pas
être aussi long.

Leur ministère n'est point employé pour des actes multipliés
et qui se prolongent autant que ceux des avoués ; il est d'usage
de les payer plus promptement. Leur action sera prescrite par
une année.

Les prescriptions de six mois, d'un, de deux et de cinq ans dont on vient de parler, étant toutes principalement fondées sur la présomption de paiement, il en résulte plusieurs conséquences déjà reconnues par l'ordonnance de 1673.

La première est que la continuation des fournitures, livraisons, services ou travaux pouvant également avoir eu lieu, soit que le paiement ait été fait, soit qu'il ne l'ait pas été, n'altère point la présomption de paiement; ainsi, la prescription ne doit cesser de courir que lorsqu'il y a eu compte arrêté, cédule ou obligation, ou citation en justice non périmée.

La seconde, que le serment peut être déféré à ceux qui opposeront ces prescriptions, sur le fait de savoir si la chose a été payée, ou à leurs représentans, pour qu'ils déclarent s'ils ne savent pas que la chose soit due.

La prescription établie contre les avoués et les huissiers étant fondée sur la présomption de leur paiement, cette présomption fait naître celle que les parties ont, après le jugement de leurs affaires, retiré leurs pièces.

Il fallait donc aussi fixer un délai après lequel ni les huissiers, ni les avoués, ni les juges eux-mêmes ne pourraient être à cet égard inquiétés.

Il y avait encore sur ce point une grande variété de jurisprudence.

Quelques parlemens rejetaient l'action en remise de pièces après trois ans depuis que les affaires étaient terminées; mais dans le plus grand nombre les procureurs ne pouvaient plus être à cet égard recherchés après cinq ans pour les procès jugés, et après dix ans pour les procès indécis; et cette prescription était, en faveur de leurs héritiers, de cinq ans, soit que les procès fussent jugés, soit qu'ils ne le fussent pas.

Dans la loi proposée on conserve la prescription de cinq ans après le jugement des procès.

Il est une autre prescription établie dans le droit français concernant les arrérages de rentes. Elle n'est pas seulement fondée sur la présomption de paiement, mais plus encore sur une

De la prescription. 709

considération d'ordre public énoncée dans l'ordonnance faite par Louis XII en 1510 ; on a voulu empêcher que les débiteurs ne fussent réduits à la pauvreté par des arrérages accumulés : l'action pour demander ces arrérages au-delà de cinq années a été interdite.

Il ne fut question dans cette loi que des rentes constituées, qui étaient alors d'un grand usage.

Une loi du 20 août 1792 étendit cette prescription aux arrérages des cens, redevances et rentes foncières.

La ruine du débiteur serait encore plus rapide, si la prescription ne s'étendait pas aux arrérages de rentes viagères ; et les auteurs ni les tribunaux n'ont pas toujours été d'accord sur le point de savoir si ces arrérages étaient prescriptibles par un temps moindre de trente années.

La crainte de la ruine des débiteurs étant admise comme un motif d'abréger le temps ordinaire de la prescription, on ne doit excepter aucun des cas auxquels ce motif s'applique.

On a par ce motif étendu la prescription de cinq ans aux loyers des maisons, aux prix de ferme des biens ruraux, et généralement à tout ce qui est payable par année, ou à des termes périodiques plus courts.

La faveur due aux mineurs et aux interdits ne saurait les garantir de ces prescriptions.

Si un mineur remplit quelqu'un des états pour lesquels l'action est limitée, soit à six mois, soit à un an, soit à cinq ans, il est juste qu'il soit assujéti aux règles générales de la profession qu'il exerce ; il ne pourrait même pas l'exercer s'il n'obtenait le paiement de ce qui lui est dû à mesure qu'il le gagne : lorsqu'il a l'industrie pour gagner, il n'est pas moins qu'un majeur présumé avoir l'intelligence et l'activité pour se faire payer.

Quant aux arrérages et à tout ce qui est payable par année, déjà, suivant le droit commun, cette prescription courait contre les mineurs et interdits, à l'égard des arrérages de rentes constituées : on avait pensé à cet égard qu'ils avaient une garantie suffisante dans la responsabilité des tuteurs, dont la fonction spéciale est de recevoir les revenus, et qui seraient tenus de payer personnellement les arrérages qu'ils auraient laissé prescrire. Les mêmes considérations s'appliquent aux autres prestations annuelles.

Le droit romain accordait, sous le nom de *interdictum ut rubi*, une action possessoire à ceux qui étaient troublés dans la possession d'une chose mobilière ; mais dans le droit français on n'a point admis à l'égard des meubles une action possessoire distincte de celle sur la propriété; on y a même regardé le seul fait de la possession comme un titre : on n'en a pas ordinairement d'autres pour les choses mobilières. Il est d'ailleurs le plus souvent impossible d'en constater l'identité, et de les suivre dans leur circulation de main en main. Il faut éviter des procédures qui seraient sans nombre, et qui le plus souvent excéderaient la valeur des objets de la contestation. Ces motifs ont dû faire maintenir la règle générale suivant laquelle, en fait de meubles, la possession vaut titre.

Cependant ce titre n'est pas tel qu'en cas de vol ou de perte d'une chose mobilière, celui auquel on l'aurait volée ou qui l'aurait perdue, n'ait aucune action contre celui qui la possède.

La durée de cette action a été fixée à trois ans; c'est le même temps qui avait été réglé à Rome par *Justinien*; c'est celui qui était le plus généralement exigé en France.

Si le droit de l'ancien propriétaire est reconnu, la chose perdue ou volée doit lui être rendue ; le possesseur a son recours contre celui duquel il la tient : mais si ce possesseur prouvait l'avoir achetée sur la foi publique, soit dans une foire ou dans un marché, soit dans une vente publique, soit d'un marchand vendant des choses pareilles, l'intérêt du commerce exige que celui qui possède à ce titre ne puisse être évincé sans indemnité : ainsi l'ancien propriétaire ne peut dans ces cas se faire rendre la chose volée ou perdue qu'en remboursant au possesseur le prix qu'elle lui a coûté.

S'il s'agissait d'une universalité de meubles, telle qu'elle échoit à un héritier, le titre universel se conserve par les actions qui lui sont propres.

Enfin il a été nécessaire de prévoir qu'au moment où ce titre du Code aurait la force de loi, des prescriptions de tout genre seront commencées.

C'est sur-tout en matière de propriété que l'on doit éviter tout effet rétroactif : le droit éventuel résultant d'une prescription commencée ne peut pas dépendre à-la-fois de deux lois, de la loi ancienne et du nouveau Code. Or, il suffit qu'un droit éventuel soit attaché à la prescription commencée, pour que ce droit doive dépendre de l'ancienne loi, et pour que le nouveau Code ne puisse pas régler ce qui lui est antérieur.

Ce principe général étant admis, il ne se présentera aucun cas difficile à résoudre.

Si la prescription qui serait acquise par le droit nouveau, ne l'est pas par l'ancienne, là, soit à raison du temps, soit à raison de la bonne foi, il faudra se conformer à l'ancienne loi, comme si la nouvelle n'existait pas.

Une seule exception a été jugée nécessaire pour qu'il y eût un terme après lequel il fût certain que la loi nouvelle recevra partout son exécution. Le temps le plus long qu'elle exige pour les prescriptions est celui de trente années. S'il ne s'agissait ici que des prescriptions qui dans certains pays exigent quarante ans ou un temps plus long, il n'y eût point eu lieu au reproche d'effet rétroactif, en statuant que les trente années prescrites par la loi nouvelle étant ajoutées au temps qui se serait déjà écoulé avant cette loi, suffiraient pour accomplir la prescription. Le droit des propriétaires du pays, contre lesquels la prescription qui ne devait s'accomplir que par quarante ans, est déjà commencée, n'est pas plus favorable que le droit des propriétaires de ce même pays contre lesquels il n'y a pas de prescription commencée, mais contre lesquels la plus longue prescription va, en vertu de la loi nouvelle, s'accomplir par trente ans.

Ces motifs ont déterminé la disposition finale de ce titre, qui porte que les prescriptions commencées à l'époque de la publication du présent titre, s'accompliront conformément aux anciennes lois, et que néanmoins les prescriptions commencées et pour lesquelles il faudrait encore, suivant les lois anciennes, plus de trente ans, à compter de la même époque, seront accomplies par ce laps de trente ans.

Quoique ce dernier article du titre *des prescriptions* ne soit que pour le passage d'un régime à l'autre, il était néanmoins nécessaire de l'insérer dans le Code, à cause de la longue durée de temps pendant lequel il recevra son exécution.

Suit le texte de la loi.

TITRE XX.

De la Prescription.

Décrété le 24 ventose an XII. Promulgué le 4 germinal suivant.

CHAPITRE PREMIER.

Dispositions générales.

Article 2219. — La prescription est un moyen d'acquérir ou de se libérer par un certain laps de temps, et sous les conditions déterminées par la loi.

Art. 2220. — On ne peut, d'avance, renoncer à la prescription : on peut renoncer à la prescription acquise.

Art. 2221. — La renonciation à la prescription est expresse ou tacite : la renonciation tacite résulte d'un fait qui suppose l'abandon du droit acquis.

Art. 2222.

Art. 2222. — Celui qui ne peut aliéner, ne peut renoncer à la prescription acquise.

Art. 2223. — Les juges ne peuvent pas suppléer d'office le moyen résultant de la prescription.

Art. 2224. — La prescription peut être opposée en tout état de cause, même devant le tribunal d'appel, à moins que la partie qui n'aurait pas opposé le moyen de la prescription ne doive, par les circonstances, être présumée y avoir renoncé.

Art. 2225. — Les créanciers, ou toute autre personne ayant intérêt à ce que la prescription soit acquise, peuvent l'opposer, encore que le débiteur ou le propriétaire y renonce.

Art. 2226. — On ne peut prescrire le domaine des choses qui ne sont point dans le commerce.

Art. 2227. — La nation, les établissemens publics et les communes sont soumis aux mêmes prescriptions que les particuliers, et peuvent également les opposer.

CHAPITRE II.

De la possession.

Article 2228. — La possession est la détention ou la jouissance d'une chose ou d'un droit que nous tenons ou que nous exerçons par nous-mêmes, ou par un autre qui la tient ou qui l'exerce en notre nom.

Art. 2229. — Pour pouvoir prescrire, il faut une possession continue et non interrompue, paisible, publique, non équivoque, et à titre de propriétaire.

Art. 2230. — On est toujours présumé posséder pour soi, et à titre de propriétaire, s'il n'est prouvé qu'on a commencé à posséder pour un autre.

Art. 2231. — Quand on a commencé à posséder pour autrui, on est toujours présumé posséder au même titre, s'il n'y a preuve du contraire.

Art. 2232. — Les actes de pure faculté et ceux de simple tolérance, ne peuvent fonder ni possession ni prescription.

Art. 2233. — Les actes de violence ne peuvent fonder non plus une possession capable d'opérer la prescription.

La possession utile ne commence que lorsque la violence a cessé.

Art. 2234. — Le possesseur actuel qui prouve avoir possédé anciennement, est présumé avoir possédé dans le temps intermédiaire ; sauf la preuve contraire.

Art. 2235. — Pour compléter la prescription, on peut joindre à sa possession celle de son auteur, de quelque manière qu'on lui ait succédé, soit à titre universel ou particulier, soit à titre lucratif ou onéreux.

CHAPITRE III.

Des causes qui empêchent la prescription.

Article 2236. — Ceux qui possèdent pour autrui, ne prescrivent jamais, par quelque laps de temps que ce soit.

Ainsi, le fermier, le dépositaire, l'usufruitier et tous autres qui détiennent précairement la chose du propriétaire, ne peuvent la prescrire.

Art. 2237. — Les héritiers de ceux qui tenaient la chose à quelqu'un des titres désignés par l'Article précédent, ne peuvent non plus prescrire.

Art. 2238. — Néanmoins, les personnes énoncées dans les articles 2236 et 2237 peuvent prescrire, si le titre de leur possession se trouve interverti, soit par une cause venant d'un tiers , soit par la contradiction qu'elles ont opposée au droit du propriétaire.

Art. 2239. — Ceux à qui les fermiers, dépositaires et autres détenteurs précaires ont transmis la chose par un titre translatif de propriété , peuvent la prescrire.

Art. 2240. — On ne peut pas prescrire contre son titre , en ce sens que l'on ne peut point se changer à soi-même la cause et le principe de sa possession.

Art. 2241. On peut prescrire contre son titre , en ce sens que l'on prescrit la libération de l'obligation que l'on a contractée.

CHAPITRE IV.

Des causes qui interrompent ou qui suspendent le cours de la prescription.

SECTION PREMIÈRE.

Des causes qui interrompent la prescription.

Article 2242. — La prescription peut être interrompue ou naturellement ou civilement.

Art. 2243. — Il y a interruption naturelle , lorsque le possesseur est privé , pendant plus d'un an , de la jouissance de la chose , soit par l'ancien propriétaire , soit même par un tiers.

Art. 2244. — Une citation en justice , un commandement ou une saisie , signifiés à celui qu'on veut empêcher de prescrire , forment l'interruption civile.

Art. 2245. — La citation en conciliation devant le bureau de paix , interrompt la prescription, du jour de sa date , lorsqu'elle est suivie d'une assignation en justice donnée dans les délais de droit.

Art. 2246. — La citation en justice donnée, même devant un juge incompétent, interrompt la prescription.

Art. 2247. — Si l'assignation est nulle par défaut de forme,

Si le demandeur se désiste de sa demande,

S'il laisse périmer l'instance,

Ou si sa demande est rejetée,

L'interruption est regardée comme non avenue.

Art. 2248. — La prescription est interrompue par la reconnaissance que le débiteur ou le possesseur fait du droit de celui contre lequel il prescrivait.

Art. 2249. — L'interpellation faite, conformément aux articles ci-dessus, à l'un des débiteurs solidaires, ou sa reconnaissance, interrompt la prescription contre tous les autres, même contre leurs héritiers.

L'interpellation faite à l'un des héritiers d'un débiteur solidaire, ou la reconnaissance de cet héritier, n'interrompt pas la prescription, à l'égard des autres cohéritiers, quand même la créance serait hypothécaire, si l'obligation n'est indivisible.

Cette interpellation ou cette reconnaissance n'interrompt la prescription, à l'égard des autres codébiteurs, que pour la part dont cet héritier est tenu.

Pour interrompre la prescription pour le tout, à l'égard des autres codébiteurs, il faut l'interpellation faite à tous les héritiers du débiteur décédé, ou la reconnaissance de tous ces héritiers.

Art. 2250. — L'interpellation faite au débiteur principal, ou sa reconnaissance, interrompt la prescription contre la caution.

SECTION II.

Des causes qui suspendent le cours de la prescription.

Article 2251. — La prescription court contre toutes personnes, à moins qu'elles ne soient dans quelque exception établie par une loi.

Art. 2252. — La prescription ne court pas contre les mineurs et les interdits, sauf ce qui est dit à l'article 2278, et à l'exception des autres cas déterminés par la loi.

Art. 2253. — Elle ne court point entre époux.

Art. 2254. — La prescription court contre la femme mariée, encore qu'elle ne soit point séparée par contrat de mariage ou en justice, à l'égard des biens dont le mari a l'administration, sauf son recours contre le mari.

Art. 2255. — Néanmoins elle ne court point, pendant le mariage, à l'égard de l'aliénation d'un fonds constitué selon le régime dotal, conformément à l'article 1561, au titre *du Contrat de Mariage et des droits respectifs des époux.*

Art. 2256. — La prescription est pareillement suspendue pendant le mariage ;

1°. Dans le cas où l'action de la femme ne pourrait être exercée qu'après une option à faire sur l'acceptation ou la renonciation à la communauté ;

2°. Dans le cas où le mari ayant vendu le bien propre de la femme sans son consentement, est garant de la vente, et dans tous les autres cas où l'action de la femme réfléchirait contre le mari.

Art. 2257. — La prescription ne court point,

A l'égard d'une créance qui dépend d'une condition, jusqu'à ce que la condition arrive ;

A l'égard d'une action en garantie, jusqu'à ce que l'éviction ait lieu ;

A l'égard d'une créance à jour fixe, jusqu'à ce que ce jour soit arrivé.

Art. 2258. — La prescription ne court pas contre l'héritier bénéficiaire, à l'égard des créances qu'il a contre la succession.

Elle court contre une succession vacante, quoique non pourvue de curateur.

Art. 2259. — Elle court encore pendant les trois mois pour faire inventaire, et les quarante jours pour délibérer.

CHAPITRE V.

Du temps requis pour prescrire.

SECTION PREMIÈRE.

Dispositions générales.

Article 2260. — La prescription se compte par jours, et non par heures. Elle est acquise lorsque le dernier jour du terme est accompli.

Art. 2261. — Dans les prescriptions qui s'accomplissent dans un certain nombre de jours, les jours complémentaires sont comptés.

Dans celles qui s'accomplissent par mois, celui de fructidor comprend les jours complémentaires.

SECTION II.

De la prescription trentenaire.

Article 2262. — Toutes les actions, tant réelles que personnelles, sont prescrites par trente ans, sans que celui qui allègue cette prescription soit obligé d'en rapporter un titre, ou qu'on puisse lui opposer l'exception déduite de la mauvaise foi.

Art. 2263. — Après vingt-huit ans de la date du dernier titre, le débiteur d'une rente peut être contraint à fournir à ses frais un titre nouvel à son créancier ou à ses ayant-cause.

Art. 2264. — Les règles de la prescription sur d'autres objets que ceux mentionnés dans le présent titre, sont expliquées dans les titres qui leur sont propres.

SECTION III.

De la prescription par dix et vingt ans.

Article 2265. — Celui qui acquiert de bonne foi et par juste titre un immeuble, en prescrit la propriété par dix ans, si le véritable propriétaire habite dans le ressort du tribunal d'appel dans l'étendue duquel l'immeuble est situé; et par vingt ans, s'il est domicilié hors dudit ressort.

Art. 2266. — Si le véritable propriétaire a eu son domicile en différens temps, dans le ressort et hors du ressort, il faut, pour compléter la prescription, ajouter à ce qui manque aux dix ans de présence, un nombre d'années d'absence double de celui qui manque, pour compléter les dix ans de présence.

Art. 2267. — Le titre nul par défaut de forme, ne peut servir de base à la prescription de dix et vingt ans.

Art. 2268. — La bonne foi est toujours présumée, et c'est à celui qui allègue la mauvaise foi à la prouver.

Art. 2269. — Il suffit que la bonne foi ait existé au moment de l'acquisition.

Art. 2270. — Après dix ans, l'architecte et les entrepreneurs sont déchargés de la garantie des gros ouvrages qu'ils ont faits ou dirigés.

De la prescription.

SECTION IV.

De quelques prescriptions particulières.

Article 2271. — L'action des maîtres et instituteurs des sciences et arts, pour les leçons qu'ils donnent au mois ;

Celle des hôteliers et traiteurs , à raison du logement et de la nourriture qu'ils fournissent ;

Celle des ouvriers et gens de travail, pour le paiement de leurs journées , fournitures et salaires ,

Se prescrivent par six mois.

Art. 2272. — L'action des médecins, chirurgiens et apothicaires , pour leurs visites , opérations et médicamens ;

Celle des huissiers , pour le salaire des actes qu'ils signifient, et des commissions qu'ils exécutent ;

Celle des marchands , pour les marchandises qu'ils vendent aux particuliers non marchands ;

Celle des maîtres de pension, pour le prix de la pension de leurs élèves ; et des autres maîtres , pour le prix de l'apprentissage ;

Celle des domestiques qui se louent à l'année , pour le paiement de leur salaire ,

Se prescrivent par un an.

Art. 2273. — L'action des avoués , pour le paiement de leurs frais et salaires , se prescrit par deux ans à compter du jugement des procès ou de la conciliation des parties , ou depuis la révocation desdits avoués. A l'égard des affaires non terminées , ils ne peuvent former de demandes pour leurs frais et salaires qui remonteraient à plus de cinq ans.

Art. 2274. — La prescription, dans les cas ci-dessus , a lieu, quoiqu'il y ait eu continuation de fournitures, livraisons, services et travaux.

Elle ne cesse de courir que lorsqu'il y a eu compte arrêté, cédule ou obligation, ou citation en justice non périmée.

Art. 2275. — Néanmoins, ceux auxquels ces prescriptions seront opposées, peuvent déférer le serment à ceux qui les opposent, sur la question de savoir si la chose a été réellement payée.

Le serment pourra être déféré aux veuves et héritiers, ou aux tuteurs de ces derniers, s'ils sont mineurs, pour qu'ils aient à déclarer s'ils ne savent pas que la chose soit due.

Art. 2276. — Les juges et avoués sont déchargés des pièces cinq ans après le jugement des procès.

Les huissiers, après deux ans, depuis l'exécution de la commission, ou la signification des actes dont ils étaient chargés, en sont pareillement déchargés.

Art. 2277. — Les arrérages de rentes perpétuelles et viagères ;

Ceux des pensions alimentaires ;

Les loyers des maisons, et le prix de ferme des biens ruraux ;

Les intérêts des sommes prêtées, et généralement tout ce qui est payable par année, ou à des termes périodiques plus courts,

Se prescrivent par cinq ans.

Art. 2278. — Les prescriptions dont il s'agit dans les articles de la présente section, courent contre les mineurs et les interdits ; sauf leur recours contre leurs tuteurs.

Art. 2279. — En fait de meubles, la possession vaut titre.

Néanmoins, celui qui a perdu ou auquel il a été volé une chose, peut la revendiquer pendant trois ans, à compter du jour de la perte ou du vol, contre celui dans les mains duquel il la trouve; sauf à celui-ci son recours contre celui duquel il la tient.

Art. 2280 — Si le possesseur actuel de la chose volée ou perdue, l'a achetée dans une foire ou dans un marché, ou dans une vente publique, ou d'un marchand vendant des choses pareilles, le propriétaire originaire ne peut se la faire rendre qu'en remboursant au possesseur le prix qu'elle lui a coûté.

Art. 2281. — Les prescriptions commencées à l'époque de la publication du présent titre, seront réglées conformément aux lois anciennes.

Néanmoins, les prescriptions alors commencées, et pour lesquelles il faudrait encore, suivant les anciennes lois, plus de trente ans à compter de la même époque, seront accomplies par ce laps de trente ans.

FIN DU TROISIÈME ET DERNIER LIVRE.

LOI
SUR LA RÉUNION
DES LOIS CIVILES.

Le PREMIER CONSUL a nommé, pour présenter la loi *sur la réunion des Lois civiles en un seul corps*, sous le titre de Code civil des Français, et pour en soutenir la discussion, les citoyens *Portalis*, *Bigot-Préameneu* et *Treilhard*, Conseillers d'État.

Introduits dans la salle du Corps Législatif, le 28 ventose an 12; l'un d'eux, portant la parole, a prononcé le discours suivant.

CITOYENS LÉGISLATEURS,

Le 30 pluviose an 11, le titre préliminaire du Code civil fut présenté à votre sanction. Une année s'est à peine écoulée, et nous vous apportons le projet de loi qui termine ce grand ouvrage.

Dans ce projet on s'est proposé de classer les différentes matières dont la législation civile se compose et de *les réunir en un seul corps de Lois, sous le titre de* Code civil des Français.

Chaque partie du Code vous a été successivement soumise. Chaque projet est devenu loi dès qu'il a été consacré par vos suffrages. Dans la présentation des divers projets, on a été forcé de se conformer à l'ordre du travail. Dans leur réunion actuelle, on rétablit l'ordre des matières et des choses. On indique la place naturelle de toutes les lois destinées à former un même tout, quelle qu'ait été l'époque de leur promulgation. Il n'y aura qu'une seule série de numéros pour tous les articles du Code; on a pensé que cette mesure ne devait point être négligée. Elle rend plus apparent le caractère réel d'unité qui l'ouvrage; elle ménage le temps et elle abrège la peine de ceux qui étudient et qui appliquent les lois.

Nous réparons une omission importante. On avait oublié de
régler le sort des rentes foncières. Ces rentes seront-elles rachetables, ou ne le seront-elles pas ? La question avait été vivement controversée dans ces derniers temps ; il était nécessaire
de la décider.

On appelle *rentes foncières* celles qui sont établies dans l'instant même de la tradition du fonds.

Il ne faut pas se dissimuler que ces sortes de rentes ont
dans l'origine favorisé parmi nous l'utile division des patrimoines. Des hommes qui n'avaient que leurs bras ont pû, sans
argent et sans fortune, devenir propriétaires, en consentant à
être laborieux. D'autre part, des guerriers, des conquérans qui
avaient acquis par les armes de vastes portions de terrain, ont été
invités à les distribuer à des cultivateurs, par la facilité de stipuler une rente non rachetable, qui les associait aux profits de la
culture sans leur en faire partager les soins ou les embarras, et
qui garantissait à jamais leur fortune et celle de leur postérité.

L'histoire des rentes foncières remonte, chez les divers peuples de l'Europe, jusqu'au premier établissement de la propriété.
S'agit-il d'un pays où il y a de grands défrichemens à faire et de
vastes marais à dessécher? on doit y autoriser les rentes foncières non rachetables. Elles y seront un grand moyen de favoriser l'industrie par l'espérance de la propriété, et d'améliorer
un sol inculte et ingrat par l'industrie.

Mais les rentes foncières non rachetables ne sauraient présenter les mêmes avantages dans des contrées où l'agriculture peut
prospérer par les secours ordinaires du commerce, et où le commerce s'étend et s'aggrandit journellement par les progrès de l'a-
griculture. Dans ces contrées on ne peut supporter des charges
ou des servitudes éternelles. L'imagination inquiète, accablée
par la perspective de cette éternité, regarde une servitude ou
une charge qui ne doit pas finir, comme un mal qui ne peut être
compensé par aucun bien. Un premier acquéreur ne voit dans
l'établissement de la rente à laquelle il se soumet, que ce qui la
lui rend profitable. Ses successeurs ne sont plus sensibles qu'à
ce qui peut la leur rendre odieuse.

On sait d'ailleurs combien il fallait de formes et de précautions contre le débiteur d'une rente perpétuelle, pour assurer au créancier une garantie suffisante qui pût avoir la même durée que son droit.

Nous eussions cru choquer l'esprit général de la nation sans aucun retour d'utilité réelle, en rétablissant les rentes non rachetables.

La disposition la plus essentielle du projet qui vous est soumis est celle par laquelle on déclare qu'*à compter du jour où les nouvelles lois civiles que vous avez sanctionnées sont exécutoires, les lois romaines, les ordonnances, les coutumes générales ou locales, les statuts, les réglemens, cessent d'avoir force de loi générale ou particulière dans les matières qui sont l'objet desdites lois composant le présent Code.*

Cette disposition nous rappelle ce que nous étions, et nous fait apprécier ce que nous sommes.

Quel spectacle s'offrait à nos yeux! on ne voyait devant soi qu'un amas confus et informe de lois étrangères et françaises, de coutumes générales et particulières, d'ordonnances abrogées et non abrogées, de maximes écrites et non écrites, de réglemens contradictoires et de décisions opposées; on ne rencontrait partout qu'un dédale mystérieux, dont le fil nous échappait à chaque instant; on était toujours prêt à s'égarer dans un immense chaos.

Ce désordre s'explique par l'histoire.

Les nations ont un droit public avant que d'avoir des lois civiles.

Chez les peuples naissans, les hommes vivent plutôt entre eux comme des confédérés que comme des concitoyens; ils n'ont besoin que de quelques maximes générales pour régler leur association : la puissance qui s'élève au milieu d'eux n'est occupée qu'à organiser ses moyens de sûreté et de défense. Dans tout ce qui concerne les affaires ordinaires de la vie, on est régi par des usages, par des habitudes, plutôt que par des lois.

Ce serait un prodige que des hommes, tour-à-tour conquérans et conquis, placés dans des lieux différens, sous des climats divers, à des distances plus ou moins éloignées, et souvent sans autres communications entre eux que celles qui naissent du pillage et des hostilités, eussent les mêmes habitudes et les mêmes usages : de-là cette diversité de coutumes qui régissaient les différentes provinces du même empire, et même les différentes villes de la même province.

L'Europe, inondée par les barbares, fut pendant des siècles ensevelie dans l'ignorance la plus profonde. On ne pouvait penser à faire des lois, quand on n'était pas assez éclairé pour être législateur; de plus, les souverains étaient intéressés à ne pas choquer des peuples enivrés de la prétendue excellence de leurs coutumes. Pourquoi se seraient-ils permis des changemens qui eussent pu produire des révolutions ?

Charlemagne, fondateur d'un vaste empire, jeta, par ses réglemens politiques, les fondemens des grandes institutions qui ont tant contribué dans la suite à éclairer l'Europe; il constitua les premiers ordres de l'État : mais dans le gouvernement civil, son génie eût vainement aspiré à la gloire de contrarier trop ouvertement les mœurs et les préjugés de son siècle.

Louis IX, dans ses établissemens, se proposa d'embrasser l'universalité des matières civiles. Le temps ne comportant pas une si haute entreprise, les vues de ce prince demeurèrent aux termes d'un simple projet. Elles n'eurent quelque réalité que pour les vassaux de ses domaines.

Dans des temps moins reculés on crut avoir fait un grand pas vers le bien, quand on eut l'idée et le courage, je ne dis pas de réformer les anciennes coutumes, mais d'ordonner qu'elles seraient rédigées par écrit. Cette époque est célèbre dans l'histoire de notre ancienne législation; car des coutumes écrites, quoique d'ailleurs plus ou moins barbares, plus ou moins sages dans leurs dispositions, firent disparaître les inconvéniens attachés à des conditions incertaines et variables. Les affaires de la vie prirent un cours plus fixe et plus régulier; il y eut plus de sûreté dans l'ordre des successions, dans les propriétés privées et dans toutes les transactions sociales.

Par intervalles, dans des momens de crises et de troubles, on promulguait quelque acte solennel de législation pour rétablir l'ordre , réformer quelque abus ou prévenir quelque danger. C'est au milieu des troubles civils que les belles ordonnances du chancelier de l'Hôpital furent publiées ; mais des lois isolées , que le choc des passions et des intérêts faisait sortir du sein des orages politiques, comme l'acier fait sortir le feu du caillou , ne produisaient qu'une lumière vacillante , passagère , toujours prête à s'éteindre, et incapable de diriger long-temps un peuple dans la route de la prospérité et du bonheur.

Insensiblement les connaissances s'accrurent , diverses causes hâtèrent les progrès de l'instruction. Mais dans une nation guerrière comme la nôtre , les premières classes de la société se vouaient au service militaire ; elles avaient plutôt une discipline qu'une police ; elles dédaignèrent long-temps l'étude de la jurisprudence et des lois : cette partie des connaissances humaines , qui n'est certainement pas la moins importante de toutes , était abandonnée à des hommes qui n'avaient ni le loisir ni la volonté de se livrer à des recherches qu'ils eussent regardées comme plus curieuses qu'utiles.

L'antiquité nous avait laissé des collections précieuses sur la science des lois ; malheureusement ces collections n'étaient connues que dans les contrées régies par le droit écrit ; et encore faut-il observer qu'elles n'y étaient connues que de ceux qui se destinaient à la judicature ou au barreau.

Les littérateurs ne cherchaient dans les anciens que les choses d'agrément, et les philosophes se bornaient à ce qui regarde les sciences spéculatives.

Il ne faut pas s'étonner de cette indifférence. Nous naissons dans des sociétés formées, nous y trouvons des lois et des usages, nous ne regardons point au-delà. Il faut que les événemens donnent l'éveil à l'esprit ; nous avons besoin d'être avertis pour prendre une direction nouvelle et porter notre attention sur des objets jusques-là inconnus ou négligés.

Ce sont nos découvertes dans les arts , nos premiers succès dans la navigation, et l'heureuse fermentation née de nos succès et de nos découvertes en tout genre , qui produisirent sous Louis XIV les réglemens de Colbert sur les manufactures, l'ordonnance des eaux et forêts, l'ordonnance du commerce et celle de la marine.

Le bien naît du bien. Quand le législateur eut fixé sa sollicitude et ses regards sur quelques matières importantes, il sentit la nécessité et il eut le désir de toucher à toutes. On fit quelques réformes dans l'ordre judiciaire, on corrigea la procédure civile, on établit un nouvel ordre dans la justice criminelle, on conçut le vaste projet de donner un Code uniforme à la France.

Les Lamoignon et les d'Aguesseau entreprirent de réaliser cette grande idée. Elle rencontrait des obstacles insurmontables dans l'opinion publique, qui n'y était pas suffisamment préparée, dans les rivalités de pouvoir, dans l'attachement des peuples à des coutumes dont ils regardaient la conservation comme un privilège, dans la résistance des cours souveraines qui craignaient toujours de voir diminuer leur influence, et dans la superstitieuse incrédulité des jurisconsultes sur l'utilité de tout changement qui contrarie ce qu'ils ont laborieusement appris ou pratiqué pendant toute leur vie.

Cependant les idées de réforme et d'uniformité avaient été jetées dans le monde. Les savans et les philosophes s'en emparèrent; ils portèrent dans les matières législatives le coup-d'œil d'une raison exercée par l'observation et par l'expérience. On compara les lois aux lois, on les étudia dans leurs rapports avec les droits de l'homme et avec les besoins de la société. Le judicieux Domat et quelques auteurs contemporains commencèrent à se douter que la législation est une véritable science. Nous appelons *science* une suite de vérités ou de règles liées les unes aux autres, déduites des premiers principes, réunies en corps de doctrine et de système sur quelqu'une des branches principales de nos connaissances.

Les jurisconsultes ne furent plus de simples compilateurs; les magistrats raisonnèrent. Le public éclairé prit part aux querelles des jurisconsultes; il examina les décisions du magistrat, et, s'il est permis de le dire, il osa juger *les justices*.

Dans les sciences, comme dans les lettres et dans les arts,
tandis

tandis que les talens ordinaires luttent contre les difficultés et s'épuisent en vains efforts, il paraît subitement un homme de génie qui s'élance et va poser le modèle au-delà des bornes connues. C'est ce que fit, dans le dernier siècle, le célèbre auteur de l'*Esprit des lois*; il laissa loin derrière lui tous ceux qui avaient écrit sur la jurisprudence; il remonta à la source de toute législation; il approfondit les motifs de chaque loi particulière; il nous apprit à ne jamais séparer les détails de l'ensemble, à étudier les lois dans l'histoire, qui est comme la physique expérimentale de la science législative; il nous mit, pour ainsi dire, en relation avec les législateurs de tous les temps et de tous les mondes.

Telle était parmi nous la disposition des esprits; telles étaient nos lumières et nos ressources, lorsque tout-à-coup une grande révolution éclate.

On attaque tous les abus à-la-fois; on interroge toutes les institutions. A la simple voix d'un orateur, les établissemens, en apparence les plus inébranlables, s'écroulent; ils n'avaient plus de racines dans les mœurs. La puissance se trouve subitement conquise par l'opinion.

Il faut l'avouer : c'était ici une de ces époques décisives qui se rencontrent quelquefois dans la durée des Etats, et qui changent la position et la fortune des peuples, comme certaines crises changent le tempérament des individus.

A travers tous les plans qui furent présentés pour améliorer les choses et les hommes, l'idée d'une législation uniforme fut une de celles qui occupèrent d'abord plus particulièrement nos assemblées délibérantes.

Proposer une telle idée, c'était énoncer le vœu constant des magistrats les plus distingués et celui de la nation entière; c'était énoncer ce vœu dans un moment où l'on entrevoyait la possibilité de le réaliser.

Mais comment préparer un Code de lois civiles au milieu des troubles politiques qui agitaient la France ?

La haine du passé, l'ardeur impatiente de jouir du présent, la crainte de l'avenir, portaient les esprits aux mesures les plus

Liv. III.   A a a exagérées et les plus violentes. La timidité et la prudence qui tendent à tout conserver, avaient été remplacées par le désir de tout détruire.

Des priviléges injustes et oppressifs qui n'étaient que le patrimoine de quelques hommes, avaient pesé sur la tête de tous. Pour recouvrer les avantages de la liberté, on tomba pendant quelques instans dans les abus de la licence. Pour écarter des préférences odieuses et les empêcher de renaître, on chercha à niveler toutes les fortunes, après avoir nivelé tous le rangs.

Des nations ennemies, rivales et jalouses, menaçaient notre sûreté; en conséquence nous voulions par nos lois nous isoler de toutes les nations.

La France avait été déchirée par des guerres religieuses qui avaient laissé dans un grand nombre de familles des souvenirs amers. On crut devoir porter la coignée au pied de l'arbre, et détruire toute religion pour prévenir le retour de la superstition et du fanatisme.

Les premières lois qui furent promulguées par nos assemblées passèrent à travers tous ces systêmes exagérés, et s'y teignirent fortement. On détruisit la faculté de tester, on relâcha le lien du mariage, on travailla à rompre toutes les anciennes habitudes. On croyait régénérer et refaire, pour ainsi dire, la société; on ne travaillait qu'à la dissoudre.

On revint ensuite à des idées plus modérées, on corrigea les premières lois, on demanda de nouveaux plans; on comprit qu'un Code civil devait être préparé avec sagesse, et non décrété avec fureur et précipitation.

Alors le consul Cambacérès publia un projet de Code, qui est un chef-d'œuvre de méthode et de précision. Ce magistrat laissa aux circonstances et au temps le soin de ramener des vérités utiles qu'une discussion prématurée n'eût pu que compromettre. Ses premiers travaux préjugèrent dès-lors la sagacité et la sagesse avec lesquels il devait un jour, sur ces grands objets, éclairer nos délibérations. Les événemens publics qui se succédaient rapidement suspendirent tous les travaux relatifs à la confection du Code civil. Mais tous les bons esprits demeurèrent préoccupés de ce grand objet.

Au 18 brumaire, le premier soin du héros que la nation a choisi pour son chef, fut, après avoir agrandi la France par des conquêtes brillantes, d'assurer le bonheur des Français par de bonnes lois.

Des commissions furent nommées pour continuer des travaux, jusques-là toujours repris et abandonnés.

La guerre, qui a si souvent l'effet de suspendre le cours des projets salutaires, n'arrêta point les opérations qui devaient amener le résultat de ces travaux. Les tribunaux furent consultés. Chaque magistrat, chaque jurisconsulte acquitta le tribut de ses lumières : en quelques années nous avions acquis l'expérience de plusieurs siècles. L'homme extraordinaire qui est à la tête du Gouvernement sut mettre à profit le développement d'idées que la révolution avait opérées dans toutes les têtes, et l'énergie de caractère qu'elle avait communiqué à toutes les ames. Il réveilla l'attention de tous les hommes instruits ; il jeta un souffle de vie sur des débris et des matériaux épars, qui avaient été dispersés par les tempêtes révolutionnaires ; il éteignit les haines et réunit les parties : sous ses auspices, la justice et la paix s'embrassèrent ; et dans le calme de toutes les passions et de tous les intérêts, on vit naître un projet complet de Code civil, c'est-à-dire, le plus grand bien que les hommes puissent donner et recevoir.

Citoyens Législateurs, le vœu de la nation, celui de toutes nos assemblées délibérantes est rempli. Les différentes parties du Code civil disputées dans le tribunat par des hommes dont les lumières nous ont été si profitables, ont déjà reçu votre sanction, et vous allez proclamer à la face de l'Europe le Code civil des Français.

Lors de la présentation de chaque loi on vous a exposé les raisons qui la motivaient, et ces raisons ont obtenu vos suffrages. Il nous suffit dans ce moment de jeter un coup-d'œil général sur l'ensemble des lois que vous avez sanctionnées. Ces lois ne sont point l'ouvrage d'une volonté particulière, elles ont été formées par le concours de toutes les volontés ; elles paraissent, après la révolution, comme ces signes bienfaisans qui se développent dans le ciel pour nous annoncer la fin d'un grand orage.

Et en effet, eût-il été possible de terminer l'important ouvrage du Code civil, si nos travaux et les vôtres eussent été traversés par des factions ? Eût-on pu transiger avec les opinions, si déjà on n'avait réussi à concilier les intérêts et à rapprocher les cœurs ? Oui, citoyens Législateurs, la seule existence d'un Code civil et uniforme est un monument qui atteste et garantit le retour permanent de la paix intérieure de l'Etat. Que nos ennemis frémissent, qu'ils désespèrent de nous diviser, en voyant toutes les parties de la république ne plus former qu'un seul tout ; en voyant plus de trente millions de Français, autrefois divisés par tant de préjugés et de coutumes différentes, consentir solennellement les mêmes sacrifices, et se lier par les mêmes lois ; en voyant enfin une grande nation, composée de tant d'hommes divers, n'avoir plus qu'un sentiment, qu'une pensée, marcher et se conduire comme si toute entière elle n'était qu'un seul homme !

Quels seront les effets de cette unité de législation établie par le nouveau Code ? Les esprits ordinaires peuvent ne voir dans cette unité qu'une perfection de symétrie ; l'homme instruit, l'homme d'Etat y découvre les plus solides fondemens de l'empire.

Des lois différentes n'engendrent que trouble et confusion parmi des peuples qui, vivant sous le même Gouvernement et dans une communication continuelle, passent ou se marient les uns chez les autres, et, soumis à d'autres coutumes, ne savent jamais si leur patrimoine est bien à eux.

Nous ajouterons que les hommes qui dépendent de la même souveraineté, sans être régis par les mêmes lois, sont nécessairement étrangers les uns aux autres ; ils sont soumis à la même puissance, sans être membres du même Etat ; ils forment autant de nations diverses qu'il y a de coutumes différentes. Ils ne peuvent nommer une patrie commune.

Aujourd'hui une législation uniforme fait disparaître toutes ces absurdités et ces dangers ; l'ordre civil vient cimenter l'ordre politique. Nous ne sommes plus Provençaux, Bretons, Alsaciens, mais Français. Les noms ont une plus grande influence que l'on ne croit sur les pensées et les actions des hommes.

L'uniformité n'est pas seulement établie dans les rapports qui doivent exister entre les différentes portions de l'Etat; elle est établie encore dans les rapports qui doivent exister entre les individus. Autrefois les distinctions humiliantes que le droit politique avait introduites entre les personnes, s'étaient glissées jusques dans le droit civil. Il y avait une manière de succéder pour les nobles, et une autre manière de succéder pour ceux qui ne l'étaient pas; il existait des propriétés privilégiées que ceux-ci ne pouvaient posséder, au moins sans une dispense du souverain. Toutes ces traces de barbarie sont effacées; la loi est la mère commune des citoyens, elle leur accorde une égale protection à tous.

Un des grands bienfaits du nouveau Code, est encore d'avoir fait cesser toutes les différences civiles entre les hommes qui professent des cultes différens. Les opinions religieuses sont libres. La loi ne doit point forcer les consciences; elle doit se diriger d'après ce grand principe, qu'il faut souffrir ce que Dieu souffre. Ainsi, elle ne doit connaître que des citoyens, comme la nature ne connaît que des hommes.

On n'a pas cherché dans la nouvelle législation à introduire des nouveautés dangereuses. On a conservé des lois anciennes tout ce qui pouvait se concilier avec l'ordre présent des choses; on a pourvu à la publicité des mariages; on a posé de sages règles pour le gouvernement des familles; on a rétabli la magistrature des pères; on a rappelé toutes les formes qui pouvaient garantir la soumission des enfans; on a laissé une latitude convenable à la bienfaisances des testateurs; on a développé tous les principes généraux des conventions et ceux qui dérivent de la nature particulière de chaque contrat; on a veillé sur le maintien des bonnes mœurs, sur la liberté raisonnable du commerce, et sur tous les objets qui peuvent intéresser la société civile.

En assurant par de bonnes lois notre prospérité dans l'intérieur, nous aurons accru notre gloire et notre puissance au dehors. L'histoire moderne ne présente aucun exemple pareil à celui que nous donnons au monde. Le courage de nos armées a étonné l'Europe par des victoires multipliées, et il s'apprête à nous venger de la perfidie d'un ennemi qui ne respecte point les traités, et qui ne place sa confiance et sa force que dans le crime. C'est alors même que la sagesse du Gouvernement, calme comme si elle n'était pas distraite par d'autres objets, jette les fondemens de cette autre puissance qui captive peut-être plus sûrement le respect des nations : je veux parler de la puissance qui s'établit par les bonnes institutions et par les bonnes lois.

Nos ressources politiques et militaires peuvent n'inspirer que de la crainte aux étrangers ; mais en nous voyant propager toutes les saines idées d'ordre, de morale et de bien public, ils trouvent, dans nos principes et dans nos vertus, de quoi se rassurer contre l'abus possible de nos ressources.

Citoyens Législateurs, vous touchez au terme de vos glorieux travaux. Qu'il sera consolant pour vous, en retournant dans vos départemens et dans vos familles, d'y être bénis par tous vos concitoyens, et d'y jouir personnellement, comme enfans, comme époux, comme pères, de toutes les sages institutions que vous aurez sanctionnées comme législateurs ! Vous aurez travaillé à votre bien particulier, en travaillant au bien commun ; et à chaque instant de la vie, chacun de vous se trouvera heureux du bonheur de tous.

L O I

Sur la réunion des Lois civiles en un seul corps,
sous le titre de Code civil des Français :

Décrétée le 30 ventose an XII, promulguée le 10 germinal suivant.

ARTICLE PREMIER.

SERONT réunies en un seul corps de lois, sous le titre de CODE CIVIL DES FRANÇAIS, les lois qui suivent :

SAVOIR:

1°. Loi du 14 ventose an XI. *Sur la publication, les effets et l'application des lois en général.*

2°. Loi du 17 ventose an XI. *Sur la jouissance et la privation des droits civils.*

3°. Loi du 20 ventose an XI. *Sur les actes de l'état civil.*

4°. Loi du 23 ventose an XI. *Sur le domicile.*

5°. Loi du 24 ventose an XI. *Sur les absens.*

6°. Loi du 26 ventose an XI. *Sur le mariage.*

7°. Loi du 30 ventose an XI. *Sur le divorce.*

8°. Loi du 2 germinal an XI. *Sur la paternité et la filiation.*

9°. Loi du 2 germinal an XI. *Sur l'adoption et la tutelle officieuse.*

10°. Loi du 3 germinal an XI. *Sur la puissance paternelle.*

11°. Loi du 5 germinal an XI. *Sur la minorité, la tutelle et l'émancipation.*

36°. Loi du 24 ventose an XII. *Sur la prescription.*

Art. 2. — Les six articles dont est composée la loi du 21 du présent mois , concernant les actes respectueux à faire par les enfans , aux pères et mères , aïeuls et aïeules , dans les cas où ils sont prescrits , seront insérés au titre *du Mariage* , à la suite de l'article qui se trouve maintenant au n°. 151.

Art. 3. — Sera insérée au titre *de la distinction des biens* , à la suite de l'article qui se trouve maintenant au n°. 529 , la disposition contenue en l'article qui suit :

Toute rente établie à perpétuité pour le prix de la vente d'un immeuble , ou comme condition de la cession à titre onéreux ou gratuit d'un fonds immobilier , est essentiellement rachetable.

Il est néanmoins permis au créancier de régler les clauses et conditions du rachat.

Il lui est aussi permis de stipuler que la rente ne pourra lui être remboursée qu'après un certain terme , lequel ne peut jamais excéder trente ans : toute stipulation contraire est nulle.

Art. 4. — Le Code civil sera divisé en un titre préliminaire et en trois livres.

La loi du 14 ventose an XI , *sur la publication , les effets et l'application des Lois en général ,* est le titre préliminaire.

Le premier livre sera composé des onze lois suivantes , sous le titre *des Personnes.*

Le second livre sera composé des quatre lois suivantes , sous le titre *des Biens , et des différentes modifications de la Propriété.*

Le troisième livre sera composé des vingt dernières lois sous le titre *des différentes manières dont on acquiert la Propriété.*

Chaque livre sera divisé en autant de titres qu'il y a de lois qui doivent y être comprises.

Art. 5. — Il n'y aura pour tous les articles du Code civil qu'une seule série de numéros.

Art. 6. La disposition de l'article 1er. n'empêche pas que chacune des lois qui y sont énoncées n'ait son exécution du jour qu'elle a dû l'avoir en vertu de sa promulgation particulière.

Art. 7. — A compter du jour où ces lois sont exécutoires , les lois romaines , les ordonnances , les coutumes générales ou locales , les statuts , les réglemens , cessent d'avoir force de loi générale ou particulière dans les matières qui sont l'objet desdites lois composant le présent Code.

Signé BONAPARTE , Premier Consul. Contre-signé , *le Secrétaire d'Etat*, Hugues B. Maret. Et scellé du sceau de l'Etat.

Vu , *le Grand-Juge , Ministre de la justice*, signé Regnier.

Certifié :

Le Grand-Juge , Ministre de la justice.

REGNIER.

SUPPLÉMENT

AUX LOIS DU CODE CIVIL.

LOI TRANSITOIRE.

Sur l'Adoption.

Le PREMIER CONSUL a nommé, pour présenter la loi concernant les *Adoptions postérieures au 18 janvier 1792, et antérieures à la promulgation du Code civil*, et pour en soutenir la discussion, les citoyens *Berlier* et *Miot*, Conseillers d'État.

Introduits dans la salle du Corps Législatif, le 17 germinal an 12; l'un d'eux, portant la parole, a prononcé le discours suivant.

CITOYENS LÉGISLATEURS,

La loi du 2 germinal a posé des règles pour les adoptions futures; mais beaucoup d'adoptions existaient avant cette époque, et appellent aujourd'hui une loi qui, en liant le passé avec le présent, détermine les effets des adoptions antérieures au Code civil.

Vous avez à remplir sur ce point les promesses de plusieurs des Assemblées nationales qui vous ont précédés; car on ne peut contester aux adoptions, dont nous venons vous entretenir aujourd'hui, d'avoir été faites sous les auspices d'une législation incomplète, il est vrai, mais du moins positive dans son objet.

- Le premier acte du pouvoir législatif, dans lequel on s'occupa de l'*adoption*, fut un décret du 18 janvier 1792, qui ordonna de comprendre *dans le plan général des lois civiles, celles relatives à l'adoption.*

Plusieurs adoptions suivirent ce décret; mais elles se multiplièrent sur-tout quand on vit le législateur lui-même faire une application positive du principe décrété.

Le 25 janvier 1793, la Convention nationale adopta, au nom de la patrie, la fille de Michel Lepelletier, et chargea son comité de législation *de lui présenter très-incessamment un rapport sur les lois de l'adoption.*

Peu de temps après, une constitution qui n'eut, à la vérité, qu'une existence éphémère, parla de l'*adoption*, non-seulement pour la permettre, mais pour la récompenser, puisque l'adoption d'un enfant était l'un des moyens d'acquérir les droits de citoyen français.

Quelque peu favorables que soient à cette constitution les souvenirs qui s'y rattachent, on ne saurait dénier tout effet aux actes qui furent faits sous son empire, et qui tenaient à l'état civil des personnes.

Au reste, cet état fut bien plus textuellement encore assuré par une loi du 16 frimaire an 3, qui, sans en déterminer les effets, fit connaître qu'il devait en résulter des droits, puisqu'elle introduisit des actes propres à les conserver.

Jusqu'à ce qu'il ait été statué par la Convention nationale, porte cette loi, *sur les effets des adoptions faites antérieurement à la promulgation du Code civil, les juges de paix devront, s'ils en sont requis par les parties intéressées, lever les scellés, pour la vente du mobilier être faite après inventaire, sur l'avis d'une assemblée de parens, sauf le dépôt jusqu'au réglement des droits des parties.*

Au surplus, dès les premiers temps où le nom de l'*adoption* fut prononcé, l'on avait vu la plupart des municipalités lui accorder une place dans les registres de l'état civil, et l'on trouve plus récemment un arrêté du Gouvernement, en date du 19 floréal an 8, qui atteste et confirme cet usage, par la mention qu'il fait de l'*adoption* au nombre des actes de l'état civil.

Après tant d'actes de la puissance publique, l'on ne saurait révoquer en doute que l'adoption n'ait été consacrée en principe long-temps avant la loi du 2 germinal, et que l'introduction de ce principe ne doive remonter au décret du 18 janvier 1792 ?

Ce point reconnu, comme la législation n'a pu tendre un piége aux citoyens, ni tromper la foi publique, elle doit aujourd'hui régler le sort des adoptions antérieures au Code civil.

C'est un malheur, sans doute, que l'autorité du législateur soit devenue nécessaire pour expliquer le passé, en régler les effets et donner à cette partie de la législation un complément qui lui manquait; mais la situation extraordinaire qui motive cette mesure n'en est pas moins constante, ni le besoin d'y subvenir moins évident; car le sort de plusieurs milliers d'enfans adoptifs, et la tranquillité de plusieurs milliers de familles, dépendent des questions sur lesquelles vous allez prononcer.

Je vais vous développer les idées qui ont dicté le projet de loi.

Aujourd'hui que l'adoption est organisée pour l'avenir, la première pensée, la première recherche devait se diriger vers le point de savoir si la loi nouvelle pouvait être déclarée commune aux adoptions anciennes.

Mais en sentant le besoin de rapprocher entr'elles les adoptions organisées par le Code civil, et celles qui ont eu lieu antérieurement, en reconnaissant même la possibilité de les assimiler dans quelques parties, on en a apperçu d'autres qui n'admettaient pas d'application commune, et l'on a reconnu que le passé et l'avenir ne pouvaient, en cette matière, s'allier sans plusieurs modifications.

Ainsi d'abord, les formes et conditions prescrites par la loi nouvelle ne sauraient régir les adoptions préexistantes sans les annuller rétroactivement, et l'on sent combien cela serait injuste; car l'adoption annullée serait irréparable toutes les fois que l'adoptant serait décédé, ou qu'il aurait changé de volonté, ou que persévérant dans cette volonté, il ne pourrait la réaliser à cause des conditions aujourd'hui exigées par la loi.

Ces considérations réclament impérieusement le maintien des anciennes adoptions en l'état où elles se trouvent.

Nulles *formes* spéciales n'étaient prescrites jusqu'au Code civil ; les adoptions faites jusqu'à cette époque doivent donc être déclarées valables, pourvu qu'elles soient établies par un titre *authentique*.

Nulles *conditions* n'étaient imposées ; ainsi, et sauf les règles générales qui frapperaient de nullité ceux de ces actes que l'on prouverait avoir été extorqués par la violence, ou être l'ouvrage d'un esprit aliéné, les adoptions consommées avant la promulgation du code devront obtenir leur effet sans consulter la loi nouvelle, et sans examiner si l'adoptant était d'ailleurs capable de conférer le bénéfice de l'adoption ou l'adopté capable de le recevoir ; car l'un et l'autre étaient habiles, puisque la législation ne contenait alors aucune prohibition, et n'offrait au contraire qu'une autorisation indéfinie.

Tout système opposé au maintien *pur et simple* de ces anciennes adoptions, serait d'ailleurs évidemment contraire au besoin des circonstances : car, si après le vague dans lequel on est resté durant onze années par rapport à l'adoption, on est enfin parvenu à régulariser cette belle institution, l'application des règles nouvelles aux actes anciens, loin d'être un retour à l'ordre, ne serait qu'un nouveau bouleversement.

Je viens d'établir, surabondamment peut-être, que les formes et conditions de la loi nouvelle ne pouvaient s'appliquer aux adoptions faites avant le Code civil.

Il se présente entre les adoptions faites jusqu'à ce jour, et celles qui auront lieu à l'avenir, une autre différence qui exigeait une disposition particulière.

Dans le nouveau système, toute adoption sera irrévocable, même de la part de l'adopté, parce que le contrat ne se formera avec celui-ci que lorsqu'il sera devenu majeur.

Mais les anciennes adoptions ont pour la plupart été dirigées sur des mineurs, non à titre de *tutelle officieuse*, (institution dont l'idée est tout-à-fait nouvelle, et dont le nom n'avait pas encore été prononcé,) mais à titre *d'adoption* parfaite.

Dans cette situation, il a paru juste, non d'assimiler les anciennes adoptions à la tutelle officieuse, (ce qui tendrait à dénaturer le contrat que l'on a voulu former,) mais, en laissant subsister l'adoption, de réserver au mineur la faculté d'y renoncer.

Peu de mineurs sans doute en useront, mais le principe sera respecté; car le consentement est la base essentielle de tout contrat, et il est sur-tout nécessaire dans un acte aussi important que l'adoption : or, ce consentement formel ou tacite est un acte de majeur.

Au reste, l'adoptant lui-même n'aura point à se plaindre de cette disposition, car elle était dans l'opinion commune et dans tous les projets du temps.

Cette heureuse combinaison, qui fait de *l'adoption* un contrat entre majeurs, bien qu'elle tire son origine de services rendus à un mineur, n'existait point encore; elle n'avait pas même été apperçue, et l'on ne voyait dans l'adoption conférée à un mineur qu'un acte qui, parfait et irrévocable de la part de l'adoptant, restait néanmoins sujet à la ratification formelle ou tacite de l'adopté à l'époque de sa majorité.

En se reportant vers ce système, pour en accorder les effets avec les principes propres à la minorité, la faculté proposée, dans cette espèce, en faveur de l'adopté mineur, reste suffisamment justifiée.

De ce qui vient d'être dit, il résulte déjà que, soit par rapport aux formes et conditions de l'adoption, soit par rapport à sa révocabilité du chef de l'adopté mineur, les anciennes adoptions ne peuvent être assimilées à celles que régira la loi nouvelle.

Mais cette assimilation pourra-t-elle au moins avoir lieu dans les effets ?

Parvenus à ce point de la discussion, nous n'aurions plus qu'une disposition à vous proposer, s'il devait en être ainsi : ce serait de déclarer, quant aux effets, la loi nouvelle commune aux adoptions anciennes; mais ce parti, fort simple au premier coup-d'œil, ne serait exempt ni de dangers ni d'injustice.

Voyons d'abord le cas où l'adoptant aurait, par un contrat, ou par une disposition quelconque, soit entre-vifs, soit à cause de mort, réglé ce qu'il voulait donner à l'adopté. Dans le silence de la loi sur les effets de l'adoption, il est évident que la volonté de l'homme a pu les régler, et que cette volonté duement manifestée doit être aujourd'hui respectée et suivie.

Veut-on maintenant supposer soit une transaction avec les héritiers de l'adoptant, soit un jugement qui ait acquis toute la force de la chose jugée? L'on conçoit que ce serait tout subvertir que de faire prévaloir les dispositions de la loi nouvelle contre des actes de cette nature.

Le projet qui vous est soumis se serait écarté des vues d'une saine justice et d'une bonne politique, s'il eût apporté la moindre dérogation aux effets réglés de l'une des manières qui viennent d'être indiquées; son premier devoir était de les maintenir.

Mais il peut n'exister rien de semblable, et c'est alors que la loi doit prononcer, et que son intervention devient nécessaire.

Pour prendre un juste parti à cet égard et pour régler sagement les effets des anciennes adoptions, il faut sur-tout considérer la position la plus commune des adoptans, et interroger la volonté du plus grand nombre.

Dans cet examen on trouvera que l'adoptant qui n'a pas lui-même expliqué ni limité sa libéralité, a voulu qu'elle eût le plus d'étendue possible, ou du moins n'a voulu la soumettre qu'aux limitations que la loi pourrait y apporter elle-même.

L'on peut donc et l'on doit même s'arrêter à cette présomption comme au meilleur point de départ qu'on ait en cette matière.

Ainsi, et dans le cas où, avant la promulgation du Code, l'adoptant serait mort sans avoir laissé d'actes explicatifs de sa volonté, l'adopté sera irrévocablement investi de tous les droits de successibilité accordés par la loi nouvelle, parce que cette mesure s'accorde avec la volonté présumée de l'adoptant.

Cette

Cette présomption de droit ne cessera point si l'adoptant se trouve encore vivant ; cependant, et dans ce cas, l'on a cru devoir l'admettre à en écarter l'application par une affirmation contraire, faite dans un bref délai.

Une considération majeure a dicté cette modification ; car quelque juste que soit la présomption légale, ce n'est pourtant qu'une présomption, et l'on ne saurait envisager sans effroi la situation fâcheuse dans laquelle se trouverait un homme dont la loi viendrait étendre les bienfaits au-delà de sa volonté.

Toutes les passions malheureuses que peut déchaîner un faux calcul ne viendraient-elles pas empoisonner sa vie, altérer toutes les douces affections sur lesquelles l'adoption doit reposer, et rendre l'adopté un objet de haine pour l'adoptant ?

Quelque petit que doive être le nombre des adoptans qui useront de l'affirmation permise, cette modification évitera quelques malheurs, sans anéantir, lors même qu'elle aura lieu, tous les droits de l'adopté, qui conservera au moins le tiers de ceux qu'aurait un enfant légitime.

Il y a lieu d'espérer, au surplus, que des hommes qui ne se sont montrés que comme des bienfaiteurs, ne deviendront point parjures ; et quand la société aurait sur ce point quelques abus à craindre, elle avait à prévenir des inconvéniens plus graves et plus nombreux encore.

J'ai déjà mis sous vos yeux, citoyens Législateurs, les parties principales du projet de loi ; il me reste cependant à expliquer une disposition qui y tient une place assez importante.

Vous avez entendu que s'il y a un acte quelconque qui règle les droits de l'adopté, il faudra l'observer.

Cela est juste, sans doute, et l'on est fort heureux, quand la vérité apparaît, de la suivre sans restriction.

Cependant les droits de l'enfant adoptif peuvent avoir été réglés à une quotité faible, et n'être plus en rapport avec l'affection de l'adoptant, accrue en raison des services et des consolations que l'adopté lui aura procurés.

Résultera-t-il de la présence d'un contrat antérieur à la

Liv. III. Bbb

promulgation du Code civil et de sa maintenue prononcée par la loi, que l'adoptant ne puisse rien ajouter à un tel contrat? Ce serait aller au-delà du but qu'on s'est proposé; car si, pour assurer la condition respective de l'adoptant et de l'adopté, l'on a voulu, avec raison, que le premier ne pût donner moins, ni le second exiger plus que ce qui pourrait avoir été réglé par conventions antérieures au Code civil, rien ne s'oppose à ce qu'il intervienne entre eux un nouveau contrat plus favorable à l'adopté, une nouvelle adoption accompagnée de tous ses effets, et pour l'accomplissement de laquelle il convient même de dispenser d'une partie des conditions imposées par la loi nouvelle; car, dans cette espèce, il ne s'agit point de créer, mais de resserrer des nœuds préexistans.

Quelques règles tirées de la loi nouvelle terminent le projet qui vous est soumis.

Ainsi, le droit accordé à l'adopté de porter le nom de l'adoptant additionnellement à celui de sa propre famille;

L'obligation réciproque entre l'adoptant et l'adopté de se fournir des alimens dans le besoin;

Les prohibitions de mariages aux degrés exprimés dans la loi du 2 germinal;

Le droit accordé à l'adoptant de succéder aux choses par lui données à l'adopté, quand celui-ci meurt sans postérité;

Voilà plusieurs points qui, étant de l'essence du contrat, s'appliquent sans difficulté aux anciennes adoptions comme aux adoptions futures, et n'offrent d'ailleurs aucun embarras dans leur exécution.

Je viens, citoyens Législateurs, de vous expliquer tout le plan de la loi transitoire qui vous est proposée.

Dans le passage d'un simple principe à des applications précises et à des résultats positifs, il fallait n'établir les présomptions de la loi qu'après avoir respecté la volonté de l'homme et épuisé tous les documens qu'elle pouvait offrir; il fallait même, en l'absence de ces documens, et lorsque la présomp-

tion s'élève à l'autorité de la loi, l'accompagner de modifications propres à éviter des froissemens funestes.

Guidé par ces idées principales, le projet qui vous est soumis
aura atteint son but, si, juste dans ses moyens, il termine sans
crise des difficultés dont la solution, depuis long-temps atten-
due, va fixer enfin le sort de plusieurs milliers d'individus
dignes de toute votre sollicitude.

Suit le texte de la loi.

LOI TRANSITOIRE

Sur l'Adoption,

Décrétée le 25 germinal an XI. Promulguée le 5 floréal suivant.

Article 1er. — Toutes adoptions faites par actes authentiques depuis le 18 janvier 1792 (v. st.) jusqu'à la publication des dispositions du Code civil relatives à l'adoption, seront valables, quand elles n'auraient été accom-
pagnées d'aucune des conditions depuis imposées pour
adopter et être adopté.

Art. 2. — Pourra néanmoins celui qui aura été adopté
en minorité, et qui se trouverait aujourd'hui majeur,
renoncer à l'adoption dans les trois mois qui suivront la
publication de la présente loi.

La même faculté pourra être exercée par tout adopté
aujourd'hui mineur, dans les trois mois qui suivront sa
majorité.

Dans l'un et l'autre cas, la renonciation sera faite devant l'officier de l'état civil du domicile de l'adopté, et
notifiée à l'adoptant dans un autre délai de trois mois.

Art. 3. — Les adoptions auxquelles l'adopté n'aura point renoncé, produiront les effets suivans :

Si ses droits ont été réglés par acte ou contrat authentique, disposition entre-vifs ou à cause de mort, faits sans lésion de légitime d'enfant, transaction, ou jugement passé en force de chose jugée, il ne sera porté aucune atteinte auxdits acte, contrat, disposition, transaction ou jugement, lesquels seront exécutés selon leur forme et teneur.

Art. 4. — En l'absence ou à défaut de toute espèce d'actes authentiques, spécifiant ce que l'adoptant a voulu donner à l'adopté, celui-ci jouira de tous les droits accordés par le Code civil, si, dans les six mois qui suivront la publication de la présente loi, l'adoptant ne se présente devant le juge de paix de son domicile, pour y affirmer que son intention n'a pas été de conférer à l'adopté tous les droits de successibilité qui appartiendraient à un enfant légitime.

Cette faculté d'affirmer l'intention est un droit personnel à l'adoptant, et n'appartiendra point à ses héritiers.

Art. 5. — Dans le cas où l'adoptant aurait fait l'affirmation énoncée dans l'article précédent, et dans le délai prescrit par cet article, les droits de l'adopté seront, quant à la successibilité, limités au tiers de ceux qui auraient appartenu à un enfant légitime.

Art. 6. — S'il résultait de l'un des actes maintenus par l'article 3, que les droits de l'adopté fussent inférieurs à ceux accordés par le Code civil, ceux-ci pourront lui être conférés en entier par une nouvelle adoption, dont l'instruction aura lieu conformément aux dispositions du Code, mais sans autres conditions de la part de l'adoptant, que d'être sans enfans ni descendans légitimes, d'avoir quinze ans de plus que l'adopté ; et si l'adoptant est marié , d'obtenir le consentement de l'autre époux.

Art. 7. — Les articles 347, 348, 349, 351 et 352 du Code civil , au titre de *l'adoption*, sont au surplus déclarés communs à tous les individus adoptés depuis le décret du 18 janvier 1792, et autres lois y relatives.

LOI TRANSITOIRE

Sur les effets du Divorce.

Le PREMIER CONSUL a nommé, pour présenter la loi concernant *les effets des Divorces prononcés avant la promulgation du titre du Code civil sur le Divorce*, et pour en soutenir la discussion, les citoyens *Réal* et *Thibaudeau*, Conseillers d'État.

Introduits dans la salle du Corps Législatif, le 18 germinal an 11 ; l'un d'eux, portant la parole, a prononcé le discours suivant.

CITOYENS LÉGISLATEURS,

Avant la révolution, la législation française n'offrait aux époux, à qui la vie commune était insupportable, d'autre ressource que la *séparation de corps*.

Tous les bons esprits reconnaissaient dès-lors l'insuffisance et les abus de cette incomplète institution ; mais la législation qui admettait comme dominante et unique une religion dont le dogme consacre l'absolue indissolubilité du mariage, ne pouvait accorder davantage.

Un des premiers bienfaits de la révolution a été la liberté des cultes, et l'admission du divorce a été une des premières conséquences de cette liberté. Mais une législation trop facile ouvrit la porte à de nouveaux abus ; et cette institution, demandée par la philosophie, ne fut que trop souvent, sur-tout à sa naissance, un instrument de l'immoralité et un moyen de dépravation.

Instruits par l'expérience plus que séculaire de la révolution ; méprisant les clameurs et les exagérations opposées de tous les partis ; pouvant, dans le silence de tous les préjugés, apprécier l'institution en elle-même, ce que la justice exige, ce que la morale conseille, ce que permettent les mœurs et les habitudes de cette grande nation ; vous avez, dans votre séance du 3o ventose dernier, admis le nouveau projet de loi sur le *divorce* ; et désormais cette institution, sagement restreinte et modifiée, environnée de formes sévères, n'aura plus qu'une salutaire influence, et ne se présentera plus que dégagée de tous ses abus.

Il était bien évident qu'en proposant ainsi des restrictions, des modifications nouvelles, qu'en créant de nouvelles formes, le législateur ne disposait que pour l'avenir, et que son intention ne pouvait être d'appliquer au passé la nouvelle loi.

Et certes, pour peu que l'on eût suivi la marche du Gouvernement et étudié le caractère de ses institutions, on devait avoir reconnu que pour préparer le bonheur de la génération à venir, le Gouvernement ne veut jamais sacrifier la génération présente. Il ignore l'art facile et dangereux de faire le bien avec violence ; et ce n'est pas en s'environnant de ruines, ce n'est pas au milieu des décombres qu'il veut élever un temple à la sécurité.

Il sait que le législateur qui veut assurer aux lois qu'il propose un respect religieux, doit lui-même prêcher l'exemple, en maintenant, pour le passé, les effets des lois qu'il réforme pour l'avenir. Donner aux lois réformatrices un effet rétroactif, sous prétexte que les lois réformées consacraient de grands abus, ce serait proclamer que chaque individu ne doit exécuter la loi que quand il aura prononcé lui-même sur sa bonté ; ce serait ébranler toutes les transactions, rendre toutes les propriétés incertaines, tous les droits douteux.

Quand tous les jurisconsultes et tous les publicistes ne proclameraient pas avec un admirable ensemble cette consolante vérité, ne suffirait-il pas de consulter les fastes de notre révolution pour la professer, et reconnaître que l'époque où l'effet rétroactif a été introduit dans notre législation civile et criminelle, est une époque de trouble et de désolation, où la fortune, la liberté, la vie de chacun de nous, étaient à la merci du plus obscur dénonciateur.

C'est sans doute parce que dans ces temps de troubles dont nous sortons à peine, cette vérité, aujourd'hui si religieusement respectée, a été plus audacieusement foulée aux pieds, que vous retrouvez à la tête du Code civil, sous *l'article 2 du titre préliminaire*, la déclaration suivante, que son évidence devait, sans ce motif, dispenser de toute publication :

« La loi ne dispose que pour l'avenir ; elle n'a point d'effet » rétroactif ».

Et peut-être que cette solennelle profession de foi, peut-être que cette règle de conduite placée en tête du code dont la loi sur le divorce fait partie, pouvait amener à regarder comme inutile la loi transitoire dont le projet vous est soumis. Mais le Gouvernement a été instruit que des doutes s'élevaient ; que plusieurs bons esprits, en respectant le principe de la *non-rétroactivité* lorsqu'il s'agissait des autres dispositions du code, croyaient cependant que ce principe ne devait pas recevoir d'application lorsqu'il s'agissait de la loi du divorce dont ils s'exagéraient les abus ; que d'autres croyaient qu'appliquer la loi nouvelle aux instances introduites n'était pas *rétroagir*, parce qu'ils pensaient que le droit n'était pas acquis par la demande formée : enfin le Gouvernement n'a pu se dissimuler que lorsqu'il s'agit d'une loi sur le divorce, *l'intérêt*, *les passions*, *les préjugés*, *les habitudes*, *des motifs d'un autre ordre, toujours respectables par la source même dont ils émanent, présentent, s'il est permis de le dire, à chaque pas des ennemis à combattre* (1);

_____

(1) Discours du conseiller d'Etat Treilhard. *Voyez* le *Moniteur*, n°. 170 du 20 ventose.

que ces mêmes ennemis peuvent reparaître et égarer l'homme faible lorsqu'il s'agirait d'appliquer la loi promulguée ; et il a pensé qu'une loi transitoire et spéciale à la question du divorce, pouvait seule faire taire tous les intérêts, dissiper toutes les incertitudes, calmer tous les scrupules et enlever tout réfuge à la mauvaise foi.

Dans sa disposition générale, le projet de loi que nous vous présentons, appliquant le principe proclamé par l'article 2 du code, prononce que le droit résultant de la loi ancienne, est acquis à celui qui a usé de ce droit antérieurement à la publication de la loi nouvelle, et qu'il n'est acquis qu'à lui.

Et d'abord il est évident que ce droit qui ne peut naître que par la demande d'un des époux, n'est, dans l'espèce, acquis qu'à celui qui, par une demande formée, a déclaré qu'il en voulait faire usage. Le silence des autres équivaut à une renonciation formelle, et ils sont soumis à l'empire de la nouvelle loi.

Ce droit est acquis à celui qui a formé la demande, comme tous les droits qui naissent de la disposition des lois, par l'effet de la loi elle-même qui, en thèse générale, saisit du droit qu'elle donne, l'individu qui ignore son existence, et l'en saisit malgré lui.

Dirait-on que, lorsqu'il s'agit de divorce, le droit n'est acquis que par le jugement qui le prononce, et qu'après que les formalités exigées par la loi ont été remplies? On énoncerait une grande erreur ; car enfin ces formalités, ces délais exigés, ce jugement, sont pour le divorce ce que sont les délais, les formalités, le jugement pour les autres actions. Dans l'un et l'autre cas, le jugement ne donne pas le droit, il ne fait que déclarer son existence. Dans l'un et l'autre cas, les délais, les formalités qui précèdent le jugement, et le jugement lui-même, tiennent à la police judiciaire, et sont étrangers à la substance du droit qui dérive de la loi.

Et cette comparaison est tout à l'avantage de l'action en divorce, parce que le jugement à intervenir sur toutes les autres actions est toujours problématique, toujours indépendant de la volonté de celui qui a dirigé l'action, et très-souvent contraire à cette volonté ; au lieu que dans l'action en divorce, au moins dans celle qui avait pour motif l'*incompatibilité*, la volonté du demandeur était la règle unique de l'acte qui terminait la procédure : les délais, les formalités, les assemblées de parens, n'étaient que des moyens tendant à conciliation ; ils ne pouvaient rien contre la volonté continuellement manifestée qui recevait à la fin son exécution ; de telle manière, que l'acte qui couronnait toute cette procédure, n'était pas même un jugement prononcé par un tribunal ; mais une déclaration admise par un officier de l'état civil.

Qui oserait nier que dans une pareille espèce l'application de la loi nouvelle à la procédure introduite d'après le droit ancien, ne fût un effet rétroactif évident ?

Et quel en serait le résultat ? la réunion forcée de deux êtres dont l'un a déclaré solemnellement une haine, une guerre éternelle à l'autre, qui n'a fait cette solemnelle et irrévocable déclaration que sous la foi qu'elle serait admise, qu'elle ne pourrait en aucune manière être rejetée ou éludée. Certes, celui des deux époux qui, par l'effet rétroactif donné à la loi nouvelle, rentrerait sous le joug de l'époux qu'il aurait aussi grièvement offensé, ne pourrait-il pas avec raison reprocher au législateur de lui avoir tendu un piége affreux ? Sans votre loi, pourrait-il dire, sans l'assurance que ma volonté une fois manifestée serait admise, je me serais bien gardé de former une demande en divorce ; j'aurais supporté mes peines sans me plaindre, et je n'aurais pas ajouté à tous les chagrins qui empoisonnaient ma vie, ce tort irréparable, irrémissible, résultant de la demande que j'ai formée.

Observez, Législateurs, que si l'effet rétroactif pouvait ainsi anéantir l'effet des demandes introduites et qui ne sont pas jugées, il pourrait, par une conséquence nécessaire, anéantir l'effet de tous les jugemens qui ne sont point passés en force de chose jugée ; tous les jugemens par défaut, si les délais pour former opposition ne sont point expirés ; tous les jugemens contradictoires, si l'on est encore dans les délais pour l'appel. Calculez tout ce que d'une part la vengeance et de l'autre la crainte pourraient alors enfanter de procès, de troubles, de désolation.

Ce n'est pas tout : et si la loi nouvelle devait seule régler les droits ouverts par les demandes formées avant sa publication, si elle devait régler seule les droits non consommés qui sont ouverts par les jugemens rendus sous l'empire de la loi ancienne, deux inconvéniens graves, deux injustices manifestes seraient encore la conséquence d'une pareille théorie.

La loi nouvelle et la loi ancienne placent l'adultère au nombre des causes déterminées de divorce : mais la loi nouvelle inflige une peine de détention dont ne parlait pas la loi ancienne. Si donc une demande en divorce fondée sur ce motif, introduite avant la publication de la loi nouvelle, était aujourd'hui pendante devant les tribunaux, et si l'on appliquait à la contestation la loi nouvelle, le jugement infligerait à un délit commis antérieurement à la loi, la peine prononcée par cette loi, c'est-à-dire introduirait l'effet rétroactif dans l'application des peines.

La loi ancienne permettait aux époux divorcés de se réunir par les liens d'un nouveau mariage. Cette disposition était la source d'abus graves ; mais cette disposition était peut-être nécessaire pour corriger d'autant la funeste facilité avec laquelle la loi permettait le divorce. La loi nouvelle qui a réformé tous les abus, la loi nouvelle qui a rejeté le motif d'*incompatibilité d'humeur*, et qui a environné le divorce de barrières que le caprice et la légèreté ne pourront plus franchir ; cette loi, qui ne veut pas qu'on se joue du divorce, parce qu'elle ne veut pas qu'on se joue du mariage, a prononcé que les époux une fois divorcés ne pourraient plus se réunir.

Régler par la loi nouvelle les droits résultant des jugemens qui, sous l'empire de l'ancienne loi, ont prononcé le divorce, serait consacrer une grande injustice.

On ne peut nier d'abord que l'on donnerait à la loi nouvelle un effet rétroactif évident ; il faut reconnaître ensuite qu'on appliquerait à une loi trop facile, des dispositions qui ne conviennent qu'à la loi devenue plus sévère : ce serait ne conserver de la loi ancienne que les abus, et la priver du seul moyen qui reste d'en diminuer le nombre.

A ces motifs, tirés du droit et de la nature des choses, il faut en ajouter un autre non moins important, puisé dans les circonstances et les événemens de la révolution. Le Gouvernement n'a pu se dissimuler que, sous la foi d'une réunion permise par la loi, quelques époux, séparés par la tempête révolutionnaire, n'ont eu recours au divorce que pour arracher leur fortune à la dévastation ; plusieurs d'entre eux se trouvent encore momentanément dans l'impossibilité de renouer des liens que la prudence seule avait brisés : la morale publique repousse l'idée d'éterniser une pareille séparation, et la loi conservera les noms et les droits d'époux à ceux que le Gouvernement juge dignes de recouvrer enfin les titres et les droits de citoyens.

Suit le texte de la loi.

LOI TRANSITOIRE
Sur les effets du Divorce,

Décrétée le 26 germinal an XI. Promulguée le 6 floréal suivant.

Article 1er. — Tous divorces prononcés par des officiers de l'état civil, ou autorisés par jugement avant la publication du titre du Code civil relatif au divorce, auront leurs effets conformément aux lois qui existaient avant cette publication.

A l'égard des demandes formées antérieurement à la même époque, elles continueront d'être instruites ; les divorces seront prononcés et auront leurs effets conformément aux lois qui existaient lors de la demande.

LOI TRANSITOIRE

Sur les Enfans naturels.

LE PREMIER CONSUL a nommé pour présenter la loi relative *à l'état et aux droits des enfans nés hors mariage, dont les pères sont morts depuis la loi du 12 brumaire an 2,* et pour en soutenir la discussion, les citoyens *Treilhard, Berlier* et *Galli,* Conseillers d'Etat.

Introduits dans la salle du Corps Législatif, le 9 Floréal an 11 ; l'un d'eux, portant la parole, a prononcé le discours suivant.

CITOYENS LÉGISLATEURS,

LE projet dont vous venez d'entendre la lecture ne présente que trois articles ; le premier seul exige une explication.

« L'état et les droits des enfans naturels dont les pères et
» mères sont morts depuis la promulgation de la loi du 12 bru-
» maire an 2, jusqu'à la promulgation des titres du Code civil
» sur la paternité et la filiation, et sur les successions, se-
» ront réglés de la manière prescrite par ces titres. »

La première question qui se présente, est celle de savoir si les lois antérieures avaient déjà prononcé sur cet objet. S'il existe en effet sur ce point quelque disposition légale, nous n'avons plus à nous en occuper : si au contraire nous ne connaissons pas de règle qui ait fixé l'état et les droits des enfans naturels, dont les pères et mères seraient morts depuis le 12 brumaire de l'an 2, on ne peut trop se hâter d'en faire une. Celle que nous proposons est sans contredit la plus juste, la plus naturelle, la seule même qu'on puisse raisonnablement présenter. Si, comme on ne saurait en douter, vous avez réglé avec sagesse les droits des enfans naturels sur les successions à venir, pourquoi feriez-vous un réglement contraire pour les droits encore indécis sur les successions ouvertes par le passé?

Nous n'avons donc ici qu'un fait à vérifier : existe-t-il ou non une disposition sur l'état et les droits des enfans naturels dont les pères et mères sont morts depuis la loi du 12 brumaire an 2, et antérieurement à la publication du Code?

Ceux qui supposent l'existence d'une loi sur cette matière, la trouvent, ou, pour parler plus juste, la cherchent dans un décret de la convention du 4 juin 1793, et dans la loi même du 12 brumaire.

Le décret du 4 juin 1793 dit que les enfans naturels succéderont à leurs pères et mères, *dans la forme qui sera déterminée.*

Voilà, dit-on, un droit de successibilité acquis aux enfans nés hors mariage. Mais on répond, d'une autre part : le mode de successibilité doit être réglé par des lois postérieures ; s'il ne l'a pas encore été jusqu'à ce jour, il faut y pourvoir. La question de fait reste donc entière.

Examinons actuellement les dispositions de la loi du 12 brumaire.

L'article premier est ainsi conçu :

« Les enfans *actuellement existans*, nés hors mariage, seront » admis aux successions de leurs pères et mères, *ouvertes depuis* » *le 14 juillet* 1789.

» Ils le seront également à celles qui s'ouvriront à l'avenir, » *sous la réserve portée par l'article* 10 *ci-après.* »

Ainsi l'article distingue très-expressément *les enfans actuellement existans*, et *les successions ouvertes depuis le 14 juillet* 1789, des enfans qui pourront naître, et des successions qui *s'ouvriront à l'avenir.*

...*istans* sont admis par le
...*à ouvertes*; ils ne sont
...*venir que sous les ré-*
... donc, pour con-

...e de successibilité
...s déjà ouvertes, ainsi
...constater leur état et leurs

..., qui doit prononcer sur les *succes-*
...*tes*, et sur les *enfans non existans à* cette
...article :

...gard des enfans nés hors du mariage, dont le père et
...ère seront encore existans lors de la promulgation du
» Code civil , leur état et leurs droits seront en tous points ré-
» glés par les dispositions du Code. »

Il est évident que cet article ne présente aucune disposition
sur l'état et les droits des enfans naturels dont les pères et
mères seront décédés dans l'intervalle de la publication de la loi
du 12 brumaire à la publication du Code; et comme il n'est
pas moins constant que l'article premier n'a disposé que sur le
sort des enfans naturels *lors existans*, et dont les pères et mères
étaient déjà décédés, la lacune dans la loi est sensible. Elle a
prononcé sur les successions ouvertes avant le 12 brumaire ,
sur celles qui s'ouvriront après la publication du Code ; elle est
muette sur celles qui pouvaient s'ouvrir dans l'intervalle.

On demande comment il est possible que la loi présente un
vide de cette nature , et qu'embrassant dans ses dispositions
les successions ouvertes avant le 12 brumaire, et celles ouvertes
depuis la publication du Code, elle n'ait rien statué sur les
autres?

Citoyens Législateurs , ce n'est pas à moi à expliquer les
causes de ce silence ; il suffit, pour mériter votre attention ,
qu'il soit réel : je pourrais cependant observer qu'il n'est pas
aussi étonnant qu'il peut le paraître au premier coup-d'œil.

Lorsque la loi du 12 brumaire fut rendue,
existait ; il était discuté, adopté même en q
et la publication en paraissait si assurée, si pi
pouvait regarder comme inutile toute disposition s
sions des pères et mères d'enfans naturels, qui s
entre la publication de la loi du 12 brumaire et celle
mais l'événement trompa les espérances des législateurs,
du 12 brumaire, qui eût pu suffire si elle eût été immédia
suivie du Code, comme on s'en était flatté, se trouve réelle
très-insuffisante, et offre dans le fait une vaste lacune, p
qu'elle n'a aucune disposition sur l'état et les droits des e
fans naturels nés depuis le 12 brumaire ; ni sur les successions
des pères et mères décédés depuis cette époque, et avant la publication du Code.

C'est cette lacune qu'on propose de remplir. Son existence
est une vérité à laquelle il est impossible de se refuser, et qui
est encore plus démontrée par les efforts même de ceux qui ont
soutenu l'opinion contraire. Ils n'indiquent pas dans la loi
du 12 brumaire, à l'appui de leur système, d'autres textes
que ceux dont j'ai parlé ; ils ne prétendent pas que des lois
postérieures aient suppléé au silence de la loi du 12 brumaire.
S'ils avaient en effet quelque disposition en leur faveur, il
leur suffirait de la montrer ; et la question serait toute décidée. C'est seulement par des inductions, par des raisonnemens, par des faits depuis survenus, qu'ils tâchent de parvenir
à montrer dans la loi du 12 brumaire, ce qui n'y est pas en
effet. Mais des raisonnemens, des inductions, des faits, ne
peuvent pas tenir lieu dans une loi d'une disposition qui n'y
est pas écrite ; je pourrais même dire d'une disposition qu'on
n'a pas eu l'intention d'y insérer, parce qu'on la jugeait inutile, dans l'espérance d'une loi qu'on croyait alors très-pro-
chaine, mais qui n'est pas intervenue.

Il est arrivé depuis, comme dans mille autres occasions,
que des intérêts particuliers, quelquefois très-grands, ont
produit sur des contestations occasionnées par le silence de la
loi, des discussions plus ou moins lumineuses, plus ou moins
subtiles ;

subtiles; et il y a eu de l'aveu de tout le monde, une grande diversité d'opinions sur l'état et les droits des enfans naturels dont les pères et mères sont morts depuis le 12 brumaire. Les tribunaux ont jugé diversement : quelques-uns se sont abstenus de juger, et ont demandé des explications. Le tribunal de cassation a aussi varié sur cette question, comme les autres; le directoire à fait des messages au corps législatif; le conseil des cinq-cents et celui des anciens n'ont pas été d'accord: enfin, depuis quelques années les décisions définitives sont suspendues dans l'attente d'une loi.

De tout cela, que résulte-t-il ? qu'il n'y a pas en effet, dans la loi du 12 brumaire, de disposition sur les droits des enfans naturels dont les pères et mères sont morts depuis cette époque. S'il en avait existé une, tant de personnes recommandables par leurs talens, leurs lumières et leur moralité, n'auraient pas été divisées sur le fait de son existence. Il a donc fallu vous présenter un projet qui terminât enfin toutes les contestations sur cette partie. Ce n'est pas par des lois présumées que le sort des citoyens peut être réglé, et quelque fâcheux que soit le défaut d'une disposition dans la loi du 12 brumaire, par la longue incertitude dans laquelle les citoyens ont été depuis retenus, la supposition d'une loi qui n'a pas existé en effet serait encore plus fâcheuse.

Je n'ai donc plus actuellement qu'à m'occuper de la disposition de la loi en elle-même, puisqu'il est démontré qu'il en faut une. Si vous appliquez aux enfans naturels, nés depuis la loi du 12 brumaire, et aux successions des pères et mères ouvertes depuis ce moment, les dispositions de cette loi, faites uniquement pour les enfans naturels *alors existans, et pour les succesions déjà ouvertes,* vous excitez les réclamations des héritiers légitimes qui prétendent que leurs droits ne furent pas assez respectés : si vous appliquez au contraire les dispositions du Code que vous venez de sanctionner, vous excitez les réclamations des enfans naturels, qui seraient traités avec plus de faveur par des dispositions pareilles à celles de la loi du 12 brumaire an 2.

Dans cette position, quel parti doit prendre le législateur?
Liv. III. C c c

S'élever au-dessus de toutes les considérations particulières , et ne consulter dans le réglement qu'il va faire que le plus grand intérêt de la société.

C'est dans cet esprit que vous venez de fixer pour l'avenir l'état et les droits des enfans naturels ; vous avez prononcé après les réflexions les plus profondes , et entourés des lumières de dix ans d'expérience.

Ne serait-il pas étrange qu'au moment , pour ainsi dire , où vous venez de tracer la règle pour l'avenir , vous pussiez vous déterminer à en donner une différente pour des intérêts semblables , restés indécis jusqu'à ce jour ? Ce serait une contradiction , dans laquelle vous êtes incapables de tomber ; ce serait même en quelque manière jeter de la défaveur sur la loi que vous avez sanctionnée.

Cette première disposition du projet une fois justifiée , j'ai peu de chose à dire sur les deux autres ; je pourrais même me dispenser de les rappeler.

L'article 2 maintient les dispositions entre-vifs ou testamentaires , par lesquelles les pères et mères des enfans naturels auraient pu fixer leurs droits. Nous avons pensé qu'il fallait respecter la sollicitude des parens qui , dans le silence de la loi du 12 brumaire , avaient pourvu au sort de leurs enfans : cependant il nous a paru convenable de préparer un recours contre les excès dans lesquels aurait pu jeter une passion désordonnée ; les libéralités excessives seront réduites à la quotité disponible , aux termes du Code civil , et les dispositions trop parcimonieuses seront augmentées suivant les dispositions du même Code relatives aux enfans naturels.

Enfin les conventions des parties et les jugemens passés en force de chose jugée sont maintenus ; il est sage d'ordonner l'exécution de tout ce qui a été réglé définitivement quand il n'existait pas de loi. Celle que vous ferez réglera tout ce qui n'est pas déjà terminé : elle serait contraire à la tranquillité des familles et au bon ordre , si elle portait atteinte aux droits irrévocablement acquis avant sa publication.

Tels sont , citoyens Législateurs , les motifs du projet que nous avons été chargés de vous transmettre ; ils se réduisent à un mot : Il n'existe pas de loi qui ait réglé l'état et les droits des enfans naturels dont les pères et mères sont morts dans l'intervalle de la publication de la loi du 12 brumaire an 2 à la publication du Code ; il faut donc, en faire une.

La loi que nous proposons est sage , puisque c'est la même que celle déjà par vous adoptée pour le réglement de droits sembla- bles : votre sanction mettra enfin un terme à des incertitudes trop prolongées et à des contestations malheureusement trop multipliées.

Suit le texte de la loi.

LOI TRANSITOIRE

Sur les Enfans naturels,

Décrétée le 14 floréal an XI. Promulguée le 24 du même mois.

Article 1er. — L'état et les droits des enfans nés hors mariage, dont les pères et mères sont morts depuis la promulgation de la loi du 12 brumaire an 2, jusqu'à la promulgation des titres du Code civil, sur *la Paternité et la Filiation*, et sur les *Successions*, seront réglés de la manière prescrite par ces titres.

Art. 2. — Néanmoins les dispositions entre-vifs ou testamentaires, antérieures à la promulgation des mêmes titres du Code civil et dans lesquelles on aurait fixé les droits de ces enfans naturels, seront exécutées, sauf la réduction à la quotité disponible, aux termes du Code civil, et sauf aussi un supplément, conformément à l'article 51 de la loi sur les *Successions*, dans le cas où la portion donnée ou léguée serait inférieure à la moitié de ce qui devrait revenir à l'enfant naturel, suivant la même loi.

Art. 3. — Les conventions et les jugemens passés en force de chose jugée, par lesquels l'état et les droits desdits enfans naturels auraient été réglés, seront exécutés selon leur forme et teneur.

ACTES DU GOUVERNEMENT.

Saint-Cloud, 25 thermidor an 11.

Le gouvernement de la république, sur le rapport du grand-juge, ministre de la justice, vu l'article 1er. du code civil, le conseil d'état entendu, arrête :

Art. Ier. Le tableau ci-joint des distances de Paris à tous les chefs-lieux des départemens, évalués en kilomètres, en myriamètres et lieues anciennes, sera inséré au Bulletin des lois, pour servir de régulateur et d'indicateur du jour, où, conformément à l'article premier du code civil, la promulgation de chaque loi est réputée connue dans chacun des départemens de la république.

II. Le grand-juge, ministre de la justice, est chargé de l'exécution du présent arrêté, qui sera également inséré au Bulletin des lois.

Le premier consul, signé Bonaparte.
Par le premier consul,
Le secrétaire d'état, signé H. B. Maret.

TABLEAU des distances de Paris à tous les chefs-lieux des départ. évaluées en kilomètres, myriam. et lieues anciennes.

NOMS des DÉPARTEMENS.	CHEFS-LIEUX.	KIL.	MYR.	lieues anc.
Ain.	Bourg	432	43 2	86 2/5
Aisne.	Laon	127	12 7	25 2/5
Allier	Moulins	280	28 9	57 4/5
Alpes (Basses-).	Digne	755	75 5	151 »
Alpes (Hautes-).	Gap	665	66 5	133 »
Alpes-Maritim.	Nice	960	96 »	192 »
Ardèche.	Privas.	606	60 6	121 1/5
Ardennes.	Mezières.	234	23 4	46 4/5
Arriége.	Foix.	752	75 2	150 2/5
Aube.	Troyes.	159	15 9	31 4/5

NOMS des		DISTANCES en		
DÉPARTEMENS.	CHEFS-LIEUX.	KIL.	MYR.	lieues anc.
Aude.	Carcassonne. . .	765	76 5	153 »
Aveyron.	Rhodès.	692	69 2	138 2/5
Bouches-du-Rh. .	Marseille. . . .	813	81 3	162 3/5
Calvados	Caën.	263	26 3	52 3/5
Cantal	Aurillac	539	53 9	107 4/5
Charente.	Angoulême . . .	454	45 4	90 4/5
Charente-Infér. .	Saintes.	484	48 4	96 4/5
Cher	Bourges.	233	23 3	46 3/5
Corrèze.	Tulle.	461	46 1	92 1/5
Côte-d'Or	Dijon.	305	30 5	61 »
Côtes-du-Nord . .	Saint-Brieux. . .	446	44 6	89 1/5
Creuze	Guéret	428	42 8	85 3/5
Doire (la)	Ivrée.	821	82 1	164 1/5
Dordogne	Périgueux. . . .	472	47 2	94 2/5
Doubs.	Besançon	396	39 6	79 1/5
Drôme	Valence.	560	56 »	112 »
Dyle	Bruxelles. . . .	305	30 5	61 »
Escaut.	Gand.	333	33 3	66 2/5
Eure.	Evreux.	104	10 4	20 4/5
Eure-et-Loire. . .	Chartres	92	9 2	18 2/5
Finistère	Quimper.	623	62 3	124 3/5
Forêts.	Luxembourg . . .	367	36 7	73 2/5
Gard	Nismes.	702	70 2	140 2/5
Garonne (Haute-).	Toulouse. . . .	669	66 9	133 4/5
Gers	Auch.	743	74 3	148 3/5
Gironde.	Bordeaux. . . .	573	57 3	114 3/5
Golo	Bastia	873	87 3	174 3/5
Hérault.	Montpellier . . .	752	75 2	150 2/5
Ille-et-Vilaine . .	Rennes.	346	34 6	68 1/5
Indre.	Château-Roux. .	259	25 9	51 4/5
Indre-et-Loire. .	Tours.	242	24 2	48 2/5
Isère	Grenoble	568	56 8	113 3/5
Jemmappes . . .	Mons.	244	24 4	48 4/5
Jura	Lons-le-Saulnier.	411	41 1	82 1/5
Landes	Mont-de-Marsan.	702	70 2	140 2/5
Léman	Genève.	514	51 4	102 4/5
Liamone.	Accio.	873	87 3	174 3/5

NOMS des		DISTANCES en		
DÉPARTEMENS.	CHEFS-LIEUX	KIL.	MYR.	lieues anc.
Loir-et-Cher . . .	Blois.	181	18 1	36 1/5
Loire.	Montbrison . . .	443	44 3	88 3/5
Loire (Haute) . .	Le Puy.	505	50 5	101 »
Loire-Inférieure. .	Nantes	389	38 9	77 4/5
Loiret.	Orléans.	123	12 3	28 3/5
Lot.	Cahors	558	55 8	111 3/5
Lot-et-Garonne. .	Agen.	714	71 4	142 4/5
Lozère.	Mende	566	56 6	113 1/5
Lys.	Bruges.	383	38 3	76 3/5
Maine-et-Loire. .	Angers	300	30 »	60 »
Manche.	Saint-Lô	326	32 6	65 1/2
Marengo.	Alexandrie. . . .	852	85 2	170 2/5
Marne	Châlons	164	16 4	32 4/5
Marne (Haute-) .	Chaumont. . . .	247	24 7	49 2/5
Mayenne	Laval	281	28 1	56 1/5
Meurthe	Nancy	334	33 4	66 4/5
Meuse	Bar-sur-Ornain .	251	25 1	50 1/5
Meuse-Inférieure.	Maëstricht . . .	448	44 8	89 3/5
Mont-Blanc . . .	Chambéry. . . .	565	56 5	113 »
Mont-Tonnerre. .	Mayence	548	54 8	109 3/5
Morbihan	Vannes	500	50 »	100 »
Moselle.	Metz.	308	30 8	61 3/5
Nèthes. (Deux) .	Anvers.	355	35 5	71 «
Nièvre	Nevers	236	23 6	47 1/5
Nord	Lille.	236	23 6	47 1/5
Oise.	Beauvais	88	8 8	17 3/5
Orne	Alençon	191	19 1	38 1/5
Ourthe	Liége.	411	41 1	82 1/5
Pas-de-Calais . .	Arras.	193	19 3	38 3/5
Pô	Turin	763	76 3	152 3/5
Puy-de-Dôme . .	Clermont	384	38 4	76 4/5
Pyrénées (Basses).	Pau.	781	78 1	156 2/5
Pyrénées (Hautes).	Tarbes	815	81 5	163 »
Pyrénées-Orient. .	Perpignan. . . .	888	88 8	177 1/5
Rhin (Bas-) . . .	Strasbourg . . .	464	46 4	92 4/5
Rhin (Haut-) . .	Colmar	481	48 1	96 1/5
Rhin-et-Moselle ·	Coblentz.	597	59 7	119 2/5

NOMS des		DISTANCES en		
DÉPARTEMENS.	CHEFS-LIEUX.	KIL.	MYR.	lieues anc.
Rhône	Lyon.	466	46 6	93 1/5
Roër	Aix-la-Chapelle .	457	45 7	91 2/5
Sambre-et-Meuse.	Namur	345	34 5	69 »
Saône (Haute-).	Vesoul. . . .	354	35 4	70 4/5
Saône-et-Loire . .	Mâcon	399	39 9	79 4/5
Sarre	Trèves	410	41 »	82 »
Sarthe	Le Mans . . .	211	21 1	42 1/5
Seine.	Paris.	. . .	. . —	. . .
Seine-Inférieure .	Rouen.	137	13 7	27 2/5
Seine-et-Marne. .	Melun	46	4 6	9 1/5
Seine-et-Oise. . .	Versailles. . .	21	2 1	4 1/5
Sèvres (Deux). . .	Niort.	416	41 6	83 1/5
Sesia	Verceil. . . .	836	83 6	167 1/5
Somme	Amiens. . . .	128	12 8	25 3/5
Stura	Coni	843	84 3	168 3/5
Tanaro	Asti	816	8. 6	163 1/5
Tarn	Alby	657	65 7	131 2/5
Var	Draguignan . .	890	89 »	178 »
Vaucluse . . .	Avignon . . .	707	70 7	141 2/5
Vendée	Fontenay. . .	447	44 7	89 2/5
Vienne	Poitiers. . . .	343	34 3	68 3/5
Vienne (Haute).	Limoges . . .	380	38 »	76 »
Vosges	Epinal	381	38 1	76 1/5
Yonne.	Auxerre . . .	168	16 8	33 3/5

Certifié conforme,

Le secrétaire d'État, signé H. B. MARET.

TABLE ALPHABETIQUE

DE LA DIVISION DES MATIÈRES,

COMPOSANT LE CODE CIVIL.

A.

7

D.

E.

N.

O.

P.

Q.

R.

S.

T.

U.

V.

Fin de la Table alphabétique.

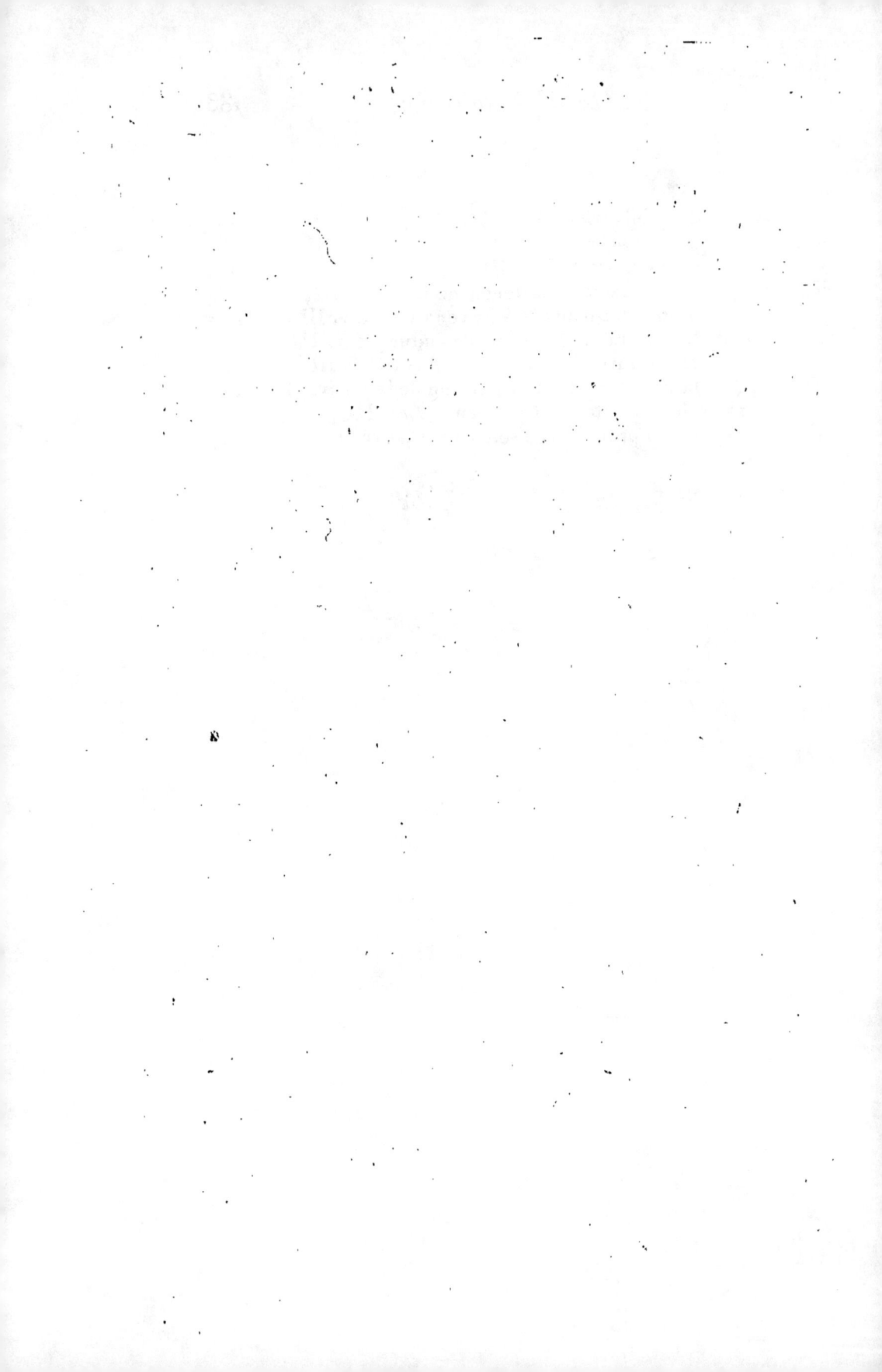

LA SCIENCE PARFAITE DES NOTAIRES, ou le parfait Notaire, de feu M. *C. J. Deferrière*, doyen des docteurs-régens de la faculté de droit de Paris, et ancien avocat au parlement. Nouvelle édition, revue, corrigée, augmentée, et mise en concordance avec le régime actuel; par *Fournel*, ancien jurisconsulte; contenant les lois, décrets, ordonnances, arrêtés et réglemens anciens et nouveaux présentement en vigueur; avec un extrait des jugemens des tribunaux, circulaires et instructions ministérielles, touchant les fonctions de notaires, ensemble, dans le plus grand détail, les styles, formules et instructions pour dresser toutes sortes d'actes. 2 vol. in-4.º, *sous presse, pour paroître en prairial prochain.*

On a cru devoir suspendre la publication du *Parfait Notaire* jusqu'à l'entière confection du Code civil, dont le terme approche. Ce retard est motivé par le desir de mettre l'ouvrage plus complettement en harmonie avec la nouvelle législation. Nous pouvons assurer aujourd'hui qu'il paroîtra sous quatre mois. Nous prévenons aussi que nous placerons à la suite l'extrait des jugemens rendus sur les matières et questions qui concernent la profession des Notaires et leurs actes; ainsi qu'un recueil textuel des lois, arrêtés du gouvernement, circulaires, instructions et décisions ministérielles relatives aux mêmes objets. Un pareil supplément plus ou moins considérable, suivant l'abondance des matières, sera publié chaque année dans le format de l'ouvrage.

CODE ET GUIDE (Nouveau) des Notaires publics, contenant toutes les lois et résolutions relatives à leur organisation telle qu'elle a été définitivement fixée par la loi du 25 ventose an II; toutes celles qu'il leur importe particulièrement de connoître, et dont ils ont un besoin journalier; avec des instructions et observations sur ces lois et des formules de tous les actes qui dépendent de leur ministère, notamment de ceux dans lesquels il faut observer des stipulations nouvelles pour se conformer aux dispositions du *Code civil;* suivi de l'arrêté du Gouvernement, du 2 nivose an 12, relatif à la police et à la discipline des notaires; par *A. C. Guichard*, défenseur, avoué au tribunal de cassation. In-12, 3 vol. 5 fr. et 7 fr. *franc de port.*

CODE DE POLICE, contenant toutes les lois rendues depuis 1789, concernant toutes les parties de la police administrative, judiciaire, municipale, correctionnelle, rurale, forestière, etc.; par *A. C. Guichard*. In-12, 3 vol., 6 fr. et 8 fr. *franc de port.*

CODE DES PRISES MARITIMES et des Armemens en course, contenant les lois anciennes et nouvelles, et les réglemens concernant cette matière; par *A. C. Guichard*, du tribunal de cassation. In-12, 2 vol., 6 f. et 8 f. *f. de p.*

CODE MONÉTAIRE, ou Recueil contenant les Lois et Arrêtés sur les monnaies ; la Table pour convertir les sous et deniers de la livre numéraire, en décimes et centimes de la même livre ; les Tableaux de la valeur des francs en livres tournois, et des livres tournois en francs ; le Tarif des espèces d'or et d'argent qui ont cours dans la 27.ᵉ Division militaire ; les Tarifs du prix auquel doivent être payés au change les louis et écus de 6 liv. rognés ou altérés ; le Tarif des frais d'affinage, celui du prix auquel doivent être prises au change les anciennes pièces de monnaies de France, et celles étrangères, en or et en argent, etc. Un vol. in-8.º : prix, 1 fr. 80 c. et 2 fr. *franc de port*.

RÉPERTOIRE DE LA PERCEPTION DES CONTRIBUTIONS, contenant les Lois anciennes et nouvelles ; les Arrêtés du Gouvernement et les instructions et décisions officielles ; les Modèles d'actes pour la perception ; les Tarifs de réduction des francs et des livres, et ceux du change des pièces d'or et d'argent, rognées ou altérées ; les Modèles de registres et les exemples pour la tenue des écritures : avec des notes sur l'application et l'exécution des lois ; par le C. *Maurage-Vigny*, ancien employé dans les recettes des contributions de la Commune de Paris. Un vol. in-4.º avec tableaux et modèles de registres : prix, 9 fr., et 10 fr. 50 c. *franc de port*.

INSTITUTIONS DU DROIT DE LA NATURE ET DES GENS, avec un appendice sur la Politique ; par le C. *Gérard de Rayneval*. Un vol. in-8.º de 600 pages : prix, 6 fr., et 7 fr. 50 c. *franc de port*.

ANALYSE DES LOIS ANGLAISES, précédée d'un Discours préliminaire sur l'étude des Lois ; traduite de l'anglais de *William Blackstone*, par *A.-M. Joguet*. Un vol. in-8.º de 400 pages : prix, 4 fr. et 5 fr. *franc de port*.

ÉTAT MILITAIRE DE LA RÉPUBLIQUE FRANÇAISE pour l'an XII, dédié au Premier Consul ; par l'adjudant-commandant *Champeaux*. Un vol. in-12 de 600 pages : prix, 5 fr., et 6 fr. 50 c. *franc de port*.

NOUVELLE RHÉTORIQUE FRANÇOISE, à l'usage des jeunes personnes de l'un et de l'autre sexe ; avec des exemples tirés des meilleurs orateurs et poètes latins et françois ; par *Ph.-L. Liéble*, ancien bibliothécaire de la ci-devant Abbaye St.-Germain-des-Prés. Un vol. in-12 de 400 pag. : prix, 2 fr. 50 c., et 3 fr. 50 c. *f. de p.*